토익, 답이 되는 어휘를 알려주는

유수연 토익 어휘1200 강의노트

유수연 토익 어휘 1200 강의노트

지은이 유수연
초판 1쇄 발행 2017년 7월 27일
초판 4쇄 발행 2020년 2월 7일

발행인 박효상　**편집장** 김현　**기획·편집** 김준하, 김설아, 배수현
디자인 이연진　**본문·표지디자인** 고희선
마케팅 이태호, 이전희　**관리** 김태옥

종이 월드페이퍼　**인쇄·제본** 현문자현

출판등록 제10-1835호　**발행처** 사람in　**주소** 04034 서울시 마포구 양화로 11길 14-10 (서교동) 3F
전화 02) 338-3555(代)　**팩스** 02) 338-3545　**E-mail** saramin@netsgo.com
Website www.saramin.com

책값은 뒤표지에 있습니다.
파본은 바꾸어 드립니다.

ⓒ 유수연 2017

ISBN
978-89-6049-638-5 14740
978-89-6049-634-7 (세트)

우아한 지적만보, 기민한 실사구시 사람in

토익, 답이 되는 어휘를 알려주는

유수연 토익 어휘1200 강의노트

유수연 지음

사람in

ALL ABOUT TOEIC VOCABULARY

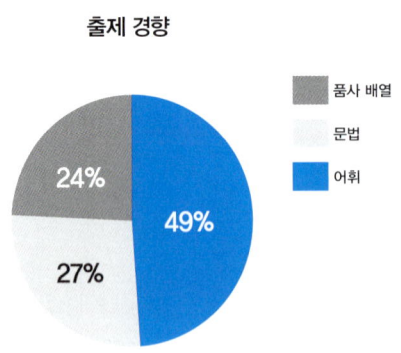

출제 경향

- 품사 배열 24%
- 문법 27%
- 어휘 49%

토익 PART 5에서 매월 평균 15개의 어휘 문제가 출제되고 있다. 문제은행에서 문제를 추출하는 토익 시험의 특성상 기존 문제와 어휘들이 반복 출제된다.

일상생활 어휘 외에도 비즈니스에서 사용하는 어휘가 출제되고 있으므로 기본적인 의미만 학습해서는 고득점을 받을 수 없다.
어휘의 쓰임새를 중심으로 이 어휘가 다른 연관 단어와 어떻게 쓰이고, 토익에서는 어떤 식으로 출제되었는가를 학습해야 한다.

1. 문법 + 어휘 결합형

문법 문제이긴 하지만 선택지에 나온 단어들이 형태상 구분이 쉽지 않은 경우들이 있다. 단순히 문장 구조 분석을 넘어서서 세부적으로 품사별 특성과 쓰임을 함께 알아야 한다.

> -------- at the medical conference reached 2,000 this year.
> (A) Attendant   (B) Attendee   (C) Attendance   (D) Attendees

→ 동사는 reached이고, 주어가 문장 중 보이지 않으므로 빈칸은 주어 자리로 명사가 필요하다. 빈칸 앞에는 관사가 없으므로 가산명사이자 사람명사인 (A) Attendant와 (B) Attendee는 복수가 아닌 이상 답이 될 수 없다. 정답은 불가산 명사로 쓰일 수 있는 (C) Attendance(참석자 수)이다. 의미상 참석자 수가 2000명에 도달(reached)한 것이지 참가자들이 도달한 것은 아니므로 (D) Attendees는 정답이 될 수 없다.

문법적인 요소들이 문맥의 의미를 좌우하기 때문에 시제, 수, 태, 품사의 위치 등을 정확히 파악해야 적절한 어휘를 선택할 수 있는 경우가 있다. 예를 들어, 동사 어휘 문제의 경우 각 동사들이 자동사인지 타동사인지, 자동사면 어떤 전치사와 함께 쓰이는지를 안다면, 오히려 어휘문제라도 쉽게 답을 찾을 수 있다.

> Please ------- over your proposal with your supervisor before submitting it, because incorrect or incomplete forms will not be accepted.
> (A) see　　(B) look　　(C) view　　(D) observe

→ (A) see는 타동사로 전치사 없이 바로 목적어를 취하고 (C) view는 〈view A as B〉의 구조를 가진다. (D) observe 또한 타동사로 바로 목적어가 나와야 한다. observe는 '관찰하다'의 의미로 내용상 적절치 않고, (B) look의 look over가 '검토하다'는 의미로 답이 된다.

2. 순수 어휘문제 유형

실제 순수 어휘문제는 개별 어휘들의 명확한 쓰임을 알지 못한다면 쉽게 풀 수 없다. 그렇기 때문에 단어의 패턴과 쓰임을 명확히 알고 있어야 한다. 시험에 특히 많이 나오는 어휘를 품사별로 묶어 정확한 의미와 쓰임새의 학습이 필요하다.

> Morgan Stanley has decided to switch its suppliers as Pemex has been ------- late in filling its orders.
> (A) steadily　　(B) sensibly　　(C) exactly　　(D) consistently

→ (A) steadily는 상태의 지속 또는 지속적인 개발, 상승에 쓰인다. (D) consistently는 어떤 태도나 행동 방향이 일관적인 것을 의미한다. 주문 처리가 계속 늦다는 것은 해당 행동이 일관된 것이기 때문에 답은 (D) consistently가 된다.

토익, 답이 되는 어휘 문제 풀이 접근법

어휘 문제를 풀 때 가장 중요한 점은 단순한 해석으로 풀어서는 절대 안 된다는 것이다.
어휘에서 고득점을 받기 위해서는 단순한 의미 접근이 아닌 각 어휘의 쓰임새를 알고 다음 사항을 염두에 둬야 한다.

❶ 문장 중에 답을 결정하는 단어가 있다
❷ 각 품사별 문법적 요소를 미리 공부해 두고 확인한다.
❸ 전체 문장의 논리력과 상식 그리고 업무 내용의 판단력을 요구하는 문제가 있음을 기억한다.

동사 자/타동사의 구분과 동사의 패턴	자동사/타동사
	문장의 형식
	사람 관련 동사
	관련 전치사
	유사어 / 동의어 선택
명사 사람/사물명사의 구분과 복합명사	가산명사 vs. 불가산명사
	관련 전치사
	수·양의 형용사
	사람 vs. 사물
	복합명사
형용사 수식을 받는 대상을 확인하고 문법적으로 동일 품사의 여러 형태를 구분할 수 있어야 한다.	형용사의 종류와 순서 (지시형용사/수·양의 형용사/부정형용사 등)
	사람 수식 형용사
	형용사 vs. 분사 형용사
	관련 전치사
	관련 명사
부사 수식을 받는 대상과 위치, 문법적 요소를 고려해야 한다.	부사의 종류
	부사의 위치
	부사의 수식 관계
	유사 의미 부사
	주의해야할 부사
접속사 문법적 요소와 시제, 그리고 앞뒤 문맥의 논리성과 객관성을 확인하라.	등위/상관접속사
	명사절 접속사
	부사절 접속사
	형용사절 접속사(관계대명사)
	구조, 성분상의 차이
전치사 기본 전치사의 쓰임과 활용뿐만 아니라 관련 숙어들을 암기해야 한다.	44개 전치사표
	접속사와 전치사의 구별
	전치사 숙어 리스트
	유사 의미 전치사
	전치사와 부사의 구별

유수연에겐 특별한 것이 있다
토익 어휘 1200 강의노트

토익 빅데이터 중심의 표제어 선정과 기출 예문

지난 10년간의 토익 빅데이터와 2016년 신토익 이후의 최신 데이터까지 활용하여 토익 수험생이라면 반드시 알아야 할 1200 어휘를 선정했다.

한 문제도 안 놓치는 30일 단기 완성 전략 단계

- STEP 1 핵심 어휘로 기본 다지기
- → STEP 2 품사별 어휘로 실력 높이기
- → STEP 3 기능어로 약점 보안하기
- → STEP 4 FINAL TEST를 통해 자기 실력으로 굳히기

학습자의 수준에 따라 단계적으로 학습할 수 있도록 구성했다.

> **Q** 왜 단계적 학습 전략이 필요한가?
>
> **A** 그동안 단순 의미만 외운 학습자들이 갑작스럽게 포괄적으로 학습하려 하면 참 막연한 기분이 든다. 어휘 → 쓰임새 → 응용으로 이어지는 단계별 학습은 어휘 공부의 막막함은 없애면서 어휘 학습의 체계를 잡아 주어 실력을 높이는 효과가 있다.

직관적인 내용

각 표제어마다 출제 포인트를 삽입하여 토익에서 어떻게 출제되었는지를 보여준다. 또 Final Test 문제를 통해 실력을 점검하여 고득점 획득에 대한 대비를 철저히 할 수 있다.

어휘암기 효율성을 높이기 위한 단어 구성

토익에서 출제된 적이 있는 어휘의 파생어뿐만 아니라 유의어와 반의어까지 제시함으로써 학습자들은 더 효과적으로 단어를 암기할 수 있다.

정답어휘부터 오답어휘까지 표제어 선정

토익에서 오답으로 출제된 보기는 나중에 정답으로 출제될 수 있다. 이런 것들까지 빅데이터를 통해 세세히 챙겨 정답어휘 뿐 아니라 오답어휘도 함께 표제어로 선정했다.

학습 가이드라인과 부가 콘텐츠

http://ustarenglish.com 학습 커뮤니티를 통해 추가로 어휘 학습이 가능한 무수한 콘텐츠들을 다운로드 받아 활용할 수 있다.

어휘 공부의 **방향을 잡아주는** 유수연만의 학습 비법

토익 어휘를 30일 안에 끝내보자!

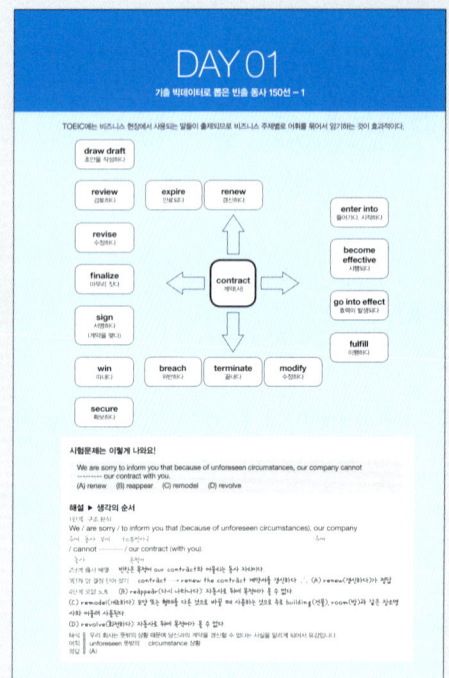

1

DAY 도입부
토익 어휘를 어떻게 공부해야 하는지 한눈에 정리해 주기 때문에 공부의 흐름을 미리 알게 돼 학습이 훨씬 쉬워진다.

빅데이터 지수
10년치 이상의 토익 시험을 빅데이터로 분석하여 무엇이 토익 빈출이고 어떻게 공부할 지를 보여준다.

Q 빈도수 0도 외워야 하나?
A 정답이나 오답으로 나오진 않았지만 답을 고르는 데 결정적 역할을 한 어휘이므로 반드시 알아야 한다.

출제포인트 & 실전 TIP
유수연만의 비법으로 실제 시험에서 어휘를 어떻게 사용하고 있으며 왜 그렇게 출제하는지를 알기 쉽게 정리해 준다.

2

단어
이것 저것 외우느라 고생할 필요가 없다. 토익에 나오는 단어를 콕 집어 알려준다.

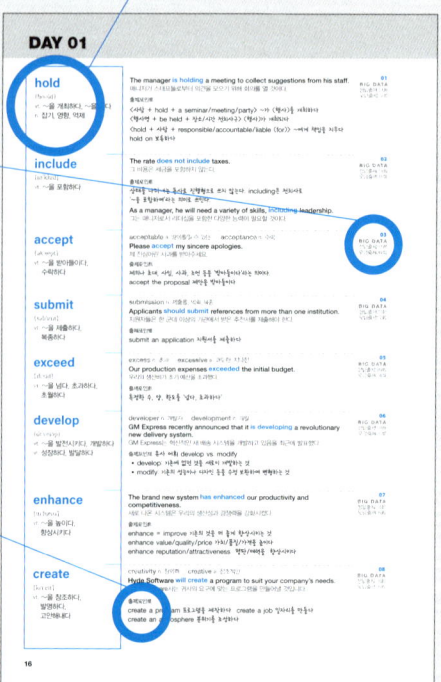

3

공부한 내용을 테스트하면서 학습 내용을 확인하고 머릿속에 완벽하게 저장할 수 있다.

4

어휘 암기에서 끝나지 않고 토익 실전 응용력까지 높이도록 Day 1~30까지 각 Day별로 묶은 Final Test를 제공한다. Day별 어휘 공부 후 확인 학습을 통해 특히 약한 부분은 더 집중해서 반복하도록 한다.

5

토익 950점의 고지를 넘고 싶다면 Actual Test에 도전해 보자! 어휘 암기뿐만 아니라 쓰임새까지 한번에 잡을 수 있다

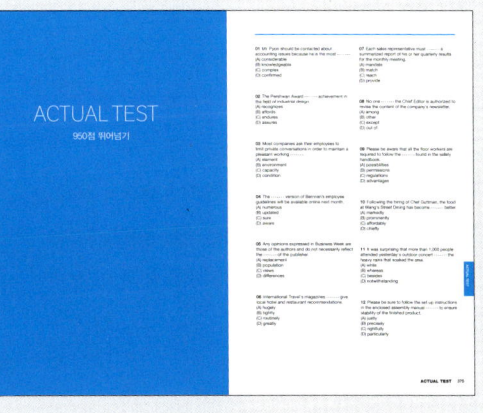

차례

ALL ABOUT TOEIC **VOCABULARY**	4
토익, 답이 되는 어휘 문제 풀이 접근법	6
유수연에겐 특별한 것이 있다 **토익 어휘 1200 강의노트**	7
어휘 공부의 방향을 잡아주는 유수연만의 학습 비법	8

Collocation – 언제 누구와 쓰이는 지가 답이다!

STEP 1
핵심 어휘로 기본 다지기 13

DAY 01	기출 빅데이터로 뽑은 빈출 동사 150선 – 1	15
DAY 02	기출 빅데이터로 뽑은 빈출 동사 150선 – 2	23
DAY 03	기출 빅데이터로 뽑은 빈출 동사 150선 – 3	31
DAY 04	기출 빅데이터로 뽑은 빈출 명사 150선 – 1	39
DAY 05	기출 빅데이터로 뽑은 빈출 명사 150선 – 2	47
DAY 06	기출 빅데이터로 뽑은 빈출 명사 150선 – 3	55
DAY 07	기출 빅데이터로 뽑은 빈출 형용사 100선 – 1	63
DAY 08	기출 빅데이터로 뽑은 빈출 형용사 100선 – 2	71
DAY 09	기출 빅데이터로 뽑은 빈출 부사 100선 – 1	79
DAY 10	기출 빅데이터로 뽑은 빈출 부사 100선 – 2	87

품사의 문법적 요소를 이용해 답을 찾는다!

STEP 2
품사별 어휘로 실력 높이기 — 95

DAY 11	항상 보기에 같이 다니는 유사의미. 자동사 vs. 타동사	97
DAY 12	토익 시험에 나오는 5형식 동사 분류	107
DAY 13	사물 목적어나 that절을 받지 않는 3형식 동사 List	117
DAY 14	주제별 빈출 동사 어휘	127
DAY 15	보기에 항상 같이 다니는 유사의미, 가산명사와 불가산명사	137
DAY 16	빈출 복합명사와 함께 다니는 정답 출제 포인트	147
DAY 17	주제별 빈출 명사 어휘	157
DAY 18	출제의도에 따른 빈출 형용사 종류별 분류	167
DAY 19	빈출 분사 형용사 List	177
DAY 20	출제의도에 따른 빈출 부사 종류별 분류	187
DAY 21	빈출 부사 수식관계에 따른 빈출 어휘 분류	197
DAY 22	동사와 함께 출제되는 전치사 List	207
DAY 23	명사, 형용사와 함께 출제되는 전치사 List	217

생각의 순서로 토익 어휘를 마스터한다!

STEP 3
기능어로 약점 보완하기 — 227

DAY 24	토익에 등장하는 접속사 5종	229
DAY 25	최다 빈출 집속사 – 부사절을 이끄는 접속사 20개	241
DAY 26	전치사 기준표에 의한 전치사 암기법	253
DAY 27	토익 필수 전치사 42개	265
DAY 28	토익에 출제되는 다의어 & 다품사어 List	277
DAY 29	한 단어의 모든 품사가 출제되는 표제어 동사 List	289
DAY 30	항상 숙어로 출제되는 동사구 List	301

STEP 4
문제풀이로 실력완성 — 313

FINAL TEST DAY 1~30 — 314
ACTUAL TEST — 374
ANSWERS — 383
INDEX — 396

STEP 1

핵심 어휘로 기본 다지기
DAY 1-10

STEP 1
핵심 어휘로 기본 다지기

DAY 01 기출 빅데이터로 뽑은 빈출 동사 150선 – 1
DAY 02 기출 빅데이터로 뽑은 빈출 동사 150선 – 2
DAY 03 기출 빅데이터로 뽑은 빈출 동사 150선 – 3
DAY 04 기출 빅데이터로 뽑은 빈출 명사 150선 – 1
DAY 05 기출 빅데이터로 뽑은 빈출 명사 150선 – 2
DAY 06 기출 빅데이터로 뽑은 빈출 명사 150선 – 3
DAY 07 기출 빅데이터로 뽑은 빈출 형용사 100선 – 1
DAY 08 기출 빅데이터로 뽑은 빈출 형용사 100선 – 2
DAY 09 기출 빅데이터로 뽑은 빈출 부사 100선 – 1
DAY 10 기출 빅데이터로 뽑은 빈출 부사 100선 – 2

DAY 01

기출 빅데이터로 뽑은 빈출 동사 150선 – 1

TOEIC에는 비즈니스 현장에서 사용되는 말들이 출제되므로 비즈니스 주제별로 어휘를 묶어서 암기하는 것이 효과적이다.

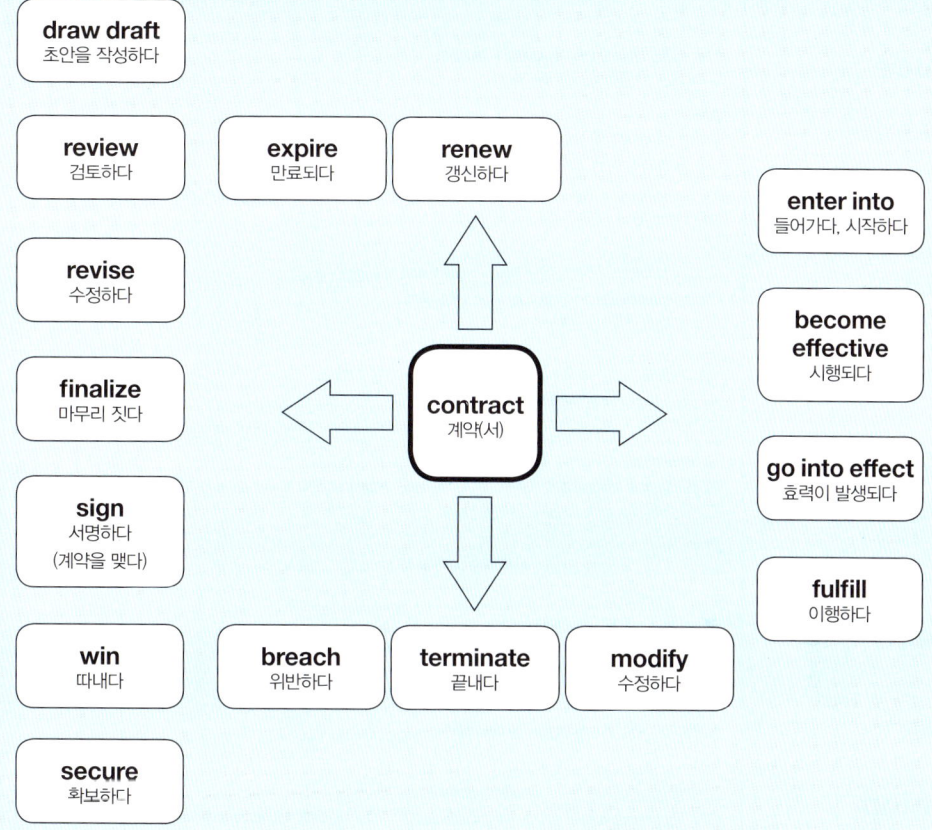

시험문제는 이렇게 나와요!

We are sorry to inform you that because of unforeseen circumstances, our company cannot
--------- our contract with you.
(A) renew   (B) reappear   (C) remodel   (D) revolve

해설 ▶ 생각의 순서

1단계 구조 분석
We / are sorry / to inform you that (because of unforeseen circumstances), our company
주어   동사   보어   to부정사구   주어
/ cannot --------- / our contract (with you).
    동사   목적어

2단계 품사 배열   빈칸은 목적어 our contract와 어울리는 동사 자리이다.
3단계 답 결정 단어 찾기   contract → renew the contract 계약서를 갱신하다 ∴ (A) renew(갱신하다)가 정답
4단계 오답 노트   (B) reappear(다시 나타나다): 자동사로 뒤에 목적어가 올 수 없다.
(C) remodel(개조하다): 모양 또는 형태를 다른 것으로 바꿀 때 사용하는 것으로 주로 building(건물), room(방)과 같은 장소명사와 어울려 사용된다.
(D) revolve(회전하다): 자동사로 뒤에 목적어가 올 수 없다.

해석	우리 회사는 뜻밖의 상황 때문에 당신과의 계약을 갱신할 수 없다는 사실을 알리게 되어서 유감입니다.
어휘	unforeseen 뜻밖의 circumstance 상황
정답	(A)

DAY 01

hold
[hoʊld]
vt. ~을 개최하다, ~을 잡다
n. 잡기, 영향, 억제

01
BIG DATA
정답출제:13회
오답출제: 7회

The manager **is holding** a meeting to collect suggestions from his staff.
매니저가 스태프들로부터 의견을 모으기 위해 회의를 열 것이다.

출제포인트
〈사람 + hold + a seminar/meeting/party〉 ~가 (행사)를 개최하다
〈행사명 + be held + 장소/시간 전치사구〉 (행사)가 개최되다
〈hold + 사람 + responsible/accountable/liable (for)〉 ~에게 책임을 지우다
hold on 보류하다

include
[ɪnˈkluːd]
vt. ~을 포함하다

02
BIG DATA
정답출제:13회
오답출제:11회

The rate **does not include** taxes.
그 비용은 세금을 포함하지 않는다.

출제포인트
상태를 나타내는 동사로 진행형으로 쓰지 않는다. including은 전치사로
'~을 포함하여'라는 의미로 쓰인다.
As a manager, he will need a variety of skills, **including** leadership.
그는 매니저로서 리더십을 포함한 다양한 능력이 필요할 것이다.

accept
[əkˈsept]
vt. ~을 받아들이다,
수락하다

03
BIG DATA
정답출제:11회
오답출제:10회

acceptable a. 받아들일 수 있는   acceptance n. 수락
Please **accept** my sincere apologies.
제 진심어린 사과를 받아주세요.

출제포인트
제의나 초대, 사임, 사과, 조언 등을 '받아들이다'라는 의미다.
accept the proposal 제안을 받아들이다

submit
[səbˈmɪt]
vt. ~을 제출하다,
복종하다

04
BIG DATA
정답출제:11회
오답출제: 7회

submission n. 제출물, 의뢰, 복종
Applicants **should submit** references from more than one institution.
지원자들은 한 군데 이상의 기관에서 받은 추천서를 제출해야 한다.

출제포인트
submit an application 지원서를 제출하다

exceed
[ɪkˈsiːd]
vt. ~을 넘다, 초과하다,
초월하다

05
BIG DATA
정답출제:10회
오답출제: 4회

excess n. 초과   excessive a. 과도한, 지나친
Our production expenses **exceeded** the initial budget.
우리의 생산비가 초기 예산을 초과했다.

출제포인트
특정한 수, 양, 한도를 '넘다, 초과하다'

develop
[dɪˈveləp]
vt. ~을 발전시키다, 개발하다
vi. 성장하다, 발달하다

06
BIG DATA
정답출제: 9회
오답출제: 5회

developer n. 개발자   development n. 개발
GM Express recently announced that it **is developing** a revolutionary new delivery system.
GM Express는 혁신적인 새 배송 시스템을 개발하고 있음을 최근에 발표했다.

출제포인트 유사 어휘 develop vs. modify
- develop: 기존에 없던 것을 새로이 개발하는 것
- modify: 기존의 성능이나 디자인 등을 수정 보완하여 변형하는 것

enhance
[ɪnˈhæns]
vt. ~을 높이다,
향상시키다

07
BIG DATA
정답출제: 4회
오답출제: 6회

The brand new system **has enhanced** our productivity and competitiveness.
새로 나온 시스템은 우리의 생산성과 경쟁력을 강화시켰다.

출제포인트
enhance = improve 기존의 것을 더 좋게 향상시키는 것
enhance value/quality/price 가치/품질/가격을 높이다
enhance reputation/attractiveness 평판/매력을 향상시키다

create
[kriˈeɪt]
vt. ~을 창조하다,
발명하다,
고안해내다

08
BIG DATA
정답출제: 8회
오답출제: 6회

creativity n. 창의력   creative a. 창조적인
Hyde Software **will create** a program to suit your company's needs.
Hyde Software사는 귀사의 요구에 맞는 프로그램을 만들어낼 것입니다.

출제포인트
create a program 프로그램을 제작하다   create a job 일자리를 만들다
create an atmosphere 분위기를 조성하다

deliver
[dɪˈlɪvər]
vt. ~을 배달하다,
연설하다;
산출하다;
약속을 지키다

delivery n. 배달; 연설; 출산
Your order **will be delivered** before noon.
귀하의 주문품은 정오 전에 배송될 것입니다.

출제포인트
deliver parcel 소포를 배달하다   deliver a speech 연설하다
deliver on one's promises 약속을 이행하다

09
BIG DATA
정답출제: 8회
오답출제: 10회

indicate
[ˈɪndɪˌkeɪt]
vt. ~을 나타내다,
가리키다

indication n. 표시, 암시, 징후   **indicative** a. 나타내는, 보여주는
indicator n. 지표
Our study **indicates** that larger cities have more population growth.
우리의 연구는 더 큰 도시가 인구성장률이 더 크다는 것을 보여준다.

출제포인트
〈indicate (that) + 주어 + 동사〉 ~라는 것을 나타내다
be indicative of ~임을 나타내다, 보여 주다

10
BIG DATA
정답출제: 9회
오답출제: 4회

meet
[mit]
vt. ~를 만나다;
~을 충족시키다

Our profits last year **did not meet** analysts' expectations.
우리의 작년 이익은 분석가들의 기대치에 못 미쳤다.

출제포인트
〈meet with + 사람〉 (사람)을 만나다
meet deadline/need/demand/expectation 마감일/요구/수요/기대치를 충족시키다

11
BIG DATA
정답출제: 9회
오답출제: 8회

recommend
[ˌrekəˈmend]
vt. ~을 추천하다,
권장하다

recommendation n. 추천, 추천장, 조언
We **recommend** taking a casual walk through the newly renovated Rose Gardens.
새 단장한 장미정원 사이로 가볍게 산책하는 것을 추천한다.

출제포인트
〈recommend + 목적어 + to + 사람〉 ~을 ~에게 추천하다
〈recommend + 동명사〉 ~하는 것을 추천하다
〈recommend that + 주어 + 동사〉 ~라고 추천하다

12
BIG DATA
정답출제: 8회
오답출제: 5회

reserve
[rɪˈzɜrv]
vt. ~을 예약하다,
보유하다,
남겨두다
n. 보유, 보관, 비축

reservedly ad. 조심스럽게
Make sure to register early **to reserve** a seat.
좌석을 예약하기 위해서 반드시 일찍 등록하도록 하라.

출제포인트
〈reserve the right + to부정사〉 ~할 권리를 가지고 있다
reserve a seat 좌석을 예약하다

13
BIG DATA
정답출제: 8회
오답출제: 12회

anticipate
[ænˈtɪsəˌpeɪt]
vt. ~을 예상하다,
추측하다

The manager wrongly **anticipated** that the interest rate would be higher this year.
그 매니저는 올해 금리가 더 높을 것이라고 잘못 예상했다.

출제포인트 유사어휘 anticipate vs. expect
• 〈anticipate + 동명사〉 ~을 예상하다
• 〈expect + to부정사〉 ~을 예상하다

14
BIG DATA
정답출제: 7회
오답출제: 2회

predict
[prɪˈdɪkt]
vt. ~을 예측하다,
예언하다

prediction n. 예측   **predictable** a. 예측 가능한   **predictably** ad. 예상대로
Business analysts are cautiously **predicting** a merger between Granger Tech and Wendell Works, Inc.
사업 분석가들은 Granger Tech사와 Wendell Works사의 합병을 조심스럽게 예측하고 있다.

실전 TIP 회사가 리서치를 인용하여 좋은 전망을 확신하는 내용이 종종 등장하는데, 이때는 predict, expect, anticipate 등의 동사로 말한다. suppose, guess, hope, believe 등은 단순 추측이거나 희망사항을 의미한다.

15
BIG DATA
정답출제: 8회
오답출제: 3회

introduce
[ˌɪntrəˈdus]
vt. ~을 소개하다

introduction n. 소개, 도입   **introductory** a. 소개의
The government decided **to introduce** a universal health care plan.
정부는 (전 국민을 위한) 보편적인 의료보험체계를 도입하기로 결정했다.

실전 TIP introduce, release, launch는 신제품 등을 '출시하다'라는 뜻으로 자주 나온다.

16
BIG DATA
정답출제: 4회
오답출제: 2회

DAY 01

determine
[dɪˈtɜːmɪn]
vt. ~을 결정하다, 알아내다

determination n. 의지, 결정, 확인
The board of directors **has determined** that it is possible to extend the deadline.
이사회는 마감일을 연장하는 것이 가능하다고 결정하였다.

출제포인트 〈determine + 방식/유형/to부정사/that/how/whether/what/who〉
(무엇의 방식·유형)을 결정하다(=decide)

실전 TIP 유사어휘 determine vs. decide
- determine : 조사나 이유, 계산으로 이루어진 어떤 사실에 대해 그것들을 결정할 때
- decide : 모든 가능성이나 의견들을 생각한 후 선택하여 판단을 내리는 것
  It was difficult to (decide, ~~determine~~) between the two candidates.
  두 후보자 사이에서 결정하는 것은 어렵다.

17 BIG DATA
정답출제: 5회
오답출제: 15회

publish
[ˈpʌblɪʃ]
vt. ~을 출판하다, 게재하다, 발표하다

publication n. 출판, 출판물
The first edition **was published** in 1820.
초판은 1820년에 출판되었다.

출제포인트
publish a report/book/newsletter 보고서/책/소식지를 출판하다

18 BIG DATA
정답출제: 7회
오답출제: 4회

use
[juːz]
vt. ~을 사용하다
[juːs]
n. 사용, 이용

useful a. 쓸모 있는, 유용한   usable a. 사용할 수 있는
This equipment **should not be used** for non-work-related purposes.
이 장비는 업무와 무관한 용도로 사용되어서는 안 된다.

출제포인트
〈use + 목적어 + to부정사〉 ~을 하는 데 …을 사용하다
〈use + 목적어 + for + 명사/동명사〉 ~을 위해 …을 사용하다

19 BIG DATA
정답출제: 8회
오답출제: 5회

approve
[əˈpruːv]
vt. ~을 승인하다, 찬성하다

Last week, the CEO **approved** a new service.
지난주 CEO가 새로운 서비스를 승인하였다.

출제포인트
approve = agree with 찬성하다

20 BIG DATA
정답출제: 7회
오답출제: 5회

arrange
[əˈreɪndʒ]
vt. ~을 배열하다, 처리하다

Please **arrange** for your engineer to arrive at our office tomorrow.
내일 귀사의 엔지니어가 우리 사무실에 도착하도록 준비시켜 주세요.

출제포인트 〈arrange for + 사람 + to부정사〉 (누구)가 ~하도록 미리 준비시키다

실전 TIP arrange나 organize는 공식 준비나 대외 준비에, prepare는 개인적인 준비 또는 사전 준비에 주로 쓰는 경향이 있다.

21 BIG DATA
정답출제: 5회
오답출제: 8회

accommodate
[əˈkɑːmədeɪt]
vt. ~을 수용하다, (공간)을 제공하다

accommodation n. 숙박
This hotel **can accommodate** five guests.
이 호텔은 5명의 고객을 수용할 수 있다.

출제포인트
accommodate people/seminars 사람/세미나를 수용하다
accommodate growth/need/demand 증가/필요/요구를 수용하다

22 BIG DATA
정답출제: 9회
오답출제: 1회

install
[ɪnˈstɔːl]
vt. ~을 설치하다

installation n. 설치, 시설   installment n. 할부금
The new computers **will be installed** tomorrow afternoon.
새 컴퓨터는 내일 오후에 설치될 것이다.

출제포인트 목적어로 기계, 장비, 시설 등이 온다.

23 BIG DATA
정답출제: 5회
오답출제: 4회

release
[rɪˈliːs]
vt. ~을 발표하다, 공개하다, 출시하다, 풀어 주다
n. 발표, 공개, 출시, 방출

The book **will be released** in two months.
그 책은 두 달 후에 출시될 것이다.

출제포인트
① 새로운 뉴스나 정보, 또는 제품들을 공식적으로 '발표하다, 공개하다'
② 의무나 책임 등에서 '풀어 주다'
③ 구속 상태의 사람을 자유롭게 '풀어 주다'

24 BIG DATA
정답출제: 5회
오답출제: 4회

resolve
[rɪˈzɑlv]
vt. ~을 해결하다, 결정하다
n. 결심

resolution n. (가산) 결정, (불가산) 해결책
Our commitment is to help **resolve** our customers' problems within 24 hours.
우리의 의무는 고객의 문제를 24시간 이내에 해결하도록 돕는 것이다.

출제포인트 유사어휘 solve vs. resolve
- solve: 정해진 답을 찾아 문제를 해결할 때. solve a problem
- resolve: 서로 다른 의견들을 하나로 모으거나 해결책을 찾을 때. resolve a problem

25
BIG DATA
정답출제: 4회
오답출제: 6회

suspend
[səˈspend]
vt. ~을 (잠시) 중단하다

The yellow subway line **will be suspended** temporarily while a section of track is replaced.
노란색 지하철 라인은 선로 구간 한 곳이 교체되는 동안 임시로 (운행이) 중지될 것이다.

출제포인트
suspend a service/an operation/a process 서비스/작동/공정을 중단하다

26
BIG DATA
정답출제: 5회
오답출제: 2회

design
[dɪˈzaɪn]
vt. ~을 디자인하다, 계획하다
vi. 설계하다, 뜻을 두다
n. 디자인, 설계(법)

The scheme **is designed** to provide young people with employment.
그 계획은 젊은이들에게 일자리를 제공하기 위해 계획되었다.

출제포인트
① 〈design + 목적어 + to부정사〉 ~을 …하려고 만들다
② 〈design + 목적어 + as …〉 ~을 …할 생각이다
③ 〈design for + 명사〉 ~에 뜻을 두다

27
BIG DATA
정답출제: 8회
오답출제: 10회

invite
[ɪnˈvaɪt]
vt. ~을 초대하다, 요청하다

You are cordially **invited** to our annual banquet on December 20th.
12월 20일에 있을 저희 연례연회에 귀하를 진심어린 마음으로 초대합니다.

출제포인트
〈invite + 사람 + to부정사〉 ~에게 …하도록 요청/부탁하다

28
BIG DATA
정답출제: 5회
오답출제: 13회

maintain
[meɪnˈteɪn]
vt. ~을 유지하다, 지속하다

We **have to maintain** a fair and friendly working environment.
우리는 공평하고 우호적인 작업환경을 유지해야 한다.

실전 **TIP**
maintain은 타동사로 이전의 상태·방법 등을 '지속되게 만들다', '유지/관리하다'의 의미로 토익에서는 주로 동사의 형태를 묻는 문제나 품사를 묻는 문제로 출제되고 있다.

29
BIG DATA
정답출제: 5회
오답출제: 8회

monitor
[ˈmɑnɪtər]
vt. ~을 관찰하다, 감시하다
n. 화면, 컴퓨터 모니터

Each manager **should monitor** their department's budget closely.
각 매니저는 그들의 부서 예산을 면밀히 감시해야 한다.

실전 **TIP**
토익에서는 주로 명사보다 '~을 감시하다'라는 타동사 의미로 나온다.

30
BIG DATA
정답출제: 5회
오답출제: 1회

retain
[rɪˈteɪn]
vt. ~을 유지하다, 보유하다

The new company **will retain** much of the previous company's product line.
새 회사는 이전 회사 제품 라인의 많은 부분을 보유할 것이다.

출제포인트 retain + existing/current + customers/brand/product lines
기존 소비자들/브랜드/제품 라인을 유지하다

실전 **TIP** 헷갈리는 어휘 attract vs. retain
- attract(이끌다) : 관심을 끌거나 참여하게 한다는 의미로 주로 사람목적어가 옴.
  attract many tourists 많은 관광객을 끌어 모으다
- retain(유지하다) : 기존의 것을 유지한다는 의미.
  retain existing customers 기존의 소비자를 유지하다

31
BIG DATA
정답출제: 4회
오답출제: 3회

return
[rɪˈtɜrn]
vt. ~이 돌아오다, 반납하다
n. 반납, 반송, 귀환, 수익

returnable a. 되돌릴 수 있는 n. 반환할 수 있는 빈 병
Mr. Cohen has suggested that the staff meeting be postponed until everyone **returns** from their business trips.
Cohen 씨는 모두가 출장에서 돌아올 때까지 직원회의를 연기해야 한다고 제안했다.

출제포인트
① 〈return + 사물 + to + 사람/사물〉 ~을 누구/어디에 되돌려주다
② 〈사람 + return to + 장소〉 ~이 …로 돌아오다

32
BIG DATA
정답출제: 8회
오답출제: 10회

DAY 01 19

DAY 01

seek
[siːk]
vt. ~을 시도하다, 추구하다, 요청하다

33 BIG DATA
정답출제: 5회
오답출제: 1회

KM Education **is seeking** experienced and competent staff for its new project.
KM Education사는 지사의 새로운 프로젝트를 위해 경력 있고 유능한 직원들을 구하고 있다.

출제포인트
① <seek + 명사> ~을 찾다, 추구하다
   seek staff/a worker/an individual 직원을 찾다
   seek advice/help/assistance 조언/도움/지원을 구하다
② <seek + to부정사> ~하려고 애쓰다

---

sell
[sel]
vt. ~을 팔다, 팔리다

34 BIG DATA
정답출제: 7회
오답출제: 1회

Mr. Song has found it easy **to sell** his handbags because of their attractive design.
Song 씨는 매력적인 디자인 때문에 자신의 가방들이 팔기 쉽다는 것을 알았다.

출제포인트
① 3형식 <sell + 사물>과 4형식 <sell + 사람 + 사물> 모두 가능하다.
② 동사의 태(수동/능동)에 따라 달라지는 문맥을 잘 파악해야 한다.

실전 TIP 연관단어 outsell
신토익에 처음 출제된 단어 outsell은 '…을 ~보다 더 많이 팔다'라는 타동사다.
For the past six months, *jajangmyeon* has been outselling *jjamppong* at 123 Chinese restaurant.
지난 6개월 동안 123 중국집에서 짜장면이 짬뽕보다 더 많이 팔렸다.

---

accelerate
[əkˈseləˌreɪt]
vt. ~을 빠르게 하다, 촉진시키다

35 BIG DATA
정답출제: 3회
오답출제: 2회

It **accelerated** the growth. 그것이 성장을 가속화시켰다.

출제포인트 유사 어휘
expedite ~을 더 빠르게 처리하다

---

allocate
[ˈæləkeɪt]
vt. ~을 할당하다, 배분하다

36 BIG DATA
정답출제: 3회
오답출제: 1회

We decided **to allocate** more money for research and development.
우리는 연구 개발에 대한 더 많은 돈을 할당하기로 결정했다.

출제포인트
전치사 by, for, to 등과 함께 쓰인다.

---

assemble
[əˈsembəl]
vt. ~을 모으다, 조립하다
vi. 모이다

37 BIG DATA
정답출제: 3회
오답출제: 8회

assembly n. 조립, 의회
For DIY products, you need **to assemble** them yourself.
DIY 제품들은 당신이 직접 조립해야 한다.

출제포인트
주로 물건 등을 '조립한다'는 의미로 나오며 수동태로도 자주 등장한다.

---

consult
[kənˈsʌlt]
vt. ~의 의견을 듣다, 참고하다, 찾다

38 BIG DATA
정답출제: 3회
오답출제: 3회

consultant n. 자문가, 상담가   consultation n. 협의, 상의
It is recommended that the board of directors **consult** with specialists before taking action.
이사회는 조치를 취하기 전에 전문가들과 상의하기를 권고 드립니다.

출제포인트
<consult with + 사람> ~와 상담하다, 물어보다, 논의하다
<consult + 명사> ~을 찾아보다

---

convene
[kənˈviːn]
vi. 모이다, 회합하다
vt. ~을 소집하다, 모으다

39 BIG DATA
정답출제: 3회
오답출제: 0회

convention n. 회의, 조약, 관습
The board of directors **will convene** next week to discuss the privacy policy statement for users.
이사회는 사용자의 개인 정보 보호 정책에 대해 토론하기 위해 다음 주에 모일 것이다.

출제포인트
공식적인 모임·회의를 위해 '(사람들을) 소집하다, (사람들이) 모이다'

---

demonstrate
[ˈdemənˌstreɪt]
vt. ~을 보여주다, 설명하다

40 BIG DATA
정답출제: 3회
오답출제: 4회

demonstration n. 설명, 입증
This brochure **will demonstrate** how the machine operates.
이 브로셔는 기계가 어떻게 작동되는지를 보여줄 것이다.

출제포인트
사물, 행위, 감정, 사용법 등을 '보여주다, 실증하다'라는 의미로 <demonstrate + that/what/how + 주어 + 동사>와 같이 자주 쓰이며, <demonstrate how + to부정사>의 형태로도 쓰인다.

실전 TIP product demonstration 제품설명(시연)회

deserve
[dɪˈzɜrv]
vt. ~할 자격이 있다,
~할 만하다

deserved a. 당연한, 마땅한
Frederick deserves credit for increasing sales in the last quarter.
Frederick은 지난 분기의 매출 신장에 대해 칭찬받을 만하다.

출제포인트
① 목적어가 to부정사일 경우 능동/수동을 구분해야 한다.
  ⟨deserve to + be + p.p⟩ = ⟨deserve + 동명사⟩ ~되어질 만하다
② deserve credit/praise for ~에 대하여 칭찬받을 만하다

41
BIG DATA
정답출제: 3회
오답출제: 0회

display
[dɪˈspleɪ]
vt. ~을 전시하다, 보여주다
n. 전시, 표현

Anyone who parks a car here must display a permit in their front window.
여기에 차량을 세워놓는 사람은 반드시 허가증을 앞 유리창에 보이게 해야 한다.

출제포인트 말이나 행동을 통해서 감정이나 상태를 '드러내다, 나타내다', 컴퓨터 등에 정보를 '띄우다, 보여주다'

42
BIG DATA
정답출제: 5회
오답출제: 6회

distribute
[dɪˈstrɪbjut]
vt. ~을 분배하다,
배포하다,
분류하다

The research committee will distribute funds from the National Grant among its various teams.
연구위원회는 National Grant로부터 받은 자금을 여러 팀들에 분배할 것이다.

출제포인트
① ⟨distribute + 목적어 + among/over/through + 명사⟩ ~에 퍼뜨리다, 뿌리다
② be widely distributed 널리 분포되다
③ ⟨distribute + 목적어 + 전치사 + 명사⟩ ~으로 분류하다

43
BIG DATA
정답출제: 3회
오답출제: 5회

enter
[ˈentər]
vi. 들다, 들어가다
vt. ~에 들어가다,
~을 시작하다,
(단체)에 가입하다

Next year, we are going to enter the U.S. market.
내년에 우리는 미국 시장에 진입할 것이다.

출제포인트
① 타동사로 방이나 어떤 공간에 '들어가다'는 뜻일 때는 수동태로 쓰지 않는다.
② ⟨enter into + 명사⟩는 활동이나 관계에 '참여하다'라는 의미이다.

44
BIG DATA
정답출제: 3회
오답출제: 13회

evaluate
[ɪˈvæljueɪt]
vt. ~을 평가하다
vi. 평가를 하다

evaluation n. 평가
The new Vice President of Marketing has promised to evaluate all of the company's operations over the next two months.
새로운 마케팅 담당 부사장은 앞으로 두 달에 걸쳐 회사의 모든 운영을 평가하겠다고 약속했다.

출제포인트 동의어 assess, rate, estimate, judge
실전 TIP job evaluation 직무 평가

45
BIG DATA
정답출제: 2회
오답출제: 2회

feature
[ˈfitʃər]
vt. ~을 특징을 이루다;
~(신문기사)를
대서특필하다
n. 특징, 특성, 특집기사

This brand new radio receiver features several new functions.
새로 나온 이 라디오 수신기는 여러 가지 새로운 기능들을 갖추고 있다.

출제포인트
⟨장소/행사/제품(주어) + feature + 구성요소(목적어)⟩ …는 ~라는 특징이 있다.

46
BIG DATA
정답출제: 3회
오답출제: 9회

guarantee
[ˌgærənˈti]
vt. ~을 보증하다
n. 보증, 품질보증서

If you are qualified for the job, we can guarantee you an interview.
당신이 그 일에 대해 자격이 된다면, 우리는 당신에게 면접을 보게 해줄 수 있다.

출제포인트
① ⟨guarantee + 제품 + against⟩ (제품)의 ~에 대해 보증하다
  guarantee this radio against defects 이 라디오의 결함에 대해 보증하다
② 유사어휘 warranty 일정 기간 내 교체나 수리를 위한 제품 보증서

47
BIG DATA
정답출제: 3회
오답출제: 0회

handle
[ˈhændəl]
vt. ~을 다루다, 취급하다
n. 손잡이

There is so much work that Ms. Lopez cannot handle it all by herself.
일이 너무 많아서 Lopez 씨는 혼자서 그것을 처리할 수 없다.

출제포인트 동의어 treat, deal with, cope with

48
BIG DATA
정답출제: 3회
오답출제: 2회

A 다음 빈칸에 적절한 단어나 우리말을 쓰시오.

01 meet _____
02 convene _____
03 resolve _____
04 approve _____
05 demonstrate _____

06 보장하다 _____
07 설명하다, 나타내다 _____
08 평가하다 _____
09 할당하다 _____
10 넘다, 초과하다 _____

B 다음 빈칸에 들어갈 적절한 말을 [보기]에서 고르시오.

| approved | meet | demonstrate |
| resolve | convene | |

01 Our commitment is to help _____ our customers' problems within 24 hours.
02 Last week, the CEO _____ a new service.
03 This brochure will _____ how the machine operates.
04 Our profits last year did not _____ analysts' expectations.
05 The assembly will _____ in May.

C 실전훈련

01 To ------------ the accessibility needs of employees with disabilities, the elevators in the West Office will be renovated.

　(A) meet　　　　　(B) produce

02 In today's presentation, software mogul Michael Campbell plans to ------------ how to take your online business into the 21st century.

　(A) demonstrate　　(B) require

03 Hardex Computers is committed to helping customers ------------ any software problems that occur within 48 hours.

　(A) remind　　　　(B) resolve

DAY 02
기출 빅데이터로 뽑은 빈출 동사 150선 – 2

1. 주어로 사람만 취하는 동사

think 생각하다
expect 예상하다
consider 고려하다

➡

▶ 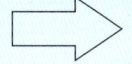 is expected that ~
   It

▶ He expects that ~

※ 주의 사람명사가 주어일 때 수동태 불가

2. 목적어로 사람만 취하는 동사

주어 + 동사 + 목적어 (사람명사) + 전치사 + 명사
　　　　　　　　　　　　　　　　+ that + 주어 + 동사
　　　　　　　　　　　　　　　　+ to부정사

감정동사	**alarm** ~를 불안하게 만들다 **convince** ~를 확신시키다 **exhaust** ~를 지치게 하다 **reward** ~를 보답하다 **amaze** ~를 놀라게 하다 **delight** ~를 크게 기쁘게 하다 **fascinate** ~를 매혹시키다 **satisfy** ~를 만족시키다 **amuse** ~를 즐겁게 하다 **depress** ~를 낙담시키다 **frighten** ~를 깜짝 놀라게 하다 **shock** ~에게 충격을 주다 **annoy** ~를 괴롭히다 **devastate** ~를 압도하다 **frustrate** ~를 좌절시키다 **strike** ~에게 (…하다는) 느낌을 주다 **astonish** ~를 놀라게 하다 **disappoint** ~를 실망시키다 **insult** ~를 모욕하다 **surprise** ~을 깜짝 놀라게 하다 **awe** ~를 경외심을 갖게 하다 **dissatisfy** ~에게 불만을 품게 하다 **interest** ~에게 흥미를 갖게 하다 **tire** ~을 피곤하게 하다 **bewilder** ~를 당황하게 하다 **embarrass** ~를 창피하게 하다 **irritate** ~를 짜증나게 하다 **trouble** ~를 괴롭히다 **bore** ~를 지겹게 하다 **entice** ~를 꾀다 **pain** ~에게 고통을 주다 **worry** ~를 걱정시키다 **confuse** ~를 혼란스럽게 하다 **excite** ~를 자극하다 **please** ~을 기쁘게 하다 **overwhelm** ~를 압도하다
알리다 통보하다	**assure**, **tell**, **inform**, **notify**, **advise**
가르치다	**teach**, **instruct**
설득하다	**persuade**, **convince**

시험문제는 이렇게 나와요!

Please let Mr. Manuel's secretary know when you get there so she can ------- him of your arrival.
(A) speak　(B) notify　(C) report　(D) attend

해설 ▶ 생각의 순서

1단계 구조 분석

　　　　　　　　　　　　　　　　　　　동사　　목적어 [명사절접속사 when+주어+동사]
(Please) let / Mr. Manuel's secretary / know / [when you / get (there)] so she / can -------
　　　동사　목적어　　　　　　　　　목적보어　　　　　　　　　　　　　접속사 주어 동사
/ him (of your arrival).
　목적어

2단계 품사 배열 　빈칸은 조동사 can과 목적격 대명사 him 사이에 위치하므로 동사 자리이다.
3단계 답 결정 단어 찾기 　him, of → [notify + A + of/that/to부정사] A에게 ~에 대해 알리다
∴ (B) notify(알리다)가 정답
4단계 오답 노트　(A) speak(말하다) : 자동사로 뒤에 목적어가 올 수 없다.
(C) report(보고하다) : 보고하다'란 의미로 쓰일 때, 주로 사람명사가 주어 자리에 오며, 목적어로 사람명사가 올 경우에는 전치사 to와 함께 온다.
(D) attend(참석하다) : 목적어로 장소나 행사, 모임 등이 나와야 한다. attend the event 행사에 참가하다

해석　비서가 Manuel 씨에게 당신이 도착했다는 것을 알릴 수 있도록 그곳에 도착하면 그의 비서에게 통지하세요.
어휘　let ~하게 하다　secretary 비서　notify 알리다, 통지하다
정답　(B)

DAY 02

hesitate
[ˈhezəteit]
vi. ~을 주저하다, 망설이다

hesitant a. 주저하는, 망설이는   hesitation n. 주저함, 망설임
Don't hesitate to express your opinion.
주저하지 말고 네 의견을 표현해라.

출제포인트
〈don't hesitate + to부정사〉 = 〈don't be hesitant + to부정사〉 주저하지 않고 ~하다

01 BIG DATA
정답출제: 3회
오답출제: 2회

hire
[ˈhaiər]
vt. ~를 고용하다

We plan **to hire** additional service crews for the peak season.
성수기를 위해 우리는 서비스 직원을 추가 고용할 계획이다.

출제포인트
〈hire + 사람명사 + to부정사〉 ~을 ~에 고용하다

02 BIG DATA
정답출제: 3회
오답출제: 4회

host
[houst]
vt. ~을 주최하다, 진행하다
n. 주최지(국), 진행자

Italy **hosted** the World Cup finals.
이탈리아가 월드컵 결승전을 주최했다.

출제포인트 〈행사 + be hosted by + 주체〉 ~가 ~에 의해 진행되다 (수동)
실전 TIP 라디오, 텔레비전 프로그램을 '진행하다'라는 의미로도 쓰인다.

03 BIG DATA
정답출제: 3회
오답출제: 2회

influence
[ˈinfluːəns]
vt. ~에 영향을 미치다
n. 영향, 영향을 미치는 것

influential a. 영향력 있는
Several factors **will influence** the decision.
여러 가지 요인들이 그 결정에 영향을 미칠 것이다.

출제포인트
influence a decision/outcome/choice 결정/결과/선택에 영향을 미치다
실전 TIP have/exert an influence on ~에게 영향을 미치다

04 BIG DATA
정답출제: 3회
오답출제: 9회

organize
[ˈɔːrɡənaiz]
vt. ~을 기획하다, 조직하다

organization n. 조직, 단체   organizational a. 조직(상)의
Carter **will** most likely **organize** the workshop this summer on rewarding customer loyalty.
Carter는 충성스러운 고객에게 보상을 해줄 이번 여름에 열릴 워크숍을 조직하게 될 것 같다.

출제포인트 ① 행사나 활동 등을 '기획하다, 준비하다(arrange)'
② 사람, 단체, 시스템, 생각 등을 '조직하다, 정리하다, 체계화하다'

05 BIG DATA
정답출제: 2회
오답출제: 6회

outline
[ˈautlain]
vt. ~의 윤곽을 보여주다, 개요를 서술하다
n. 윤곽, 개요

Greene **outlined** our proposals to the committee.
Greene은 그 위원회에 우리 제안서의 개요를 설명했다.

출제포인트
주어 자리에는 사람(담당자, 담당부서), 문서(이메일, 회의자료) 등 개요를 서술하는 주체가 오며, 목적어 자리에는 주제, 규칙, 절차, 계획, 상황 등 개요 서술의 대상이 온다.

06 BIG DATA
정답출제: 3회
오답출제: 2회

record
[ˈrekərd]
vt. ~을 기록하다, 녹음하다, 나타내다
vi. 기록하다
n. 기록, 음반

During the last quarter, our company **recorded** unprecedented revenues from sports goods sales.
지난 분기 동안, 우리 회사는 스포츠 상품 판매에서 전례 없는 수입을 기록했다.

출제포인트 타동사로 컴퓨터에 정보를 '기록하다', 자/타동사로 음악·TV프로그램 등을 디스크 등에 '저장하다'
실전 TIP reach a record high 최고치를 기록하다

07 BIG DATA
정답출제: 2회
오답출제: 6회

regulate
[ˈreɡjəleit]
vt. ~을 규제하다, 조절하다

regulation n. 규정, 통제
This valve **regulates** the flow of water.
이 밸브가 물의 흐름을 조절한다.

출제포인트 활동이나 프로세스 등을 '규제하다, 조절하다'
실전 TIP safety regulation 안전규정 traffic regulation 교통법규

08 BIG DATA
정답출제: 2회
오답출제: 5회

reject
['rɪdʒekt]
vt. ~을 거절하다

rejection n. 거절
Sam **rejected** his sister's offer of help.
Sam은 누나의 도움 제의를 거절했다.

출제포인트 유사어휘 reject vs. object
- ⟨be rejected by + 명사/동명사⟩ (타동사) ~에 의해 거절당하다
- ⟨object to + 명사/동명사⟩ (자동사) ~에 반대하다

09
BIG DATA
정답출제: 3회
오답출제: 2회

remove
[rɪˈmuːv]
vt. ~을 제거하다
vi. 이동하다

removable a. 이동할 수 있는, 쉽게 제거될 수 있는   removably ad. 이동할 수 있게, 제거할 수 있게   removal n. 제거
To install the new program, please **remove** all previous versions of the software.
새 프로그램을 설치하려면, 해당 소프트웨어의 이전 버전들을 모두 삭제해 주세요.

출제포인트 be removed from ~로부터 제거되다

10
BIG DATA
정답출제: 3회
오답출제: 1회

renovate
[ˈrenəveɪt]
vt. ~을 개조하다, 보수하다

renovation n. 보수, 수리
Starting on March 2, the old building on Teaneck Rd. **will be renovated**.
3월 2일부터 Teaneck 가에 있는 그 오래된 빌딩은 보수공사에 들어갈 것이다.

출제포인트
renovate a building/kitchen/heating system/house/conference center
건물/주방/난방 시설/집/회의장을 수리하다

11
BIG DATA
정답출제: 4회
오답출제: 1회

repair
[rɪˈpeər]
vt. ~을 수리하다, 보수하다
n. 수리, 보수

To avoid further delay, we **had to repair** the damaged parts swiftly.
더 지연되는 것을 막기 위해 우리는 고장 난 부품을 빠르게 수리해야 했다.

출제포인트 손상된 것이나 고장 난 것을 고친다는 의미로 토익에서는 주로 동사의 형태를 묻는 문제로 출제되고 있다.

12
BIG DATA
정답출제: 3회
오답출제: 7회

resume
[rɪˈzuːm]
vt. ~을 다시 시작하다
vi. 다시 시작되다
n. 이력서(résumé)

Regular work hours **resume** on Monday, April 2.
정규 업무시간은 4월 2일 월요일부터 재개된다.

출제포인트
토익에서는 명사 보다 동사로 더 많이 사용되며, 이력서는 résumé보다 application(지원서)으로 더 많이 쓴다.

13
BIG DATA
정답출제: 2회
오답출제: 3회

serve
[sɜːrv]
vt. ~을 제공하다, 응대하다
vi. ~로 근무하다
n. (테니스, 배구 등의) 서브

service n. 서비스
We **will serve** you a choice of rice or bread.
밥과 빵 중 선택하실 수 있습니다.

출제포인트
① 타동사: ⟨serve + 사람⟩ ~을 돕다 ⟨serve + 음식⟩ ~을 나르다, 제공하다
② 자동사: ⟨serve as + 자격/역할⟩ ~으로서의 역할을 하다 (= act as)

14
BIG DATA
정답출제: 3회
오답출제: 5회

start
[stɑːrt]
vt. ~을 시작하다
vi. 출발하다, 시작하다
n. 시작, 출발, 처음

To increase familiarity with our stores, we **will be starting** a new promotion.
우리 가게에 대한 친숙함을 증대하기 위해 우리는 새로운 홍보를 시작할 것이다.

출제포인트
start 뒤에는 일반명사도 오지만 to부정사와 동명사 모두 올 수 있으며, 의미는 같다.

15
BIG DATA
정답출제: 5회
오답출제: 4회

summarize
[ˈsʌməraɪz]
vt. ~을 요약하다

summary n. 요약
The results of the survey **are summarized** on the first page of the report.
설문조사 결과는 보고서 첫 쪽에 요약되어 있다.

출제포인트 주요 정보를 '요약하다'라는 의미이다. (= sum up)

16
BIG DATA
정답출제: 3회
오답출제: 1회

DAY 02

affect
[əˈfekt]
vt. ~에 영향을 미치다

Their opinions will not affect our decision.
그들의 의견은 우리의 결정에 영향을 미치지 않을 것이다.

출제포인트 형태가 유사한 affect vs. effect
- affect (타동사) ~에 영향을 미치다
- effect (명사) 효과, 효력

17 BIG DATA
정답출제: 2회
오답출제: 6회

alleviate
[əˈliːvieit]
vt. ~을 완화하다, 약화시키다, 경감시키다

The government is taking steps to alleviate the parking problem.
정부는 주차 문제를 완화하기 위해 조치들을 취하고 있다.

출제포인트 alleviate traffic congestion/problems 교통 정체/문제를 완화하다
실전 TIP alleviate 목적어는 주로 부정적인 의미의 어휘들이 나온다.
ex. problem 문제 concern 걱정 suffering 고통

18 BIG DATA
정답출제: 2회
오답출제: 0회

appear
[əˈpiər]
vi. ~인 것 같다, 나타나다

appearance n. 겉모습, 출현, 등장
It appears that you have made a mistake. 당신이 실수한 것 같다.

출제포인트
토익의 빈출 자동사이며 주로 〈appear (to be) + 보어〉, 〈It appears + that + 주어 + 동사〉의 형태로 쓰인다.

19 BIG DATA
정답출제: 3회
오답출제: 10회

assess
[əˈses]
vt. ~을 평가하다, 계산하다

The committee assessed the significance of the proposed tax policy.
그 위원회는 제안된 세금정책의 중요성을 평가했다.

출제포인트
시험에는 목적어로 문제(problem)나 효율성(effectiveness) 등을 평가한다는 의미로 출제된다.

20 BIG DATA
정답출제: 4회
오답출제: 1회

assume
[əˈsjuːm]
vt. ~을 맡다, 추측(추정)하다

Mr. Lee, as Chief Financial Officer for Hyunsung Co., assumes responsibility for budgeting and accounting.
Hyunsung사 최고 재무 책임자인 Lee 씨는 예산관리와 회계에 대한 책임을 맡고 있다.

출제포인트 ① position, responsibility 등 직위를 목적어로 받으며, '일이나 책임 등을 맡다' ② '어떤 것이 명백한 증거가 없더라도 사실이라고 생각하다' 주로 that절을 받는다.

실전 TIP 유사어휘 assume vs. undertake
- assume: position, responsibility 등 직위를 목적어로 받으며, 동의어로는 take over 가 있다.
- undertake: job, project, task 등 어떤 일과 관련된 어휘를 목적어로 받는다.

21 BIG DATA
정답출제: 2회
오답출제: 6회

build
[bild]
vt. ~을 만들다, 짓다, 개발하다
vi. 건축하다

One of the greatest challenges is building and sustaining employee motivation.
가장 큰 어려움 가운데 하나가 직원들의 동기(사기)를 개발하고 유지하는 것이다.

출제포인트
build a relationship 관계를 맺다
build a customer base/relations 고객층을 만들다
build a plan 계획을 세우다

22 BIG DATA
정답출제: 3회
오답출제: 6회

certify
[ˈsɜːrtəfai]
vt. ~을 증명하다, 자격증을 교부하다

certification n. 증명, 자격증   certificate n. 증명서, 증명
This is to certify that this person completed the course.
이것은 이 사람이 과정을 이수하였음을 증명한다.

출제포인트
〈certify that + 주어 + 동사〉 ~한 것을 공식적으로 증명하다

23 BIG DATA
정답출제: 2회
오답출제: 0회

claim
[kleim]
vt. ~을(권리, 사실 등을) 주장하다, 청구하다
n. 주장, 요청, 청구

The Marketing Director claimed that the new marketing campaign would boost profits in the near future.
마케팅 이사는 새로운 마케팅 캠페인이 조만간 이윤을 높일 것이라고 말했다.

출제포인트 어떤 것을 요청할 권리를 가지고 있어서 돈 등을 '청구하다'라는 의미로 쓸 수 있다.
실전 TIP 유사어휘 claim vs. right
- claim: 어떤 사실이나 돈에 대한 '권리'를 의미하고 전치사 for와 자주 쓰인다.
- right: 법적·공식적으로 어떤 것을 할 수 있는 '권리'를 의미하며 to부정사를 동반한다.

24 BIG DATA
정답출제: 3회
오답출제: 3회

commend
[kəˈmend]
vt. ~을 칭찬하다,
추천하다, 기리다

commendation n. 칭찬, 인정   commendable a. 인정받을 만한
The Vice President **commended** the employees for their effort in promoting new products.
부사장은 신제품들을 홍보했던 직원들의 노력에 대해 칭찬했다.

출제포인트
〈commend + 사람 + for + 대상〉 ~에 대해 ···을 칭찬하다

25 BIG DATA
정답출제: 2회
오답출제: 2회

compile
[kəmˈpail]
vt. ~을 편집하다,
문서로 작성하다

The manager should review the statistics before they **are compiled**.
매니저는 통계 수치들을 편집하기 전에 그것들을 검토해야 한다.

출제포인트
〈compile +사물A + for + 사물B〉 B를 위해 A를 작성하다, 편집하다

26 BIG DATA
정답출제: 2회
오답출제: 0회

contain
[kənˈtein]
vt. ~을 포함하고 있다,
담겨 있다,
들어 있다

The article **contains** numerous quotations from a variety of artists.
그 기사는 다양한 예술가들의 많은 인용구를 포함하고 있다.

출제포인트
진행형으로는 사용하지 않는다.

27 BIG DATA
정답출제: 2회
오답출제: 7회

continue
[kənˈtinjuː]
vt. ~을 계속하다
vi. 계속되다

continuity n. 지속성, 연속성   continuous a. 계속되는
continuously ad. 연달아, 계속해서
The renovation is expected **to continue** for the remainder of the month.
보수 공사는 이달 남은 기간 동안 계속될 것으로 예상된다.

출제포인트
〈continue + to부정사〉 계속해서 ~을 하다
〈continue with +명사〉 ~을 계속하다 〈continue for + 시간명사〉 ~동안 계속하다
〈continue + 동명사〉 ~하는 것을 계속하다

28 BIG DATA
정답출제: 2회
오답출제: 9회

diagnose
[ˈdaiəgnous]
vt. ~을 진단하다,
규명하다

Our hospital has recently purchased new equipment that will enable doctors to **diagnose** illnesses more easily.
우리 병원은 최근 의사들이 질병을 보다 쉽게 진단할 수 있게 하는 새 장비를 구입했다.

출제포인트 〈diagnose + 목적어 + as/with〉 ~을 ···으로 진단하다
실전 TIP diagnose와 어울리는 목적어로 '문제(problem)', '질병(illness)' 등이 있다.

29 BIG DATA
정답출제: 2회
오답출제: 0회

disrupt
[disˈrʌpt]
vt. ~을 방해하다,
중단시키다

disruption n. 분열, 혼란   disruptive a. 지장을 주는
Broadcast transmissions **are** frequently **disrupted** by a spy satellite.
방송 전송이 스파이 위성에 의해 빈번히 중단된다.

출제포인트
disrupt telephone/electric/transport services 전화/전기/수송 업무를 방해하다

30 BIG DATA
정답출제: 2회
오답출제: 0회

double
[ˈdʌbəl]
vt. ~을 두 배로 하다
vi. 두 배가 되다
a. 두 가지의, 두 배의
n. 두 배

Sales of our furniture **have doubled** in the last ten years.
우리 가구의 판매가 지난 10년 동안 두 배가 되었다.

출제포인트
double in size/number/value 크기가/수가/가치가 두 배가 되다

31 BIG DATA
정답출제: 2회
오답출제: 0회

elect
[ilˈekt]
vt. ~을 선출하다

The purpose of this meeting is **to elect** a new chairman.
이 회의의 목적은 새 의장을 선출하는 것이다.

출제포인트 〈elect + 사람 + to/as〉 (선거로) ~을 선출하다
실전 TIP 유사어휘 elect vs. vote
elect는 선거로 누군가를 선출한 것을 의미하고 vote는 투표하는 것을 의미한다. 즉, 선출(elect)을 하려면 투표(vote)를 해야 하지만 투표(vote) 한다고 해서 선출(elect)이 되는 것은 아니다.

32 BIG DATA
정답출제: 2회
오답출제: 3회

DAY 02

encounter
[enˈkauntər]
vt. ~을 맞닥뜨리다, 부딪히다, 접하다, 마주치다
n. 만남, 접촉, 조우

33 BIG DATA
정답출제: 2회
오답출제: 4회

We **encountered** a number of difficulties in the third week.
우리는 셋째 주에 많은 어려움에 직면했다.

출제포인트
① 〈encounter + 사물(어려움/난관/반대/저항)〉 어떤 문제나 어려움 또는 반대나 저항 같은 것에 부딪치다
② 〈encounter + 사람〉 우연히 마주치다

endorse
[enˈdɔːrs]
vt. ~을 지지하다

34 BIG DATA
정답출제: 2회
오답출제: 1회

endorsement n. 지지, 지원
By hiring a celebrity **to endorse** the Hike Shoe, AP Corporation hopes to increase sales by 60 percent.
Hike Shoe를 홍보하기 위해 유명인을 고용함으로써 AP사는 60퍼센트까지 판매가 증가하길 바란다.

출제포인트
토익에서는 광고나 홍보의 일환으로 유명인이 상품에 대한 '보증이나 홍보를 하는 것'을 의미한다.

expedite
[ˈekspədait]
vt. ~을 더 신속히 처리하다

35 BIG DATA
정답출제: 2회
오답출제: 0회

To expedite the registration process at happy.com, reply to the e-mail we sent.
happy.com 가입을 신속히 처리하기 위해 우리가 보낸 이메일에 답해주세요.

출제포인트
expedite the process/order/service 과정/주문/서비스를 신속히 처리하다

fill
[fil]
vt. ~을 채우다, 차지하다
vi. 가득 차다
n. 실컷

36 BIG DATA
정답출제: 2회
오답출제: 2회

We will stop accepting applications once the position **has been filled**.
우리는 그 자리가 충원되면 신청서를 받지 않을 것이다.

출제포인트 fill an order 주문한 대로 처리하다   fill the position 자리/직위를 충원하다
〈fill + in/out + applications/form/registration card〉 지원서를/서류를/등록증을 작성/기입하다

실전 TIP be filled with ~으로 가득 채워지다

launch
[lɔːntʃ, lɑːntʃ]
vt. ~을 출시하다, 내보이다
n. 출시, 출간

37 BIG DATA
정답출제: 3회
오답출제: 1회

Our new line of household cleaning products **will be launched** this winter.
우리의 새로운 가정용 청소 제품 라인이 이번 겨울에 출시될 것이다.

출제포인트 launch a campaign/a project/a service/a product/a program
캠페인/프로젝트/서비스/제품/프로그램을 시작하다

lower
[ˈlouər]
vt. ~을 줄이다, 내리다
vi. 내려지다, 낮아지다
a. 더 낮은, 아래쪽의, 작은

38 BIG DATA
정답출제: 4회
오답출제: 0회

low a. 낮은, 나쁜 ad. 낮게 n. 낮은 정도
A Central Bank official announced that interest rates **will be lowered** next month.
한 중앙은행의 임원은 다음 달에 이자율이 낮아질 것이라고 발표했다.

출제포인트 lower fuel consumption/interest rates/productivity/traffic congestion 연료 소비/이자율/생산성/교통체증을 줄이다

실전 TIP 비교급 lower
lower는 동사일 뿐만 아니라 형용사 low의 비교급으로도 쓰인다.
Recently hired interns get paid **lower** wages than previous interns.
최근에 고용된 인턴들은 이전의 인턴보다 낮은 임금을 받는다.

match
[mætʃ]
vt. ~과 맞붙게 하다, 일치하다, (둘이) 대등하다, 어울리다
n. 상대, 적수, 시합

39 BIG DATA
정답출제: 2회
오답출제: 2회

The applicant's qualifications **match** the job description.
지원자의 자격사항은 직무 내용과 일치한다.

출제포인트
두 가치를 비교한다는 의미인 compare와 함께 보기에 자주 출제된다.
match는 두 가지가 잘 어울리거나 일치한다는 것을 의미한다.

obstruct
[əbˈstrʌkt]
vt. ~을 막다, 차단하다, 방해하다

40 BIG DATA
정답출제: 2회
오답출제: 0회

When you back up, please make sure that nothing **obstructs** your view.
후진할 때 당신의 시야를 가리는 것이 없는지 확인하세요.

출제포인트
길을 '막다', 누군가의 일을 '방해하다', 어떤 일이 발생하지 않도록 '차단하다'

oversee
[ˌouvərˈsiː]
vt. ~을 감독하다

The new project was overseen by Ms. Canella.
그 신규 프로젝트는 Canella 씨에 의해 관리되었다.

출제포인트
작업자 그룹을 책임지고 업무 수행을 살피다(supervise), 즉 '감독/관리하다'라는 뜻이다.

41 BIG DATA
정답출제: 2회
오답출제: 0회

preserve
[priˈzəːrv]
vt. ~을 지키다, 보존하다, 유지하다, 저장하다

preservable a. 보존이 가능한   preservation n. 보존, 저장
The original appearance of the historic buildings should be preserved.
역사적 건물들의 고유한 외양은 보존되어야 한다.

출제포인트
preserve the original appearance 원형을 보존하다

42 BIG DATA
정답출제: 1회
오답출제: 1회

prolong
[prouˈlɔːŋ]
vt. ~을 늘이다, 연장하다

This treatment could prolong your life.
이 치료는 당신의 수명을 연장할 수 있다.

출제포인트
동의어로는 lengthen, extend가 있다.

43 BIG DATA
정답출제: 3회
오답출제: 4회

recruit
[rikˈruːt]
vt. (신입사원/회원)을 모집하다
vi. (신병)을 징집하다, 보충하다
n. 신입사원

Competition in the job market will force companies to be more aggressive in recruiting new employees.
취업 시장의 경쟁은 회사들로 하여금 신규 직원 채용을 더 공격적으로 하게 할 것이다.

출제포인트
〈recruit + 사람명사〉 ~을 모집하다

44 BIG DATA
정답출제: 4회
오답출제: 1회

report
[riˈpɔːrt]
vt. ~을 알리다, 발표하다, 보고하다
vi. 보고하다, 보고서를 작성하다
n. 보고서

reportedly ad. 보도에 따르면   reporter n. 기자, 보고자
Any expenses you might have incurred during your trip should be reported.
출장 중 발생하는 지출은 무엇이든 보고되어야 한다.

출제포인트 report on/that ~에 대해서/~을 보도하다
〈report + 사람 + for + 사물〉 ~에게 …에 대해서 신고하다(= complain)
〈report (to 사람) + on + 사물〉 (업무관련) ~에 대해서 …에게 보고하다

45 BIG DATA
정답출제: 3회
오답출제: 4회

retrieve
[riˈtriːv]
vt. ~을 되찾다, 회수하다

They retrieved their personal belongings.
그들은 개인 소지품을 되찾았다.

출제포인트
〈retrieve + A + from + B〉 B로부터 A을 되찾다

46 BIG DATA
정답출제: 2회
오답출제: 3회

ship
[ʃip]
vt. ~을 실어 보내다
n. 배

shipment n. 배송, 배송물   shipping n. (불가산) 선박, 운송
All of the cars are test-driven before they are shipped out to dealers across the country.
모든 차량들은 전국의 대리점으로 발송되기 전에 시험 운행된다.

출제포인트 배, 비행기, 트럭 등으로 물건을 '실어 보내다'로 deliver가 동의어이다.

실전 TIP 복합명사로 쓰인다.
shipping option 배송/선적 옵션
shipping method 운송수단
shipping cost/rate/charge 배송비   shipping department 배송부서
shipping time 배송시간   shipping damage 운송 중 손상

47 BIG DATA
정답출제: 2회
오답출제: 0회

simplify
[ˈsimpləfai]
vt. ~을 단순화하다

simply ad. 단지, 간단히
Lower your costs and simplify management.
비용을 낮추고 관리를 단순화해라.

출제포인트
simplify process/procedure/system/problem 공정/절차/시스템/문제를 단순화하다

48 BIG DATA
정답출제: 2회
오답출제: 1회

DAY 02 DAILY TEST

A 다음 빈칸에 적절한 단어나 우리말을 쓰시오.

01 resume _____   06 더 신속히 처리하다 _____
02 alleviate _____   07 일치하다 _____
03 reject _____   08 되찾다 _____
04 certify _____   09 주장하다 _____
05 outline _____   10 맡다, 추측하다 _____

B 다음 빈칸에 들어갈 적절한 말을 [보기]에서 고르시오.

| certify | resume | alleviate |
| rejected | outlined | |

01 The government is taking steps to _____ the parking problem.
02 Greene _____ our proposals to the committee.
03 Sam _____ his sister's offer of help.
04 This is to _____ that this person completed the course.
05 Regular work hours _____ on Monday, April 2.

C 실전훈련

01 The city of Austin and Capital Metro is continuing its efforts to ---------- traffic congestion on local highways.
   (A) alleviate   (B) delay

02 Production work will ---------- once all the machines have been repaired.
   (A) feature   (B) resume

03 This section ---------- various forms of global correspondence including teleconferencing.
   (A) instructs   (B) outlines

DAY 03
기출 빅데이터로 뽑은 빈출 동사 150선 − 3

serve	자동사	**serve as** ~로서의 역할을 하다 **serve as a manager** 매니저로서
	타동사	**serve** ~를 돕다 **serve our customers** 우리의 고객을 돕다
decline	자동사	**decline** 감소하다 **decline by 10%** 10%까지 감소하다
	타동사	**decline** 거절하다 **decline the offer** 제안을 거절하다
return	자동사	**return to + 장소** ~로 돌아오다[가다] **return to Seoul** 서울로 돌아가다
	타동사	**return + 사물 + to + 사람/사물** ~을 반납하다 **return the book to the library** 도서관에 책을 반납하다
lead	자동사	**lead to** ~을 야기하다 **lead to health problems** 건강 문제를 야기할 수 있다
	타동사	**lead** ~을 안내하다, 이끌다 **lead the discussion** 토론을 이끌다
search	자동사	**search for** ~을 찾다 **search for the key** 열쇠를 찾다
	타동사	**search** ~을 수색/검색/탐색하다 **searching the room** 방을 수색하기
ask	자동사	**ask for** ~을 요청하다 **ask for help** 도움을 요청하다
	타동사	**ask** ~을 묻다 **ask a question** 질문을 묻다

시험문제는 이렇게 나와요!

To better ---------- its clients, the company decided to extend the warranty for its photocopiers to five years.
(A) offer   (B) provide   (C) serve   (D) reflect

해설 ▶ 생각의 순서

1단계 구조 분석
To better ---------- its clients, the company / decided / to extend the warranty (for its photocopiers)
to부정사구[to+부사+------+명사]   주어   동사   목적어, to부정사구
(to five years).

2단계 품사 배열 빈칸은 <to+부사>와 명사 its clients 사이에 위치하므로 its client를 목적어로 갖는 to부정사의 동사원형 자리이다.

3단계 답 결정 단어 찾기 client → <serve + 사람명사> ~에게 상품/서비스를 제공하다 ∴ (C) serve가 정답

4단계 오답 노트
(A) offer(제안하다, 제공하다): 4형식 동사일 경우 <offer + 사람명사 + 사물 명사>, 3형식 동사일 경우 <offer + 사물 명사 + to + 사람명사> 형태로 쓴다.
(C) provide(제공하다): provide는 뒤에 사람명사가 오면 provide A with B(A에게 B를 제공하다)의 형태로 쓰인다.
(D) reflect(반영하다): reflect는 목적어로 사람명사를 받지 않는다.

해석 고객에게 보다 나은 서비스를 제공하기 위하여, 그 회사는 자사 복사기의 보증기간을 5년으로 연장하기로 결정했다.
어휘 client 고객, 의뢰인   extend 확장하다   warranty 보증(서)   photocopier 복사기   reflect 반영하다, 반사하다
정답 (C)

DAY 03

strive
[straɪv]
vi. 노력하다, 분투하다

01
BIG DATA
정답출제: 2회
오답출제: 0회

We always **strive** to recognize each individual client's needs.
우리는 개개인 고객의 요구를 알아내기 위해 항상 노력한다.

출제포인트
⟨strive + to부정사⟩ ~하기 위해 노력(분투)하다
⟨strive for + 사람⟩ ~을 위해 노력하다

surpass
[sərˈpæs / -ˈpɑːs]
vt. ~을 능가하다, 뛰어나다

02
BIG DATA
정답출제: 3회
오답출제: 0회

Cutcraft Inc. **has surpassed** its competitors in sales figures.
Cutcraft사는 매출액에서 다른 경쟁자들을 넘어섰다.

출제포인트 surpass와 함께 다니는 명사
competitor 경쟁사 expectation 기대치 knowledge 지식 level 수준 record 기록

treat
[triːt]
vt. (사람, 짐승)을 다루다; 간주하다, 대접하다
n. 대접, 대접하는 것, 좋은 일, 별미의 특별한 음식

03
BIG DATA
정답출제: 2회
오답출제: 6회

treatment n. 치료, 처치
Treating employees respectfully is one of the most important considerations in the workplace.
직원들을 존중하는 것은 직장에서 가장 중요한 고려사항들 중 하나이다.

출제포인트
⟨treat + 사람 + with respect/contempt/courtesy⟩ ~을 존경/경멸/예의를 가지고 대하다

undergo
[ˌʌndərˈgoʊ]
vt. (영향·변화·조치·검사 따위)를 받다, ~을 겪다, 견디다

04
BIG DATA
정답출제: 2회
오답출제: 1회

New employees **should undergo** extensive job training during the first two months.
신입직원들은 처음 두 달 동안 폭넓은 업무교육을 받아야 한다.

출제포인트
수동태로 쓰일 수 없다.

utilize
[ˈjuːtəlaɪz]
vt. ~을 활용하다, 이용하다

05
BIG DATA
정답출제: 2회
오답출제: 1회

utilization n. 이용, 활용   utility n. 공익설비, 유용
Several software programs **are utilized** to increase work efficiency.
몇몇 소프트웨어 프로그램들은 업무 효율을 증가시키기 위해 활용된다.

출제포인트 타동사로 특정한 목적을 위해 '이용하다, 활용하다'
실전 TIP utility는 가산명사로 전기, 가스 등의 '공익설비, 공익사업'을 뜻하며 주로 복수형으로 쓴다.

vacate
[ˈveɪkeɪt / vəˈkeɪt]
vt. ~을 사임하다, 비게(공허하게) 하다
vi. 비우다, 사직하다

06
BIG DATA
정답출제: 2회
오답출제: 4회

vacancy n. 공석, 빈방   vacant a. 비어 있는, 공석의
Should the alarm sound in your office, please **vacate** the building immediately.
사무실에서 알람소리가 나면 건물을 즉시 비우세요[건물 밖으로 나가세요].

출제포인트 직책, 지위 등을 '사임하다, 공석으로 하다', 집·방·자리 등을 떠나서 '비우다'
실전 TIP vacancy rate 공실율 job vacancies 공석 no vacancies 공석(실)이 없음

withstand
[wɪðˈstænd / wɪθ-]
vt. ~에 저항하다, (곤란 등)에 버티다

07
BIG DATA
정답출제: 2회
오답출제: 0회

Karl Beauty Shop **has withstood** competition from new stores in the region.
Karl Beauty Shop은 지역의 새로운 가게들로부터의 경쟁에서 (잘) 버티고 있다.

출제포인트
추위나 열, 압력, 압박 등을 '버티다', '저항하다'

achieve
[əˈtʃiːv]
vt. ~을 달성하다, 성취하다

08
BIG DATA
정답출제: 0회
오답출제: 14회

achievement n. 업적, 성취
Success **would not have been achieved** if not for the feedback received from the customers.
고객들로부터 의견을 받지 않았더라면 성공을 달성할 수 없었을 것이다.

출제포인트 주로 success 성공, target 목표, goal 목표, rise 성공, reputation 평판 등을 목적어로 취한다.

administer
[ædˈmɪnɪstər/əd-]
vt. ~을 관리하다, 집행하다

administration n. 행정, 관리, 행정부　**administrative** a. 관리(행정)상의
All applicants are required to pass the test **administered** by the committee.
모든 지원자는 위원회에서 주관하는 시험을 통과해야 한다.

출제포인트 administer a charity/fund/school 자선단체/기금/학교를 운영하다

실전 TIP administrative staff 행정직원　administrative office 행정실, 관리실
administrative position 관리직　administrative district 행정구역

09
BIG DATA
정답출제: 1회
오답출제: 1회

argue
[ˈɑːrgjuː]
vi. 논하다, 논의하다
vt. ~을 논쟁하다, 주장하다

argument n. 논쟁, 언쟁　**argumentative** a. 논쟁하기를 좋아하는
The sales representative from Ikay Co. **argued** his point forcefully.
Ikay사에서 온 영업 대표는 그의 요지를 강력하게 주장하였다.

출제포인트 자/타동사로 모두 쓰인다.
〈argue with + 사람〉 (사람)과 논쟁하다
〈argue about/over + 주제〉 ~에 대해 논쟁하다

10
BIG DATA
정답출제: 1회
오답출제: 2회

bill
[bɪl]
vt. ~에게 계산서를 보내다
n. 고지서, 청구서, 계산서, 법안

Please **bill** me for the goods I purchased.
제가 구입한 물건의 계산서를 보내주세요.

출제포인트
〈bill + 사람 + for + 사물〉 ~에게 (어떤 대가, 물건 값 등의) 청구서를 보내다 (= charge)

11
BIG DATA
정답출제: 1회
오답출제: 2회

commence
[kəˈmens]
vt. ~을 시작하다
vi. 시작되다

Each course **commences** with a one-day introduction.
각각의 코스는 당일 소개로 시작한다.

출제포인트
commence with/by ~로 시작되다
commence -ing ~(하는 것)을 시작하다

12
BIG DATA
정답출제: 1회
오답출제: 0회

conceive
[kənˈsiːv]
vt. ~을 상상하다, 생각하다
vi. 상상하다, 생각하다

I **cannot conceive** what it must be like.
그게 어떤 모습이어야 하는지 나는 상상이 안 된다.

출제포인트
특정 상황을 '상상하다, (새로운 아이디어를) 마음속으로 생각하다'

13
BIG DATA
정답출제: 1회
오답출제: 0회

conserve
[kənˈsɜːrv]
vt. ~을 아끼다, 보호하다

conservable a. 보존할 수 있는　**conservative** a. 보수적인, 적게 잡은
In order **to conserve** energy, make sure to keep all doors shut.
에너지 절약을 위해 모든 문을 닫아 두도록 하세요.

출제포인트 conserve와 함께 다니는 명사
energy 에너지　the environment 환경　paper 종이　resources 자원
electricity 전기

14
BIG DATA
정답출제: 1회
오답출제: 0회

eliminate
[ɪˈlɪməneɪt]
vt. ~을 제거하다, 줄이다

We **eliminated** unnecessary expenditure from the budget.
우리는 예산에서 불필요한 지출을 줄였다.

출제포인트
〈eliminate + A + from + B〉 B에서 A를 줄이다

15
BIG DATA
정답출제: 1회
오답출제: 3회

escort
[esˈkɔːrt]
vt. ~를 호위하다
n. 호송자, 호위자

Here at Kaymen Theater, one of our ushers **will escort** you to your seat.
여기 Kaymen 극장에서는 우리 안내원 중 한 명이 당신을 자리로 안내할 것입니다.

출제포인트
〈escort + 사람명사〉 ~을 호위하다

16
BIG DATA
정답출제: 1회
오답출제: 0회

DAY 03　33

DAY 03

face
[feɪs]
vt. ~에 직면하다, 맞서다
n. 얼굴, 표면

I will face many new and exciting challenges in my new position as CEO.
나는 최고경영자로 새로운 직책에서 많은 새롭고 흥미진진한 도전에 직면할 것이다.

출제포인트
어려운 상황 등에 '직면하다'라는 의미이며 be faced with~로도 쓰인다.

17 BIG DATA
정답출제: 2회
오답출제: 2회

---

fit
[fɪt]
vt. ~에 맞다, 어울리다, (적당한 것을) 설치하다
vi. (꼭) 맞다, 어울리다, 적합하다
a. 건강한, 적합한
n. 맞음새, 꼭 맞는 것; 발작

The table is too wide **to fit** in the dining room.
테이블은 다이닝룸에 들어가기에는 너무 넓다.

출제포인트
모양, 크기가 특정 사람/사물에 '맞다', 특정 장소에 들어가기에 '맞다', 장소 또는 위치의 목적어나 전치사와 어울려 쓰인다.

18 BIG DATA
정답출제: 1회
오답출제: 1회

---

flourish
[ˈflɜːrɪʃ]
vi. 번영하다, 잘 자라다

At the time we started up the company, the country's economy **was flourishing**.
우리가 사업을 시작했을 때, 국가 경제가 좋았었다.

출제포인트
자동사로 경제나 사업 등이 '번영하다, 잘 자라다' (= thrive)

19 BIG DATA
정답출제: 1회
오답출제: 0회

---

gauge
[geɪdʒ]
vt. ~을 재다, 평가하다
n. 측정, 추산

It is difficult **to gauge** accurately how much gas is needed.
가솔린이 얼마나 필요한지 정확히 측정하는 것은 어렵다.

출제포인트
사람의 감정 등이 어떨지를 '평가하다, 판단하다', 장비를 사용하여 '측정하다'

20 BIG DATA
정답출제: 1회
오답출제: 0회

---

ignore
[ɪgˈnɔːr]
vt. ~을 무시하다

Please **ignore** my previous e-mail.
이전에 보낸 제 이메일은 무시하세요.

출제포인트 ignore와 자주 쓰이는 명사
advice 충고 reminder 상기시키는 것 e-mail 이메일 warning 경고
question 질문

21 BIG DATA
정답출제: 1회
오답출제: 3회

---

imply
[ɪmˈplaɪ]
vt. ~을 암시하다, 나타내다

implication n. 영향, 암시
Increased overseas sales **imply** that our project this year will be successful.
해외 매출의 증가는 올해 우리의 프로젝트가 성공할 것이라는 것을 나타낸다.

출제포인트 목적어로 명사를 취하거나, <imply (that) + 주어 + 동사> 형태로 쓰인다.
실전 TIP 유사어휘인 indicate/suggest/mention/show 등도 모두 빈출 동사이므로 함께 암기하자.

22 BIG DATA
정답출제: 0회
오답출제: 2회

---

incur
[ɪnˈkɜːr]
vt. ~에 부딪치다, (위험)을 초래하다, (손실, 벌금, 비용)을 지다, (손해)를 입다

All expenses **incurred** by employees during their business trips must be approved by their direct supervisors.
출장 기간 동안 직원들이 사용한 모든 비용은 직속상사에게 승인을 받아야 한다.

출제포인트
expenses 지출, costs 비용, losses 손실, debts 빚, fines 벌금 등을 목적어로 취한다.

23 BIG DATA
정답출제: 1회
오답출제: 0회

---

insist
[ɪnˈsɪst]
vi., vt. 주장하다, 요구하다

ABC Food Co. **insisted** on using only the finest ingredients in its products.
ABC Food사는 자신들의 제품에는 최상의 재료들만 사용한다고 주장했다.

출제포인트
자동사로 쓰일 때는 <insist on + -ing>
타동사로 쓰일 때는 <insist that + 주어 + 동사>

24 BIG DATA
정답출제: 1회
오답출제: 2회

invent
[ɪnˈvent]
vt. ~을 발명하다;
날조하다

invention n. 발명, 발명품
James Potter who **invented** a groundbreaking wearable device was nominated for a number of awards.
획기적인 착용형 장치를 발명한 James Potter는 많은 상의 후보로 지명되었다.

출제포인트 invent와 어울리는 명사
concept 개념 device 장비 machine 기계 process 절차 system 시스템
theory 이론 story 이야기 way 방식

25
BIG DATA
정답출제: 1회
오답출제: 3회

justify
[ˈdʒʌstəfai]
vt. ~을 옳다고 하다,
정당화하다

justification n. 타당한 이유
Past sales of Turkish Teas are not relevant enough **to justify** the franchising fees.
Turkish Teas의 지난 판매량은 가맹점비를 정당화하기엔 연관성이 없다.

출제포인트
<A + justify + B> A가 B를 정당화시키다

26
BIG DATA
정답출제: 1회
오답출제: 1회

lift
[lɪft]
vt. ~을 들어 올리다;
인상하다

Using a crane **to lift** heavy materials removes all unnecessary equipment and tools.
무거운 자재를 들어올리기 위해 크레인을 사용하는 게 모든 불필요한 장비와 도구를 제거한다.

출제포인트
물건을 다른 위치로 '들어 올리다', (양·수준을) '인상하다'

27
BIG DATA
정답출제: 1회
오답출제: 0회

mandate
[ˈmændeɪt]
vt. ~을 명령하다
n. 명령

mandatory a. 의무적인, 법에 정해진
The law **mandates** that imported goods be identified as such.
법에서는 수입품은 그렇다는 것을 밝혀야 한다고 선고하고 있다.

출제포인트
<mandate that + 주어 (should) + 동사원형> ~해야 한다고 명령하다

28
BIG DATA
정답출제: 1회
오답출제: 0회

omit
[ouˈmɪt]
vt. ~을 생략하다,
빠뜨리다

Please review the report and **omit** any incidental details.
보고서를 검토하고 부수적인 사항들은 생략하세요.

출제포인트 사람, 사물 등을 의도적으로 혹은 잊어버리고 '생략하다, 빠뜨리다'

29
BIG DATA
정답출제: 1회
오답출제: 1회

prefer
[prɪˈfɜr]
vt. ~을 좋아하다;
우선권을 주다

preferable a. 더 나은 **preferably** ad. 즐겨, 오히려
According to a recent opinion poll, consumers **prefer** sedans rather than SUVs.
최근의 여론조사에 따르면 소비자들은 SUV보다는 세단을 선호한다.

출제포인트 prefer는 비교대상을 표시할 때 than보다 to를 많이 쓴다.
단, rather와 함께 쓰일 때는 than을 사용할 수 있다.
<prefer + A + to + B> = <prefer + A + rather than + B> B보다 A를 선호하다

30
BIG DATA
정답출제: 6회
오답출제: 3회

preside
[prɪˈzaɪd]
vi. (회의에서) 사회를 보다,
주재(주도)하다

president n. 사회자, 의장
John Carter **presided** over the meeting.
John Carter는 회의 동안 사회를 보았다.

출제포인트
preside over ~의 사회를 보다

31
BIG DATA
정답출제: 1회
오답출제: 0회

prove
[pruːv]
vt. ~을 입증하다, 판명하다
vi. 드러나다,
판명되다

Several studies **proved** that polluted air is a major source of global warming.
몇몇 연구들은 오염된 공기가 지구온난화 문제의 근원임을 입증했다.

출제포인트
<prove + A + B> A가 B임을 입증하다
<prove + to부정사> ~임이 판명되다
<prove oneself (to be) + 형용사> 자신이 ~라는 것을 입증하다

32
BIG DATA
정답출제: 1회
오답출제: 2회

DAY 03   35

DAY 03

redeem
[riˈdiːm]
vt. ~을 보완하다,
만회하다, 교환하다

This voucher can be redeemed at our branch.
이 상품권은 저희 지점에서 상품과 교환할 수 있습니다.

출제포인트
결함 등을 '보완하다', 실수를 '만회하다', 상품권 등을 돈·제품으로 '교환하다'

33
BIG DATA
정답출제: 1회
오답출제: 2회

---

refute
[riˈfjuːt]
vt. ~을 반박하다

Dr. Kim refuted the hypothesis.
김 박사는 그 가설에 반박하였다.

출제포인트 함께 쓰이는 명사
claim 주장 idea 생각 hypothesis 가설 suggestion 제안

34
BIG DATA
정답출제: 3회
오답출제: 4회

---

reinforce
[ˌriːinˈfɔːrs]
vt. ~을 강화하다,
보강하다

The museum has reinforced the security around the building.
박물관은 건물 주변의 보안을 강화했다.

출제포인트
감정·생각 등을 '강화하다', 구조 등을 '보강하다'

35
BIG DATA
정답출제: 1회
오답출제: 0회

---

relieve
[riˈliːv]
vt. ~을 완화시키다,
풀다, 안도하다

Employees are encouraged to look away periodically to relieve eye strain.
직원들은 눈의 피로를 줄이기 위해 주기적으로 먼 곳을 바라보도록 하고 있다.

출제포인트 함께 쓰이는 명사
strain 긴장 pain 고통 responsibility 책임 stress 스트레스 burden 짐/부담
duty 업무, 임무

36
BIG DATA
정답출제: 1회
오답출제: 2회

---

remit
[riˈmit]
vt. (돈, 화물 등)을 보내다,
면제하다
vi. 송금하다

remittance n. 송금, 송금된 돈
If payment is remitted after the 15th, a ten percent penalty will be added.
금액이 15일 이후 입금되면, 벌금 10%가 추가된다.

출제포인트
<remit + 사물 + to + 사람/사물> ~에게 …을 보내다

37
BIG DATA
정답출제: 1회
오답출제: 0회

---

rephrase
[riːˈfreiz]
vt. ~을 바꾸어 말하다

Let me try and rephrase what I wrote.
제가 쓴 내용을 바꿔서 말씀드리도록 하겠습니다.

출제포인트
뜻을 더 분명히 하기 위해 '바꾸어 말하다'

38
BIG DATA
정답출제: 1회
오답출제: 0회

---

reside
[riˈzaid]
vi. 거주하다,
살다

residence n. 주거, 거주, (기업의) 소재지
David decided to reside in Tokyo.
David는 도쿄에 거주하기로 결정하였다.

출제포인트
reside in/at ~에 살다

39
BIG DATA
정답출제: 2회
오답출제: 3회

---

settle
[ˈsetl]
vt. ~을 결정하다, 정착시키다,
진정시키다,
(분쟁)을 수습하다
vi. 자리를 잡다, 안정되다

settlement n. 합의, 해결
The first round of talks between management and the union to try to settle their differences did not go well.
경영진과 노조의 차이를 해결하기 위한 1차 회담은 제대로 진행되지 못했다.

출제포인트 함께 쓰는 명사
dispute 분쟁 conflict 갈등 matter 문제 issue 문제

40
BIG DATA
정답출제: 1회
오답출제: 6회

solidify
[səˈlɪdəfaɪ]
vt. ~을 단결시키다, 굳히다
vi. 단결하다, 굳어지다

They **solidified** their position as Britain's top band.
그들은 영국 최고 밴드로서의 위치를 굳혔다.

출제포인트
고체로 '굳어지다, 굳히다', 타 동사로 계약, 계획, 태도 등을 '확고하게 하다'

41
BIG DATA
정답출제: 1회
오답출제: 0회

stimulate
[ˈstɪmjəleɪt]
vt. ~을 자극하다, 격려하다, 활성화시키다
vi. 자극이 되다

The exhibition **has stimulated** interest in his work.
그 전시회는 그의 작품에 대한 관심을 자극하였다.

출제포인트
stimulate growth/demand/the economy 성장/수요/경제를 활성화시키다

42
BIG DATA
정답출제: 1회
오답출제: 0회

store
[stɔːr]
vt. ~을 저축하다, 저장하다
n. 상점, 가게, 저장고

Incoming shipments **should be stored** in the designated area.
들어오는 선적물들은 지정된 장소에 적재되어야 한다.

출제포인트
필요할 때까지 '저장하다', 머릿속이나 컴퓨터에 정보를 '보관하다'

43
BIG DATA
정답출제: 4회
오답출제: 7회

tolerate
[ˈtɑːləreɪt]
vt. ~을 관대히 다루다, 묵인하다, 참다, 견디다

tolerant a. 포용력 있는, 내성 있는
Few plants **will tolerate** sudden changes in temperature.
갑작스런 기후변화에 견딜 수 있는 식물들은 거의 없다.

출제포인트
식물에 대해 쓸 경우는 특정한 기후나 토양에서 '견딜 수 있는, 내성 있는' 의미이다.

44
BIG DATA
정답출제: 1회
오답출제: 1회

transport
[ˈtrænspɔːrt]
vt. ~을 수송하다, 운반하다
n. 수송, 운송

transportation n. 교통/수송체계
Our new truck is perfectly suited for **transporting** large loads.
우리의 새로운 트럭은 큰 짐을 나르기에 정말 알맞다.

출제포인트
<transport + 명사 + to + 장소> ~을 …로 수송하다

45
BIG DATA
정답출제: 2회
오답출제: 2회

unveil
[ʌnˈveɪl]
vt. vi. 처음으로 공개하다, 발표하다

The engineers at Eagle Motorcycles **have unveiled** their new prototype, the Inferno Pro.
Eagle Motorcycles의 엔지니어들은 새로운 시제품인 Inferno Pro를 발표했다.

출제포인트
신제품·계획을 사람들에게 '처음 공개하다, 발표하다', '커버를 제거하다'

46
BIG DATA
정답출제: 2회
오답출제: 0회

violate
[ˈvaɪəleɪt]
vt. (법률 등)을 어기다, 위반하다

He does not hesitate **to violate** the traffic regulations.
그는 주저함 없이 교통 법규를 위반한다.

출제포인트
(법을) 위반하다는 의미로 '법'관련 명사가 함께 출제된다.

47
BIG DATA
정답출제: 1회
오답출제: 2회

waive
[weɪv]
vt. (권리, 요구 등)을 포기하다, 철회하다

365 Mart **will waive** shipping costs on all items for 30 days.
365 Mart는 30일 동안 모든 물품의 배송비를 받지 않을 것이다.

출제포인트
공식적으로 권리, 규칙 등을 '포기하다', '무시하다' 또는 '철회되다'

48
BIG DATA
정답출제: 1회
오답출제: 0회

DAY 03 DAILY TEST

A 다음 빈칸에 적절한 단어나 우리말을 쓰시오.

01 refute _____ 06 판단하다 _____

02 argue _____ 07 명령하다 _____

03 remit _____ 08 포기하다 _____

04 vacate _____ 09 이용하다 _____

05 commence _____ 10 처음으로 공개하다 _____

B 다음 빈칸에 들어갈 적절한 말을 [보기]에서 고르시오.

| remit | vacate | commence |
| argue | refute | |

01 Should the alarm sound in your office, please _____ the building immediately.

02 Dr. Kim _____ the hypothesis.

03 Each course _____ with a one-day introduction.

04 If payment is _____ after the 15th, a ten percent penalty will be added.

05 The sales representative from Ikay Co. _____ his point forcefully.

C 실전훈련

01 You can ------------- these coupons at any local store.
   (A) redeem   (B) recall

02 K Sportswear ------------- any false claims that their products are the result of child labor.
   (A) competes   (B) refutes

03 Your online account will be suspended until further payment is -------------.
   (A) remitted   (B) reminded

DAY 04
기출 빅데이터로 뽑은 빈출 명사 150선 - 1

1. 대표 명사는 불가산, 하위 개념 명사는 주로 가산명사로 사용

대표 명사 → 불가산	하위 단위 개념 명사 → 주로 가산명사로 사용
money 금전	price 가격 cost 경비 payment 지불 charge 청구 요금 fee 수수료 fare 운임, 요금 expense 비용 incentive 장려금 salary 봉급 wage 임금
furniture 가구	desk 책상 chair 의자 shelf 선반 table 탁자 couch 소파
equipment 장비	camera 카메라 video 비디오 device (목적을 가지고 고안된) 장치
law 법	regulation 규정, 법규 rule 규칙 guideline 지침 instruction 설명 standard 표준
paper 종이	paper 신문, 서류 magazine 잡지 book 책 letter 편지 mail 우편물 memo 메모
personnel 직원	member 집단의 일원 employee 고용인 clerk 사원 manager 책임자
information 정보	detail 상세한 설명 clarification 설명 description 기술 demonstration 시연

2. 문제/원인/노력/방법/제안/과정/목적/계획/결과 관련 명사는 모두 가산명사

reason 이유 **problem** 문제 **factor** 요인 **error** 틀림, 오류 **mistake** 실수, 틀림 **idea** 생각 **suggestion** 제안, 조언 **solution** 해법, 해답 **way** (특정한) 방법 **method** 수단 **strategy** 전략 **alternative** 대안 **effort** 노력 **attempt** 시도 **purpose/goal/aim/objective** 목적, 목표 **decision** 결정 **process** 과정 **procedure** 순서, 절차 **plan** 계획 **result** 결과 **conclusion** 결론

3. 행위나 행동을 나타내는 동명사는 불가산 명사

funds / funding	c 자금 / u 자금 제공, 융자
process / processing	c (일련의) 과정 / u 처리
house / housing	c 집 / u 주거, 숙소
advertisement / advertising	c 광고 / u (집합적) 광고, 광고업
seat / seating	c 좌석 / u 착석, (집합적) 좌석
account / accounting	c (사건 등에 대한) 설명 / u 회계
market / marketing	c 시장 / u 마케팅
plan / planning	c 계획 / u 기획

4. 가산, 불가산에 따라 의미가 달라지는 경우

for summer 4계절 중 여름 / **for a summer** 한 시즌 / **for the summer** 그 해 여름

시험문제는 이렇게 나와요!

We accept a refund for ---------- made at any of our stores.
(A) purchase (B) purchases (C) purchasers (D) purchased

해설 ▶ 생각의 순서

1단계 구조 분석
We / accept / a refund (for ----------) [made at any of our stores].
주어   동사   목적어   전치사구(전치사+목적어)

2단계 품사 배열   빈칸은 전치사 for의 목적어 자리로 명사 자리이다.

3단계 답 결정 단어 찾기   refund → purchase는 가산/불가산 명사로 모두 사용 가능한데 '구매품'은 가산명사, '구매 행위'는 불가산명사이다. 환불은 구매 행위에 대한 것이 아니라 구매품에 대해 해주는 것이다. 따라서 가산명사로 복수형인 (B) purchases가 답이 된다.

해석   저희는 저희 모든 지점에서 구매한 상품에 대해 환불해 드립니다.
어휘   accept ~을 받아들이다   refund 환불   purchase 구입, 구매, 구매한 것
정답   (B)

DAY 04

performance
[pərˈfɔrməns]
n. 수행(실적/성과), 공연

perform vt. ~을 실행하다, 집행하다, 수행하다; (악기를) 타다, 치다
You need to appraise your employees on their **performance**.
당신은 직원들의 성과로 그들을 평가할 필요가 있다.

출제포인트 performance evaluation 업무평가
performance based payment 성과급   high-performance cars 고성능 자동차
실전 TIP 함께 쓰이는 동사
deliver/give (연설/연주)을 하다   produce 만들어내다   affect 영향을 끼치다
influence 영향을 주다   boost 북돋우다   improve 개선하다
analyse/analyze 분석하다   assess 평가하다   evaluate 평가하다
measure 측정하다

01 BIG DATA
정답출제: 12회
오답출제: 3회

recommendation
[ˌrekəmənˈdeɪʃən]
n. 충고, 추천, 추천장

The committee has made a **recommendation** to loosen regulations.
위원회는 규제 완화를 조언했다.

출제포인트 유사어휘 recommendation vs. advice
recommendation – 가산명사 / advice – 불가산명사
실전 TIP make a recommendation 추천하다
recommendation to ~하기 위한 권고
recommendation that ~ (that이하의 내용)을 추천

02 BIG DATA
정답출제: 11회
오답출제: 0회

growth
[ɡroʊθ]
n. 성장, 증가

As a new stage of its development starts, the prospect of enormous **growth** awaits us.
그 개발의 새 단계가 시작되면서, 엄청난 성장 가능성이 우리를 기다리고 있다.

출제포인트 a growth area/industry는 '성장 분야/산업', the growth rate는 '성장률'을 의미한다.

03 BIG DATA
정답출제: 9회
오답출제: 4회

initiative
[ɪˈnɪʃətɪv]
n. 계획, 주도권

initiate vt. ~에 착수하다, 개시하다
New business cards will be given to employees as part of our public relations **initiative**.
홍보 계획의 일환으로 직원들에게 새로운 명함이 지급될 것이다.

출제포인트
take the initiative 주도권을 쥐다, 선수를 치다

04 BIG DATA
정답출제: 9회
오답출제: 0회

promotion
[prəˈmoʊʃən]
n. 승진, 홍보

promote vt. ~를 승진시키다, 판매를 돕다
The marketing team insists that the new product needs more **promotion**.
마케팅팀은 새로운 제품에 더 많은 홍보가 필요하다고 주장한다.

출제포인트 promotion은 가산/불가산명사로 '승진' 또는 '홍보, 판촉'을 뜻하며, 사회적 차원의 '장려'일 때는 불가산명사이다.

05 BIG DATA
정답출제: 9회
오답출제: 7회

construction
[kənˈstrʌkʃən]
n. 건설, 공사

constructive a. 건설적인
Most residents oppose the **construction** of a shopping mall.
대부분의 주민들은 쇼핑몰의 건설을 반대한다.

출제포인트
under construction = being built 공사 중인

06 BIG DATA
정답출제: 8회
오답출제: 6회

delay
[dɪˈleɪ]
n. 지연, 연기
vi. 지연하다
vt. ~을 지체시키다, 연기하다

There were **delays** in making repairs to the assembly line.
조립라인을 수리하는 데 지연이 있었다.

출제포인트 without delay 지체 없이, 즉시
실전 TIP 유사어휘 delay vs. late
delay는 명사로 '지연'이란 뜻이고 late는 형용사로 '늦은'이란 뜻으로 품사의 위치에 따라 어휘를 고르는 문제가 출제된다.
There will be a 40-minute (late, delay) to flight 447 due to poor weather conditions.
날씨 때문에 447 항공기가 40분 지연될 것이다.

07 BIG DATA
정답출제: 6회
오답출제: 2회

expansion
[ɪkˈspænʃən]
n. 확대, 확장

expanded a. 넓어진   expansive a. 광범위한   expansively ad. 포괄적으로
No serious objections to the business **expansion** are anticipated.
사업 확장에 대해 큰 반대는 없을 것으로 예상된다.

출제포인트 expansion into ~으로의 확장

08 BIG DATA
정답출제: 8회
오답출제: 0회

estimate
[ˈestəmət]
vt. (비용)을 어림잡다, 산정하다
n. 견적서

09
BIG DATA
정답출제: 8회
오답출제: 6회

The firm spent an **estimated** $30 million on its advertising.
그 회사는 자사의 광고에 어림잡아 3천만 달러를 썼다.

출제포인트
<an estimated + 수치> 대략 (수치)의

opening
[ˈoʊpənɪŋ]
n. 개장, 개시;
시작 부분;
공석

10
BIG DATA
정답출제: 7회
오답출제: 2회

open a. 열린, 노출된 v. 열리다, 시작하다 n. 빈터, 옥외
There are a couple of **openings** in the research department.
연구 부서에 두 개의 공석이 있다.

출제포인트 가산명사로, 직장·회사의 '공석, 결원'을 의미한다.
job opening(공석) 또는 <opening in + 회사/부서/팀>, <opening for + 사람>으로 쓴다.

proposal
[prəˈpoʊzəl]
n. 제안, 계획,
제안서

11
BIG DATA
정답출제: 7회
오답출제: 4회

proposed a. 제안된
We encourage **proposals** related to the future of the profession.
우리는 그 직업의 미래와 연관된 제안들을 장려한다.

출제포인트 함께 쓰이는 동사
review 검토하다 develop 발전시키다 write 쓰다 outline 윤곽을 잡다
make 작성하다 offer 제안/제공하다 present 제시/제출하다 submit 제출하다
accept 받아들이다 approve 승인하다

request
[rɪˈkwest]
n. 요청, 요구
vt. ~을 요청하다, 요구하다

12
BIG DATA
정답출제: 7회
오답출제: 10회

Requests for reimbursement should be accompanied by receipts.
비용 상환 요청은 영수증을 수반해야 한다.

출제포인트 (up)on request 요구/요청하자마자 at one's request ~의 요구에 따라
<request for/to부정사> ~에 대한 요청/요구

assistance
[əˈsɪstəns]
n. 지원, 도움

13
BIG DATA
정답출제: 6회
오답출제: 2회

assist vt. ~에 도움이 되다, ~을 돕다 vi. 돕다
Dr. Lopez sent an e-mail to her colleagues at Kim's Hospital expressing appreciation for their **assistance**.
Lopez 박사는 Kim's Hospital에 있는 자신의 동료들에게 지원에 감사를 표하는 이메일을 보냈다.

출제포인트 assistance는 불가산명사로 '도움(help), 지원(support)'을 의미한다.
assistant는 사람명사(조수)로 가산명사이다.

cooperation
[koʊˌɑpəˈreɪʃən]
n. 협력, 합동

14
BIG DATA
정답출제: 6회
오답출제: 2회

cooperative a. 협력적인, 협력하는 n. 협동조합(소식, 단체), 기업
Enhancing **cooperation** among our partners is important.
우리 동업자들 사이의 협력을 강화하는 것이 중요하다.

출제포인트
<in cooperation with + 사람> ~와 협력하여

discount
[ˈdɪskaʊnt]
n. 할인, 할인액
vt. ~을 할인하다,
~의 가치를 떨어뜨리다

15
BIG DATA
정답출제: 6회
오답출제: 3회

As a benefit of membership, our shoppers will receive a $10 **discount** coupon.
회원 혜택으로써, 우리 고객들은 10달러 할인 쿠폰을 받을 것이다.

출제포인트
불가산명사처럼 보이지만 '가산명사'이다.

facility
[fəˈsɪləti]
n. 시설, 기관

16
BIG DATA
정답출제: 8회
오답출제: 0회

The new quality control director will visit our production **facility** next Monday.
다음 주 월요일에 새로운 품질관리 이사가 우리 생산시설을 방문할 것이다.

출제포인트
복수형으로 쓰일 경우 특정 용도로 제공되는 '공간, 장비' 혹은 특정 목적이나 활동을 위한 '장소, 건물' 등을 의미한다.
conference facilities 회의 시설

DAY 04

identification
[aɪˌdentəfɪˈkeɪʃən]
n. 신분증, 신원확인, 식별

identical a. 동일한　identify v. 식별하다
Please show your **identification** at the entrance.
입구에서 신분증을 보여주시기 바랍니다.

출제포인트
identification은 불가산명사로 '신분증'을 뜻하며 동사 show가 함께 출제되고 있다.

17 BIG DATA
정답출제: 6회
오답출제: 3회

instruction
[ɪnˈstrʌkʃən]
n. 지시, 설명(서)

instructional a. 교육적인, 교육상의
According to the **instructions** included, the medicine may induce sleep.
동봉된 설명서에 따르면, 이 약은 졸음을 유발할 수 있다.

출제포인트
복수형 instructions는 '지시, 설명'을 의미하며, 불가산명사 instruction은 '교육, 가르침'을 의미한다.

18 BIG DATA
정답출제: 6회
오답출제: 2회

policy
[ˈpɑlɪsi]
n. 정책, 수단, 방책; 보험증서

The details of our travel insurance **policy** can be found on our website.
우리 여행 보험 정책에 관한 자세한 정보는 웹사이트에서 찾아볼 수 있다.

출제포인트 함께 쓰이는 동사
develop 개발하다　change 바꾸다　determine 결정하다　implement 시행하다
institute 마련하다　carry out 수행하다　follow 따르다　approve 승인하다
favour 편을 들다　support 지지하다　oppose 반대하다

19 BIG DATA
정답출제: 6회
오답출제: 3회

reservation
[ˌrezərˈveɪʃən]
n. 예약; 의구심

reserved a. 삼가는　reservedly ad. 삼가서, 조심스럽게
The $1 deposit is not refundable if a confirmed **reservation** is cancelled.
확정된 예약을 취소하면 1 달러 보증금은 환불되지 않는다.

출제포인트
make a reservation 예약을 하다
have/express reservations about ~ ~에 대해서 의구심을 갖다/표현하다

20 BIG DATA
정답출제: 6회
오답출제: 7회

alternative
[ɔlˈtɜrnətɪv]
n. 대안, 방안
a. 대체 가능한, 양자택일의

alternate a. 번갈아, 교대로　v. 번갈아 일어나다, 교대하다
It is an **alternative** to the expensive brands.
그것은 비싼 브랜드의 대안이다.

출제포인트 전치사 to, for 등을 동반한다.

실전 TIP 유사어휘 alternative vs. alternation
* alternative : 가산명사로 '대안, 차선책, 선택의 여지'를 의미하며 전치사 to, for 등을 동반한다.
* alternation : 가산명사로 어떤 두 가지가 순차적으로 일어나거나 변경된다는 의미이다.

21 BIG DATA
정답출제: 5회
오답출제: 3회

collection
[kəˈlekʃən]
n. 수집품, 무리, 더미, 모금, 헌금

collective a. 공동의, 단체의
Our grocery store offers a well-organized and bountiful **collection** of ingredients.
우리 식품 가게는 잘 정리되고 풍부한 식재료 더미를 판매한다.

출제포인트
collection of ~의 수집품/소장품　collection for ~을 위한 기부금/모금

22 BIG DATA
정답출제: 5회
오답출제: 7회

contract
[ˈkɑntrækt]
n. 계약(서)
vt. ~을 계약하다
vi. 줄어들다

contractually ad. 계약상(으로)
They accused the company of breaching its **contract**.
그들은 계약 위반으로 회사를 고발했다.

출제포인트 함께 쓰이는 동사
negotiate 협상하다　conclude 끝내다　agree 동의하다　enter 체결하다
win 얻다　sign 계약하다　break 어기다　breach 위반하다　revise 개정하다

실전 TIP <contract + with/between + 명사(대상)> ~와의 계약
according to the contract 계약서에 따르면　on a contract 계약되어 있는
under contract 계약되어 있는

23 BIG DATA
정답출제: 5회
오답출제: 3회

expertise
[ˌeksp3rˈtiːz]
n. 전문 지식, 전문 기술

All applicants possess the required **expertise** in marketing.
모든 지원자들은 마케팅에 요구되는 전문 지식을 갖고 있다.

출제포인트 함께 쓰이는 동사
require 요구하다　acquire 획득하다　develop 개발하다　gain 얻다
provide 제공하다　bring 가져오다　share 공유하다

실전 TIP expertise vs. expert
expertise는 '전문지식'을 말하고, expert는 사람명사로 '전문가'란 뜻이다.

24 BIG DATA
정답출제: 5회
오답출제: 3회

intention
[ɪnˈtenʃən]
n. 의도, 계획

intentional a. 의도적인, 고의적인
It is the **intention** of Green Mart Inc. to continue providing the highest level of customer satisfaction.
최고 수준의 고객만족을 지속적으로 제공하는 것이 Green Mart사의 의도이다.

출제포인트 〈intention of + 명사/동명사〉 또는 〈intention + to부정사〉 형태로 쓰인다.

실전 TIP have no/every intention ~할 생각이 없다/있다
*intent(의도)와 헷갈리지 않도록 주의하자.

25
BIG DATA
정답출제: 5회
오답출제: 7회

manufacturer
[ˌmænjəˈfæktʃərər]
n. 제조업자,
생산자, 공장주

manufacture v. 제조하다 n. 제조
The acquisition is a strategic move in order to become the world's largest car **manufacturer**.
그 기업 인수는 세계 최대의 자동차 제조업체가 되기 위한 전략적 움직임이다.

출제포인트 불가산명사: manufacturing 제조(업) manufacture 제조과정
가산명사: manufacturer 제조업자

26
BIG DATA
정답출제: 5회
오답출제: 0회

negotiation
[nəˌɡoʊʃiˈeɪʃən]
n. 교섭, 협상

negotiate vi. 협상하다 vt. ~을 성사시키다, 체결하다
After two years of intensive **negotiation**, both companies have finally agreed on the terms of their merger.
2년 동안의 집중적인 협상 후에 두 회사는 마침내 합병 조건에 동의했다.

출제포인트 〈negotiation with + 명사(협상 대상)〉 ~와의 협상
〈negotiation between + 명사(협상하는 주체들)〉 ~사이의 협상/교섭
〈negotiation on/over + 명사(협상 주제)〉 ~에 대한 협상
after months of negotiation 수개월의 협상 끝에

27
BIG DATA
정답출제: 5회
오답출제: 2회

operation
[ˌɑpəˈreɪʃən]
n. 수술, 영업,
운용, 작동

operational a. 조직상의, 사용 중인
A few minor malfunctions may occur during the **operation**.
가동 중에 약간의 미미한 오류가 발생할 수 있다.

출제포인트 불가산명사로 기계, 시스템 등의 '작동, 운영'을 의미한다.
in operation (기계/시스템 등이) 작동/가동/운용되고 있는

28
BIG DATA
정답출제: 5회
오답출제: 7회

presentation
[ˌprezənˈteɪʃən]
n. 발표, 설명, 보고,
제출, 증정, 수여

present a. 현재의, 있는, 출석하고 있는 n. 선물, 현재 v. 제출하다, 주다
Our team is preparing a **presentation** on the updated staffing policies.
우리 팀은 갱신된 인력배치 정책에 대한 프레젠테이션을 준비 중이다.

출제포인트 함께 쓰이는 동사
make 하다   give 제공하다   deliver (연설/발표 등을) 하다   attend 참석하다

실전 TIP
〈presentation + on + 주제〉 ~에 대한 발표
〈presentation + to + 대상〉 ~에게 하는 발표

29
BIG DATA
정답출제: 5회
오답출제: 3회

qualification
[ˌkwɑləfɪˈkeɪʃən]
n. 자격, 자격 증명서,
자질; 조건

quality a. 고급의, 양질의 n. 질, 성질, 특질, 재능
You need to gain a **qualification** in marketing.
마케팅에 관한 자격증을 딸 필요가 있다.

출제포인트 〈qualification + for + 직업, 직위〉 (일자리)를 위한 자격
〈qualification + in + 분야〉 ~에 대한 자격

실전 TIP 토익의 구인광고 용어
• 지원 자격: job qualification = requirement = must
• 업무: job responsibility = duty = assignment = task

30
BIG DATA
정답출제: 5회
오답출제: 12회

standard
[ˈstændərd]
n. 기준, 규범, 표준단위
a. 일반적인, 표준의

All projects must meet rigorous government **standards**.
모든 프로젝트들은 엄격한 정부기준을 충족시켜야 한다.

출제포인트 함께 쓰는 형용사
strict/rigorous 엄격한   high 높은   international 국제적인   poor 형편없는
national 국가적인   environmental 환경적인

31
BIG DATA
정답출제: 5회
오답출제: 9회

success
[səkˈses]
n. 성공, 성취

successful a. 성공한   **successive** a. 잇따른, 계속되는
Our organization is dedicated to helping start-up companies find **success** in business.
우리 조직은 신생기업들이 사업에 성공할 수 있도록 돕는 데 최선을 다하고 있다.

출제포인트 business success 사업 성공

32
BIG DATA
정답출제: 5회
오답출제: 3회

DAY 04

support
[səˈpɔːrt]
vt. ~을 지지하다, 지원하다
n. 지원, 후원금

supportable a. 지지/지탱할 수 있는   supportive a. 지원하는
The technical **support** team finally determined the cause of the power failure yesterday. 기술지원팀은 결국 어제의 정전 원인을 찾아냈다.

출제포인트 in support of ~을 지지하는
실전 TIP 복합명사: support report 지지/뒷받침해주는 보고서
support team/staff 지원 팀/인력   support information 뒷받침 정보

33
BIG DATA
정답출제: 5회
오답출제: 12회

authority
[əˈθɔːrəti]
n. 승인(허가), 권위자, 권한자, (정부)부서, 조직

authorized a. 승인된 (= approved)
Dr. Park is widely considered the leading **authority** on solar energy.
Park 박사는 태양 에너지에 관해 중요 권위자로 널리 인정받고 있다.

출제포인트 ① 가산·불가산명사로 공식적인 '승인, 허가(permission)' ② 가산명사로 해당하는 사안들에 대해 의사결정을 할 수 있는 힘이나 책임을 가진 '조직, 정부부서', 특정 전문분야의 '권위자, 영향력이 있는 사람' ③ 불가산명사로 공식적인 직위나 위치에서 나오는 힘을 뜻하여 '권한, 권위' ④ '당국, 관계자, 정부당국' 등의 의미로 쓰일 때에는 항상 복수형인 authorities로 써야 한다.

실전 TIP 〈authority on + 대상〉 ~에 대한 영향력이 있는 사람 〈사람 + in authority〉 권한을 가진 사람 〈under the authority of + 사람〉 ~의 허가 하에 〈without + 소유격 사람 + authority〉 ~의 허가(승인) 없이 〈authority over + 대상〉 ~에 대한 권한, 권리 〈authority from + 출처〉 ~로부터 받은 권한

34
BIG DATA
정답출제: 4회
오답출제: 9회

congestion
[kənˈdʒestʃən]
n. 혼잡

congested a. 교통이 혼잡한
The government plans to build a new bridge to help ease traffic **congestion**. 정부는 교통체증을 덜기 위해 새로운 다리를 건설할 계획이다.

출제포인트 traffic congestion 교통 혼잡

35
BIG DATA
정답출제: 4회
오답출제: 0회

factor
[ˈfæktər]
n. 요인, 인자

factual a. 사실에 근거한, 사실상의
Success depends on a variety of **factors**. 성공은 다양한 요인들에 달려 있다.

출제포인트 key factors 핵심 요인들

36
BIG DATA
정답출제: 4회
오답출제: 2회

maintenance
[ˈmeɪntənəns]
n. 유지, 보존

If your printer continues to malfunction, please contact **maintenance** staff. 당신의 프린터 오류가 계속되면, 유지보수 담당 직원에게 연락하세요.

출제포인트 the cost of repairs and maintenance 수리 및 유지 비용   routine maintenance 일상적인 보수점검 작업   maintenance work 유지보수 작업   car maintenance 차량 유지관리   maintenance staff 유지보수 담당직원

37
BIG DATA
정답출제: 4회
오답출제: 1회

nomination
[ˌnɑməˈneɪʃən]
n. 지명, 추천(권)

nominate vt. ~을 지명하다
Nominations for our annual innovation awards are closed as of today.
연례 혁신상 (수상자) 추천은 오늘부로 마감이다.

출제포인트 가산명사로 '상을 주기 위해 제안된 책, 영화, 감독 등의 이름, 후보'의 의미가 있다. 주로 전치사 for, as와 함께 쓰인다.

38
BIG DATA
정답출제: 4회
오답출제: 2회

option
[ˈɑpʃən]
n. 선택권, 선택

optional a. 선택적인, 임의의
We are adding a variety of pricing **options** for high-priced items.
우리는 고가의 상품들에 대해 다양한 가격 정책 옵션을 추가하고 있다.

출제포인트 학교(대학)에서의 '선택 과목', 주식시장 등에서 미래에 무엇을 사고 팔 수 있는 권리, 혹은 자동차 등을 구입할 때 추가적으로 제공되는 것을 의미하기도 한다.

실전 TIP 유사어휘 option vs. choice
option : 자동차나 컴퓨터 같은 제품을 살 때 기본 사양 이외 추가로 선택할 수 있는 것들을 말한다. 즉, 선택할 수도 있고 안 할 수도 있다는 뜻이다.
choice : 여럿 중에서 선택할 수 있다(선택하는 행위, 선택되는 것). '선택하기, 선정'의 의미가 있다. 많이 쓰는 관용어구로 make a choice (선택하다)가 있다.
We will serve you your (choice / ~~option~~) of rice or bread.
밥 또는 빵 중 선택하신 것을 갖다드리겠습니다.

39
BIG DATA
정답출제: 4회
오답출제: 2회

payment
[ˈpeɪmənt]
n. 지불, 납입

If the **payment** schedule is agreeable to you, please send a confirmation e-mail. 만약 이 지급일정이 가능하다면 확인 이메일을 보내주세요.

출제포인트
• payment: 일이나 작업의 대가를 지불하는 의미가 강하다.
• salary: 일반적인 월급을 의미한다.
• wage: 주로 시급을 뜻한다.

40
BIG DATA
정답출제: 4회
오답출제: 5회

potential
[pəˈtenʃəl]
n. (U) 가능성
a. 잠재적인, 가능한

We plan to continue pursuing **potential** clients aggressively.
우리는 계속해서 잠재고객들을 적극적으로 유치할 계획이다.

출제포인트 〈achieve/fulfill/realize + your (full) potential〉은 상대에게 '잠재력을 모두 발휘하여 가능한 만큼 최대한 성취를 이루라'는 의미이다.

실전 TIP 유사어휘 potential vs. potentiality
- potential: 불가산명사로 '가능성, 잠재력'을 의미한다.
- potentiality: 가산명사로 '잠재력, 가능성'을 의미하며 주로 복수형으로 쓰인다.
long term potentiality 장기적 가능성 growth potentiality 성장 가능성

41 BIG DATA
정답출제: 4회
오답출제: 14회

procedure
[prəˈsidʒər]
n. 절차, 조치

The **procedures** were so complicated that many employees found them difficult to follow.
절차가 너무 복잡해서 많은 직원들이 (그 절차를) 따르기가 어렵다고 느꼈다.

출제포인트 복합명사
emergency procedure 비상조치   evacuation procedure 대피 조치
safety procedure 안전 조치   security procedure 보안 조치

42 BIG DATA
정답출제: 4회
오답출제: 5회

responsibility
[rɪˌspɑnsəˈbɪləti]
n. 책임, 의무

responsible a. 책임이 있는, 담당의   responsibly ad. 책임감 있게, 확실히
It is the owner's **responsibility** to store our food products in a cool or dry environment to prevent discoloration.
변색을 막기 위해 우리의 식료품 제품을 시원하거나 건조한 환경에 보관하는 것은 소유주의 책임이다.

출제포인트 〈It is + 사람's responsibility + to부정사〉 ~하는 것이 …의 책임이다
〈responsibility + for (-ing)〉 ~하는 것에 대한 책무
〈take responsibility + for (-ing)〉 ~하는 것에 대한 책무를 맡다

43 BIG DATA
정답출제: 6회
오답출제: 3회

shift
[ʃɪft]
n. 변화, 이동, 교대 근무
vi., vt. 이동하다, 바꾸다

Normally, factory workers have the right to a one-hour meal break during their **shift**.
보통, 공장 근로자들은 교대근무 중 한 시간의 식사시간에 대한 권리가 있다.

출제포인트 work shift 근무교대   weekend shift 주말근무   overnight shift 야간근무
night shift worker 야간근무자   rotating shift 교대근무

44 BIG DATA
정답출제: 4회
오답출제: 1회

subscription
[səbˈskrɪpʃən]
n. 구독료, 회비, 후원금

subscribe vi. 구독하다
Their expired **subscription** to the monthly publication needs to be renewed.
그들의 만기된 월간 잡지에 대한 정기구독권이 갱신되어야 한다.

출제포인트 subscription는 가산/불가산명사로 '구독료', 유료회원이 정기적으로 내는 '회비, 후원금'이라는 의미이며, 전치사 to를 동반한다.

45 BIG DATA
정답출제: 4회
오답출제: 4회

supervisor
[ˈsupərˌvaɪzər]
n. 감독자, 관리자, 지도교수

supervisory a. 감독의, 관리의   supervise vi., vt. 감독하다
You should talk about the problems with your **supervisor**.
당신은 상관에게 그 문제에 대해 이야기해야 한다.

출제포인트 supervision 감독, 관리 – 불가산명사 / supervisor 감독관 – 가산명사

46 BIG DATA
정답출제: 4회
오답출제: 0회

supply
[səˈplaɪ]
n. 공급량, 필수품, 공급
vt. ~을 공급하다

We need to obtain an adequate **supply** of spare machine parts.
우리는 여분의 기계부품 공급을 충분히 확보할 필요가 있다.

출제포인트 시험에는 office supplies 등과 같은 포괄적인 의미를 갖는 가산 복합명사로 자주 출제되고 있다. 특히 명사와 동사의 형태가 같기 때문에 문장구조를 분석할 때 주의해야 한다.

47 BIG DATA
정답출제: 6회
오답출제: 10회

view
[vju]
n. 의견, 관점, 전망, 시야
vt. ~라고 여기다, 보다

You can enjoy spectacular **views** of the sunset from our resort.
당신은 우리 리조트에서 멋진 일몰 광경을 보실 수 있습니다.

출제포인트 view on/about ~에 대한 의견, 견해   in my view 내 의견은
view of ~의 관점, 전망   in view 실현될 듯하여, 고려중인
in view of ~을 고려하여(해서), ~ 때문에

실전 TIP 유사어휘 view vs. sight
- view: 특정한 장소/기준에서 볼 수 있는 광경
- sight: 시야에 들어오는 풍경 (움직이거나 이동하면서 보는 풍경)
Our guests can enjoy the great (view, ~~sight~~) which our hotel provides.
투숙객들은 우리 호텔에서 제공하는 훌륭한 광경을 즐기실 수 있다.

48 BIG DATA
정답출제: 5회
오답출제: 8회

DAY 04 DAILY TEST

A 다음 빈칸에 적절한 단어나 우리말을 쓰시오.

01 qualification _____
02 identification _____
03 alternative _____
04 initiative _____
05 cooperation _____

06 견적서 _____
07 정책, 수단 _____
08 교섭, 협상 _____
09 혼잡 _____
10 승진, 홍보 _____

B 다음 빈칸에 들어갈 적절한 말을 [보기]에서 고르시오.

| qualification | identification | alternative |
| cooperation | initiative | |

01 You need to gain a _____ in marketing.
02 Enhancing _____ among our partners is important.
03 New business cards will be given to employees as part of our public relations _____.
04 Please show your _____ at the entrance.
05 It is an _____ to the expensive brands.

C 실전훈련

01 The Fun Run Against Drug Abuse campaign was so successful that pharmaceutical companies are now introducing similar -------------.
   (A) restrictions   (B) initiatives

02 If your ------------- meet our requirements, please submit your résumé to Mr. Parkinson in Human Resources.
   (A) quotes   (B) qualifications

03 When competition is fierce in local job markets, people often decide to attend graduate school as a common ------------- to getting a job.
   (A) alternative   (B) different

DAY 05

기출 빅데이터로 뽑은 빈출 명사 150선 – 2

1. '사람'은 '사람'과 동격

~~It~~ was one of my friends. 그는 나의 친구 중 한명이다.
He

2. 생각, 감정, 사람의 행위/요구 등의 의미를 지닌 동사들은 '사람'만 주어로 받는다.

생각, 감정 동사 : decide, plan, consider…
He is planned to continue pursuing potential clients. (X)
→ He planned to continue pursuing potential clients. 우리는 계속해서 잠재고객들을 적극적으로 유치할 계획이다.

3. 사람이 구성 요소가 되는 명사 또한 사람으로 취급하며 가산명사이다.

Our company is pleased to work with you. 우리 회사는 귀하와 일을 하게 되어 기쁩니다.

4. 증가/감소 동사의 주어는 '사람'이 아니라 '사람의 수'가 와야 한다.

After the first lecture, ─────────── at the second lecture nearly tripled.
(~~attendee~~, attendance)
첫 경연 후에, 두 번째 강연의 참가자 수는 거의 세 배가 되었다.
• triple(세 배가 되다)은 증가 동사로, 사람명사를 주어로 받을 수 없다.

시험문제는 이렇게 나와요!

Teams of ---------- will check the items to be released soon.
(A) inspectors   (B) inspections   (C) inspect   (D) inspected

해설 ▶ 생각의 순서

1단계 구조 분석
Teams of ---------- / will check / the items (to be released soon).
　　주어　　　　　　동사　　　　목적어

2단계 품사 배열　빈칸은 전치사 of의 목적어 자리로 명사, 동명사, 대명사가 올 수 있다.

3단계 답 결정 단어 찾기
Teams → of는 구성 요소를 보여주는 전치사로 of 뒤에는 team을 구성할 수 있는 단위인 사람명사 inspectors가 와야 한다.

해석 ┃ 조사팀들이 곧 출시되는 품목들을 확인할 것이다.
어휘 ┃ inspector 조사관　inspection 조사　check 확인하다　release 출시하다　soon 곧
정답 ┃ (A)

DAY 05

activity
[ækˈtɪvəti]
n. 활동

active a. 활동적인　**actively** ad. 활동적으로　**act** vi. 행동하다 n. 행위
We must establish, implement, and maintain procedures to monitor and measure key characteristics of our operations and business **activities**.
우리는 우리의 경영과 사업 활동들의 주요 특징들을 관찰하고 판단하기 위해서 절차를 만들고 실행하고 유지해야 한다.

출제포인트 실제 시험에서는 복합명사로 주로 출제된다.
marketing activities 마케팅 활동　social activities 사회 활동
실전 TIP ⟨act as + 직위/역할⟩ ~으로서의 역할을 하다(= serve as)

01
BIG DATA
정답출제: 3회
오답출제: 2회

capacity
[kəˈpæsəti]
n. 용량, 능력, 수용량, 생산량

The bus has a seating **capacity** of 40.
그 버스는 40인승이다.

출제포인트　a seating capacity 좌석 수, 수용 능력　to capacity 최대한으로
⟨capacity + to부정사/for -ing⟩ ~할 수 있는 능력

02
BIG DATA
정답출제: 3회
오답출제: 6회

challenge
[ˈtʃæləndʒ]
n. 도전, 난관
vt. ~에 도전하다
vi. 도전하다

challenging a. 어려운, 까다로운
The **challenge** lies in creating a demand for the product.
제품에 대한 수요를 만들어내는 데 어려움이 있다.

출제포인트　비즈니스 상황에서 어떤 어려움이나 난관을 말하며 difficulty와 동의어이다.

03
BIG DATA
정답출제: 3회
오답출제: 5회

change
[tʃeɪndʒ]
n. 변화; 잔돈
vt. ~을 바꾸다, 변화시키다, 변경하다
vi. 변하다, 바뀌다

The **changes** proposed by the sales team are small but will have a significant impact on the market.
영업팀에서 제안한 변경사항은 작지만 큰 영향을 시장에 미칠 것이다.

출제포인트　가산명사로 '변화', 불가산명사로 '거스름돈, 잔돈'

04
BIG DATA
정답출제: 3회
오답출제: 5회

confusion
[kənˈfjuːʒən]
n. 혼란, 혼동

confusable a. 혼동되는, 혼동하기 쉬운
Despite some earlier **confusion**, we now completely understand the report.
초기에는 약간 혼란스러웠지만 지금은 우리가 그 보고서를 완전히 이해하고 있다.

출제포인트　⟨confusion about/over/as to + 명사⟩ ~에 대한 혼란
⟨confusion between A and B⟩ A와 B 사이에서의 착각
in confusion 혼란하여, 당황해서

05
BIG DATA
정답출제: 3회
오답출제: 0회

correspondence
[ˌkɔːrəˈspɑːndəns]
n. 대응; 통신, 서신

correspond vi. 일치하다, 부합하다
Please contact us by mail, telephone, or any other forms of **correspondence**.
편지, 전화, 또는 그밖의 통신수단들을 이용하여 저희에게 연락해주세요.

출제포인트　⟨be in correspondence with + 사람⟩ ~와 (서신으로) 연락하다

06
BIG DATA
정답출제: 3회
오답출제: 1회

effect
[ɪˈfekt]
n. 영향, 효과

effective a. 효과적인, 실질적인　**effectively** ad. 효과적으로
This could have an adverse **effect** on the environment.
이것은 환경에 역효과를 줄 수 있다.

출제포인트　adverse effect 역효과, 부작용
실전 TIP　in effect 사실상, 실제로는　have an effect/influence/impact on ~에 영향을 주다　take effect 효력을 발휘하기 시작하다　go into effect 효력이 발생되다
⟨bring/put + 목적어 + into effect⟩ ~을 시행하다

07
BIG DATA
정답출제: 3회
오답출제: 5회

enthusiasm
[ɪnˈθuːziæzəm]
n. 열광, 열정

enthusiastic a. 열렬한　**enthusiastically** ad. 열광적으로
Ms. Lopez's **enthusiasm** was apparent when she announced plans to release a new book.
Lopez 씨의 열정은 그녀가 신간을 출간한다는 계획을 발표했을 때 분명해졌다.

출제포인트　enthusiasm for ~에 대한 열의　with enthusiasm 열심히, 열중하여

08
BIG DATA
정답출제: 3회
오답출제: 0회

equipment
[ɪˈkwɪpmənt]
n. 장비, 용품

Other **equipment** is also available for rent. 다른 장비 또한 대여 가능하다.
출제포인트 equipment는 불가산명사로 '장비, 용품'의 의미이다. (=machinery)
- 대표적인 불가산명사: money 금전 furniture 가구 equipment 장비 law 법 paper 종이 information 정보

09
BIG DATA
정답출제: 3회
오답출제: 3회

exhibition
[ˌeksɪˈbɪʃən]
n. 전시회

exhibit vi. 전시하다 vt. ~을 전시하다, 나타내다, 보이다
We are proud to present several innovative local artists in this year's **exhibition**.
우리는 올해의 전시회에 혁신적인 지역 아티스트들 몇 분을 선보이게 되어 자랑스럽다.
출제포인트 함께 쓰이는 동사
hold 열다 host 개최하다 attend 참석하다 visit 방문하다 arrange 준비하다 organize 마련하다

10
BIG DATA
정답출제: 3회
오답출제: 1회

forecast
[ˈfɔrˌkæst]
n. 예측, 예보
vt. ~을 예측하다, 예보하다

The **forecast** for tomorrow is cloudy with a chance of rain.
내일 일기예보는 흐리며 비가 올 확률이 있다.
출제포인트
weather forecast 일기 예보   sales forecast 매출 예상
economic forecast 경제 전망

11
BIG DATA
정답출제: 3회
오답출제: 2회

interruption
[ˌɪntəˈrʌpʃən]
n. 중지, 중단

interrupt vi., vt. 방해하다
The Transportation Board apologized for any inconvenience resulting from **interruptions** to the city's train service.
교통위원회는 도시의 기차 운행 중단을 초래하여 불편을 끼친 것에 대해 사과했다.
출제포인트 without interruption 중단 없이

12
BIG DATA
정답출제: 3회
오답출제: 1회

lack
[læk]
n. 부족, 결핍
vt. ~이 없다, 부족하다

Due to his **lack** of technical experience, he did not get the job.
기술적 경험 부족으로, 그는 일자리를 얻을 수 없었다.
출제포인트 a lack of ~의 부족/결핍
실전 **TIP** lack은 주로 눈에 보이지 않는 추상명사와 함께 쓰이며, 구체적인 명사와 함께 쓰지 않는다.
a lack of support/sympathy/freedom/sleep/energy 지원/공감/자유/잠/기운의 부족

13
BIG DATA
정답출제: 5회
오답출제: 0회

majority
[məˈdʒɔrəti]
n. 대부분, 대다수, 과반수

major a. 주요한, (둘 중에서) 큰 쪽의 vi. 전공하다
The **majority** of people like our logo.
대부분 사람들이 우리 로고를 좋아한다.
출제포인트
<majority of + 복수명사 + 복수동사> ⋯ 대다수가 ⋯하다

14
BIG DATA
정답출제: 3회
오답출제: 1회

merchandise
[ˈmɜrtʃəndaɪs]
n. 물품, 상품
vt. ~을 판매하다
vi. 거래하다

If a customer returns the **merchandise** to us within 30 days of purchase, he or she will get a full refund.
상품을 구매일로부터 30일 이내에 반품한다면, 고객은 전액을 환불받을 것이다.
출제포인트 유사어휘 merchandise vs. product
- merchandise 불가산명사, 판매되고 있는 상품
- product 가산명사, 판매를 위해 대량으로 재배되거나 공장에서 생산된 제품

15
BIG DATA
정답출제: 3회
오답출제: 1회

obligation
[ˌɑbləˈɡeɪʃən]
n. 의무, 책임

obligate a. 의무적인 vt. ~을 강요하다, 의무를 지게 하다
Federal agencies have a legal **obligation** to make reasonable provisions for employees with disabilities.
연방기관은 장애가 있는 직원을 위해 적절한 대비를 할 법적 의무가 있다.
출제포인트
<obligation to + 명사> ~에 대한 의무/책임
<obligation + to부정사> ~해야 하는 의무

16
BIG DATA
정답출제: 3회
오답출제: 2회

DAY 05

organization
[ˌɔːrɡənəˈzeɪʃən]
n. 조직, 기구, 단체;
기획, 조직, 준비

organizational a. 조직(상)의   organized a. 조직화된, 정리된
organize vt. 준비(조직)하다
The new management announced drastic changes to the **organization** at the general meeting.
새 경영진은 총회에서 그 조직에 대한 급격한 변화를 천명했다.

출제포인트 organization 가산명사 vs. 불가산명사
- 가산명사로 쓰일 때: 특정 목적으로 설립된 '조직, 기관, 단체'
- 불가산명사로 쓰일 때: 목적을 효과적으로 수행하기 위해 '기획', 배정하는 '조직(행위)', 준비

17
BIG DATA
정답출제: 4회
오답출제: 3회

popularity
[ˌpɑpjəˈlærəti]
n. 인기, 유행, 대중성

popular a. 인기 있는, 대중의
The **popularity** of online games is growing rapidly.
온라인 게임의 인기가 급속히 늘고 있다.

출제포인트 함께 쓰이는 동사
achieve 성취하다 win 얻다 enjoy 누리다 gain 얻다 maintain 유지하다
retain 보유하다 boost 증대시키다 lose 잃다

실전 TIP popularity of ~의 인기

18
BIG DATA
정답출제: 3회
오답출제: 0회

position
[pəˈzɪʃən]
n. 위치, 적소, 태도, 일자리
vt. ~을 배치하다,
~의 자리를 잡다

You need to submit an application for a **position** in the finance department.
당신은 재무부서의 채용에 대한 지원서를 제출해야 합니다.

출제포인트 함께 쓰이는 형용사
part-time 시간제의 current 현재의 key 중심적인
senior 수석의, 윗사람의 leading 이끄는 administrative 행정적인
managerial 관리자의

19
BIG DATA
정답출제: 3회
오답출제: 17회

presence
[ˈprezəns]
n. 출석, 참석, 존재

present a. 현재의, 있는, 출석하고 있는
presentable a. 받아들여질 만한, 선물에 적합한   presently ad. 지금, 곧, 현재
The beverage company failed to establish a **presence** in the youth market.
그 음료회사는 청소년을 대상으로 하는 시장에서 입지를 세우는 데 실패하였다.

출제포인트 presence of ~의 존재
실전 TIP 불가산명사로 '참석, 존재', 가산명사로 기업의 '영업능력, 장악력', '지사, 법인'을 뜻한다.

20
BIG DATA
정답출제: 3회
오답출제: 0회

priority
[praɪˈɔːrəti]
n. 우선사항, 우선권,
앞섬, (시간적으로)먼저임

prior a. 사전의, 앞의, 보다 중요한
For the past 10 years, customer satisfaction has been our first **priority**.
지난 10년 동안 고객만족이 우리의 최우선 사항이었다.

출제포인트 함께 쓰이는 형용사
first/top/main 우선 high 높은 low 낮은

실전 TIP take priority 우선권을 가지다

21
BIG DATA
정답출제: 3회
오답출제: 5회

proof
[pruːf]
n. 증명, 증거
a. ~에 견디는, 견딜 수 있는
vt. 방수처리하다, 교정하다

It is advisable to have **proof** of expenses in hand before being reimbursed for a business trip.
출장에 대한 경비를 반환받기 전에 비용에 대한 증거서류를 갖고 있는 것이 좋다.

출제포인트 a lack of proof 증거부족 proof of identity 신분증
proof of employment 고용증명

22
BIG DATA
정답출제: 3회
오답출제: 0회

reception
[rɪˈsepʃən]
n. 환영, 접수, 수신

Please complete a customer survey card at the **reception** desk.
안내데스크에서 고객 설문서를 작성해주세요.

출제포인트 가산명사로 '환영, 접견', 불가산명사로 '접수처'

23
BIG DATA
정답출제: 3회
오답출제: 1회

remainder
[rɪˈmeɪndər]
n. 나머지

remaining a. 남아 있는
The renovation is expected to continue for the **remainder** of the month.
보수공사는 이번 달까지 계속될 것으로 예상된다.

출제포인트 형태가 유사한 어휘
- remainder 나머지
- reminder 독촉장, 상기시키는 것/사람

24
BIG DATA
정답출제: 3회
오답출제: 1회

rental
[ˈrentəl]
n. 사용료, 임대용의 집/차, 임대 업무

Major auto **rental** agencies are suffering from an unexpected decline in revenue.
주요 자동차 임대회사들은 예기치 못한 매출의 감소로 어려워하고 있다.

출제포인트
차량, 전자제품, 장비 등의 '임대료, 임대물건'은 가산명사, '임대 행위'는 불가산명사
rental fee/payment 사용료   rental agreement 사용계약서   rental car 렌터카
rental agency 렌탈회사   rental service 렌탈서비스

실전 TIP 유사어휘 rental vs. rent
- rental: 차량, 전자제품, 장비 등의 '임대료, 임대물건'
- rent: 살기 위해 집이나 장소 등을 빌리는 것을 의미한다.

25 BIG DATA
정답출제: 3회
오답출제: 0회

speculation
[spekjəˈleɪʃən]
n. 추측, (어림)짐작; 투기

speculate vi., vt. 추측하다; 투기하다
Despite **speculation** to the contrary, it is now clear that interest rates will not rise for the next three months.
반대되는 소문에도 불구하고 앞으로 3개월 동안은 이자율이 오르지 않을 것이 분명해졌다.

출제포인트 함께 쓰이는 형용사
widespread 만연한   considerable 상당한   growing 증대하는   much 많은

26 BIG DATA
정답출제: 3회
오답출제: 2회

study
[ˈstʌdi]
n. 연구, 검토, 서재
vi., vt. 공부하다, 연구하다, 조사하다

The conclusions of the **study** have been repeatedly disproved.
그 연구 결론은 여러 차례 틀렸음이 입증되었다.

출제포인트
⟨study + show/find/indicate/reveal + that + 주어 + 동사⟩
연구가 ~하다는 것을 보여주다/발견하다/나타내다/밝히다

27 BIG DATA
정답출제: 2회
오답출제: 0회

transaction
[trænˈzækʃən]
n. (업무의) 처리, 거래, 보고서, 상거래(액)

transact vt. ~을 집행하다; 거래하다 vi. 거래를 하다
This **transaction** will appear in your next monthly statement.
이 거래는 다음 달 청구서에 나올 것이다.

출제포인트
- 가산명사: 은행이나 상행위로서의 '거래'
- 불가산명사: 비즈니스 '보고서', '계약'

28 BIG DATA
정답출제: 3회
오답출제: 4회

appreciation
[əˌpriʃiˈeɪʃən]
n. 감상, 감사; 평가

appreciative a. 감상할 줄 아는   appreciate v. 진가를 알아보다
Dr. Lopez sent an e-mail to her colleagues at Kim's Hospital expressing **appreciation** for their assistance.
Lopez 박사는 Kim's Hospital의 동료들에게 협조에 감사를 표하는 이메일을 보냈다.

출제포인트 ⟨appreciation + of/for + 도움/서비스⟩ ~에 대한 고마움
⟨appreciation in + 분야⟩ ~에 있어서의 가치 등의 상승

실전 TIP show/express/give/extend appreciation 감사를 전하다

29 BIG DATA
정답출제: 2회
오답출제: 1회

budget
[ˈbʌdʒɪt]
n. 예산(안), 예상비용
vi., vt. 예산을 세우다
a. 저가의, 저렴한

budgetary a. 예산의
We eliminated unnecessary expenditure from the **budget**.
우리는 예산에서 불필요한 지출을 없앴다.

출제포인트
a budget proposal/report 예산 제안서   a budget office 예산실
an advertising budget 광고 예산   a budget cut 예산 삭감

30 BIG DATA
정답출제: 3회
오답출제: 4회

candidate
[ˈkændəˌdeɪt]
n. 후보자, 지원자

Both **candidates** are equally qualified for the position.
양 후보자들은 직책에 대한 동등한 자격을 갖추고 있다.

출제포인트
candidate = applicant

31 BIG DATA
정답출제: 2회
오답출제: 0회

choice
[tʃɔɪs]
n. 선택, 선택권

You can make a **choice** of three different colors.
3가지 다른 색깔 중에서 선택할 수 있다.

출제포인트
of your choice 본인이 직접 선택하는   with choice 신중히

32 BIG DATA
정답출제: 2회
오답출제: 2회

DAY 05

circumstance
['sɜr:.kəmstæns]
n. 환경, 상황, 형편

circumstantial a. 정황적인, 상황과 관련된   circumstantiate vt. ~을 상세히 설명하다
It is my intention to insist on providing the best service to all customers under any **circumstances**.
어떤 상황에서든 모든 고객들에게 최고의 서비스를 제공하자고 주장하는 것이 내 의도이다.

출제포인트
in ~ circumstances ~한 상황에서
under ~ circumstances ~한 상황 하에

33 BIG DATA
정답출제: 2회
오답출제: 3회

conclusion
[kənˈkluːʒən]
n. 결론, (최종적인) 판단

conclusive a. 결정적인, 확실한   conclude vt. 결론을 내리다 vi., vt. 끝나다
At the **conclusion** of the meeting, he suggested several solutions.
회의의 마지막에서 그는 여러 해결책을 제안했다.

출제포인트
conclusion (that) ~라는 판결, 결정
conclusion of ~의 결말/결론

34 BIG DATA
정답출제: 2회
오답출제: 3회

conflict
[ˈkɑnflɪkt]
n. 갈등, 상충, 충돌
vt. ~에 상충하다

Mr. Lee cannot participate in the meeting because of a scheduling **conflict**.
Lee 씨는 일정이 겹쳐서 회의에 참석할 수 없다.

출제포인트
scheduling conflict 일정의 겹침
a conflict in one's schedule ~의 일정에서 상충

35 BIG DATA
정답출제: 2회
오답출제: 2회

connection
[kəˈnekʃən]
n. 관련(성), 연결

connected a. 연속된, 일관된   connect vt. ~을 잇다
Please check the electrical **connection** to the monitor.
모니터와 전기가 연결됐는지 확인하시기 바랍니다.

출제포인트
<make connection with/to + 명사> ~과/~로 연결하다/관련짓다
<connection between A and B> A와 B의 (연결) 관계
<connection with +명사> ~와의 관계   <connection to + 명사> ~로 연결
<in connection with + 사물> ~와 관련이 있는

36 BIG DATA
정답출제: 2회
오답출제: 4회

consensus
[kənˈsensəs]
n. 의견일치, 합의

There is a growing **consensus** of opinion on this issue.
이 사안에 대해 점점 의견이 일치되고 있다.

출제포인트
consensus on/about ~에 대한 합의
<consensus that + 주어 + 동사> ~이라는 의견일치

37 BIG DATA
정답출제: 2회
오답출제: 0회

consequence
[ˈkɑnsɪkwəns]
n. 발생한 일, 결과

consequential a. 결과로서 일어나는, 중요한   consequently ad. 그 결과, 따라서
The increase in unemployment could have worrying **consequences** for the economy.
실업률의 증가는 경제에 안 좋은 결과를 초래할 수 있다.

출제포인트
<consequence of/for + 명사> ~의 결과
as a consequence (of 명사) ~의 결과로서
in consequence (of 명사) ~ 때문에

38 BIG DATA
정답출제: 2회
오답출제: 5회

coordination
[kouˌɔrdənˈeɪʃən]
n. 조직화, 조정, 조화

coordinate vt. ~을 조직화하다, 편성하다
Renovation of the new downtown power plant will need intense efforts and **coordination**.
시내의 새 발전소 보수공사에는 엄청난 노력과 조정이 필요할 것이다.

출제포인트
coordination of ~의 조직화, 조정   coordination between~ ~의 조화, 조정

39 BIG DATA
정답출제: 2회
오답출제: 0회

deadline
[ˈdedlaɪn]
n. 마감일, 마감기한

Students must meet the **deadline** for returning all books to the library.
학생들은 도서관에 모든 책들을 반환하는 데 있어 마감기한을 맞춰야 한다.

출제포인트
meet the deadline 마감기한을 맞추다
extend the deadline 마감기한을 연장하다

40 BIG DATA
정답출제: 2회
오답출제: 1회

division
[dɪˈvɪʒən]
n. 분할,
의견 차이, 부서

The government decides on the division of responsibilities between ministers.
정부는 장관들간의 책임을 분할하기로 결정하였다.

출제포인트
〈division of + 명사 + between/among/into + 명사〉 ~사이에서 …의 분할

41 BIG DATA
정답출제: 2회
오답출제: 3회

document
[ˈdɑkjəmənt]
n. 서류, 문서
vt. ~을 기록하다,
(의견, 주장 등)을
뒷받침하다

The documents that were revised included the annual sales reports and the proposed budget.
수정된 서류는 연례 판매보고서들과 상정된 예산안을 포함했다.

출제포인트
정보가 담긴 '서류, 문서' 또는 정보를 기록한 '컴퓨터 파일'

42 BIG DATA
정답출제: 3회
오답출제: 2회

economy
[ɪˈkɑnəmi]
n. 경기, 경제

economic a. 경제의 economical a. 경제적인 economically ad. 경제적으로
The salary budget is often reflective of the current state of the economy.
급여예산은 종종 경제의 현재 상태를 반영하고 있다.

출제포인트 the economic recession 경기 불황 the world economy 세계 경제
*복합명사를 만들 때에는 주로 앞에 〈구체적인 종류 + economy〉의 형태를 취한다.

실전 TIP
economic은 '경제의', '경제에 관한', economical은 '경제적인, 검소한'이라는 뜻이다.

43 BIG DATA
정답출제: 2회
오답출제: 2회

efficiency
[ɪˈfɪʃənsi]
n. 효율(성),
효율화(방안)

efficient a. 능률적인, 효율적인, 유능한 efficiently ad. 능률적으로, 유효하게
Our company has a reputation for both efficiency and creativity in advertising.
우리 회사는 광고에 있어서 효율적이고 창의적이라는 명성을 가지고 있다.

출제포인트 유사 어휘 비교 effectiveness vs. efficiency
• effectiveness: 제품, 신용카드, 약, 법, 계약 등의 '효력, 효과, 결과'
• efficiency: 시간이나 노력, 돈이 적게 드는 '효율성'

44 BIG DATA
정답출제: 2회
오답출제: 5회

environment
[ɪnˈvaɪrənmənt]
n. 환경, 상황

environmental a. 환경의 environmentally ad. 환경적으로
We have to maintain a fair and friendly working environment.
우리는 공평하고 우호적인 작업환경을 유지해야 한다.

출제포인트 a working environment (=working conditions) 근로 환경
a home environment 가정환경

45 BIG DATA
정답출제: 2회
오답출제: 4회

evidence
[ˈevɪdəns]
n. 증거, 흔적, 증언
vt. ~을 증언하다,
증거가 되다

evident a. 분명한 evidently ad. 분명히 evidential a. 증거의
The last quarter's sales figures indicate evidence of growth.
지난 분기 판매수치가 성장의 증거이다.

출제포인트 evidence of ~의 증거 evidence that ~ 라는 것의 증거

실전 TIP It is evident/obvious that ~ 하는 것은 명백하다

46 BIG DATA
정답출제: 2회
오답출제: 2회

flexibility
[ˌfleksəˈbɪləti]
n. 유연성,
융통성

flexible a. 융통성 있는, 유연한
We will give our employees more flexibility in choosing whether to work in the office or from home.
우리는 직원들에게 회사 또는 집에서 일할 것인지의 선택에 있어 더 많은 유연성을 줄 것이다.

출제포인트
〈flexibility in + 동명사/to부정사〉 ~에서의 융통성

47 BIG DATA
정답출제: 2회
오답출제: 0회

inconvenience
[ˌɪnkənˈvinjəns]
n. 불편, 불편하게 하는 것
vt. ~을 불편하게 하다

inconvenient a. 불편한
We apologize for any inconvenience caused.
야기된 불편에 대해서 사과드립니다.

출제포인트
inconvenience는 주로 동사 apologize와 어울려 출제된다.

48 BIG DATA
정답출제: 2회
오답출제: 1회

DAY 05 DAILY TEST

A 다음 빈칸에 적절한 단어나 우리말을 쓰시오.

01 correspondence _____
02 consensus _____
03 remainder _____
04 presence _____
05 appreciation _____

06 추측, 투기 _____
07 조직화, 조정 _____
08 의무, 책임 _____
09 우선사항 _____
10 처리, 거래 _____

B 다음 빈칸에 들어갈 적절한 말을 [보기]에서 고르시오.

| presence | correspondence | consensus |
| appreciation | remainder | |

01 Dr. Lopez sent an e-mail to her colleagues at Kim's Hospital expressing _____ for their assistance.
02 The beverage company failed to establish a _____ in the youth market.
03 There is a growing _____ of opinion on this issue.
04 The renovation is expected to continue for the _____ of the month.
05 Please contact us by mail, telephone, or any other forms of _____.

C 실전훈련

01 South China Bank is looking forward to expanding its current ------------ in the South Asian market.
 (A) estimate (B) presence

02 According to the latest weather report, heavy rain is expected to continue for the ------------ of the week.
 (A) remainder (B) boundary

03 Our members, though they may not all agree, must come to a general ------------.
 (A) accumulation (B) consensus

DAY 06
기출 빅데이터로 뽑은 빈출 명사 150선 – 3

- **alternative** 대안
- **potential** uc. 가능성, 잠재력
- **intent** 의지, 의향
- **limit** 상황이나 사실상의 한계
- **authority** 승인, 권위자
- **pay** 급료
- **confidence** 신뢰
- **expectation** 예상
- **segment** 부분
- **objective** 목표
- **correspondent** 기자, 특파원
- **graduate** 졸업생
- **specification** 설명서
- **patron** 후원자
- **entry** 참가, 참가자
- **tour** c. 여행
- **variety** 다양성, 각양각색
- **identity** 정체성
- **estimate** 견적서
- **interest** 관심

- **alternation** 교대
- **potentiality** c. 가능성, 잠재력
- **intention** 의도, 계획
- **limitation** (권한, 힘) 등을 제한하는 과정
- **authorization** 인가, 허가
- **payment** 지불
- **confidentiality** 비밀
- **expectancy** 기대
- **segmentation** 세분화
- **objectivity** 객관성
- **correspondence** 서신
- **graduation** 졸업
- **specifics** 세부 사항
- **patronage** 후원
- **entrance** 입구, 입장
- **tourism** uc. 관광업
- **variation** 변화
- **identification** 신분증
- **estimation** 견적
- **interests** 이익

※ 비슷한 두 단어가 보기에 함께 출제돼요.

시험문제는 이렇게 나와요!

Product prototypes are shown only to the executive board to ensure ----------.
(A) confidence   (B) confidentiality   (C) confidential   (D) confidentially

해설 ▶ 생각의 순서

1단계 구조 분석
Product prototypes / are shown only (to the executive board) (to ensure ----------).
　　주어　　　　　　동사

2단계 품사 배열 빈칸은 ensure의 목적어 자리로 명사가 올 수 있다. (A)와 (B)가 명사다.

3단계 답 결정 단어 찾기
ensure → ensure 뒤에는 목적어가 필요하다. (A) confidence는 '자신감'이라는 뜻의 명사이고, (B) confidentiality는 '기밀보안'이라는 뜻이다. 시제품(prototypes)을 이사회에만 보여주는 것은 제품의 기밀 유지를 위해서이므로 정답은 (B)다.

해석　상품 시제품은 기밀보안을 위해 오직 이사회에게만 선보인다.
어휘　product 상품　prototype 시제품　executive board 이사회
정답　(B)

DAY 06

industry
[ˈɪndəstri]
n. 산업, 공업, 제조업; 근면

industrial a. 산업의, 산업상의   industrious a. 부지런한
40 percent of workers in this region are employed in the manufacturing **industry**. 이 지역 내 근로자의 40%는 제조업에 종사하고 있다.

출제포인트   manufacturing industry 제조업

실전 TIP industry는 Part 7 동의어 문제로 출제될 때 business/section/sector/segment 등이 정답보기로 출제될 수 있다.

01
BIG DATA
정답출제: 2회
오답출제: 3회

itinerary
[aɪˈtɪnəreri]
n. (여행/출장) 일정, 계획

The **itinerary** for our business trip includes stops in Birmingham and Leeds.
우리의 출장 일정은 Birmingham과 Leeds 방문을 포함하고 있다.

출제포인트 travel itinerary 여행 일정   itinerary change 일정 변경

02
BIG DATA
정답출제: 2회
오답출제: 1회

lecture
[ˈlektʃər]
n. 강연, 연설
vt. ~에게 강의하다, 훈계하다, 잔소리하다
vi. 강연하다, 연설하다

The local community sponsors a series of public **lectures** given by influential local business owners.
지역 커뮤니티는 영향력 있는 지역 사업주들이 하는 수 차례에 걸친 공개 강연을 후원한다.

출제포인트 함께 쓰이는 동사
deliver/give ~하다   hold 열다   attend 참석하다   miss 놓치다, 참석하지 못하다
prepare 준비하다

03
BIG DATA
정답출제: 2회
오답출제: 0회

limitation
[ˌlɪmɪˈteɪʃən]
n. 제한, 한정, 규제; (C) 한계

limited a. 제한된, 유한의   limit vt. ~을 제한하다 n. 제한, 한계, 허용치
We realized that there are **limitations** to our research on the accident.
우리는 그 사건에 대한 조사에 한계가 있음을 깨달았다.

출제포인트 유사 어휘 비교 limit vs. limitation
- limit: (상황이나 사실상의) 한계, (수치나 양의) 허용치
- limitation: (권한, 힘) 등을 제한하는 행위/과정

실전 TIP limit, limitation은 어휘의 문제보다 품사의 형태를 묻는 문제가 주로 출제되므로 가산명사임을 반드시 기억하자.

04
BIG DATA
정답출제: 2회
오답출제: 1회

management
[ˈmænɪdʒmənt]
n. 경영, 관리, 취급; 경영자(측)

manage vt., vi. ~을 관리/운영하다, (업무, 일 등을) 처리하다
The newly appointed CEO proposed a more effective **management** structure.
새로 임명된 CEO는 더 효과적인 경영 구조를 제안했다.

출제포인트 a position in management 경영 관리직
be under new management 새로운 경영진 하에 속하다

05
BIG DATA
정답출제: 2회
오답출제: 2회

means
[miːnz]
n. 수단, 방법

Online communication is an excellent **means** of discussing over matters in real time.
온라인 의사소통은 문제들을 실시간으로 논의하기 좋은 수단이다.

출제포인트 by means of ~의 도움으로   preferred means 선호하는 방법

실전 TIP 동의어로 fashion이 있다.
in a ~ fashion ~의 방식으로

06
BIG DATA
정답출제: 2회
오답출제: 1회

motivation
[ˌmoʊtəˈveɪʃən]
n. 자극, 동기를 줌

motivated a. 자극받은, 동기 부여된   motivate vt. ~에게 동기를 부여하다
One of a manager's greatest challenges is sustaining employee **motivation**.
매니저의 가장 큰 어려움 중 하나는 직원 동기부여를 지속시키는 것이다.

출제포인트
- 불가산명사: 어떤 일을 하고자 하는 열망과 의지
- 가산명사: 어떤 일을 하고자 하는 동기

실전 TIP <motivate 사람 + to부정사> ~가 하도록 동기를 부여하다

07
BIG DATA
정답출제: 2회
오답출제: 1회

observation
[ˌɑbzərˈveɪʃən]
n. (U) 관찰, 주목, 관찰력; (C) 의견, 발언

observe vt., vi. 목격하다   observable a. 식별 가능한
This month's *Business Week* contains an analysis of recent events along with its **observations** on future changes.
이번 달 Business Week는 미래의 변화에 관한 관찰과 함께 최근 사건들에 대한 분석을 담고 있다.

출제포인트
<observation of + 명사(관찰대상)> ~의 관찰/관측
<observation + on/about + 명사> ~에 대한 논평

08
BIG DATA
정답출제: 2회
오답출제: 1회

output
[ˈaʊtˌpʊt]
n. 산출량, 생산, 출력
vt. ~을 산출/출력하다

The productivity of the company has been enhanced thanks to a very high level of development and increased **output**.
고도의 발전과 증가된 산출량 덕에 회사의 생산성이 향상되고 있다.

출제포인트
<a drop/fall/growth/increase/rise + in output> 생산이 하락/급감/성장/증가/상승

09 BIG DATA
정답출제: 2회
오답출제: 3회

---

persistence
[pərˈsɪstəns]
n. 고집, 지속됨

persistent a. 고집하는, 지속적인   persistently ad. 고집 있게   persist vi. 지속하다
After countless interviews, Mr. Andrew's **persistence** finally paid off when an international trading company gave him an opportunity.
수없이 취업면접을 본 후, Andrew 씨의 인내심은 해외 무역회사에서 기회를 받으면서 결실을 맺었다.

출제포인트 사람의 노력을 나타낼 때 사용하는 어휘이다.

10 BIG DATA
정답출제: 2회
오답출제: 2회

---

perspective
[pərˈspektɪv]
n. 관점, 전망 (= view)

Feedback on the new design reflects a broad diversity of **perspectives**.
새로운 디자인의 피드백은 폭넓고 다양한 관점을 반영한다.

출제포인트 from a perspective of~ ~의 견지에서

11 BIG DATA
정답출제: 2회
오답출제: 2회

---

practice
[ˈpræktɪs]
n. 실행, 연습, 관행, 관습
vt., vi. 실행하다, 연습하다
vt. 훈련시키다

practical a. 현실적인, 실용적인, 타당한   practically ad. 거의, 현실으로
All employees will be reimbursed for business trips in accordance with the standard **practice**.
모든 직원들은 표준 관행에 따라 출장비용을 환급받게 될 것이다.

출제포인트 함께 쓰이는 형용사
common 흔히 있는   standard 표준의   normal 보통의   recommended 권고된
traditional 전통적인
실전 TIP dangerous working practices 위험한 작업관행
the practice of -ing ~하는 관행

12 BIG DATA
정답출제: 2회
오답출제: 6회

---

progress
[ˈprɑɡrəs]
n. 진척, 전진, 진보
vi. 진행되다, 전진하다
vt. 전진시키다

progressive a. 전진하는, 진보적인
While land issues have become a sore point on both sides, **progress** is nevertheless occurring in other areas.
영토 문제가 양국 모두의 감정을 상하게 했지만, 그럼에도 불구하고 다른 분야에서는 진전이 생기고 있다.

출제포인트 in progress (현재) 진행 중인   make progress 진행하다, 전진하다

13 BIG DATA
정답출제: 2회
오답출제: 9회

---

prospect
[ˈprɑspekt]
n. 가망, 가능성, 예상, 조망
vi., vt. 탐사하다

prospective a. 유망한, 장래의, 곧 있을
The **prospect** of economic growth awaits us.
경제성장의 가능성이 우리를 기다린다.

출제포인트
with/without prospects 가능성을 가지고/가능성 없이
prospects of ~의 전망
prospects for ~에 대한 전망

14 BIG DATA
정답출제: 2회
오답출제: 1회

---

protection
[prəˈtekʃən]
n. 보호, 방어

protective a. 보호하는, 방어적인
Reinstalling your systems software is highly recommended in terms of virus **protection**.
시스템 소프트웨어 재설치가 바이러스 보호 차원에서 매우 권고된다.

출제포인트 불가산명사로, 위험/질병으로부터 보호를 의미한다.

15 BIG DATA
정답출제: 2회
오답출제: 0회

---

quality
[ˈkwɑləti]
n. 질, 성질, 특질, 재능
a. 고급의, 양질의

Most directors and managers show strong leadership **qualities**.
대부분의 이사들과 부장들은 강한 리더십의 자질을 보여준다.

출제포인트
① '양질의 품질, 높은 품질, 고급' 등은 불가산명사이다.
② 사람이 지닌 '성격, 자질'을 의미하며, 주로 가산명사의 복수 형태로 쓰인다.
실전 TIP 유사어휘 quality vs. qualification
• quality: 질, 품질을 의미한다.
• qualification: 교육이나 시험, 기술 등의 자격증 또는 특정 직업이나 직위에 필요로 하는 '자격'을 의미한다. job qualification = requirement = must 지원 자격

16 BIG DATA
정답출제: 2회
오답출제: 8회

DAY 06

reason
['riːzən]
n. 이유, 원인, 이성
vi. 판단을 내리다, 추론하다
vt. 이론적으로 생각해 내다 (해결하다)

reasonable a. 합리적인, 타당한, 적당한   reasonably ad. 합리적으로, 알맞게
The **reason** for the recent sales decrease is still open to debate.
최근 판매 감소의 이유는 여전히 논쟁이 되고 있다.

출제포인트
reason for ~에 대한 이유   for some reason 그러한 이유로 인해
reason behind ~ 뒤에 숨겨진 이유

17 BIG DATA
정답출제: 2회
오답출제: 10회

restriction
[rɪˈstrɪkʃən]
n. 규제, 제한

restrictive a. 제한하는   restrictively ad. 제한적으로   restrict vt. ~을 제한하다
Usually discount coupons come with guidelines, **restrictions** and an expiration date. 보통 할인 쿠폰은 사용법, 지침, 만료일과 함께 제공된다.

출제포인트 가산명사로 전치사 on과 함께 쓰여 '규제', 불가산명사로 크기/양/범위의 '제한'

실전 TIP 유사어휘 restrict vs. limit
- restrict: 접근, 권한 등을 제한하는 것을 의미한다. restricted area 접근이 제한된 지역
- limit: 수, 양 등을 제한하는 것을 의미한다. limited space 면적이 제한된 [부족한] 공간

18 BIG DATA
정답출제: 2회
오답출제: 2회

security
[sɪˈkjʊərəti]
n. 안전, 보호, 보안, 보장; (복수)유가증권

secure a. 확실한, 안전한   vt. 획득하다, 안전하게 하다, 고정시키다
securely ad. 단단히, 확실히, 안전하게
For **security** reasons, all visitors must present their ID card to the receptionist. 보안상의 이유로 인해 모든 방문객들은 안내원에게 신분증을 제시해야 한다.

출제포인트 security reason 보안상의 이유   security purpose 안전 목적
security staff 보안 인력   security policy 보안 정책   security procedure 보안 절차
security measures 안전조치   security concerns 안전에 대한 염려

실전 TIP 유사어휘 security vs. safety
- security: 위험으로부터 '안전', 나쁜 것들로부터 '보호', 회사의 '보안, 경비', '보장, 안도감'이라는 의미이다.   job security issue 고용 안정 문제
- safety: 물리적, 신체적으로 안전하다는 뜻이다. safety equipment 안전장비

19 BIG DATA
정답출제: 2회
오답출제: 1회

sequence
[ˈsiːkwəns]
n. 순서, 연속, 결과

The tasks should be performed in a particular **sequence**.
그 작업은 특정한 순서대로 수행되어야 한다.

출제포인트 in sequence 순서대로

20 BIG DATA
정답출제: 2회
오답출제: 1회

space
[speɪs]
n. 공간, 우주
vt., vi. (시간/간격을 두고) 정렬하다

spacious a. 넓은   spaciously ad. 넓게
We do not have enough parking **spaces** for all employees.
우리는 모든 직원을 위한 충분한 주차 공간이 없다.

출제포인트 대표적인 불가산명사이지만 특정 목적을 위한 장소(area)를 의미할 때는 가산명사(parking spaces 주차장)로도 쓸 수 있으며 어떤 두 개의 사이를 의미할 때도 가산명사로 쓴다.

실전 TIP space와 room의 가산명사 vs. 불가산명사
space와 room은 불가산명사로 쓰일 경우, '공간, 여지'란 뜻을 갖지만, 가산명사로 쓰일 경우, '방, 구역'이란 의미로 쓰인다.

21 BIG DATA
정답출제: 2회
오답출제: 2회

stability
[stəˈbɪləti]
n. 안정

stable a. 안정된   stabilize vt., vi. 안정적으로 되다
Analysts are optimistic about the continuing **stability** of Mac Telecom's stock.
분석가들은 Mac Telecom의 주식이 계속해서 안정적일 것이라고 낙관하고 있다.

출제포인트 불가산명사로 꾸준하고 변함없는 상태, 즉 '안정'이라는 뜻이다.

22 BIG DATA
정답출제: 2회
오답출제: 0회

statement
[ˈsteɪtmənt]
n. 성명(서), 입출금 내역서

state vt. ~을 말하다, 진술하다
According to the **statement** issued last week, the company will be moving its headquarters to New York.
지난주에 발표된 성명서에 따르면 그 회사는 본사를 뉴욕으로 옮길 것이다.

출제포인트 함께 쓰이는 형용사
financial 재정적인   billing 청구의   written 서면의   recent 최근의   monthly 월간의

23 BIG DATA
정답출제: 2회
오답출제: 7회

summary
[ˈsʌməri]
n. 요약
a. 즉석의, 간략한

Dr. Kim gave **summary** remarks at the end of the seminar.
Kim 박사는 세미나의 말미에 요약 발언을 했다.

출제포인트
summary of ~의 요약   in summary 요약하여

24 BIG DATA
정답출제: 2회
오답출제: 2회

task
[tæsk]
n. 업무, 임무
vt. ~에게 일을 과하다 (할당하다)

25 BIG DATA
정답출제: 2회
오답출제: 2회

The newly developed system will allow workers on assembly lines to automate several repetitive tasks.
새롭게 개발된 시스템은 조립공정에 있는 근로자들에게 (지루한) 여러 반복적인 작업을 자동화할 수 있게 할 것이다.

출제포인트
the task of ~의 업무

agenda
[ə'dʒendə]
n. 주제, 안건

26 BIG DATA
정답출제: 1회
오답출제: 3회

You need to circulate a meeting agenda to the attendees in advance.
당신은 사전에 참석자들에게 회의 안건을 돌려야 한다.

출제포인트
회의와 관련 있는 어휘이기 때문에 meeting과 같이 출제된다.

apology
[ə'pɑlədʒi]
n. 사과, 해명, 변명

27 BIG DATA
정답출제: 1회
오답출제: 1회

apologize vi. 사과하다
We would like to offer our apologies for the delay to your flight today.
금일 여러분께서 타실 항공기가 연착된 것에 사과드리고 싶습니다.

출제포인트
<apology to + 사람> ~에게 사과하다   <apology for + 이유> ~에 대해 사과하다
make/offer an apology 사과하다   accept an apology 사과를 받아들이다
issue an apology 사과 성명을 발표하다

appraisal
[ə'preɪzəl]
n. 평가, 감정

28 BIG DATA
정답출제: 1회
오답출제: 1회

appraise vt. ~을 살피다, 뜯어보다
Every year we carry out a staff (performance) appraisal.
우리는 해마다 직원 (실적) 평가를 실시한다.

출제포인트
make an appraisal 평가하다
carry out an appraisal 평가를 실시하다

atmosphere
['ætməs,fɪər]
n. 분위기

29 BIG DATA
정답출제: 1회
오답출제: 0회

The taste of the food may not be so great, but the pleasant atmosphere of Tapas makes it one of the most popular downtown restaurants.
Tapas 식당의 음식 맛은 그렇게 뛰어나지 않을 수도 있지만 즐겁고 유쾌한 분위기 때문에 시내에서 가장 인기 있는 레스토랑에 속한다.

출제포인트 함께 쓰이는 형용사
warm 따스한   friendly 친근한   relaxed 편안한   tense 긴장된   general 일반적인
pleasant 유쾌한

audience
['ɔdiəns]
n. 청중

30 BIG DATA
정답출제: 1회
오답출제: 1회

Mr. Grey included a few assumptions in his presentation to convince the audience.
Grey 씨는 청중들을 설득하기 위해 프레젠테이션에 몇 가지 추정안을 포함시켰다.

출제포인트
공연이나 강연 등을 보고 듣는 '청중', 또는 라디오나 TV를 보는 '시청자, 애청자'

brochure
[broʊ'ʃʊər]
n. (안내, 광고용) 책자

31 BIG DATA
정답출제: 1회
오답출제: 0회

This brochure will demonstrate how the machine operates.
이 책자가 장비가 어떻게 작동되는지를 보여줄 것이다.

출제포인트
booklet 소책자, pamphlet 팸플릿 등도 Part 1과 Part 3, 4에서 brochure의 동의어 문제로 자주 출제된다.

cancellation
[,kænsə'leɪʃən]
n. 취소, 무효, 삭제

32 BIG DATA
정답출제: 1회
오답출제: 2회

The theater posted cancellations on its website due to the inclement weather.
그 극장은 악천후로 인한 취소 건들을 웹사이트에 게시했다.

출제포인트
a cancellation fee 취소 수수료

DAY 06

clarification
[ˌklerəfəˈkeɪʃən]
n. 설명, 해명

clarify vt., vi. 명확하게 하다, 분명히 말하다
We are seeking **clarification** of the regulations.
우리는 그 규정들에 대한 해명을 요구하고 있다.

출제포인트
seek/ask for clarification 설명/해명을 구하다/요청하다
clarification for ~에 대한 해명

33 BIG DATA
정답출제: 1회
오답출제: 0회

contingency
[kənˈtɪndʒənsi]
n. 만일의 일, 상황

contingent a. ~에 달려 있는, 여부에 따라
Managers had drafted **contingency** plans in case of any emergencies.
매니저들은 비상사태를 대비하여 긴급 사태 대책 초안을 작성했다.

출제포인트 contingency approach 상황 적응적 접근
contingency plan 비상 대책안   contingency fund 비상대책 준비금
실전 TIP contingent on = depend on ~에 달려있다

34 BIG DATA
정답출제: 1회
오답출제: 0회

courtesy
[ˈkɜːrtəsi]
n. 공손함, 존중함,
a. 무료의, 서비스의

courteous a. 공손한, 정중한
All the staff is requested to treat colleagues with **courtesy**.
모든 직원들은 동료들을 정중하게 대해야 한다.

출제포인트
with courtesy 정중하게, 예의 바르게

35 BIG DATA
정답출제: 1회
오답출제: 4회

dimension
[dəˈmenʃən]
n. 차원, 관점, 치수

Prior to issuing an estimate, our representative will visit your home to measure the exact **dimensions** of your garden.
견적서를 발급하기 전에, 우리 직원이 정원의 정확한 면적을 측정하기 위해 당신 집을 방문할 것이다.

출제포인트 유사어휘 dimension vs. figure
- dimension : 길이, 높이, 넓이 등의 '치수'
- figure : (공식적인 자료로 제시되는) 수치
  ex. an estimated figure of $2 million 추정치로 2만 달러

실전 TIP 동사 measure(측정하다)는 치수, 길이, 총계 등을 기준 단위로 '측정하다'라는 의미로 쓰인다. measure the dimension = figure

36 BIG DATA
정답출제: 1회
오답출제: 2회

function
[ˈfʌŋkʃən]
n. 기능, 역할, 행사
vi. 기능하다, 작동하다

functional a. 기능상의, 실용적인, 가동되는
The grand ballroom can seat up to 60 guests comfortably for any **functions**.
그랜드볼룸은 어떠한 행사라도 60명까지 편하게 앉을 수 있다.

출제포인트 ① function(기능) ↔ malfunction(고장)
② business functions 사업상의 만찬

37 BIG DATA
정답출제: 2회
오답출제: 10회

halt
[hɔlt]
n. 정지, 중지
vt. ~을 세우다, 중단시키다
vi. 정지하다

Work came to a **halt** when the machine broke down.
기계가 고장이 나 작업이 중단되었다.

출제포인트
<bring + 목적어 + to a halt> ~를 멈추게 하다, 정지시키다
come/grind/screech to a halt 멈추다, 정지하다

38 BIG DATA
정답출제: 1회
오답출제: 0회

individual
[ˌɪndəˈvɪdʒuəl]
a. 각각의, 개인의
n. 개인, 사람

individually ad. 개별적으로, 따로
Unauthorized **individuals** are prohibited from accessing the confidential documents.
허가받지 않은 자는 기밀 문서에 접근할 수 없다.

출제포인트 interested individuals 관심 있는 사람들
실전 TIP individual customer 개인고객   individual needs 개별(인)적인 요구

39 BIG DATA
정답출제: 1회
오답출제: 2회

method
[ˈmeθəd]
n. 방법, 방식

methodically ad. 계통적으로
Online shopping has several advantages over traditional shopping **methods**.
온라인 쇼핑은 전통적인 쇼핑 방식에 비해 여러 장점들을 가지고 있다.

출제포인트
method of ~의 방법   method for -ing ~에 대한 방법

40 BIG DATA
정답출제: 1회
오답출제: 4회

occasion
[əˈkeɪʒən]
n. 경우, 특별한 일; 이유

occasional a. 가끔의, 때때로의, 임시의   occasionally ad. 때때로, 가끔, 이따금
Scheduled KTW trains will not depart after 1 a.m. nor leave before 6 a.m. except for unprecedented occasions.
예정된 KTW 열차는 이례적인 경우를 제외하고는 오전 1시 이후에는 출발하지 않을 것이며 오전 6시 이전에도 출발하지 않을 것입니다.

출제포인트
on occasion(s) 가끔, 때때로 = occasionally

41 BIG DATA
정답출제: 1회
오답출제: 10회

outlook
[ˈaʊtˌlʊk]
n. 관점, 전망

The credit rating agency retained its positive outlook for all sectors of real estate for a third consecutive year.
신용평가기관은 연속 3년째 부동산의 모든 분야에서 긍정적 전망을 유지했다.

출제포인트 함께 쓰이는 형용사
positive 긍정적인   long-term 장기적인   negative 부정적인

42 BIG DATA
정답출제: 1회
오답출제: 1회

price
[praɪs]
n. 가격, 대가, 보수
vt. 가격을 매기다

priced a. 값이 붙은, 비싼
We at Star Travel will plan your ideal vacation at the lowest price available.
우리 Star Travel은 가능한 한 가장 낮은 가격으로 여러분이 꿈꾸는 휴가를 계획해드립니다.

출제포인트
expensive/cheap 등 가격의 의미를 이미 내포한 형용사와는 같이 쓰이지 않는다.
low/high price (낮은/높은 가격)으로 쓴다.

43 BIG DATA
정답출제: 1회
오답출제: 10회

reaction
[riˈækʃən]
n. 반응, 반발, 반작용

Our new line of vacuum cleaners is specially designed to remove any substance that may cause allergic reactions.
우리의 새로운 진공청소기는 알러지 반응을 일으킬 수 있는 어떤 물질들도 제거하도록 특별하게 만들어졌다.

출제포인트
가산명사로 '부작용', 불가산명사로 '반발, 반동'

44 BIG DATA
정답출제: 1회
오답출제: 5회

revenue
[ˈrevənuː]
n. 수익, 수입, 세입

Tourism is the main source of revenue in many of the coastal cities.
많은 해안 도시에서 관광은 수익의 주 원천이다.

출제포인트
a(n) increase/decrease in revenue 수입의 증가/감소
revenue growth 수입 증대

45 BIG DATA
정답출제: 1회
오답출제: 2회

risk
[rɪsk]
n. 위험(성), 위기, 위험요소
vt. ~을 위태롭게 하다

risky a. 위험이 있는
The studies have confirmed that the risk is higher than expected.
연구는 그 위험이 예상했던 것보다 높다는 것을 확인시켜주었다.

출제포인트
at risk 위험에 처한   risk of ~의 위험성

46 BIG DATA
정답출제: 1회
오답출제: 0회

souvenir
[ˌsuːvəˈnɪər]
n. 기념품, 선물

Since the souvenir shop is located next to the museum, it attracts many tourists.
기념품점이 박물관 옆에 위치해 있어서 많은 관광객을 끌어들인다.

출제포인트
souvenir shop 기념품점

47 BIG DATA
정답출제: 1회
오답출제: 0회

subsidiary
[səbˈsɪdieri]
n. 자회사, 계열사
a. 부수적인, 보조의

All overseas subsidiaries have already submitted their annual reports.
모든 해외의 자회사들은 이미 연례보고서를 제출했다.

출제포인트
wholly owned subsidiary 전체지분을 모회사에서 소유하고 있는 경우의 자회사

48 BIG DATA
정답출제: 1회
오답출제: 0회

DAY 06 DAILY TEST

A 다음 빈칸에 적절한 단어나 우리말을 쓰시오.

01 industry _____ 06 수단, 방법 _____

02 itinerary _____ 07 만일의 일, 상황 _____

03 revenue _____ 08 관점, 전망 _____

04 subsidiary _____ 09 정지, 중지 _____

05 clarification _____ 10 고집, 지속됨 _____

B 다음 빈칸에 들어갈 적절한 말을 [보기]에서 고르시오.

| appraisal | clarification | itinerary |
| revenue | subsidiary | |

01 We are seeking _____ of the regulations.
02 Tourism is the main source of _____ in many of the coastal cities.
03 The _____ for our business trip includes stops in Birmingham and Leeds.
04 Every year we carry out a staff (performance) _____.
05 All overseas _____ have already submitted their annual reports.

C 실전훈련

01 Our company's ---------- this quarter came from sales of semiconductors.
   (A) revenue   (B) money

02 After judging the location, size, and age of the hotel property, the bank will make an ---------- of its market value.
   (A) interest   (B) appraisal

03 Question 42 requires ---------- due to its vagueness, which will be explained by our professor this afternoon.
   (A) clarification   (B) collaboration

DAY 07

기출 빅데이터로 뽑은 빈출 형용사 100선 – 1

1. 사물명사를 수식하는 형용사 vs. 사람명사를 수식하는 형용사

사물 명사를 수식하는 형용사	사람 명사를 수식하는 형용사
arguable 논쟁의 여지가 있는	**argumentative** 따지기 좋아하는
economic 경제의, 경제상의	**economical** 검소한, 절약하는
considerable 상당한, 중요한	**considerate** 사려 깊은
imaginable 상상할 수 있는	**imaginary** 가공의, 상상의, 공상의
understandable 이해할 수 있는, 이해하기 쉬운	**understanding** 이해심이 많은
respective 각자의, 각각의	**respectful** 공손한 **respectable** 존경받을 만한
sensitive 민감한, 예민한 **sensible** 실용적이고 적절한	**sensitive** 세심한, 예민한, 민감한 **sensible** 잘 알고 있는, 현명한, 양식이 있는

2. 한정사와 형용사

순서 : 전치 한정사 + 한정사(필수) + 후치 한정사 + 일반 형용사 + 명사(필수)

전치 한정사	한정사	후치 한정사		일반 형용사
all, both, half, double, such, quite	① 관사 (a/an, the) ② 소유격 (my, your …) ③ 수사 (one, two …) ④ 지시형용사 (this, that, these, those) ⑤ 수량의 형용사 (every, each, some, any few …)	서수, other, few	+	크기, 성질, 상태, 모양, 재료 한 종목 당 하나만 사용할 수 있다 → 중복 사용 불가

수량 형용사	수식받는 명사	쓰임	다른 품사
some	가산·복수명사 단수·불가산명사	긍정문, 의문문	대명사/부사
any		조건문, 의문문일 때 – 약간의, 몇몇의 부정문일 때 – 조금도, 하나도	
all		all of the + 명사, all the + 명사, all + 명사	
each	가산·단수명사	each + 단수명사 + 단수동사 each of + 특정명사의 복수형 + 단수동사	대명사

시험문제는 이렇게 나와요!

I am ------- that he will attend the meeting.
(A) complete   (B) confident   (C) obvious   (D) definite

해설 ▶ 생각의 순서

1단계 구조 분석
I / am ------- / that he / will attend / the meeting.
주어/ 동사/ 보어 접속사 주어2   동사2   목적어

2단계 품사 배열   빈칸은 be동사 뒤에 위치하므로 명사 또는 형용사 자리이다.

3단계 답 결정 단어 찾기
I → 보기 모두 '확실한'이란 의미이나 사람 주어를 받을 수 있는 것은 (B) confident뿐이다.

해석 ▎그가 회의에 참석할 거라고 확신한다.
어휘 ▎attend 참석하다   meeting 회의
정답 ▎(B)

DAY 07

innovative
[ˈɪnəˌveɪtɪv]
a. 혁신적인, 참신한

innovation n. 혁신
Tetra Info's **innovative** teleconferencing device has been universally accepted and it will be a valuable asset to your company.
Tetra Info의 혁신적인 화상회의 설비는 널리 사용되고 있으며 귀사에 가치 있는 자산이 될 것입니다.

출제포인트 생각, 행동방식, 제품, 디자인 등을 수식
함께 쓰이는 명사: commercial 광고 measure 조치 solution 해법, 해결책
product 제품 technique 기술 software 소프트웨어 design 디자인
approach 접근법 idea 아이디어

01
BIG DATA
정답출제: 17회
오답출제: 0회

---

available
[əˈveɪləbəl]
a. 이용 가능한, 구할 수 있는

availability n. 이용 가능성
The coordinator will be continuously **available** to aid new employees during the training session.
교육기간 동안 코디네이터는 신입직원들을 계속해서 도울 수 있을 것이다.

출제포인트 문맥에 따라 알맞게 해석할 수 있어야 한다.
'(제품이) 판매 가능한', '(정보, 서비스 등이) 이용 가능한', '(사람이) 시간이 있는'

02
BIG DATA
정답출제: 13회
오답출제: 7회

---

eligible
[ˈelədʒəbəl]
a. 자격이 있는

There are some questions as to whether Colin Holfield will be **eligible** to play in the Spring Nationals.
Colin Holfield가 춘계 전국대회에서 경기할 자격이 있는지에 대한 몇 가지 의문들이 있다.

출제포인트
⟨be eligible + for + 명사/to부정사⟩ = ⟨be entitled + to + 명사/to부정사⟩
~할 자격이 있는

03
BIG DATA
정답출제: 9회
오답출제: 7회

---

responsible
[rɪˈspɑnsəbəl]
a. 책임이 있는, 담당의

We are not **responsible** for items left unattended in the reading room.
우리는 독서실에 (주인 없이) 남겨진 물건에 대해서는 책임을 지지 않습니다.

출제포인트
be responsible for ~에 책임이 있는
be responsible to ~에게 보고할 의무가 있는

04
BIG DATA
정답출제: 10회
오답출제: 3회

---

valuable
[ˈvæljəbəl]
vt. ~을 소중하게 여기다, 평가하다
a. 값비싼, 소중한, 귀중한

value n. 가치, 중요성   **valuably** ad. 값비싸게
Customer testimonials are considered to be a **valuable** marketing tool.
고객의 사용 후기 추천서들은 귀중한 마케팅 도구로 여겨지고 있다.

출제포인트 함께 쓰이는 명사
contribution 기여 employee 직원 marketing tool 마케팅 방법/수단
product 제품 addition 새로운 인력 information 정보

05
BIG DATA
정답출제: 9회
오답출제: 5회

---

affordable
[əˈfɔrdəbəl]
a. 가격이 적절한, 알맞은, 구입할 수 있는, 저렴한

afford vt. ~할 여유가 있다   **affordability** n. 가격 경쟁력
Implementing the **affordable** housing strategy was more difficult than they had expected.
알맞은 가격의 주택 공급 전략을 시행하는 것은 그들의 예상보다 더 어려운 일이었다.

출제포인트 affordable price = reasonable price 합리적인 가격
실전 TIP Part 7 동의어 문제로 affordable = acceptable = workable = reasonable이 출제될 수 있으니 꼭 기억하자.

06
BIG DATA
정답출제: 8회
오답출제: 2회

---

beneficial
[ˌbenəˈfɪʃəl]
a. 유익한, 이로운

benefit n. 혜택, 보조금 vt. ~에 유익하다   **beneficiary** n. 수혜자, 수령인
The internship program is mutually **beneficial** to students and to local businesses.
인턴십 프로그램은 학생들과 지역 사업체 상호간에 이익이다.

출제포인트 be mutually beneficial to ~에 서로 이롭다
실전 TIP benefit from ~로부터 이익을 얻다, 혜택을 받다

07
BIG DATA
정답출제: 8회
오답출제: 3회

---

comprehensive
[ˌkɑmprəˈhensɪv]
a. 포괄적인, 종합적인

The reported issue will require **comprehensive** testing of the sample.
보고된 사안에 관해서는 샘플에 대한 폭넓은 실험이 필요할 것이다.

출제포인트 함께 쓰이는 명사
service 서비스 data 자료 review 검토 study 연구, 조사 compensation 보상
research 연구

08
BIG DATA
정답출제: 9회
오답출제: 0회

confidential
[ˌkɑnfəˈdenʃəl]
a. 비밀의, 기밀의

All information about the merger with GM Electronics is strictly **confidential**. GM 전자와의 합병에 관한 모든 정보는 철저하게 비밀이다.

출제포인트 주로 문서서류 등을 수식하는 형용사나 be동사를 비롯한 2, 5형식 동사의 보어자리로 자주 출제된다.

실전 TIP 형태가 비슷한 어휘 confidential vs. confident
- confidential 비밀의
- confident 자신 있는

09
BIG DATA
정답출제: 8회
오답출제: 1회

diverse
[dɪˈvɜrs]
a. 다양한, 여러 가지의

While staying at the JK Resort, guests may take advantage of its **diverse** facilities.
JK Resort에 머무르는 동안 투숙객들은 다양한 시설들을 이용할 수 있다.

출제포인트 유사 어휘 비교 diverse vs. diversified
- diverse: '다양한' <diverse + 복수명사>
- diversified: 동사 diversify(다각화하다)의 수동의 의미가 첨가된 과거분사형 형용사로 '다각화된'이라는 의미. diversified products 다각화된 제품

실전 TIP <a diverse group/line/range of + 복수명사>
a (diverse, various) range of 다양한 various는 수/양 형용사이므로 관사 'a'와 같은 종류이므로 같이 쓸 수 없고 diverse는 일반 형용사이므로 가능하다.

10
BIG DATA
정답출제: 9회
오답출제: 6회

reliable
[rɪˈlaɪəbəl]
a. 믿을 수 있는

reliability n. 신뢰성   reliably ad. 믿을 수 있게
We are looking for someone who is **reliable** and hard-working.
우리는 신뢰할 수 있고 성실한 사람을 찾고 있다.

출제포인트 함께 쓰이는 명사
transportation 교통수단   information 정보   measure 조치   service 서비스
car 차량   source 출처   provider 제공자, 공급자   analysis 분석

실전 TIP reliant는 형용사로 사람, 사물에 '의존하는, 의지하는'의 의미이며 전치사 on, upon과 자주 쓰인다.

11
BIG DATA
정답출제: 8회
오답출제: 5회

expensive
[ɪkˈspensɪv]
a. 비싼, 돈이 많이 드는

Her suggestion could be a less **expensive** way of solving the problem.
그녀의 제안은 비용을 적게 들이면서 문제를 해결하는 방안이 될 수 있다.

출제포인트
The price is expensive. (x)
The price is too high. = It's too expensive. (O)

12
BIG DATA
정답출제: 8회
오답출제: 6회

likely
[ˈlaɪkli]
a. ~할 것 같은, 있음직한, 유망한
ad. 아마도

People given challenging assignments are less **likely** to become bored.
까다로운 과제를 받은 사람들은 덜 지루해할 것이다.

출제포인트
be likely to do ~할 것 같은

13
BIG DATA
정답출제: 8회
오답출제: 2회

defective
[dɪˈfektɪv]
a. 결함이 있는

The construction crew was completely unaware that the scaffold was **defective**.
건설현장 인부들은 (공사장의) 비계에 결함이 있다는 것을 전혀 알지 못했다.

출제포인트 주로 merchandise나 products와 같은 제품을 나타내는 명사를 수식한다.

14
BIG DATA
정답출제: 6회
오답출제: 0회

appropriate
[əˈproʊpriət]
a. 적절한, 적당한
vt. ~을 도용하다, 횡령하다

appropriately ad. 적당하게, 알맞게
Ms. Brown said that it is not **appropriate** to discuss the issue outside the meeting. Brown 씨는 이 문제를 회의 밖에서 논의하는 것은 적절하지 않다고 말했다.

출제포인트 유사 어휘 비교 appropriate vs. correct vs. accurate
- appropriate: 특정 상황, 목적, 시기, 과정, 절차 등에 '맞는, 적절한'
- correct: 방법, 과정, 상황, 정답 등이 오류가 없이 '올바른'
- accurate: 수치, 정보가 '정확한'

15
BIG DATA
정답출제: 6회
오답출제: 3회

brief
[brif]
a. 짧은, 간단한, 잠시 동안의
n. 업무 (지침서)
vt. ~을 알려주다, 보고하다

briefly ad. 잠시, 간단히
The brochure gives a **brief** description of each product.
이 안내책자는 각 제품들에 대해 간략히 설명하고 있다.

출제포인트 시간이나 기간이 '짧은, 간단한, 잠시 동안' 또는 말이나 글이 '간결한'

실전 TIP 동사 brief는 <brief + 사람명사 + on> '~에게 ~을 말하다' 형태로 쓰인다.
The Marketing Director briefed the President on the current issue.
마케팅 디렉터는 사장에게 현재 이슈에 대해 보고했다

16
BIG DATA
정답출제: 12회
오답출제: 15회

DAY 07

DAY 07

excellent
[ˈeksələnt]
a. 우수한, 훌륭한, 뛰어난

excel vi. 뛰어나다
The circulation department is trying to provide **excellent** services.
유통/배송부서는 최고의 서비스를 제공하기 위해 노력하고 있다.

출제포인트
전치사 in, at과 함께 사용되어 특정 분야에서 '우수한, 훌륭한, 뛰어난'

17 BIG DATA
정답출제: 5회
오답출제: 1회

exceptional
[ɪkˈsepʃənəl]
a. 뛰어난

exceptionally ad. 유난히, 특별히, 예외적으로
Huston Bank's reputation for **exceptional** service is well deserved.
Huston Bank는 뛰어난 서비스에 대해 명성을 얻을 만하다.

출제포인트
exceptional service 뛰어난 서비스
exceptional result 뛰어난 결과

18 BIG DATA
정답출제: 8회
오답출제: 4회

final
[ˈfaɪnəl]
a. 최종의, 결정적인
n. 결승전, 기말시험

finalize vt. ~을 완성하다, 끝내다   finally ad. 마침내, 최종적으로, 마지막으로
The projected expansion of the factory remains contingent on **final** approval from our CEO.
공장 확장 예정안은 지사 CEO의 최종 승인 여부에 따르게 된다.

출제포인트 유사 어휘 비교 last vs. final
- last: 순서상의 '마지막'을 의미한다.
- final: 모든 단계의 '최종 결과'를 의미한다.

19 BIG DATA
정답출제: 18회
오답출제: 10회

relevant
[ˈreləvənt]
a. 관련 있는, 적절한

Our instructors actively engage our students in learning through projects **relevant** to specific careers.
우리 강사들은 특정한 커리어들과 관련된 프로젝트들을 통하여 수업에서 수강생들을 적극적으로 사로잡는다.

출제포인트 ① relevant to ~에 적절한 ② relevant + 서류/경험/업종

20 BIG DATA
정답출제: 5회
오답출제: 4회

secure
[səˈkjʊr]
a. 확실한, 안전한
vt. ~을 획득하다, 안전하게 하다, 고정시키다
vi. 안전하(게 되)다

We always take steps to ensure that customers' personal information is kept **secure**.
우리는 고객의 개인정보를 안전하게 보관하기 위한 조치를 늘 취한다.

출제포인트
시험에는 '장소의 안전함'과 '외부로부터의 안전함'이라는 의미로 출제되고 있다.

21 BIG DATA
정답출제: 14회
오답출제: 5회

specific
[spɪˈsɪfɪk]
a. 구체적인, 특수한
n. 자세한 사항

specify vt. 구체화하다
You are required to be as **specific** as possible when you are asked about your future goals.
미래 목표에 대해 질문 받을 때, 너는 가능한 한 구체적이어야 한다.

출제포인트
specific은 형용사로 '구체적인, 특수한, 특정한, 종의, 특유의'라는 의미로 주로 명사 앞에 쓰인다.
실전 TIP 명사일 때, 주로 복수 형태로 쓰이며 '자세한 사항(details)'이라는 의미를 갖는다.

22 BIG DATA
정답출제: 15회
오답출제: 2회

comfortable
[ˈkʌmfərtəbəl]
a. 편안한, 수월하게 생각하는, 안정적인

comfort n. 편안함 vt. ~을 위안하다, 편안하게 하다
We provide our customers with friendly service and **comfortable** surroundings.
우리는 고객들에게 친절한 서비스와 편안한 환경을 제공한다.

출제포인트
신체적 편안함을 느끼게 한다는 뜻으로 사물명사를 수식한다.

23 BIG DATA
정답출제: 4회
오답출제: 1회

complimentary
[ˌkɒmplɪˈmentəri]
a. 무료의, 칭찬하는

We offer a **complimentary** breakfast to all of our guests.
우리는 모든 손님들에게 아침식사를 무료로 제공하고 있다.

출제포인트
형용사로 '무료의', 사람사물을 좋아하거나 존경한다고 말을 한다는 의미의 '칭찬하는'
실전 TIP
〈be complimentary about + 명사〉 ~에 대해 칭찬하다

24 BIG DATA
정답출제: 4회
오답출제: 2회

critical
[ˈkrɪtɪkəl]
a. 비평의, 비판적인, 중요한

critic n. 비평가   criticism n. 비난, 비판
Customer satisfaction is critical in the hotel industry.
호텔산업에 있어서 고객만족은 중요하다.

출제포인트
be critical of ~에 대해 비판하다   be critical to ~에게 중요하다

25
BIG DATA
정답출제: 5회
오답출제: 3회

efficient
[ɪˈfɪʃənt]
a. 능률적인, 효율적인, 유능한

He is such a reliable and efficient manager.
그는 믿을 수 있고 유능한 매니저이다.

출제포인트 유사 어휘 비교 effective vs. efficient vs. valid
This commercial is effective. 이 광고는 효과가 있다. (반응이 좋다)
This commercial is efficient. 이 광고는 효율적이다. (비용이 적게 든다)
This ticket is valid until the 3rd of this month. 이 티켓은 이번 달 3일까지 유효하다. (기간이 유효하다)

26
BIG DATA
정답출제:15회
오답출제: 3회

informative
[ɪnˈfɔːrmətɪv]
a. 유익한, 정보를 주는

The director gave a very informative presentation at the annual conference.
그 이사는 연례 컨퍼런스에서 매우 유익한 발표를 했다.

출제포인트
informative meeting/presentation 유익한 회의/발표

27
BIG DATA
정답출제: 4회
오답출제: 3회

late
[leɪt]
a. 늦은
ad. 늦게

By late afternoon, he had done five drawings.
늦은 오후까지, 그는 그림 5점을 그렸다.

출제포인트 a late fee 연체료 a late start 늦은 출발 late deliveries 배송 지연

실전 TIP 기간을 나타내는 명사 앞에 쓰여 그 기간의 '~말의, 후반부의'라는 의미를 나타낸다.

28
BIG DATA
정답출제:14회
오답출제:41회

lengthy
[ˈleŋθi]
a. 긴, 장황한

His report contains a lengthy description of the definition of the terms.
그의 보고서에는 용어들에 대한 설명이 장황하게 담겨 있다.

출제포인트 시간이 오랫동안 '지속되는' 또는 연설, 문서 등이 '긴, 장황한'

실전 TIP long은 시간, 깊이, 거리 등 다양하게 쓰일 수 있지만, lengthy는 말이나 글, 설명, 시간 등이 길고 지루하게 계속되는 때에 주로 쓰인다.

29
BIG DATA
정답출제: 4회
오답출제: 6회

local
[ˈloʊkəl]
a. 지역의, 지방의

localized a. 현지화된
Advertisements in the newspaper are placed by mostly local merchants.
그 신문의 광고들은 대체로 지역 상인들에 의해 실린다. (상인들 = 광고주)

출제포인트
local hospital(지역병원), local residents(지역주민) 등과 같이 사람이나 사물을 모두 수식한다.

30
BIG DATA
정답출제: 6회
오답출제: 2회

notable
[ˈnoʊtəbəl]
a. 주목할 만한, 뛰어난, 유명한

note n. 기록, 메모 vt. ~을 주목하다
The penthouse at Hotel El Dorado is notable for its spectacular views of the sea.
El Dorado 호텔의 펜트하우스는 바다 전망이 장관인 것으로 유명하다.

31
BIG DATA
정답출제: 4회
오답출제: 2회

perishable
[ˈperɪʃəbəl]
a. 상하기 쉬운, 썩기 쉬운

perish vi., vt. 멸망하다, 죽다
It's forbidden to bring in any perishable goods.
상하기 쉬운 어떤 것도 가지고 들어올 수 없습니다.

출제포인트 함께 쓰이는 명사
goods 상품   food 식품   items 상품   cargo 화물

실전 TIP 유사어휘 perishable vs. spoiled
• perishable : 식품 등이 상하기 쉬울 때
• spoiled : 어떤 것들이 이미 망가졌을 때
→ 즉, perishable food는 '상하기 쉬운 음식'들인 반면 spoiled food는 이미 '상한 음식'이다.

32
BIG DATA
정답출제: 4회
오답출제: 0회

DAY 07

personal
[ˈpɜːrsənəl]
a. 개인의, 본인의, 개인적인

person n. 사람, 개인   personable a. 매력적인
personalize vt. (개인의 필요)에 맞추다
Taking short relaxation breaks can help minimize **personal** stress.
짧게 휴식시간들을 갖는 것은 개인 스트레스를 경감시키는 데 도움이 된다.

출제포인트 personal business 개인적인 일   personal belongings 개인 물품
personal details 개인 신상명세   personal opinion 개인적인 생각
for personal use 개인적인 용도로   personal matter 개인적인 문제
실전 TIP personalized = customized = tailored 개인 맞춤의

33
BIG DATA
정답출제: 8회
오답출제: 1회

persuasive
[pərˈsweɪsɪv]
a. 설득력 있는

persuasion n. (uc) 설득, (c) 신념   persuade vt. ~을 설득하다, 주장하다
Her sales pitch was very **persuasive**. 그녀의 구매 권유는 매우 설득력이 있었다.

출제포인트 사람이나 사물을 모두 수식할 수 있다.
실전 TIP 동사 persuade
〈persuade + 사람 + to부정사〉 = 〈persuade + 사람 + into -ing〉 =
〈persuade + 사람 + of +명사〉 ~가 …하도록 설득하다

34
BIG DATA
정답출제: 4회
오답출제: 1회

popular
[ˈpɑːpjələr]
a. 인기 있는, 대중의

popularity n. 인기, 유행, 대중성
The decision was very **popular** among certain segments of the population. 그 결정은 특정 그룹들 사이에서 매우 인기가 있었다.

출제포인트 〈be + popular + among/with …〉 ~에서 인기 있는   〈be + popular
+ as + 직업〉 ~로서 인기 있는   〈be + popular + for + 이유〉 ~로 인기 있는
실전 TIP popular music/culture/newspapers 대중음악/문화/신문
popular ideas/feelings/attitudes 일반적인 생각/감정/태도 popular opinion 여론

35
BIG DATA
정답출제: 5회
오답출제: 3회

total
[ˈtoʊtl]
a. 완전한, 전체의, 가능한 전부의
n. 합계, 총액
vt., vi. 합계가 ~에 이르다

totally ad. 전체적으로, 합계하여
The **total** cost will be approximately 10 dollars.
총경비는 10달러 정도가 될 것이다.

출제포인트 주로 명사 앞에 위치한다.
함께 쓰이는 명사: amount 합계   number 수   income 수입   revenue 수입
budget 예산   cost 비용   time 시간   list 목록

36
BIG DATA
정답출제: 8회
오답출제: 16회

valid
[ˈvælɪd]
a. 유효한, 타당한

validity n. 타당성, 정당함   validate vt. ~을 증명하다, 비준하다
These coupons are **valid** for one month from the date of issue.
이러한 쿠폰은 발급일로부터 1개월간 유효하다.

출제포인트 〈be valid for + 기간〉 ~은 …동안 유효하다

37
BIG DATA
정답출제: 4회
오답출제: 2회

wide
[waɪd]
a. 넓은, 폭넓은, 다양한
ad. 완전히, 활짝

widen vt., vi. 넓게 되다, 넓히다   width n. 폭, 너비   widely ad. 널리, 매우
Working as an overseas team member, the intern can draw on a **wide** range of experience and expertise.
해외 팀의 구성원으로 일하면서, 그 인턴은 다양한 경험과 전문지식을 활용할 수 있다.

출제포인트 〈a wide + range/selection/variety + of + 명사〉 다양한 ~
실전 TIP one inch wide desk /1인치 넓은 책상
        수사   단위 형용사 명사

38
BIG DATA
정답출제: 14회
오답출제: 13회

accurate
[ˈækjərət]
a. 정확한, 정밀한

accurately ad. 정확히, 정밀하게   accuracy n. 정확성
To make an **accurate** diagnosis, the physician must first obtain the patient's medical history.
정확한 진단을 하기 위해서, 의사는 먼저 환자의 병력을 확보해야 한다.

출제포인트 유사 어휘 비교 accurate vs. right/true vs. exact vs. precise
• accurate (오차나 오류가 없이 수치나 기록 등이) 정확한   • right/true (옳고 그름이) 옳은
• exact (어떤 비교대상과 일치하여) 정확한   • precise (기계 등이) 정확한

39
BIG DATA
정답출제: 12회
오답출제: 11회

adequate
[ˈædəkwət]
a. 충분한, 적절한

adequately ad. 충분히, 적절하게
The product had been damaged because the packaging was not **adequate**.
포장이 적절하게 되지 않아 제품이 파손되었다.

출제포인트 〈be adequate + to부정사〉 ~하기에 충분하다
〈be adequate for + 명사〉 ~에 충분하다
실전 TIP 유사 어휘 비교 adequately vs. enough
enough(충분한)는 동사 뒤에 쓰이고, adequately는 동사 앞에 주로 쓰인다.

40
BIG DATA
정답출제: 5회
오답출제: 3회

authentic
[ɑːˈθentɪk]
a. 진품인 (↔ fake)

The shop in the museum has a wide selection of **authentic** pottery created by artist Piona.
박물관 안 가게에는 예술가인 Piona가 만든 다양한 진품 도자기들이 있다.

출제포인트
주로 서적이나 문서, 음식, 옷, 예술작품 등을 설명할 때 쓴다.

41
BIG DATA
정답출제: 3회
오답출제: 1회

busy
[ˈbɪzi]
a. 바쁜
vt. ~을 바쁘게 하다

You should take short breaks while typing no matter how **busy** you are.
아무리 바빠도 타이핑 작업 동안 짧게 휴식을 취해야 한다.

출제포인트 busy (telephone) line 통화중 회선 busy period 바쁜 시간
busy day 바쁜 하루 busy time 바쁜 시간(호황) busy schedule 바쁜 일정
실전 TIP busy (in) -ing ~하느라 바쁜

42
BIG DATA
정답출제: 3회
오답출제: 6회

common
[ˈkɑmən]
a. 흔한, 공동의, 평범한

It is fairly **common** for new stores to take several months to establish a customer base.
새로운 가게들이 고객층을 확보하는 데 수개월이 걸리는 것은 상당히 흔한 일이다.

출제포인트 in common 공통으로
<be + common + for + 사람 + to부정사> ~가 …하는 것은 흔한 일이다
<have + 명사 + in common (with 사람)> (같은 흥미, 태도 등)을 공유하다
<have + 명사 + in common (with 사물)> (두 가지 사물 사이)의 공통점이 있다
<in common + with + 사람/사물> ~와 같은 방식으로

실전 TIP 유사어휘 regular vs. usual vs. normal vs. common
usual은 '일상적인, 늘 하던 일'이란 뜻이고, regular는 매주, 매달처럼 일정하고 '정기적으로 발생하는 일'에 대해서 설명할 때 사용한다. normal은 정상적인 상태나 수준의 '보통의, 표준의'라는 뜻이다. common은 여러 사람들 사이의 '공통의, 공유의, 보편적인'이라는 뜻이다.

43
BIG DATA
정답출제: 4회
오답출제: 15회

compatible
[kəmˈpætəbəl]
a. 호환이 되는, 양립될 수 있는

This new software will not be **compatible** with our system.
이 새 소프트웨어는 우리 시스템과 호환이 되지 않을 것이다.

출제포인트 be compatible with ~와 호환되다

44
BIG DATA
정답출제: 3회
오답출제: 3회

complicated
[ˈkɑːmpləkeɪtɪd]
a. 복잡한

The architect believes the interior design of the Funnel Building is simply beautiful, but too **complicated** at the same time.
그 건축가는 Funnel Building의 실내 디자인이 정말 아름답지만 동시에 너무 복잡하다고 생각한다.

출제포인트
<be + so + complicated + that + 주어 + 동사> 너무 복잡해서 ~하다

45
BIG DATA
정답출제: 3회
오답출제: 1회

delicate
[ˈdelɪkət]
a. 민감한, 연약한, 섬세한

The sun can easily damage a child's **delicate** skin.
햇빛은 아이의 민감한 피부를 쉽게 손상시킬 수 있다.

출제포인트 함께 쓰이는 명사
matter 문제 issue 이슈 negotiation 협상

46
BIG DATA
정답출제: 3회
오답출제: 1회

desirable
[dɪˈzaɪərəbəl]
a. 바람직한, 갖고 싶은

After the renovation of the building, it became an even more **desirable** place to live.
건물 수리 후, 훨씬 더 살고 싶은 장소가 되었다.

출제포인트
<be + desirable + that + 주어 + 동사> ~하는 것이 바람직하다

47
BIG DATA
정답출제: 3회
오답출제: 1회

distinctive
[dɪˈstɪŋktɪv]
a. 독특한, 특유의, 뛰어난

distinct a. 별개의, 분명한   distinction n. 차이, 구분, 우수성
Newcomer Ryan is a particularly **distinctive** designer who brings a unique style to our company.
신입인 Ryan은 우리 회사에 독특한 스타일을 가져온 특히 뛰어난 디자이너이다.

출제포인트
'독특한, 특유의'라는 의미의 형용사로 고유의 성질 또는 외관에 있어서 다른 것과 쉽게 구분되는 상태를 나타낸다.

48
BIG DATA
정답출제: 3회
오답출제: 1회

DAY 07 DAILY TEST

A 다음 빈칸에 적절한 단어나 우리말을 쓰시오.

01 perishable _____ 06 자격이 있는 _____

02 complimentary _____ 07 민감한, 연약한 _____

03 likely _____ 08 비판적인, 중요한 _____

04 beneficial _____ 09 독특한, 특유의 _____

05 appropriate _____ 10 비밀의, 기밀의 _____

B 다음 빈칸에 들어갈 적절한 말을 [보기]에서 고르시오.

| appropriate | likely | perishable |
| complimentary | beneficial | |

01 People given challenging assignments are less _____ to become bored.

02 Ms. Brown said that it is not _____ to discuss the issue outside the meeting.

03 It's forbidden to bring in any _____ goods.

04 The internship program is mutually _____ to students and to local businesses.

05 We offer a _____ breakfast to all of our guests.

C 실전훈련

01 If you want to return any of our products, just visit our website, print out the ------------- online form and then send it in along with the items in question.

   (A) accustomed   (B) appropriate

02 Extra amenities at our hotel include an unpacking service, discount coupon books, a welcome bottle of chilled champagne and ------------- bottled water.

   (A) approximate   (B) complimentary

03 The new system will be mutually ------------- to both parties.

   (A) beneficial   (B) qualified

DAY 08

기출 빅데이터로 뽑은 빈출 형용사 100선 – 2

1. 형용사 어순

		\<형용사의 어순\>							+	
수량	의견	크기	나이	모양	색깔	기원	재료	목적		명사
서수→기수	주관적 형용사	사실 (객관적 형용사)								
two	elegant	large	old	round	brown	English	wooden	dining		tables

2. 형용사의 종류

1. 전치 한정사: **all, both, double, half**
2. 한정사: **a, an, the, my, your, four, those, some**
3. 의견: **beautiful, useful, lovely, comfortable**
4. 크기: **big, small, tall, huge, tiny**
5. 나이: **old, young, new, ancient, antique**
6. 모양: **round, square, skinny, fat, heavy, straight, long, short, striped, spotted, checked, flowery, broken, cold, hot, wet, hungry, rich, easy, difficult, dirty**
7. 색깔: **red, black, blue, reddish, purple**
8. 기원: **Korean, American, British, Italian, Australian,**
9. 재료: **gold, wooden, silk, paper, synthetic, cotton, woollen**
10. 목적: **shopping, wedding**

시험문제는 이렇게 나와요!

Having a ------- financial plan is key to being able to survive an emergency of any kind.
(A) sound   (B) soundly   (C) sounding   (D) sounded

해설 ▶ 생각의 순서

1단계 구조 분석
Having a ------- financial plan / is / the key (to being able to survive an emergency of any kind).
주어 (동명사 + 목적어)   동사   주격보어   to부정사구

2단계 품사 배열 관사 + --------- + 형용사 + 명사 (financial plan) 이므로 빈칸은 부사 또는 형용사 자리이다.

3단계 답 결정 단어 찾기
financial, plan → 빈칸이 형용사 financial을 수식한다면 부사 자리이고, 명사 plan을 수식한다면 형용사 자리이다. 빈칸은 '건전한 재정 계획'을 뜻하는 형용사를 뜻하는 (A) sound가 들어가야 적절하다. ※ 부사 soundly는 문법상 빈칸에 올 수 있지만 의미상 형용사 financial 수식을 못한다.

해설 건실한 재정 계획 확보는 어떠한 긴급 상황에서도 살아남을 수 있게 하는 비결이다.
어휘 financial plan 재정 계획   emergency 비상사태   sound 견고한, 안전한   soundly 확실하게, 안전하게
정답 (A)

DAY 08

economical
[ˌikəˈnɑmɪkəl]
a. 검소한,
   절약하는

01
BIG DATA
정답출제: 4회
오답출제: 0회

Peter & Pecker's **economical** use of space has helped them to reduce maintenance costs and other expenses.
Peter & Pecker의 경제적 공간 활용은 유지비 및 기타 비용을 줄이는 데 도움이 됐다.

출제포인트 유사어휘 economical vs. economic
economical 검소한, 절약하는
economic 경제의, 경제상의

---

exempt
[ɪɡˈzempt]
a. 면제되는
vt. ~을 면제하다, 면제받다

02
BIG DATA
정답출제: 3회
오답출제: 0회

Those who spend more than $50 will be **exempt** from shipping fees.
50달러 이상 구매한 사람들은 배송비가 면제될 것이다.

출제포인트
exempt from ~이 면제되는

---

initial
[ɪˈnɪʃəl]
a. 초기의, 처음의

03
BIG DATA
정답출제: 8회
오답출제: 5회

initially ad. 처음에, 초기에
The **initial** findings from the survey did not support our plan.
여론조사의 처음 결과는 우리의 계획에 도움이 되지 못했다.

출제포인트 함께 쓰이는 명사
stage 단계 phase 단계 period 기간 projection 전망
* 순서나 과정, 단계가 있는 명사

---

manageable
[ˈmænədʒəbəl]
a. 관리할 수 있는,
   다루기 쉬운

04
BIG DATA
정답출제: 3회
오답출제: 1회

Thanks to the new bridge, commuting to work is easily **manageable**.
새로 생긴 다리 덕분에 출퇴근이 할 만해졌다.

출제포인트
품사를 고르는 문제로 주로 출제되었다.

---

numerous
[ˈnumərəs]
a. 많은 (= a number of)

05
BIG DATA
정답출제: 3회
오답출제: 14회

The article contains **numerous** quotations from our annual report.
기사는 우리의 연례 보고서에서 많이 인용했다.

출제포인트 복수명사를 받는 수량형용사
multiple, various, several, a few 등

---

optimistic
[ˌɑptəˈmɪstɪk]
a. 낙관하는

06
BIG DATA
정답출제: 3회
오답출제: 1회

Analysts are **optimistic** about the continuing stability of Mac Telecom's stock.
분석가들은 Mac Telecom의 주식이 계속해서 안정적일 것이라고 낙관하고 있다.

출제포인트
optimistic about ~에 대해 낙관적이다

---

prompt
[prɑmpt]
a. 즉시의, 신속한
vt. 자극을 주다
n. 프롬프트 (컴퓨터, 연극에서)

07
BIG DATA
정답출제: 29회
오답출제: 9회

promptly ad. 즉시, 지체 없이
I appreciate your **prompt** reply.
즉각적인 회신에 감사드립니다.

출제포인트 함께 쓰이는 명사
reply 회신 response 응답 decision 결정 reaction 반응

---

remarkable
[rɪˈmɑrkəbəl]
a. 주목할 만한,
   뛰어난, 놀랄 만한

08
BIG DATA
정답출제: 7회
오답출제: 0회

The portrait is a **remarkable** likeness of Jane.
그 초상화는 놀랄 만큼 Jane과 닮았다.

출제포인트
be remarkable for ~로 주목할 만하다

sufficient
[səˈfɪʃənt]
a. 충분한, 족한

The gross profit margin will be sufficient to cover all the other cost.
총 매상 이익율이 모든 다른 경비를 대는 데 충분할 것이다.

출제포인트
<be + sufficient + to부정사/for> ~에 충분하다
반의어 insufficient

09 BIG DATA
정답출제: 3회
오답출제: 5회

technical
[ˈteknɪkəl]
a. 기술적인

The technical support team finally determined the cause of the power failure yesterday.
기술지원팀은 결국 어제의 정전 원인을 찾아냈다.

출제포인트 함께 쓰이는 명사
support 지원 team 팀 staff 인력 training 훈련 problem 문제
difficulty 어려움 task 과제 knowledge 지식 description 설명 details 상세정보

10 BIG DATA
정답출제: 4회
오답출제: 0회

unique
[juːˈniːk]
a. 유일한,
   독특한,
   고유의

The artists whose paintings are currently on display are well known for their unique styles.
현재 전시가 되어 있는 그림들의 화가들은 독특한 스타일로 유명하다.

출제포인트
보통과는 다른 '유일한, 독특한, 고유의'라는 뜻이다
unique to ~와 관련하여 특유의/고유한

11 BIG DATA
정답출제: 3회
오답출제: 2회

urgent
[ˈɜrdʒənt]
a. 긴급한,
   긴박한, 절박한

Shoppers complain that there is an urgent need for more parking.
쇼핑객들은 더 많이 주차를 할 수 있게 하는 것이 시급하다고 불만을 제기하고 있다.

출제포인트
in urgent need of 긴급하게 ~해야 하는

12 BIG DATA
정답출제: 5회
오답출제: 8회

vital
[ˈvaɪtəl]
a. 중요한, 필수적인

It is vital that we (should) be kept informed of any new developments.
우리에게 새로운 진전이 생기면 뭐든 계속 알려주는 게 중요하다.

출제포인트
<be vital to/for + 명사/동명사> ~하는 것이 중요하다
<it is vital + to부정사> ~하는 것은 중요하다
<It is vital that + 주어 + (should) + 동사원형> ~은 중요하다
실전 **TIP** vital 자리에 important/critical/necessary도 가능하니 기억해두자.

13 BIG DATA
정답출제: 3회
오답출제: 3회

accustomed
[əˈkʌstəmd]
a. 익숙한, 길든

Nowadays our customers are accustomed to receiving a quick response.
요즘 우리 고객들은 빠른 응답을 받는 데 익숙하다.

출제포인트 <be accustomed to + 명사/동명사> ~하는데 익숙해지다
실전 **TIP** 유사 어휘 비교 be familiar with vs. be accustomed/used to
• be familiar with: 지식이 있거나 이해를 하여 '지적으로 익숙한'
• be accustomed/used to: 경험이나 훈련을 통해서 '감정적으로 익숙한'

14 BIG DATA
정답출제: 2회
오답출제: 8회

alert
[əˈlɜrt]
a. 기민한, 방심 않는
vt. ~에게 경보하다
n. 경계

We are dedicated to catching the perpetrators. Stay alert and stay safe.
우리는 범죄자를 잡는 데 헌신하고 있습니다. 항상 주의하며 안전하게 계세요.

출제포인트
alert to …에 방심하지 않는

15 BIG DATA
정답출제: 5회
오답출제: 2회

attentive
[əˈtentɪv]
a. 배려하는, 주의하는

attention n. 주목, 주의, 관심   attentiveness n. 조심성
All staff members should be very attentive to the needs of our customers.
모든 직원들은 고객들의 요구에 귀를 기울여야 한다.

출제포인트
<be + attentive + to + (사람/사물)> ~에 주의하다
실전 **TIP**
주어는 주로 사람명사이다.

16 BIG DATA
정답출제: 5회
오답출제: 6회

DAY 08

careful
['keərfəl]
a. 조심성 있는, 주의 깊은, 신중한, 세심한

You must be careful when packing breakable items.
깨지기 쉬운 물건들을 포장할 때는 조심해야 한다.

출제포인트
<be + careful + to부정사> ~하는 데 조심하다

17 BIG DATA
정답출제:17회
오답출제:13회

casual
['kæʒuəl]
a. 격식을 차리지 않는, 평상시의

We recommend taking a casual walk through the newly renovated Rose Gardens.
새롭게 단장한 Rose Garden을 통과하여 가볍게 산책하는 것을 추천해드립니다.

출제포인트
casual clothes 평상복 casual workers/labour 임시직 casual walk 산책

18 BIG DATA
정답출제: 3회
오답출제: 3회

cautious
['kɑːʃəs]
a. 조심스러운, 신중한

caution n. 조심, 주의, 경고 vi., vt. 주의를 주다   cautiously ad. 조심스럽게, 신중히
He is more cautious than careless.
그는 부주의하기보다는 조심스럽다.

출제포인트
① be cautious about/of ~을 조심하다, ~에 대해 신중하다
② 주격보어로 cautious가 쓰일 경우, 주어는 사물이 올 수 없으며 반드시 사람이나 회사이어야 한다.

실전 **TIP** with caution 조심하여

19 BIG DATA
정답출제: 9회
오답출제: 8회

central
['sentrəl]
a. 중심이 되는, 중요한

Reducing inflation is central to the government's economic policy.
인플레이션 감소가 정부 경제 정책의 중심이다.

출제포인트
central to ~ ~에 중심이 되는, ~에 중요한

20 BIG DATA
정답출제: 3회
오답출제: 4회

competent
['kɑmpətənt]
a. 능숙한, 유능한

KM Education is seeking experienced and competent staff for its new project.
KM Education사는 자사의 새 프로젝트를 위해 경력 있고 유능한 직원들을 구하고 있다.

출제포인트
사람을 수식한다.

21 BIG DATA
정답출제: 2회
오답출제: 7회

correct
[kəˈrekt]
a. 맞는, 정확한
vt., vi. 수정하다, 정정하다

Neither answer is correct.
두 답변 모두 정답이 아니다.

출제포인트 함께 쓰이는 명사
answer 답 form 서식 position 위치 response 응답 use 사용 order 순서
entry 등장 bill 청구서 address 주소

22 BIG DATA
정답출제:16회
오답출제:13회

principal
[prínsəpəl]
a. 주된, 중요한
n. 우두머리, 학장, 총장

Mr. Kanno is nominated as the Washburn Group's principal mediator for international negotiations.
Kanno 씨는 Washburn Group의 해외협상을 위한 대표 중재자로 지명되었다.

출제포인트 유사 어휘 '주된, 중요한'
main 주된 key 핵심적인 chief 주된 leading 선도하는 vital 중요한 crucial 중요한
essential 필수적인 significant 중대한

23 BIG DATA
정답출제: 1회
오답출제: 0회

distinct
[dɪˈstɪŋkt]
a. 별개의, 분명한, 확실한

If your vocal command is not distinct enough, the voice-activated dialing may not function properly.
당신의 음성 명령이 충분히 뚜렷하지 않다면, 음성 활성화 다이얼이 제대로 작동하지 않을 수도 있다.

출제포인트
distinct from ~와 구분되는, 다른

24 BIG DATA
정답출제: 2회
오답출제: 3회

due
[duː]
a. ~할 예정인, 지불해야 하는, 빚지고 있는

The payment for the latest shipment is **due** today.
최근 선적에 대한 지불기한은 오늘까지이다.

출제포인트
<be + due + to부정사> = <be + due + for> ~할 예정이다
<be + due + in/on/at + 시간> ~까지 마감이다

실전 TIP 형태가 비슷한 due vs. due to
- due: '~할 예정인'이라는 뜻을 가진 형용사이다.
- due to: '~ 때문에'라는 전치사로 because of가 동의어이다.

25 BIG DATA
정답출제: 3회
오답출제: 15회

---

equal
[ˈiːkwəl]
a. 동등한

equally ad. 똑같이, 동일하게
Those evaluations are **equal** in every way.
그 평가들은 모든 면에서 대등한 것이다.

출제포인트
be equal to ~과 동등하다

26 BIG DATA
정답출제: 9회
오답출제: 16회

---

ongoing
[ˈɑːnˌɡoʊɪŋ]
a. 전진하는, 계속 진행 중인

Central Trains apologizes for any inconvenience caused by the **ongoing** renovations to the station.
Central Trains사는 진행 중인 기차역 보수공사로 인해 발생되는 불편에 대해 사과드립니다.

출제포인트
주로 명사 앞에서 쓰인다.

27 BIG DATA
정답출제: 2회
오답출제: 2회

---

precise
[prɪˈsaɪs]
a. 정확한, 세심한, 꼼꼼한

Before you make a miniature building, first draw a rough sketch and then take **precise** measurements.
빌딩 모형을 만들기 전에 먼저 밑그림을 그리고 그런 다음 정확한 치수를 재시오.

출제포인트
정보 등이 '정확한'을 의미하며, 사람을 수식할 때는 '꼼꼼한, 세심한'을 의미

28 BIG DATA
정답출제: 7회
오답출제: 8회

---

proficient
[prəˈfɪʃənt]
a. 능숙한, 숙련된

We are looking for a new assistant who is **proficient** with database applications.
우리는 DB 응용프로그램에 능숙한 새 보조원을 찾고 있다.

출제포인트
proficient in/at ~에 능숙한

29 BIG DATA
정답출제: 2회
오답출제: 3회

---

public
[ˈpʌblɪk]
a. 대중의, 공중의, 공공의
n. 대중, 일반 사람들

The merger between the banks provoked huge **public** interest.
그 은행들 간의 합병은 막대한 공적 이익을 불러왔다.

출제포인트 함께 쓰이는 명사
awareness 인식 opinion 의견 interest 관심 transportation system 교통수단

30 BIG DATA
정답출제: 2회
오답출제: 1회

---

repetitive
[rɪˈpetətɪv]
a. 반복적인, 되풀이하는

repeat vt., vi. 반복하다 n. 반복   repetition n. 반복   repetitious a. 자꾸 반복되는
The newly developed system will allow workers on assembly lines to automate several **repetitive** tasks.
새롭게 개발된 시스템은 조립공정에 있는 근로자들에게 (지루한) 여러 반복적인 작업을 자동화할 수 있게 할 것이다.

출제포인트
같은 방법으로 많이 반복되어 지루할 정도로 '반복된'을 의미한다.

31 BIG DATA
정답출제: 2회
오답출제: 1회

---

rigorous
[ˈrɪɡərəs]
a. 엄격한, 철저한(= strict)

All projects must meet **rigorous** government standards.
모든 프로젝트들은 엄격한 정부기준을 충족시켜야 한다.

출제포인트 함께 쓰이는 명사
program 프로그램 study 연구 analysis 분석 search 조사 climate 기후
discipline 훈련 standard 기준 law 법

32 BIG DATA
정답출제: 3회
오답출제: 1회

DAY 08

sizable
['saɪzəbəl]
a. 꽤 큰, 상당히 많은

Carter has **sizeable** assets.
Carter는 상당한 재산을 가지고 있다.

출제포인트
sizable = considerable
Part 1과 Part 3, 4에서 자주 동의어 문제로 출제된다.

33
BIG DATA
정답출제: 2회
오답출제: 0회

suitable
['suːtəbəl]
a. 적당한, 적합한, 알맞은

Some of our products are **suitable** for outdoor use.
일부 우리 제품은 야외에서 사용하기에 알맞다.

출제포인트
<suitable + 명사 + to부정사> = be suitable for ~하기에 적합한

34
BIG DATA
정답출제: 2회
오답출제: 1회

tentative
['tentətɪv]
a. 잠정적인, 자신이 없는

tentatively ad. 잠정적으로
We made a **tentative** arrangement to meet on Friday.
우리는 금요일에 만나기로 잠정적으로 정했다.

출제포인트 유사어휘 tentative vs. temporary
- tentative : 확실하지 않아서 나중에 변경될 수 있는, 즉 '잠정적인'이라는 뜻으로 사용
- temporary : 영속적이지 않고 제한된 단기간의, 일시적인

35
BIG DATA
정답출제: 4회
오답출제: 2회

vulnerable
['vʌlnərəbəl]
a. 취약한, 연약한

This stadium is highly **vulnerable** to two types of attacks.
이 경기장은 두 가지 유형의 공격에 매우 취약하다.

출제포인트
<be vulnerable to + 명사> ~에 취약하다

36
BIG DATA
정답출제: 2회
오답출제: 1회

wasteful
['weɪstfəl]
a. 낭비하는

The process is **wasteful** and inefficient.
그 과정은 낭비적이고 비효율적이다.

출제포인트 be wasteful of ~ ~의 낭비이다
실전 TIP impact는 주로 전치사 on과 같이 다니는 문제로 출제된다.

37
BIG DATA
정답출제: 2회
오답출제: 2회

broad
[brɑːd]
a. 넓은, 광대한

broadly ad. 대략, 활짝   broaden vi., vt. 넓히다
Feedback on the new design reflects a **broad** diversity of perspectives.
새로운 디자인에 대한 피드백은 광범위하고 다양한 관점을 반영한다.

출제포인트
a broad range of household services 폭넓은 종류의 집안일 서비스

38
BIG DATA
정답출제: 2회
오답출제: 7회

budgetary
['bʌdʒɪteri]
a. 예산의

budget n. 예산
Due to **budgetary** constraints, they have been forced to scale back the prototype.
예산의 제약으로 인해 그들은 프로토타입의 규모를 줄일 수밖에 없게 됐다.

출제포인트
budgetary constraints 예산 제약   budgetary policies 예산 정책

39
BIG DATA
정답출제: 1회
오답출제: 0회

diligent
['dɪlədʒənt]
a. 부지런한, 성실한

diligence n. 근면, 성실   diligently ad. 부지런히, 성실하게
Our reputation in the transportation industry was established through years of **diligent** effort.
운송업계에서의 우리의 명성은 수년 간의 성실한 노력으로 만들어진 것이다.

출제포인트
diligent efforts 성실한 노력, 근면

40
BIG DATA
정답출제: 3회
오답출제: 6회

disposable
[dɪˈspoʊzəbəl]
a. 일회용의, (금융)이용 가능한

dispose vi. 제거하다, 처분하다
People tend to use a lot of **disposable** products.
사람들은 1회용 물건을 많이 사용하는 경향이 있다.

출제포인트
disposable gloves 일회용 장갑   disposables 일회용품

41
BIG DATA
정답출제: 1회
오답출제: 0회

empty
[ˈempti]
a. 비어 있는

The bus was **empty** except for the lady.
여자 한 명을 제외하고 그 버스는 텅 비었었다.

출제포인트 유사 어휘 비교 empty vs. vacant
- empty: 내용물 없이 텅 비어있는 것, 채워진 물건이나 그 안에 사람이 아무도 없이 비어있는 집, 방, 건물
  empty room = No one is there. 거기에는 아무도 없다.
- vacant: 주로 주인이 없거나 사용하고 있지 않아 비어있는 것
  a vacant room = No one uses it. 아무도 그 방을 사용하고 있지 않다.

실전 TIP empty의 반대어는 full이고, vacant의 반대어는 occupied, engaged이다.

42
BIG DATA
정답출제: 1회
오답출제: 0회

similar
[ˈsɪmələr]
a. 유사한

This year's sales figures are **similar** to those of last year.
올해의 판매량은 작년의 판매량과 유사하다.

출제포인트
be comparable to/with = be similar to ~와 유사하다, ~와 필적할 만하다

43
BIG DATA
정답출제: 2회
오답출제: 4회

famous
[ˈfeɪməs]
a. 유명한

James Potter was **famous** for his mystery novels.
James Potter는 그의 미스터리 소설로 유명했다.

출제포인트
〈famous as + 지위〉 ~로서 유명한
〈famous for + 이유〉 ~ 때문에 유명한

44
BIG DATA
정답출제: 1회
오답출제: 1회

favorite
[ˈfeɪvərət]
a. 가장 좋아하는
n. (특히) 좋아하는 것/사람

Contributors are asked to write about their **favorite** topics.
기고자들은 자신들이 가장 좋아하는 주제에 대해 글을 쓰도록 요청을 받는다.

출제포인트 명사 앞에만 올 수 있다.

실전 TIP 유사어휘 favorite vs. favorable
favorite는 '가장 좋아하는'이라는 의미로 명사 앞에서만 쓰이고, favorable은 '우호적인; 편리한; 순조로운'이란 의미로 주로 전치사 to, for를 동반한다.
We discussed a more (favorable, ~~favorite~~) schedule for payments.
우리는 지불금에 대하여 더욱 순조로운 일정을 논의했다

45
BIG DATA
정답출제: 1회
오답출제: 3회

main
[meɪn]
a. 가장 큰(중요한), 주된

Your **main** task is to gather information on consumer behavior.
당신의 주요한 임무는 소비자행동에 대한 정보를 모으는 것이다.

출제포인트
명사 앞에만 올 수 있다.

46
BIG DATA
정답출제: 1회
오답출제: 4회

official
[əˈfɪʃəl]
a. 공무상의, 직무상의
n. 고위관리, 공무원

officially ad. 공식적으로, 직책상
An **official** liaison for the upcoming project should be named as soon as possible.
앞으로 진행될 프로젝트에 대한 공식 연락 담당자가 가능한 한 빨리 정해져야 한다.

출제포인트
an official visit 공식적인 방문

47
BIG DATA
정답출제: 3회
오답출제: 4회

unanimous
[juˈnænəməs]
a. 만장일치의

unanimously ad. 만장일치로
It would have been easier for board members to come to a **unanimous** decision if the economy last year had been more stable.
작년에 경제가 더 안정적이었다면 이사회가 만장일치로 의사 결정하는 게 좀 더 쉬웠을 것이다.

출제포인트
a unanimous decision 만장일치 결정 → an이 아닌 a가 붙는 것에 주의하자.

48
BIG DATA
정답출제: 1회
오답출제: 2회

DAY 08 DAILY TEST

A 다음 빈칸에 적절한 영단어나 우리말을 쓰시오.

01 principal _____   06 즉시의, 신속한 _____

02 urgent _____   07 정확한, 세심한 _____

03 distinct _____   08 잠정적인, 자신이 없는 _____

04 exempt _____   09 만장일치의 _____

05 competent _____   10 ~할 예정인 _____

B 다음 빈칸에 들어갈 적절한 말을 [보기]에서 고르시오.

competent	exempt	principal
distinct	urgent	

01 If your vocal command is not _____ enough, the voice-activated dialing may not function properly.

02 Shoppers complain that there is an _____ need for more parking.

03 Those who spend more than $50 will be _____ from shipping fees.

04 KM Education is seeking experienced and _____ staff for its new project.

05 Mr. Kanno is nominated as the Washburn Group's _____ mediator for international negotiations.

C 실전훈련

01 Due to the customer's ------------ need, we have sent his shipment over the holidays using a quick delivery service.

(A) surplus   (B) urgent

02 According to the review of customer complaints, the lettering on some of Maxx Clothing items was not ------------ enough.

(A) approximate   (B) distinct

03 Barrington's customers for this month only will be ------------ from overseas shipping fees as part of our online promotion.

(A) provided   (B) exempted

DAY 09
기출 빅데이터로 뽑은 빈출 부사 100선 - 1

1. 동사를 꾸며주는 부사

❶ 〈주어 + 부사 + 동사〉
❷ 〈주어 + 동사 + 목적어 + 부사〉

The price of a pack of cigarettes **directly** reflects the cost of tobacco on the open market.
담배 한 갑 값은 공개 시장에서의 담뱃잎 가격을 직접적으로 반영한다.

2. 형용사 및 부사를 꾸며주는 부사

❸ 〈관사 + 부사 + 형용사 + 명사〉
❹ 〈be + 부사 + 형용사/부사〉

Although Mr. Carter was known for being patient, his recent decision was made **rather quickly**.
Mr. Carter는 침착한 사람으로 알려져 있지만, 그는 최근에 상당히 빨리 결정을 내렸다.

3. 문장 전체를 꾸며주는 부사

❺ 〈부사 , 완전한 문장(주어 + 동사 + 목적어)〉
❻ 〈완전한 문장 + 부사〉

Luckily, I won the ticket to go on a safari tour.
운 좋게도, 나는 사파리 투어를 할 수 있는 티켓을 얻었다.

4. 분사를 꾸며주는 부사

❼ 〈be + 부사 + 과거분사〉
❽ 〈be + 부사 + 현재분사〉

The new system was **clearly** created to improve productivity among employees.
새로운 시스템은 사원들의 생산성을 향상시키려는 분명한 목적을 가지고 만들어진 것이었다.

5. 동사구 사이에 들어가는 부사

❾ 〈have + 부사 + 과거분사〉
❿ 〈자동사 + 부사 + 전치사〉
〈조동사 + 부사 + 본동사〉

They cannot **possibly** be expected to finish the project by the deadline.
그들이 마감일까지 그 계획을 마칠 수 있을 거라고 도저히 기대하지 않는다.

6. 비교급 표현 사이에 들어가는 부사

〈완전한 문장 + as + 부사 + as〉
/ 〈완전한 문장 + more + 부사 + than〉

He works as **efficiently** as you. 그는 당신만큼 효율적으로 일한다.

시험문제는 이렇게 나와요!

The manager ------- solved the personal conflict between the two employees.
(A) effectively   (B) effective   (C) effectiveness   (D) effect

해설 ▶ 생각의 순서

1단계 구조 분석
The manager / --------- solved / the personal conflict (between the two employees).
주어   동사   목적어

2단계 품사 배열
빈칸은 동사 solved를 수식하는 부사 자리 또는 명사 manager와 복합명사를 이룰 수 있는 명사 자리이다.

3단계 답 결정 단어 찾기   solved → 빈칸은 동사 solved를 수식하여 '효과적으로 해결했다'는 문맥이 적절하므로 (A)가 정답이다.

4단계 오답 노트   복합명사로 생각하여 (D) effect(효과)나 (C) effectiveness(효과적임)를 고를 수 있으나, 복합명사는 앞에 있는 명사가 형용사의 역할을 하여 뒤에 나오는 명사의 종류, 유형, 용도, 성격 등을 명확히 알려주는데, 명사 manager가 그러한 역할을 하고 있지 않으므로 정답이 될 수 없다.

해석 ┃ 매니저는 두 직원간의 개인적 갈등을 효과적으로 해결했다.
어휘 ┃ solve 해결하다   personal 개인적인   conflict 갈등   employee 직원
정답 ┃ (A)

DAY 09

promptly
['prɑːmptli]
ad. 즉시, 지체 없이

01
The outstanding balance should be paid **promptly**.
미결제 잔금은 즉시 지불되어야 한다.

출제포인트
promptly = immediately = at once 즉시

BIG DATA
정답출제: 26회
오답출제: 7회

clearly
['klɪrli]
ad. 또렷하게, 분명히

02
The reports must be written much more **clearly**.
보고서는 훨씬 더 명확하게 작성되어야 한다.

출제포인트 함께 쓰이는 동사
write (글을) 쓰다   speak 말하다   explain 설명하다   indicate 나타내다, 보여주다
design 디자인하다   change 바꾸다   express 표현하다   organize 조직(화)하다
mark 표시하다

BIG DATA
정답출제: 16회
오답출제: 3회

immediately
[ɪˈmiːdiətli]
ad. 지체 없이, 직접적으로, 바로

03
You need to delete unneeded files **immediately**.
불필요한 파일들은 즉각적으로 삭제해야 한다.

출제포인트
① <immediately + before/after + 명사/주어 + 동사> 직전/직후에
② effective immediately 지금 이후로

BIG DATA
정답출제: 15회
오답출제: 7회

exclusively
[ɪkˈskluːsɪvli]
ad. 독점적으로; 오로지, 오직

04
The revised mission statement of our company focuses **exclusively** on customer satisfaction.
우리 회사의 수정된 강령은 오로지 고객만족에 중점을 두고 있다.

출제포인트
'배타적으로, 독점적으로, 오직(only, solely)'이라는 의미

BIG DATA
정답출제: 13회
오답출제: 3회

consistently
[kənˈsɪstəntli]
ad. 일관되게, 지속적으로

05
Morgan Stanley has decided to switch suppliers as Pemex has been **consistently** late in filling its orders.
Pemex가 주문을 처리하는 데 계속 늦어지고 있어서 Morgan Stanley는 공급업체를 바꾸기로 결정했다.

출제포인트 유사 어휘 비교 steadily vs. consistently
- steadily: 상황이나 상태가 '꾸준히' 변하지 않는 것처럼 보이긴 하지만 멈추지 않고 조금씩 점점 더 나아진다는 의미
- consistently: 태도나 방식들이 '일관되게'라는 의미

BIG DATA
정답출제: 12회
오답출제: 3회

correctly
[kəˈrektli]
ad. 바르게, 맞게

06
Please make sure that the photocopy paper is stacked **correctly** in the tray.
복사용지가 트레이에 바르게 쌓여 있는지 확인해주세요.

출제포인트 부사 자리를 확인하고 부사의 형태를 찾는 문제에 주로 출제되고 있다.
Make sure that the problems are addressed (correctly, ~~correct~~).
그 문제점이 적절하게 다루어졌는지 확인해라.

BIG DATA
정답출제: 12회
오답출제: 3회

originally
[əˈrɪdʒənəli]
ad. 최초에, 원래

07
The firm **originally** quoted $100,000 for the renovation.
그 회사는 원래 보수공사 견적가로 십만 달러를 제시했다.

출제포인트
문장부사로 문두에 단독으로 쓰이기도 하며, previously, once 등과 같이 주로 과거시제와 같이 쓰인다.

BIG DATA
정답출제: 11회
오답출제: 5회

shortly
['ʃɔːrtli]
ad. 곧 (= soon)

08
Mr. Gardner was promoted to assistant manager **shortly** after he had mastered the skills for the job.
Gardner 씨는 일과 관련된 기술을 익히고 나서 바로 대리로 진급하였다.

출제포인트
<shortly + before/after> ~직전에/직후에

BIG DATA
정답출제: 11회
오답출제: 19회

automatically
[ˌɔːtəˈmætɪkəli]
ad. 자동으로

The bank will **automatically** renew the contract unless informed not to do so.
그 은행은 그렇게 하지 말도록 통지받지 않는 한, 그 계약을 자동으로 갱신시킬 것이다.

출제포인트
주로 동사를 수식하는 부사로 조동사 뒤에, 동사 앞 또는 〈타동사 + 목적어〉 뒤에 부사자리를 묻는 문제로 자주 출제되고 있다.

09
BIG DATA
정답출제: 10회
오답출제: 0회

closely
[ˈkloʊsli]
ad. 조심스럽게(면밀히), (관계) 친밀하게, 긴밀하게, (시간, 공간) 가까이

We **closely** examined each applicant's background when screening them.
우리는 지원자들을 심사할 때 그들의 이력을 꼼꼼하게 검토했다.

출제포인트 closely는 '조사하다, 감시하다'의미의 동사와 어울려 사용된다.
함께 쓰는 동사: monitor 감시하다 examine 조사하다 review 검토하다
work 일하다 watch 지켜보다 associate 관련되어 있다 relate 관련시키다

10
BIG DATA
정답출제: 8회
오답출제: 31회

generally
[ˈdʒenərəli]
ad. 일반적으로

Our products are **generally** available in local retail stores.
저희 제품은 일반적으로 지역 소매점에서 구매가 가능합니다.

출제포인트
① 〈generally + regarded/accepted/known (+ by + 사람)〉 대부분의 사람들에게 존경받는/받아들여진/알려진
② generally speaking 대체로 말하자면

11
BIG DATA
정답출제: 8회
오답출제: 1회

actively
[ˈæktɪvli]
ad. 활동적으로

activate vt. ~을 작동시키다   active a. 활동적인
HMA Corporation has directed its marketing department to work more **actively** to develop a new business model.
HMA사는 마케팅 부서에게 신사업 모델 개발을 위해 좀 더 활발히 일할 것을 지시했다

출제포인트 〈actively + look for/seek〉 적극적으로 찾다

12
BIG DATA
정답출제: 7회
오답출제: 2회

briefly
[ˈbriːfli]
ad. 잠시, 간단히

Ray Lyer visited the Bangkok factory only **briefly** before returning to the head office.
Ray Lyer는 본사로 돌아가기 전 아주 잠시 방콕 공장을 방문했다.

출제포인트 〈briefly + 동사〉 잠시/간단히 ~하다
동사: announce 발표하다 cover 다루다 review 검토하다 summarize 요약하다 visit 방문하다

13
BIG DATA
정답출제: 7회
오답출제: 11회

equally
[ˈiːkwəli]
ad. 똑같이, 동일하게

The money was divided **equally** among those departments.
돈은 부서들 간에 균등하게 나눴다.

출제포인트
'똑같이, 동일하게', 또는 (앞 문장에 추가하여) '마찬가지로, 동시에'

14
BIG DATA
정답출제: 7회
오답출제: 10회

cooperatively
[koʊˈɑːpərətɪvli]
ad. 협력하여

cooperate vi. 협력하다, 협조하다   cooperation n. 협력, 합동
cooperative a. 협력(조)적인, 협력하는 n. 협동조합(조직, 단체), 기업
I look forward to working **cooperatively** with him.
나는 그와 협력하여 일하는 것을 기대합니다.

출제포인트 work cooperatively with ~와 협력하여 일하다

15
BIG DATA
정답출제: 1회
오답출제: 0회

separately
[ˈsepərətli]
ad. 별도로

This year's figures are shown **separately**
올해의 수치는 별도로 제시된다.

출제포인트 부사 자리를 확인하고 부사의 형태를 찾는 문제에 주로 출제되고 있다.

The items can be used as a collection or (**separately**, ~~separation~~).
그 물품은 세트 또는 개별적으로 사용될 수 있다.

16
BIG DATA
정답출제: 7회
오답출제: 1회

DAY 09

early
['ɜːrli]
ad. 조기에, 초창기에, 초기에
a. 빠른, 이른

Due to inclement weather conditions, the store will be closing **early** to allow its staff to travel home safely.
기상악화로 그 가게는 직원들의 안전한 귀가를 위해 일찍 문을 닫을 것이다.

출제포인트
earlier today 오늘 일찍   earlier this week 이번 주 초
at your earliest convenience 가능한 한 빨리

17 BIG DATA
정답출제: 5회
오답출제: 42회

strategically
[strə'tiːdʒɪkli]
ad. 전략적으로

HelloPatty restaurant is **strategically** located at the Gangnam Station intersection.
HelloPatty 식당은 강남역 교차로에 전략적으로 위치해 있다.

출제포인트 함께 쓰이는 동사
locate 자리하다   place 위치하다   compete 경쟁하다

18 BIG DATA
정답출제: 5회
오답출제: 0회

therefore
['ðerfɔːr]
ad. 그러므로

He is decisive. **Therefore**, he will make a decision soon.
그는 결단력이 있다. 그래서 그는 금방 결정할 것이다.

출제포인트
① 접속부사로 많이 쓰인다.
② <문장 + and therefore + 문장>

19 BIG DATA
정답출제: 5회
오답출제: 8회

typically
['tɪpɪkəli]
ad. 전형적으로,
    일반적으로, 보통

University graduates **typically** earn more money than high school graduates.
보통 대학 졸업자가 고교 졸업자보다 돈을 많이 번다.

출제포인트
현재 시제와 잘 어울린다.

20 BIG DATA
정답출제: 4회
오답출제: 2회

accidentally
[ˌæksə'dentəli]
ad. 우연히, 뜻하지 않게;
    잘못하여

I **accidentally** omitted the data.
내가 실수로 데이터를 누락시켰다.

출제포인트
시험에서는 고의가 아닌 '실수로'라는 의미로 출제된다.

21 BIG DATA
정답출제: 4회
오답출제: 4회

favorably
['feɪvərəbli]
ad. 호의를 갖고,
    유리하게

Her most recent works were **favorably** reviewed.
그녀의 최신작은 호평을 받았다.

출제포인트
be received favorably 호의를 받다, 환영받다
react favorably 호의적으로 대응하다

22 BIG DATA
정답출제: 6회
오답출제: 2회

financially
[faɪ'nænʃəli]
ad. 재정적으로

We can provide a **financially** sound plan for your retirement.
저희는 귀하의 은퇴를 위한 튼튼한 재무계획을 제공할 수 있습니다.

출제포인트
financially sound conditions 재정적으로 건전한 상태
= sound financial conditions 건전한 재정 상태

23 BIG DATA
정답출제: 4회
오답출제: 5회

generously
['dʒenərəsli]
ad. 관대하게,
    풍부하게

The manager has **generously** offered to make the hotel reservations for the annual conference participants.
그 매니저는 연례회의 참가자들을 위해 호텔 예약을 해주겠다고 (기꺼이) 친절하게 제안했다.

출제포인트 '~을 주다'라는 의미의 동사
offer 제안하다, give 주다, donate 기부하다 등과 어울려 쓰인다.

24 BIG DATA
정답출제: 4회
오답출제: 2회

necessarily
[ˈnesəsərɪli]
ad. 반드시, 필연적으로

Advertisements in our newspaper do not **necessarily** imply our support.
우리 신문에 실린 광고가 반드시 우리의 지지를 의미하는 것은 아니다.

출제포인트
not necessarily 반드시 ~은 아닌

실전 TIP 부분 부정
〈부정어 + all/every/always/necessarily ~〉 모두 ~한 것은 아니다, 항상 ~한 것은 아니다, 반드시 ~한 것은 아니다.

25
BIG DATA
정답출제: 4회
오답출제: 3회

normally
[ˈnɔːrməli]
ad. 보통은, 정상적으로

Normally, factory workers have the right to a one-hour meal break during their shift.
보통, 공장근로자들은 교대근무 중 식사 시간 한 시간을 가질 권리가 있다.

출제포인트
시험에서는 주로 현재시제와 함께 쓰여 주기적/일상적/반복적으로 진행되는 것을 의미한다.

26
BIG DATA
정답출제: 4회
오답출제: 6회

overwhelmingly
[ˌoʊvərˈwelmɪŋli]
ad. 압도적으로, 극도로

overwhelming a. 압도적인
They **overwhelmingly** approved the wage increases.
임금인상은 압도적 다수의 찬성으로 승인되었다.

출제포인트
양이나 정도가 보통 이상으로 크다는 것을 강조할 때 쓴다.

27
BIG DATA
정답출제: 4회
오답출제: 0회

personally
[ˈpɜːrsənəli]
ad. 개인적으로, 직접

Employees can be dismissed for **personally** contacting a rival company.
경쟁사를 개인적으로 접촉한 것 때문에 직원들이 해고될 수도 있다.

출제포인트
개인적인 또는 자신의 의견임을 강조할 때 쓴다.

28
BIG DATA
정답출제: 4회
오답출제: 1회

primarily
[praɪˈmerəli]
ad. 주로, 첫째로

This research is concerned **primarily** with prevention of the disease.
이 연구는 무엇보다도 질병 예방과 관계가 있다.

출제포인트 유사 어휘 비교 primarily vs. largely
- primarily/mainly: 대부분의 사실에 대한 설명이나 묘사를 할 때, 어떤 대상에서 우선시 되는 것, 우선순위가 있는 것을 꼽을 때 쓰인다.
- largely/mostly: 대부분의 이유에 대한 설명 혹은 '널리' 퍼져있는 상태를 의미한다.
  ex. Cotton is a widely used material. 면은 널리 사용되는 재료이다.

29
BIG DATA
정답출제: 4회
오답출제: 3회

properly
[ˈprɑːpərli]
ad. 적절히, 제대로

All the shelves in the store should be **properly** installed.
상점의 모든 선반들은 제대로 설치되어야 한다.

출제포인트 properly와 어울리는 동사
work 작동하다 conduct 실시하다 enforce 시행하다 equip 장비를 갖추다
explain 설명하다 fasten 고정시키다 fit 설치하다 function 작동하다
handle 처리하다 install 설치하다 label 상표를 부착하다 operate 작동하다
process 처리하다 record 기록하다 register 등록하다 secure 고정시키다
seal 밀봉하다

30
BIG DATA
정답출제: 4회
오답출제: 1회

quietly
[ˈkwaɪətli]
ad. 조용히, 평온하게

quite a. 조용한, (사람이) 침착한
Please speak **quietly** to avoid distracting people nearby.
근처 사람들 산만해지지 않게 조용히 말씀해주세요.

출제포인트
자동사 speak와 함께 '조용히 말하다'라는 문맥으로 출제되며 뒤에는 avoid(피하다), not to disrupt(방해하지 않는)과 같이 조용히 말해야 하는 근거가 제시된다.

31
BIG DATA
정답출제: 5회
오답출제: 1회

readily
[ˈredəli]
ad. 쉽게, 즉시

ready a. 준비된
Clear descriptions of our finest wines are **readily** available online.
우리 회사의 최상급 와인 셀렉션에 대한 명확한 설명은 온라인에서 손쉽게 확인 가능하다.

출제포인트
readily available 손쉽게 구할 수 있는
readily accessible 손쉽게 접근할 수 있는

32
BIG DATA
정답출제: 4회
오답출제: 7회

DAY 09

strictly
['strɪktli]
ad. 엄격하게

The number of seats is strictly limited.
좌석의 수는 엄격히 제한되어 있다.

출제포인트 함께 쓰이는 동사
perform 실시하다   enforce 집행하다   follow 따르다   limit 제한하다

33
BIG DATA
정답출제: 4회
오답출제: 2회

---

strongly
['strɔːŋli]
ad. 강하게,
    튼튼하게

Computer users are strongly encouraged to read the Safety and Comfort Guide that accompanies their product.
컴퓨터 사용자들에게 제품에 딸려오는 안전 및 편리한 안내서를 읽을 것을 적극 권장한다.

출제포인트
be strongly encouraged 강하게 권장되어지다

34
BIG DATA
정답출제: 4회
오답출제: 8회

---

usually
['juːʒuəli]
ad. 보통,
    일반적으로

I usually update my cell phone software once a year.
나는 보통 일 년에 한 번 핸드폰 프로그램을 업데이트 시킨다.

출제포인트
현재시제와 잘 쓰이며, 반의어 unusually도 함께 알아두자.

35
BIG DATA
정답출제: 6회
오답출제: 14회

---

adversely
['ædvɜːsli]
ad. 불리하게
   (↔ favorably 호의적으로)

Tom's health was adversely affected by the climate.
기후가 Tom의 건강에 안 좋은 영향을 끼쳤다.

출제포인트
be adversely affected by~ ~에 의해 악영향을 받다

36
BIG DATA
정답출제: 3회
오답출제: 1회

---

especially
[ɪ'speʃəli]
ad. 특히

The police claim that it is crucial for local neighbors to increase vigilance, especially at night.
경찰은 지역 주민들에게, 특별히 밤에 경각심을 높이는 게 중요하다고 주장한다.

출제포인트 유사 어휘 especially vs. specially
- especially: 특히, 유난히 (= particularly)
- specially: (어떤 목적 등을 위해) 특별하게

37
BIG DATA
정답출제: 3회
오답출제: 6회

---

exceptionally
[ɪk'sepʃənəli]
ad. 유난히,
    특별히

exception n. 예외   exceptional a. 뛰어난
You have to work exceptionally well for our customers.
너는 우리의 고객들을 위해 특별히 잘 해야 한다.

출제포인트
exceptionally = extremely 매우

38
BIG DATA
정답출제: 3회
오답출제: 4회

---

firmly
['fɜːrmli]
ad. 단단하게,
    확고하게

Attach the price label firmly to the surface of the package.
패키지의 표면에 가격라벨을 단단히 부착하시오.

출제포인트
① 사물의 성질이 '딱딱한, 단단한', 혹은 '단단히 고정된, 흔들리지 않는'
② '변치 않는, 확고한, 확실한' 생각이나 신념
③ '단호한'

39
BIG DATA
정답출제: 3회
오답출제: 3회

---

formally
['fɔːrməli]
ad. 공식적으로,
    정중하게

The board of directors formally appointed him as the new CIO.
이사회는 그를 새로운 CIO로 공식적으로 임명했다.

출제포인트
① 토익에서 주로 announce 발표하다, notify 통지하다, approve 승인하다, appoint 임명하다 등의 동사와 함께 쓰여 대외적으로 하는 말이나 행동을 수식한다.
② dressed formally 격식을 차려 복장을 갖추다 = 정장을 입다
③ 반의어: informally (비공식적으로)

40
BIG DATA
정답출제: 3회
오답출제: 1회

gently
[ˈdʒentli]
ad. 친절하게, 온화하게, 완만하게

Please insert the copy paper gently.
복사용지를 부드럽게 넣어주세요.

출제포인트
토익에서는 사람의 성격을 나타내기보다는 사물을 '완만하게' 어떻게 한다는 의미로 주로 쓰인다.

41
BIG DATA
정답출제: 3회
오답출제: 0회

instead
[ɪnˈsted]
ad. 대신에

The company has decided to hire more marketing staff instead.
회사는 대신에 더 많은 마케팅 직원을 고용하기로 결정했다.

출제포인트 instead는 부사, instead of(~ 대신에)는 전치사이다.
〈instead of + 명사/-ing〉 형태로 쓰인다.
실전 TIP 〈A + instead of + B〉는 B 대신 A라는 것이고, on behalf of ~는 단체, 조직, 사람들을 대표하는 것이다

42
BIG DATA
정답출제: 15회
오답출제: 30회

directly
[dɪˈrektli]
ad. 직접적으로

direct vi., vt. 향하다, 안내하다, 감독하다 a. 직접적인 ad. 직접, 곧바로
The price of a pack of cigarettes directly reflects the cost of tobacco on the open market.
담배 한 갑 값은 공개 시장에서의 담뱃잎 가격을 직접적으로 반영한다.

출제포인트 대상이나 출처를 나타내는 전치사 to, from을 동반하기도 하며, directly in front of/behind/before/after와 같이, 장소나 시간을 나타내는 전치사, 부사와 함께 쓰여 특정 시간, 장소와 근접하여 있음을 나타낸다.

43
BIG DATA
정답출제: 24회
오답출제: 6회

moderately
[ˈmɑdərɪtli]
ad. 중간 정도로, 적당하게

The new commercial has been just moderately successful.
새 광고는 딱 적당히 성공적이었다.

출제포인트
수나 양, 크기, 속도, 정도가 과하지 않고 '적당하게'

44
BIG DATA
정답출제: 3회
오답출제: 4회

initially
[ɪˈnɪʃəli]
ad. 처음에, 초기에

initial a. 초기의, 처음의   initiate vt. 착수하다
The web design team at Dinners Chains initially experienced technical problems, but now everything has been fixed.
Dinners Chains사의 웹디자인 팀은 처음엔 기술적인 문제를 겪었으나, 지금은 모든 것이 수정되었다.

출제포인트 initially 최초에(는), previously 이전에는, once 옛날에는, originally 최초에는, formerly 전에는 등은 과거시제와 어울린다. 토익에서는 대조/양보의 접속사 but, although 등으로 연결되어 '처음에는(initially) 그러했으나 지금은(now)/나중에는(at the end)/실제로는(actually) 어떠하다(다르다)'라는 문맥의 문장에서 자주 쓰인다.

45
BIG DATA
정답출제: 5회
오답출제: 4회

precisely
[prɪˈsaɪsli]
ad. 정확하게, 신중하게

The annual meeting will begin precisely at 1 p.m. on Monday, January 6.
연례 회의는 정확히 1월 6일 월요일 오후 1시에 시작할 것이다.

출제포인트
precisely = accurately = exactly

46
BIG DATA
정답출제: 5회
오답출제: 6회

solely
[ˈsoʊlli]
ad. 오로지, 단지

We have one surveillance camera on the ceiling of the main hall of the museum that solely monitors our most valuable treasure.
우리는 박물관 중앙 전시관 천장에 가장 귀중한 보물만 감시하는 감시 카메라를 설치해 놓고 있다.

출제포인트
only가 같은 의미로 쓰일 수 있으며 Part 7에서 자주 동의어 문제로 출제된다.

47
BIG DATA
정답출제: 3회
오답출제: 1회

locally
[ˈloʊkəli]
ad. 장소 상으로, 지방적으로

local a. 지방의 n. 지방
The newly launched product has higher sales locally than overseas.
새로 출시된 생산품은 해외보다 현지에서 판매율이 더 높다.

실전 TIP
local, locally가 보기에 함께 출제 되어 문장의 자리를 묻는 고난이도 문제로 출제되고 있다.

48
BIG DATA
정답출제: 2회
오답출제: 2회

DAY 09 DAILY TEST

A 다음 빈칸에 적절한 단어나 우리말을 쓰시오.

01 primarily _____
02 closely _____
03 strategically _____
04 adversely _____
05 favorably _____

06 독점적으로 _____
07 곧 _____
08 중간 정도로, 적당하게 _____
09 일관되게, 지속적으로 _____
10 오로지, 단지 _____

B 다음 빈칸에 들어갈 적절한 말을 [보기]에서 고르시오.

| closely | adversely | favorably |
| primarily | strategically | |

01 HelloPatty restaurant is _____ located at the Gangnam Station intersection.
02 Her most recent works were _____ reviewed.
03 Tom's health was _____ affected by the climate.
04 This research is concerned _____ with prevention of the disease.
05 We _____ examined each applicant's background when screening them.

C 실전훈련

01 The editing process is ------------ monitored by a team of specialists.
   (A) closely   (B) securely

02 Our new line of wholesome oatmeal snacks will be placed ------------ near cash registers in Anton Supermarket.
   (A) strategically   (B) popularly

03 Jango Manufacturing devoted last month's efforts ------------ to building up overseas relations with China.
   (A) primarily   (B) initially

DAY 10
기출 빅데이터로 뽑은 빈출 부사 100선 – 2

1. 부사와 형용사가 같은 어휘

early	a. 초기의, 이른 ad. 일찍	great	a. 큰, 많은 ad. 아주, 잘
far	a. 먼 ad. 멀리, 먼 곳으로	hard	a. 열심인, 어려운, 단단한 ad. 열심히, 단단히
fast	a. 빠른 ad. 빨리	high	a. 높은 ad. 높게
last	a. 최후의, 마지막의 ad. 마지막으로	late	a. 늦은 ad. 늦게
long	a. (길이, 거리가) 긴 ad. 오래, 오랫동안	right	a. 옳은, 올바른 ad. 정확히, 바로
near	a. (거리, 시간상) 가까운 ad. (거리, 시간상) 가까이	wrong	a. 틀린, 잘못된 ad. 틀리게

2. 의미가 다르게 쓰이는 -ly 없는 부사와 -ly 있는 부사

late 늦게	lately 요즈음, 최근	high 높게	highly 매우
right 정확히, 바로	rightly 올바르게, 정당하게	hard 열심히, 단단히	hardly 거의 ~ 아니다
pretty 꽤, 비교적, 상당히	prettily 곱게, 귀엽게, 얌전히	clear 완전히, 명료하게	clearly 분명히

Although Mr. Gee works (**hard**, hardly), his application for a pay raise was not granted.
Mr. Gee는 열심히 일했지만, 봉급 인상 요청은 받아들여지지 않았다.

시험문제는 이렇게 나와요!

Shops all over the city are open quite ------- these days.
(A) lately   (B) late   (C) later   (D) lateness

해설 ▶ 생각의 순서

1단계 구조 분석
Shops (all over the city) / are open / quite ------- (these days).
　주어　　　　　　　　　동사　　보어

2단계 품사 배열   빈칸은 앞뒤가 모두 부사이므로 부사 quite의 수식을 받는 부사 자리이다.

3단계 답 결정 단어 찾기   open → 늦게까지 문을 연다는 의미로 부사 (B) late가 적절하다.

4단계 오답 노트
(B) late는 형용사와 부사로 둘 다 쓰인다.
(A) lately(최근에)는 형용사 late에 -ly가 붙은 형태의 부사로 문맥상 적절하지 않다.

해석 │ 시내 전역에 있는 가게들은 요즘에 상당히 늦게까지 연다.
어휘 │ 〈all over + 장소명사〉 ~전역에, 모든 곳에   these days 요즘에, 최근에   late 늦게   later 나중에
정답 │ (B)

DAY 10

adequately
['ædɪkwətli]
ad. 충분히, 적절하게

01 BIG DATA 정답출제: 2회 / 오답출제: 2회

The city council did not **adequately** address the concerns.
시(市)의회는 문제들을 적절하게 해결하지 못했다.

출제포인트 유사 어휘 비교 adequately vs. enough
enough(충분한)는 동사 뒤에 쓰이고, adequately는 동사 앞에 주로 쓰인다.

---

again
[əˈgen]
ad. 한 번 더, 다시

02 BIG DATA 정답출제: 2회 / 오답출제: 2회

Susan has moved to a different job **again**.
Susan은 다시 다른 직업으로 바꿨다.

출제포인트
전에 이미 하였던 것을 다시 할 때 쓰는 어휘이다.

---

altogether
[ˌɔltəˈgeðər]
ad. 완전히

03 BIG DATA 정답출제: 2회 / 오답출제: 2회

The machine stopped **altogether**.
기계가 완전히 멈췄다.

출제포인트 문장 끝에 위치한다.
실전 TIP 유의어인 as well, too, besides도 문장 끝에 위치한다.

---

definitely
[ˈdefənɪtli]
ad. (의심 없이) 절대로, 확실히

04 BIG DATA 정답출제: 2회 / 오답출제: 2회

definite a. 확실한, 정확한
He **definitely** needs a holiday.
그는 확실히 휴가가 필요하다.

출제포인트
부정문에서는 '절대로'라는 강조부사로 쓰인다.

---

eventually
[ɪˈventʃuəli]
ad. 결국

05 BIG DATA 정답출제: 2회 / 오답출제: 2회

They **eventually** reached an agreement.
그들은 결국 합의에 이르렀다.

출제포인트 eventually와 finally는 쓰임이 동일하나, 나열한 것 중 마지막 것을 언급할 때는 eventually가 아닌 finally를 써야 한다

---

explicitly
[ɪkˈsplɪsɪtli]
ad. 명백하게, 명쾌하게

06 BIG DATA 정답출제: 2회 / 오답출제: 2회

All the necessary information regarding business travel expenses and reimbursements is **explicitly** outlined in the handbook.
출장 비용과 환급에 관한 모든 필요한 정보는 편람에 명료하게 요약되어 있다.

출제포인트
explicitly outline 명료하게 요약하다   explicitly state 명백하게 나타내다

---

fortunately
[ˈfɔrtʃənətli]
ad. 운 좋게, 다행히 (↔unfortunately)

07 BIG DATA 정답출제: 2회 / 오답출제: 2회

Fortunately, Ms. Kim's flight arrived at Gimpo Airport on time in spite of the rainstorm.
다행히 폭풍우에도 불구하고 Kim 씨의 비행기는 김포공항에 제시간에 도착했다.

출제포인트
문장 전체를 수식할 수 있다. 하지만 없어도 의미상 차이는 없다.

---

hard
[hɑrd]
ad. 열심히, 세게
a. 단단한, 어려운, 힘든

08 BIG DATA 정답출제: 2회 / 오답출제: 2회

Mr. Gardner has worked exceptionally **hard** over the past year.
Gardner 씨는 지난 1년간 매우 열심히 일했다.

출제포인트 주로 동사 work를 수식한다.
실전 TIP 형태가 유사한 hard vs. hardly
- hard: (부사) 열심히, 세게
- hardly: (부사) 거의 ~않다

heavily
[ˈhevəli]
ad. 많이,
심하게

The employment base in the area has relied **heavily** on automobile manufacturing plants.
이 지역의 고용 기반은 자동차 제조 공장에 지나치게 의존하고 있다.

출제포인트
heavily funded 자금이 많은   heavily discounted 할인이 많이 된
heavily dependent/reliant/influenced 심하게 의존적인/의지하는/영향을 받은
rain/snow heavily 비/눈이 심하게 오는

09 BIG DATA
정답출제: 2회
오답출제: 2회

inevitably
[ɪˈnevɪtəbli]
ad. 필연적으로,
반드시

inevitable a. 피할 수 없는
The company has grown so large that it will **inevitably** be split into several regional branches next year.
회사가 너무 커져서 내년에는 불가피하게 여러 지역 지점으로 나눠질 것이다.

출제포인트
일반부사 뿐 아니라 문장부사로도 쓰이며, 문장부사로 쓰일 때에는 문두에 위치한다.

10 BIG DATA
정답출제: 2회
오답출제: 2회

marginally
[ˈmɑːrdʒɪnəli]
ad. 미미하게,
근소하게

Sales this year were **marginally** higher than those in 2012.
올해 매출이 2012년보다 약간 높았다.

출제포인트
큰 차이를 만들 만큼 충분하지는 않다, 즉 '약간', '미미하게(slightly)'를 뜻한다.

11 BIG DATA
정답출제: 2회
오답출제: 2회

mutually
[ˈmjuːtʃuəli]
ad. 서로,
상호간에

This contract is **mutually** beneficial to both of us.
이 계약은 우리 둘 다에게 서로 이익이다.

출제포인트
mutually beneficial 상호간에 유익한

12 BIG DATA
정답출제: 2회
오답출제: 2회

nearby
[ˌnɪərˈbaɪ]
ad. 인근에, 가까운 곳에
a. 인근의, 가까운 곳의

The car is parked **nearby**.
그 차는 가까운 곳에 주차되어 있다.

출제포인트
부사보다 형용사로 많이 쓰이며 명사 앞에서만 쓰인다.

13 BIG DATA
정답출제: 2회
오답출제: 2회

prominently
[ˈprɑmənəntli]
ad. 눈에 잘 띄게,
현저하게

South Asia's current economic crisis is **prominently** different from previous downturns.
남아시아의 현재 경제 위기는 예전의 경제 침체와는 현저히 다르다.

출제포인트
유사 어휘 비교 markedly vs. prominently
- markedly: 움직임이나 변화, 증가, 감소 등의 차이가 커서 '눈에 띄게, 두드러지게'의 의미이며 주로 프레젠테이션에서 쓰인다.
- prominently: 색, 모양, 크기 등이 시각적으로 '눈에 잘 띄는' 것이다.

실전 **TIP** 주로 placed, displayed, positioned 등의 동사들과 함께 등장한다.

14 BIG DATA
정답출제: 2회
오답출제: 2회

regretfully
[rɪˈgretfəli]
ad. 유감스럽게도,
슬프게도

Regretfully, we do not have time to continue this discussion now.
유감스럽게도 우리는 지금 이 논의를 계속할 시간이 없다.

출제포인트
문장 전체를 수식할 수 있다. 하지만 없어도 의미상 차이는 없다.

15 BIG DATA
정답출제: 2회
오답출제: 2회

respectfully
[rɪˈspektfəli]
ad. 존중하여,
공손하게,
정중하게

Treating employees **respectfully** is one of the most important considerations in the workplace.
직원들을 정중하게 대하는 것은 직장에서 가장 중요하게 고려돼야 할 사항 중 하나이다.

출제포인트
decline respectfully 정중히 거절하다

16 BIG DATA
정답출제: 2회
오답출제: 2회

DAY 10

satisfactorily
[sætɪsˈfæktərəli]
ad. 만족하게, 흡족하게

17
Our complaint was dealt with satisfactorily.
우리의 불만 사항은 만족스럽게 처리가 되었다.

출제포인트
어휘를 묻는 문제보다 품사를 묻는 문제로 출제되고 있다.

BIG DATA
정답출제: 2회
오답출제: 2회

somewhat
[ˈsʌmwʌt]
ad. 다소, 약간은

18
The decision to change suppliers has been somewhat costly.
공급자 변경 결정에는 다소 비용이 들었다.

출제포인트 any/some 의문사
somewhere 어딘가에 somehow 어떻게든 sometime 언젠가
somewhat 다소, 어느 정도 anywhere 어디에라도 anyhow 되는대로
anytime 언제든지

BIG DATA
정답출제: 2회
오답출제: 2회

subsequently
[ˈsʌbsɪkwəntli]
ad. 그 뒤에, 후에

19
Subsequently, new guidelines were issued to all employees.
나중에, 새로운 지침이 모든 직원들에게 배부되었다.

출제포인트 유사 어휘 subsequently vs. afterwards vs. later vs. then
- subsequently: 과거 있었던 일 '그 뒤에'의미로, 과거와 현재완료시제와 쓰인다.
- afterward: 바로 앞에서 언급한 일이 있고 난 후를 의미
- later: 지금 이후의 시간을 말하여 '나중에' 의미
- then: 어떤 일을 하고 나서 '그 다음에'를 뜻한다.

실전 TIP Part 6에서 접속부사로 많이 쓰인다.

BIG DATA
정답출제: 2회
오답출제: 2회

thereafter
[ðerˈæftər]
ad. 그런 후에

20
Decisions will be announced shortly thereafter.
결정은 그 후에 곧 공표될 예정입니다.

출제포인트 and thereafter 그 후에 shortly thereafter 바로 직후에
Part 6에서 접속부사로 많이 쓰이며, then(그런 후에)과 같이 문장과 문장을 순서대로 연결할 때 쓰인다.

실전 TIP 유사어휘 afterwards
afterwards: 부사로 '나중에, 그 후에' 등의 의미가 있고 동의어로는 later가 있다. 시험에서는 접속부사로 동작의 순서를 보여주며, 두 번째 문장에서 연결어로 출제된다.

BIG DATA
정답출제: 2회
오답출제: 2회

traditionally
[trəˈdɪʃənəli]
ad. 전통적으로

21
The American people traditionally love baseball.
미국인들은 전통적으로 야구를 아주 좋아한다.

출제포인트
오랜 시간을 거쳐 일반적으로 받아들여지는 믿음, 관습, 관행, 방식을 설명할 때 쓰는 어휘이다.

BIG DATA
정답출제: 2회
오답출제: 2회

forward
[ˈfɔːrwərd]
ad. (위치/시간상) 앞으로, 전진하여
a. 앞으로 향하는, 앞쪽의
v. 보내다, 전달하다

22
Our marketing team is looking forward to finding more functional uses of the newly launched software.
우리 마케팅팀은 최근 출시된 소프트웨어의 실용적인 쓰임새를 더 찾기를 기대하고 있다.

출제포인트 look forward to -ing ~하기를 기대하다

실전 TIP 유사어휘 forward vs. toward
- forward: 부사로 위치상 '앞으로', 더 나은 방향으로, 발전을 향해 '전진하여', 시간상 '앞으로, 미래에' 등의 의미이다.
- toward: 전치사로 위치/장소/시간/목표/결과 등에 대한 방향이나 태도, 감정 등에서 '~을 향하여'를 뜻한다.

BIG DATA
정답출제: 2회
오답출제: 2회

actually
[ˈæktʃuəli]
ad. 실제로, 정말로

23
Doctors say that drinking one glass of wine twice a week is actually beneficial to our health.
의사들은 일주일에 두 번 와인을 한 잔 마시는 것은 사실상 우리 건강에 유익하다고 말한다.

출제포인트
Part 2에 자주 등장하며, 반대의 상황이나 거절의 상황에서 주로 쓰인다.

BIG DATA
정답출제: 2회
오답출제: 2회

agreeably
[əˈgriəbli]
ad. 기꺼이, 기분 좋게

24
It was an agreeably warm day.
기분 좋게 따뜻한 날이었다.

출제포인트
agreeably located = conveniently located 편리하게 위치한

BIG DATA
정답출제: 2회
오답출제: 2회

annually
['ænjuəli]
ad. 매년,
해마다(=yearly)

This conference is held annually.
이 컨퍼런스는 매년 열린다.

출제포인트
해마다 반복된다는 것을 강조하여 주로 현재시제와 같이 출제된다.

25 BIG DATA
정답출제: 2회
오답출제: 2회

---

anonymously
[əˈnɑnəməsli]
ad. 작자 미상으로,
익명으로

You can only write this anonymously.
익명으로만 이것을 작성할 수 있다.

출제포인트
be filled out anonymously 익명으로 작성하다

26 BIG DATA
정답출제: 2회
오답출제: 2회

---

apart
[əˈpɑrt]
ad. 떨어져,
떼어서

My house stood far apart from the other houses.
우리 집은 다른 집들과 멀리 떨어져 있다.

출제포인트 be apart from ~와 떨어져 있다

실전 TIP
Part I에서는 주로 put them apart/aside '그것들을 한쪽으로 치워놓다'라는 의미로 출제된다.

27 BIG DATA
정답출제: 2회
오답출제: 2회

---

away
[əˈweɪ]
ad. 먼,
떨어져

The station is about two miles away from the city center.
그 역은 도시 중심지에서 2마일 가량 떨어져 있다.

출제포인트 시험에는 동사 뒤나 숫자 뒤에서 <away from + 장소/기점>으로 자주 출제된다.

실전 TIP 유사 어휘 apart '먼, 멀리, 떨어진'
- apart: 두 개의 장소, 물체, 사람 사이의 떨어진 간격을 나타낸다.
  The two towns are fifteen miles apart. 그 두 마을은 15마일 떨어져 있다.
  put it apart 따로 분리되다 = put it away 따로 보관하다

28 BIG DATA
정답출제: 2회
오답출제: 2회

---

carelessly
[ˈkeərləsli]
ad. 부주의하게,
경솔하게

Accidents may happen when you act carelessly.
부주의하게 행동할 때 사고는 일어날 것이다.

출제포인트
carelessly ↔ carefully(조심스럽게)

29 BIG DATA
정답출제: 2회
오답출제: 2회

---

commercially
[kəˈmɜːʃəli]
ad. 상업적으로

This machine was never produced commercially.
이 기계는 결코 상업적으로 생산된 것이 아니었다.

출제포인트
주로 풍사를 묻는 문제로 출제된다.

30 BIG DATA
정답출제: 2회
오답출제: 2회

---

comparatively
[kəmˈperətɪvli]
ad. 비교적으로,
상대적으로

The printer is comparatively easy to install.
프린터는 상대적으로 설치하기가 쉽다.

출제포인트
comparatively = relatively

31 BIG DATA
정답출제: 2회
오답출제: 2회

---

effortlessly
[ˈefərtləsli]
ad. 수월하게

Jennifer adapted effortlessly to her new surroundings.
Jennifer는 그녀의 새로운 환경에 쉽게 적응했다.

출제포인트
큰 노력 들이지 않고 쉽게 무엇을 해냈을 때 사용하는 어휘

32 BIG DATA
정답출제: 2회
오답출제: 2회

DAY 10

eloquently
[ˈeləkwəntli]
ad. 유창하게

The ability to speak **eloquently** at work is a very important skill.
직장에서 유창하게 말하는 능력은 매우 중요한 기술이다.

출제포인트
speak eloquently 유창하게 말하다
speak fluently 유창하게 말하다

33
BIG DATA
정답출제: 2회
오답출제: 2회

evenly
[ˈivənli]
ad. 고르게,
반반하게,
평평하게

The two teams are very **evenly** matched.
두 팀은 매우 대등하게 맞먹었다.

출제포인트
evenly distributed/divided 균등하게 분배된/나뉜

34
BIG DATA
정답출제: 2회
오답출제: 2회

beforehand
[bɪˈfɔrˌhænd]
ad. 사전에,
~ 전에 미리

It is important to fill out the form **beforehand**.
사전에 서식을 작성하는 것이 중요하다.

출제포인트
주로 문장 끝에 위치하며 before와 달리 전치사나 접속사가 될 수 없다는 것에 유의한다.

35
BIG DATA
정답출제: 2회
오답출제: 2회

likewise
[ˈlaɪkˌwaɪz]
ad. 똑같이,
마찬가지로

The main dishes were great. **Likewise**, the dessert was excellent.
메인요리는 맛있었고 또한 디저트도 좋았다.

출제포인트
접속부사로 '마찬가지로, 또한'의 뜻이다. 의미상 앞 문장과 유사한 내용의 문장을 연결한다.

36
BIG DATA
정답출제: 2회
오답출제: 2회

low
[loʊ]
ad. 낮게
a. 낮은, 나쁜
n. 낮은 정도

lower a. 더 낮은, 아래쪽의, 작은 vt. ~을 줄이다, 내리다
lowly a. (순위, 중요도 등이) 낮은
That plane's flying too **low**.
그 비행기가 너무 낮게 비행하고 있다.

출제포인트 주로 비교급, 최상급 문제로 출제되어 'lower, lowest' 형태가 문제로 출제된다.
실전 TIP lower는 비교급 형용사 뿐 아니라 '줄이다'의미를 가진 동사로도 쓰이므로 문장의 위치에 품사를 결정해주어야 한다.
Due to the economic recession, the price of Compware will be lower than anticipated.
경제 침체 때문에 Compware 가격은 예상보다 낮았다. (비교급 형용사)

37
BIG DATA
정답출제: 2회
오답출제: 2회

no longer
ad. 이미 ~하지 않는,
더 이상 ~하지 않다

It is **no longer** used. = It is not used any longer/more.
그것은 더 이상 사용되지 않는다.

출제포인트
no longer 더 이상 ~하지 않다
not any longer ~가 아니다

38
BIG DATA
정답출제: 2회
오답출제: 2회

punctually
[ˈpʌŋktʃuəli]
ad. 시간을 엄수하여,
아주 꼼꼼하게

They arrived **punctually**.
그들은 정시에 도착했다.

출제포인트 함께 쓰이는 동사
arrive 도착하다   pay 지불하다   come 오다   attend 참석하다   fulfill 완수하다

39
BIG DATA
정답출제: 2회
오답출제: 2회

quarterly
[ˈkwɔːrtərli]
ad. 분기별로
a. 분기별의, 연 4회
n. 1년에 4번 나오는 잡지
(계간지)

The research institute publishes reports **quarterly**.
연구소는 분기별로 보고서를 발행한다.

출제포인트
형용사, 부사, 명사 모두 쓰일 수 있지만 토익에서는 형용사>부사>명사 순으로 출제된다.

40
BIG DATA
정답출제: 2회
오답출제: 2회

randomly
['rændəmli]
ad. 무작위로, 임의로

The numbers were randomly chosen.
그 번호들은 무작위로 선택되었다.

출제포인트
randomly = at random

---

simply
['sɪmpli]
ad 단지, 간단히

Simply fill out the form and mail it in the enclosed envelope.
간단히 서류를 작성하고 동봉된 봉투로 우편발송을 하시기 바랍니다.

출제포인트
simply important = very important 매우 중요한

---

simultaneously
[ˌsaɪməl'teɪniəsli]
ad. 동시에

The new laser key allows laboratory staff to both enter the main door and record their time of entry simultaneously.
새로운 레이저 키는 실험실 직원들이 출입문으로 출입할 수 있게 해주고 동시에 그들이 출입한 시간을 기록한다.

출제포인트
simultaneously with ~와 동시에

---

sometime
['sʌmˌtaɪm]
ad. 언젠가
a. 한때 ~였던

The president will retire sometime during the next three years.
사장은 앞으로 3년 내에 은퇴를 할 것이다.

출제포인트
언제인지는 정확히 알 수 없지만 과거 또는 미래의 한 시점을 나타내어 '언젠가'라는 의미

---

suddenly
['sʌdənli]
ad. 갑자기, 느닷없이 (=unexpectedly)

sudden a. 갑작스런
After Mr. Thompson left suddenly, it was difficult to find someone with experience and relative expertise in financing.
Thompson 씨가 갑자기 떠난 후, 자금조달에서 경력과 관련 전문지식을 갖춘 사람을 찾기가 쉽지 않았다.

출제포인트 함께 쓰이는 동사
appear 나타나다   ask 묻다/요청하다   change 바꾸다   decide 결정하다
drop 급락하다   leave 떠나다

---

sustainably
[sə'steɪnəbli]
ad. 지속 가능하게

We do not know whether that could be achieved sustainably.
그 일이 지속 가능하게 이루어질 수 있을지 모르겠다.

출제포인트
파괴, 악화 등의 변화없이 오랜 시간 지속되는 것을 의미

---

thus
[ðʌs]
ad. 이와 같이, 그런 고로

Even though the reviews of our new camera have largely been favorable, sales have thus far been disappointing.
우리 새 카메라에 대한 평이 대체로 우호적이었지만 이와 같이 지금까지 판매량은 실망스럽다.

출제포인트 접속부사와 일반부사로 모두 쓰인다.

실전 TIP thus far 지금까지 = until now 라는 표현도 함께 알아두자.

---

together
[tə'geðər]
ad. 함께, 한데(모아)

Several members of the committee are working together to coordinate the policy on environmental issues.
위원회의 여러 위원들이 환경적인 문제에 대한 정책을 조정하기 위해 함께 일하고 있다.

출제포인트
둘 이상의 사람이 '함께', 둘 이상의 사물을 결합할 수 있도록 '함께, 한데 (모아)' 등의 의미

DAY 10 DAILY TEST

A 다음 빈칸에 적절한 단어나 우리말을 쓰시오.

01 subsequently _____
02 altogether _____
03 marginally _____
04 evenly _____
05 likewise _____

06 필연적으로, 반드시 _____
07 서로, 상호간에 _____
08 더 이상 ~하지 않는 _____
09 시간을 엄수하여 _____
10 명백하게, 명쾌하게 _____

B 다음 빈칸에 들어갈 적절한 말을 [보기]에서 고르시오.

| altogether | evenly | marginally |
| subsequently | likewise | |

01 The main dishes were great. _____, the dessert was excellent.
02 _____, new guidelines were issued to all employees.
03 Sales this year were _____ higher than those in 2012.
04 The two teams are very _____ matched.
05 The machine stopped _____.

C 실전훈련

01 Even though KM Travel Agency launched a new advertising campaign last year, it has been only ------------ successful so far.

  (A) considerably   (B) marginally

02 Not only has Progo Sports won numerous design awards, but it has ------------ gained a larger audience thanks to its use of online publicity.

  (A) inadequately   (B) subsequently

03 It is the team leader's responsibility to see to it that all work loads are ------------ divided among team members.

  (A) evenly   (B) even

STEP 2

품사별 어휘로 실력 높이기
DAY 11-23

STEP 2
품사별 어휘로 실력 높이기

DAY 11 항상 보기에 같이 다니는 유사의미. 자동사 vs. 타동사
DAY 12 토익 시험에 나오는 5형식 동사 분류
DAY 13 사물 목적어나 that절을 받지 않는 3형식 동사 List
DAY 14 주제별 빈출 동사 어휘
DAY 15 보기에 항상 같이 다니는 유사의미, 가산명사와 불가산명사
DAY 16 빈출 복합명사와 함께 다니는 정답 출제 포인트
DAY 17 주제별 빈출 명사 어휘
DAY 18 출제의도에 따른 빈출 형용사 종류별 분류
DAY 19 빈출 분사 형용사 List
DAY 20 출제의도에 따른 빈출 부사 종류별 분류
DAY 21 빈출 부사 수식관계에 따른 빈출 어휘 분류
DAY 22 동사와 함께 출제되는 전치사 List
DAY 23 명사, 형용사와 함께 출제되는 전치사 List

DAY 11
항상 보기에 같이 다니는 유사의미. 자동사 vs. 타동사

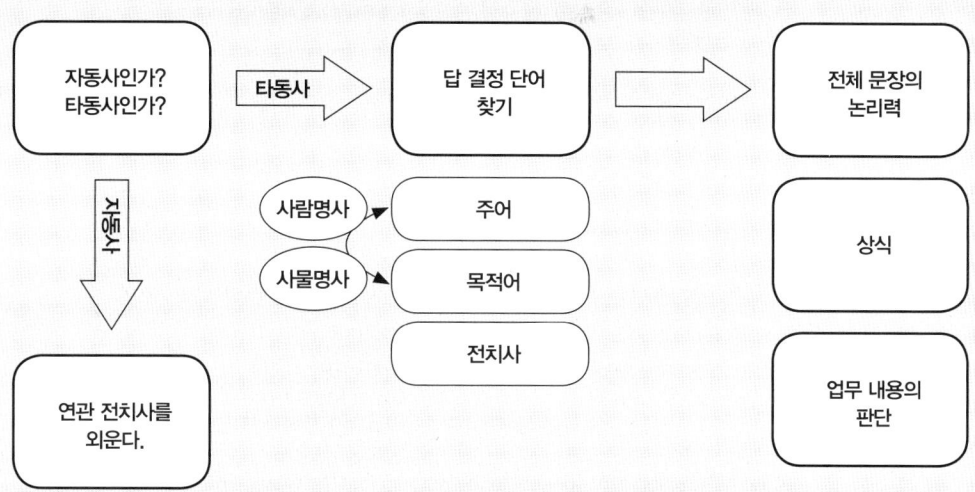

자동사에서 반드시 알아야 할 것
1. 자동사는 수동태로 쓰지 않는다.
2. 자동사는 현재분사만 될 수 있다.
(예외: fallen, retired, expired 등)

시험문제는 이렇게 나와요!

The team is ------- of ten experts.
(A) consisted (B) composed (C) combined (D) spread

해설 ▶ 생각의 순서

1단계 구조 분석
The team / is ------- of / ten experts.
　주어　　　　동사　　　　목적어

2단계 품사 배열　빈칸이 be동사 뒤에 위치하므로 수동태 문장이다. 자동사 (A) consisted는 오답이다.

3단계 답 결정 단어 찾기　of → be composed of는 '~으로 구성되다'라는 뜻으로 (B) composed가 정답이다.

4단계 오답 노트
자동사 consist와 타동사 compose는 '구성하다'로 뜻은 같지만 뒤에 오는 목적어와 전치사의 유무 또는 태를 보고 자/타동사를 구분해 문제를 풀어 준다.

해석 ▌ 그 팀은 열 명의 전문가로 구성되어 있다.
어휘 ▌ expert 전문가
정답 ▌ (B)

DAY 11

consist
[kənˈsɪst]
vi. (요소로) 이루어지다

Our office now **consists** of more than 40 writers and 10 editors altogether.
우리의 사무실은 모두 40명 이상의 작가와 10명 이상의 편집자로 구성되어 있다.

출제포인트 자동사이므로 수동태로 쓸 수 없다.
<consist of + 명사> ~로 구성되다
It is consisted of ... (X)   It consists of things or people ... (O)

실전 TIP Part 5 자동사/타동사 자리를 묻는 문제에서 보기로 타동사 compose와 함께 출제된다.

01 BIG DATA
정답출제: 2회
오답출제: 3회

compose
[kəmˈpoʊz]
vt. ~로 구성하다, 작성하다

This book **is composed** of ten chapters.
이 책은 10개의 챕터로 구성되어 있다.

출제포인트 <be composed of + 명사> ~로 구성되어 있다

실전 TIP 유사어휘 consist vs. compose
A team consists of people. → People compose a team. → A team is composed of people.

02 BIG DATA
정답출제: 0회
오답출제: 4회

account
[əˈkaʊnt]
vi. 설명하다, 원인이 되다
vt. ~이라고 여기다
n. 설명; 계좌

The recent unusual weather **accounts** for the increase in the price of coffee.
최근 이상 기후가 커피 가격 인상의 원인이다.

출제포인트 account for ~을 설명하다, ~의 이유가 되다

실전 TIP <account for + 목적어> = <explain + 목적어>
자동사/타동사 자리를 묻는 문제에서 타동사 explain과 함께 보기로 출제된다.

03 BIG DATA
정답출제: 5회
오답출제: 8회

explain
[ɪkˈspleɪn]
vt. ~을 설명하다

The manager **explained** to the workers that the salary for this month will be distributed on the following business day.
매니저는 직원들에게 이번 달 봉급이 다음 영업일에 지급될 것이라고 설명했다.

출제포인트
설명하는 내용이 목적어로 온다. 사람을 목적어로 나타낼 경우 <to+사람>으로 쓴다.

실전 TIP
<explain + to + 사람 + 의문사/that> …에게 ~을 설명하다

04 BIG DATA
정답출제: 1회
오답출제: 10회

respond
[rɪˈspɑːnd]
vi. 대답하다, 반응을 보이다

Our sales representatives **should respond** to all customer inquires.
우리 영업팀 직원들은 모든 고객들의 문의에 답변해야 한다.

출제포인트 주로 전치사 to 또는 with, by와 함께 쓴다.

실전 TIP Part 5 자동사/타동사 자리를 묻는 문제에서 보기로 타동사 answer와 함께 출제된다.

05 BIG DATA
정답출제: 5회
오답출제: 16회

answer
[ˈænsər]
vt. ~에 응답하다, 반응하다

I forgot to **answer** the letter.
편지에 답장 쓰는 것을 깜박했다.

출제포인트 answer the phone = respond to the phone 전화를 받다
answer the question/letter 질문/편지에 답하다
answer the door 문을 열다

06 BIG DATA
정답출제: 2회
오답출제: 3회

Quiz

01 Our office ---------- now of more than 40 writers and 10 editors altogether.
  (A) composed   (B) consists

02 Most of our expenses have been -------- for, but some receipts have not been submitted.
  (A) accounted   (B) explained

03 The customer service representative in the call center -------- the telephone for three businesses on this floor.
  (A) answers   (B) responds

arrive
[əˈraɪv]
vi. 도착하다

The shipment of new products should arrive early next week.
신제품들의 배송은 다음 주 초에 도착할 것이다.

실전 TIP
Part 5 자동사/타동사 자리를 묻는 문제에서 보기로 타동사 reach와 함께 출제된다.

07
BIG DATA
정답출제: 7회
오답출제: 12회

reach
[riːtʃ]
vt. ~에 도착하다
vi. 손을 뻗치다

To reach the hotel fitness center, please use the staircase at the back of the main lobby.
호텔 피트니스 센터에 가려면, 로비 뒤 계단을 이용하세요.

출제포인트 빈출 어휘로 다양한 의미를 반드시 알아두자.
① 어떤 수준이나 단계, 속도, 양에 '이르다' ② 어떤 사람과 다른 사람이 '(합의에) 이르다' ③ 장소 명사를 목적어로 받게 되면 '도착하다' (= 자동사 arrive) ④ 사람명사를 목적어로 받게 되면 메시지나 뉴스 등을 사람들이 '듣거나 보다'

08
BIG DATA
정답출제: 4회
오답출제: 9회

expand
[ɪkˈspænd]
vi. 부풀다, 확장되다
vt. (범위 등)을 확대하다, 확장하다

Wise & Wiser will expand into the Central Asian market in the coming year.
Wise & Wiser사는 내년에 중앙 아시아 시장으로 확장할 것이다.

출제포인트 범위, 정도, 크기 등을 '확대하다, 넓히다'라는 의미이다.
실전 TIP 유사어휘 extend – 길이를 길게 하거나 기간 등을 '연장하다'는 의미이다.
extend an offer처럼 제안하다, '제공하다'의 의미로 쓰이기도 한다.

09
BIG DATA
정답출제: 9회
오답출제: 4회

grow
[groʊ]
vi. 증가하다, 성장하다

Sales of new printers grew by 5% last quarter.
지난 분기에 새로운 프린터의 판매가 5% 늘었다.

출제포인트 토익에서는 '자라다'란 의미보다 양, 규모, 숫자, 강도 등이 '증가하다', 사업이나 경제가 '성장하다'라는 의미로 출제된다. 전치사 in, by, to를 동반하여 성장한 정도를 나타낸다.

grow / expand ↔ shrink

10
BIG DATA
정답출제: 6회
오답출제: 2회

participate
[pɑːrˈtɪsəpeɪt]
vi. 참여하다

Ms. Lee will conduct a wide range of classes for the trainees to participate in.
Lee 씨는 참가할 훈련생들을 위해 다양한 수업들을 운영할 것이다.

출제포인트 자동사이므로 전치사 in을 동반하여 명사 목적어를 받는다.
participate in = take part in ~에 참여하다

11
BIG DATA
정답출제: 4회
오답출제: 19회

attend
[əˈtend]
vt. ~에 참석하다

attendance n. 참석 attendee n. 참석자

HanBit Bank requires employees to attend monthly work-related seminars.
HanBit Bank는 직원들에게 매달 열리는 업무 관련 세미나에 참석하라고 요구한다.

출제포인트 타동사로 뒤에 장소나 행사, 모임과 관련된 목적어가 온다.
실전 TIP attend가 자동사로 쓰일 경우
<attend at + 장소> ~에 출석하다
<attend on + 사람> ~을 돌보다
<attend to + 명사> ~에 관심을 기울이다

12
BIG DATA
정답출제: 18회
오답출제: 18회

Quiz

04 The last shipment has just ---------- from Busan and is waiting in the receiving dock.
(A) reached   (B) arrived

05 The plants in the garden ---------- well particularly in the dry seasons.
(A) expand   (B) grow

06 Bangkok National Hotel requires the staff to ---------- more than twelve professional development seminars per year.
(A) attend   (B) participate

DAY 11

merge
[mɜːrdʒ]
vi. 합병하다

merger n. 합병
TKM Incorporated **merged** with RTW Electronics to address the current financial problem.
TKM사는 현재 재정문제를 해결하기 위해 RTW Electronics사와 합병하였다.

출제포인트
⟨A회사 + merge with + B회사⟩ A사가 B사와 합병하다

13
BIG DATA
정답출제: 4회
오답출제: 3회

acquire
[əˈkwaɪər]
vt. ~을 구입하다, 취득하다, 습득하다

When Guru Com Ltd. **acquires** APC Computers, they will start expanding their branches internationally.
Guru Com사가 APC Computer사와 합병하고 나면, 그들은 그들의 지점을 국제적으로 확장하기 시작할 것이다.

출제포인트
A company **merged with** B company. = A company **acquired** B company

14
BIG DATA
정답출제: 6회
오답출제: 11회

agree
[əˈɡriː]
vi. 동의하다, 합의하다, 찬성하다

agreement n. 동의, 합의
The board members unanimously **agreed** on the housing problem.
주택 문제에 관해서는 이사회 전원이 만장일치로 합의했다.

출제포인트
⟨agree with + 사람⟩ ~에게 동의하다
⟨agree to + 제안⟩ 제안에 합의하다
⟨agree on + 의견⟩ 의견에 찬성하다

15
BIG DATA
정답출제: 3회
오답출제: 19회

announce
[əˈnaʊns]
vt. ~을 알리다, 발표하다, 공표하다

announcement n. 발언, 발표
Argos Chains is expected to **announce** the planned construction of its factory in the U.K. tomorrow.
Argos Chains사는 내일 영국 내 공장 건설 계획을 발표할 것으로 예상된다.

출제포인트
사람이 목적어로 올 때 ⟨announce to + 사람⟩의 형태로 쓴다.
⟨announce to + 사람 + that절⟩ 구조가 문제로 출제되기도 한다.

16
BIG DATA
정답출제: 16회
오답출제: 4회

emerge
[ɪˈmɜːrdʒ]
vi. 등장하다

The launch of the electric car was postponed because of a problem that **emerged** in field-testing.
현장 실험에서 나타난 문제 때문에 전기 자동차의 출시가 연기되었다.

출제포인트
자동사이므로 현재분사형태만 가능하다.
an emerging market 떠오르는 시장

실전 TIP
Part 5 자동사/타동사 자리를 묻는 문제에서 보기로 타동사 reveal과 함께 출제된다.

17
BIG DATA
정답출제: 3회
오답출제: 4회

reveal
[rɪˈviːl]
vt. ~을 드러내다, 보여주다, 알리다

A recent study **revealed** that people who regularly exercise stay healthier than those who only diet.
최근 연구는 다이어트만 하는 사람들보다 꾸준히 운동하는 사람들이 더 건강하다는 것을 보여주었다.

출제포인트
주로 that절을 동반하여 '~라는 것을 밝히다'라는 의미로 쓰인다.

18
BIG DATA
정답출제: 0회
오답출제: 5회

Quiz

07 When Boston Consulting -------- Anderson Consulting, several overlapping divisions of the two companies will be restructured.
(A) merges   (B) acquires

08 The chief editor plans to -------- drastic changes to the magazine's format at the next planning session.
(A) announce   (B) agree

09 The difficulty that -------- with this approach was that most business owners were lacking a foundation in Internet marketing and web basics.
(A) emerged   (B) revealed

come
[kʌm]
vi. 오다

They have failed to come up with a strong marketing plan for next year.
그들은 내년도를 위한 강력한 마케팅 계획을 짜내는 데 실패했다.

출제포인트 다양한 전치사와 함께 쓰여 조금씩 다른 의미를 갖는다.
<come up with + 생각/의견> ~을 생각해내다
come as ~으로 다가오다
come close to 거의 ~하다

19
BIG DATA
정답출제: 2회
오답출제: 1회

leave
[liːv]
vt. ~를 떠나다,
그만두다, 두고 오다
vi. 떠나다

Please lock the door when you leave the room.
방을 나올 때 문을 잠그세요.

출제포인트
<leave + 장소> (장소)를 떠나다
<leave + 목적어 + 보어[형용사]> …을 ~한 상태로 놓아두다
<leave for + 장소> (장소)로 떠나다 → 자동사

20
BIG DATA
정답출제: 5회
오답출제: 0회

proceed
[prouˈsiːd]
vi. 진행하다,
나아가다, 시작하다

The construction project is proceeding as scheduled.
그 공사 프로젝트는 일정대로 진행되고 있다.

출제포인트
<proceed with + 일/행위> ~을 시작하다
<proceed + to/towards/into + 장소> ~로 나아가다

21
BIG DATA
정답출제: 2회
오답출제: 16회

forward
[ˈfɔːrwərd]
vt. ~을 보내다, 전달하다
ad. 앞으로
a. 앞으로 가는

Please forward all of my calls to Mr. Kim.
제게 오는 모든 전화는 Kim 씨에게 돌려주세요.

출제포인트
<forward + 사물 + to + 사람> …을 ~에게 보내다
<be forwarded to + 사람> ~에게 전달되다

22
BIG DATA
정답출제: 7회
오답출제: 11회

deal
[diːl]
vi. 다루다, 대처하다
n. 협상, 거래

Sales representatives must deal with customers' requests efficiently and professionally.
영업사원들은 고객들의 요구사항을 효율적이고 전문적으로 처리해야 한다.

출제포인트
<deal with + 문제> ~을 다루다

23
BIG DATA
정답출제: 1회
오답출제: 0회

address
[əˈdres]
vt. ~을 다루다, ~로 보내다,
주소를 쓰다, 발표하다
n. 주소;
연설

We should address this problem.
우리는 이 문제를 다뤄야 한다.

출제포인트
① (문제, 상황을) 다루다, 처리하다
② (어떤 문제나 질문 등을) ~에게 보내다
This issue should be addressed to him.
= This issue should be sent to him.
= This issue should be directed to him.

24
BIG DATA
정답출제: 11회
오답출제: 7회

Quiz

10 I asked Mr. Kim's assistants to turn off all computers before they --------- the office.
(A) come   (B) leave

11 The reception will begin at 11 o'clock and will be ------- by a lunch in the banquet room at noon.
(A) followed   (B) proceeded

12 Engineers are expected to --------- the malfunctions of the newly developed software completely and flawlessly.
(A) deal   (B) address

DAY 11

listen
['lɪsn]
vi. 듣다

You **should listen** to my advice.
너는 내 충고를 들어야 한다.

출제포인트
<전치사 to + 명사>가 목적어로 온다.
집중해서 듣는 것을 의미하므로 부사 carefully(주의 깊게)와 자주 함께 쓰인다.

25
BIG DATA
정답출제: 1회
오답출제: 1회

hear
[hɪr]
vt. ~을 듣다
vi. 듣다

I **heard** about the news later.
나는 그 소식을 나중에 들었다.

출제포인트
타동사로도 자동사로도 쓸 수 있으며 진행형으로 쓰지 않는다.
<heard + about/of + 명사> 연락을 받다, 소문을 듣다
<hear from + 사람명사> ~로부터 소식을 듣다
실전 TIP 지각동사로 <hear + 목적어 + 원형부정사> 형태로도 쓰인다.

26
BIG DATA
정답출제: 0회
오답출제: 3회

wait
[weɪt]
vi. 기다리다

We will need to **wait** for nearly an hour.
우리가 거의 한 시간은 기다려야 할 것이다.

출제포인트
전치사 for와 함께 쓰이며, for를 생략하고 바로 시간명사가 나올 수 있다.

27
BIG DATA
정답출제: 0회
오답출제: 6회

await
[əˈweɪt]
vt. ~을 기다리다

Her latest novel **is** eagerly **awaited**.
그녀의 최신 소설이 간절히 기다려진다.

출제포인트
사람이나, 사물, 행위 등을 목적어로 받는다.

28
BIG DATA
정답출제: 1회
오답출제: 1회

object
[əbˈdʒekt]
vi. 반대하다

Many local people **object** to the building of the new airport.
많은 현지인들이 새 공항 건설에 반대한다.

출제포인트
<object to + -ing/명사> = <be opposed to + -ing/명사>

29
BIG DATA
정답출제: 1회
오답출제: 3회

oppose
[əˈpoʊz]
vt. ~을 반대하다

opposite prep. 반대쪽에, 맞은편에
Most residents **oppose** the construction of a shopping mall.
대부분의 주민들은 쇼핑몰 건설을 반대하고 있다.

출제포인트 object to = oppose
Part 5 자동사/타동사 자리를 묻는 문제에서 보기로 자동사 object와 함께 출제된다.

30
BIG DATA
정답출제: 1회
오답출제: 2회

Quiz

13 ---------- carefully to the musicians to ensure the best sound quality possible.
     (A) Listen   (B) Consider

14 The eagerly -------- novel will be released tomorrow.
     (A) waited   (B) awaited

15 JJ Industry strongly -------- modifying the terms of the contract.
     (A) objected   (B) objected to

lead
[liːd]
vi. 안내하다, (결과에) 이르다
vt. ~을 안내하다, 인솔하다

Drinking too much alcohol can lead to health problems.
지나친 음주는 건강 문제를 야기할 수 있다.

출제포인트
〈lead to + 명사〉 ~한 결과에 이르다/결과를 야기하다

실전 TIP
LC 사진 문제에서 도로나 계단이 나올 경우 〈도로/계단 + lead to + 장소〉 '도로/계단이 ~에 이르다'라는 문장으로 출제된다.

31
BIG DATA
정답출제:13회
오답출제: 2회

cause
[kɑːz]
vt. ~을 야기하다
n. 이유, 원인

The project is still causing him a lot of problems.
그 프로젝트는 여전히 그에게 많은 문제를 야기하고 있다.

출제포인트 cause는 concern과 같이 부정적인 목적어를 주로 취한다.

실전 TIP
〈cause + A + B〉 A에게 B를 초래하다
〈cause + O + to부정사〉 ~가 …하도록 초래하다

32
BIG DATA
정답출제: 4회
오답출제: 9회

rise
[raɪz]
vi. 증가하다, 올라가다
n. 상승

Costs are always rising.
비용은 늘 오르고 있다.

출제포인트 rise와 함께 쓰이는 부사
considerably 상당히 dramatically 극적으로 markedly 눈에 띄게 sharply 급격히
significantly 상당히 steeply 급격히 substantially 상당히 a little 약간
slightly 약간 steadily 꾸준히 gradually 점진적으로 fast 빨리 quickly 빠르게
rapidly 급속히 surprisingly 놀라울 정도로

33
BIG DATA
정답출제: 4회
오답출제: 4회

raise
[reɪz]
vt. ~을 올리다, 인상하다, 모금하다, 제기하다

The public library is trying to raise money to buy new books and create a children's learning center.
공공 도서관은 새로운 책들을 구입하고 아이들의 학습센터를 만들기 위해서 모금하려고 노력하고 있다.

출제포인트 ① 더 높은 위치로 어떤 것을 '올리다' ② 양, 수, 수준, 가격 등을 '늘리다, 올리다, 인상하다' ③ 어떤 일을 하거나 누군가를 돕기 위해 '모금하다' ④ 어떤 것의 질이나 수준을 '향상시키다' ⑤ 어떤 문제를 '제기하다'

34
BIG DATA
정답출제: 4회
오답출제: 7회

look over
vi. 검토하다

I'll look over your application and call you in a few days.
귀하의 지원서를 검토하고 며칠 후에 연락하겠습니다.

출제포인트 look at ~을 보다 look for ~을 찾다
〈look forward to + 명사/-ing〉 ~을 학수고대하다
look into (= investigate) 조사하다 look over 보다, 조사하다

실전 TIP look은 자동사로 전치사에 따라 의미가 달라지므로 뒤의 전치사를 보고 look을 찾는 문제가 주로 출제된다.

35
BIG DATA
정답출제: 0회
오답출제: 1회

revise
[rɪˈvaɪz]
vt. ~을 수정하다, 변경하다, 개정하다

The computer training guidelines were revised by Helen.
컴퓨터 트레이닝 지침서는 Helen이 수정을 했다.

출제포인트 주로 동사 형태를 묻는 문제가 출제되고 있다.

36
BIG DATA
정답출제:10회
오답출제: 7회

Quiz

16 City officials insist that plans to install new parking meters will not ------- to an increase in parking costs.
(A) lead   (B) intend

17 Carefully ---------- over your reports before submitting it to your department heads so that processing may run smoothly.
(A) watch   (B) look

18 Financial forecasts show that our production line will need to --------- next month's output by at least 10 percent.
(A) rise   (B) raise

DAY 11

fall
[fɑːl]
vi. 떨어지다, 넘어지다, 하락하다
n. 낙하, 감소, 하락

The value of our nation's currency **fell** dramatically last month.
지난달 우리 나라의 환율가치가 갑자기 확 떨어졌다.

출제포인트
'하락하다'의 의미로 자동사 fall과 타동사 reduce가 보기로 함께 나왔을 때, 전치사나 목적어의 유무로 문제를 풀 수 있다.

37
BIG DATA
정답출제: 2회
오답출제: 3회

reduce
[rɪˈduːs]
vt. ~을 줄이다, 축소하다

reduction n. 감소
They work to **reduce** the price of natural gas.
천연가스의 가격을 낮추기 위해 일하고 있다.

출제포인트
reduce the price 가격을 낮추다   reduce the expense 비용을 줄이다   reduce the costs 비용을 줄이다

38
BIG DATA
정답출제: 15회
오답출제: 7회

look
[lʊk]
vi. 보다
n. 보기, 눈길

Have a **look** at this picture.
이 그림을 보세요.

출제포인트 look at = see
실전 TIP look for ~을 찾다

39
BIG DATA
정답출제: 6회
오답출제: 6회

see
[siː]
vt. ~을 보다, 알다, 찾다, 이해하다

As you go down the street, you **will see** the Kings Bank on the right.
길을 따라가다 보면 오른쪽으로 Kings Bank가 보일 겁니다.

출제포인트
'보다'란 뜻 뿐 아니라 사실인지 아닌지 '알다'라는 의미를 가진다.
ex. I see. 알겠다

40
BIG DATA
정답출제: 2회
오답출제: 4회

stop by
vi. ~에 들르다

Mr. Andrew, the general manager, **stops by** all the branches under his supervision regularly.
총괄 매니저인 Andrew 씨는 그가 감독하는 모든 지점들을 정기적으로 들른다.

출제포인트
Part 5보다 Part 7 지문 안의 어휘로 많이 출제되고 있다. stop by와 함께 유의어인 drop by도 함께 기억하자.

41
BIG DATA
정답출제: 0회
오답출제: 0회

visit
[ˈvɪzɪt]
vt. ~을 방문하다
n. 방문

Raj Lyer **visited** the Bangkok factory only briefly before returning to the home office.
Raj Lyer는 본사로 돌아가기 전 아주 잠시 방콕 공장을 방문했다.

출제포인트 주로 동사인지 명사인지를 묻는 문제로 등장한다.
visit + 장소
　동사
make a visit to + 장소
　　　　명사

42
BIG DATA
정답출제: 3회
오답출제: 7회

Quiz

19 In order to --------- expenses, Lanc Cosmetics cut its advertising budget by a half.
　(A) reduce　　(B) decline

20 The security officials assigned to the storage room should ---------- at some of the most expensive raw materials imported from Switzerland.
　(A) look　　(B) see

21 All ---------- to the Ridgedale Resort and Spa will receive a complimentary fruit basket upon their arrival.
　(A) visit　　(B) visitors

ask for
vi. ~을 요청하다

It is recommended that inexperienced business owners **ask for** professional help when they are uncertain about the strategy they have.
경험이 많지 않은 회사 사업주들은 자신들이 가지고 있는 전략에 대해서 확신이 서지 않을 때 전문적인 도움을 요청하라고 권고된다.

출제포인트
ask는 주로 '질문하다'란 뜻이나 전치사 for가 같이 있으면 '요청하다'란 뜻으로 바뀐다.

43
BIG DATA
정답출제: 0회
오답출제: 0회

require
[rɪˈkwaɪr]
vt. ~을 요구하다

Due to scheduled evaluations, all office workers **are required** to get to work half an hour early next Monday.
예정된 평가가 있기 때문에 모든 사무실 직원들은 다음 주 월요일에 30분 일찍 출근해야만 한다.

출제포인트
① 〈require that + 주어 + 동사원형〉
② 〈require + 목적어 + to부정사〉 → (수동태) 〈be required + to부정사〉
③ 진행형으로 쓰지 않는다.

44
BIG DATA
정답출제: 9회
오답출제: 14회

look into
vi. ~을 조사하다

All the buyers **have to look into** whether the software they want to buy is compatible with the existing one.
모든 구매자들은 그들이 사려고 하는 소프트웨어가 기존의 것과 호환되는지를 검토해야 한다.

출제포인트
look into the microscope '현미경으로 관찰하다', look into the bag '가방을 주의 깊게 살피다' 등의 형태로 LC Part I에서 자주 출제되니 기억해두자.

45
BIG DATA
정답출제: 1회
오답출제: 0회

investigate
[ɪnˈvestəɡeɪt]
vt. ~을 조사하다

Our team has begun **investigating** the flaw in the computer system.
우리 팀은 컴퓨터 시스템의 오류를 조사하기 시작했다.

출제포인트 함께 쓰이는 명사
customer complaint 고객 불만 problem 문제 case 사건 crime 범죄 issue 이슈
accuracy of an advertisement 광고의 정확성 feasibility 실현 가능

46
BIG DATA
정답출제: 0회
오답출제: 4회

expire
[ɪkˈspaɪr]
vi. 만료되다, 끝내다

The contract **expires** in December.
계약은 12월에 끝난다.

출제포인트 유사어휘 '끝내다' expire vs. terminate
• expire: 자동사. 계약, 문서, 합의서 등이 만료될 때 사용
• terminate: 타동사. 계약 등의 기간이 만료된 것이 아니라 중간에 중단할 때 사용

47
BIG DATA
정답출제: 5회
오답출제: 5회

terminate
[ˈtɜːrməneɪt]
vt. ~을 종료시키다, 끝나다

The company decided to **terminate** its original plan.
회사는 원래 계획을 철회하기로 결정하였다.

출제포인트
• 관련 명사: agreement 계약 contract 계약 employment 고용
  lease 임대(계약) relationship 관계
실전 TIP 교통수단이 어떤 지점에서 terminate한다면, 해당 지점이 종점이라는 의미

48
BIG DATA
정답출제: 1회
오답출제: 2회

Quiz

22 Applicants for this position ---------- to contact Mr. Kim for an interview schedule.
   (A) require   (B) are required

23 Originar Outfit has been so lucrative in the Asian market that the board is ---------- into expanding to the American market.
   (A) viewing   (B) looking

24 This contract may be ---------- as soon as possible, if the verbal assent of all involved clients is given.
   (A) terminated   (B) expired

동일한 의미의 빈출 자동사와 타동사

account for	= explain	설명하다
deal with	= handle	다루다
merge with	= acquire	합병하다
speak/talk	= say/tell	말하다
participate in	= attend	참석하다
lead to	= cause	결과를 초래하다
object to	= oppose	반대하다

실력완성 TEST

1. All overlapping departments of the two printing firms will be reorganized when Barter Books ---------- Rothman Printing Press in November.
   (A) merges   (B) stays   (C) acquires   (D) anticipates

2. TKM Incorporated ---------- with RTW Electrics to address the current financial problem.
   (A) merged   (B) acquired   (C) aborted   (D) regained

DAY 12
토익 시험에 나오는 5형식 동사 분류

형식	
	1형식 (주어+동사) : 목적어와 보어 없이 주어와 동사만으로 완전한 문장 depart, work, engage, live, go, collaborate 등
	2형식 (주어+동사+보어) : 주격 보어로 명사나 형용사가 온다. remain, become, last, stay, seem, be 등
	3형식 (주어 + 동사 + 목적어) : 대부분의 타동사는 명사(절)을 목적어로 취하는 3형식 동사이다. ※ 3형식 동사 中 예외 동사 : Day 13 참고
	4형식 (주어 + 동사 + 간접목적어(~에게) + 직접목적어(~을)) give, grant, offer, send, show, award 등
	5형식 〈주어 + 동사 + 목적어 + 목적격 보어〉 make, find, keep, 사역동사, consider류 동사, 임명하다

시험문제는 이렇게 나와요!

When we ------- the conference center, the president's welcoming speech had just finished.
(A) arrived   (B) came   (C) went   (D) reached

해설 ▶ 생각의 순서

1단계 구조 분석
When we / ------- / the conference center, the president's welcoming speech had just finished.
　　　주어　　동사　　　　목적어

2단계 품사 배열　주어(we), 목적어(the conference center) 사이에 위치하므로 동사 자리이다.

3단계 답 결정 단어 찾기　the conference center → 목적어 → 보기 중 타동사는 (D) reached

4단계 오답 노트
(A) arrived 자동사
(B) came 자동사
(C) went 자동사

해석　우리가 회의 센터에 도착할 때, 회장의 환영사는 끝나 있었다.
어휘　conference 회의　president 회장　welcoming speech 환영사　finish 끝나다
정답　(D)

DAY 12 1형식 동사

목적어나 보어가 필요 없다. → 수동태로 쓸 수 없다. → 현재분사만 가능!

depart
[dɪˈpɑːrt]
vi. 출발하다

The next flight to Seoul **will depart** at noon.
서울행 다음 비행기는 정오에 출발할 것이다.

출제포인트 〈depart from + 출발지〉 ~에서 출발하다 〈depart for + 목적지〉 ~로 출발하다 〈depart at + 시각〉 (언제/때)에 출발하다

01 BIG DATA
정답출제: 2회
오답출제: 2회

work
[wɜrk]
vi. 일하다

Tom **has been working** at his assignment all day.
Tom은 하루 종일 그의 과제에 몰두하고 있다.

출제포인트 〈work for + 회사〉 ~에서 일을 하다   〈work + at/in + 장소〉 ~에서 일을 하다 〈work on + sth/sb〉 ~에 애쓰다/공들이다   work as ~로서 일을 하다 〈work + to부정사〉 ~하기 위해서 노력하다

실전 TIP 동사와 명사의 형태가 같아 work에서 파생된 품사들의 쓰임을 묻는 문제가 자주 출제되고 있다.
outstanding work 뛰어난 업적 (명사 work)
work 8 hours a day 하루에 8시간을 일하다 (동사 work)

02 BIG DATA
정답출제: 10회
오답출제: 5회

engage
[ɪnˈɡeɪdʒ]
vi. 관여하다, 종사하다

engagement n. 약속, 업무
I **don't engage** in such activity.
나는 그런 활동에 관여하지 않는다.

출제포인트 engage in something ~에 관여하다, 참여하다
engage in business 사업에 관여하다

실전 TIP 비슷한 형태의 다른 의미 자동사 engage와 타동사 engage
• engage in ~에 종사하다
• be engaged (in) ~을 끌다/사로잡다, ~을 고용하다

03 BIG DATA
정답출제: 1회
오답출제: 10회

collaborate
[kəˈlæbəreɪt]
vi. 공동으로 작업하다

collaboration n. 협동, 합작 collaboratively ad. 협력적으로
They **will collaborate** on the development of a series of new compact cars.
그들은 새로운 소형 자동차 시리즈의 개발에 협력할 것이다.

출제포인트 전치사 on, with와 잘 어울린다.
〈collaborate on + 대상(사물)〉 ~에 대해 협력하다
〈collaborate with + 사람/회사〉 ~와 협동하다

04 BIG DATA
정답출제: 1회
오답출제: 1회

live
[lɪv]
vi. 살다, 생존하다
vt. ~한 생활을 하다

live a. 살아 있는 lively a. 활기 넘치는
Mike used to **live** in London.
Mike는 런던에 살았었다.

출제포인트 earn/make a living 생계를 꾸리다
실전 TIP 장소를 나타내는 부사 또는 전치사와 함께 사용한다.

05 BIG DATA
정답출제: 회
오답출제: 회

go
[ɡoʊ]
vi. 가다

I **have to go** to New York on business.
나는 뉴욕으로 출장을 가야 한다.

출제포인트 〈go + to + 목적지〉는 '~로 가다'라는 뜻으로 to 뒤에 장소를 쓴다.
실전 TIP 전치사에 따라 달라지는 뜻에 주의하자.
go over ~을 검토하다   go ahead 계속하다   go by 지나가다
go through 겪다, 관통하다 〈go with + 옷/악세사리〉 ~와 어울리다

06 BIG DATA
정답출제: 1회
오답출제: 1회

Quiz

01 The express bus to Chicago will ---------- at 10 a.m. today from dock G10.
(A) stay   (B) depart

02 Elis Bank ---------- on a rotating shift schedule to provide its clients with 24-hour banking service.
(A) work   (B) works

03 The hospital has --------- with several physicians, funeral directors, and citizens through nonprofit work.
(A) collaborated   (B) provided

2형식 동사

형용사나 명사를 보어로 수반하는 동사 → 진행형으로 쓰일 수 없다. → 수동태로 쓰일 수 없다.

remain
[rɪˈmeɪn]
vi. (여전히) ~이다

Train fares are likely to remain unchanged.
기차요금은 그대로 유지할 것으로 예상된다.
출제포인트 보어로 형용사를 많이 쓰지만 명사나 to부정사가 나올 수도 있다.
⟨remain + 형용사⟩ ⟨remain + 명사⟩
⟨remain + to부정사⟩ ⟨remain + 전치사구⟩

07
BIG DATA
정답출제: 7회
오답출제: 16회

become
[bɪˈkʌm]
vi. ~이 되다

Circle Pie's facilities have become state-of-the-art, but owners desired to retain some of the original methods for making the pies.
Circle Pie의 설비들은 최신식이 되었지만, 소유주들은 파이를 만드는 원래 방식 중 몇 가지를 유지하기를 매우 원했다.
출제포인트 명사 보어는 주어와 동격이어야 한다.
He became a manager. (He = a manager)
실전 TIP become은 타동사로 오해하기 쉬워 수동태나 진행형이 오답 보기로 출제되고 있다.

08
BIG DATA
정답출제: 2회
오답출제: 3회

last
[læst]
vi. 지속되다, 계속되다
a. 마지막의
ad. 마지막에
n. 마지막 사람/물건

Your computer will last longer if you take care of it.
컴퓨터를 잘 관리한다면 더 길게 사용할 수 있을 것이다.
출제포인트 last는 자동사이므로, 현재분사(lasting)로 명사를 꾸민다.
실전 TIP last가 '마지막에, 마지막으로'라는 뜻의 시간 부사로 쓰이면 문장의 시제는 과거여야 한다.

09
BIG DATA
정답출제: 3회
오답출제: 5회

seem
[siːm]
vi. ~처럼 보이다

It seems difficult to operate.
가동시키기 어려워 보인다.
출제포인트
⟨seem + to부정사⟩ ~인 것처럼 보이다
⟨seem (to be) + 형용사⟩ ~처럼 보이다

10
BIG DATA
정답출제: 0회
오답출제: 2회

be
[bi]
vi. ~이다

The Internet is the most accessible form of communication with everyone today.
인터넷은 오늘날 모든 이들과 소통 가능한 가장 접근성이 뛰어난 매체이다.
출제포인트 뒤에 형용사와 명사를 수반한다.

11
BIG DATA
정답출제: 5회
오답출제: 0회

stay
[steɪ]
vi. 있다, 머무르다,
(특정 상태를) 유지하다

The store stays open until 11 p.m.
그 가게는 오후 11시까지 한다.
출제포인트 뒤에 형용사와 명사를 수반한다.

12
BIG DATA
정답출제: 1회
오답출제: 5회

	look	appear	grow	fall
1형식	보다 ⟨look+전치사⟩	나타나다, 나오다	증가하다	떨어지다
2형식	~하게 보이다	~인 것 같다	(점차) ~하게 되다	(특정한 상태가) 되다

→ 이들은 동사 뒤에 나온 형태를 보고 판단하여야 하며, 어떻게 쓰였느냐에 따라 의미도 달라지므로 꼭 암기하자.

ex. This transaction will appear in your next monthly statement. (1형식)
이 거래는 다음 달 청구서에 나올 것입니다.
It appears that you have made a mistake. (2형식)
당신이 실수한 것 같습니다.

DAY 12

3형식 동사: 목적어 필요 → 토익 80%를 차지 ∴ 1, 2, 4, 5형식보다 먼저 외워야 한다

❶ 자동사로 착각하기 쉬운 타동사

discuss
[dɪˈskʌs]
vt. ~을 상의하다

discussion n. 토론
Have you **discussed** the problem with anyone?
그 문제를 누구와 상의해 봤어요?

출제포인트 타동사이므로 전치사 about, with 등과 함께 쓰지 않도록 주의한다.

13
BIG DATA
정답출제: 4회
오답출제: 2회

---

cover
[ˈkʌvər]
vt. ~을 덮다, (범위·경우 등을) 포함하다, 다루다

This inspection **covers** all major systems and components of your car.
이 검사는 당신 차의 주요 시스템과 부품들을 포함한다.

출제포인트 회의나 발표에서 다루어질 주제, 내용, 사물들을 말할 때 '포함하다, 다루다'라는 의미로 cover가 쓰인다.

실전 TIP 〈cover + A + with + B〉 A를 B로 가리다

14
BIG DATA
정답출제: 3회
오답출제: 4회

---

join
[dʒɔɪn]
vt. ~에 가입/입회/입사/가담하다

Mr. Gardner **joined** our company as a consultant last month.
Gardner 씨는 지난달 컨설턴트로 우리 회사에 입사했다.

출제포인트 토익에서는 주로 회사명, 부서, 팀을 목적어로 취하며, 〈전치사 as + 직위〉가 함께 나오기도 한다.

실전 TIP join 뒤에 사람목적어를 취하면 '(사람 또는 일행과) 만나다, 합류하다'라는 의미다. 이때, 전치사 with를 쓰지 않도록 주의한다.

15
BIG DATA
정답출제: 7회
오답출제: 6회

---

accompany
[əˈkʌmpəni]
vt. ~을 동반하다

Requests for reimbursement **should be accompanied** by receipts.
비용 상환 요청은 영수증을 수반해야 한다.

출제포인트
주로 be accompanied by의 형태로 쓰인다.

16
BIG DATA
정답출제: 2회
오답출제: 7회

---

contact
[ˈkɑːntækt]
vt. ~와 연락하다
n. 연락

Successful candidates **will be contacted** by the recruiting manager next week.
합격자들에게는 채용 매니저가 다음 주에 연락을 할 것이다.

출제포인트
contact은 동사와 명사 형태가 같지만 토익에서는 주로 동사 문제로 출제되었다.

17
BIG DATA
정답출제: 4회
오답출제: 7회

---

mention
[ˈmenʃən]
vt. ~을 언급하다

Of the two dates that you **mentioned**, March 15 fits better into my schedule.
네가 언급한 두 날짜 중, 3월 15일이 내 일정에 더 적합하다.

출제포인트 일반적으로 사물목적어를 받고 that절을 받기도 한다.

실전 TIP announce/mention/suggest/indicate/say/explain/propose/describe는 목적어로 that절을 받는다.

18
BIG DATA
정답출제: 0회
오답출제: 1회

Quiz

04 Members including John Ritz will assemble tonight in the main auditorium to -------- our company's budget plan for next month.
(A) confer   (B) discuss

05 Fortunately, our company insurance ---------- the shipping damages and lost products.
(A) supports   (B) covers

06 All travel reimbursement forms should be accompanied --------- receipts for relevant expenses.
(A) by   (B) with

❷ to부정사를 목적어로 취하는 타동사

want
[wɑːnt]
vt. ~을 원하다

Mrs. Cohen **wanted** to exchange dollars for won before departing for Seoul.
Cohen 씨는 서울로 출발하기 전에 달러를 원화로 바꾸기를 원했다.

출제포인트 바라다 want vs. hope
〈want/expect/wish/hope + to부정사〉 ~하기를 바라다
〈want/expect/wish + 목적어 + to부정사〉 …가 ~하기를 바라다
〈hope + 목적어 + to부정사〉 (X)
실전 TIP 진행형으로 쓰지 않는다.

19 BIG DATA
정답출제: 2회
오답출제: 2회

promise
[ˈprɑːmɪs]
vt. ~을 약속하다

We **promise** to help resolve our consumer's complaints within 2 business days.
우리는 영업일 2일 이내에 고객들의 불만 사항 해결을 도울 것을 약속합니다.

출제포인트 〈promise + to부정사〉 ~하기로 약속하다
〈promise + 사람 + 사물〉 …에게 ~을 약속하다
〈promise that + 주어 + 동사〉 ~하는 것을 약속하다
〈promise + 사람 (that) + 주어 + 동사〉 …에게 ~하는 것을 약속하다

20 BIG DATA
정답출제: 3회
오답출제: 3회

tend
[tend]
vt. ~하는 경향이 있다

tendency n. 경향
When employees in the accounting department work too rapidly, they **tend** to make more mistakes.
회계부서에 있는 직원들이 너무 빨리 일을 할 때는 실수를 더 많이 하는 경향이 있다.

실전 TIP 빈칸 뒤에 〈to + 동사원형〉이 있으면 자동사를 답으로 고르기 쉽다. 하지만 to부정사를 목적어로 취하는 동사가 있는지 한번 살펴보자.

21 BIG DATA
정답출제: 1회
오답출제: 0회

need
[niːd]
vt. ~이 필요하다
n. 필요, 요구

In order to reserve a table for the event, we **need** to contact the restaurant by 1 p.m.
행사를 위한 자리를 예약하기 위해서 우리는 오후 1시까지 식당에 연락해야 한다.

실전 TIP 진행형으로는 쓰이지 않는다.

22 BIG DATA
정답출제: 4회
오답출제: 3회

fail
[feɪl]
vt. ~에 실패하다;
~하지 못하다

Our new product **failed** to meet the new energy-efficiency standards.
우리 신제품은 새 에너지효율 기준을 충족시키지 못했다.

실전 TIP fail이 '부정'의 의미를 담고 있지만 to부정사를 목적어로 받는다는 것을 꼭 기억해야 한다.

23 BIG DATA
정답출제: 1회
오답출제: 0회

refuse
[rɪˈfjuːz]
vt. ~을 거절하다, 거부하다

refusal n. 거절, 거부, 사퇴
He **refused** to accept that there was a problem.
그는 문제가 있다는 것을 받아들이지 않았다.

출제포인트 유사어휘 refuse vs. decline
〈사람 주어 + decline + to부정사〉 (정중히) ~을 거절하다
〈사람 주어/사물 주어 + refuse + to부정사〉 ~을 거절하다

24 BIG DATA
정답출제: 0회
오답출제: 2회

Quiz

07 Stratten and Associates' profit projections --------- to be subjective due to a fine margin of error.
(A) result   (B) tend

08 The landscape and plants in the lobby garden ---------- to be maintained every week.
(A) should   (B) need

09 The initial model produced by our contractors fails --------- with the specifications we provided them.
(A) to comply   (B) complying

DAY 12

❸ 동명사/명사를 목적어로 취하는 동사

finish
[ˈfɪnɪʃ]
vt. ~을 끝내다

I **finished** reviewing the contract when the manager came back from his trip.
매니저가 여행에서 돌아왔을 때 나는 계약서 검토를 끝냈다.

출제포인트 함께 쓰이는 명사
project 프로젝트 task 일 proposal 제안 report 보고서 list 목록
실전 TIP 동사 finish의 분사형태 finished는 '완성된'이라는 의미의 형용사로 쓰인다.
finished product 완제품

25 BIG DATA
정답출제: 4회
오답출제: 9회

avoid
[əˈvɔɪd]
vt. ~을 피하다

Doctors warn people to **avoid** sleeping pill overdose, which often occurs due to the heavy reliance upon the pills.
의사들은 사람들에게 수면제 과다 복용을 피하라고 경고하는데, 이것은 지나친 수면제 의존에 의해 종종 발생한다.

출제포인트 목적어로는 주로 부정적인 어휘가 나온다.

26 BIG DATA
정답출제: 2회
오답출제: 3회

mind
[maɪnd]
vt. ~을 꺼리다

I **don't mind** working late.
난 늦게까지 일하는 것을 꺼리지 않는다.

출제포인트 진행형이나 수동태로 사용하지 않는다.
실전 TIP mind가 정답인 적은 없지만 mind 뒤의 목적어 (동명사)를 묻는 문제로 출제된 적이 있으므로 꼭 기억해야 하는 어휘이다.

27 BIG DATA
정답출제: 0회
오답출제: 0회

postpone
[poʊstˈpoʊn]
vt. ~을 연기하다

Mr. Joyce **postponed** his departure until after the board meeting.
Joyce 씨는 자신의 출발을 이사회 회의 후까지 연기했다.

출제포인트 연기하는 시한은 until(~까지)을 사용하여 표현한다.

28 BIG DATA
정답출제: 7회
오답출제: 0회

suggest
[səˈdʒest]
vt. ~을 제안하다

suggestion n. 제안, 암시
Walter **suggested** having a five-minute break.
Walter는 5분간 휴식을 취하자고 제안했다.

출제포인트 <요구/주장/제안 동사 + that + 주어 (should) + 동사원형>
insist 주장하다 suggest 제안하다 require 요구하다 decide 결정하다
ask 묻다/요청하다 recommend 추천하다 propose 제안하다 demand 요구하다

29 BIG DATA
정답출제: 3회
오답출제: 9회

discontinue
[ˌdɪskənˈtɪnjuː]
vt. ~을 중지하다

The company **has discontinued** manufacturing that item.
회사는 그 상품의 제작을 중단하였다.

출제포인트 discontinue production 생산을 중단하다

30 BIG DATA
정답출제: 2회
오답출제: 0회

Quiz

10 In order to -------- a trade deficit, the government could do more to remove trade barriers.
    (A) destroy   (B) avoid

11 GT Korea announced that the Federal Environmental Research project has been ----------
    officially until further notice.
    (A) postponed   (B) directed

12 Owing to its deteriorating financial status, Trend Clothing Inc. decided to --------- production at plants in North America
    (A) discontinue (B) disallow

4형식 동사

2개의 목적어를 갖는다. → '주다'란 의미를 가진 동사는 대부분 4형식 동사이다.

give
[gɪv]
vt. ~을 주다

The state's governor **gave** a special presentation at the seminar on housing development.
그 주의 주지사는 주택 개발에 대한 세미나에서 특별한 발표를 했다.

출제포인트
- 4형식: ⟨give + 사람(간접목적어) + 명사(직접목적어)⟩ …에게 ~을 주다
- 3형식: ⟨give + 목적어 (+ to + 사람)⟩ ~을 (…에게) 주다

실전 TIP ⟨give + 명사⟩ ~하다
give an address 연설하다
give a speech 연설하다
give a performance 공연하다

give out 나눠주다   give up 그만두다, 포기하다

31
BIG DATA
정답출제: 12회
오답출제: 8회

offer
[ˈɑːfər]
vt. ~을 제공하다, ~을 제안하다
n. 제안, 제공

They decided to **offer** Helen the job.
그들은 Helen에게 그 일자리를 제안하기로 결정했다.

출제포인트
① 3형식: ⟨offer + 사물 목적어⟩ ~을 제안/제공하다
   ⟨offer + to부정사⟩ ~을 하겠다고 제안하다
   ⟨offer + 목적어 + to + 사람⟩ ~을 …에게 제공/제안하다
② 4형식: ⟨offer + 사람(간접목적어) + 명사(직접목적어)⟩ …에게 ~을 제공/제안하다
   수동태 → ⟨사람 + be동사 + p.p. + 명사⟩

32
BIG DATA
정답출제: 15회
오답출제: 17회

send
[send]
vt. ~을 보내다

Please **send** me your submission by this Friday.
이번 주 금요일까지 제출서류를 저에게 보내주세요.

출제포인트 시험에는 be sent (= receive)가 출제되었다.
Everyone was sent an invitation. = Everyone received an invitation.

33
BIG DATA
정답출제: 10회
오답출제: 7회

show
[ʃoʊ]
vt. ~을 보여주다

Let me **show** you the door.
문까지 안내해 드리겠습니다.

출제포인트 ⟨show + 사람목적어 + 사물목적어⟩
= ⟨show + 사물목적어 + (to 사람목적어)⟩ ~을 …에게 보여주다

34
BIG DATA
정답출제: 3회
오답출제: 8회

award
[əˈwɔːrd]
vt. 상을 주다
n. 상

She **was awarded** a prize for her excellent performance.
그녀는 훌륭한 연주로 상을 받았다.

출제포인트 수동태 문장으로도 자주 등장하는 어휘이다.

35
BIG DATA
정답출제: 6회
오답출제: 3회

grant
[grænt]
vt. ~을 지급하다, 승인하다
n. 보조금

The committee **has granted** her permission to build on the site.
위원회는 그 부지에 건축할 수 있도록 그녀에게 허가해주었다.

출제포인트 ⟨grant + 간접목적어 + 직접목적어⟩ = ⟨grant + 목적어 (to + 사람)⟩
실전 TIP ⟨take + 목적어 + for granted⟩ ~을 당연하게 여기다, 가치를 모르다

36
BIG DATA
정답출제: 2회
오답출제: 7회

Quiz

13 The business will be able to --------- customers better quality of goods and reasonable prices after making a few major changes.
(A) buy   (B) offer

14 Guests entering the main convention hall must --------- a policeman valid photo identification and tickets.
(A) introduce   (B) show

15 Sultan Corporation ---------- employees free hospitalization benefits which will cover them plus three more dependants.
(A) requires   (B) grants

DAY 12   5형식 동사: 목적어와 목적보어를 취한다

❶ 빈출 5형식 동사

make
[meɪk]
vt. …이 ~하게 하다

Hayward International Inc. works hard to **make** its sales people aware that they should act appropriately in line with customs when traveling abroad.
Hayward International사는 자사의 영업사원들이 해외 출장 때 그 나라의 관습에 따라 적절히 행동해야 한다는 것을 깨닫게 하기 위해 열심히 일한다.

출제포인트 ① 5형식: <make + 목적어 + 목적보어[형용사/동사원형/p.p.]> 목적보어의 형태를 묻는 문제로 자주 등장하고 있다.
② 3형식 동사로 쓰인 make: make arrangements/preparations (for ~) 준비하다
make a decision 결정하다   make a reservation (for ~) 예약하다
make a contribution 기여하다   make a call 전화를 걸다
<make an effort + to부정사> ~하기 위해 노력하다

37
BIG DATA
정답출제: 10회
오답출제: 13회

keep
[kiːp]
vt. …가 (계속) ~하게 하다

HBOS is committed to **keeping** investors informed of all decisions and recent changes.
HBOS사는 모든 결정 사항과 최근의 변화들을 투자자들에게 계속 알려주기 위해 노력하고 있다.

출제포인트 ① 2형식: <주어 + keep + 주격보어>
② 5형식: <주어 + keep + 목적어 + 형용사/p.p./-ing> (목적어)가 (목적보어)한 상태로 두다
*수동태 형태인 <주어 + be kept + 형용사/p.p.> 형태도 자주 출제

38
BIG DATA
정답출제: 5회
오답출제: 5회

find
[faɪnd]
vt. …가 ~라고 생각하다

The director **found** Ms. May's suggestion very useful.
이사는 May 씨의 제안이 매우 유용하다고 생각했다.

출제포인트
① 3형식: <find + 목적어> ~을 찾다
       <find + (that) 주어 + 동사> (that절 하는 것을) 발견하다
② 4형식: <find + 간접목적어 + 직접목적어> ~에게 …을 찾아 주다
③ 5형식: <find + 목적어 + -ing/p.p/to부정사/형용사> (목적어)가 ~라고 생각하다

실전 TIP find out은 '(정보 등을) 알아내다, 알게 되다'라는 의미이다.

39
BIG DATA
정답출제: 5회
오답출제: 7회

help
[help]
vt. …가 ~하는 것을 돕다
n. 도움, 원조

Effective training **will help** them do their best work.
효과적인 트레이닝은 그들이 최선을 다해 일하도록 도움을 줄 것이다.

출제포인트
① 3형식: <help + (to)동사원형> ~하는 것을 돕다
       <help + (목적어) + with + 명사/-ing> ~에 관해서 (목적어)을 돕다
② 5형식: <help + 목적어 + (to)동사원형> (목적어)가 ~하는 것을 돕다

40
BIG DATA
정답출제: 1회
오답출제: 7회

have
[hæv] [həv]
vt. …이 ~하게 하다

I **should have** the report ready by Friday.
나는 금요일까지 리포트가 준비되게 해야 한다.

출제포인트
① 조동사: <have/had + p.p> 현재/과거 완료시제
② 3형식: <have + 목적어> ~을 가지다 *진행형으로 쓰이지 않는다.
③ 5형식: <have + 목적어 + 목적보어> (목적어)가 ~하게 하다/시키다

41
BIG DATA
정답출제: 3회
오답출제: 5회

let
[let]
vt. …가 ~하게 하다

If you finish this, I **will let** you leave early today. 이거 끝내면 오늘 일찍 가게 해줄게.
출제포인트 <let + 목적어 + 동사원형/p.p.>의 형태로 쓰이며, 수동태로 쓰이지 않는다.

42
BIG DATA
정답출제: 0회
오답출제: 1회

Quiz

16 Mr. Sand's report has ---------- the supervisor conscious of the manpower need for the following year.
(A) given   (B) made

17 The director chose to handle the training session personally to help ---------- the knowledge and expertise of this year's most promising batch of trainees.
(A) broaden   (B) broad

18 Due to the extensive damage of the building, Mrs. Baron insisted that she have her money ----------.
(A) refund   (B) refunded

❷ consider류 동사와 '임명하다' 동사

consider
[kənˈsɪdər]
vt. ~을 고려하다, ~로 여기다

considerate a. 사려 깊은 consideration n. 고려, 심사숙고
Some analysts **consider** our company to be progressive.
일부 분석가들은 우리 회사가 진보적이라고 생각한다.

출제포인트
① 3형식: 〈consider + 명사/동명사〉
② 5형식: 〈consider + 사람/사물 + (to부정사/as) + 형용사/명사〉
　　　　~을 …이라고 여기다　* 이때 to부정사나 전치사 as 생략 가능
실전 TIP 수동태 문장 〈목적어 + be considered + (as/to be) 목적격 보어〉에 주의!

43
BIG DATA
정답출제: 11회
오답출제: 11회

deem
[diːm]
vt. ~라고 여기다

Even though most investors **deemed** it unprofitable, the marketer made the business a success.
대부분의 투자가들이 수익을 못 낼 거라 생각했지만, 그 마케터는 사업에서 성공을 이끌어냈다.

출제포인트 deem A as B = consider A as B   A를 B라고 여기다
〈deem that + 주어 + 동사〉 ~이라고 생각하다
〈deem + 목적어 + 형용사/보어(necessary, appropriate 등)〉 ~이 필요하다고/적절하다고 생각하다

44
BIG DATA
정답출제: 0회
오답출제: 1회

regard
[rɪˈɡɑːrd]
vt. ~라고 여기다, 간주하다

Our new advertising campaign **is regarded** as first class.
우리의 새로운 광고캠페인은 최고라고 여겨진다.

출제포인트
regard A as B (= A be regarded as B)   A를 B로 간주하다
be widely regarded as ~로 많은 사람들이 평가하다
be highly regarded as ~로 매우 좋다고 평가하다

45
BIG DATA
정답출제: 13회
오답출제: 35회

cite
[saɪt]
vt. ~을 인용하다

Mr. Park **cites** nature as his main motivation.
Park 씨는 그의 가장 큰 동기유발로 자연을 언급한다.

출제포인트
〈cite + 사물명사 + as + 사물명사〉

46
BIG DATA
정답출제: 0회
오답출제: 1회

name
[neɪm]
vt. ~를 임명하다
n. 이름, 성명

Diane **has been named** the new site supervisor while Mr. Ford is away on leave.
Diane 씨는 Ford 씨의 휴가 중, 새로운 현장감독으로 임명되었다.

출제포인트
〈name + 사람 + 사람이름〉 (사람)을 ~라고 이름 붙이다
〈name + 사람/사물 + (as) 명사〉 (사람/사물)을 ~로 지명하다, 임명하다

47
BIG DATA
정답출제: 1회
오답출제: 0회

appoint
[əˈpɔɪnt]
vt. 임명하다

appointment n. 약속, 임명
We **appointed** Mr. Smith as Head of Advertising.
우리는 Smith 씨를 광고부장으로 임명했다.

출제포인트
① 〈회사 + appoint + 사람 + 직위〉 = 〈사람 + be appointed + 직위〉
② 〈회사 + appoint + 사람 + as + 직위〉, 〈회사 + appoint + 사람 + to do〉

48
BIG DATA
정답출제: 3회
오답출제: 10회

Quiz

19 The teams have been ---------- ways to increase our monthly budget.
　　(A) considering　　　　　　(B) notifying

20 Danville Machines is ---------- as a market leader in the automobile industry.
　　(A) allowed　　　　　　　　(B) regarded

21 We are pleased to announce that Mr. Choi ---------- Aron's director for marketing.
　　(A) has appointed　　　　　(B) is appointed

DAY 12 SUMMARY

1형식 동사 [뒤에 목적어나 보어가 필요 없는 동사]

go 가다	come 오다	arrive 도착하다	depart 떠나다	leave 떠나다
stay 머무르다	arise 일어나다	lie 눕다	appear 나타나다	disappear 사라지다
drop 떨어지다	emerge 나타나다, 부상하다	increase 증가하다	decrease 감소하다	decline 감소하다
surge 급등하다	fluctuate 오르내리다	proceed 나아가다	grow 자라다	prevail 우세하다
commute 이동하다	cooperate 협동하다	participate 참가하다	talk 말하다	speak 이야기하다
react 반응하다	reply 대답하다	respond 응답하다	listen 듣다	begin 시작하다
start 시작하다	originate 시작하다	expire 만기되다	meet 만나다	wait 기다리다
look 보다	fall 떨어지다	live 살다	reside 거주하다	consist 구성되다
preside 주재하다	stand 서다	work 일하다	laugh 웃다	result 결과가 생기다
travel 여행하다	plunge 뛰어들다	exist 존재하다	happen 일어나다	occur 발생하다
take place 일어나다	vary 변화하다	deteriorate 가치가 떨어지다		

2형식 동사 [뒤에 형용사나 명사를 보어로 수반하는 동사]

(1) 상태를 나타내는 be 동사류(~이다, 계속 ~한 상태이다) : be, keep, remain, stay, last
(2) 상태의 변화를 나타내는 동사 (~되다) : become, get, turn, grow + 형용사
(3) 의견을 나타내는 동사 (~인 것 같다, ~처럼 보이다) : seem, appear + 형용사
(4) 감각을 나타내는 지각동사 (~한 맛/냄새/소리/느낌이다/~하게 보이다) : taste, smell, sound, feel, look + 형용사
(5) to부정사를 보어로 취하여 출제되는 동사 : be, remain, seem, turn out, prove

〈1형식이자 2형식인 동사 4가지〉

	look	appear	grow	fall
1형식	보다[look + 전치사]	나타나다, 나오다	증가하다	떨어지다
2형식	~하게 보이다	~인 것 같다	(점차) ~하게 되다	(특정한 상태가) 되다

3형식 동사 [동사 어휘 대부분. 뒤에 목적어가 필요하다]

to부정사가 목적어로 오는 3형식 동사	동명사가 목적어로 오는 3형식 동사
want, hope, wish, fail, decide, promise, expect, ask, plan, refuse, afford, intend 등	enjoy, finish, avoid, mind, postpone, suggest, keep, stop, consider, give up, discontinue 등
앞의 동사가 주로 '미래/계획/의도/긍정/방향 제시' 등의 의미일 때 뒤따라오는 동사는 to부정사가 된다. (예외 fail/refuse to do)	앞의 동사가 '과거/완료/부정/중단/연기' 등의 의미일 때 뒤따라오는 동사는 동명사가 된다. (예외 consider/suggest + ing)

4형식 동사 ['~에게 …을 주다'. 목적어가 두 개]

give 주다 lend 빌려주다 send 보내주다 bring 가져다주다 ask 물어보다 win 이기다 offer 제공하다 tell 말해주다
teach 가르쳐주다 show 보여주다 hand 건네주다 owe 빚지다 charge 청구하다 grant 수여하다 pay 지불하다 write 쓰다
sell 팔다 award 수여하다 pass 건네주다 buy 사 주다 cost 비용이 들다 fax 팩스를 보내다

5형식 동사 [시험에는 6개 정도만 나온다.]

make / keep/ find/ 사역동사/ consider류 동사 / '임명하다' 동사

regard A as B = consider A as B = cite A as B = view A as B = deem A as B = count A as B
*consider만 as 생략 가능

실력완성 TEST

01 Valero Energy has decided to ----------- its employees a special benefit package.
　　(A) grant　　(B) donate　　(C) require　　(D) retrieve

02 Receiving the awards is ----------- a great accomplishment to us.
　　(A) considered　　(B) regarded　　(C) respected　　(D) rewarded

DAY 13
사물 목적어나 that절을 받지 않는 3형식 동사 List

3형식 예외 동사 리스트
1. '통보/알리다/가르치다'류 동사

'~에게'만을 목적어로 취하는 동사	~에게	~을
advise Inform remind notify assure brief tell warn convince persuade	사람/회사/대상	전치사 (of/about/on) + 명사 / that + 주어 + 동사 / to부정사

2. 감정동사 + 목적어(사람명사)
→ Day 02 참조

3. '요구/허락/권유/임명하다'류 동사

allow A to부정사 A가 ~하도록 허락하다
want A to부정사 A가 ~하기를 원하다
expect A to부정사 A가 ~할 거라 기대하다
appoint A to부정사 A가 ~하도록 지명하다
cause A to부정사 A가 ~하게 하다
get A to부정사 A가 ~하도록 시키다

ask A to부정사 A가 ~하도록 요청하다
lead A to부정사 A가 ~하도록 이끌다
permit A to부정사 A가 ~하도록 허락하다
motivate A to부정사 A가 ~하도록 동기를 부여하다
encourage A to부정사 A가 ~하도록 장려하다

4. '미래/계획/생각/결정/노력' 동사: 목적어로 to부정사가 온다.

plan 계획하다   choose 선택하다   hope 희망하다   prefer 선호하다   want 원하다
decide 결정하다   intend 의도하다   promise 약속하다   wish 바라다

시험문제는 이렇게 나와요!

The legal programs of Lehman Brothers Holdings will ------- users to automatically handle a lot of complicated tasks.
(A) avoid   (B) provide   (C) show   (D) allow

해설 ▶ 생각의 순서

1단계 구조 분석
The legal programs (of Lehman Brothers Holdings) / will ------- / users (to automatically handle a lot of complicated tasks).
　　　　주어　　　　　　　　　　　　　　　　　　　　　　　동사　　　　목적어　목적보어

2단계 품사 배열   조동사 will 뒤, 목적어 앞에 위치하므로 동사 자리이다.
3단계 답 결정 단어 찾기   users to handle ~ → <동사 + 목적어 + to부정사> 형태로 사용하는 동사 (D) allow가 정답
4단계 오답 노트   (A) avoid는 목적어로 동명사가 와야 한다.
(B) provide는 전치사 with가 함께 나온다.
(C) show는 4형식 또는 3형식 동사로 목적어 2개가 연달아 온다.

해석 ∥ Lehman Brothers Holdings 법률상담 프로그램은 사용자들이 많은 복잡한 업무를 자동으로 다룰 수 있도록 해준다.
어휘 ∥ legal 법률의 automatically 자동으로 handle 다루다 complicated 복잡한 task 일
정답 ∥ (D)

DAY 13

❶ 3형식 예외 동사 – a. 허락/요구류

allow
[əˈlaʊ]
vt. ~을 허락하다

Regular meetings allowed employees to share their ideas.
정기적인 회의는 직원들의 생각을 공유할 수 있게 했다.

출제포인트
〈allow/enable/permit + 목적어 + to부정사〉 …가 ~하도록 허락하다
〈allow for + 명사〉 ~을 고려하다
실전 TIP 〈allow + 간접목적어 + 직접목적어〉의 4형식 동사로도 쓰인다.

01
BIG DATA
정답출제: 9회
오답출제: 17회

encourage
[ɪnˈkɜːrɪdʒ]
vt. ~을 격려하다, 권장하다, 장려하다

encouragement n. 격려 encouraging a. 장려하는
All staff members are encouraged to get in touch with the personnel office whenever they have problems with their coworkers.
모든 직원들은 동료 간에 문제가 있을 때는 언제든지 인사과에 연락하도록 장려받고 있다.

출제포인트
〈encourage/motivate + 목적어 + to부정사〉 …가 ~하도록 동기를 부여하다

02
BIG DATA
정답출제: 2회
오답출제: 6회

require
[rɪˈkwaɪr]
vt. ~을 필요로 하다, 요구하다
vi. 요구하다

requirement n. 필요, 요건 requisite n. 필수품 a. 필요한
All employees will be responsible for miscalculations and are required to resubmit all revised budget reports.
모든 직원들은 잘못 계산한 것에 대해서 책임을 지게 될 것이며 수정된 예산 보고서를 다시 제출해야 한다.

출제포인트 〈require + 목적어 + to부정사〉 …가 ~하도록 요청하다
= 〈ask/invite/request/urge + 목적어 + to부정사〉
실전 TIP 수동형이 아니라면 require 뒤에 바로 to부정사가 나올 수 없다.

03
BIG DATA
정답출제: 9회
오답출제: 14회

urge
[ɜːrdʒ]
vt. ~을 촉구하다, 요구하다

Notices urging runners to use sidewalks instead of roads are going to be posted throughout Jacksonville.
달리기 하는 사람들에게 차도 대신에 보행자 도로를 이용하라고 촉구하는 공고가 Jacksonville 전역에 게시될 것이다.

출제포인트 〈urge + 목적어 + to부정사〉 …가 ~하도록 요청하다
실전 TIP 시험에는 at the urging of '~의 권유로'가 하나의 관용표현으로 출제된 적이 있다.

04
BIG DATA
정답출제: 1회
오답출제: 4회

force
[fɔːrs]
vt. ~을 강요하다
n. 물리력, 힘

Competition in the job market will force companies to be more aggressive in recruiting new employees.
취업 시장의 경쟁은 회사들로 하여금 신규 직원 채용에 더 공격적이도록 할 것이다.

출제포인트 〈force/lead/get + 목적어 + to부정사〉 …가 ~하도록 시키다
실전 TIP sales force (판매부서), work force (전 직원)와 같이 복합명사 형태로 출제된다.

05
BIG DATA
정답출제: 1회
오답출제: 1회

expect
[ɪkˈspekt]
vt. ~을 기대하다

Retail prices are expected to increase next year amid indications of the continuing economic recession.
소매 가격은 계속되는 경기 침체의 징후 가운데 내년에는 오를 것으로 예상된다.

출제포인트
〈expect + 목적어 + to부정사〉 …가 ~할 것을 기대하다
〈be expected + to부정사〉 ~로 예상되다 (= be supposed to)
〈expect +to부정사〉 ~하기를 기대하다

06
BIG DATA
정답출제: 20회
오답출제: 11회

Quiz

01 The new Oriana software will ------- users to handle lots of complicated tasks at one time.
(A) request   (B) allow

02 Employees are ---------- to wear protective hats and boots on the construction site at all times.
(A) prompted   (B) required

03 All employees are -------- to attend the presentation this afternoon.
(A) related   (B) expected

❶ 3형식 예외 동사 – b. 통보 / 알리다류 동사

inform
[ɪnˈfɔːrm]
vt. ~을 알리다, 통지하다

information n. 정보 informative a. 유익한
I am writing to **inform** you of the change in the date of our upcoming event.
저는 당신에게 다가오는 행사의 날짜 변경을 알려드리기 위해 편지를 씁니다.

출제포인트 '말하다' inform vs. announce
- <inform + 사람 목적어 + 전치사 of/that절> …에게 ~을 알리다
- <announce + 명사/that절> ~을/라고 알리다

실전 TIP 명사 information은 불가산명사

07 BIG DATA
정답출제: 5회
오답출제: 18회

remind
[rɪˈmaɪnd]
vt. ~을 상기시키다

reminder n. 독촉장, 알림
Please **remind** her to call me.
그녀에게 저에게 전화해달라고 해주세요.

출제포인트 <remind + 사람 목적어 + to부정사> …에게 ~하라고 상기시키다
실전 TIP 시험에는 능동태, 수동태 모두 출제되었다. <be reminded + to부정사>

08 BIG DATA
정답출제: 2회
오답출제: 10회

tell
[tel]
vt. ~을 말하다

Charlie **told** me that he was sick.
Charlie는 나에게 아프다고 말했다.

출제포인트
<tell + 사람목적어 + that절> …에게 ~을 말하다
*반드시 사람 목적어를 취한다.

실전 TIP
수동태 <주어 + be told + that절>은 '(주어)가 ~을 듣다'라는 뜻이다.
I was told that Charlie was sick. 나는 Charlie가 아프다고 들었다.

09 BIG DATA
정답출제: 1회
오답출제: 5회

say
[seɪ]
vt. ~을 말하다, 나타내다

Ms. Zerbiec **said** (that) she was about to go to the store when I called.
Zerbiec 씨는 내가 전화했을 때 막 상점에 가려고 하던 중이라고 말했다.

출제포인트
<say + that절> ~라고 말하다
*사람 목적어를 취하지 않는다.

10 BIG DATA
정답출제: 5회
오답출제: 1회

advise
[ədˈvaɪz]
vt. ~을 알리다, 충고하다

We **advised** him of the changes.
우리는 그에게 변경사항을 알렸다.

실전 TIP
advise가 '알리다(notify, inform)'라는 의미인 경우는 목적어를 '…에게'라 해석한다.
advise가 '충고하다(recommend)'의 뜻일 때에는 목적어를 '~을'로 해석하며
<(사람)명사/동명사/that절 + to부정사> 형태로 쓴다.

11 BIG DATA
정답출제: 5회
오답출제: 8회

notify
[ˈnoʊtəfaɪ]
vt. ~을 통지하다, 통고하다

notification n. 통지, 권고
Please let Mr. Manuel's secretary know when you get there so she can **notify** him of your arrival.
거기에 도착하면 Manuel 씨의 비서에게 알려주세요. 그녀가 그에게 당신의 도착을 통지할 수 있게요.

출제포인트 <notify + 사람목적어 + 전치사 of/that절> …에게 ~을 알리다

12 BIG DATA
정답출제: 7회
오답출제: 10회

Quiz

04 The director of our Seoul factory ---------- to decrease production of umbrellas by 10 percent at the start of next month.
(A) was told   (B) told

05 Mr. Lee ---------- his coworkers that long-term investments are always profitable even in times of economic recession.
(A) recommends   (B) advises

06 In August we --------- that our article had been rejected.
(A) notified   (B) were notified

DAY 13

convince
[kənˈvɪns]
vt. ~을 납득시키다, 설득하다

Brian **convinced** me that he is not the one who stole the money.
Brian은 자신이 돈을 훔친 사람이 아니라는 것을 나에게 납득시켰다.

출제포인트
<convince + 사람목적어 + that절> ~라는 것을 …에게 확신시키다, 납득시키다
<convince + 사람목적어 + of + 사물> ~을 …에게 확신시키다
<convince + 사람목적어 + to부정사> ~하도록 …을 설득하다

13
BIG DATA
정답출제: 1회
오답출제: 7회

brief
[briːf]
vt. ~을 알려주다, 보고하다

The Marketing director **briefed** the president on the current issue.
마케팅 이사는 사장에게 현재 이슈에 대해 보고했다

출제포인트
<brief + 사람/사물 + 전치사 on/about + 사물> …에게 ~을 말하다/보고하다

14
BIG DATA
정답출제: 6회
오답출제: 4회

persuade
[pərˈsweɪd]
vt. ~을 설득하다, 주장하다

I am on a diet, but Susan **persuaded** me to eat pizza.
난 다이어트 중인데 Susan은 내가 피자를 먹게끔 설득했다.

출제포인트
<persuade + 사람목적어 + to부정사> …에게 ~하도록 설득하다

15
BIG DATA
정답출제: 0회
오답출제: 9회

warn
[wɔːrn]
vt. ~을 경고하다, 강력히 충고하다

James **warned** his employees to be on time.
James는 직원들에게 제시간에 오라고 경고했다.

출제포인트
<warn + 사람목적어 + to부정사/전치사 of> …에게 ~을/~하라고 경고하다

16
BIG DATA
정답출제: 1회
오답출제: 1회

assure
[əˈʃʊr]
vt. ~을 확언하다, 장담하다

Ms. Kim **assured** her staff of their wage increases.
Kim 씨는 자신의 직원들에게 임금 인상을 장담했다.

출제포인트
<assure + 사람목적어 + 전치사 of> …에게 ~을 장담하다

실전 TIP
<주어+ be assured of + 목적어> 형태로도 많이 나오며
<assure + 사람 목적어 + that절/ 전치사 of> 형태로 쓰이기도 한다.

17
BIG DATA
정답출제: 4회
오답출제: 1회

ensure
[ɪnˈʃʊr]
vt. ~을 보장하다, 반드시 ~하게 하다

Please **ensure** that you turn all the equipment off when you leave work.
퇴근할 때 반드시 모든 장비의 전원을 꺼주세요.

출제포인트
<ensure + 명사/that절> 형태로 사람목적어나 to부정사를 목적어로 쓰지 않는다.

18
BIG DATA
정답출제: 7회
오답출제: 2회

Quiz

07 The board of directors is still not fully --------- of the advantages of the new marketing campaigns.
(A) consulted   (B) persuaded

08 Please be ----------- that our company makes every effort to protect the security of confidential customer data.
(A) assured   (B) allowed

09 To ---------- the safety of the customers, every ride in the amusement park has undergone and passed extensive quality checks.
(A) ensure   (B) secure

❷ 〈감정동사 + 목적어〉 → 수동태 〈주어(사람명사) + be + 감정동사 p.p.〉

amaze
[əˈmeɪz]
vt. ~을 놀라게 하다

We were amazed at his creativity.
우리는 그의 창의력에 깜짝 놀랐다.

출제포인트 be amazed at ~에 깜짝 놀라다

19
BIG DATA
정답출제: 1회
오답출제: 2회

please
[pliːz]
vt. ~을 기쁘게 하다,
만족시키다

pleasant a. 즐거운
Investors are pleased that the sales for the last half of the year have never been higher than now.
투자자들은 지난 하반기 판매가 지금보다 더 높은 적이 없어서 만족한다.

출제포인트
〈be pleased + to부정사〉 ~하게 되어 기쁘다
〈be pleased + that절〉 ~하게 돼서 기쁘다
〈be pleased + with/about ~〉 ~로 인해/~에 대해 만족하다

실전 TIP
그 외 감탄사로 정중히 부탁할 때 명령문 앞뒤에 쓰이기도 한다.

20
BIG DATA
정답출제: 7회
오답출제: 9회

satisfy
[ˈsætɪsfaɪ]
vt. ~을 만족시키다,
충족시키다,
확신시키다

satisfactory a. 만족스러운
Customized services will be introduced next month in order to satisfy consumers.
고객을 만족시키기 위한 맞춤 서비스가 다음 달에 도입될 것이다.

출제포인트
〈사람 + be satisfied with〉 ~에 만족하다
실전 TIP 반의어로 dissatisfy, dissatisfied가 있다.

21
BIG DATA
정답출제: 3회
오답출제: 5회

interest
[ˈɪntrɪst]
vt. ~에 관심을 갖게 하다

Anyone interested in learning more about our business is welcome to attend our seminar on May 10.
우리의 사업에 대해 좀 더 알고 싶은 사람들은 누구든 5월 10일의 세미나 참석을 환영합니다.

출제포인트 interest가 쓰인 문장 형태에 따라 사람명사의 위치가 바뀐다.
• 〈사람 + be interested in〉 – 주어 자리
• 〈interest + 사람목적어 + in〉 – 목적어 자리

22
BIG DATA
정답출제: 15회
오답출제: 31회

worry
[ˈwɜːri]
vt. ~을 걱정시키다

Economic advisors are worried that company earnings will be adversely affected by the increase in exchange rates.
경제 고문들은 회사 수익이 환율 상승에 의해서 악영향을 받게 될 것이라고 우려하고 있다.

출제포인트 be worried about ~을 걱정하다
〈worry + that절〉 ~라고 걱정하다

23
BIG DATA
정답출제: 2회
오답출제: 1회

disappoint
[ˌdɪsəˈpɔɪnt]
vt. ~을 실망시키다,
좌절시키다

The merger between the two giant companies disappointed many retailers in Korea.
그 두 거대 기업 간의 합병은 한국의 많은 소매업자들을 좌절시켰다.

출제포인트
〈be disappointed + at/with/about + 명사〉 ~에게 실망하다
〈be disappointed (that) + 주어 + 동사〉 ~한 것에 실망하다

24
BIG DATA
정답출제: 3회
오답출제: 1회

Quiz

10 If it is your first time to visit our museum, you will be ---------- at its immensity.
(A) amaze   (B) amazed

11 The chef at the Red Flame Bistro Bar was --------- to receive positive feedback from foreign customers.
(A) loyal   (B) pleased

12 As competition in the retail market is becoming fiercer, customized service has been introduced to satisfy --------- of all backgrounds.
(A) consume   (B) consumers

DAY 13

❸ 주어/목적어로 주로 사람이 오는 동사

decide
[dɪˈsaɪd]
vt. ~을 결정하다

We **decided** to proceed with the plan.
우리는 그 계획을 (계속해서) 진행하기로 결정했다.

실전 TIP
decide, consider, expect 등은 주어가 항상 사람이어야 한다는 것에 주의한다.

25
BIG DATA
정답출제: 4회
오답출제: 20회

intend
[ɪnˈtend]
vt. ~을 의도하다,
(…에게) …을 시키려고 하다

The company **intended** to open its new factory in Busan.
그 회사는 부산에 새 공장을 열려고 했다.

출제포인트
⟨intend + 목적어 + to부정사⟩
수동태 ⟨be intended + to부정사/전치사 for⟩

실전 TIP
intend는 to부정사 또는 명사를 목적어로 취한다.

26
BIG DATA
정답출제: 9회
오답출제: 11회

plan
[plæn]
vt. ~을 계획하다

The chief editor **plans** to announce drastic changes to the magazine's format at the next planning session.
편집장은 다음 실무 회의에서 잡지 구성의 엄청난 변경 사항들을 발표할 계획이다.

출제포인트
⟨plan + to부정사⟩ = ⟨plan on + 동명사⟩ ~할 계획이다

27
BIG DATA
정답출제: 3회
오답출제: 7회

attract
[əˈtrækt]
vt. 마음을 끌다

Not many visitors came to the seminar when it first began, but thorough marketing and PR **attracted** larger guests in subsequent years.
처음 시작했을 때는 그다지 많지 않은 방문객들이 세미나에 참석했지만, 철저한 마케팅과 홍보가 그 다음 여러 해 동안 많은 손님을 끌어 모았다.

출제포인트
⟨be attracted to + 사람⟩ (사람)에게 끌리다
attract attention/interest 관심/흥미를 끌다

실전 TIP
시험에는 주로 사람을 목적어로 쓰는 경우가 나온다.

28
BIG DATA
정답출제: 9회
오답출제: 5회

instruct
[ɪnˈstrʌkt]
vt. ~을 지시하다,
가르치다

All participants **are instructed** to pick up their information packets at the reception desk.
모든 참석자들은 리셉션 데스크 정보가 들어 있는 봉투를 받아가라고 지시를 받는다.

출제포인트 ⟨사람주어 + be instructed + to부정사⟩

실전 TIP
unless otherwise instructed to do 다른 지시사항이 없다면

29
BIG DATA
정답출제: 2회
오답출제: 13회

impress
[ɪmˈpres]
vt. ~에게 깊은 인상을 주다

We **were** very **impressed** by their performance.
우리는 그들의 성과에 대해 매우 깊은 인상을 받았다.

출제포인트
⟨주어 + impress + 사람 + by/with⟩ → ⟨사람 + be impressed + by/with⟩

실전 TIP
과거분사 형용사인 impressed는 '감명을 받은, 깊은 인상을 받은'이라는 의미로 사람을 수식하며, 사물이 인상적인 경우 형용사 impressive를 쓴다.

30
BIG DATA
정답출제: 1회
오답출제: 7회

Quiz

13 The planning department -------- to cater for the needs of the fast-paced growth of the market.
(A) includes   (B) intends

14 The new beach park will -------- many tourists to the city.
(A) attract   (B) appeal

15 The security department has been -------- to issue visitors ID to all non-employees.
(A) agreed   (B) instructed

❹ 자/타동사로 모두 쓰이는 동사: 주어와 목적어의 관계를 논리적으로 따져야 한다.

dress
[dres]
vt. ~을 입다, 입히다
vi. 입다

He always likes to **dress** casually.
그는 항상 편안하게 입는 것을 좋아한다.

출제포인트 부사 casually, formally 등과 함께 자주 쓰인다.
- *3형식*: dress casual attire
- *1형식*: dress casually

31
BIG DATA
정답출제: 2회
오답출제: 0회

improve
[ɪmˈpruːv]
vt. ~을 개선하다
vi. 개선되다

In an effort to **improve** our productivity, we introduced new equipment on the assembly line.
생산성 향상을 위한 노력으로 우리는 조립 라인에 새로운 장비를 도입했다.

실전 TIP
improve는 자/타동사가 모두 가능하므로 주어와 목적어의 관계를 파악하고 문맥에 따라 선택해야 한다.

32
BIG DATA
정답출제: 9회
오답출제: 4회

begin
[bɪˈɡɪn]
vt. ~을 시작하다
vi. 시작되다

The annual conference is scheduled to **begin** at 3 p.m.
연례 회의는 오후 3시에 시작하는 것으로 일정이 잡혀 있다.

출제포인트
자/타동사로 '시작하다'이며, start와 마찬가지로 to부정사와 동명사(-ing)를 목적어로 취한다.

33
BIG DATA
정답출제: 11회
오답출제: 5회

communicate
[kəˈmjuːnəkeɪt]
vt. ~을 전하다, 알리다
vi. 연락을 주고받다, 의사소통하다

communication n. 의사소통, 전달, 연락
He was eager to **communicate** his ideas to the group.
그는 본인의 생각을 그룹에게 간절히 전하고 싶어했다.

출제포인트
〈communicate with + 사람〉 ~와 의사소통하다
〈communicate + 명사 + to + 사람〉 ~을 …에게 전달하다

34
BIG DATA
정답출제: 2회
오답출제: 3회

operate
[ˈɑːpəreɪt]
vt. ~을 움직이다, 조작하다
vi. 작동하다

YUSI's coffee subsidiary **will operate** under the name of Venam Beans.
YUSI의 커피 자회사는 Venam Beans의 이름으로 운영될 것이다.

출제포인트
① 회사나 조직이 '운영되다, 영업하다'라는 의미의 자동사
② 기계, 장비를 '가동하다, 작동하다'의 자/타동사
③ 서비스, 시스템 등이 '운용되다'의 자/타동사

35
BIG DATA
정답출제: 9회
오답출제: 7회

decrease
[ˈdiːkriːs]
vt., vi. 감소하다, 줄이다

The ABC Industry expected to see an increase in sales in August after it **decreased** significantly in July.
ABC Industry는 7월에 판매가 상당히 감소한 후에 8월에는 판매가 증가할 것으로 예상했다.

출제포인트
decrease considerably 자동사. 상당히 감소하다
decrease the production 타동사. 생산량을 줄이다

실전 TIP
시험에는 주로 〈decrease + in + 분야〉, 〈decrease + by/to + 정도/범위〉가 나온다.

36
BIG DATA
정답출제: 1회
오답출제: 6회

Quiz

16 All members should be ---------- appropriately according to company protocol.
(A) dressed (B) dressing

17 Managers should have excellent oral and written skills to ---------- effectively with coworkers as well as their clients.
(A) communicate (B) proceed

18 The Darwin Island Ferry will continue to --------- on its spring schedule until May 1 with 4 round trips daily.
(A) produce (B) operate

DAY 13

❺ 〈자동사 + 전치사〉: 목적어가 필요하다.

comply
[kəmˈplaɪ]
vi. 따르다, 준수하다

Please make sure that the materials you have purchased **comply** with all building specifications.
귀하가 구매하신 자재가 모든 건물 규격에 맞는지 확인하시기 바랍니다.

출제포인트
〈comply with + 명사(법/규칙/규정)〉 ~을 따르다, ~을 준수하다

37 BIG DATA
정답출제: 5회
오답출제: 8회

interfere
[ˌɪntərˈfɪr]
vi. 간섭하다, 방해하다

You have no right to **interfere** in this project.
당신은 이 프로젝트에 간섭할 권리가 없다.

출제포인트
interfere in ~에 간섭(개입)하다
〈interfere with + 사람/사물 목적어〉 ~을 방해하다(못하게 막다)

실전 TIP
유사 의미를 가진 〈prevent + 목적어 (from -ing)〉,
〈restrict + 목적어 + to + 명사〉 등은 모두 타동사임을 기억해두자.

38 BIG DATA
정답출제: 1회
오답출제: 8회

compete
[kəmˈpiːt]
vi. 경쟁하다, 겨루다

Advertising provides small businesses with a greater opportunity to **compete** against larger companies.
광고는 소기업체들에게 큰 회사들과 경쟁할 수 있는 좋은 기회들을 제공한다.

출제포인트
〈compete + with/against + 경쟁상대〉 ~와 겨루다, ~와 경쟁하다

39 BIG DATA
정답출제: 1회
오답출제: 3회

inquire
[ɪnˈkwaɪr]
vt., vi. 문의하다

Thank you for **inquiring** about the executive position in our Seoul office.
우리 서울 지점 책임자 자리에 대해 문의 주셔서 감사합니다.

출제포인트
〈inquire about + 명사〉 ~에 대해 질문하다

40 BIG DATA
정답출제: 1회
오답출제: 8회

register
[ˈrɛdʒəstər]
vt., vi. 등록하다

I **registered** for a web cast session and need to cancel.
웹캐스트 과정에 등록했는데 취소해야 한다.

출제포인트
register for ~을 등록하다
register with ~에 등록하다

41 BIG DATA
정답출제: 3회
오답출제: 5회

specialize
[ˈspɛʃəlaɪz]
vi. 전문으로 하다

Which market does the company **specialize** in?
그 회사의 주력 시장은 어디인가요?

출제포인트
specialize in ~을 전문으로 하다

42 BIG DATA
정답출제: 8회
오답출제: 4회

Quiz

19 Before disposing of a questionable product, please contact your municipality to make sure you fully ---------- with state and federal laws.
(A) adhere   (B) comply

20 All participants should -------- for the annual conference by next Monday.
(A) register   (B) express

21 Kirom Consulting has -------- in the retail businesses for over 20 years.
(A) specialized   (B) offered

❻ 〈타동사 + 목적어 + 전치사〉

equip
[ɪˈkwɪp]
vt. ~에 장비를 갖추다

This lavatory **is** fully **equipped**.
이 화장실은 (관련 설비들이) 완비되어 있다.

출제포인트
〈equip + A + with + B〉 B로 A를 준비시키다, B의 설비로 A를 갖추다

43
BIG DATA
정답출제: 3회
오답출제: 9회

spend
[spend]
vt., vi. 돈을 쓰다

Many companies **are spending** a large amount of money purchasing the latest computers.
많은 회사들이 최신 컴퓨터를 구매하는 데 많은 돈을 쓰고 있다.

출제포인트
〈spend + time/money/effort (in/on) + -ing〉 ~에 돈/시간/노력을 쓰다

실전 TIP spend처럼 전치사를 생략할 수 있는 관용 표현들
- 〈have + difficulty/trouble (in) + -ing〉 ~하는 데 어려움을 겪다
- 〈be busy (in) + -ing〉 ~하느라 바쁘다
- 〈keep (on) + -ing〉 계속해서 ~하다
- 〈find somebody (in) -ing〉 ···가 ~하고 있는 것을 발견하다

44
BIG DATA
정답출제: 2회
오답출제: 8회

prevent
[prɪˈvent]
vt. ~을 예방하다, 방해하다, 막다

Bad weather **prevented** us from reopening the Hong Kong branch as scheduled.
악천후가 우리가 홍콩 지사를 예정대로 재개장하는 것을 막았다.

출제포인트
〈prevent + 목적어 + from doing something〉 ~가 ···하는 것을 막다, 방해하다

실전 TIP 유의어
prohibit, forbid, ban, keep, stop

45
BIG DATA
정답출제: 5회
오답출제: 7회

obtain
[əbˈteɪn]
vt. ~을 얻다, 획득하다

The meeting coordinators **will obtain** special discount rates from the management of the Pizza Palace.
회의 코디네이터들이 Pizza Palace의 경영진으로부터 특별 할인 가격을 얻어 낼 것이다.

출제포인트
〈obtain + 목적어 + from + 사람/명사(출처)〉 ~로부터 ···을 얻다

46
BIG DATA
정답출제: 8회
오답출제: 5회

substitute
[ˈsʌbstətuːt]
vt. ~을 바꾸다, 대체하다

In every recipe published in Back Cooking magazine, you **may substitute** olive oil for butter.
Back Cooking 잡지에 공개된 모든 요리법에서 버터를 올리브 오일로 교체해도 된다.

출제포인트
substitute A for B B를 A로 바꾸다

47
BIG DATA
정답출제: 4회
오답출제: 3회

donate
[ˈdoʊneɪt]
vt. ~을 기부하다, 기증하다

Last year, she **donated** $10,000 to the charity.
작년에 그녀는 만 달러를 자선단체에 기부했다.

출제포인트
〈donate + 목적어 + to + 상대방〉 ~을 ···에 기부하다

실전 TIP 유의어 contribute
- 자동사 contribute to ~의 원인이 되다
- 타동사 〈contribute + A + to + B〉 B에 A을 기부하다

48
BIG DATA
정답출제: 8회
오답출제: 5회

Quiz

22 One of the goals of every international company is to -------- its branches with advanced softwares.
(A) equip   (B) invest

23 As it is getting hotter, shoppers spend much more than usual ---------- drinks and ice cream.
(A) on   (B) to

24 In many automobiles, name-brand replacement parts may be ---------- for original equipment parts.
(A) involved   (B) substituted

DAY 13

3형식 예외 동사

다음 동사들을 제외한 대부분의 3형식 동사들은 모두 명사(절)을 목적어로 취한다.

1. 허락하다/요구하다
〈동사 + 사람목적어 + to부정사〉 ~에게 …하는 것을 허락하다/ 요구하다
allow ask encourage require urge expect enable

2. 통보하다/알리다
〈동사 + 사람목적어 + 전치사구(of/about/on+명사)/that절/to부정사
advise inform remind notify tell assure convince persuade brief

3. 감정동사
〈감정동사 + 사람목적어〉
수동태로 → 〈사람명사 + be + 감정동사의 과거분사〉

4. 주어로 사람만 취하는 동사
decide intend plan

5. 목적어로 사람만 취하는 동사
attract instruct impress teach

전치사와 함께 출제되는 동사

1. 자동사 + 전치사
comply with ~을 따르다 interfere with ~을 방해하다 compete against ~와 경쟁하다 inquire about ~에 대해 질문하다 register for ~을 위해 등록하다 specialize in ~을 전문으로 하다

2. 타동사+목적어+전치사
〈equip + 목적어 + with〉 장비를 갖추다
〈spend + 목적어[time/money/effort] (in/on) + -ing〉 ~하는 데 시간/돈/노력을 쓰다
〈prevent + 목적어 + from doing something〉 ~가 …하는 것을 막다, 방해하다
〈obtain + 목적어 + from + 사람/명사(출처)〉 ~로부터 …을 얻다
〈substitute A for B〉 B를 A로 바꾸다
〈donate + 목적어 + to + 상대방〉 ~을 …에게 기부하다

실력완성 TEST

01 One of the goals of every international company is to -------- its branches with advanced softwares.
(A) equip (B) invest (C) replace (D) refer

02 In many automobiles, name-brand replacement parts may be ---------- for original equipment parts.
(A) involved (B) opened (C) replenished (D) substituted

DAY 14

주제별 빈출 동사 어휘

보기에 같이 다니는 동사

실행/수행하다	conduct	(정해진 일정 연구 등을) 진행하다 conduct the investigation 조사를 실시하다
	perform	(정해진 역할이나 업무를) 수행하다 perform a role in our organization 조직에서 역할을 수행하다
	fulfill	(약속이나 의무, 요구사항을) 이행하다 fulfill one's obligations 의무사항을 이행하다
바꾸다	change	(일부분 또는 전체를 본질적으로) 바꾸다 change the name of our business 회사 이름을 바꾸다
	exchange	(동일한 종류의 것을) 교환하다, 주고받다 exchange your currency for dollars 화폐를 달러로 바꾸다
얻다	have	가지고 있다 have an idea 아이디어가 있다
	earn	(월급, 보너스, 수익, 명성 등을) 얻다 earn a salary 봉급을 받다
결정하다	decide	(무엇의 결과를) 결정하다, 결정짓다 decide to proceed with the plan 그 계획을 진행하기로 결정했다.
	determine	결론이나 사실을 '결정짓다', 공식적으로 '확정하다' determine the cause of the power failure 정전의 원인을 알아내다

★ 유사의미의 동사어휘는 목적어와 같이 외워요!

시험문제는 이렇게 나와요!

It is vital to --------- an internal investigation based on the public scrutiny this firm has received.
(A) conduct   (B) verify   (C) conduce   (D) inspec

해설 ▶ 생각의 순서

1단계 구조 분석
It / is vital / to --------- / an internal investigation (based on the public scrutiny)(this firm has received).
  동사   진주어[to+동사원형] 목적어

2단계 품사 배열 빈칸은 to부정사 진주어 자리로 목적어 investigation과 어울리는 동사가 와야 한다.

3단계 답 결정 단어 찾기 investigation → conduct an investigation 조사를 실시하다 ∴ (A)가 정답

4단계 오답 노트 (D) inspect : 조사하다 ∴ investigation과 같이 사용 X (의미 중복)

해석 이 회사가 받았던 공개 조사를 토대로 내사를 진행하는 것이 중요하다.
어휘 internal 내부의   public scrutiny 공개조사   verify 확인하다
정답 (A)

DAY 14 의미별 어휘 정복

얻다

earn
[ɜːn]
vt. (일하여) ~을 벌다, 얻다

01
As a teacher, Carter **earned** the respect of his students.
교사로서, Carter는 그의 학생들에게 존경 받았다.
실전 TIP 일하여 대가로 받는 '돈의 액수'나 노력·행동 등을 통해 얻게 되는 '명성이나 직위' 등이 목적어로 온다.

BIG DATA
정답출제: 3회
오답출제: 10회

gain
[ɡeɪn]
vt. ~을 얻다
n. 증가, 이익

02
Local tourist destinations **have been gaining** popularity since flights overseas have increased in price.
해외로 가는 비행기 편의 가격이 올랐기 때문에 국내 관광지들이 인기를 얻고 있다.
출제포인트 gain a market 시장을 얻다
gain a reputation/popularity/acceptance 평판/인기/승인을 얻다
gain experience/knowledge 경험/지식을 쌓다
실전 TIP 자신의 노력, 기량, 작업 등을 통해서 얻게 되는 것들이 목적어로 온다.

BIG DATA
정답출제: 4회
오답출제: 4회

win
[wɪn]
vt. ~을 이기다, 따다, 얻다

03
Mr. Lopez **has won** the annual design competition for his team.
Lopez 씨는 그의 팀을 대표하여 연례 디자인 경진 대회에서 우승했다.
출제포인트 노력해서 대회나 경기에서 상을 '획득하다', '얻다'라는 의미이다.
win a job 일자리를 얻다 win a prize 상을 타다 win a support 원조를 얻다
win an award 상을 받다 win an approval 승인을 따다
win a scholarship 장학금을 따다 win a contract 계약을 따다
win a bid 입찰을 따다 win a race 경주에서 이기다
win a competition 경쟁에서 이기다 win a contest 대회에서 이기다

BIG DATA
정답출제: 4회
오답출제: 2회

get
[ɡet]
vt. ~을 받다, 얻다

04
Flexibility is one of the essentials to **getting** a good job.
융통성은 좋은 직장을 구하는 데 꼭 필요한 것들 중 하나이다.
출제포인트 남이 주는 것을 받는 것, 얻어오는 것, 병에 걸리는 것, 월급 등을 받는 것을 의미한다.
실전 TIP 다양한 뜻이 있으나 자주 쓰이는 표현부터 기억해 두자.
<get to + 목적지> ~에 도착하다 get paid 급여를 받다 get permission 허가를 얻다
get reimbursement 환급을 받다 get a job 취업하다

BIG DATA
정답출제: 0회
오답출제: 2회

take
[teɪk]
vt. ~을 (어떤 행위를) 취하다, 가져가다, 데려가다, 소요되다

05
It **took** two hours to read the book.
그 책을 읽는 데 두 시간 걸렸다.
출제포인트 어떤 대가를 치르고 물건을 사는 것, 시간이 걸리는 것, 사람을 데려오는 것, 특정 물건을 몸에 지니는 것 등에 쓰인다.
take의 다양한 의미는 STEP 3에서 자세히 배운다.

BIG DATA
정답출제: 6회
오답출제: 10회

possess
[pəˈzes]
vt. (자격, 능력 등)을 가지다

06
I **possess** an outstanding record of previous achievement.
내게는 전에 이룬 훌륭한 업무실적 기록이 있다.
출제포인트
possess a degree 학위를 가지다
possess an expertise 전문지식/전문성을 가지다   possess a skill 기술을 가지다
possess a training 교육을 받다   possess a home 가정을 가지다
실전 TIP
학위, 자격, 경력, 기술 등을 목적어로 받는다.

BIG DATA
정답출제: 2회
오답출제: 1회

Quiz

01 Despite my credentials, I cannot simply apply for a higher position until I --------- the experience.
(A) possess   (B) gain

02 Daniel's brilliant design of our new concept car ---------- him the 10th commercial design award.
(A) took   (B) won

03 Health insurance agents should ----------- brochures with them when offering health care plans to interested clients.
(A) take   (B) get

바꾸다

exchange
[ɪksˈtʃeɪndʒ]
vt. ~을 교환하다, 맞바꾸다
n. 교환, 맞바꿈

Jane wants to **exchange** her fax machine for the latest model that has more functions.
Jane은 자신의 팩스기를 더 많은 기능이 있는 최신 모델로 교환하기를 원한다.

출제포인트 전치사 for을 동반하여 '교환하다, 바꾸다'의 의미로 쓰인다.

실전 TIP
make an exchange with ~와 교환하다

07 BIG DATA
정답출제: 2회
오답출제: 14회

modify
[ˈmɑːdəfaɪ]
vt. ~을 수정하다, 바꾸다

Older operating systems that are more vulnerable to damage **should be modified** over the next four months.
손상에 더 취약한 오래된 운영 시스템들은 앞으로 4달에 걸쳐 수정되어야 한다.

출제포인트 내용을 알맞도록 수정, 보완하여 '바꾸다'

08 BIG DATA
정답출제: 1회
오답출제: 1회

replace
[rɪˈpleɪs]
vt. ~을 대신하다, 교체하다

Jane wants to **replace** her fax machine with the latest model that has more functions
Jane은 자신의 팩스기를 더 많은 기능이 있는 최신 모델로 교체하기를 원한다.

출제포인트 부품, old한 것 등을 완전히 새것으로 '교체하다'. 관련 전치사는 with.

실전 TIP
exchange A for B와 함께 기억하자

09 BIG DATA
정답출제: 6회
오답출제: 13회

vary
[ˈveri]
vi. 각기 다르다
vt. ~을 다르게 하다

The director knew that each team's contributions to the project **varied** in amount and duration.
이사는 그 프로젝트에 대한 각 팀의 기여도가 양이나 기간에 있어 다르다는 것을 알고 있었다.

출제포인트 (같은 것에서 벗어나) 서서히 또는 다양하게 변화시킨다는 의미의 자동사로 전치사 in, from, to와 주로 함께 쓰인다.

실전 TIP
alter(달라지다)는 모양, 색, 길이 등 외관이 바뀌는 것을 의미한다.

10 BIG DATA
정답출제: 4회
오답출제: 0회

update
[ʌpˈdeɪt]
vt. ~을 갱신하다, 최신 정보를 더하다

Please provide us with your new mail address so that we can **update** our mailing list.
우리에게 귀하의 새로운 우편주소를 알려주시기 바랍니다. 그래야 우리의 우편발송 목록을 업데이트 할 수 있습니다.

출제포인트 발생상황에 대한 '최근 정보를 더하다', 어떤 정보나 기능 등을 '갱신하다', '최신의 것으로 하다'

실전 TIP
upgrade 제품의 품질을 한 단계 올리는 것
It's time to (update / upgrade) my car. 이제 더 좋은 차로 바꿀 때다.

11 BIG DATA
정답출제: 9회
오답출제: 2회

transform
[trænsˈfɔːrm]
vt. ~을 바꾸다

A new color scheme **will transform** your livingroom.
새로운 색상 설계가 너의 거실을 완전히 바꿀 것이다.

출제포인트 물질의 외형, 성격, 기능도 다 바꾼다는 뜻이다.

12 BIG DATA
정답출제: 2회
오답출제: 1회

➕ '바꾸다' 유사어휘 총정리

- **change** 일부분 또는 전체를 본질적으로 '바꾸다'
- **vary** 같은 것에서 벗어나 서서히 또는 다양하게 '변화시키다'
- **alter** 길이나 모양들에 부분적·외면적 '변화를 가하다'
- **modify** 기존의 계약내용, 성능, 보고서의 내용들을 수정을 위해 '변경하다'
- **transform** 물질의 외형, 성격이나 기능을 다 '바꾸다'
- **update** 새로운 소식이나 진행 상황, 최신 정보, 변경 사항 등을 '알리다'
- **upgrade** 장비나 서비스의 기능, 품질을 개선하다. 사람을 '승진시키다', 가격·등급을 '올리다'
- **substitute** 일시적으로 '대체되어 바뀌다'라는 것으로 원래 상태로 되돌릴 수 있다. 관련 전치사는 for.
- **switch** '갈아타다', 사용하던 상표나 brand 등을 '바꾸다', 아이디어·생각·화제 등을 '돌리다'
- **exchange** 가치가 동등한 것들을 '맞바꾸다' 환전, 교환 등에 쓰인다.

DAY 14

말하다

speak
[spi:k]
vi. 말하다, 이야기하다

They want to speak with reporters.
그들은 기자들과 이야기를 하고 싶어 한다.

출제포인트
<speak + to/with 사람 + about 사물> …와/에게 ~에 대해 이야기하다
실전 TIP 자동사의 의미상 목적어를 나타내는 전치사를 동사와 세트로 알아두자.

13
BIG DATA
정답출제: 5회
오답출제: 4회

comment
['kɑːment]
vi. 논평하다, 견해를 밝히다
n. 논평, 언급, 지적

After reviewing the documents, the manager commented on it.
매니저는 서류를 검토한 후에 그것에 대해 의견을 냈다.

출제포인트
<comment + that절> ~라고 논평하다
<comment + on/about> ~에 대해 논평하다

14
BIG DATA
정답출제: 0회
오답출제: 8회

describe
[dɪ'skraɪb]
vt. ~을 (무엇에 대해) 말하다, 묘사하다

The architect will describe the layout for us when she visits next week.
건축가는 다음 주 방문 때 우리에게 건물 배치를 설명할 것이다.

출제포인트
describe the problem 문제를 이야기하다
describe the experience 경험을 이야기하다
실전 TIP 설명하려는 대상만 목적어로 올 수 있다. 사람목적어를 고르는 실수를 피하자. → say, explain, mention, express도 마찬가지다.

15
BIG DATA
정답출제: 2회
오답출제: 4회

express
[ɪk'spres]
vt. ~을 (감정, 의견 등을) 표현하다, 나타내다

Managers have expressed concern about the changes.
매니저들은 변경사항에 대해 우려를 표했다.

출제포인트 감정명사들을 목적어로 취한다.
express concerns 우려를 표하다   express interests 관심을 보이다

16
BIG DATA
정답출제: 3회
오답출제: 10회

- say: '무엇'을 말하는 것이 핵심이며, '누구에게'는 <to + 사람>으로 표시한다.
- tell: 새로운 사실이나, 정보를 전달할 때 사용한다. 4형식 동사이지만 3형식의 <tell + 사람 + about/of 사물>의 어순으로도 쓴다.
- inform, remind, advise: '알리다, 통보하다'의 의미로 <동사 + 사람 + of + 사물>의 형태로 목적어를 취한다.

빌리다

lend
[lend]
vt. ~을 빌려주다, (돈을) 대출하다

I lent my MP3 player to David last week.
= I lent David my MP3 player last week.
지난주에 내 MP3플레이어를 David에게 빌려주었다.

출제포인트
- 3형식 <lend + 사물 + to 사람>
- 4형식 <lend + 사람 + 사물>

17
BIG DATA
정답출제: 0회
오답출제: 2회

borrow
['bɑːroʊ]
vt. ~을 빌리다

He borrowed a book from me.
그는 나에게서 책 한 권을 빌려갔다.

출제포인트
<borrow + 사물 + from + 사람> …에게 ~을 빌리다
lend의 반대말로 남의 것을 일정 기간 동안 상대방의 허락을 받고 대가 없이 빌리는 것을 말한다.

18
BIG DATA
정답출제: 1회
오답출제: 2회

- rent: 어떤 물건을 돈을 주고 빌리는 것
  Let's rent a car tonight. 오늘밤 차를 한 대 빌리자.
  a rental car 임대용 자동차
  a rent car 빌린 자동차
- lease: 장기간 건물, 땅, 장비, 차량 등을 돈을 내고 임대하는 것 (→ lease out)
- charter: 비행기나 배를 임대하는 것

줄어들다

decline
[dɪˈklaɪn]
vi. 감소하다, 거절하다
vt. ~을 거절하다
n. 감소

The number of tourists to the resort declined by 10% last year.
리조트 관광객 수가 작년에 10% 감소했다.

출제포인트
자동사로는 '점차적으로 줄어든다'는 의미로 쓰이고, 타동사로는 초대나 제안 등을 '거절하다 (refuse, turn down)'의 의미로 쓰인다.

19 BIG DATA
정답출제: 6회
오답출제: 4회

shrink
[ʃrɪŋk]
vi. (천 등이) 줄어들다

The market for their products is shrinking.
그들의 상품을 위한 시장이 줄어들고 있다.

출제포인트
천·의류가 뜨거운 물에 빨거나 하여 줄었을 때, 또는 어떤 것의 양·크기·가치가 줄었을 때를 말한다.

실전 TIP
주로 전치사 to을 동반한다.

20 BIG DATA
정답출제: 1회
오답출제: 0회

shorten
[ˈʃɔːrtən]
vi. 짧아지다
vt. ~을 짧게 하다

This medicine's shelf life can be shortened whether it is stored in its original container or not.
이 약의 유통 기한은 원래 용기에 보관하느냐 아니냐에 따라 줄어들 수 있다.

출제포인트
시간, 길이, 거리 등이 '짧아진', '충분하지 않은', '부족한'의 의미를 갖는다.

21 BIG DATA
정답출제: 1회
오답출제: 2회

- **decrease**: 예전에 비해 양이나 숫자가 줄어드는 것
- **reduce**: 어떤 의도를 가지고 가격이나 양을 줄이는 것, 특히 할인
- **cut**: 정부나 기업이 예산, 가격 등을 삭감하는 것
- **drop/fall**: 많은 양이 갑자기 줄어드는 것
- **plunge/plummet**: 가치·양 등이 급락하거나, 높은 지점에서 빠르게 곤두박질치는 것

증가하다

increase
[ɪnˈkriːs]
vi. 증가하다
vt. ~을 증가시키다, 늘리다

Food prices increased by an average 5% a year.
음식 값이 1년에 평균 5%가 올랐다.

출제포인트
양이나 숫자, 정도를 '늘리다, 크게 하다(make greater)'라는 의미이다.

22 BIG DATA
정답출제: 25회
오답출제: 16회

broaden
[ˈbrɑːdən]
vt. ~을 넓히다, 넓게 하다
vi. 넓어지다, 퍼지다

The development seminar helps broaden access to better education systems.
개발 세미나는 더 좋은 교육방식으로 접근을 넓히게 돕는다.

출제포인트
단순히 길을 넓히는 의미보다는 영향권, 지식, 경험 등을 넓히는 개념으로 많이 사용된다.

23 BIG DATA
정답출제: 1회
오답출제: 0회

extend
[ɪkˈstend]
vt. ~을 늘리다, 확장하다
vi. 펼쳐지다, 이어지다

extension n. 연장, 확대   extensive a. 폭넓은   extensively ad. 폭넓게

KM Solutions reports that it's extending its 3D-printer products for education.
KM Solutions는 자사의 교육용 3D 프린터기 제품을 늘리고 있다고 보고한다.

출제포인트 기간·길이 등을 '더 길게 하다, 연장하다, 늘리다'라는 뜻이다.
실전 TIP '감사의 뜻을 전하다', '제공하다'라는 의미로 쓸 수 있다.

24 BIG DATA
정답출제: 1회
오답출제: 9회

- **improve**: '더 나아지게 하다(better)'라는 의미를 나타낸다.
  The government has increased taxes. 정부는 세금을 인상했다.
  We can (improve / ~~increase~~) the economic situation by working harder.
  우리는 더 열심히 일함으로써 경제 상황을 향상시킬 수 있다.

- **raise/rise**: 수준(level)이나 기준(standard)이 올라간다는 의미
  The government is trying to (raise / ~~increase~~) the level of education.
  정부는 교육의 수준을 올리기 위해 노력하고 있다.
  The standard of living continues to rise. 생활 수준이 지속적으로 상승하고 있다.

DAY 14

조사하다

investigate
[ɪnˈvestəgeɪt]
vt. ~을 조사하다

Our team has begun **investigating** the flaw in the computer system.
우리 팀은 컴퓨터 시스템의 오류를 조사하기 시작했다.

출제포인트
'조사하다, 수사하다, 연구하다, 진실을 파헤친다'는 의미로 특히 a crime 범죄, an accident 사고, a problem 문제 등을 조사하는 경우에 쓰인다.

25
BIG DATA
정답출제: 1회
오답출제: 4회

inspect
[ɪnˈspekt]
vt. ~을 조사하다

inspector n. 조사관, 검사관
Mr. Potter will be responsible for **inspecting** all of the company's equipment.
Potter 씨는 회사의 모든 장비를 조사하는 업무를 담당할 것이다.

출제포인트
'면밀하게 살피다, 점검[검사]하다'라는 뜻으로 주로 품질이나 성능이 correct 올바른, safe 안전한, working properly 적절하게 작동하는가를 검사하는 것이다.

26
BIG DATA
정답출제: 5회
오답출제: 6회

➕
- **exam**: '보다'라는 기본 뜻에 더하여 문제점이나 실수 등을 찾아내기 위해서 조심스럽게 '살펴본다'는 의미가 있다.
- **observe**: 무엇인가를 더 알아내고 배우기 위해 '본다'는 의미로서 '관찰하다' 정도로 해석한다.
- **scrutinize**: (업무상) 잘못된 것을 찾아보기 위해 세밀히 '조사하다, 파고 따지다'
- **check**: 확인하기 위해 무언가를 '조사하다, 점검하다, 대조하다, 대조 표시(체크 부호(∨) 등)를 하다, 성능(안전성 등)을 검사하다; (답안을) 채점하다' 등으로 쓰인다.
  check something for something ~을 위해 (문제점, 실수 등)을 찾아보다
  We need to check the building for structural damage.
  우리는 구조적 피해를 확인하기 위해 그 건물을 점검할 필요가 있다.

실행하다

perform
[pərˈfɔːrm]
vt. ~을 수행하다,
공연하다

Greene **performs** an important role in our organization.
Greene은 우리 조직에서 중요한 역할을 수행한다.

출제포인트
맡은 역할, 업무, 일 등을 '이행하다, 실행하다'

27
BIG DATA
정답출제: 1회
오답출제: 14회

conduct
[kənˈdʌkt]
vt. (특정한 활동)을 하다

The plant manager recently **conducted** a tour of the company's R&D department.
공장 관리자는 최근에 회사의 연구 개발 부서를 돌아봤다.

출제포인트
meeting, research, project, negotiation 등을 '실행하다, 진행하다'

28
BIG DATA
정답출제: 12회
오답출제: 17회

implement
[ˈɪmpləmənt]
vt. ~을 시행하다,
이행하다
n. 도구

The proposal **will be implemented** as planned.
그 안건은 계획된 대로 실시될 것이다.

출제포인트
plan 계획, strategy 전략, process 과정 등 정해진 일을 행하다

29
BIG DATA
정답출제: 15회
오답출제: 4회

fulfill
[fʊlˈfɪl]
vt. ~을 수행하다,
끝내다,
완료하다

To **fulfill** the customers' expectations, appropriate aid should be made in a timely manner.
고객들의 기대에 부응하기 위해 적절한 지원이 적시에 이루어져야 한다.

출제포인트
fulfill one's duties[obligations] 임무를 수행하다[의무를 이행하다]
주문, 의무, 약속, 직무 등을 '수행하다' 소망, 목적 등을 '달성하다'라는 의미이다.

30
BIG DATA
정답출제: 1회
오답출제: 5회

확인하다

check
[tʃek]
vt. ~을 조사하다, 확인하다

Check the machine/equipment.
기계/장비의 상태를 확인해 보세요.

출제포인트
check는 알아보는 차원에서 '확인'을 하는 것이다. '조사하다, 점검하다' 등의 의미가 있다

31
BIG DATA
정답출제: 3회
오답출제: 5회

confirm
[kənˈfɜːrm]
vt. ~을 확인하다

I'd like to **confirm** my reservation.
제 예약을 확인하고 싶습니다.

출제포인트
'일정/예정 등을 확인하다' 예약이나 일정, 약속, 주문 등을 확인할 때 자주 사용한다.

32
BIG DATA
정답출제: 8회
오답출제: 9회

acknowledge
[əkˈnɑːlɪdʒ]
vt. ~을 인정하다, 승인하다, 확인하다

The board of directors **acknowledged** the need for change.
이사진은 변화의 필요성을 인정했다.

출제포인트
무엇이 존재하거나 옳거나 발생했음을 '인정하다, 확인하다'의 의미이다.
acknowledge the receipt of (누군가로부터 물건을 받았음)을 말하다, 알리다, 확인해주다

33
BIG DATA
정답출제: 4회
오답출제: 3회

verify
[ˈverəfaɪ]
vt. ~이 사실임을 증명하다

All the receipts are required to **verify** the expenses.
비용을 공식적으로 확인하기 위해서 영수증이 필요합니다.

출제포인트
'공식적인 사실을 확인하다'라는 뜻이다.
<verify + that/whether> ~을/~인지 확인하다

34
BIG DATA
정답출제: 2회
오답출제: 2회

선택하다

select
[səˈlekt]
vt. ~을 선택하다

Mr. Park hasn't been **selected** for the team.
Park 씨는 그 팀으로 뽑히지 못했다.

출제포인트
'(선택 기준에 따라 심사숙고하여 신중하게) 선택하다'라는 뜻이다. 예를 들면, 직원을 뽑을 때 지원한 여러 명 중에서 몇 명을 뽑는 것이므로 select a candidate라고 말한다.

35
BIG DATA
정답출제: 4회
오답출제: 9회

vote
[voʊt]
vt. ~을 투표하다, 선출하다

Ruth Chrisp's Steak House is the oldest restaurant ever to **be voted** number one 5 years in a row.
Ruth Chrisp's Steak House는 5년 연속 최고의 레스토랑으로 뽑힌 가장 오래된 레스토랑이다.

출제포인트
<vote + 목적어 + 목적보어> …을 ~로 선출하다

36
BIG DATA
정답출제: 1회
오답출제: 2회

- **choose**: 여러 개 중에 좋아하는 것, 원하는 것을 '고르다'라는 뜻. 의지로 선택하는 것에 포인트가 있다. 즉, 내 판단이나 의지가 들어간다.
  I had to stay home. I had no choice. 집에 있어야 했어. 선택의 여지가 없었어.

  답을 하나 선택할 때에도 내 판단과 의지로 고르는 것이고 물건을 고를 때에도 마찬가지다. choose를 decide와 같은 의미인 '결정하다'라는 뜻으로 사용하기도 하는데 이런 경우는 다른 단어들과 바꿔 사용할 수 없다.
  I chose not to go to work today. 오늘 일 안 가기로 (결정)했다.

- **pick**: 많은 것들 중에 마음대로 하나를 '뽑다'라는 뜻. 의지나 여러 가지 중에 골라야 하는 의미가 아니라 그냥 단순히 아무거나 '고르다'라는 의미이다.
  Pick a number between 1 and 10. 1에서 10까지 번호 (아무거나) 하나 골라.

  pick이 '줍다'라는 뜻도 있듯이 널려 있는 것 중에 하나 줍는다는 의미가 있다. 사장이 물건들을 진열할 때에는 그 중에 제일 좋은 물건으로 **select**할 것이고, 손님들은 자신의 마음에 드는 물건으로 **choose**할 것이고, 모두 같은 물건들일 경우에는 아무거나 하나 **pick**하면 되는 것이다.

DAY 14　주제별 어휘 정복

계약서

finalize
['faɪnəlaɪz]
vt. ~을 결론을 짓다, 확정하다, 합의를 보다

We **will be finalizing** the deal before the end of the month.
우리는 이번 달 말 전에 계약을 마무리할 것이다.

출제포인트
plan 계획, agreement 합의, contract 계약서, business deal 사업거래 등이 목적어로 온다.

37
BIG DATA
정답출제: 4회
오답출제: 1회

review
[rɪ'vjuː]
vt. ~을 검토하다
n. 평가, 재검토

All employees are asked to **review** their performance by themselves.
모든 직원들은 자신의 업무실적을 스스로 검토하도록 요청 받는다.

출제포인트
review the contract 계약서를 검토하다

38
BIG DATA
정답출제: 11회
오답출제: 9회

sign
[saɪn]
vt. …을 ~에 서명하다, ~와 계약하다
n. 표시, 표지판, 징조

Bang Communications **has signed** a two-million-dollar contract to promote the energy saving campaign.
Bang Communications는 에너지 절약 캠페인을 홍보하기 위한 2백만 달러짜리 계약을 체결했다.

출제포인트
sign the contract 계약을 체결하다

39
BIG DATA
정답출제: 5회
오답출제: 2회

breach
[briːtʃ]
vt. ~을 위반하다

They accused the company of **breaching** its contract.
그들은 회사가 계약을 위반한 것에 대해 회사를 고소했다.

출제포인트
breach the contract 계약을 위반하다

40
BIG DATA
정답출제: 0회
오답출제: 0회

renew
[rɪ'nuː]
vt. ~을 갱신하다

Favored clients will receive a deluxe pen and pencil set if they **renew** their subscription to Executive Magazine.
혜택을 받는 고객들은 Executive Magazine 구독을 갱신하면 고급 연필과 펜 세트를 받게 될 것이다.

출제포인트
renew a contract 계약을 갱신하다

41
BIG DATA
정답출제: 3회
오답출제: 2회

take into effect
(새로운 법, 규칙등의) 효력이 발생하다

The laws **will take into effect** after a year.
그 법은 1년 후에 효력이 발생할 것이다.

출제포인트 유의표현
go into effect / come into effect (새로운 법, 규칙 등의) 효력이 발생하다

42
BIG DATA
정답출제: 0회
오답출제: 0회

- make[enter into] a contract 계약하다
- win a contract 계약을 따내다
- terminate a contract 계약을 끝내다, 계약 기간을 깨다
- draw up a contract 계약서를 작성하다
- revise a contract 계약서를 수정하다

▶ *Go Back! Day 01* 첫 페이지 참고

주문하다

place
[pleɪs]
vt. ~을 놓다, 두다,
   (주문을) 하다
n. 장소

I'd like to **place** an order for this model.
이 모델을 주문하고 싶어요.

출제포인트
place an order 주문을 하다

실전 TIP
목적어로 order, advertisement 등과 함께 출제된다.

43
BIG DATA
정답출제: 6회
오답출제: 14회

receive
[rɪˈsiːv]
vt. ~을 받다,
   받아들이다, 수용하다

receipt n. 수령, 영수증 receiver n. 수화기, 수신인 receivable a. 수령할 수 있는
Andrew Anderson recently **received** the Humanitarian Award for his exceptional contribution to inner city children in need of help.
Andrew Anderson은 시 도심의 도움을 필요로 하는 아이들에 대한 그의 뛰어난 공헌으로 Humanitarian Award를 최근에 수상했다.

출제포인트
receive an order 주문을 받다

실전 TIP
well-received 사람들에게 좋은 평가를 받는

44
BIG DATA
정답출제: 14회
오답출제: 7회

process
[ˈprɑːses]
vt. ~을 처리하다,
   가공하다

We **will process** the order upon receipt of your purchase order.
귀사의 구매 주문서를 받는 대로 처리하겠습니다.

출제포인트
process the order 주문을 처리하다

실전 TIP
전치사 into와 같이 쓰인다.

45
BIG DATA
정답출제: 3회
오답출제: 8회

- confirm the order 주문을 확인하다
- cancel the order 주문을 취소하다
- deliver/dispatch/ship the order 주문을 발송하다

● 그래프로 보는 경제 용어

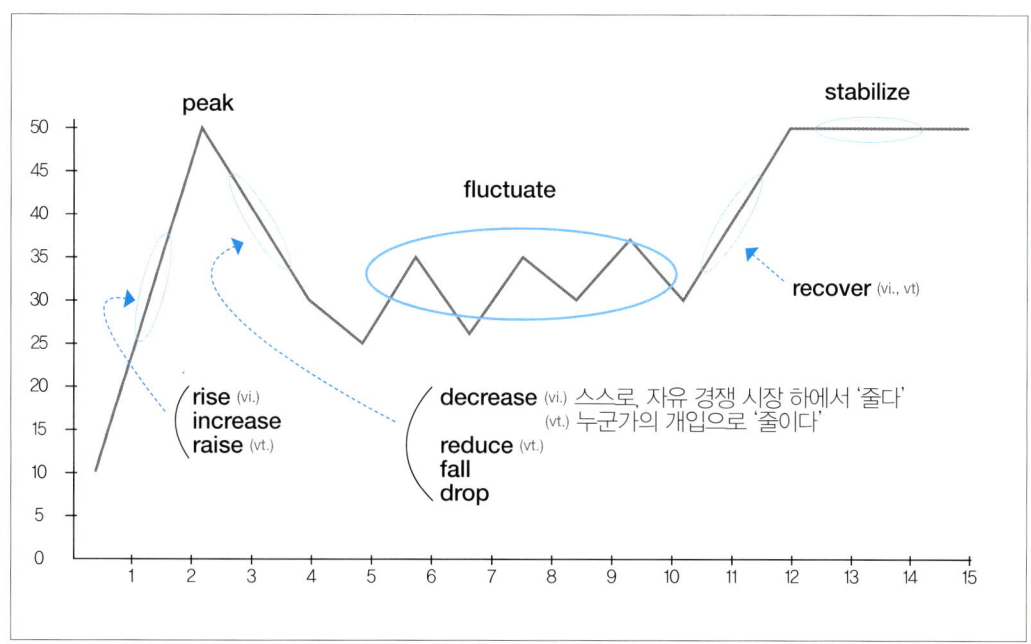

DAY 14   135

DAY 14 SUMMARY

의미가 유사한 동사

얻다	earn	일하여 대가로 받는 돈의 액수나 노력·행동 등을 통해 얻게 되는 명성이나 직위 등이 목적어로 온다.
	gain	자신의 노력, 기량, 작업 등을 통해서 얻게 되는 것들이 목적어로 온다.
	win	노력해서 대회나 경기에서 상을 '획득하다', '얻다'라는 의미이다.
	get	남이 주는 것을 받는 것, 얻는 것, 병, 월급 등에 쓰인다.
	take	어떤 대가를 치르고 물건을 사는 것, 시간이 걸리는 것, 사람을 데려오는 것, 특정 물건을 몸에 지니는 것 등에 쓰인다.
	possess	자격, 능력 등을 '가지다'라는 의미이다.

바꾸다	exchange	가치가 동등한 것들을 '맞바꾸다' '환전, 교환'
	modify	내용을 알맞도록 수정, 보완하여 '바꾸다'
	replace	부품, 오래된 것 등을 완전히 새것으로 '교체하다'.
	vary	같은 것에서 벗어나 다양하게 '변화시킨다'
	update	발생 상황에 대한 '최근 정보를 더하다', 어떤 정보나 기능 등을 '갱신하다', '최신의 것으로 하다'
	transform	물질의 외형, 성격이나 기능도 다 '바꾸다'
	change	일부분 또는 전체를 본질적으로 '바꾸다'
	alter	길이나 모양들에 부분적·외면적 '변화를 가하다'
	substitute	일시적으로 '대체되어 바뀌다': 원래 상태로 되돌릴 수 있다. 관련 전치사는 for
	switch	'갈아타다', 사용하던 상표 등을 '바꾸다', 아이디어·생각·화제 등을 '돌리다'

말하다	speak	〈speak + to/with 사람 + about + 사물〉 ~에게 …에 대해 이야기하다
	comment	논평하다, 견해를 밝히다
	describe	'무엇을 설명하다'라는 의미. 목적어로 설명하려는 대상만 올 수 있다.
	express	감정, 의견 등을 '표현하다, 나타내다' express concerns 우려를 표하다
	say	'무엇'을 말하는 것이 핵심이며, '누구에게'는 〈to + 사람〉으로 표시한다.
	tell	4형식, 3형식 동사. 〈tell + 사람 + about/of + 사물〉의 어순은 3형식이다.
	inform/remind/advise	'알리다, 통보하다'의 의미로 타동사 뒤에 〈사람 + of + 사물〉의 형태로 목적어를 취한다.

빌리다	lend	~을 빌려주다
	borrow	남의 것을 일정 기간 동안 상대방의 허락을 받고 대가 없이 빌리는 것을 말한다.
	rent	어떤 물건을 돈을 주고 빌리는 것
	lease	건물, 땅, 장비, 차량 등을 돈을 내고 장기간 임대하는 것
	charter	비행기나 배를 임대하는 것

실력완성 TEST

01 The studies show that students taking vocational courses land more stable jobs and tend to ---------- a better salary than those who finished 5-year university degrees.
(A) gain   (B) earn   (C) familiarize   (D) acquire

02 Despite my credentials, I cannot simply apply for a higher position until I ---------- the experience.
(A) qualify   (B) gain   (C) possess   (D) earn

DAY 15

보기에 항상 같이 다니는 유사의미, 가산명사와 불가산명사

명사 문제 풀이를 위한 생각의 순서

문장 구조 분석	Step 1. 주어 / 동사 / 목적어 Step 2. 수식어구는 괄호로 묶는다. ex. 〈전치사 + 명사〉, 명사 뒤에 관계대명사절 Step 3. 〈접속사/관계사 + 1 = 동사의 개수〉
1. 명사 자리	– 주어, 목적어, 보어 – 관사/소유격/한정사/형용사/타동사/전치사 + 명사 * 명사 vs. 동명사 보기는 명사가 90% 정답이다.
2. 동사와의 수일치 단수명사 vs. 복수명사	① 주어와 동사의 수일치를 확인하라. ② 수량의 형용사 + 명사 ③ 수사/수량의 대명사 + of + 명사 ④ 사람 vs. 사물 – 동사의 주어가 사람인지를 따진다.
3. 가산 vs. 불가산	① 불가산명사는 집합·대표·추상명사이다. ② 가산명사 – 말이나 생각의 단위와 장소명사 – 문제/원인/노력/방법/제안/과정/목적/계획/결과 ③ 동명사 형태의 명사
4. 복합명사	〈명사(형용사자리) + 명사〉 ① 앞에 명사는 뒤에 오는 명사의 유형을 보여준다. ② 앞에 명사는 복수로 쓸 수 없다.
5. 관용어구	– 전치사 + 명사 – 명사 + to부정사
6. 관련 형용사와 동사 확인	– 유사 어휘 – 비즈니스 어휘 – 콜로케이션 〈명사+동사〉, 〈명사+명사〉, 〈형용사+명사〉

시험문제는 이렇게 나와요!

While Anna Johnson, CEO of A&J Enterprise, will resign at the end of this year, she has not mentioned anything about the possibility of staying on as a ----------------.
(A) consult   (B) consulted   (C) consultant   (D) consultation

해설 ▶ 생각의 순서

1단계 구조 분석
While Anna Johnson, CEO of A&J Enterprise, will resign (at the end of this year), she / has not
                                                                                   주어   동사
mentioned / anything (about the possibility of staying on as a -------.)
목적어   전치사 목적어(명사)

2단계 품사 배열 전치사 as 뒤에 위치 → 명사 자리 ∴ 동사인 (A) consult, (B) consulted 동사는 오답
3단계 답 결정 단어 찾기
as a → 빈칸 앞 부정관사가 있다. (C) consultant, (D) consultation 모두 가산명사이다.
4단계 오답 노트 the possibility of staying on(계속할 가능성)과 어울리는 목적어를 찾는다. '컨설턴트(consultant)로서 계속할 가능성'(o), '상담(consultation)로서 계속할 가능성'(x) ∴ (C) consultant가 정답

해석 A&J Enterprise의 최고경영자인 Anna Johnson은 올해 말에 사임할 것이지만, 그녀가 컨설턴트로서 머물 가능성에 대해서는 어떤 것도 언급하지 않았다.
어휘 resign 사임하다, 사직하다   mention 간단히 말하다, 언급하다   possibility 가능성
정답 (C)

DAY 15

❶ 의미가 비슷한 가산/불가산 명사

permit
['pər:mɪt]
n. 허가증
vt. ~을 허가하다

All visitors are required to display a **permit** in the windshield of their car.
모든 방문객들은 자동차 앞 유리에 허가증을 보이도록 두어야만 한다.

출제포인트 가산명사
a parking permit 주차 허가증   a building permit 건축 허가

01 BIG DATA
정답출제: 6회
오답출제: 6회

permission
[pərˈmɪʃən]
n. 허가, 허락

Without **permission** from the client, information may not be provided in any way.
고객의 허락 없이는 어떠한 방법으로도 정보는 제공되지 않을 것이다.

출제포인트 불가산명사
without permission 허락 없이

02 BIG DATA
정답출제: 6회
오답출제: 14회

certificate
[sərˈtɪfɪkət]
n. 증명서, 수료증
vt. 증명서를 주다

certify vt. ~을 증명하다 vi. 보증하다
If you enroll in this course, you can receive a **certificate**.
이 과정을 등록하면 당신은 수료증을 받을 수 있다.

출제포인트 가산명사 certificate vs. 불가산명사 certification
certificate와 certification 중 하나를 고르는 문제는 관사가 있는지 복수형으로 써야 하는지를 봐야 한다.

03 BIG DATA
정답출제: 0회
오답출제: 2회

certification
[sɜrtəfɪˈkeʃən]
n. 증명, 자격

Tom has **certification** as an accountant.
Tom은 회계사 자격증을 가지고 있다.

출제포인트 불가산명사
obtain certification 인증을 받다   grant certification 인가하다   certification as an accountant 회계사 자격증

04 BIG DATA
정답출제: 2회
오답출제: 0회

approach
[əˈproʊtʃ]
n. 접근 방법, 진입로
vi. 접근하다
vt. ~에 접근하다

The organization used entirely different **approaches** to solving the problem.
그 회사는 문제를 해결하는 데 전적으로 다른 접근법을 사용했다.

출제포인트 가산명사
<approach + 전치사 to> ~에 대한 접근
실전 TIP approaching은 '다가오는'의 뜻인 분사형 형용사로 많이 쓰인다.
the approaching storm 다가오는 태풍

05 BIG DATA
정답출제: 4회
오답출제: 14회

access
[ˈækses]
n. 접근, 출입(권)
vt. (컴퓨터)에 접속하다

We have **access** to the data.
우리는 데이터에 접근할 수 있다.

출제포인트 불가산명사
<access + 전치사 to> ~에 대한 접근
실전 TIP 명사 access vs. 타동사 access
access는 타동사만 있으므로 access 뒤에 전치사 to가 있다면, 그건 명사이다.

06 BIG DATA
정답출제: 14회
오답출제: 11회

Quiz

01 Without -------- from the client, information may not be shared in any way.
(A) identification   (B) permission

02 In order to obtain ---------, all recent graduates are required to undertake a two-year apprenticeship in a chosen field of work.
(A) certification   (B) certificate

03 Thanks to the development of wireless technology, laptop users can now --------- the Internet even when they are on the road.
(A) access   (B) access to

survey
['sɜrveɪ]
n. 설문조사, 연구
vt. ~을 설문조사하다, 살피다

The Public Relations Department will conduct a customer survey.
홍보부서는 소비자 조사를 할 것이다.

출제포인트 가산명사
customer satisfaction survey 고객만족도 조사
conduct a survey 설문조사를 실시하다   a comprehensive survey 광범위한 조사

07 BIG DATA
정답출제: 3회
오답출제: 2회

research
['risɜrtʃ]
n. 연구, 조사
vt. ~을 연구하다, 조사하다

The research indicates an increase in sales.
그 조사는 판매 증가를 보여준다.

출제포인트 불가산명사
〈research + into/on + 대상〉 ~에 대한 연구

08 BIG DATA
정답출제: 3회
오답출제: 3회

suggestion
[səˈdʒestʃən]
n. 제안

suggest vt. ~을 제안하다
In opposition to Mr. Salerno's suggestion, Ms. Simmons would like to hire two secretaries.
Salerno 씨의 제안에 반대하여, Simmons 씨는 두 명의 비서를 고용하길 원한다.

출제포인트 가산명사
make a suggestion 제안하다
in response to somebody's suggestion ~의 제안에 대한 답변으로
seek suggestions 의견을 구하다

09 BIG DATA
정답출제: 7회
오답출제: 3회

advice
[ədˈvaɪs]
n. 조언

I need some advice about my computer.
내 컴퓨터에 대한 조언이 필요하다.

출제포인트 불가산명사
advice on/about ~에 대한 조언
some advices (X)
some advice = some good tips

10 BIG DATA
정답출제: 5회
오답출제: 8회

information
[ɪnfərˈmeɪʃən]
n. 정보

For more information, visit our website.
더 많은 정보를 위해서는 저희 웹사이트를 방문해주세요.

출제포인트 불가산명사
for more information = for more details
Information은 불가산명사이지만 유의어인 detail (상세)정보, clarification 설명, explanation 설명, description 기술/설명 등은 가산명사이다.

11 BIG DATA
정답출제: 6회
오답출제: 4회

detail
['diːteɪl/diˈteɪl]
n. 세부사항, 정보
vt. ~을 상술하다, 열거하다

detailed a. 상세한
Details of this contract are subject to change at the discretion of the operating director.
이 계약서에 실린 세부사항은 운영 디렉터의 재량으로 변경 가능하다.

출제포인트 가산명사
further/more details 더 많은 정보
details about/of ~와 관련된 정보

12 BIG DATA
정답출제: 15회
오답출제: 4회

Quiz

04 -------- on cancer has come a long way, but most scientists will agree that the road to finding a cure is still a long way off.
(A) Researching   (B) Research

05 The Government Bureau is seeking -------- on how to promote local businesses in the Downtown West End area.
(A) employees   (B) suggestions

06 Test groups were shown a(n) --------- of various energy drinks and were asked which ones stood out.
(A) description   (B) information

DAY 15

product
[ˈprɑdəkt]
n. 생산품, 상품

A new state-of-the-art **product** will allow doctors to have immediate access to patients' medical histories through computer link-ups.
새로운 최신식 제품은 컴퓨터 연결을 통해 의사들이 환자들의 병력을 즉각적으로 볼 수 있도록 해 줄 것이다.

출제포인트 가산명사
design products 제품을 고안해 내다 reliable products 믿을 수 있는 제품

13 BIG DATA
정답출제: 3회
오답출제: 9회

production
[prəˈdʌkʃən]
n. 생산, 제작

In order for the **production** line to run effectively, we will have to enlist more support.
생산라인을 효율적으로 운영하기 위해서 우리는 더 많은 지원을 받아야 한다.

출제포인트 불가산명사
① production line 생산 라인 ② begin/enter/start production 생산을 시작하다 resume production 생산을 재개하다 expand production 생산을 확대하다 maximize production 생산을 극대화하다 promote/stimulate production 생산을 촉진하다 cut (back)/decrease/reduce production 생산을 줄이다

14 BIG DATA
정답출제: 2회
오답출제: 6회

decision
[dɪˈsɪʒən]
n. 결정, 판단

decisive a. 결정적인
Journalists enthusiastically applauded recent government **decisions** on tax policies.
기자들은 세금 정책에 대한 최근의 정부 결정에 대해서 열정적으로 갈채를 보냈다.

출제포인트 가산명사
<a decision + to부정사> ~을 하겠다는 결정
<a decision about/on/of + 명사> ~에 대한 결정 make a decision 결정하다

15 BIG DATA
정답출제: 5회
오답출제: 12회

approval
[əˈpruːvəl]
n. 승인, 동의, 허가, 찬성

approvable a. 인정할 수 있는
All advertising is subject to **approval** by the board of directors.
모든 광고는 이사회의 승인을 받아야 한다.

출제포인트 불가산명사
formal approval 정식 승인 official approval 공식적인 승인 final approval 최종 승인

16 BIG DATA
정답출제: 8회
오답출제: 4회

money
[ˈmʌni]
n. 돈

The public library is trying to raise **money** to buy new books and create a children's learning center.
공공 도서관은 새로운 책들을 구입하고 어린이 학습센터를 만들어 내기 위해서 모금하려고 노력하고 있다.

출제포인트 불가산명사
총체적 의미인 money 돈, cash 현금은 불가산명사이고, 그 하위 개념인 price 가격, fee 수수료, bill 지폐, refund 환불금 등은 가산명사이다.

17 BIG DATA
정답출제: 0회
오답출제: 6회

charge
[tʃɑrdʒ]
n. 요금, 청구 금액, 기소, 고발, 비난, 책임, 담당
vt. ~을 청구하다

Coleman Clinic offers prospective customers a preliminary examination completely free of **charge**.
Coleman Clinic은 예비 고객들에게 완전히 무료로 예비 검사를 제공한다.

출제포인트
① 가산/불가산명사: 요금, 청구 금액, 기소, 고발
　service charge 봉사료 free of charge 무료로 (= at no cost)
　criminal charges 형사상 기소
② 불가산명사: 권한, 책임 be in charge of (~에 책임이 있다)
③ 가산명사: 비난, 고소

18 BIG DATA
정답출제: 10회
오답출제: 8회

Quiz

07 Final ----------- from your supervisor is required for changing work shifts.
(A) approval　　(B) decision

08 Your car can be placed in the resort's garage for an additional ------- while you are in the South Shores Resort.
(A) charge　　(B) money

09 Repair services on all of our flatscreen televisions are provided free of --------- as outlined in our warranty.
(A) charge　　(B) cost

❷ 가산 명사와 불가산 동명사

account
[əˈkaʊnt]
n. 설명, 계좌, 계정

We are calling to inform you of the status of your account.
우리는 당신의 계좌 상태를 알려주기 위해 전화를 했습니다.

출제포인트 가산명사
savings account 저축예금
take something into account ~을 고려하다
on account of ~ 때문에

19
BIG DATA
정답출제: 4회
오답출제: 4회

accounting
[əˈkaʊntɪŋ]
n. 회계 (업무)

When employees in the accounting department work too rapidly, they tend to make more mistakes.
회계부서에 있는 직원들이 너무 일을 빨리 할 때는, 실수를 더 많이 하는 경향이 있다.

출제포인트 불가산명사
account(계좌)를 가지고 하는 행위를 의미한다. 동명사형 명사는 대부분 행위를 나타내는 불가산명사이다.

20
BIG DATA
정답출제: 1회
오답출제: 1회

market
[ˈmɑːrkɪt]
n. 시장

marketability n. 시장성 marketable a. 시장성이 높은 marketer n. 마케팅 담당자
There will be a strong market for sports utility vehicles in Asia within the next ten years.
앞으로 10년 내에 아시아에는 SUV에 대한 큰 시장이 생길 것이다.

출제포인트 가산명사
시험에 동일어원의 명사인 marketing과 구분하는 문제가 주로 출제된다. → 바탕이 되는 명사는 주로 가산명사이며 그 행위를 나타내는 동명사는 불가산명사이다.

21
BIG DATA
정답출제: 5회
오답출제: 2회

marketing
[ˈmɑːrkɪtɪŋ]
n. 마케팅

It is essential that all employees in the marketing department attend next week's lecture.
마케팅 부서에 있는 모든 직원들은 다음 주 강의에 꼭 참석해야만 한다.

출제포인트 불가산명사
marketing strategy 마케팅 전략
marketing department 마케팅 부서

22
BIG DATA
정답출제: 2회
오답출제: 0회

plan
[plæn]
n. 계획
vt. ~을 계획하다

planner n. 설계자 planned a. 계획된
Summit Inc. is carrying on with current plans even though its profits decreased drastically last month.
Summit사는 지난달 수익이 급감했음에도 불구하고 현재의 계획을 계속하고 있다.

출제포인트 가산명사
〈plan + to부정사〉 ~할 계획
business plan 사업계획(서)

23
BIG DATA
정답출제: 2회
오답출제: 6회

planning
[ˈplænɪŋ]
n. 계획 세우기

The planning department has just publicized plans to relocate the headquarters from Passau to Buchen in late May.
기획부서는 5월 말에 Passau에서 Buchen으로 본사를 이전할 것이라는 계획을 발표했다.

출제포인트 불가산명사
plan은 계획이고, 그 계획을 세우는 일(기획)을 planning이라고 한다.

24
BIG DATA
정답출제: 1회
오답출제: 1회

Quiz

10 Applicants for this position must hold a bachelor's degree in ----------.
   (A) accounting   (B) accounts

11 Downtown properties for sale normally remain on the -------- for between four to eight weeks before they are purchased.
   (A) sale   (B) market

12 Careful ---------- of the construction of HP Towers will help us prevent any inconvenience to motorists.
   (A) plan   (B) planning

DAY 15

copy
['kɑpi]
n. (복)사본, 한 부

A **copy** of the travel itinerary will be sent to you.
여행 일정표 한 부가 당신에게 보내질 것이다.

출제포인트 가산명사
a copy of report 보고서 한 부
a copy of your receipt 영수증 한 부

25
BIG DATA
정답출제: 2회
오답출제: 0회

copying
['kɑpiiŋ]
n. 복사하기

The **copying** took an hour.
복사는 한 시간 걸렸다.

출제포인트 불가산명사
copy(복사)를 하고 있는 행위로 불가산명사이다.

26
BIG DATA
정답출제: 1회
오답출제: 0회

seat
[sit]
n. 자리, 좌석

No **seats** are available on Star Air for this holiday season.
Star Air는 이번 휴가 기간 중 가능한 좌석이 없습니다. (= 매진되었습니다.)

출제포인트 가산명사
앉을 수 있는 자리 하나를 의미한다.

27
BIG DATA
정답출제: 0회
오답출제: 0회

seating
['si:tiŋ]
n. 자리, 좌석

Please purchase tickets in advance, as **seating** is limited.
좌석이 제한되어 있으므로 표를 미리 구입하시기 바랍니다.

출제포인트 불가산명사
seating은 모든 자리나 좌석을 의미한다.

28
BIG DATA
정답출제: 1회
오답출제: 0회

process
['prɑses]
n. 과정, 진행, 경과
vt. ~을 가공하다, 처리하다

The country club mandates that all members must show a photo ID for the registration **process**.
그 컨트리 클럽은 모든 회원들이 등록 절차를 위해서 사진이 붙어 있는 신분증을 꼭 보여주어야 한다고 요구한다.

출제포인트 가산명사
in the process of ~의 진행(과정)에 있어서
manufacturing/registration process 제조/등록 과정

29
BIG DATA
정답출제: 1회
오답출제: 6회

processing
['prɑsesiŋ]
n. 가공처리, 화학처리
 ; (서류나 요구를 공식적으로 다루는) 처리

To guarantee that shipments are delivered on time, we must submit the request directly to the human resources department for **processing**.
선적물들이 제 시간에 운송될 수 있게 우리는 서류가 처리되도록 요청서를 인사부에 직접 제출해야만 한다.

출제포인트 불가산명사
food processing 식품가공
industrial processing 산업 공정

30
BIG DATA
정답출제: 2회
오답출제: 2회

Quiz

13 The ----------- of classified documents is allowed only with the permission of a manager.
(A) photocopying   (B) photocopier

14 To place an order, fill in the form below and submit it to our office for -----------.
(A) processing   (B) process

15 Because ----------- is limited, be sure to register for the 10th annual convention in London as soon as possible.
(A) seat   (B) seating

❸ 사람명사와 사물명사

analyst
[ˈænəlɪst]
n. 분석가

He is an economic **analyst**.
그는 경제 분석가이다.

출제포인트 사람명사
사람명사는 가산명사이다.

31
BIG DATA
정답출제: 1회
오답출제: 0회

analysis
[əˈnæləsɪs]
n. 분석, 분석 연구

Analysis of the snack showed that it contained harmful ingredients.
스낵을 분석해 보니 그 안에 해로운 성분이 함유되어 있다는 것이 드러났다.

출제포인트 사물명사
analysis of… ~에 대한 분석

32
BIG DATA
정답출제: 6회
오답출제: 2회

employee
[ɪmˈplɔɪiː]
n. 직원

There is no stronger motivation for **employees** than an understanding of them.
그들을 이해해 주는 것보다 직원들에게 더 강한 동기부여는 없다.

출제포인트 사람명사
-er 명사 = 행위의 주체,
employer 고용을 하는 사람
-ee 명사 = 행위의 객체
employee 고용을 당하는 사람

33
BIG DATA
정답출제: 5회
오답출제: 1회

employment
[ɪmˈplɔɪmənt]
n. 채용, 고용

As a benefit of **employment**, successful candidates will be entitled to paid vacation and considerable allowance.
고용 혜택으로 합격자는 유급 휴가와 상당한 수당에 대한 자격을 얻을 것이다.

출제포인트 사물명사(추상명사)
long-term employment 장기간 고용
a benefit of employment 고용의 혜택

34
BIG DATA
정답출제: 2회
오답출제: 1회

competitor
[kəmˈpetɪtər]
n. 경쟁상대, 경쟁자

We are facing a very strong **competitor**.
우리는 매우 강한 경쟁자를 상대하고 있다.

출제포인트 사람명사
competition과 주로 함께 출제된다.

35
BIG DATA
정답출제: 2회
오답출제: 1회

competition
[ˌkɑmpəˈtɪʃən]
n. 경쟁, 경연

competent a. 능숙한, 유능한 competitive a. 경쟁을 하는
Competition in the computer industry is expected to increase for the next decade.
컴퓨터 산업 내 경쟁이 향후 10년 동안 더 증가할 것으로 기대되고 있다.

출제포인트 불가산명사
• competition: 상황(situation)적인 의미, 서로 '경쟁하는 상황이나 경기'의 의미
• competitiveness: 다른 사람들과 경쟁하는 능력(ability) 즉, '경쟁력'이나 경쟁해서 이기고자 하는 '욕구(desire)'를 의미

36
BIG DATA
정답출제: 9회
오답출제: 2회

Quiz

16 --------- shows that the cholesterol medicine has a few side effects including headache, nausea and fatigue.
(A) Analyst   (B) Analysis

17 Guatemala Airlines is now recruiting university graduates to be trained for long term ---------.
(A) employees   (B) employment

18 All 127 participants in this year's architecture ------- submitted truly outstanding and innovative designs.
(A) competition   (B) competitor

DAY 15 143

DAY 15

applicant
['æplɪkənt]
n. 지원자, 신청자

We seek skilled **applicants** with over 5 years of practical work experience in the international sales field.
우리는 해외 영업 분야에서 실질적인 업무 경력이 5년 이상된 숙련된 지원자를 찾는다.

출제포인트 가산명사
a skilled/qualified applicant (= candidate) 숙련된/자격이 있는 지원자

37
BIG DATA
정답출제: 10회
오답출제: 0회

application
[ˌæplɪˈkeɪʃən]
n. 지원(서), 신청(서), 적용

As long as we receive your resume by the 15th, we will still be able to consider your **application**.
우리가 15일까지 당신의 이력서를 받는다면, 당신의 지원서를 검토할 수 있을 것이다.

출제포인트 불가산명사
① <application for + 신청/지원하는 대상> ~의 신청/지원
② <application to/of + 이론/기술> ~의 적용

38
BIG DATA
정답출제: 3회
오답출제: 10회

attendee
[əˌtenˈdiː]
n. 참석자

The presenter will share his idea with all **attendees**.
연설자는 모든 참석자들과 자신의 생각을 공유할 것이다.

출제포인트 가산명사
attendee는 참석자를 의미하고 attendant는 '승무원, 안내원'을 의미한다.

39
BIG DATA
정답출제: 2회
오답출제: 1회

attendance
[əˈtendəns]
n. 참석

We expect that **attendance** at the new movie will be highest in cities where posters were displayed.
우리는 포스터가 붙은 도시들에서 새로 영화를 보러 오는 사람의 수가 가장 높을 것이라고 예상한다.

출제포인트 불가산명사
주로 명사자리에서 같은 어원을 가진 사람명사(attendant, attendee) 또는 추상명사(attention) 등과 구분하는 문제가 출제된다.

40
BIG DATA
정답출제: 3회
오답출제: 4회

consultant
[kənˈsʌltənt]
n. 자문가, 상담사

When authorizing a bank loan, all **consultants** must check to make sure that customers are properly registered.
은행 대출을 승인할 때 모든 상담자들은 고객들이 제대로 등록이 되었는지를 확실히 하기 위해서 체크해 보아야만 한다.

출제포인트 가산명사
특정 분야에 대한 조언을 하는 직업의 '상담사'는 셀 수 있다.

41
BIG DATA
정답출제: 2회
오답출제: 0회

consultation
[ˌkɑːnsʌlˈteɪʃən]
n. 협의, 상의;
상담, 진찰

I'd like to make an appointment for a **consultation**.
진찰 예약을 하고 싶어요.

출제포인트
① 불가산명사
<consultation with + 명사> ~와의 협의/상의
<consultation between A and B> A와 B 사이의 협의/상의
② 가산명사
an appointment for a consulatation 진찰 상담

실전 TIP
전치사에 따라 의미가 달라진다.

42
BIG DATA
정답출제: 4회
오답출제: 0회

Quiz

19 ---------- at the medical conference reached 2,000 this year.
(A) Attendance   (B) Attended

20 All the --------- will be informed of any changes in advance.
(A) attendees   (B) attendance

21 John is an independent researcher, writer and creative ---------- for Burns and Associates.
(A) consultant   (B) consultation

distributor
[dɪˈstrɪbjətər]
n. 유통업자/업체

Ahha Electronics is a leading distributor of quality electronic components.
Ahha Electronics사는 고급 전자 부품을 선도하고 있는 유통업체이다.

출제포인트 가산명사
global/local distributor 세계적인/지역의 유통업체

43
BIG DATA
정답출제: 7회
오답출제: 4회

distribution
[ˌdɪstrəˈbjuʃən]
n. 분배, 유통, 공급

The land on which our company wanted to construct a distribution center has been sold.
우리 회사가 유통센터를 짓고 싶어 했던 그 땅은 팔렸다.

출제포인트 불가산명사
전치사 of, across, among, over, throughout 등과 함께 쓰인다.

44
BIG DATA
정답출제: 4회
오답출제: 0회

❹ 가산/불가산 모두 되는 명사

time
[taɪm]
n. 시간, 때

Online shopping is an excellent means of saving time and money.
온라인으로 쇼핑하는 것은 시간과 돈을 아낄 수 있는 훌륭한 수단이다.

출제포인트
① 가산명사: '때[번]' many times 여러 번
② 불가산명사: '시간' on time 제 시간에
③ 접속사: at the time ~할 시간/때에

45
BIG DATA
정답출제: 7회
오답출제: 7회

condition
[kənˈdɪʃən]
n. 상태, 날씨, 조건

Salary increases this year will be based on the financial condition.
올해의 임금인상은 재정상태를 근거로 이루어질 것이다.

출제포인트
① 복수명사
living/working conditions 생활/근무 여건 weather conditions 날씨 상황
under normal conditions 보통의 상황 하에
② 불가산명사
in good condition 좋은 상태에서 in poor condition 형편없는 상태에서
in excellent condition 훌륭한 상태에서 in reasonable condition 합당한 상황에서
③ 가산명사로 동의나 계약의 '조건'을 의미
terms and conditions 계약 조건

46
BIG DATA
정답출제: 4회
오답출제: 9회

purchase
[ˈpɜrtʃəs]
n. 구입, 구매, 구입품
vt. ~을 구매하다

Our store reserves the right to limit the number of sales items to ten per purchase. 우리 상점은 할인품목 수를 구매 당 10개까지로 제한할 권리가 있다.

출제포인트
• 불가산명사: 구매의 행위 개념
• 가산명사: 구매한 물건, 매입, 구매 make a purchase 구매하다

47
BIG DATA
정답출제: 14회
오답출제: 4회

service
[ˈsɜrvɪs]
n. 서비스, 근무

They provide very good service.
그들은 매우 좋은 서비스를 제공한다.

출제포인트
① customer service 고객서비스
② 20 years of service 20년의 근무

48
BIG DATA
정답출제: 7회
오답출제: 4회

Quiz

22 Since the documents are kept in a secure place, they are still in good ----------.
(A) condition   (B) conditions

23 Even if two stores are owned by the same company, one store will not give you a refund for -------- made at the other store.
(A) purchase   (B) purchases

24 Dr. Forest and Dr. Ryan were recognized by the Agnes Hospital council for over 20 years of ---------- to the state owned hospital.
(A) promotion   (B) service

DAY 15 SUMMARY

1. 의미가 비슷한 가산/불가산명사

approach	가산명사	an approach to ~에 대한 접근
access	불가산명사	access to ~에 대한 접근
survey	가산명사	a customer satisfaction survey 고객만족도 조사
research	불가산명사	〈research + into/on + 대상〉
suggestion	가산명사	make a suggestion 제안하다
advice	불가산명사	advice on/about ~에 대한 조언
information	불가산명사	for more information 많은 정보를 위해
detail	가산명사	further/more details 더 많은 정보
decision	가산명사	〈a decision + to부정사〉 ~을 하기 위한 결정
approval	불가산명사	formal approval 정식 승인

2. 가산 명사와 불가산 동명사

account	가산명사	savings account 저축예금
accounting	불가산명사	account(계좌)를 가지고 하는 행위
plan	가산명사	〈plan + to부정사〉 ~할 계획
planning	불가산명사	그 계획을 세우는 일(기획)
copy	가산명사	a copy of report 보고서 한 부
copying	불가산명사	copy(복사)를 하고 있는 행위이므로 불가산명사

3. 사람명사와 사물명사

analyst	사람명사	사람명사는 가산명사이다.
analysis	사물명사	analysis of ~ ~에 대한 분석
employee	사람명사	–er 명사: 행위의 주체/–ee 명사: 행위의 객체
employment	사물명사(추상명사)	long–term employment 장기 고용
applicant	사람명사	a skilled/qualified applicant 숙련된/자격을 갖춘 지원자
application	사물명사	〈application for + 신청/지원하는 대상〉 ~의 신청/지원

4. 가산/불가산 모두 되는 명사

time	① 가산명사: '때' many times 여러 번 ② 불가산명사: '시간' on time 제 시간에
condition	① 불가산명사 in good condition 좋은 상태에서 ② 가산명사로 동의나 계약의 '조건'을 의미 terms and conditions 계약 조건

실력완성 TEST

01 Because of the promotion of a quiet work ------------, some office rumors have been pacified.
   (A) condition   (B) environment   (C) surroundings   (D) ambiance

02 All the office supply ------------ must be approved by Mr. Lee in advance.
   (A) purchase   (B) purchases   (C) purchasing   (D) purchaser

DAY 16

빈출 복합명사와 함께 다니는 정답 출제 포인트

반드시 암기해 두어야 하는 복합명사 List

consumer awareness 소비자 인식
delivery schedule 배달 일정
expiration date 유효 기간, 만기일
maintenance staff 유지·보수 직원
pay increase 임금 인상
precipitation data 강수량 데이터
product availability 제품 유용성
product recognition 제품 인지도
production facilities 생산 설비
production schedule 생산 일정
marketing strategy 마케팅 전략
account number 계좌 번호
customer satisfaction 고객 만족

media coverage 미디어 보도
installment payment 할부금
attendance record 출석률
assembly line 조립 라인
maternity leave 출산 휴가
production figures 생산 실적
heating equipment 난방 기구
course evaluations 강의 평가
identification card 신분증
safety procedure [precautions/standards] 안전 절차[예방책/기준]

communications skills 통신 기술
cf. **communication skills** 의사소통 기술
application form 지원서
insurance coverage 보험 적용 범위
convenience goods 일상 용품
profit margin 이윤
performance appraisal 업무수행 평가
electricity[delivery] company 전력[운송] 회사
consumer loan 소비자 대출
employee participation 직원 참여
staff assembly 직원 회의
product description 제품 설명

예외적인 복합명사의 쓰임 [-s 복수형 명사 + 명사] vs. [ing형 명사 + 명사]

customs clearance 세관 수속
savings account 예금 계좌
telecommunications company 통신회사

sales figures 판매 수치
electronics company 전자회사

sports complex 종합운동장
earnings growth 수익 성장

accounting department 회계부서
consulting company 컨설팅 회사
housing loan 주택 자금 대출
shipping department 발송부서
hearing device 듣기를 위한 장치

advertising plan 광고 계획
dining room 식당
marketing strategy 마케팅 전략
evening shift 저녁 근무

checking account 당좌 예금 계좌
heating systems 난방 장치
operating funds 운영 자금
mailing list 우편물 수신자 명단

시험문제는 이렇게 나와요!

The catalogue does not provide enough detail in its product -------.
(A) descriptions (B) describe (C) described (D) describing

해설 ▶ 생각의 순서

1단계 구조 분석
The catalogue / does not provide / enough detail (in its product -------).
                                                    전치사 소유격 명사

2단계 품사 배열 빈칸은 앞의 명사 product를 뒤에서 수식하는 형용사 또는 복합명사 자리이다.

3단계 답 결정 단어 찾기 product → product descriptions 제품 설명 ∴ 정답은 (A)
<전치사 + 소유격 + 명사> 다음에 동사가 올 수 없으므로 (B), (C)는 우선 답에서 제외된다. 문맥상 제품에 관한 자세한 설명이 부족하다는 의미이므로 빈칸에는 복합명사인 '제품 설명'을 완성해주는 명사가 와야 한다.

해석 그 카다로그는 제품 설명에 충분한 세부 사항을 제공하지 않는다.
어휘 provide ~을 제공하다   enough (복수 명사나 불가산 명사 앞에 쓰여) 필요한 만큼의   detail 세부 사항
정답 (A)

DAY 16

❶ to부정사를 동반하는 명사 best

ability
[əˈbɪləti]
n. 능력

He has the ability to change it.
그는 그것을 바꿀 능력이 있다.

출제포인트
have an ability to do ~할 능력이 있다

01
BIG DATA
정답출제: 2회
오답출제: 4회

effort
[ˈefərt]
n. 노력

In an effort to reduce expenses Barson Cosmetics halved its advertising budget.
비용을 줄이기 위한 노력으로, Barson Cosmetics는 광고 예산을 절반으로 줄였다.

출제포인트
an effort to do ~하고자 하는 노력
in an effort to boost sales 판매를 증가시키고자 하는 노력에서

02
BIG DATA
정답출제: 6회
오답출제: 5회

attempt
[ətempt]
n. 시도

We are making more attempts to improve working conditions.
우리는 직원들의 근무환경을 개선하려는 시도를 더 하고 있다.

출제포인트
an attempt to do ~하려는 시도

03
BIG DATA
정답출제: 4회
오답출제: 10회

right
[raɪt]
n. 권리, 인권
a. 옳은, 알맞은, 올바른

rightful a. 합법적인, 옳은 rightly ad. 올바르게
The hotel reserves the right to establish all relevant regulations.
그 호텔은 모든 관련된 규정들을 수립할 권한이 있다.

출제포인트
right to do ~할 권리

04
BIG DATA
정답출제: 2회
오답출제: 5회

goal
[goʊl]
n. 목표

Our goal is to extend the life of the warranty from next month.
우리의 목표는 다음 달부터 보증기간을 연장하는 것이다.

출제포인트
⟨Our goal is + to부정사⟩ 우리의 목표는 ~하는 것이다

실전 TIP
⟨the goal of + 명사/-ing⟩ 형태로 목표의 내용을 나타내기도 한다.

05
BIG DATA
정답출제: 2회
오답출제: 5회

aim
[eɪm]
n. 목적, 목표
vt. ~을 겨냥하다
vi. 목표하다

One of the aims of the annual board meeting is to review the performance for the year.
연례 이사회 회의의 목적 중 하나는 1년 동안의 성과를 검토하는 것이다.

출제포인트
⟨Our aim is + to부정사⟩ 우리의 목표는 ~하는 것이다

실전 TIP
타동사 be aimed at...(~을 목표로 하다) 구문도 자주 나온다.

06
BIG DATA
정답출제: 4회
오답출제: 1회

Quiz

01 The driver will make three ------- to deliver the package before it is returned to our warehouse.
 (A) attempts (B) aims

02 Superstore reserves the -------- to limit quantities of various sale items purchased by in-store and online customers.
 (A) aim (B) right

03 The --------- of this marketing plan are to promote changes and improvements for the company.
 (A) goals (B) resolution

148

❷ that절을 동반하는 명사 best

fact
[fækt]
n. 사실, 실제

Everybody knows the **fact** that it was his fault.
모두가 그것이 그의 잘못이었다는 사실을 알고 있다.

출제포인트
〈the fact + that절〉 ~라는 사실

07
BIG DATA
정답출제: 2회
오답출제: 2회

idea
[aɪˈdiə]
n. 계획, 생각, 지식, 의도, 상상

Waldorfe Foods have been very open about the **idea** that their growth strategy is to get people.
Waldorfe Foods는 그들의 성장 전략이 사람들을 얻는 것이라는 생각에 대해 터놓고 이야기했다.

출제포인트 〈the idea + that + 주어 + 동사〉 ~이라는 생각

실전 TIP 토익 시험에 출제되는 '생각, 말'의 단위는 모두 가산명사이다.
idea 생각 suggestion 제안 alternative 대안 recommendation 추천
opinion 의견 comment 논평 feedback 피드백 conversation 대화
meeting 회의 speech 연설/발언 presentation 발표 talk 담화
*유일한 예외인 불가산명사는 advice이다.

08
BIG DATA
정답출제: 0회
오답출제: 4회

assurance
[əˈʃʊərəns]
n. 약속, 확언, 확신

assure vt. ~을 확언하다 assured a. 확실한 assuredly ad. 틀림없이, 확실히

We had some **assurances** that they would do so.
우리는 그들이 그렇게 할 것이라는 확신이 있었다.

출제포인트 〈assurance + that절〉 ~에 대한 확신

09
BIG DATA
정답출제: 3회
오답출제: 1회

confirmation
[ˌkɑnfərˈmeɪʃən]
n. 확인

Customers don't have any official **confirmation** that the bank will be closed.
고객들은 그 은행이 문을 닫을 것이라는 어떤 공식적인 확인도 받지 못했다.

출제포인트
〈confirmation + that절〉 ~라는 확인

실전 TIP
주로 that절과 자주 쓰이며 전치사 for 뒤에 명사와 동명사를 구분하는 문제로 출제되었던 적이 있다

10
BIG DATA
정답출제: 4회
오답출제: 4회

complaint
[kəmˈpleɪnt]
n. 불평, 불만, 항의

Our service center has received numerous **complaints** that the new X-Speed model doesn't work.
우리 서비스 센터는 새로운 X-Speed 모델이 작동하지 않는다는 항의를 많이 받았다.

출제포인트 〈complaint + that절〉 ~에 대한 불만사항

실전 TIP 전치사 about, of, from, to, against와 잘 어울린다.

11
BIG DATA
정답출제: 6회
오답출제: 3회

perception
[pərˈsepʃən]
n. 지각, 인지, 인식

It shows us the **perception** that older adults are not active.
그것은 우리에게 노인들은 활동적이지 않다는 인식을 보여준다.

출제포인트 〈perception + that절〉 ~라는 사람들의 인식/생각

12
BIG DATA
정답출제: 1회
오답출제: 2회

Quiz

04 The ---------- that our commercials have gained a lot of attention does not represent our current sales increase at the moment.
(A) fact   (B) subject

05 The president has given the buyers his --------- that the company will have produced a sufficiency of inventory by next month.
(A) assurance   (B) acceptance

06 After registering, we called our guests for ---------- that the package had been well received.
(A) confirming   (B) confirmation

DAY 16   149

DAY 16

❸ 토익 빈출 복합명사

job
[dʒɑb]
n. 일, 일자리, 직장

There are immediate **job** openings for experienced designers.
즉시 구해야 하는 경력직 디자이너 구인이 있다.

출제포인트 복합명사
job performance 업무성과 job description 업무기술서
job opening 공석 jop openings 구인 job opportunity 취업 기회

13
BIG DATA
정답출제: 0회
오답출제: 1회

department
[dɪˈpɑrtmənt]
n. 부서, 매장

The marketing **department** is planning to develop a new strategy.
마케팅 부서는 새로운 전략을 개발할 계획이다.

출제포인트 복합명사
accounting department 회계부서 human resources department 인사부
sales department 영업부 public relations department 홍보부
department manager 부장

실전 TIP department를 정답으로 찾는 문제는 나오지 않지만 출제포인트처럼 department 복합명사를 묻는 문제로 출제된다.

14
BIG DATA
정답출제: 0회
오답출제: 0회

customs
[ˈkʌstəmz]
n. 세관

customarily ad. 습관적으로, 관례상
You need to fill out a **customs** declaration form first.
우선 세관 신고서를 작성하셔야 합니다.

출제포인트 복합명사
customs clearance 세관 수속 customs declaration 세관 신고
customs office 세관 사무소 customs regulation 세관 규정

실전 TIP 단수 custom은 관례, 관행, 습관을 뜻한다. local custgom 지역적 풍습

15
BIG DATA
정답출제: 0회
오답출제: 1회

safety
[ˈseɪfti]
n. 안전, 무해

All workers must wear **safety** equipment at all times in the factory.
모든 근무자들은 공장에서는 항상 안전장비를 착용해야 한다.

출제포인트 복합명사
safety reason 안전상의 이유 safety margin 안전이 보장되는 여유 safety glasses 보안경 safety procedure 안전수칙 safety inspection 안전조사/점검 safety equipment 안전장비 safety measure 안전조치 safety guideline 안전 가이드라인
workplace safety 직장(에서의) 안전

16
BIG DATA
정답출제: 5회
오답출제: 1회

sales
[ˈseɪlz]
n. 판매량

Sales representatives are responsible for recording customer information in the database.
영업 담당자들은 고객의 정보를 데이터베이스에 기록하는 것에 책임이 있다.

출제포인트 복합명사
monthly sales 월 판매량 sales representative 영업/판매사원
sales personnel 영업직원 foreign sales 해외 판매량 sales figure 판매수치
sales target 판매 목표량 retail sales 소매 판매량

실전 TIP for sale 구매 가능한 (판매 중) on sale 가게 등에서 판매되는; 할인판매

17
BIG DATA
정답출제: 2회
오답출제: 0회

savings
[ˈseɪvɪŋz]
n. 저축한 돈, 예금

save vi., vt. 구하다, 저축하다, 절약하다
KM Bank has offered the new **savings** plan to its customers.
KM Bank는 고객들에게 새 저축상품을 제안했다.

출제포인트 복합명사
energy-saving measures 에너지 절약 방안 savings account 보통예금
savings plan 예금상품 savings bank 저축은행 cost savings 비용절감액

18
BIG DATA
정답출제: 1회
오답출제: 3회

Quiz

07 To learn more about available job -------- at Miller Manufacturing, please contact Mr. John Hainsworth.
(A) opportunities   (B) performances

08 Department ---------- are expected to attend today's dinner meeting held in the west cafeteria at 7 p.m.
(A) supervision   (B) supervisors

09 All interns are obliged to follow the ------- regulations while observing the process of an experiment.
(A) safety   (B) safe

❹ 전치사를 동반하는 명사 best

emphasis
[ˈemfəsɪs]
n. 강조

emphasize vt. ~을 강조하다　emphatic a. 단호한
During the presentation, Ms. Cavallo said the company must put greater **emphasis** on international marketing.
프레젠테이션 중에, Cavallo 씨는 회사가 해외 마케팅에 더 크게 중점을 두어야 한다고 말했다.

출제포인트
emphasis on ~에 대한 강조

19 BIG DATA
정답출제: 4회
오답출제: 0회

knowledge
[ˈnɑlɪdʒ]
n. 지식, 알고 있음

She has extensive **knowledge** of ancient Chinese history.
그녀는 고대 중국사에 관해 광범위한 지식을 가지고 있다.

출제포인트
have some knowledge of ~에 대한 지식을 가지고 있다

실전 TIP
특정 분야에 대한 지식은 가산명사이다.

20 BIG DATA
정답출제: 3회
오답출제: 0회

aspect
[ˈæspekt]
n. 측면

We must consider every **aspect** of the problem.
우리는 반드시 문제의 모든 측면을 고려해야 한다.

출제포인트
most aspect of, every aspect of ~의 측면에서

21 BIG DATA
정답출제: 0회
오답출제: 2회

source
[sɔrs]
n. 원천, 근원
vt. ~을 얻다, 공급자를 찾다

Tourism is one **source** of revenue in many of the coastal cities.
많은 해안 도시에서 관광은 수입원들 중 하나이다.

출제포인트
주로 전치사 of를 동반한다.

22 BIG DATA
정답출제: 2회
오답출제: 1회

ticket
[tíkit]
n. 표, 티켓, 딱지

This **ticket** is valid until the 3rd of this month.
이 티켓은 이번 달 3일까지 유효하다.

출제포인트
⟨ticket to + 장소⟩ ~로 가는 표
⟨ticket for + 명사⟩ ~의 표

실전 TIP
파생어인 ticketing은 불가산명사로 교통수단 이용 또는 공연관람을 위한 '표 판매(과정)/표 출력(과정)'을 의미한다.

23 BIG DATA
정답출제: 1회
오답출제: 1회

series
[ˈsɪəriz]
n. 연속, 시리즈

They will collaborate on the development of a **series** of new compact cars.
그들은 새로운 소형 자동차 시리즈의 개발에 대해 협력할 것이다.

출제포인트
a series of ~의 시리즈

24 BIG DATA
정답출제: 7회
오답출제: 4회

Quiz

10. For several decades religion has been one of the main -------- of inspirations for architecture in the world.
    (A) abilities　　(B) sources

11. We will offer discount ---------- for Friday's football game as a small token of our appreciation.
    (A) ticketing　　(B) tickets

12. Mr. Sanders has a comprehensive ------- of potential commercial real estate investors.
    (A) ability　　(B) knowledge

DAY 16　151

DAY 16

demand
[dɪˈmænd]
n. 수요, 요구, (어렵고 힘든) 일
vt., vi. 요구하다, 요청하다

demanding a. 힘든, 어려운
The unexpected growth in demand for our new product made us hire more people in Germany.
예측하지 못했던 신제품 수요의 증가는 우리가 독일에서 더 많은 사람을 고용하게 했다.

출제포인트
demand for ~에 대한 요구

25
BIG DATA
정답출제: 6회
오답출제: 5회

---

receipt
[rɪˈsiːt]
n. 수령, 영수증

recipient n. 수령인
Keep the receipt as proof of purchase.
그 영수증을 구매 증거물로 갖고 있어라.

출제포인트
on/upon receipt 수령 즉시

실전 TIP
receipt는 가산명사로 '영수증'을, 불가산명사로 물건의 '수령'을 의미한다.

26
BIG DATA
정답출제: 5회
오답출제: 7회

---

reputation
[ˌrepjəˈteɪʃən]
n. 평판, 명성

The company has a solid reputation for providing a sound education.
그 회사는 내실 있는 교육을 제공하는 것으로 탄탄한 명성을 가지고 있다.

출제포인트
〈reputation for + 대상〉 ~에 대한 명성

27
BIG DATA
정답출제: 6회
오답출제: 3회

---

preference
[ˈprefərəns]
n. 선호, 편애, 우선권

preferential a. 우선권을 주는, 우선의 preferentially ad. 우선적으로
The survey of customers suggests a strong preference for new brands over traditional ones.
그 고객 조사는 전통적인 브랜드들에 비해 새 브랜드들에 강한 선호가 있음을 시사한다.

출제포인트
preference for ~에 대한 선호

28
BIG DATA
정답출제: 7회
오답출제: 5회

---

passion
[ˈpæʃən]
n. 열정, 강한 신념

She has a passion for music.
그녀는 음악에 대한 열정이 있다.

출제포인트
a passion for ~에 대한 열정

실전 TIP
passion의 의미는 추상적이지만 가산명사이므로 유의해야 한다.

29
BIG DATA
정답출제: 1회
오답출제: 0회

---

influence
[ˈɪnfluəns]
n. 영향
vt. ~에게 영향을 미치다

The U.S. government is trying to extend its influence on the market.
미국 정부는 그 시장에서 자국의 영향력을 확장하려고 노력하고 있다.

출제포인트
have/exert an influence on ~에게 영향을 미치다

30
BIG DATA
정답출제: 3회
오답출제: 9회

Quiz

13 Clients with a ---------- for online transactions should try G23 internet shopping mall.
(A) choice   (B) preference

14 We are seeking individuals who excel in a team environment, strive to exceed expectations, and have a ---------- for serving customers.
(A) belief   (B) passion

15 The presence of a presidential spiritual adviser in The Palace is believed to have a positive ---------- on the government officials.
(A) influence   (B) intention

commitment
[kəˈmɪtmənt]
n. 약속, 헌신

The Nice Motor Inc. has shown its commitment to lowering fuel consumption.
Nice Motor사는 연료소비를 낮추는 것에 대해 헌신적인 태도를 보여왔다.

출제포인트
〈commitment + to + 명사/동명사〉 ~에 대한 약속, 헌신

31
BIG DATA
정답출제: 3회
오답출제: 3회

exposure
[ɪkˈspoʊʒər]
n. 노출

Prolonged exposure to different work conditions can be detrimental to workers' personal health.
다른 근무 환경에의 장시간 노출은 직원들의 개인 건강에 해로울 수 있다.

출제포인트
exposure to ~에 대한 폭로, 노출
prolonged exposure to the sun 햇빛에 장시간 노출

32
BIG DATA
정답출제: 1회
오답출제: 2회

solution
[səˈluʃən]
n. 해결, 정답, 용액

We failed to find out a solution to the technical problems.
우리는 기술적인 문제점에 대한 해결책을 찾는 데 실패하였다.

출제포인트
solution to ~에 대한 해결책
solution to the problem 문제에 대한 해결책

33
BIG DATA
정답출제: 1회
오답출제: 7회

admission
[ədˈmɪʃən]
n. 입장, 가입, 입장료

admit vi., vt. 인정하다, 시인하다
Last admission to the park is at noon.
공원의 마지막 입장 시간은 정오이다.

출제포인트
〈admission + to + 장소 /행사〉 ~로의 입장

34
BIG DATA
정답출제: 7회
오답출제: 7회

concern
[kənˈsɜrn]
n. 관심, 우려, 중요성
vt. ~에 관련되다,
  ~에 영향을 주다

The Vice President expressed concern about the security issue.
부사장은 보안 사안에 대해 우려를 표명했다.

출제포인트
〈concern + for/about/over + 명사〉 ~에 대한 걱정/관심사

35
BIG DATA
정답출제: 9회
오답출제: 23회

question
[ˈkwestʃən]
n. 질문, 논쟁
vt., vi. 실문하다, 의심하다

questionable a.의심스러운 questionably ad.의심스럽게
They asked me quite a lot of difficult questions about my job.
그들은 나의 직업에 관해 어려운 질문들을 꽤 많이 했다.

출제포인트
question about/as to/regarding/on ~에 관한 질문

실전 TIP
beyond question 완전히 확신하는, 의심할 여지가 없는
without question 이의 없이 (명백한 사실)
in question 논의되고 있는

36
BIG DATA
정답출제: 3회
오답출제: 4회

Quiz

16 All students who have enrolled in the business school system can receive free ---------- to the city library.
(A) service   (B) admission

17 Most of the ---------- about the sizable trade deficit arose at the annual meeting.
(A) settlements   (B) concerns

18 The study ---------- question was published.
(A) in   (B) of

DAY 16

discussion
[dɪˈskʌʃən]
n. 토론, 논의

Regretfully, we do not have time to continue this **discussion** of the law now.
유감스럽게도 우리는 지금 법에 대한 이 논의를 계속할 시간이 없다.

출제포인트
⟨discussion + about/of + 명사⟩ ~에 대한 논의
under discussion 논의 중인

37
BIG DATA
정답출제: 1회
오답출제: 2회

advance
[ədˈvæns]
n. 진전, 발전, 승진
vt., vi. 전진하다, 진보하다

If you have a special meal request, please tell us in **advance**.
식사에 대해 요청하실 특이사항이 있다면, 저희에게 미리 알려주세요.

출제포인트
in advance 미리
⟨advances in + 분야⟩ (분야)에서의 발전

38
BIG DATA
정답출제: 4회
오답출제: 8회

decline
[dɪˈklaɪn]
n. 감소
vi. 감소하다, 줄다 vt. 거절하다

Hongkong branches reported their sudden **decline** in profits last quarter.
홍콩 지점들은 지난 분기에 있었던 갑작스런 이익 하락을 보고했다.

출제포인트
⟨관사 + 증가/감소 + in + 분야⟩ ~의 증가/감소
a decline in sales 판매의 감소

39
BIG DATA
정답출제: 5회
오답출제: 4회

writing
[ˈraɪtɪŋ]
n. 쓰기, 집필

South Asia Airline will reimburse passengers for damaged baggage only when complaints are received in **writing**.
South Asia Airline은 서면으로 불만사항을 받았을 경우에만 파손된 수하물에 대해 승객에게 보상을 해줄 것이다.

출제포인트
in writing 서면으로

40
BIG DATA
정답출제: 2회
오답출제: 0회

detail
[ˈdiːteɪl / dɪˈteɪl]
n. 세부사항, 정보
vt. ~을 열거하다

Both sides signed the agreement but they didn't announce it in **detail**.
양측 모두 계약서에 서명했으나, 상세내용은 발표하지 않았다.

출제포인트
in detail 상세하게
go into detail 상세히 설명하다
further/more details 더 많은 정보

41
BIG DATA
정답출제: 15회
오답출제: 5회

difference
[ˈdɪfrəns]
n. 다름, 차이

The company has fully recognized the **differences** between management and the union.
회사는 경영진과 노조 사이의 차이점을 충분히 인지하고 있었다.

출제포인트
the difference between ~ 사이의 차이점
difference in age/size 나이/크기의 차이

42
BIG DATA
정답출제: 0회
오답출제: 4회

Quiz

19 The CEO has requested Ms. Akbar to head a ---------- of the customer service department's new incentive plans next Thursday.
(A) discussion   (B) group

20 Seminar rooms should be reserved ---------- advance.
(A) of   (B) in

21 Recent reports have predicted a 20 percent ---------- in overseas sales as a result of price fluctuations in the market.
(A) decline   (B) interest

stock
[stɑk]
n. 재고, 주식

The yellow jacket is temporarily out of **stock**.
그 노란 재킷은 일시적으로 품절이다.

출제포인트
in stock 재고가 있는
out of stock 재고가 없는

실전 TIP
stock은 정답, 오답 보기로 출제된 적은 없지만 앞의 전치사를 묻는 문제로 출제된 적이 있다.

43
BIG DATA
정답출제: 0회
오답출제: 0회

doubt
[daʊt]
n. 의심
vt., vi. 의심하다, 믿지 않다

doubtful a. 의심스러운, 확신이 없는
There were **doubts** in many people's minds about the political issue.
그 정치적 쟁점에 관해 많은 사람들의 마음 속에 의심이 있었다.

출제포인트
doubts in ~ 속에 의심
without doubt 의심할 필요 없이

44
BIG DATA
정답출제: 2회
오답출제: 6회

consent
[kənˈsent]
n. 동의, 허락
vi. 동의하다, 허가하다

Customer's personal information will not be released without written **consent**.
고객의 개인정보는 서면동의가 없으면 공개할 수 없을 것이다.

출제포인트
without written consent 서면동의 없이

45
BIG DATA
정답출제: 2회
오답출제: 4회

delivery
[dɪˈlɪvəri]
n. 배달, 전달, 연설

You will pay a 10% deposit up front and pay the balance on **delivery**.
선불로 10% 보증금을 내고 배송 시에 잔금을 지불하게 된다.

출제포인트
〈delivery to + 대상/장소〉 ~에게/~로의 전달/배달
on delivery 배달 시에

46
BIG DATA
정답출제: 9회
오답출제: 3회

purpose
[ˈpɜrpəs]
n. 목적, 의도, 용도

purposeful a. 목적의식이 있는, 단단력 있는, 결의에 찬
We didn't lose on **purpose** and we all wanted to win.
우리는 일부러 지지 않았고 우리 모두 이기기 원했다.

출제포인트
on purpose 고의로, 일부러   to no purpose 헛되이
with a purpose 목적이 있어, 일부러   to some[good] purpose 성공하여
for that purpose 그 (목적) 때문에

47
BIG DATA
정답출제: 3회
오답출제: 4회

pressure
[ˈpreʃər]
n. 압박

The team performs well under **pressure**.
그 팀은 압박감 속에서도 경기를 잘한다.

출제포인트
under pressure 압박을 받는

48
BIG DATA
정답출제: 2회
오답출제: 0회

Quiz

22   All the articles in our magazines may not be downloaded from Lena Moon's website ---------- the artist's consent.
(A) under   (B) without

23   Print Live 3-D printers are fully calibrated ---------- delivery.
(A) upon   (B) about

24   The production team is under ---------- to increase their work force by the end of this year.
(A) pressure   (B) pressing

DAY 16 SUMMARY

1. to부정사를 동반하는 명사 best
ability effort attempt right goal aim

2. that절을 동반하는 명사 best
〈The fact / idea / assurance / confirmation / complaint / perception that + 주어 + 동사〉 (여기서 that은 동격절 that)

3. 토익 빈출 복합명사

job
job performance 업무성과
job description 업무기술서   job opening 공석
job opportunity 취업기회   job openings 구인

department
accounting department 회계부서
human resources department 인사부
sales department 영업부
public relations department 홍보부
department manager 부장

customs
customs clearance 세관 수속
customs declaration 세관 신고
customs office 세관 사무소
customs regulation 세관 규정

safety
safety reason 안전상의 이유
safety margin 안전여유   safety glasses 보안경
safety procedure 안전조치
safety inspection 안전조사/점검
safety equipment 안전장비   safety measure 안전조치
safety guideline 안전 가이드라인
workplace safety 직장(에서의) 안전

sales
monthly sales 월 판매량
sales representative 영업/판매사원
sales personnel 영업직원   foreign sales 해외 판매량
sales figure 판매수치   sales target 판매 목표량
retail sales 소매 판매량
energy-saving measures 에너지 절약대책
savings account 보통예금   savings plan 예금상품
savings bank 저축은행   cost savings 비용절감액

4. 전치사를 동반하는 명사 best

〈명사 + 전치사〉			
명사 + in		명사 + between	
a decline in	~에 대한 감소	difference between	~ 사이의 차이점
명사 + about/concerning/regarding		명사 + of	
concern about	~에 대한 걱정	a series of	~의 시리즈
question about/concerning	~에 대한 질문	every aspect of	~의 모든 측면
discussion about	~에 대한 토론	source of	~의 근본, 원천, 원인
		knowledge of	~의 대한 지식
명사 + on/for/to			
a preference for	~에 대한 선호	emphasis on	~에 대한 강조
exposure to	~에 대한 노출	ticket to	~로 가는 티켓
a reputation for + 대상	~에 대한 명성	a commitment to	~에 대한 약속, 헌신
a passion for	~에 대한 열정	a solution to	~에 대한 해결책
〈전치사 + 명사〉			
in + 명사		without + 명사	
in writing	서면으로	without doubt	의심할 필요 없이
in advance	미리	without consent	동의 없이
in detail	자세히	(up)on + 명사	
out of + 명사		(up)on delivery	배달 시에
out of order	고장이 난	on/upon receipt	수령하자마자
out of stock	재고가 떨어진	on purpose	고의로

실력완성 TEST

01 This proposal should cover every ---------- of our business.
(A) side   (B) aspect   (C) phase   (D) space

02 Due to last year's decrease in sales, the CEO of Mexa International put great ---------- on creative advertisement during his presentation of this year's annual talk.
(A) emphasis   (B) effort   (C) instance   (D) determination

DAY 17
주제별 빈출 명사 어휘

1. 유사 의미의 가산명사와 불가산명사가 보기에 동시에 등장하는 단어들

가산명사	불가산명사
a permit 허가 (증)	permission 허가, 승인
a certificate 증명(서)	certification 증명
a suggestion 제안, 조언	advice 조언
a product 생산품	production 생산
an agreement 동의	consent 동의
an approach 접근 방법	access 접근
a survey 설문 조사	research 연구
a detail (상세한) 설명	information 정보
a decision 결정	approval 승인

2. 가산/불가산 둘 다 쓰이는 명사

불가산명사	명사	가산명사
경력	experience	특정한 경험
구매	purchase	구매한 물건
사업	business	일, 회사
공급	supply	공급품
상황, 상태	condition	조건, 환경(상황)
봉사	service	서비스 상품들
환경	environment	특정한 환경
책임, 담당	charge	요금, 수수료
가격	price	특정한 가격
학식	knowledge	경험
공간, 여지	room	방
통보	notice	통지서
여지	space	구역
고려, 심사	account	계좌, 거래
순서, 목적	order	명령, 지시, 주문(품)

ex) 'condition'
- The car is in good/bad **condition**. 그 자동차는 상태가 안 좋다. ☆ '상태'를 의미할 때는 불가산명사
- some **conditions** of the contract 그 계약의 조건들 ☆ '조건'을 의미할 때는 가산명사
- weather **conditions** 기상 조건 ☆ 날씨, 주거, 경제, 환경 등과 함께 쓰이는 condition은 주로 복수형

시험문제는 이렇게 나와요!

The marketing team conducted a -------- to find out how many hours children use the Internet every day.
(A) research (B) progress (C) survey (D) broadcast

해설 ▶ 생각의 순서

1단계 구조 분석
The marketing team / conducted / a -------- (to find out how many hours children / use / the Internet /
　　주어　　　　　동사　　　목적어　　　　to부정사구
every day).

2단계 품사 배열　부정관사 'a' 뒤에 위치하므로 빈칸은 가산명사 자리이다.

3단계 답 결정 단어 찾기　conducted, a → conduct a survey 조사를 실시하다 ∴ (C) survey가 정답

4단계 오답 노트　동사 conduct의 목적어로 (A) research와 (C) survey를 쓸 수 있다. 이 중 research는 불가산명사로 부정관사 a와 함께 쓰지 않으므로 오답이 된다.

해석　마케팅 팀에서 아이들이 매일 인터넷을 몇 시간이나 사용하는지 알아내기 위해 설문조사를 실시했다.
어휘　conduct 실시하다　find out 알아내다
정답　(C)

DAY 17

❶ 돈

salary
['sæləri]
n. 월급, 봉급, 급료

Salary increases are determined after reviewing the performance by the managers.
급여인상은 매니저들이 성과를 검토한 후에 결정된다.

출제포인트 정기적으로 받는 '월급, 봉급, 급료'라는 의미.

실전 TIP 복합명사
salary increase 급여인상 salary expectation 급여기대치
salary budget 급여예산 salary level 급여수준

01
BIG DATA
정답출제: 1회
오답출제: 2회

incentive
[ɪnˈsentɪv]
n. 장려금, 성과금

The assistant manager asked her boss to give her an **incentive**.
대리는 사장에게 자기의 성과금을 달라고 요구했다.

출제포인트
회사에서 직원들에게 개인 성과별로 지급하는 '성과금', 판매자가 소비자에게 하나를 사면 하나를 더 주는 'buy one, get one free'나 '현금 지급', '무료 포인트 지급' 등도 incentive의 일종이다.

02
BIG DATA
정답출제: 4회
오답출제: 1회

bonus
[ˈboʊnəs]
n. 상여금

A **bonus** will be awarded to the sales and marketing division.
상여금은 영업부와 마케팅부에 지급될 것이다.

출제포인트 원래 정해진 것 외에 무엇인가를 추가로 얻게 되는 것
There is no (bonus / ~~incentive~~) this year. 올해는 상여금이 없다.

실전 TIP 보통 연말에 받는 것은 incentive가 아니라 bonus다. 회사 사정을 떠나서 incentive의 조건을 채웠으면 회사 측에서는 incentive를 줘야 한다.

03
BIG DATA
정답출제: 1회
오답출제: 0회

income
[ˈɪnkʌm]
n. 수입, 소득

Income from publishing has been growing.
출판에서 나온 수입이 점점 늘어나고 있다.

출제포인트
노동이나 투자 등으로 벌어들인 수입을 말한다.

04
BIG DATA
정답출제: 0회
오답출제: 1회

earnings
[ˈərnɪŋz]
n. 소득

My **earnings** are just above average.
내 소득은 평균을 겨우 넘어선다.

출제포인트
일을 해서 번 총 금액을 의미하며 주로 복수형으로 쓰인다.

05
BIG DATA
정답출제: 0회
오답출제: 2회

wage
[weɪdʒ]
n. 임금
vt. (전쟁, 싸움을) 벌이다

Recently hired interns get paid lower **wages** than previous interns.
최근에 고용된 인턴들은 이전의 인턴들보다 더 낮은 임금을 받는다.

출제포인트
주로 시간당 혹은 주단위로 받는 급여이며, 공장이나 가게 등에서 지급하는 돈을 의미한다.

실전 TIP 복합명사
wage increase 임금인상 employee wage 직원임금
wage level 임금수준 wage freeze 임금동결

06
BIG DATA
정답출제: 1회
오답출제: 0회

Quiz

01 Most companies negotiate -------- with their employees before signing the employment contract.
(A) profits (B) salaries

02 Some outlets and local stores decided to offer financial -------- for purchasing items in bulk.
(A) incentives (B) money

03 In the winter, some seasonal workers get paid reasonably good --------.
(A) wages (B) costs

❷ 비용

rate
[reɪt]
n. 요금, 비율, 속도
vt. ~을 평가하다
vi. 평가되다

Despite speculation to the contrary, it is now clear that interest **rates** will not rise for the next three months.
반대의 추측에도 불구하고 앞으로 3개월 동안 이자율이 오르지 않을 것이 분명해졌다.

출제포인트
물건이나 서비스의 정해진 '이용 요금'이란 의미이다.
advertising/insurance/postal rates 광고/보험/우편 요금

실전 TIP 복합명사
interest rate(s) 이자율 exchange rate(s) 환율 production rate(s) 생산율
vacancy rates 공실률 unemployment rates 실업률

07 BIG DATA
정답출제: 3회
오답출제: 6회

charge
[tʃɑrdʒ]
n. 요금, 기소
vi., vt. 청구하다

What is the **charge** for a night in that hotel?
저 호텔의 하루 숙박비가 얼마죠?

출제포인트
물건이나 서비스에 대해 지불해야 하는 '돈, 요금'

실전 TIP
free of charge 무료로 (= at no cost)

08 BIG DATA
정답출제: 11회
오답출제: 8회

fee
[fi]
n. 수수료,
(조직/기관 등에 내는) 요금,
회비, 가입비 등

Your monthly membership **fee** will be debited automatically from your bank account.
당신의 월회비는 당신의 은행계좌로부터 자동으로 인출될 것이다.

출제포인트
어떤 과정(절차)에서 정해진 돈을 내는 것.
legal fees 법무 관련 수수료

09 BIG DATA
정답출제: 3회
오답출제: 2회

rent
[rent]
n. 집세, 방세

The weekly **rent** on the car was over $200.
그 자동차의 한 주 사용료는 200달러가 넘었다.

출제포인트 '집세, 방세, 지대, 임차료'.
미국 영어에서는 rent가 rental의 의미로 쓰일 수도 있다.

10 BIG DATA
정답출제: 0회
오답출제: 3회

balance
[ˈbæləns]
n. 균형, 잔고, 잔액, 잔금
vt., vi. 균형을 유지하다,
균형을 이루다

The outstanding **balance** should be paid promptly.
미결제 잔금은 즉시 지불되어야 한다.

출제포인트 rate나 price는 제공되는 물건이나 서비스에 이미 매겨져 있는 금액의 개념이며, balance는 총액에서 일부 금액을 차감한 나머지 금액 또는 지불하고도 아직 남아 있는 금액을 의미한다.

11 BIG DATA
정답출제: 0회
오답출제: 2회

toll
[toʊl]
n. 통행료

Toll fees are calculated on return of the vehicle.
통행료는 차량 반환 시 계산됩니다.

출제포인트 전화 요금과 통행료의 개념으로 사용되는 돈.
a toll road (통행료가 부과되는) 유료 도로   toll collection 통행료 징수
toll free number 수신자부담 번호   toll gate 통행료 징수소

12 BIG DATA
정답출제: 0회
오답출제: 0회

Quiz

04 Repair services on all of our flatscreen televisions are provided free of -------- as outlined in our warranty.
(A) charge   (B) cost

05 You must pay the outstanding -------- by the date written on your bill to avoid a late fee.
(A) balance   (B) rate

06 With Mankind Construction, clients can be sure that any amount spent in the project is worth the --------.
(A) expense   (B) toll

DAY 17

DAY 17

fare
[feər]
n. (택시, 버스 요금 등의) 운임

Train **fares** have shot up by 10%.
열차요금이 10% 올랐다.

출제포인트 (여행, 이동에 필요한) 요금
taxi fare 택시비   freight fare 화물요금

13
BIG DATA
정답출제: 1회
오답출제: 5회

tariff
['terɪf]
n. 관세

The government has decided to reduce **tariffs** on some imported goods.
정부는 일부 수입제품에 대한 관세를 낮추기로 했다.

출제포인트
tariff on ~에 대한 관세

14
BIG DATA
정답출제: 0회
오답출제: 2회

expense
[ɪkˈspens]
n. 돈, 비용, 경비

You must turn in a **expense** report after each business trip.
당신은 매 출장 후에 비용 보고서를 제출해야 한다.

출제포인트
경비, 수당, 지출, 어떤 일을 진행하는 데 드는 비용
at one's expense ~의 비용으로

실전 TIP
travel expense 여행경비, expense report 비용 보고서, living expense 생활비 등의 복합명사 형태로 출제된다.

15
BIG DATA
정답출제: 8회
오답출제: 4회

cost
[kɔst]
n. 값, 비용
vt., vi. (값, 비용이) ~이다, 들다

costly a. 비싼
We need to find a way to reduce labor **costs**.
우리는 인건비를 줄일 방법을 찾아야 한다.

출제포인트
'비용'을 의미. 기업, 가정 등을 꾸려가기 위해 정기적으로 소비해야 하는 돈이다.

실전 TIP
at no (extra) cost 비용 없이, 무료로

16
BIG DATA
정답출제: 3회
오답출제: 7회

❸ 근거

base
[beɪs]
n. 토대, 기반, 바닥
vt. ~에 근거지를 두다

The CEO has successfully expanded our clients **base**.
최고경영자는 우리의 고객층을 성공적으로 확장했다.

출제포인트
be based on ~에 기반을 두다

실전 TIP
(무엇의 기초가 되는) 생각이나 사실이란 의미로, 품사를 묻는 구조문제가 많이 출제되며, 명사 basis와 보기로 함께 출제된다.

17
BIG DATA
정답출제: 3회
오답출제: 3회

basis
['beɪsɪs]
n. 근거, 이유, 기준

We get paid on a weekly **basis**.
우리는 주급을 받는다.

출제포인트
(주로 단수로) 토대, 근거, 원칙, 생각, 사실

18
BIG DATA
정답출제: 2회
오답출제: 6회

Quiz

07 It is highly recommended to keep accessible savings to cover one year worth of living --------.
(A) expenses   (B) fare

08 The advertising fees are subject to change based -------- the daily circulation of the newspaper.
(A) on   (B) of

09 Our daily consulting service is limited to only ten applicants on a first-come, first-served --------.
(A) base   (B) basis

④ 여행

tour
[tʊər]
n. 관광, 여행, 시찰, 견학

The plant manager recently conducted a **tour** of the company's R&D department.
공장 관리자는 최근에 회사 연구 개발 부서를 돌아봤다.

출제포인트
a guided tour 안내를 해주는 여행이나 관광   on tour 여행 중인
tour of the factory   공장 견학

실전 TIP
즐거움 또는 관심사를 위해 특정한 나라나 지역의 '여러 곳을 방문하는 것'을 의미한다. 즉, 한 바퀴 돌고 원래 위치로 돌아오는 것이다. 그래서 패키지 투어라고 한다. 토익에서는 도시(city), 공장(factory), 박물관(museum), 회사(company) 등의 짧은 견학이나 관람 등에도 사용한다.

19 BIG DATA
정답출제: 1회
오답출제: 0회

trip
[trɪp]
n. 여행

I'll be going on a business **trip** next week.
나는 다음 주에 출장을 갈 예정이다.

실전 TIP
잠시 갔다 오는 '짧은 여행'을 의미하며, 전치사 to, from 등을 동반한다.
주로 take나 go on 등의 동사와 함께 쓰인다.

20 BIG DATA
정답출제: 0회
오답출제: 1회

travel
[ˈtrævəl]
n. 여행
vi., vt. 여행하다, 이동하다

traveler n. 여행자   traveling n. 여행 a. 여행용의, 여행의
No matter which method you choose, it is important to let us know your **travel** arrangements.
어떤 방법을 선택하든 간에, 우리에게 당신의 여행 스케줄을 알려 주는 것은 중요하다.

실전 TIP
여행의 가장 일반적인 표현으로 한 지역에서 '다른 지역으로 이동하거나 움직이는 것'을 의미한다. travel의 기본 의미는 '이동'이므로, 즐거움을 목적으로 하는 여행뿐 아니라 비즈니스 출장 등 먼 거리의 이동과 관련한 상황에 두루 쓰일 수 있음에 주의하자.
travel expense 여행경비

21 BIG DATA
정답출제: 0회
오답출제: 0회

excursion
[ɪkˈskɜrʒən]
n. 여행

We went on an all-day **excursion** to the island.
우리는 그 섬으로 당일치기 여행을 갔다.

출제포인트
짧게 하는 여행을 뜻하며 전치사 to, into와 함께 쓰인다.

22 BIG DATA
정답출제: 1회
오답출제: 1회

⑤ 기간

period
[ˈpɪəriəd]
n. 기간, 시대, 마침표

periodical n. 잡지, 간행물   periodic a. 주기적인   periodically ad. 주기적으로
The marketing **period** is from the 7th to the end of this month.
마케팅 기간은 7일부터 이번 달 말까지이다.

출제포인트
특정 날짜, 시작과 끝이 명시된 기간

23 BIG DATA
정답출제: 3회
오답출제: 1회

duration
[djʊəˈreɪʃən]
n. (지속되는) 기간

The **duration** of the battery is 2 hours.
건전지의 수명은 2시간이다.

출제포인트
성능이나 약효 등이 지속되는 기간

24 BIG DATA
정답출제: 1회
오답출제: 2회

Quiz

10 One of our team members will be happy to give a -------- of our facility showing each floor.
(A) tour   (B) trip

11 Those who are interested in next week's -------- to Jeju Island may purchase tickets at our website.
(A) itinerary   (B) excursion

12 This new medicine shortens the -------- of the common cold in younger patients.
(A) period   (B) duration

DAY 17

❻ 장소

location
[louˈkeiʃən]
n. 장소, 지점

We will open new plants in **locations** that are close to Seoul.
우리는 서울과 가까운 장소에 새로운 공장들을 열 것이다.

출제포인트
주로 사람이나 사물이 있는 장소를 의미하며, 특정 사건이 일어나는 위치, 장소를 뜻하기도 한다. 특히 사업(business), 광고 등 공식적인 내용에서 주로 쓰인다.
the ideal location for a winter break 겨울휴가를 보내기에 이상적인 장소

25 BIG DATA
정답출제: 6회
오답출제: 10회

site
[saɪt]
n. 장소, 부지

It is impossible to construct a bridge on the proposed **site**.
제안한 그 장소에 다리를 건설하는 것은 불가능하다.

출제포인트
공사 현장, 건물, 도시 등이 차지하고 있는 장소

26 BIG DATA
정답출제: 3회
오답출제: 2회

area
[ˈeəriə]
n. 공간, 지역

All **areas** of the country will have some rain.
모든 지역에서 비가 내릴 것이다.

출제포인트
가장 많이 쓰이는 표현은 in this area (이 지역에, 이 근방에서)이다.
a reception area 접수 구역

27 BIG DATA
정답출제: 3회
오답출제: 2회

venue
[ˈvenju]
n. 장소

Finding a suitable **venue** for the marketing meeting would be difficult at this late date.
마케팅 회의를 위한 적절한 장소를 찾는 것은 이렇게 늦은 시점에서는 어려울 것이다.

출제포인트
회의, 행사, 콘서트, 스포츠 경기 등이 열리는 장소

28 BIG DATA
정답출제: 0회
오답출제: 2회

scene
[sin]
n. 현장, 장면

Firefighters were on the **scene** immediately.
소방관은 즉시 그 현장에 투입되었다.

출제포인트
사고 등의 좋지 못한 일이 일어나는 현장을 일컫는다.

29 BIG DATA
정답출제: 0회
오답출제: 3회

residence
[ˈrezɪdəns]
n. 거주지, 거주, 주택

reside vi. 거주하다, 살다 residential a. 주택의, 주거의 resident n. 거주자 a. 거주하는

The Thursday morning fire destroyed a **residence** at Greengable Road.
목요일 오전 화재로 Greengable Road의 주택이 파손되었다.

출제포인트
거주지, 공식적으로 체류하는 주거지
a residence requirement 거주 요건

30 BIG DATA
정답출제: 2회
오답출제: 3회

Quiz

13 Our new ---------- for the proposed headquarters is located at Dalton Avenue near Central Train Station.
    (A) site   (B) scene

14 Jackson's Furniture is the only store in the ---------- that offers customers a discount throughout the year.
    (A) site   (B) area

15 Orion Resort and Hotel is the official ---------- of our clients from Dubai.
    (A) residence   (B) venue

❼ 이점·이익

advantage
[ədˈvæntɪdʒ]
n. 유리한 점, 이점

advantageous a. 유리한
Knowledge of programming will be an **advantage** for this position.
프로그래밍 지식은 이 직위를 위한 이점이 될 것이다.

출제포인트
단순한 장점이 아니라 경쟁에서 우위를 점할 수 있는 '경쟁력'을 가지고 있다는 의미이다.
실전 TIP 빈출 표현
take advantage of ~을 이용하다

31
BIG DATA
정답출제: 4회
오답출제: 5회

merit
[ˈmerɪt]
n. 성적, 가점

Salary and wage increases are based on **merit**.
월급과 주급은 성과에 따라 증가한다.

출제포인트 가치가 있는 장점, 높은 평가을 의미한다.
실전 TIP merit는 학생의 우수한 품행이나 학업에 따른 '가점'의 의미가 있는데, 기업의 인사와 관련하여 사용되면 직원의 '성과, 고과'를 의미하게 된다. 토익시험에는 merit-based salary '성과에 따른 급여제도'란 표현이 자주 사용된다.

32
BIG DATA
정답출제: 7회
오답출제: 12회

profit
[ˈprɑfɪt]
n. 이윤, 이익
vt. ~의 이익이 되다
vi. 이익을 얻다, 도움이 되다

profitable a. 수익성이 있는, 유익한 profitability n. 수익성 profitably ad. 유익하게
The sale generated record **profits**.
그 판매로 기록적인 이익이 창출되었다.

출제포인트 물질적 또는 금전상의 이익이나 수익을 말한다.

33
BIG DATA
정답출제: 7회
오답출제: 8회

benefit
[ˈbenəˌfɪt]
n. 혜택, 이득, 보조금
vt. ~의 이득이 되다
vi. 이익을 얻다

beneficial a. 유익한, 이로운 beneficent a. 인정 많은, 친절한 beneficiary n. 수혜자, 수령인
Survivor **benefits** are only paid if the member dies while on active duty.
유족 연금은 직원이 근무 중 사망했을 경우에만 지급된다.

출제포인트 어떤 자격이 있을 때 주어지는 혜택을 의미한다.
employee benefits 직원 복리 후생 benefit packages 복리 후생제도
실전 TIP 빈출 표현
mutually beneficial 상호간에 유익한

34
BIG DATA
정답출제: 0회
오답출제: 1회

❽ 가치

worth
[wɜːθ]
n. 가치, 값어치
a. ~의 가치가 있는

TAS TACO Inc. sells more than 2 million dollars **worth** of paper a month, half of which is consumed in Europo.
TAS TACO사는 한 달에 2백만 달러치의 종이를 판매하는데 그 중 절반이 유럽에서 소비되고 있다.

출제포인트
<금액 + worth of + 명사> (얼마) 상당의 가치를 가지고 있는 ~
<시간 + worth of + 명사> (시간)이 상당히 소요되는 ~

35
BIG DATA
정답출제: 4회
오답출제: 3회

value
[ˈvæljuː]
n. 가치, 중요성
vt. ~을 소중하게 여기다, 평가하다

The **value** of the sculpture was estimated at $500,000.
그 조각의 가치는 오십만 달러로 평가되었다.

출제포인트
value of ~의 가치 in value 가치 면에서 value (타동사) ~의 가치를 평가하다

36
BIG DATA
정답출제: 4회
오답출제: 15회

Quiz

16 Clients should send a copy of the transaction slip to the given address to take the ----------- of the business' free application-upgrade.
  (A) merit (B) advantage

17 This quarter, a portion of ----------- from all branch sales are intended to be donated to charity projects.
  (A) profits (B) money

18 The fire that happened last night caused thousands of dollars' ----------- of damage to the building.
  (A) value (B) worth

DAY 17

❾ 생산

product
['prɑdəkt]
n. 생산품, 제작물, 성과

The report was the product of last years' hard work.
그 보고서는 지난해의 수고의 산물이었다.

출제포인트
어떤 상황이나 과정에서의 '성과, 결과물'을 의미

37
BIG DATA
정답출제: 3회
오답출제: 9회

produce
[prəːdus] [prəˈdus]
n. 농산물
vt., vi. ~을 생산하다
vi. 산출하다

The climate here is favorable for growing produce.
이곳의 기후는 농산물의 재배에 유리하다.

출제포인트
동사로 '~을 생산하다'를 뜻하지만 명사로는 '농산물'의 의미가 있다.

38
BIG DATA
정답출제: 2회
오답출제: 15회

production
[prəˈdʌkʃən]
n. 생산, 제작, 작품

We are doing everything possible to meet the production deadline.
우리는 생산 마감 날짜를 맞추기 위해 가능한 모든 것을 하고 있다.

출제포인트
'생산'을 뜻하는 불가산명사로 '만드는 과정'의 의미를 내포한다.

39
BIG DATA
정답출제: 2회
오답출제: 6회

productivity
[ˌproʊdəkˈtɪvəti]
n. 생산성, 생산력

The recent corporate policy changes will help increase productivity.
최근의 회사 정책 변화는 생산성 향상에 도움이 될 것이다.

출제포인트
'생산성'을 뜻하는 불가산명사로 '생산율이나 생산량'의 개념을 내포한다.

40
BIG DATA
정답출제: 10회
오답출제: 1회

❿ 기회

chance
[tʃæns]
n. 기회, 가능성, 우연
vi. 우연히 일어나다

The forecast for tomorrow is cloudy with a chance of rain.
내일 일기예보는 흐리며 비가 올 확률이 있다.

출제포인트 계획되지 않은 상황에서 '우연히 발생하는 기회'인 경우에 사용한다.

실전 TIP 빈출 표현
by any chance 혹시라도

41
BIG DATA
정답출제: 1회
오답출제: 4회

opportunity
[ˌɑpərˈtunəti]
n. 기회

If you study hard now, you will have many opportunities in the future.
지금 열심히 공부하면 나중에 많은 기회가 주어질 것이다.

출제포인트 전에 계획한 것이나 진행하고 있는 것들에 의해 '순차적으로 발생하는 기회'를 말한다. 예를 들어, 고등학생 때 열심히 공부해서 좋은 성적을 내어 좋은 대학에 들어갈 기회(opportunity)를 갖게 되는 것이다.

Tomorrow's test will be an (opportunity / ~~chance~~) for you to find out how much you know.
내일 시험은 당신이 얼마나 알고 있는지를 알 수 있는 기회가 될 것이다.

실전 TIP 빈출 표현
an opportunity to do ~할 기회
〈opportunity for + 명사〉 ~을 위한 기회

42
BIG DATA
정답출제: 6회
오답출제: 4회

Quiz

19 The president announced that a bonus will be awarded to the factory division that has demonstrated the highest level of -------- over the past year.
(A) produce   (B) productivity

20 Next week's forecast calls for heavy rain with a -------- of hail or even snow.
(A) chance   (B) opportunity

21 Dr. Freeman extended his gratitude to the hospital head for the -------- to work in such a prestigious medical institution.
(A) fortune   (B) opportunity

⓫ 특징

character
[ˈkærɪktər]
n. 특성, 특질, 성격

characterize vt. 특성을 나타내다, 특징이 되다
The two questions are of different character.
이 두 문제는 성질이 다르다.

출제포인트
사람의 고유 '성격, 특성', 사람이나 사물에서 다른 것과 구별될 수 있는 '특징, 성질'을 의미한다.

43
BIG DATA
정답출제: 0회
오답출제: 3회

characteristic
[ˌkærɪktəˈrɪstɪk]
n. 특징
a. 특유의

Leadership is a key characteristic of those directors.
리더십은 그러한 이사들의 주요 특징이다.

출제포인트
특정 유형의 사람/사물의 일반적이거나 공통된 특징을 의미한다.

실전 TIP
character와 characteristic이 같이 보기에 출제되면 characteristic이 일반적이거나 공통된 특징이므로 비즈니스 어휘로 더 적절해 정답일 확률이 높다.

44
BIG DATA
정답출제: 4회
오답출제: 0회

⓬ 실수

error
[ˈerər]
n. 오류

A few minor errors may occur during the first operation.
처음 가동하는 동안에는 약간의 사소한 오류가 있을 수 있다.

출제포인트 '실수'라는 뜻으로 사용되는데 사전적인 의미는 '오류' 즉, 기준에서 벗어난 것을 말한다. mistake와 fault보다 형식적인 단어이며, 보통 컴퓨터나 기계의 오류같은 기술적인 문맥에서 사용한다.

실전 TIP 빈출 표현
in error 잘못되어

45
BIG DATA
정답출제: 2회
오답출제: 1회

mistake
[mɪˈsteɪk]
n. 실수, 잘못
vt., vi. 틀리다, 잘못 생각하다

Everyone makes mistakes.
누구나 실수를 한다.

출제포인트 고의가 아닌 잘못된 이해나 판단으로 하는 '실수'를 의미한다.

실전 TIP 빈출 표현
by mistake 실수로
make a mistake 실수하다

46
BIG DATA
정답출제: 0회
오답출제: 2회

fault
[fɔːlt]
n. 잘못, 책임

It's my fault.
내 잘못(책임)이야.

출제포인트 '잘못'과 함께 '책임'이란 의미가 포함되어 있다.

47
BIG DATA
정답출제: 1회
오답출제: 1회

defect
[ˈdiːfekt/dɪˈfekt]
n. 결함, 단점
vi. 떠나다

The technology team began investigating the defects in the computer network as soon as they were discovered.
기술팀은 컴퓨터 네트워크 상의 결함들을 발견하자마자 그것들을 조사하기 시작했다.

출제포인트
제품의 제작과정에서 발생하는 '오류, 결함, 문제' 또는 사람의 타고난 신체적·정신적 '결함'을 말한다.

48
BIG DATA
정답출제: 2회
오답출제: 0회

Quiz

22 Slow profit growth is often considered a -------- of a saturated market.
(A) character   (B) characteristic

23 If you think you are not the intended recipient, and have received this mail in --------, please delete it and notify tech support team immediately.
(A) mistake   (B) error

24 Our warranty protects against all engine failure including manufacturing or material --------.
(A) defects   (B) damages

DAY 17

DAY 17 SUMMARY

1. 돈

salary	정기적으로 받는 '월급, 봉급, 급료'
incentive	회사에서 직원들에게 개인 성과별로 지급하는 '장려금, 성과금'
bonus	원래 정해진 것 외에 무엇인가를 추가로 얻게 되는 것, '상여금'
income	노동이나 투자 등으로 벌어들인 '수입'
earnings	일을 해서 번 '총 금액'을 의미하며 주로 복수형으로 쓰인다.
wage	시간당 혹은 주 단위로 받는 '급여'

2. 비용

rate	물건이나 서비스의 정해진 '이용 요금'이란 의미로 시간당 사용, 이용 요금
charge	물건이나 서비스에 대해 지불해야 하는 '돈, 요금'
fee	'수수료'
rent	'집세, 방세, 지대, 임차료' 미국 영어에서는 rent가 rental의 의미로 쓰일 수도 있다
balance	전체 액수에서 일부 금액을 차감한 나머지 금액 또는 지불하고도 아직 남은 미결제 금액
toll	'통행료'
fare	택시, 버스 요금 등의 '운임'
tariff	'관세'
expense	경비, 수당, 지출, 어떤 일을 진행하는 데 드는 '비용'
cost	'비용'을 의미. 기업, 가정 등을 꾸려가기 위해 정기적으로 소비해야 하는 돈이다.

3. 근거

base	(무엇의 기초가 되는) 생각이나 사실
basis	(주로 단수로) 토대, 근거, 원칙, 생각, 사실

4. 여행

tour	즐거움 또는 관심사를 위해 특정한 나라나 지역의 '여러 곳을 방문하는 것'을 의미한다. 즉, 한 바퀴 돌고 원래 위치로 돌아오는 것이다. 그래서 패키지 투어라고 한다. 토익에서는 도시(city), 공장(factory), 박물관(museum), 회사(company) 등의 짧은 견학이나 관람 등에도 사용한다.
trip	잠시 갔다 오는 '짧은 여행'을 의미하며, 전치사 to, from 등을 동반한다. 주로 take나 go on 등의 동사와 함께 쓰인다.
travel	여행의 가장 일반적인 표현으로 한 지역에서 '다른 지역으로 이동하거나 움직이는 것'을 의미한다. travel의 기본 의미는 '이동'에서 출발하므로, 즐거움을 목적으로 하는 여행뿐 아니라 비즈니스 출장 등 먼 거리의 이동과 관련한 상황에 두루 쓰일 수 있음에 주의하자.
excursion	짧게 하는 여행

5. 기간

period	특정 날짜, 시작과 끝이 명시된 기간
duration	성능이나 약효 등이 지속되는 기간

실력완성 TEST

01 Next week's forecast calls for heavy rain with a -------- of hail or even snow.
(A) chance (B) potential (C) opportunity (D) calculation

02 If you think you are not the intended recipient, and have received this mail in ----------, please delete it and notify tech support team immediately.
(A) error (B) loss (C) mistake (D) problem

DAY 18

출제의도에 따른 빈출 형용사 종류별 분류

형용사 문제 풀이를 위한 생각의 순서

문장 구조 분석	① 주어 / 동사 / 목적어 ② 수식어구는 괄호로 묶는다. ex. 전치사 + 명사, 명사 뒤에 관계대명사절 ③ 접속사/관계사 + 1 = 동사의 개수

1. 형용사 자리	① 형용사 자리 – 형용사 + 명사
	   2형식/be동사 + 형용사
	   5형식 + 목적어 + 형용사
	② 형용사 vs. 부사 – 부사 + 형용사 + 명사
	   → 상태 – 형용사 + 형용사 + 명사 → 종류

2. 수량형용사의 수일치와 한정사 구분	① 명사와의 수일치를 확인하라 ② 일반형용사와 수량형용사의 구분
3. 사람 vs. 사물 형용사	① 사람형용사인지 사물형용사인지를 확인하라. ② 분사형태의 형용사는 암기
4. 형용사 어휘	① 숙어표현 〈be + 형용사/과거분사 + 전치사〉 ② 문장의 논리관계 – 수식받는 대상과 문맥의 논리를 통해 형용사 어휘를 선택

시험문제는 이렇게 나와요!

Due to the government's recent policy changes, the manufacturing company is no longer ------- to cope with current market demand.
(A) able   (B) eligible   (C) capable   (D) probable

해설 ▶ 생각의 순서

1단계 구조 분석
(Due to the government's recent policy changes), the manufacturing company / is (no longer)
　　　　　　　　전치사구　　　　　　　　　　　　　　　　　주어　　　　　　　　　동사
------- (to cope with current market demand).
　　부사　　to부정사구

2단계 품사 배열　be동사 뒤 형용사 자리이다. no longer는 부사로 문장 구조에 영향을 주지 않는다.
3단계 답 결정 단어 찾기　company → '정책 변경으로 제조업체가 시장의 수요를 맞춰줄 수 없다'라는 의미로, 특정 주체가 일을 해낼 수 있는 '능력'을 언급하고 있고 그러한 주체는 사람 또는 회사만 가능하다. 따라서 (A) able이 정답이다
4단계 오답 노트　(D) probable(있음직한)은 주체가 사물이어야 하므로 답이 될 수 없다. (C) capable은 〈be capable of -ing〉의 형태로 쓰인다.

해석 ▍ 최근 정부의 정책 변경으로 그 제조회사는 더 이상 현재 시장의 요구를 맞출 수 없다.
어휘 ▍ due to ~ 때문에　recent 최근의　〈be no longer + 형용사〉 더 이상 ~가 아니다　cope with ~을 잘 처리하다
정답 ▍ (A)

DAY 18 ❶ 수량형용사

all
[ɔl]
a. 모든, 전부의
pron. 전원, 모두
ad. 아주

All the employees should keep in touch with each other.
모든 직원은 서로 연락을 해야 한다.

출제포인트
① ⟨all + 가산복수명사⟩, ⟨all + 불가산명사⟩
② 소유격, 관사, 수사 앞에서 쓰인다. all the tables(O) some the tables(X)
③ all the time = at all times 항상, 언제나

실전 TIP a lot of/lots of/plenty of/a wide range of/a great selection of/all/most/some/no/enough/other/the other 뒤에는 가산복수명사와 불가산명사가 올 수 있다.

01
BIG DATA
정답출제: 20회
오답출제: 5회

some
[sʌm]
a. 조금, 일부의, 어떤
pron. 몇몇, 일부

Some people find it difficult to ask for help.
몇몇 사람들은 도움을 요청하는 것이 어렵다는 것을 깨닫는다.

출제포인트 ⟨some + 가산복수명사⟩, ⟨some + 불가산명사⟩

실전 TIP 대명사로 주로 긍정문에서 '몇몇, 조금', 또는 전체 중의 '일부'를 의미하며 단독으로 쓰이기도 하지만 ⟨some of + 가산복수명사/불가산명사⟩의 형태로도 쓸 수 있다.

02
BIG DATA
정답출제: 9회
오답출제: 5회

any
['eni]
a. 어떤, 어느
pron. 아무 것
ad. 아무것도, 전혀

If I can help in **any** way, let me know. ⟨조건문⟩
내가 어떤 방법으로든 도울 수 있다면 알려줘.

출제포인트
① ⟨any + 가산명사⟩, ⟨any + 불가산명사⟩
② 평서문, 긍정문에 단독으로 쓰이지 않으며 부정문, 의문문, 조건문, 가정, 미래의 불특정한 대상을 의미할 때 사용된다.

03
BIG DATA
정답출제: 27회
오답출제: 0회

a few
[ə fju]
a. 어느 정도; 조금

The new series of home furniture required **a few** modifications.
새 가정용 가구 시리즈는 약간의 수정이 필요했다.

출제포인트
① ⟨few/a few + 가산 복수명사⟩
② few(거의 없다)는 부정이고 a few(조금은 있다)는 긍정의 의미이며 모두 복수 취급한다.
   few employees 거의 없는 직원들 / a few employees 몇몇 직원들

04
BIG DATA
정답출제: 1회
오답출제: 0회

most
[moʊst]
a. 최대의, 대부분의
pron. 최대, 가장 많음
ad. 가장

Most customers like our slogan.
대부분의 고객들은 우리의 구호를 좋아한다.

출제포인트
① 최상급 형용사: ⟨the + most + 명사⟩의 패턴
② 부정(부분)대명사: most of ~ (~의 대부분)에서 most는 대명사이다.
   most of the customers 고객들 대부분
③ 일반 형용사: the 없이 most는 '대부분의'를 뜻하며 ⟨most + 명사⟩의 형태를 취한다.
④ 최상급 부사: ⟨most + 부사⟩로 쓰며, 동사구을 수식하는 최상급 부사는 the를 붙이지 않는다.

05
BIG DATA
정답출제: 6회
오답출제: 6회

every
['evri]
a. 모든

Every employee should know exactly what their jobs consist of.
모든 직원은 자신의 일이 무엇으로 이루어져 있는지 정확히 알아야 한다.

출제포인트
⟨every + 가산단수명사⟩, ⟨every + 수사 + 가산복수명사⟩

06
BIG DATA
정답출제: 26회
오답출제: 6회

Quiz

01 -------- staff members are reminded to submit their account information to the secretary.
(A) All   (B) Each

02 K&P Company decided to postpone the workshop -------- weeks ago.
(A) some   (B) every

03 SK Communications apologizes for -------- system error caused by interruptions to the Internet service.
(A) few   (B) any

each
[itʃ]
a. 각각의, 각자의
pron. 각각, 각자

each other pron. 서로서로
The brochure gives a brief description of **each** product.
이 안내책자는 각각의 제품들에 대해 간략한 설명을 해준다.

출제포인트
① each employee (O) 각각의 직원들 each employees(X)
② each of는 <특정화된 복수명사 + 단수동사>와 함께 쓰인다.
each of the employees 각각의 직원들 (O)   each of the employee (X)
every of the employees (X)
실전 TIP each other는 '서로서로'라는 뜻의 대명사로, 주어 자리에는 오지 않고 전치사나 동사의 목적어로만 쓴다. 부사로 쓰지 않는다는 것을 꼭 알아두자.

07
BIG DATA
정답출제: 11회
오답출제: 5회

both
[boʊθ]
a. 둘 다(의)
pron. 두 개

Both employees are well qualified.
두 직원 다 충분한 자격을 갖추고 있다. (한정사)

출제포인트
<both + 복수명사 + 복수동사>

08
BIG DATA
정답출제: 27회
오답출제: 6회

whole
[hoʊl]
a. 전부의, 전체의
n. 전체, 완전체, 완전한 모습

They are now inspecting the **whole** building for defects.
그들은 지금 결함이 있는지 전체 건물을 조사하고 있다.

출제포인트 '전체의(통으로 하나인 개념으로)'라는 의미의 일반형용사이다.
the whole book = all the pages = every page

09
BIG DATA
정답출제: 0회
오답출제: 8회

several
['sevərəl]
a. 몇몇의

At the conclusion of the meeting, he suggested **several** solutions.
회의 말미에 그는 여러 해결책을 제안했다.

출제포인트
<several + 가산복수명사>

10
BIG DATA
정답출제: 6회
오답출제: 2회

various
['veəriəs]
a. 다양한

This box contains **various** tools.
이 박스는 다양한 도구들을 포함하고 있다.

출제포인트
<various + 복수명사>

실전 **TIP** '많다, 다양하다'를 의미하는 유사어휘
many, numerous, several, a variety of, a range of, a lot of, a number of, tons of, diverse

11
BIG DATA
정답출제: 4회
오답출제: 10회

other
['ʌðər]
a. 다른, 추가적인

We'll move some artworks to the **other** location.
우리는 몇몇 작품을 다른 장소로 옮길 것이다.

출제포인트
<other + 가산복수명사>, <other + 불가산명사>

12
BIG DATA
정답출제: 8회
오답출제: 4회

Quiz

04 -------- applicants were requested to present at least one government issued ID before proceeding to the final interview.
(A) Each   (B) Several

05 -------- of your employees provided outstanding service for us.
(A) Everybody   (B) Both

06 Jeremy has worked in the London branch for -------- years and is a valued employee of the company.
(A) several   (B) various

DAY 18   169

DAY 18 ❷ 사람, 사물명사와 어울리는 형용사

sure
[ʃʊər]
a. 틀림없는, 확실한
ad. 확실히, 좋고 말고

We are **sure** that passengers will feel comfortable while traveling with our newly equipped chairs.
우리는 승객들이 새롭게 장착된 의자로 여행하면서 편안함을 느낄 것이라고 확신한다.

출제포인트 사람명사와 어울리는 형용사로 사물명사 앞에 쓰이지 않는다.
<be + sure + to부정사> ~하는 것을 기억하다, 반드시 ~하다
<make + sure + that/of> 반드시 ~을 확실히 하다, ~임을 확인하다

13
BIG DATA
정답출제: 0회
오답출제: 8회

obvious
[ˈɑbviəs]
a. 분명한, 알기 쉬운

Mr. Chan is the **obvious** choice to lead the marketing team.
Chan 씨는 마케팅팀을 이끌기에 확실한 선택이다.

출제포인트
사람은 obvious 할 수 없다는 것에 주의해야 한다. definite, absolute도 사람에 쓰지 않는다.
<it is obvious (that 절)> ~라는 것은 분명하다/명백하다

14
BIG DATA
정답출제: 0회
오답출제: 5회

certain
[ˈsɜrtən]
a. 확신하는, 틀림없는, 어떤, 어느 정도의

certainly ad. 확실히, 틀림없이
I'm **certain** that he will come.
나는 그가 올 것을 확신한다.

출제포인트 certain의 주어로 반드시 사람이나 회사 등이 와야 한다.
<be + certain + that절/to부정사/of/about> ~을 확신하다
<make certain that절> ~을 확인하다
실전 TIP 명사 앞에 온 certain은 '몇몇, 일부, 어떤'이라는 의미이다.

15
BIG DATA
정답출제: 2회
오답출제: 9회

absolute
[ˈæbsəˌlut]
a. 절대적인, 완전한

absolutely ad. 절대적으로, 전적으로
Our company has **absolute** confidence in the new logo to attract new customers.
우리 회사는 새 로고가 신규 고객을 끌어올 것임에 절대 확신을 가지고 있다.

출제포인트 사람 주어와는 쓰지 않는다.
I am absolute that~ (X) It is absolute that ~ (O)
실전 TIP an absolute minimum 절대 최소치

16
BIG DATA
정답출제: 3회
오답출제: 14회

able
[ˈeɪbəl]
a. ~할 수 있는

We are **able** to clean the office floor more easily.
우리는 보다 쉽게 사무실 바닥을 청소할 수 있다.

출제포인트
able, capable은 주로 주어의 내적 능력이나 상황에 관한 것으로 주로 사람명사와 어울리는 형용사이다.
실전 TIP <be + able + to부정사> ~할 수 있다

17
BIG DATA
정답출제: 5회
오답출제: 5회

possible
[ˈpɑsəbəl]
a. 있을 수 있는, 가능한
n. 가능성 있는 것

It is **possible** to get tickets.
표를 구할 수 있을 거다.

출제포인트
possible, probable 등은 외부적 요인이나 확률 등에 의해 가능 여부를 나타낸다.

18
BIG DATA
정답출제: 4회
오답출제: 12회

Quiz

07 I am -------- that we will win the game.
(A) absolute (B) certain

08 We are not -------- to finish it in time.
(A) able (B) possible

09 Merging two companies is one -------- outcome of these negotiations.
(A) capable (B) possible

capable
['keɪpəbəl]
a. ~을 할 수 있는, 유능한

She is capable of doing it herself.
그녀는 이것을 혼자 할 수 있다.

출제포인트
사람명사와 어울리는 형용사다.
<be + capable + of + -ing> ~을 할 수 있다/유능하다

19 BIG DATA
정답출처: 3회
오답출처: 16회

probable
['prɑbəbəl]
a. 개연성 있는, 있음직한
n. 유망한 후보자, 일어날 듯한 사건

It seems probable that the accident has damaged her brain.
그 사고가 그녀의 뇌에 손상을 입힌 것 같다.

출제포인트 외부적 요인이나 확률 등에 의한 가능 여부를 나타낸다.
it is probable that ... ~할 것 같다

20 BIG DATA
정답출처: 3회
오답출처: 17회

confident
['kɑnfɪdənt]
a. 자신감 있는, 확신하는

Dr. Melder is confident that he will receive an award for the best physician of the year.
Melder 박사는 자기가 올해 최고의 의사상을 받을 것이라고 확신하고 있다.

출제포인트
<be + confident + that절/of +명사/about + 명사> ~라고 확신하다

실전 TIP
confident는 사람 관련, confidential은 문서 등의 기밀 관련 형용사임을 주의한다.

21 BIG DATA
정답출처: 4회
오답출처: 8회

argumentative
[ɑːrgjuˈmentətɪv]
a. 논쟁하기를 좋아하는

When I have a few drinks I get a little argumentative.
나는 술이 몇 잔 들어가면 좀 논쟁적이 된다.

출제포인트
사람을 수식하여 성향이 '논쟁하기를 좋아하는'이라는 뜻이다.

실전 TIP
arguable은 사물을 수식하는 형용사로 '논쟁의 여지가 있는'의 의미이다.

22 BIG DATA
정답출처: 0회
오답출처: 0회

considerable
[kənˈsɪdərəbəl]
a. 상당한 양의, 중요한

Our team has a considerable amount of work to do.
우리 팀은 해야 할 작업량이 상당히 많이 있다.

출제포인트
사물을 수식하는 형용사이다.

23 BIG DATA
정답출처: 3회
오답출처: 10회

considerate
[kənˈsɪdərɪt]
a. 사려 깊은

Visitors to Cambridge Museum are requested to be considerate and refrain from taking photos during their tour.
Cambridge Museum 방문객들은 다른 사람을 배려해 관람하는 동안 사진 촬영을 자제해야 한다.

출제포인트
사람을 수식하는 형용사이다.
<be + considerate (+ of 사람) + to부정사> ~가 …하다니 사려가 깊다

24 BIG DATA
정답출처: 2회
오답출처: 6회

Quiz

10 We are -------- in the success of this major venture into pharmaceuticals.
(A) confidential   (B) confident

11 A good sales representative must avoid becoming -------- with their clients.
(A) arguable   (B) argumentative

12 All members should be -------- of others when using the company recreation room.
(A) considerable   (B) considerate

DAY 18

DAY 18

impressive
[ɪmˈpresɪv]
a. 인상적인

Few applicants had more **impressive** credentials than Mr. Kim.
Kim 씨보다 더 인상적인 신임장을 가진 지원자는 거의 없었다.
출제포인트 사물 명사를 수식한다.

25
BIG DATA
정답출제: 18회
오답출제: 2회

advisable
[ədˈvaɪzəbəl]
a. 바람직한 (= desirable)

Considering the research, it would be **advisable** to conduct a review again.
조사 결과를 고려하여, 다시 검토를 해보시기 바랍니다.
출제포인트 <사물(it) + be + advisable + to부정사> ~하는 것이 바람직하다

26
BIG DATA
정답출제: 3회
오답출제: 1회

impressed
[ɪmˈprest]
a. 깊은 인상을 받은

We were very **impressed** by their performance.
(= Their performance was very impressive.)
우리는 그들의 성과에 매우 깊은 인상을 받았다.
출제포인트 동사에서 수동의 의미(동작을 받은)가 추가된 일시적, 동적인 상태 형용사로 주로 사람을 설명하는 보어로 쓰인다.

27
BIG DATA
정답출제: 1회
오답출제: 5회

advised
[ædˈvaɪzd]
a. 숙고한, 신중한

Motorists are **advised** to drive carefully when crossing the bridge.
운전자들은 다리를 건널 때 조심스럽게 운전을 해야 한다.
출제포인트
advise는 수동태일 때 사람 목적어가 앞으로 나가기 때문에 be advised는 주어 자리에 사람이 와야한다.
*<사람 + is advised to do> ~은 …하기를 권고받다

28
BIG DATA
정답출제: 4회
오답출제: 3회

understanding
[ˌʌndərˈstændɪŋ]
a. 이해심이 있는
n. 이해, 합의, 이해심

Our Vice President is very **understanding** and generous.
우리 부사장은 매우 이해심이 많고 너그럽다.
출제포인트 사람을 수식하는 형용사이다.

29
BIG DATA
정답출제: 0회
오답출제: 2회

understandable
[ˌʌndərˈstændəbəl]
a. 이해할 수 있는, 이해하기 쉬운

Installation manuals should be clear and easily **understandable**.
설치 설명서는 명확하고 쉽게 이해할 수 있어야 한다.
출제포인트 사물을 수식하는 형용사이다.

30
BIG DATA
정답출제: 1회
오답출제: 0회

Quiz

13 The more presentations Mr. Carter delivers to the panel, the more -------- they are by his eloquence.
(A) impressed   (B) impressive

14 It is -------- to store books in a cool and dry place.
(A) advisable   (B) advised

15 You are -------- to go home early.
(A) advisable   (B) advised

❸ 시간의 형용사

next
[nekst]
a. 다음에, 다음의
ad. 그 다음
n. 다음 것

Despite speculation to the contrary, it is now clear that interest rates will not rise for the next three months.
반대의 추측과는 달리 앞으로 3개월 동안은 이자율이 오르지 않을 것이 이제 분명해졌다.

출제포인트 next year 내년 vs. the next year 그 다음 해
형용사로 쓰일 때 주로 명사 앞에서 the을 동반하여 쓰인다. the을 동반하면 지금이 아닌 특정 어느 시점을 기준으로 '그 다음'이라는 의미가 된다.

실전 TIP next 뒤에 복수명사를 받기 위해서는 수사나 수량형용사가 있어야 한다.
next years (X) / next three years (O)

31
BIG DATA
정답출제: 3회
오답출제: 36회

upcoming
[ˈʌpˌkʌmɪŋ]
a. 다가오는

Thoughts of the upcoming exam were a dead weight on her mind.
다가오는 시험 생각에 그녀는 마음이 아주 무거웠다.

출제포인트
현재시점을 기준으로 미래에 있을 일을 말할 때 사용한다.

32
BIG DATA
정답출제: 6회
오답출제: 1회

following
[ˈfaːlouɪŋ]
a. 다음의, 아래의
prep. ~ 이후에
n. 다음, 아래(의 것)

I start my senior year in September and graduate the following May.
나는 9월에 최고 학년이 되고 다음 5월에 졸업한다.

출제포인트
〈the following + 명사〉 다음 ~
정관사 the와 함께 쓰인다. the next month = the following month 다음 달

33
BIG DATA
정답출제: 7회
오답출제: 16회

previous
[ˈpriviəs]
a. 이전의

To install the new program, please remove all previous versions of the software.
새 프로그램을 설치하려면, 해당 프로그램의 이전 버전들을 모두 삭제해야 한다.

출제포인트
- the previous/last year 작년
- the upcoming/next year 내년
- the following year (특정 기준년도의) 그 다음 해
- the consecutive/subsequent years 연속된 기간

34
BIG DATA
정답출제: 9회
오답출제: 32회

subsequent
[ˈsʌbsɪkwənt]
a. 뒤이어 일어나는, 다음의

Her book was number one in sales for 2013, but dropped off sharply in subsequent years.
그녀의 책은 2013년 판매순위 1위였지만 그 이후로는 판매율이 급속도로 떨어졌다.

출제포인트
연속되어 있다는 의미로 뒤에 복수의 기간 명사를 받는다.

35
BIG DATA
정답출제: 6회
오답출제: 4회

consecutive
[kənˈsekjətɪv]
a. 연이은

consecutively ad. 연속하여, 연이어서
Our investments have appreciated for the last two consecutive years.
우리 투자는 지난 2년 연속 가치가 올라가고 있다.

출제포인트
중단되는 것 없이 숫자나 기간이 하나에서 다른 하나로 연속된다는 의미이다.
five consecutive years 〈기수 + 복수명사〉
the fifth consecutive year 〈서수 + 단수명사〉

36
BIG DATA
정답출제: 3회
오답출제: 4회

Quiz

16 For the -------- holidays, Checkers Unlimited has decided to hire 10 extra floor staff to keep up with customers.
(A) next   (B) upcoming

17 Records show that the annual revenue of Heyon Dee Manufacturing Company has risen over 40 percent since the -------- year.
(A) previous   (B) subsequent

18 According to the report, weekend movie attendance has gone down in -------- years.
(A) following   (B) subsequent

DAY 18   173

DAY 18 ❹ 판단의 형용사

difficult
['dɪfɪkəlt]
a. 어려운, 힘든

The procedures were so complicated that many employees found them **difficult** to follow.
절차가 너무 복잡해서 많은 직원들이 (그 절차를) 따르기가 어렵다는 것을 느꼈다.

출제포인트 〈find it difficult + to부정사〉 ~하는 것이 어렵다는 것을 알다
〈it is difficult (+ for + 사람명사) + to부정사〉 (~에게) ~하는 것은 어렵다

37
BIG DATA
정답출제: 2회
오답출제: 4회

useful
['jusfəl]
a. 쓸모 있는, 유용한

The brainstorming will be very **useful** to come up with new ideas for our product.
브레인스토밍은 우리의 신제품에 대한 전략 아이디어에 매우 유용할 것이다.

출제포인트
useful for ~을 하는 데 유용한   useful to ~에 유용한

38
BIG DATA
정답출제: 5회
오답출제: 6회

important
[ɪm'pɔrtənt]
a. 중요한, 영향력 있는

It's **important** that everyone understands the concept of the new design.
모든 사람이 그 새 디자인의 개념을 이해하는 것이 중요하다.

출제포인트 〈it is important + to부정사〉 ~하는 것이 중요하다
= 〈it is important + that + 주어 + (should) 동사원형〉

실전 TIP a very important customer 매우 영향력 있는 고객

39
BIG DATA
정답출제: 3회
오답출제: 9회

convenient
[kən'vinjənt]
a. 편리한, 간편한

conveniently ad. 편리하게 convenience n. 편의, 편리
It is more **convenient** to get a job closer to home.
집에서 가까운 직장을 얻는 게 더 편하다.

출제포인트
〈convenient + for + 사람〉 ~에게 편한, ~을 위해 편한
〈convenient + to부정사〉 ~하는 데 편한

실전 TIP
conveniently는 주로 be동사와 과거분사 사이나 장소명사를 수식하는 문제로
동사 locate와 함께 자주 출제되고 있다.
be conveniently located 입지가 좋다

40
BIG DATA
정답출제: 15회
오답출제: 9회

necessary
['nesə,seri]
a. 필요한, 필수적인
(= essential, vital)

necessarily ad. 반드시, 필연적으로 necessitate vt. ~을 필요로 하다, 필요하게 만들다
necessity n. 필요성, 필수품
It is **necessary** to complete the project perfectly.
그 프로젝트를 완벽하게 끝낼 필요가 있다.

출제포인트 〈it is necessary (for 사람) + to부정사〉 ~가 …하는 것은 필수적이다
〈make it necessary (for 사람) + to부정사〉 ~가 …하는 것을 필수적으로 하게 하다
〈necessary for + -ing/명사〉 ~하는 것이 필수적이다

실전 TIP not necessarily(반드시 ~은 아닌)로 종종 출제되고 있다.

41
BIG DATA
정답출제: 10회
오답출제: 6회

essential
[ɪ'senʃəl]
a. 필수적인
(= important/critical)

essentially ad. 필수적으로
Experience is **essential** for this job.
이 일에는 경험이 필수적이다.

출제포인트
〈It is essential + that + 주어 + (should) + 동사원형〉 ~하는 것이 필수적이다

실전 TIP essential 뿐 아니라 이성/판단/의지와 관련된 형용사가 있을 경우에는 뒷절의
동사는 〈should + 동사〉 형태가 되며 이때 should는 생략할 수 있다.

42
BIG DATA
정답출제: 6회
오답출제: 5회

Quiz

19 Until all checks are done, the management of Newton County Airport considers it -------- to suspend all ongoing flights.
(A) necessary   (B) have to

20 It has been rumored that Pure-Serve Water's most -------- client is visiting this week for an inspection.
(A) successive   (B) important

21 Dedication and passion to your work are -------- to getting a raise and even a promotion.
(A) initial   (B) essential

❺ 의지의 형용사

anxious
['æŋkʃəs]
a. 갈망하는, 불안해 보이는

I am **anxious** to share my ideas with our staff as soon as possible.
내 아이디어들을 가능한 빨리 직원들과 공유하고 싶다.

출제포인트
⟨be anxious + to부정사⟩ ~하기를 간절히 원하다

실전 TIP
⟨be + anxious + for + 사람/about + 사물⟩ ~을 걱정하다, 초조해하다

43
BIG DATA
정답출제: 1회
오답출제: 4회

eager
['iːɡər]
a. 열렬한, 열심히, 간절히 바라는

The new manager is **eager** to form good relationships with his team members.
새로운 매니저는 그의 팀 멤버들과 좋은 관계를 형성하기를 간절히 바란다.

출제포인트
수식받는 명사는 반드시 사물이 아닌 사람이나 회사여야 한다.
⟨be + eager + to부정사⟩ / ⟨be + eager + for + 명사⟩ ~하기를 바라다

44
BIG DATA
정답출제: 6회
오답출제: 14회

reluctant
[rɪ'lʌktənt]
a. 꺼리는, 마음이 내키지 않는

Some of Jackson Elec's clients say that they are **reluctant** to buy the new JE 2011 model because it looks difficult to handle.
Jackson Elec의 고객들은 새로운 JE 2011 모델은 다루기 힘들어 보이기 때문에 그것을 구매하는 것을 꺼린다고 말한다.

출제포인트 ⟨be + reluctant + to부정사⟩ ~을 주저하다, 망설이다

45
BIG DATA
정답출제: 2회
오답출제: 8회

willing
['wɪlɪŋ]
a. 기꺼이 ~하는, ~할 의사가 있는

willingly ad. 기꺼이 willingness n. 기꺼이 하는 마음
Mr. Chin is **willing** to operate the equipment by himself.
Chin 씨는 혼자서 그 장비를 조작할 것이다.

출제포인트 명사 앞에서는 쓰이지 않으며 주로 ⟨be + willing + to부정사⟩의 형태로 쓴다.

46
BIG DATA
정답출제: 1회
오답출제: 9회

ready
['redi]
a. 준비된

readily ad. 쉽게, 즉시
I will be **ready** to leave in an hour from now.
나는 앞으로 한 시간 후에 떠날 준비가 될 것이다.

출제포인트
⟨be ready + to부정사⟩, be ready for ~ 할 준비가 되다 있다
be ready by ~ (언제까지) 준비되다

47
BIG DATA
정답출제: 8회
오답출제: 4회

hesitant
['hezətənt]
a. 주저하는

hesitantly ad. 머뭇거리며, 주저하여 hesitate vi. 주저하다, 망설이다
hesitation n. 주저함, 망설임
She seems **hesitant** to apply for a position overseas.
그녀는 해외 근무에 지원하는 것을 망설이는 것 같다.

출제포인트
주로 사람을 주어로 하며, 2형식 동사인 be, seem 등과 함께 쓴다.
⟨be + hesitant + to 부정사⟩ ~하는 것을 주저하다
⟨be + hesitant + about + 명사/-ing⟩ ~에 대해 주저하다

48
BIG DATA
정답출제: 3회
오답출제: 2회

Quiz

22 Lexamart Incorporated President Abraham Mason is -------- to explore wider business opportunities in robotics.
(A) common   (B) eager

23 Consumers are -------- to upgrade their current subscriptions due to high fees.
(A) reluctant   (B) unknown

24 The preparations for the presentation must be ------- at least thirty minutes before the audience enters the room.
(A) readily   (B) ready

DAY 18 SUMMARY

1. 수량형용사

| all | some | any | a few | most | every |
| each | both | whole | several | various | other |

2. 사람, 사물명사와 어울리는 형용사

사물명사를 수식하는 형용사	사람명사를 수식할 수 있는 형용사
arguable 논쟁의 여지가 있는	argumentative 따지기 좋아하는
economic 경제의, 경제상의	economical 검소한, 절약하는
considerable 상당한, 중요한	considerate 사려 깊은
imaginable 상상할 수 있는	imaginary 가공의, 상상의, 공상의
understandable 이해할 수 있는, 이해하기 쉬운	understanding 이해심이 많은
absolute 절대적인, 완전한	certain 확신하는
possible 있을 수 있는	able 능력이 있는

3. 시간의 형용사

| next | upcoming | following | previous | subsequent | consecutive |

4. 판단의 형용사

| difficult | useful | important | convenient | necessary | essential |

5. 의지의 형용사

| anxious | eager | reluctant | willing | ready | hesitant |

실력완성 TEST

01 Dalton Cooperative is not liable for any type of damage due to misuse, improper handling, or ------------ negligence.
(A) the other (B) other (C) others (D) another

02 She is ------------ of her coworkers' future potential in software engineering.
(A) certain (B) obvious (C) easy (D) difficult

DAY 19
빈출 분사 형용사 List

1. 형용사와 분사 보기 중, 형용사가 우선한다.
실제 시험에는 ① 명사를 수식하는 형용사 자리 ② 2형식과 5형식 동사의 보어 자리에서 형용사와 분사 보기 중에 형용사가 답이 될 확률은 거의 98%이다. 하지만 보기에 형용사가 없다면 형용사의 역할을 하는 분사를 선택한다.

2. –able, 과거분사 형용사, 현재분사 형용사를 구별하라.
문장에서 be동사 뒤에 등장하는 형용사는 문장 주어의 상태나 특징, 성향 등을 보여준다.
① –able 형용사는 미래, 가능성을 의미한다.
  This parcel is breakable. 이 소포는 깨지기 쉽다.

② 과거분사(–ed) 형용사는 '이미 ~된'이라는 과거, 완료, 수동을 의미한다.
  a broken window 이미 깨진 창문 (창문이 깨진 것이므로 창문이 의미상 주어)

③ 현재분사(–ing) 형용사는 주절의 시제와 일치하며 '~하고 있는'이라는 현재, 진행, 능동을 의미한다.
  The boy reading a book is Tom. 책을 읽고 있는 소년은 톰이다.

ex. This ticket is (transferable/transferred.) → 표가 양도 가능한 상태이면 transferable /
  이미 양도된 상태이면 transferred

3. 분사 형용사가 답인 경우는 정해져 있다.
빈칸의 형용사 자리에 보기로 형용사와 분사가 주어졌을 때 분사가 답인 경우는
① 기존 형용사가 없을 때
② 기존 형용사에 동사의 뜻이 추가될 때
③ 완료/수동, 진행/능동의 의미가 강조될 때이다.

ex. 형용사 – diverse('다양한'. 원래 다양한 것들을 수식) + people, nature, color 등
  분사 – diversified('다각화된'. 인위적인 과정을 거쳐서 다각화된) + product, service 등

시험문제는 이렇게 나와요!

> There is no ------- evidence that our recent advertising campaign for JR-10 helped increase a market share.
> (A) persuade   (B) persuasive   (C) persuaded   (D) persuasion

해설 ▶ 생각의 순서

1단계 구조 분석
There / is / no ------- evidence that our recent advertising campaign (for JR-10) / helped increase / a
   동사 형용사   명사 접속사   주어   전치사구   동사
market share.

2단계 품사 배열   no는 형용사의 역할을 하는 한정사로 빈칸은 명사를 수식하는 형용사 자리이다.

3단계 답 결정 단어 찾기   evidence → 분사는 기본적으로 동사의 의미에서 수동/완료, 능동/진행의 의미가 추가된다. <persuade + 사람목적어 + to부정사>의 형태로 동사 persuade는 사람을 목적어로 취한다. 그러므로 과거분사인 (C) persuaded는 사람만을 수식 할 수 있으므로 사물인 evidence를 수식할 수 없다. 그러므로 보기 중에 형용사인 (B) persuasive (설득력 있는)로 정답이다.

4단계 오답 노트   <명사 + 명사>의 복합명사에서 앞에 명사는 뒤에 명사의 종류나 유형을 보여준다. (D) persuasion은 뒤에 있는 evidence의 종류나 유형으로 볼 수 없으므로 답이 될 수 없다.

해석 JR-10에 대한 우리의 최근 광고 캠페인이 시장점유율을 높이는데 도왔다는 설득력 있는 증거는 없다.
어휘 evidence 증거   campaign 행사, 프로모션   market share 시장점유율
정답 (B)

DAY 19

talented
[ˈtæləntɪd]
a. 재능이 있는

Talented people have a comparative advantage in everything.
재능이 있는 사람들은 모든 분야에 있어서 비교적 우위를 가지고 있다.

출제포인트
사람을 수식하는 형용사로 타고난 '재능이 있는'의 의미이다.

01 BIG DATA
정답출제: 0회
오답출제: 4회

qualified
[ˈkwɑləˌfaɪd]
a. 자격이 있는,
면허 받은, 적임의

Sam is well **qualified** for this sales position.
Sam은 이 판매직에 충분한 자격이 있다.

출제포인트
사람 명사 또는 회사 관련 명사를 수식하는 분사형용사이다.
be qualified for ~에 자격이 있다

02 BIG DATA
정답출제: 9회
오답출제: 5회

dedicated
[ˈdedəkeɪtɪd]
a. 헌신하는, 전념하는

Our organization is **dedicated** to helping start-up companies find success in business.
우리 기구는 신생 기업들이 사업에 성공할 수 있도록 돕는 데 전념하고 있다.

출제포인트
<dedicated to + 명사/-ing> ~에 헌신하는
주로 사람명사를 주어로 하거나 수식한다.

03 BIG DATA
정답출제: 6회
오답출제: 2회

troubled
[ˈtrʌbəld]
a. 걱정하는, 문제가 많은

Greene looked **troubled** when he heard the news.
Greene은 그 소식을 들었을 때 곤혹스러운 듯 보였다.

출제포인트
과거분사 형용사인 troubled는 '걱정하다(worried)'의 의미로 쓰이면 사람을 수식하고 그 밖에 '많은 문제를 가진'이란 의미일 경우에는 사물도 수식한다. troubling은 사물을 수식한다.
troubled relationship 문제가 많은 관계

04 BIG DATA
정답출제: 0회
오답출제: 1회

renowned
[rɪˈnaʊnd]
a. 유명한

As a **renowned** expert, Daniel Melder is featured in today's newspaper.
잘 알려진 전문가로서 Daniel Melder가 오늘 신문에 나왔다.

출제포인트 <renowned +사람명사> 유명한 ~

실전 TIP '유명한' 의미의 어휘들
- famous: <be famous + for/as>. 사람이나 책, 장소 등이 많은 곳이나 사람들에 의해 회자되고 알려져 있다는 의미이다.
- well-known: be well-known for 또는 it is well-known (that). 특히 특정 장소나 특정 그룹의 사람들에게 잘 알려져 있다는 의미.
- celebrated: 주로 명사 앞에서 명사를 수식하며, 아주 유명하다는 의미로 특히 성공이나 어떤 성과물로 인해 존경받거나 회자되는 것을 의미한다.

05 BIG DATA
정답출제: 2회
오답출제: 0회

experienced
[ɪkˈspɪəriənst]
a. 경험이 있는, 능숙한, 경력이 있는

The project requires a number of **experienced** workers in accounting.
그 프로젝트는 회계 일에 경력이 있는 직원들이 많이 필요하다.

출제포인트
사람만 수식하는 분사형용사

06 BIG DATA
정답출제: 6회
오답출제: 8회

Quiz

01 Our firm developed an internal training program to help -------- applicants obtain more knowledge at participating in work sites.
(A) dedicating   (B) qualified

02 Finland International Services is looking for -------- and competitive engineers willing to work overseas.
(A) experienced   (B) experiencing

03 Ableton Inc. is hiring 30 ------- employees for its new power plant project starting next month.
(A) skilled   (B) major

skilled
[skɪld]
a. 숙련된, 능숙한

skillfully ad. 솜씨 있게
Mr. Bure has hired some of the most **skilled** photographers from Italy for his wedding in July.
Bure 씨는 이탈리아에서 가장 유능한 사진가 몇 명을 7월에 있을 자신의 결혼식을 위해 고용하였다.

출제포인트
사람명사를 수식하는 형용사이다.

07
BIG DATA
정답출제: 2회
오답출제: 4회

existing
[ɪɡˈzɪstɪŋ]
a. 기존의

It would be impossible to put an indoor garden inside the **existing** structure.
기존 구조물 안에 실내 정원을 두는 것은 불가능할 것이다.

출제포인트
현재 사용되고 있거나, 작업 중일 때 쓰이는 형용사이다.
existing structure 기존 구조(물)

08
BIG DATA
정답출제: 3회
오답출제: 0회

appealing
[əˈpiːlɪŋ]
a. 마음을 움직이는, 매력적인

This advertisement is **appealing** to children.
이 광고는 어린이들의 관심을 끌고 있다.

출제포인트
be appealing to ~의 주목을 끌다 an appealing smile 매력적인 미소

09
BIG DATA
정답출제: 0회
오답출제: 1회

promising
[ˈprɒmɪsɪŋ]
a. 유망한

The crew is experiencing a lot of pressure to meet the high expectations based on the company's extremely **promising** advertisement campaign.
그 팀은 회사의 매우 유망한 광고 캠페인에 기반한 높은 기대에 부응해야 한다는 굉장한 압박감을 경험하고 있다.

출제포인트 promising employee 가능성이 있는 사원

10
BIG DATA
정답출제: 4회
오답출제: 0회

opposing
[əˈpoʊzɪŋ]
a. 적대적인, 대립하는

The two **opposing** parties convened in private without members of the press.
두 반대파는 취재진 없이 사적으로 모였다.

출제포인트 명사 앞에서만 쓸 수 있는 분사형용사이다.
<be + opposed + to + 명사> ~에 대해 반대하다 <as + opposed + to + 명사> ~와는 대조적으로 opposing direction 반대 방향

실전 TIP
opposed는 '반대하는, ~와 아주 다른'이라는 의미의 형용사로 명사 앞에 잘 오지 않는다. 보통 <opposed + 전치사 to/on + 명사> 형태로 쓴다.

11
BIG DATA
정답출제: 1회
오답출제: 1회

outstanding
[ˌaʊtˈstændɪŋ]
a. 눈에 띄는; 미지급된

The **outstanding** balance should be paid promptly.
미결제 잔금은 즉시 지불되어야 한다.

출제포인트
outstanding performance 매우 뛰어난 업무성과
outstanding issues 아직 해결되지 않은 이슈들
outstanding debts 미지급된 빚
outstanding balance 미지급된 총액

12
BIG DATA
정답출제: 2회
오답출제: 0회

Quiz

04 A viable method to solve the conflict between the two -------- parties has still not yet been found.
(A) affecting   (B) opposing

05 Marian Rivargo has been given various recognitions for her -------- work in the sales department.
(A) fascinated   (B) outstanding

DAY 19   179

DAY 19

demanding
[dɪˈmændɪŋ]
a. 힘든, 어려운, 요구가 많은

None of the managers can adequately deal with the demanding customers.
그 매니저들 중 누구도 까다로운 고객들을 적절히 다룰 수 없다.

출제포인트
a demanding job 어려운 일

13 BIG DATA
정답출제: 2회
오답출제: 1회

challenging
[ˈtʃæləndʒɪŋ]
a. 어려운, 까다로운

People given challenging assignments are less likely to become bored.
까다로운 과제를 받은 사람들은 덜 지루해할 것이다.

출제포인트
주로 사물을 수식하며 도전하면서 겪는 어려움을 뜻한다.

14 BIG DATA
정답출제: 2회
오답출제: 1회

mounting
[ˈmaʊntɪŋ]
a. 점점 증가하는

The government official was forced to reveal his expenditures due to the mounting pressure of the mass media.
그 정부 관리는 점점 증가하는 대중매체의 압박으로 인해 자신의 지출내용을 공개하도록 강요당했다.

출제포인트
문제나 난관 등이 점점 안 좋아질 때 쓰인다.
mounting debt 늘어나는 빚

15 BIG DATA
정답출제: 1회
오답출제: 0회

deteriorating
[dɪˈtɪəriəreɪtɪŋ]
a. 악화중인, 악화되어 가는

Despite a deteriorating economy, consumer spending is still on the rise.
경제 악화에도 불구하고 소비자 지출은 여전히 상승 중이다.

출제포인트
deteriorate는 자동사이므로 수동태가 불가능하다. 따라서 과거분사형인 deteriorated는 수동의 의미가 아닌, 완료된 상태를 나타내는 '나빠진'이라는 의미로 파악할 수 있다. 현재분사형인 deteriorating은 '나빠지고 있는'이라는 의미이다.
deteriorating health 악화되는 건강 상태

16 BIG DATA
정답출제: 1회
오답출제: 0회

leading
[ˈliːdɪŋ]
a. 가장 중요한, 선두적인

Dr. Park is widely considered the leading authority on solar energy.
Park 박사는 태양 에너지에 관해 중요 권위자로 널리 인정받고 있다.

출제포인트
the leading company 선두기업
↔ the following company 후발기업

17 BIG DATA
정답출제: 10회
오답출제: 1회

surrounding
[səˈraʊndɪŋ]
a. 근처의

The nonprofitable organization is trying to restore their surrounding environment deteriorated from years of neglect.
그 비영리단체는 수년간의 방치로 악화된 주변 환경을 회복시키기 위해 노력하고 있다.

출제포인트
명사 앞에서만 쓰이는 형용사이다.
surrounding area 주위 지역

18 BIG DATA
정답출제: 3회
오답출제: 3회

Quiz

06 Ms. Carter is fully capable of handling her -------- role as Vice President here at Boldwell Consulting.
(A) challenged   (B) challenging

07 The government official was forced to reveal his expenditures due to the --------- pressure of the mass media.
(A) prolonged   (B) mounting

08 Despite a -------- economy, consumer spending is still on the rise.
(A) deteriorating   (B) deteriorated

overwhelming
[ˌoʊvərˈhwelmɪŋ]
a. 압도적인, 저항할 수 없는

overwhelmingly ad. 압도적으로, 극도로
In response to **overwhelming** demand, the department store has decided to extend business hours.
압도적인 수요에 응하여, 그 백화점은 영업시간을 연장하기로 결정하였다.

출제포인트
사물명사를 수식한다.

19 BIG DATA
정답출제: 4회
오답출제: 0회

missing
[ˈmɪsɪŋ]
a. 잃어버린, 없어진

The **missing** items are indicated on the copy of the order we enclose for your information.
빠진 제품들은 참고할 수 있도록 동봉한 주문서에 표시되어 있습니다.

출제포인트
missed는 약속이나 일정을 지키지 못할 때, 교통편 등에 늦을 때를 의미하고 missing은 물건, 부품, 사람 등이 없거나 빠져서 찾을 수 없음을 나타낸다.

20 BIG DATA
정답출제: 0회
오답출제: 1회

established
[ɪˈstæblɪʃt]
a. 인정받은, 저명한, 존경 받는; 건립된

Marc Ariza is a new manager who mainly trains supervising teams for well-**established** corporations.
Marc Ariza는 중견 기업을 감독하는 팀을 주로 훈련시키는 새 매니저이다.

출제포인트
well-established 안정된
a well-established company 중견 회사

21 BIG DATA
정답출제: 9회
오답출제: 6회

noted
[ˈnoʊtɪd]
a. 유명한, 저명한

The city is **noted** for its 18th-century architecture.
그 도시는 18세기 건축양식으로 유명하다.

출제포인트
<be + noted + for + 명사> ~으로 유명하다

22 BIG DATA
정답출제: 2회
오답출제: 1회

distinguished
[dɪˈstɪŋɡwɪʃt]
a. 저명한, 성공한

Enclosed is the list of **distinguished** companies and the top one hundred business schools.
저명한 회사들과 상위 100대 경영대학원들의 목록이 첨부되어 있다.

출제포인트
사람을 수식하는 분사형형용사이다.

23 BIG DATA
정답출제: 3회
오답출제: 3회

authorized
[ˈɑː.θəraɪzd]
a. 인가받은, 허가받은

For proper repair of your gas stove, please visit any of our **authorized** dealers with proof of purchase.
귀하의 가스레인지의 알맞은 수리를 위해서 구매를 입증할 수 있는 서류를 가지고 저희 공식 대리점을 방문하시기 바랍니다.

출제포인트
authorized dealer 공식판매원
authorized service center 공식 서비스 센터
authorized personnel 공인된 직원

24 BIG DATA
정답출제: 3회
오답출제: 5회

Quiz

09 The -------- areas of Barns is enjoying a large increase in tourism thanks to the newly opened shopping center.
(A) surrounding   (B) bounding

10 The newspaper has a feature on a startup company noted ------- its good operating record every month.
(A) to   (B) for

11 Please take it to any -------- service center for repair, otherwise it will not be covered by the warranty.
(A) authorized   (B) distinct

DAY 19

recognized
[ˈrekəgˌnaɪzd]
a. 잘 알려진, 인정받은

When Mr. Kim worked here, he was **recognized** for his dedication.
Kim 씨가 여기서 일했을 때 그는 헌신적인 태도로 인정받았다.

출제포인트
be notable for = be known for = be famous for
= be recognized for ~로 잘 알려지다

25
BIG DATA
정답출제: 4회
오답출제: 3회

admired
[ədˈmaɪə(r)d]
a. 존경받는,
   (많은 사람들이) 좋아하는

Shoramata is widely **admired** for his ability to free his designs from gravity.
Shoramata는 중력으로부터 자유로운 그의 디자인 능력으로 널리 존경을 받고 있다.

출제포인트
widely admired 널리 존경받는, 널리 칭송되는

26
BIG DATA
정답출제: 0회
오답출제: 3회

required
[rɪkˈwaɪərd]
a. 필수의

All applicants possess the **required** expertise in marketing.
모든 지원자들은 마케팅 분야의 필수 전문 지식을 갖고 있다.

출제포인트
<be required + to부정사> ~하라는 요구를 받다

27
BIG DATA
정답출제: 8회
오답출제: 5회

estimated
[ˈestəˌmeɪtɪd]
a. 견적의, 추측의

The firm spent an **estimated** $30 million for its advertising.
그 회사는 광고에 대략 3천만 달러를 사용했다.

출제포인트
<an estimated + 수치> 대략 ~

28
BIG DATA
정답출제: 2회
오답출제: 6회

detailed
[ˈdiːteɪld/dɪˈteɪld]
a. 상세한

All of our products come with **detailed** instructions.
우리의 모든 제품들은 자세한 설명서가 포함되어 있다.

출제포인트 함께 쓰이는 명사
description 묘사   account 설명, 장부   analysis 분석   review 검토   report 보고서
information 정보

29
BIG DATA
정답출제: 11회
오답출제: 2회

proposed
[prəˈpoʊzd]
a. 제안된

The **proposed** power station would provide electric power to all the towns in Greece.
제안된 발전소는 그리스의 모든 소도시에 전기를 공급하게 될 것이다.

출제포인트
the proposed staffing changes 인력배치 변경 제안
proposed budget 예산 제안
proposed construction 공사 제안
proposed site 제안된 부지/장소
실전 **TIP** the proposed + 명사 ≒ the planned + 명사 ~안, 안건

30
BIG DATA
정답출제: 12회
오답출제: 6회

Quiz

12 Unnex Clothing is a globally ------------ brand with stores located in Dubai, Paris and Chicago.
   (A) recognized   (B) realized

13 All of our do it yourself products come complete with ---------- instructions for home assembly.
   (A) detailed   (B) loyal

14 Please read the --------- staffing changes and let me know what you think.
   (A) satisfied   (B) proposed

15 Hopeful candidates for Bernstein and Sons are required to have a degree in business or a --------- field.
   (A) probable   (B) related

attached
[əˈtætʃt]
a. 첨부된

31
Please refer to the **attached** instructions in order to get a refund.
환불을 받으시려면 첨부된 설명을 참조하시기 바랍니다.

출제포인트
주로 form 양식, cheque 수표, leaflet 전단지, instruction 설명서, guide 안내문 등의 명사를 앞에서 수식하는 형태이다.

related
[rɪˈleɪtɪd]
a. 관련된, 관계된, 연관된

32
All staff must get the manager's permission before taking any work **related** documents out of the office.
모든 직원들은 업무와 관련된 서류를 밖으로 가지고 나가기 전에 매니저에게 허락을 받아야 한다.

출제포인트
⟨related + 명사⟩ 관련 ~
related experience 관련 경험
related document 관련 서류
⟨명사 + related + to ~⟩ ~와 관련 있는

outdated
[ˌaʊtˈdeɪtɪd]
a. 구식인, 시대에 뒤떨어진

33
Due to an ever changing environment, products once recognized as highly innovative are rapidly becoming **outdated**.
부단히 변하는 환경으로 인해, 한때 매우 혁신적이라고 느껴졌던 상품들이 빠른 속도로 구식이 되고 있다.

출제포인트
outdated = old-fashioned = out-of-date = obsolete 구식의

unprecedented
[ʌnˈpresədentɪd]
a. 전례가 없는

34
For the last quarter, our company recorded **unprecedented** revenues from sports goods sales.
지난 3개월간, 우리 회사는 스포츠 상품 판매에서 전례 없는 수입을 기록했다.

출제포인트
unprecedented increase/rise 전례가 없는 상승

unexpected
[ˌʌnɪkˈspektɪd]
a. 예기치 않은, 뜻밖의

35
There will be a number of **unexpected** obstacles to the merger.
합병에는 예기치 못한 수많은 장애가 있을 것이다.

출제포인트 주로 시험에는 명사를 수식하는 형용사 어휘 문제로 출제되거나 unexpected의 수식을 받는 명사 어휘 문제들이 자주 출제되고 있다.
unexpected contingency 뜻밖의 사태
unexpected delay 갑작스런 지연
unexpected bonus 뜻밖의 보너스

rewarding
[rɪˈwɔːrdɪŋ]
a. 보람 있는

36
Benson's career as a police official had been much more **rewarding** than he had expected.
Benson의 경찰관으로서의 직장생활은 그가 예상했던 것보다 훨씬 더 보람 있었다.

출제포인트
rewarding은 어떤 경험이나 행동에 만족감을 느낄 때 쓰이는 어휘로 뒤의 명사에 대해 결실을 이룬다는 의미를 갖는다.
rewarding work 보람 있는 일

Quiz

16 The overall sales of our new tour packages could be unstable due to some -------- contingencies.
(A) unexpected (B) inappropriate

17 Items previously recognized as high technology are quickly becoming --------- as more highly innovative devices and machines are introduced in the market.
(A) outdated (B) present

18 Thanks to Mr. Pearson's suggestions, our services have achieved an -------- increase in revenue since last month.
(A) unprecedented (B) imminent

DAY 19

convincing
[kənˈvɪnsɪŋ]
a. 설득력 있는

Every character gets a **convincing** argument.
모든 등장인물이 설득력 있는 주장을 한다.

출제포인트
convinced 확신하는
a convincing argument 설득력 있는 주장

37
BIG DATA
정답출제: 1회
오답출제: 1회

damaged
[ˈdæmɪdʒd]
a. 손상된, 부상당한, 손해를 입은

If a customer returns the merchandise to us within 30 days of purchase, he or she will get a full refund for the **damaged** goods.
고객이 상품을 구입일로부터 30일 이내에 반환한다면, 그 고객은 손상된 상품에 대해 전액 환불을 받을 것이다.

출제포인트
<damaged + 명사> 형태로 자주 출제된다.
severely damaged 심하게 손상된

38
BIG DATA
정답출제: 3회
오답출제: 2회

used
[juːzd]
a. 익숙한; 중고의

We will be donating **used** computers to the local community.
우리는 중고 컴퓨터를 지역사회에 기증할 것이다.

출제포인트
<사람 + be/get + used + to …> ~을 하는 데 익숙해지다
<사물 + used + to …> ~하는 데 이용되다

39
BIG DATA
정답출제: 2회
오답출제: 1회

entertaining
[ˌentərˈteɪnɪŋ]
a. 즐거움을 주는

entertainment n. 오락거리
He was always so funny and **entertaining**.
그는 항상 너무 웃기고 재미있었다.

출제포인트
entertain은 감정동사이다.
동의어 interesting, amusing

40
BIG DATA
정답출제: 1회
오답출제: 0회

welcoming
[ˈwelkəmɪŋ]
a. 환영하는

When we reached the conference center, the president's **welcoming** speech had just finished.
우리가 회의장에 도착했을 때, 사장의 환영사가 막 끝났다.

출제포인트
welcoming present 환영 선물

41
BIG DATA
정답출제: 2회
오답출제: 1회

preferred
[prɪˈfɜːrd]
a. 선호되는, 우선의

Auto bikes are the **preferred** means of transportation for many local residents in the city.
오토바이는 도시에서 거주하는 많은 사람들이 선호하는 교통수단이다.

출제포인트 함께 쓰이는 명사
customer 고객   means 수단   method 방법   vendor 판매자   supplier 공급자

42
BIG DATA
정답출제: 3회
오답출제: 1회

Quiz

19 He injured his left shoulder in a car accident and his vehicle was --------- damaged.
(A) severely   (B) toughly

20 Much of the success of Liana Company's new skin products is their ------- commercials.
(A) entertaining   (B) recreational

21 Subways are the --------- means of transportation for all Octagon Towers employees due to traffic congestion.
(A) preferred   (B) preferring

designated
[ˈdezɪɡˌneɪtɪd]
a. 지명된

He is the **designated** director.
그는 지명된 이사이다.

출제포인트
<be + designated + as/for + 명사> ~으로 임명(지정)되다

43
BIG DATA
정답출제: 4회
오답출제: 2회

limited
[ˈlɪmɪtɪd]
a. 제한된, 한정된, 부족한

The rebate is applicable to the purchase of our computers for a **limited** time only.
환급은 제한된 시간 동안에 자사 컴퓨터 구매에만 적용된다.

출제포인트
① 권한 등이 '제한된'이라는 의미이다.
② 시간, 숫자, 공간 등이 '한정된, 부족한'이라는 의미이다.
③ for a limited time only 제한된 기간에 한정하여

44
BIG DATA
정답출제: 11회
오답출제: 7회

accomplished
[əˈkɑmplɪʃt]
a. 기량이 뛰어난, 재주가 많은

Already an **accomplished** music artist, Robin Raymond is currently learning acting to become an actor.
이미 성공한 뮤직 아티스트, Robin Raymond는 배우가 되기 위해 현재 연기를 배우고 있다.

출제포인트
<be accomplished + at/in> ~에 뛰어나다
an accomplished musician 기량이 뛰어난 음악가

45
BIG DATA
정답출제: 2회
오답출제: 6회

associated
[əˈsoʊʃieɪtɪd]
a. 연관된

association n. 협회, 제휴
The costs are **associated** with the product design.
비용은 상품 디자인과 관련이 있다.

출제포인트
<be associated (with + 사람/사물)> ~와 관련 있다

46
BIG DATA
정답출제: 3회
오답출제: 1회

unattended
[ˌʌnəˈtendɪd]
a. 방치된, 내버려둔

We are not responsible for items left **unattended** in the reading room.
우리는 독서실에 (주인 없이) 남겨진 물건에 대해서는 책임을 지지 않는다.

출제포인트
left unattended 방치된

47
BIG DATA
정답출제: 1회
오답출제: 1회

unwavering
[ʌnˈweɪvərɪŋ]
a. 변함없는, 확고한

The president has already shown his **unwavering** commitment to company restructuring.
사장은 이미 회사의 구조조정에 대한 확고한 신념을 보여주었다.

출제포인트
wavering(결정을 못하고 있는) ↔ unwavering (확고한)

48
BIG DATA
정답출제: 1회
오답출제: 0회

Quiz

22 Based on these circumstances, Ms. Washington was ---------- as team leader due to Mr. Reno's temporary departure.
(A) appealed   (B) designated

23 The number of selected candidates for this job opening is --------- to three persons only.
(A) less   (B) limited

24 Hedgeview Airport will not be held responsible for items left --------.
(A) ineligible   (B) unattended

DAY 19 SUMMARY

명사 앞에서 항상 현재분사인 분사 형용사

opening ceremony 개회식	existing facility 기존의 시설	closing shift 마감 근무조
living creatures 생명체, 살아 있는 존재들	rising cost 상승하는 원가	challenging task 어려운 임무
rewarding work 보람 있는 일	remaining audience 남아 있는 청중	promising company 전망 있는 회사
growing pain 점점 커져가는 고통	leading company 선두 기업	lasting memory 지속되는 기억
mounting debt 늘어나는 빚	operating system 운영 체계	welcoming present 환영 선물
missing luggage 분실한 짐	presiding officer 진행자	misleading comment 오해하기 쉬운 발언
demanding manager 까다로운 상사	extenuating factor 정상참작 요소	the following month (그) 다음 달
surrounding area 주위 지역	the coming year 다가오는 해, 다음 해	overwhelming superiority 압도적 우세
opposing direction 반대 방향	approaching crisis 다가오는 위기	

명사 앞에서 항상 과거분사형인 분사 형용사

revised edition 개정판	merged company 합병된 회사	dedicated crew 헌신적인 직원
unlimited warranty 무제한 보증	reduced size 축소된 규모	detailed analysis 상세한 분석
attached file 첨부된 파일	written confirmation 서면 확인	provided booklet 제공되는 소책자
experienced staff 경험이 풍부한 직원	attached receipt 첨부된 영수증	preferred method 선호되는 방법
inspected item 조사를 마친 항목	designated seat 지정석	enclosed coupon 동봉된 쿠폰
complicated system 복잡한 시스템	informed man 박식한 사람	motivated workers 동기부여가 된 직원들

실력완성 TEST

01 For over fifteen years, Photoplus Incorporated has been considered one of the ------------ manufacturers of photocopying machines in the United Kingdom.
(A) leading   (B) moving   (C) deliberate   (D) indefinite

02 New employees at Jay Manufacturing will receive close supervision by ----------- colleagues.
(A) experience   (B) experiencing   (C) experienced   (D) experiences

DAY 20

출제의도에 따른 빈출 부사 종류별 분류

부사 문제 풀이를 위한 생각의 순서

문장 구조 분석	① 주어 / 동사 / 목적어 ② 수식어구는 괄호로 묶는다. 　ex. 〈전치사 + 명사〉, 명사 뒤에 관계대명사절 ③ 접속사/관계사 + 1 = 동사의 개수
1. 부사 자리	완전한 문장에 들어갈 수 있는 품사는 부사이다. ① 부사 vs. 형용사 ② 15개의 부사 패턴
2. 부사의 종류	① 시간부사　　② 빈도부사　　③ 강조부사 ④ 정도부사　　⑤ 방법부사　　⑥ 부정부사 ※ 접속부사는 접속사가 아니라 부사이다.
3. 부사의 위치와 수식관계	① 동사 수식 ② 형용사 수식 ③ 문장 수식 ④ 비교급/최상급 수식 ⑤ 숫자 수식
4. 유사 부사 어휘	① 수식을 받는 대상 ② 시제 ③ 위치 ④ 문맥에 따른 의미와 논리
5. 주의해야 할 부사	otherwise / rather / most / too much / more / enough 등

시험문제는 이렇게 나와요!

Our beverage research team ------- added vanilla flavoring to our drink to make them easier for women to take.
(A) lately　(B) hardly　(C) recently　(D) shortly

해설 ▶ 생각의 순서

1단계 구조 분석
Our beverage research team / ------- added / vanilla flavoring (to our drink) (to make them easier for
　　　주어　　　　　　　　　　동사　　　　목적어　　　　　전치사구　　　　　to부정사구
women to take).

2단계 품사 배열　주어(our beverage research team)와 동사(added) 사이에 위치한 부사 자리이다.

3단계 답 결정 단어 찾기　added → 과거시제에 쓰이는 부사를 찾아야 한다. (C) recently와 (A) lately는 '최근에'라는 뜻으로 과거시제에 어울리지만 쓰이는 위치가 다르다. recently는 문장 내에서 위치가 자유롭고, lately는 주로 문두나 문장 끝에서 쓰인다. 따라서 정답은 (C) recently이다.

4단계 오답 노트　(D) shortly: '곧', 미래시제와 어울리는 부사이므로 오답이다.

해석　우리 음료 리서치 팀은 여성들이 우리 음료를 쉽게 선택하도록 최근 바닐라 맛을 추가했다.
어휘　add ~을 추가하다　flavoring 착향료　〈make + 목적어 + 형용사〉 ~가 …하게 하다
정답　(C)

DAY 20 ❶ 시간부사

once
[wʌns]
ad. 한 번, 한 때
conj. 한 번 ~하면, ~하자마자

Once a small motel in the countryside, Fordham Motel is now America's leading motel chain.
한때 시골의 작은 모텔이었던 Fordham Motel은 이제 미국의 선두 모텔 체인이 되었다.

출제포인트
① 과거 시제와 쓰여 '한때 ~이었으나 지금은 아니다'라는 과거 시점을 보여준다.
   cf. previously, originally, initially 등의 부사도 once처럼 '특정 시점 이전에'라는 의미로 과거 시제와 함께 쓰인다.
② 빈도부사로 '한 번'이라는 뜻이 있고, 관련 숙어를 암기해야 한다.
   *once a week 일주일에 한 번 at once (지체 없이) 즉시, 동시에

실전 TIP
시간 부사절을 이끄는 접속사로 '일단 ~하면, ~하자마자'라는 의미로도 쓰인다.

01 BIG DATA
정답출제: 34회
오답출제: 31회

yet
[jet]
ad. 아직
conj. 그렇지만, 하지만

The salary level has not **yet** been determined.
급여수준은 아직 정해지지 않았다.

출제포인트
① 주로 부정문에 쓰인다.
② 부정어 없이도 부정의 의미: <have + yet + to부정사> (= <have + not + yet + p.p> 아직 ~하지 못하다) <be + yet + to부정사> 아직 ~하지 않다
③ 부정어 not 뒤에 쓰거나 문장의 맨 마지막에 쓴다.
④ <the + 최상급 + yet> 앞으로 가장 ~할

실전 TIP
yet은 등위접속사로도 쓰여 동일 품사를 대등하게 연결하거나 문장과 문장을 연결하기도 한다.

02 BIG DATA
정답출제: 12회
오답출제: 41회

already
[ɔlˈredi]
ad. 이미, 벌써

She has **already** finished her works.
그녀는 이미 자기 일을 끝냈다.

출제포인트
① 긍정문에서 '벌써, 이미'
② 의문문에서 끝난 일에 대한 감탄으로 '벌써'
③ 완료시제에서 <have + already + p.p>

03 BIG DATA
정답출제: 19회
오답출제: 17회

ever
[ˈevər]
ad. 어느 때나, 언제든, 한 번이라도

They are trying to make their new product the most popular **ever**.
그들은 새 상품을 지금까지의 가장 인기 있는 상품으로 만들려고 한다.

출제포인트
① 긍정문에서 쓰지 않는다.
② 부정문, 의문문, if절: 어느 때고, 언제든, 한 번이라도
   Is he ever at home? 그가 언제 집에 있었어?
③ 비교급, 최상급의 의미 강조: It is the worst movie ever. 정말 최악의 영화야.
④ 의문사 뒤: 도대체 What ever can it be? 그게 대체 뭐야?

04 BIG DATA
정답출제: 3회
오답출제: 34회

ago
[əˈgoʊ]
ad. ~ 전에

We placed an order a few days **ago**.
우리는 며칠 전에 주문하였다.

출제포인트
시간명사와 함께 과거의 특정 시점을 보여주는 과거시제에 쓰이며 완료시제에는 쓰이지 않는다.

05 BIG DATA
정답출제: 2회
오답출제: 1회

Quiz

01 Although our new product hit the shelves already, we have -------- to change a few more things on its package design.
(A) yet   (B) never

02 The board of directors have -------- not released the newly developed product for the next season.
(A) yet   (B) still

03 The new refrigerator, introduced last month, has -------- become the best selling item on the market.
(A) already   (B) yet

now
[naʊ]
ad. 지금

It is **now** snowing outside.
지금 밖에는 눈이 내린다.

출제포인트 now 표현과 어울리는 시제
now(지금) – 현재시제
from now(지금부터) – 미래시제
just now(방금, 바로 전에) – 과거시제
until now(지금까지) – 현재완료나 과거시제

06 BIG DATA
정답출제: 6회
오답출제: 3회

recently
[ˈriːsntli]
ad. 최근에

They have **recently** formed a textile association.
그들은 최근 섬유협회를 만들었다.

출제포인트
① 단순 과거 또는 현재완료 문장에 자주 사용 ② 과거분사 형용사를 수식하는 형태로도 출제

실전 TIP
lately와 recently는 모두 '최근에'라는 뜻으로 lately는 주로 문장 앞이나 문장 끝에, recently는 자유롭게 쓴다는 차이가 있다.

07 BIG DATA
정답출제: 18회
오답출제: 27회

probably
[ˈprɑːbəbli]
ad. 아마

It'll **probably** be OK.
아마 그래도 괜찮을 것이다.

출제포인트
어떤 일이 일어날 것 같을 때 쓰이며 주로 미래시제와 어울린다.
very/most probably 매우 그럴 것 같은

08 BIG DATA
정답출제: 5회
오답출제: 6회

soon
[sun]
ad. 곧

The book by Mrs. Potter will be published **soon**.
Potter 씨가 지은 책이 곧 출판될 것이다.

출제포인트
① 미래시제와 함께 쓰인다. (= shortly, immediately)
② 관련 표현: The sooner, the better. 빠를수록 더 좋다.
　　　　　　sooner or later 조만간, 머지않아

실전 TIP 시간부사절 접속사와 함께 쓰이는 부사

| just/only/even/right/soon/shortly | + | before/after/when |

9 BIG DATA
정답출제: 15회
오답출제: 39회

currently
[ˈkɜːrəntli]
ad. 현재

Most of the ancient art is **currently** housed in the National Museum.
대부분의 고대 예술품은 현재 국립박물관에 보관되어 있다.

출제포인트 현재시제 또는 현재진행시제에 주로 사용

10 BIG DATA
정답출제: 12회
오답출제: 4회

formerly
[ˈfɔːrmərli]
ad. 이전에, 먼저

Cooper United, **formerly** known as Cooper Corp., has expanded its branches to California and Arizona.
예전에 Cooper Corp.로 알려진 Cooper United사는 지사를 California 주와 Arizona 주로 확장했다.

출제포인트
① 과거에는 그러했으나 지금은 그렇지 않음 (= previously, once)
② 과거 또는 과거완료 시제와 자주 쓰인다.
③ formerly known as 이전에 ~로 알려졌던

11 BIG DATA
정답출제: 3회
오답출제: 0회

Quiz

04 Results of the proposals regarding the latest construction project will -------- be announced before the end of this first quarter.
　　(A) usually　　　　(B) probably

05 -------- after the meeting was over, Mr. Berkins contacted the company's advisory board regarding our final decision.
　　(A) Soon　　　　(B) Lately

06 We are -------- seeking new researchers to conduct an upcoming consumer survey.
　　(A) completely　　(B) currently

DAY 20 ❷ 빈도부사

regularly
['reɡjələrli]
ad. 정기적으로, 자주

The factory supervisor regularly checks the equipment for loose or broken parts.
공장 책임자는 풀려 있거나 고장 난 부품이 있는지 장비를 정기적으로 점검한다.

출제포인트
주기적으로 반복되는 의미로 주로 현재시제와 쓰인다.

13
BIG DATA
정답출제: 22회
오답출제: 4회

frequently
['frikwəntli]
ad. 자주

Broadcast transmissions are frequently disrupted by a spy satellite.
위성 방송 전송은 스파이위성에 의해 빈번히 중단된다.

출제포인트
빈도부사이므로 현재시제와 잘 어울리며, 동사 앞이나 동사구 사이 또는 문장 끝에 위치한다.

14
BIG DATA
정답출제: 20회
오답출제: 5회

periodically
[ˌpɪriˈɑːdɪkəli]
ad. 주기적으로, 반복적으로

Employees are encouraged to look away periodically to relieve eye strain.
직원들에게 눈의 피로를 줄이기 위해 주기적으로 먼 곳을 바라보도록 권장한다.

출제포인트
주로 동작 동사와 쓰인다.

15
BIG DATA
정답출제: 8회
오답출제: 0회

always
['ɔːlweɪz]
ad. 항상, 늘, 언제나

Poor sales is not always indicative of a failure in promotion.
판매부진이 항상 홍보의 실패를 나타내는 것은 아니다.

출제포인트
시제와 상관없이 쓰이며, 문장 내에서도 모두 위치할 수 있다.
as always = all the time 늘 그렇듯, 언제나처럼
not always (부분 부정으로) 언제나/반드시 ~인/하는 것은 아니다

16
BIG DATA
정답출제: 7회
오답출제: 7회

often
['ɔfən]
ad. 종종, 자주, 흔히

Inexperienced business owners are often advised to seek professional help.
경험이 부족한 사업 운영자들은 종종 전문가들에게 도움을 구할 것을 권유받는다.

출제포인트
quite often = very often 매우 자주

17
BIG DATA
정답출제: 5회
오답출제: 3회

routinely
[ruːˈtiːnli]
ad. 정기적으로

Every manager has been routinely monitoring their team's work.
모든 매니저들은 정기적으로 그들의 팀 업무를 점검한다.

출제포인트
빈도부사로 현재시제와 쓰여 주기적/일상적/반복적 행위를 나타낸다.

18
BIG DATA
정답출제: 4회
오답출제: 1회

Quiz

07 Before any meetings, the manager -------- tries to anticipate possible questions.
(A) always   (B) ever

08 Ms. Cameron -------- arrived early and watched the entire renovation process.
(A) shortly   (B) often

09 Hemsworth Oil ---------- performs drug tests on their employees as part of their drug-free working environment policy.
(A) significantly (B) routinely

❸ 강조부사

only
[ˈoʊnli]
ad. 겨우, 단지

The committee will only focus on the productivity to the exclusion of all else.
위원회는 다른 모든 것들을 제외하고, 생산성에만 집중할 것이다.

출제포인트
① staff only: 명사 뒤에서 '~ 전용'으로 쓰임
② the only + 명사: the를 동반하여 유일함을 강조
③ '단지, 오직, 불과' 등의 의미

실전 TIP merely(단지)는 only와 의미는 유사하지만 '단지 ~일 뿐'이라고 하여 '별 것 아니다, 그 이상도 이하도'라는 의미를 함축하고 있다.

19 BIG DATA
정답출제: 13회
오답출제: 9회

just
[dʒʌst]
ad. 방금, 겨우, 단지

We have just heard the news.
우린 막 방금 그 뉴스를 들었다.

출제포인트
① 자격, 조건 *for staff only, just for staff 스태프 전용
② just before ~하기 직전에 just after ~한 직후에
③ 시간이나 수치, 정도 앞에 쓰여 '겨우, 단지(only)'
④ '동등하게, 똑같이'를 의미. <just + as + 형용사/부사 + as + 명사> 꼭 …처럼 ~하다

20 BIG DATA
정답출제: 7회
오답출제: 4회

exactly
[ɪɡˈzæktli]
ad. 정확히

We need exactly 24 hours to complete the work.
우리가 일을 완료하기 위해서는 정확하게 24시간이 필요하다.

출제포인트 뒤에 일치 대상이 나와야 하며 일반적으로 숫자를 수식하거나, 이전에 언급한 것, 또는 다른 것과 '일치하다'의 의미로 많이 쓰인다.

21 BIG DATA
정답출제: 2회
오답출제: 29회

also
[ˈɔlsoʊ]
ad. ~도 또한, 역시

Other equipment is also available for rent.
다른 장비 또한 대여할 수 있다.

출제포인트
① 위치는 자유롭지만 부정문에는 쓰지 않는다.
② 유의어인 as well, too, besides, altogether 등은 문장 끝에 위치한다.

실전 TIP 문장을 추가할 때 쓰이며 앞 문장에 주로 and가 있다.

22 BIG DATA
정답출제: 4회
오답출제: 1회

really
[ˈriəli]
ad. 매우, 진짜로, 정말로

It is really cold outside.
밖은 정말로 춥다.

출제포인트 유사 의미로 very와 extremely가 있다.

실전 TIP not really는 부분 부정으로 출제된다.

23 BIG DATA
정답출제: 0회
오답출제: 3회

particularly
[pərˈtɪkjələrli]
ad. 특히, 특별히

Newcomer Ryan is a particularly distinctive designer who brings a unique style to our company.
신입인 Ryan은 우리 회사에 독특한 스타일을 가져온 특히 뛰어난 디자이너이다.

출제포인트
주로 상태를 나타내는 형용사나 과거분사를 수식한다.
동의어 especially 특히

실전 TIP
specially는 보통 '특별한 목적을 위한' 것임을 나타내고, 그 뒤에는 흔히 designed, developed, made 같은 과거분사가 따라 나온다

24 BIG DATA
정답출제: 5회
오답출제: 3회

Quiz

10 I attend the weekly meeting, and I've -------- participated in the seminar.
  (A) also   (B) as well

11 Last week's --------- hot weather makes local farmers concerned about the upcoming harvest.
  (A) really   (B) exactly

12 In a -------- stressful season, only one manager is responsible for keeping the entire office together.
  (A) specially   (B) particularly

DAY 20   191

DAY 20 ❹ 정도부사

completely
[kəmˈplitli]
ad. 완전히

All applications must be filled out completely before being submitted.
모든 신청서류를 제출하기 전에 완전히 작성해야 한다.

출제포인트
가능한 최대한의 정도를 나타내어 '완전히'(totally)라는 의미가 된다.
주로 동사의 완료상태를 보여준다.

25 BIG DATA
정답출제: 16회
오답출제: 6회

quite
[kwaɪt]
ad. 꽤, 상당히, 아주, 전혀

Your supervisor responded quite differently to the question about your mistake.
당신의 상사는 당신의 실수에 대한 질문에 상당히 다르게 응답했다.

출제포인트
① <quite + a/an + 형용사 + 명사>의 순서로 쓰여야 한다.
② 관사 a 뒤에 quite가 쓰일 수 없음
a quite long time (X) / quite a long time (O) 꽤 오랜 시간

26 BIG DATA
정답출제: 4회
오답출제: 23회

significantly
[sɪɡˈnɪfɪkəntli]
ad. 중요하게, 상당히

The drastic pollution measures undertaken by the mayor have significantly reduced air pollution in the city.
시장에 의해 실시된 과감한 공해대책은 도시의 대기오염을 상당히 줄였다.

실전 TIP
massively(크게)는 단순히 크기나 수, 양이 '크다'는 의미로 쓰이며, significantly는 변화나 차이에 대해 언급할 때 쓰인다는 것을 알아두자.

27 BIG DATA
정답출제: 12회
오답출제: 3회

extremely
[ɪkˈstriːmli]
ad. 극단적으로, 극도로, 대단히, 몹시

He is extremely qualified for the position of senior manager.
그는 고위 간부로서 자격요건을 대단히 잘 갖추고 있다.

출제포인트
주로 형용사, 부사 앞에 쓰인다. (= very, highly)

28 BIG DATA
정답출제: 5회
오답출제: 27회

well
[wel]
ad. 매우

He is well known for his great sense of humor.
그는 뛰어난 유머 감각으로 잘 알려져 있다.

출제포인트
① 동사만 수식
② 수동태 동사구 <be + well + 과거분사>
③ well before/after/above/below/over 훨씬 전/후/위에/아래에/이상의
④ 과거분사가 '무언가를 잘하는'의 의미일 경우 well로 꾸밈: well educated/skilled/qualified 매우 교육받은/숙련된/적격의

29 BIG DATA
정답출제: 6회
오답출제: 36회

further
[ˈfɜːrðər]
ad. 더 많이, 더 멀리
a. 추가적인, 또 다른

The board members decided to extend the meeting to debate the issues further.
이사들은 그 문제에 대해 더 논의하기 위해 회의를 연장하기로 결정했다.

출제포인트
① debate the issues further, research the proposal further와 같이 쓰여, '더 나아가, 그 이상으로 논의하거나 조사하다'라는 의미
② 접속부사로 문두에 쓰여, '뿐만 아니라, 게다가'라는 추가의 의미
③ 동사 뒤 또는 비교급 앞에 주로 쓰인다.

30 BIG DATA
정답출제: 1회
오답출제: 13회

Quiz

13 The lineup for Tungsten Motor's new luxury car launch was -------- long.
(A) quite   (B) well

14 Making a new building would cost --------- less than refurbishing an existing one.
(A) massively   (B) significantly

15 GD Homeshopping offers all items at prices -------- below the listed price for this upcoming holidays.
(A) very   (B) well

❺ 방법부사

easily
[ˈizəli]
ad. 쉽게, 수월하게, 잘

The auto parts can be replaced **easily**.
자동차 부품들은 쉽게 교체될 수 있다.

출제포인트
주로 부사자리를 묻는 문제로 출제되었으나 최근에는 의미를 묻는 문제로도 나오고 있다.

31 BIG DATA
정답출제: 19회
오답출제: 8회

quickly
[ˈkwɪkli]
ad. 빠르게, 곧, 잠깐 동안

The dust should be removed as **quickly** as possible.
먼지는 가능한 한 빨리 제거되어야 한다.

출제포인트
형용사를 수식할 수 없으며 동작 동사와 함께 쓰인다.

32 BIG DATA
정답출제: 16회
오답출제: 14회

skillfully
[ˈskɪlfəli]
ad. 솜씨 있게, 능숙하게

The sports manager Ms. Emery Harold is famous for **skillfully** negotiating contracts for her list of athletes.
스포츠 매니저 Emery Harold 씨는 자신의 리스트에 있는 운동선수들과 능숙하게 계약을 협상하는 것으로 유명하다.

출제포인트 함께 쓰이는 동사
design 설계하다 construct 공사하다 perform 수행하다 negotiate 협상하다
실전 TIP 사람 주어와 함께 쓴다.

33 BIG DATA
정답출제: 5회
오답출제: 1회

cautiously
[ˈkɔːʃəsli]
ad. 조심스럽게, 신중히

Due to the sudden drop in the stock market, consumers have been asked to sell stocks as **cautiously** as possible.
주식 시장이 갑작스럽게 폭락하여 소비자들은 가능한 한 조심스럽게 주식을 팔 것을 요청받는다.

출제포인트
cautiously optimistic 신중하지만 낙관적인
실전 TIP 사람 주어와 함께 쓴다.

34 BIG DATA
정답출제: 7회
오답출제: 0회

perfectly
[ˈpɜrfɪktli]
ad. 완전히, 지극히

It is necessary to complete the project **perfectly**.
그 프로젝트를 완벽하게 끝낼 필요가 있다.

출제포인트
어떠한 상태, 또는 방식이 결점이 없이 모든 것을 다 갖춘 완벽함을 의미하는 부사다.
상태가 어떠함을 나타내는 형용사 good, well이나 상태 동사인 fit, balance, understand 등을 수식한다.
perfectly good weather 더할 나위 없이 좋은 날씨

35 BIG DATA
정답출제: 6회
오답출제: 3회

carefully
[ˈkeərfəli]
ad. 주의하여, 신중히

All articles should be checked **carefully** prior to publication.
모든 기사는 발행 전 꼼꼼히 확인되어야 한다.

출제포인트
실수나 사고, 잘못을 피하기 위해 세심하게 주의를 기울이는 것
look carefully 주의 깊게 보다   listen carefully 주의 깊게 듣다
think carefully 주의 깊게 생각하다   carefully planned 세심하게 계획된
carefully chosen 주의 깊게 고른   carefully controlled 신중하게 조정된

36 BIG DATA
정답출제: 15회
오답출제: 7회

Quiz

16 App. developers must react --------- to fluctuations in the current cellphone market.
(A) quickly   (B) shortly

17 Paco Newman was commended for his new line of --------- designed jewelry pieces being launched in stores today.
(A) skillfully   (B) temporarily

18 Three-quarters of employees said they were --------- optimistic regarding the sales quota for the next quarter.
(A) positively   (B) cautiously

DAY 20   193

DAY 20 ⓖ 접속부사

then
[ðen]
ad. 어느 (특정한) 때에, 그 때에, 그러고 나서, 그러면

Determine how many will attend the event, **then** plan the menu accordingly.
얼마나 많은 사람들이 행사에 참가할지를 결정하고 나서 그에 따라 메뉴를 계획하세요.

출제포인트
by/until then 그 때까지 since then 그 때부터 and then 그리고 나서
but then 하기는 하지만 (앞의 사실을 덜 중요하게 하는 표현)
실전 TIP 특정 시점이나 동작의 순서를 나타낸다.

37
BIG DATA
정답출제: 1회
오답출제: 10회

consequently
[ˈkɑnsɪkwəntli]
ad. 그 결과

Our company spends a great deal of time and effort in improving our service system. **Consequently**, we are committed to high quality services and customer satisfaction.
저희 회사는 서비스 시스템을 개선하는 데 많은 시간과 노력을 들입니다. 그 결과, 고품질의 서비스와 고객만족을 제공합니다.

출제포인트
유사의미로 thus, therefore가 있으며 앞뒤의 문맥이 원인과 결과의 관계를 가지고 있는지 파악해야 한다.

38
BIG DATA
정답출제: 0회
오답출제: 2회

nevertheless
[ˌnevərðəˈles]
ad. 그럼에도 불구하고

There is little chance that we will get a fund. **Nevertheless**, it is important that we try.
우리가 투자를 받을 기회는 적다. 그럼에도 불구하고 시도를 해보는 것이 중요하다.

출제포인트
접속부사로 문장과 문장 사이에서 '양보/역접'의 의미관계가 있음을 보여주며, 주로 두 번째 문장 문두에 위치한다. nonetheless, however도 동일 의미이다.

39
BIG DATA
정답출제: 2회
오답출제: 7회

unfortunately
[ʌnˈfɔrtʃənətli]
ad. 유감스럽게도, 불행하게도

Unfortunately, the building owner didn't accept our renovation proposal.
안타깝게도 건물주는 우리의 (건물) 개조 제안을 받아들이지 않았다.

출제포인트
문두에 오는 경우가 많다.

40
BIG DATA
정답출제: 0회
오답출제: 0회

furthermore
[ˈfɜrːðərmɔːr]
ad. 더욱이, 다시금

They did not meet the deadline for the report. **Furthermore**, it had a number of typos.
그들은 보고서의 마감일을 맞추지 못했다. 게다가 오타도 많이 있었다.

출제포인트
추가적인 사항을 언급할 때 쓰이며, 동의어로 moreover, in addition, besides, as well이 있다.

41
BIG DATA
정답출제: 0회
오답출제: 6회

besides
[bɪˈsaɪdz]
ad. 게다가, 뿐만 아니라
perp. ~ 외에

There are not enough supplies. **Besides**, they don't have much time left.
비축량이 충분하지 않다. 게다가 그것들은 유통기한도 얼마 남지 않았다.

출제포인트
형태상 beside(옆에)와 혼동하지 않도록 하여야 한다.

42
BIG DATA
정답출제: 1회
오답출제: 18회

Quiz

19 ----------, our motel is currently hiring a receptionist.
(A) Consequently   (B) Consequent to   (C) Consequence of   (D) The consequences

20 The sales department will meet with local sales reps. in June ---------- Mr. Dean's absence.
(A) nevertheless   (B) regardless of

21 This project requires highly motivated staff, ---------- requiring a long term investment.
(A) in addition   (B) besides

❼ 부정부사

seldom
['seldəm]
ad. 드물게, 좀처럼 ~ 않는

Helen **seldom** eats at home.
Helen은 좀처럼 집에서 먹지 않는다.

출제포인트
부정어와 함께 쓰이지 않으며, 문두로 오게 되면 뒤 문장의 주어와 동사의 어순이 도치된다.

43
BIG DATA
정답출제: 6회
오답출제: 9회

hardly
['hɑrdli]
ad. 거의 ~ 않다

There were **hardly** any clouds.
구름이 거의 없었다.

출제포인트
부정의 의미를 내포하고 있으므로 not과 함께 쓰일 수 없다.

실전 TIP
hardly와 hard는 의미가 전혀 다르므로 보기에 같이 등장할 경우 어휘문제로 접근해야 한다. 형용사 hard의 부사는 hard(어렵게)이다.

44
BIG DATA
정답출제: 4회
오답출제: 19회

never
['nevər]
ad. 결코 ~ 않다

I vowed that I would **never** leave her.
나는 결코 그녀를 떠나지 않을 것을 약속합니다.

출제포인트
부정문에서 not 대신에 부정의 의미를 강조하기 위해 사용되며 문장 끝에 쓰일 수 없다.

실전 TIP
never는 현재완료를 비롯한 일반 문장에서 쓰일 수 있다.

45
BIG DATA
정답출제: 2회
오답출제: 11회

rarely
['reərli]
ad. 드물게,
거의 ~하지 않는
(↔ frequently)

Rarely does snow fall in the coastal areas of the North Island.
North Island의 해안 지역에는 눈이 거의 내리지 않는다.

출제포인트
'자주 있지 않다(not often)'라는 뜻이다.

46
BIG DATA
정답출제: 3회
오답출제: 14회

barely
['beərli]
ad. 거의 ~ 않다

She could **barely** sleep that night because her neighbor was playing the guitar for the entire night.
그녀는 그날 밤 이웃이 밤새도록 기타를 치는 바람에 거의 잠을 잘 수가 없었다.

출제포인트
토익에서 답이 된 빈도수가 적으며, hardly, scarcely와 같은 의미이다.
Advertisements in our newspaper do not (~~barely~~ / necessarily) imply our support. 우리 신문의 광고가 반드시 우리의 지지를 의미하는 것은 아니다.

47
BIG DATA
정답출제: 1회
오답출제: 4회

scarcely
['skeərsli]
ad. 거의 ~ 않다, 간신히, 가까스로,
결코 ~ 아니다

The programs had **scarcely** changed in 5 years.
그 프로그램은 5년간 거의 바뀌지 않았다.

출제포인트
문장에 부정어가 있을 경우, 부정 부사를 또 쓰지 않기 때문에 오답보기로 많이 사용된다.

48
BIG DATA
정답출제: 0회
오답출제: 6회

Quiz

22 There was -------- a hint of regret in Mr. Arnold's eyes as he turned his resignation letter to the HR Department.
(A) hard   (B) hardly

23 Since revenues for the third quarter sales have -------- been so high as now, our managers are very satisfied.
(A) never   (B) ever

24 Our company Spartan Technology, -------- invests in microchip companies that have not sustained business for at least two years.
(A) yet   (B) rarely

DAY 20
SUMMARY

실력완성 TEST

01 All staff members should follow the revised company policy ---------- before submitting their final reports.
(A) carefully (B) extremely (C) endlessly (D) casually

02 ---------- do we spend any money on marketing or online promotion as we focus only on word of mouth.
(A) Elsewhere (B) Seldom (C) However (D) Although

DAY 21
빈출 부사 수식관계에 따른 빈출 어휘 분류

접속부사

1. 화제 전환
(in the) meantime, meanwhile, by the way 그런데, 그건 그렇고

2. 실례 설명
in fact, for example, for instance, in particular, specifically

3. otherwise 그렇지 않으면
① The bank will renew the contract unless notified otherwise.
② They won although expected otherwise.
③ This is only the traditional area in the otherwise modern city.

4. 추가
besides, furthermore, moreover, above all, in addition, as well

5. 순서
then, thereafter 그때에

6. 선택/포기
instead, alternatively 그 대신

7. likewise 똑같이; 비슷하게

8. 결과
accordingly, consequently, hence, therefore, thus, as a result, finally 그러므로, 마침내

9. 양보
nonetheless, nevertheless, however ~임에도 불구하고 (기대치의 반대)

시험문제는 이렇게 나와요!

She enjoys reading; -------, she likes writing.
(A) moreover   (B) and   (C) nevertheless   (D) as

해설 ▶ 생각의 순서

1단계 구조 분석
She / enjoys / reading; -------, she / likes / writing.
 주어   동사   목적어   주어   동사   목적어

2단계 품사 배열 빈칸 앞에 세미콜론(;)이 왔다. 세미콜론이 접속사의 역할을 하기 때문에 더 이상 접속사가 올 수 없다. 따라서 (B) and와 (D) as는 답이 될 수 없다. 앞의 내용에 추가되는 내용이므로 moreover(게다가)가 적절하다.

3단계 오답 노트 (C) nevertheless는 앞뒤 내용이 상반되는 경우에 쓰인다.

해석 그녀는 독서를 좋아한다. 게다가 글쓰기도 좋아한다.
어휘 enjoy 즐기다   nevertheless 그럼에도 불구하고
정답 (A)

DAY 21 ❶ 원급/비교급/최상급/수사 수식 부사

very
['veri]
ad. 매우, 대단히, 정말

01
All staff members should be **very** attentive to the needs of our customers.
모든 직원들은 고객들의 요구에 매우 귀를 기울여야 한다.
출제포인트 형용사나 부사의 원급만 수식 가능하고, 동사와 비교급은 수식할 수 없다.
실전 TIP 최상급을 수식할 때는 the very를 써야 한다.

BIG DATA
정답출제: 5회
오답출제: 24회

so
[soʊ]
ad. 너무, 정말, 그렇게

02
There is **so** much work that Ms. Lopez cannot handle it all by herself.
일이 너무 많아서 Lopez 씨는 혼자서 그것을 처리할 수 없다.
출제포인트
① <so + 형용사/부사 + that> 너무나 ~해서 (that 이하)하다
② <so + 형용사 + a/an + 명사> = <such + a/an + 형용사 + 명사> 매우 ~한
③ So do I. 나도 그렇다. (주어 동사 도치)
실전 TIP 등위 접속사 so는 앞뒤로 완전한 문장들을 받는다.
I was tired, so I took a nap. 나는 피곤해서 낮잠을 잤다.

BIG DATA
정답출제: 14회
오답출제: 23회

too
[tu]
ad. 너무, 또한

03
He talks **too** much.
그는 말이 너무 많다.
출제포인트 <much/far too + 형용사/부사>, <too many/much + 명사>
실전 TIP <too + 형용사 + to부정사>, <so + 형용사/부사 + that절>은 too와 so 모두 보기에 있을 때 빈칸 뒤의 문장으로 답을 결정한다.

BIG DATA
정답출제: 1회
오답출제: 5회

even
['iːvən]
ad. ~도, ~조차,
훨씬, 심지어

04
After the renovation of the building, it became an **even** more desirable place to live.
건물 수리 후, 훨씬 더 살기 좋은 장소가 되었다.
출제포인트
① 비교급 수식 부사로 비교급을 강조: even, still, a lot, far, much
② 접속사와 짝을 이루어 각기 다른 의미를 갖는다.
   even as 심지어 ~할 때에도, ~하는 순간에
   even if ~에도 불구하고, ~이긴 하지만, ~라 하더라도
   even though 비록 ~일지라도

BIG DATA
정답출제: 11회
오답출제: 22회

much
[mʌtʃ]
ad. 매우, 많이, 훨씬

05
Everyone in the office has been **much** more productive since the new time-management software was installed.
새 시간 관리 소프트웨어가 설치된 이후로 사무실에 있는 모두가 훨씬 더 생산적이 되었다.
출제포인트
① 정도가 '매우, 많이, 자주'라는 의미로 동사, 부사, 과거분사를 수식한다.
② 비교급과 최상급을 수식: much, by far, the single, the very
③ too much, so much, very much와 같은 부사의 수식을 받아 문장 끝에서 동사를 수식한다.
실전 TIP not A much less B A도 아니고 B는 더욱 아니다

BIG DATA
정답출제: 5회
오답출제: 19회

far
[fɑː(r)]
ad. 멀리, 훨씬
a. (거리가) 먼

06
The success of the charity event went **far** beyond our expectations.
그 자선행사의 성공은 우리의 기대치를 훨씬 넘어서는 것이었다.
출제포인트 형용사나 부사의 원급이나 비교급을 수식한다.
실전 TIP far above/below/beyond 훨씬 위에/아래/넘어서

BIG DATA
정답출제: 4회
오답출제: 23회

Quiz

01 The procedure for obtaining reimbursement is --------- complicated that some of the new employees may need to contact the accounting department.
(A) so   (B) too

02 Ms. Park needs to reschedule the staff meeting because she has -------- many appointments over the next few days.
(A) much   (B) too

03 Every agent should be -------- more dedicated to this new project.
(A) even   (B) ever

as
[æz]
ad. 그 만큼, ~듯이
prep. ~같이, ~로서
conj. ~하면서, ~대로

CK Tea is **as** popular **as** Aramis Coffee in the northern parts of the country.
CK Tea는 Aramis Coffee만큼이나 북부 쪽에서 인기가 있다.

Ms. Wilson served **as** the company's president for more than 40 years.
Wilson 씨는 40년 넘게 그 회사의 사장으로 근무했다.

출제포인트 부사, 전치사, 접속사 등 다양하게 쓰이며 부사로 쓰일 때는 비교구문에서 '~만큼'의 의미이다.

실전 TIP ① 전치사 as: '~와 같은', '~로서'의 의미. '동격, 자격, 직위' 등의 명사를 취한다.
② 접속사 as: '~할 때(when), ~하듯이, ~하기 때문에(because)'의 의미

As my résumé shows, I completed the business course.
내 이력서에서 보여주듯이, 나는 비즈니스 코스를 수료하였다.

07
BIG DATA
정답출제: 20회
오답출제: 75회

nearly
[ˈnɪərli]
ad. 거의

We **nearly** finished the project.
우리는 그 프로젝트를 거의 끝냈다.

출제포인트 ① nearly는 almost처럼 주로 숫자를 수식하는 부사
② certain 확실한, complete 완성된, impossible 불가능한 등 정도를 보여주는 형용사 앞에 온다.
③ finish 마치다, complete 완료하다, arrive 도착하다 등 동작의 완료에 쓴다.

실전 TIP 숫자수식 부사 난이도 및 빈출도
① just / only → 난이도 下   ② nearly / almost → 최다 출제
③ approximately / more than → 난이도 上
④ about / around / over → 전치사인데 숫자 앞에 나오면 부사로 변함

08
BIG DATA
정답출제: 21회
오답출제: 42회

almost
[ˈɔːlmoʊst]
ad. 거의

The marriage rate has climbed to **almost** 15% since 2010.
결혼 비율은 2010년 이래로 거의 15% 올랐다.

출제포인트 ① 수사, 수량형용사, 부사 등과 같이 쓰일 수 있다.
② 동작 완료 동사와 쓰인다. almost finished 거의 끝났다
③ 확신, 판단 등의 표현과 쓰인다. almost certainly 거의 확실히

almost + all	almost + some (X)
half	few (X)
30%	little (X)
	many (X)

09
BIG DATA
정답출제: 8회
오답출제: 19회

approximately
[əˈprɑksɪmətli]
ad. 대략, ~쯤

According to recent studies, **approximately** seventy percent of the Asian population eat rice on a daily basis.
최근 연구에 따르면 대략 아시아 인구 70%가 주식으로 쌀을 먹는다.

출제포인트 숫자를 수식하는 부사이며 같은 의미로 roughly, about, around가 있다.
approximately six weeks 대략 6주

10
BIG DATA
정답출제: 16회
오답출제: 10회

at least
ad. 적어도, 최소한

A number of households have **at least** one vehicle.
많은 가정이 적어도 1대 이상의 차량을 가지고 있다.

출제포인트 특정 수량 이상임을 나타내며, 주로 숫자 앞에 쓰인다.

11
BIG DATA
정답출제: 4회
오답출제: 0회

over
[ˈoʊvər]
ad. 너머, ~이 넘는
prep. ~ 위에, ~을 넘어서

That Mr. Kim has been working at our company for **over** twenty years is a testament to his dedication.
Kim 씨가 20년 넘게 우리 회사에서 일하고 있는 것은 그의 헌신을 보여주는 것이다.

출제포인트 over는 기간을 나타내는 전치사지만 수사나 수량형용사 앞에서는 주로 부사로 쓰인다.
• 전치사 over: **over** the summer vacation 여름방학 동안
• 부사 over: for **over** five years 5년 넘게
         over one thousand people 천 명이 넘는

12
BIG DATA
정답출제: 20회
오답출제: 49회

Quiz

04 The professional home designers paid ---------- attention as possible to the functionality as the visual aspect of the design to their advantage.
(A) as much   (B) so

05 We were forced to wait --------- two hours just to get into tonight's expo which was jam packed.
(A) fewer   (B) nearly

06 All seminar participants are requested to arrive at -------- thirty minutes prior to the event to sign up.
(A) least   (B) less

DAY 21 ❷ 동사 수식 부사

considerably
[kənˈsɪdərəbli]
ad. 많이, 상당히

The working environment in our plant is being improved **considerably**.
우리 공장의 근무환경은 상당히 좋아지고 있다.

출제포인트 함께 쓰이는 동사
change 변화하다 improve 향상시키다 grow 자라다 fall 떨어지다 reduce 줄다
increase 증가하다 rise 늘다

실전 TIP
considerably의 유의어로 significantly, greatly도 같은 뜻이다.

13 BIG DATA
정답출제: 14회
오답출제: 10회

substantially
[səbˈstænʃəli]
ad. 상당히

Atlantic profited **substantially** from its direct investment in the oil sector.
Atlantic사는 석유 부문에 대한 직접 투자로 상당히 이익을 얻었다.

출제포인트 함께 쓰이는 동사
increase 증가하다 exceed 초과하다 expand 확장하다 affect 영향을 끼치다
reduce 줄이다

14 BIG DATA
정답출제: 6회
오답출제: 1회

slightly
[ˈslaɪtli]
ad. 약간, 조금

One of the buildings is **slightly** different.
건물 중 한 채가 약간 다르다.

출제포인트
증감이나 변화, 상태 등을 나타내는 동사나 형용사를 수식한다.

15 BIG DATA
정답출제: 4회
오답출제: 10회

remarkably
[rɪˈmɑːrkəbli]
ad. 두드러지게, 현저하게

The quality of their products has remained **remarkably** consistent for the past 50 years.
그들의 제품 품질은 놀랍게도 과거 50년 동안 유지되어 왔다.

출제포인트
① 유사 표현: extremely 극도로 surprisingly 놀랄 만큼 incredibly 믿을 수 없을 정도로
② 어울리는 형용사: consistent 한결같은 similar 유사한 successful 성공적인

16 BIG DATA
정답출제: 4회
오답출제: 0회

noticeably
[ˈnoʊtɪsəbəl]
ad. 눈에 띄게, 현저하게

Advertising expenses have increased **noticeably** since last year.
작년 이래로 광고비가 눈에 띄게 증가하였다.

출제포인트
부사 형태를 묻거나 오답 보기 또는 본문에 등장하는 경우가 많다.

17 BIG DATA
정답출제: 2회
오답출제: 1회

greatly
[ˈgreɪtli]
ad. 대단히, 매우

The purchase of the latest machines has **greatly** increased the manufacturing capability.
최첨단 기계의 구입은 제조 능력을 크게 신장시켰다.

출제포인트
주로 increase, reduce와 같은 증감동사 또는 improve, change와 같이 변화를 나타내는 동사와 쓰인다.

18 BIG DATA
정답출제: 3회
오답출제: 17회

Quiz

07 Ava Cosmetics has expanded its customer base --------- all thanks to word of mouth.
(A) substantially   (B) objectively

08 The stock price fell ------- again yesterday but analysts expect a dramatic increase within a week.
(A) slightly   (B) highly

09 The quality of our products here at Pennington Warehouse has been ---------- consistent since its conception.
(A) moderately   (B) remarkably

steadily
['stedəli]
ad. 착실하게; 끊임없이

There is still a high demand for automobiles though gas prices have been increasing **steadily**.
가솔린 가격이 꾸준히 상승했음에도 자동차에 대한 수요는 여전히 높다.

출제포인트 유사 어휘 비교 steadily vs. consistently
- steadily: 상태의 지속이나 지속적인 개발, 상승의 경우에 쓰인다.
- consistently: 태도나 방식들이 '일관되게'라는 의미이다.

19
BIG DATA
정답출제: 4회
오답출제: 4회

gradually
['grædʒuəli]
ad. 서서히, 점진적으로

Older models are being **gradually** phased out over the next three years.
구형 모델은 향후 3년간 점차적으로 공급이 중단될 것이다.

출제포인트
주로 증가/감소, 확장, 변화와 관련된 동사를 수식하는 부사로 출제

20
BIG DATA
정답출제: 3회
오답출제: 11회

sharply
['ʃɑrpli]
ad. 급격하게, 두드러지게

Thanks to the new marketing strategy, sales have been **sharply** increasing.
새 마케팅 전략 덕분에 판매량이 급격히 상승했다.

출제포인트 동의어
dramatically 급격하게   remarkably 두드러지게   noticeably 두드러지게

21
BIG DATA
정답출제: 4회
오답출제: 2회

unexpectedly
[ˌʌnɪk'spektɪdli]
ad. 예기치 않게, 뜻밖에, 갑자기

The restaurant has been **unexpectedly** busy.
식당은 예상 밖으로 바빴다.

출제포인트
- 어울리는 동사: leave 떠나다   rise/increase 상승하다
- 어울리는 형용사: busy 바쁜   high 높은

22
BIG DATA
정답출제: 2회
오답출제: 2회

rapidly
['ræpɪdli]
ad. 빠르게, 신속히, 순식간에

The deadline to submit articles for inclusion in next month's issue is **rapidly** approaching.
다음 달 호에 포함될 기사를 제출해야 하는 마감일이 빠르게 다가오고 있다.

출제포인트 유사 어휘 비교 quickly vs. rapidly vs. fast
- quickly: 일이나 흐름의 시간 소요가 많지 않고 빠른 속도로 진행되는 것(= without delay)
- rapidly: 변화나 상승, 개선 등이 '빠르고 신속하게', 특히 일정기간 동안 짧은 일/변화 등이 발생/ 완료되는 것
- fast: 실제 움직임의 속도가 빠른 것. 소요시간이 짧게 걸리는 것

23
BIG DATA
정답출제: 10회
오답출제: 4회

dramatically
[drə'mætɪkli]
ad. 급격하게

Online record sales have increased **dramatically** over the last year.
지난해 온라인 음반 매출이 급격하게 증가하였다.

출제포인트
증가나 감소를 나타내는 동사(increase, rise, fall, decline, drop, grow)를 수식하는 부사로 출제된다.

24
BIG DATA
정답출제: 5회
오답출제: 0회

Quiz

10 Due to the ---------- increased demands, the restaurant is planning to hire additional serving staff.
(A) immediately   (B) unexpectedly

11 New advances in renewable energy resources have played an integral part in the --------- expanding eco-fuel research.
(A) promptly   (B) rapidly

12 During the holidays, sales of Timberland LCD screens -------- rose by 60% thanks to a well planned sales event.
(A) accidentally   (B) dramatically

DAY 21 ❸ 형용사·분사 수식 부사

widely
['waɪdli]
ad. 널리, 매우, 일반적으로

Dr. Park is widely considered the leading authority on solar energy.
Park 박사는 태양 에너지에 관해 주도적인 권위자로 널리 인정받고 있다.

출제포인트 〈widely + 분사형용사 + 명사〉
widely admired 널리 존경받는
widely regarded/considered 널리 인정받고 있는

25
BIG DATA
정답출제: 8회
오답출제: 7회

fully
['fʊli]
ad. 충분히, 완전히

This lavatory is fully equipped.
이 화장실은 (관련 설비들이) 완비되어 있다.

출제포인트 fully booked 예약이 모두 찬
fully aware of/understood 완전히 아는/이해된

실전 TIP 유사 어휘 enough vs. fully – 의미는 동일하지만, 위치에 차이가 있다.
- enough: 명사 앞, 형용사 뒤, to부정사 앞, 동사 뒤에서 수식한다. 형용사와 부사의 기능이 있다.
- fully: 형용사를 앞에서 수식한다. 부사로만 쓰이므로 명사를 수식할 수 없다.

26
BIG DATA
정답출제: 7회
오답출제: 2회

conveniently
[kən'vinjəntli]
ad. 편리하게

Our center is conveniently located between a commercial district and the industrial complex.
우리 센터는 상업지구와 산업공단 사이에 편리하게 위치해 있다.

출제포인트
주로 be동사와 과거분사 사이나 장소명사를 수식하는 분사를 수식하는 품사문제와 어휘문제로 동사 locate와 함께 자주 출제되고 있다.

27
BIG DATA
정답출제: 11회
오답출제: 0회

highly
['haɪli]
ad. 극단적으로, 극도로, 대단히, 몹시

He is the actor and his talent is highly appreciated.
그는 재능을 높게 평가받는 배우이다.

출제포인트
very, quite와 동일하게 쓰인다. 형용사나 부사를 수식하며, 동사를 수식하지는 않는다.
highly recommended 적극적으로 추천받은   highly regarded 높이 평가되는
highly skilled 매우 숙련된   highly qualified 충분히 자격이 되는

28
BIG DATA
정답출제: 15회
오답출제: 23회

fairly
['feərli]
ad. 상당히, 꽤

It is fairly common for new stores to take several months to establish a customer base.
고객층을 확보하는 데 수개월이 걸리는 것은 새로운 가게들에게 상당히 흔한 일이다.

출제포인트
quite와 동의어이다. 형용사나 부사를 수식하며, 동사는 수식할 수 없다.

29
BIG DATA
정답출제: 4회
오답출제: 3회

severely
[sə'vɪərli]
ad. 심하게, 엄격하게

The whole city was severely damaged by the recent earthquake.
최근 지진으로 인해 도시 전체가 심각하게 파괴되었다.

출제포인트
severely damaged 심각하게 파괴된

30
BIG DATA
정답출제: 2회
오답출제: 6회

Quiz

13 A new study was recently conducted to test the accuracy of a --------- automated assembly line.
(A) fully   (B) enough

14 The National Museum is -------- located downtown and has a free parking lot and easy access to public transportation.
(A) initially   (B) conveniently

15 Mr. Williams is a ---------- regarded stock market analyst with a long list of business management expertise.
(A) highly   (B) serverely

❹ 문장전체 수식 부사

accordingly
[ə'kɔːrdɪŋli]
ad. 그에 따라, 그에 맞추어서

Be sure to submit your account information by tomorrow so we can process your paycheck accordingly.
반드시 내일까지 귀하의 계좌 정보를 제출하셔서 우리가 귀하의 급여를 제대로 처리할 수 있게 해 주세요.

출제포인트 연결된 두 개의 문장에서 주로 두 번째 문장 끝에 위치한다.
실전 TIP 접속부사로 많이 쓰인다.

31
BIG DATA
정답출제: 4회
오답출제: 5회

ideally
[aɪ'diːli]
ad. 이상적으로, 완벽하게, 더할 나위 없이

Ideally, bicycles should be parked at the shed.
이상적으로 말하자면, 자전거는 (자전거)보관소에 세워놓아야 한다.

출제포인트 문장을 수식하는 부사로 주로 문장 앞에 위치한다.
실전 TIP ideally suited/placed/situated 이상적으로 맞추어진/놓여진/위치한

32
BIG DATA
정답출제: 4회
오답출제: 1회

ultimately
['ʌltəmətli]
ad. 궁극적으로

Ultimately, none of the shoppers tried the new shoes.
궁극적으로, 쇼핑객 중 누구도 그 새 신발을 신어보려 하지 않았다.

출제포인트 유사 어휘
fundamentally 궁극적으로   essentially 근본적으로   basically 기본적으로
primarlly 본래

33
BIG DATA
정답출제: 1회
오답출제: 2회

apparently
[ə'pærəntli]
ad. 겉보기에, 분명히, 명백하게

Apparently our economy is improving.
확실히 경기가 점점 회복되고 있다.

출제포인트
직접적으로 알고 있는 것이 아니라, 보았거나 들었거나 읽었던 사실에 근거하여 판단하는 경우에 쓰인다.

34
BIG DATA
정답출제: 1회
오답출제: 1회

at first
ad. 처음에는

At first Mr. Brown expected the conference would be discussing current market trends, but it focused more on the process of designing our new product.
처음에 Brown 씨는 회의가 현 시장 트렌드에 대해 토론할 것이라 예상했지만, 회의는 우리 신상품 디자인 과정에 더 초점이 맞춰졌다.

출제포인트 At first A, but B / A at first, but B: 이미 일어난 일 또는 일어날 일과 반대되는 것을 말하고 싶을 때

35
BIG DATA
정답출제: 1회
오답출제: 1회

surprisingly
[sər'praɪzɪŋli]
ad. 놀라울 정도로

Surprisingly, there has been remarkably high levels of participation from the elderly in the volunteer orphanage programs.
놀랍게도 고아원 자원봉사 프로그램에 나이 드신 분들의 참여도가 현저하게 높았다.

출제포인트 유사어로 unexpectedly가 있으며 주로 형용사 앞에 위치한다.
surprisingly good 놀라울 정도로 좋은

36
BIG DATA
정답출제: 4회
오답출제: 0회

Quiz

16 After reviewing all your financial information, we are pleased to inform you that your loan application has been approved ---------.
(A) accordingly   (B) otherwise

17 ---------, the distributors will agree to a six-month contract, but they will accept a one-year agreement if necessary.
(A) Completely   (B) Ideally

18 ---------, it was the marketing team that was appointed to lead the venture project.
(A) Ultimately   (B) Absolutely

DAY 21 ❺ 주의해야 할 부사

finally
['faɪnəli]
ad. 마침내,
(여러 개를 언급)
마지막으로,
최종적으로

After three years of construction, the new convention center has **finally** been completed.
3년간의 공사 후에 새로운 컨벤션센터는 마침내 완공되었다.

출제포인트 빈출 구문으로 시간부사구 〈after + 특정한 사건, 기간명사〉와 함께 쓰인다.
실전 TIP finally와 lastly가 '마지막으로'라는 같은 의미일 때는, 둘 다 문장부사로 문두에 위치하며, 문장 중간에는 올 수 없다.

37
BIG DATA
정답출제: 13회
오답출제: 8회

markedly
['mɑːrkɪdli]
ad. 눈에 띄게,
두드러지게

South Asia's current economic crisis is **markedly** different from previous economic downturns.
현재 남아시아의 경제 위기는 예전의 경제 침체와는 상당히 다르다.

출제포인트 유사 어휘 비교 markedly vs. prominently
• markedly: 움직임이나 변화(change), 차이(difference) 등의 폭이 커서 '눈에 띄게, 두드러지게'의 의미이며 주로 프레젠테이션에서 쓰인다.
• prominently: 색, 모양, 크기 등 시각적으로 눈에 띄는 것을 의미하며 주로 'placed, displayed, positioned' 등의 동사들과 함께 등장한다.

38
BIG DATA
정답출제: 4회
오답출제: 2회

relatively
['relətɪvli]
ad. 비교적(으로),
상대적(으로)

The world famous brand is **relatively** unknown in East Asia.
세계적으로 유명한 그 브랜드는 동아시아에서는 상대적으로 잘 알려져 있지 않다.

출제포인트 시험에는 동사를 수식하지 아니하고 형용사를 수식하는 부사로 자주 등장한다.

39
BIG DATA
정답출제: 5회
오답출제: 14회

rather
['ræðər]
ad. 꽤, 약간, 상당히

Although Mr. Carter was known for being patient, his recent decision was made **rather** quickly.
Carter 씨는 인내심이 많은 사람으로 알려져 있지만, 그의 최근 결정은 상당히 빨리 내려졌다.

출제포인트
① rather than (=instead of)
② would rather ~ than

40
BIG DATA
정답출제: 7회
오답출제: 26회

otherwise
['ʌðərˌwaɪz]
ad. 그렇지 않으면, 다르게,
달리, 그 외에는

The bank will automatically renew the contract unless **otherwise** informed not to do so.
그 은행은 그렇게 하지 말도록 통지받지 않는 한, 그 계약을 자동으로 갱신시킬 것이다.

출제포인트 ① unless otherwise stated/noted/instructed 달리 표시되지/알려지지/지시되지 않았다면 ② ~ say/think/decide otherwise ~이 그렇지 않다고 말하다/생각하다/결정하다

41
BIG DATA
정답출제: 8회
오답출제: 12회

largely
['lɑrdʒli]
ad. 크게, 대체로, 주로

His success is **largely** due to your support.
그의 성공은 네 덕이 크다.

출제포인트 be largely due to 주로 ~ 때문이다
유사 어휘 largely vs. primarily
• largely: 대부분, 주로 (= mostly)
  Fire is **largely** due to smoking. 화재는 대부분 흡연(담배) 때문이다.
• primarily: 첫째로, 무엇보다도 먼저(= principally)

42
BIG DATA
정답출제: 8회
오답출제: 5회

Quiz

19 Mr. Smith was -------- relieved after finishing the logistics report.
(A) finally   (B) lastly

20 South Asia's current economic crisis is ------- different from previous economic downturns.
(A) prominently   (B) markedly

21 According to the recent economic magazine, for a ------- small outlay you can start manufacturing T-shirts or jeans.
(A) relatively   (B) hardly

elsewhere
['elshwər]
ad. 다른 곳에

There are already three restaurants along N. Anderson Street, so we should plan to open up a restaurant **elsewhere**.
이미 N. Anderson Street를 따라 레스토랑이 세 개가 있어서 우리는 다른 곳에 레스토랑을 열 계획을 세워야 한다.

출제포인트
① 문장 끝에 위치 ② 단어 뒤에 위치 ③ 동사 뒤에 위치할 수 없음

43
BIG DATA
정답출제: 2회
오답출제: 2회

thereby
[ˌðerˈbaɪ]
ad. 그로 인해, 그 결과

Proposals are revised by our experts, **thereby** reducing the risk of investment failure.
제안서는 우리의 전문가들에 의해 수정되며, 그 결과 투자 실패의 가능성을 줄인다.

출제포인트 thereby doing 그로 인해 ~하다

44
BIG DATA
정답출제: 2회
오답출제: 1회

temporarily
[ˈtempəˌreri]
ad. 임시적으로, 한시적으로

During construction, the city **temporarily** closed several nearby streets.
공사기간 중에 시는 근처에 있는 여러 도로들을 임시로 폐쇄시켰다.

출제포인트
- 유의어: tentatively 시험적으로
- 반대어: permanently 영구적으로
- 함께 출제되는 어휘: out of stock 재고가 없는 unavailable 이용할 수 없는 close 닫다

45
BIG DATA
정답출제: 4회
오답출제: 2회

thoroughly
[ˈθɜːrəli]
ad. 완전하게, 빈틈없이, 철두철미하게

Please take the time to review the following report **thoroughly** as it includes imperative details about the meeting.
그 미팅에 관해 꼭 필요한 사항들을 포함하고 있으므로 시간을 내서 다음 보고서를 철저하게 검토하세요.

출제포인트 '연구하다', '조사하다' 의미의 동사와 어울려 사용된다.
research 연구하다 read 읽다 review 검토하다 inspect 조사하다 test 시험하다 check 시험하다 examine 시험/검진하다

46
BIG DATA
정답출제: 11회
오답출제: 7회

accurately
[ˈækjərətli]
ad. 정확히

All office-related expenditures should be recorded **accurately** in the database.
모든 사무실 관련 지출은 데이터베이스에 정확히 기록돼야 한다.

출제포인트 유사 어휘 비교 right vs. correctly vs. rightly vs. accurately
- right: '옳게, 제대로'라는 의미이며 동사 뒤에서만 쓰인다.
- correctly: 틀린 곳이 없이 정확하게
- rightly: 일반적으로 '당연하게, 정당하게'이고 형용사 앞이나 동사 앞에서 '옳게, 제대로'라는 뜻으로도 쓰인다.
- accurately: 오차나 오류가 없이 '정교하게, 정확하게' 기록하거나 계산하는 것

47
BIG DATA
정답출제: 8회
오답출제: 6회

entirely
[ɪnˈtaɪərli]
ad. 완전히, 전부

The organization used **entirely** different approaches to solving the problem.
그 기구는 문제를 해결하는 데 완전히 다른 접근법을 사용했다.

출제포인트
① '전적으로, 완전히, 전부'의 의미이다. (= completely, really, perfectly)
② 부분 부정으로 쓰일 때에는 not entirely = not really = not all

48
BIG DATA
정답출제: 2회
오답출제: 7회

Quiz

22 Proposals are revised by our experts, -------- reducing the risk of investment failure.
(A) thereby (B) if only

23 Our analysts had ---------- researched all the available office programs before deciding which one to recommend to all the branches.
(A) thoroughly (B) apparently

24 Mr. Patrick is in charge of ensuring that all related expenditures are recorded ------- in the accounts.
(A) rightly (B) accurately

DAY 21 SUMMARY

※ 증가/감소 동사와 관련 주제별 부사 모음

증가하다:
increase(증가하다), rise(오르다, 솟다), enlarge(확장하다), surge(밀려들다), soar(치솟다), advance(증진되다), develop(발달하다), rocket(급증하다)

감소하다:
decrease(줄다, 줄이다), decline(감소하다), reduce(줄어들다), fall(떨어지다, 내리다), shrink(줄어들다)

실력완성 TEST

01 The stock price fell ----------- again yesterday but analysts expect a dramatic increase within a week.
(A) rarely   (B) previously   (C) slightly   (D) highly

02 We were forced to wait ----------- two hours just to get into tonight's expo which was jam packed.
(A) shortly   (B) nearly   (C) fewer   (D) previously

DAY 22
동사와 함께 출제되는 전치사 List

1. at vs. in vs. on

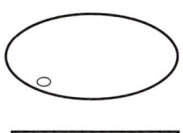

at은 하나의 지점, 위치 등을 나타내며 특정 시점에서의 사람이나 사물의 소재, 행방 또는 행위가 일어나는 정확한 장소나 위치를 의미한다.

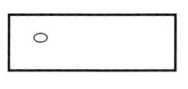

in은 장소나 특정 공간 내에 존재하거나 포함되어 있다는 의미를 가진다.

on은 물리적·추상적인 것의 표면에 접해 있다는 개념의 전치사이다.

2. '수단, 방법'에 쓰이는 by vs. with vs. through

by	with	through
by ~ing by+무관사 대표명사 by car	with+구체적인 도구 수단 with this phone with a tool	through+과정, 절차, 경험, 추상적 개념 through the process

3. '~까지' by vs. until vs. to

동작 완료	by	기준 – 특정 시간
상태 지속	until	기준 – 특정 시간
상태 종료	to	기준 – 특정 시간

4. 장소 전치사

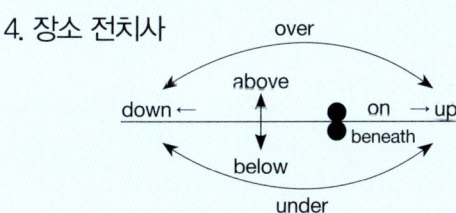

시험문제는 이렇게 나와요!

I send you detailed information on the terms and conditions of your employment contract ------- a sealed envelope.
(A) in   (B) on   (C) to   (D) at

해설 ▶ 생각의 순서

1단계 구조 분석
I / send / you / detailed information (on the terms and conditions of your employment contract)
주어 동사 목적어1   목적어2   전치사구
(------- a sealed envelope).

2단계 품사 배열   빈칸은 명사구 a sealed envelope와 쓰일 수 있는 전치사 자리이다.

3단계 답 결정 단어 찾기   envelope → 공간의 전치사 in이 '봉인된 봉투 안에'라는 의미를 완성시킬 수 있다. on은 '~위에' 또는 '~에 대하여'라는 의미이고, to는 '~에, ~에게'의 방향을 의미하는 전치사이다. at 역시 하나의 지점에 해당하는 장소이므로 문맥상 어색하다.

해석   나는 당신의 고용 계약서의 조건들에 관한 상세한 정보를 봉인된 봉투에 담아 당신에게 보낼 겁니다.
어휘   send 보내다   terms and conditions 조건   employment contract 고용 계약서   sealed 밀봉된
정답   (A)

DAY 22   ❶ 타동사 + 목적어 + 전치사

provide A with B
A(사람)에게 B(사물)를 제공하다

Our computer technicians **provide** customers **with** detailed instructions.
우리 컴퓨터 기술자들은 고객들에게 상세한 안내를 제공한다.

출제포인트 〈provide + 사물 + for/to + 사람〉 …에게 ~을 제공하다

실전 TIP 〈providing/provided + that절〉은 '만일 ~이라면'이라는 뜻을 가진 접속사이다.

01 BIG DATA
정답출제: 3회
오답출제: 4회

promote A to B
A(사람)를 B(직책)로 승진시키다

The company has **promoted** Mr. Gardner **to** assistant manager shortly after he had mastered the skills for his job.
그 회사는 Gardner 씨가 일과 관련된 기술을 익힌 직후 부팀장으로 진급시켰다.

출제포인트
〈promote + 사람 + to + 직위〉 = 〈사람 + be promoted + to + 직위〉 …이 ~으로 진급하다

02 BIG DATA
정답출제: 4회
오답출제: 6회

familiarize A with B
A(사람)가 B에 익숙해지게 하다

You should **familiarize** yourself **with** the new procedure.
당신은 새 절차에 익숙해져야 한다.

실전 TIP 형용사 familiar와 함께 보기에 출제되어 품사의 위치를 묻는 문제로 출제되고 있다.

03 BIG DATA
정답출제: 1회
오답출제: 8회

integrate A into B
A를 B에 통합시키다

You should **integrate** the statistics **into** the final report.
당신은 통계를 최종 보고서에 통합시켜야 한다.

출제포인트 be integrated into의 수동태 형태로 더 많이 출제되고 있다.
The statistics should be integrated into the final report.

04 BIG DATA
정답출제: 1회
오답출제: 0회

compare A with B
A와 B를 비교하다

I can **compare** life **with** a game of baseball.
인생을 야구 경기에 비교할 수 있다.

출제포인트
〈compare + 명사 + with + 명사〉 = 〈compare + 명사 + to + 명사〉 A와 B를 비교하다

실전 TIP
명사 comparison은 in comparison with '~와 비교해서'로 주로 쓰인다.

05 BIG DATA
정답출제: 1회
오답출제: 2회

attribute A to B
A는 B로 인해 발생하다

The recent decrease in profit this year **was attributed to** fierce competition.
금년들어 최근 수익 감소는 격렬한 경쟁 때문이다.

실전 TIP
A is attributed to B.라는 수동태 문장으로 자주 출제된다.

06 BIG DATA
정답출제: 2회
오답출제: 2회

Quiz

01 Highway Shuttle Service ---------- their guests with comfortable transportation for city tours.
  (A) offers   (B) provides

02 Members --------- themselves with the new company overtime procedures which will be enforced next year.
  (A) should familiarize   (B) would be familiar with

03 GM Research Center and Frontier Survey have been successfully integrated --------- a single large research center in the country.
  (A) into   (B) on

congratulate A on B
B에 대해 A를 축하하다

Mr. Lopez **was congratulated on** implementing the innovative marketing campaign.
Lopez 씨는 혁신적인 마케팅 캠페인을 실시한 것에 대해 축하를 받았다.

출제포인트
<congratulate + 사람 + for -ing> ~한 것에 대해 ···을 축하하다

07 BIG DATA
정답출제: 1회
오답출제: 1회

impose A on B
A를 B에게 부과하다

Starting next year, our hotel **will impose** taxes **on** each room.
내년부터 우리 호텔은 방마다 세금을 부과할 것이다.

실전 TIP
동사 impose보다 전치사 on을 묻는 문제가 많이 출제되고 있다.

08 BIG DATA
정답출제: 2회
오답출제: 2회

reimburse A for B
A(사람)에게 B(사물)에 대해 환급해주다

It is advisable to have proof of the expenses in hand before **being reimbursed** for a business trip.
출장에 대한 경비를 환급받기 전에 비용에 대한 증빙서류를 수중에 갖고 있는 것이 좋다.

실전 TIP
문장 중에 receipt 영수증이나 expense 경비 등의 단어가 힌트가 된다.

09 BIG DATA
정답출제: 3회
오답출제: 1회

divide A into B
A를 B로 나누다

We **should divide** the funds **into** 3 accounts.
우리는 자금을 3 계좌로 나눠야 한다.

출제포인트
<divide + 목적어 + into/between/among + 숫자> ~을 (숫자)로 나눈다
divide the money among the three 돈을 셋으로 나누다

10 BIG DATA
정답출제: 3회
오답출제: 7회

transfer A to B
A를 B로 이전시키다

The new voicemail system will answer your calls and **transfer** them **to** you wherever you may be.
당신이 어디에 있든지 새 음성메일 시스템은 귀하의 전화를 받아 당신에게 전달할 것이다.

출제포인트
<transfer (from sth) + to + 장소> (~에서) ···로 옮겨지다, 이동시키다
<transfer + 명사 (from sth) + to + 장소> ~을 (~에서) ···로 이동시키다
<transfer to + 직위 (at + 회사/지점)> (~에서) ~로 이동시키다
<transfer + 명사 (from sth) + to + 장소> ~을 (~에서) ···로 송금하다

11 BIG DATA
정답출제: 3회
오답출제: 7회

supply A with B
A에게 B를 제공하다

Managers **should supply** all employees **with** business cards.
매니저는 모든 직원들에게 명함을 제공해야 한다.

출제포인트
<supply + 사람 + with + 명사> ~에게 ···을 제공하다
<supply + 명사 + to + 사람> ~에게 ···을 제공하다

12 BIG DATA
정답출제: 6회
오답출제: 10회

Quiz

04 The ambassador --------- Mr. Lim on his ground breaking research in stem cell biology.
(A) explained (B) congratulated

05 Employees who wants to be ---------- for travelling expenses must fill out a request sheet which can be requested by HR.
(A) informed (B) reimbursed

06 Most of the customers upset by the recent credit card scandal have --------- their funds to other banks.
(A) finalized (B) transferred

DAY 22

blame A for B
B에 대해 A에게 비난하다

The report blames poor safety standards for the accident.
보고서는 사고에 대하여 형편없는 안전기준을 탓한다.

출제포인트
잘못된 일의 책임이 ~에 있다고 말하다 → 비난하다, (잘못에 대해) ~을 탓하다

13 BIG DATA
정답출제: 1회
오답출제: 0회

convert A into B
A를 B로 변경하다

Formerly a department store, the building on the main street will be converted into a shopping mall.
전에 백화점이었던 중심가의 건물은 쇼핑몰로 개조될 것이다.

출제포인트 convert A into B = convert A to B
convert A into B more efficiently 효율을 높이기 위해 A에서 B로 변경하다
convert A into B by treatment with ~에 처리를 하여 A을 B로 변경하다

14 BIG DATA
정답출제: 1회
오답출제: 2회

divert A into B
A를 B로 전환하다, 돌리다

The company should divert more resources into research.
회사는 연구에 더 많은 자원을 전환해야 한다.

실전 TIP
공사 중인 동안 교통을 '우회시키다'는 의미로 많이 출제되고 있다.

15 BIG DATA
정답출제: 1회
오답출제: 1회

relocate A to B
A를 B로 이전시키다

TRQ Incorporated has relocated its main outlet mall to a picturesque historical attraction.
TRQ사는 그림 같은 역사적인 명소에 자사의 주요 아울렛을 이전했다.

출제포인트
자/타동사이며, 유사어휘인 locate는 전치사 in과 다니고, relocate는 '이동'의 의미가 있으므로 전치사 to(이동, 방향 의미)와 어울린다.

16 BIG DATA
정답출제: 3회
오답출제: 1회

locate A in B
A를 B에 위치시키다

Our hotels are conveniently located in over 20 cities.
우리의 호텔은 20개 이상의 도시에 찾기 편리한 곳에 위치해 있다.

출제포인트
be conveniently located in 찾기 편리한 곳에 위치하다

17 BIG DATA
정답출제: 7회
오답출제: 6회

prohibit A from -ing
A가 ~하는 것을 막다

Unauthorized individuals are prohibited from accessing the confidential documents.
허가받지 않은 자는 비공개 기밀 문서에 접근할 수 없다.

출제포인트 금지, 예방 의미의 관용표현
<prevent/prohibit/stop/keep/hinder + 목적어 + from + -ing>
…가 ~하는 것을 금지하다/멈추다/방해하다

18 BIG DATA
정답출제: 3회
오답출제: 4회

Quiz

07 Most manufacturers blamed rising prices ---------- the increase in taxes.
(A) from   (B) for

08 Our company is researching new ways to ---------- fossil fuels into clean energy.
(A) represent   (B) convert

09 Due to investment interests, Persia Media Company ---------- its headquarters to Italy next summer.
(A) will relocate   (B) will locate

reschedule A for B
A를 B로 일정을 변경하다

The seminar has been rescheduled for next month.
세미나는 다음 달로 일정이 변경되었다.

출제포인트
be rescheduled for ~로 일정이 변경되다

19
BIG DATA
정답출제: 1회
오답출제: 0회

thank A for B
A에게 B에 대해 감사하다

Thank you for your five years of hard work.
5년간 열심히 근무해주신 것에 감사드립니다.

출제포인트
thanks A for B A에게 B에 대해 감사하다
〈thanks to + 목적어〉 ~ 덕분에

20
BIG DATA
정답출제: 3회
오답출제: 2회

discourage A from -ing
A가 ~하는 것을 단념시키다

According to the recent article of the *Business Week*, most companies tend to discourage workers from joining unions.
Business Week의 최근 기사에 따르면, 대부분의 회사들은 직원들이 노동조합에 가입하는 걸 못 하게 하는 경향이 있다.

출제포인트
discourage뿐 아니라 prohibit/prevent/keep/hinder도 같은 형태로 쓰일 수 있다.

21
BIG DATA
정답출제: 2회
오답출제: 0회

attach A to B
A를 B에 덧붙이다

People will not attach much importance to reports of an economic slowdown.
사람들은 경제 침체 보고서들을 많이 중요하게 여기지 않을 것이다.

출제포인트
attach A to B = affix A to B

22
BIG DATA
정답출제: 7회
오답출제: 3회

incorporate A into B
A를 B에 포함시키다

Designers at GID are known for incorporating the latest fashion trends into their designs.
GID의 디자이너들은 자신들의 디자인에 최신 패션 트렌드를 반영하는 것으로 유명하다.

출제포인트
incorporate: 단체, 시스템, 계획 등의 일부로 '포함시키다, 통합하다'

23
BIG DATA
정답출제: 1회
오답출제: 1회

entitle A to B
A에게 B힐 권리/자격을 주다

This membership entitles you to access to all the data you need.
이 회원권은 당신에게 당신이 필요로 하는 모든 데이터에 접근할 권한을 준다.

출제포인트
〈entitle A + to부정사〉 ~할 자격을 A에게 주다
The company entitled Mr. Choi to sell its products to Asian markets.
그 회사는 Choi 씨에게 자사의 제품을 아시아 시장에 팔 권리를 주었다.

24
BIG DATA
정답출제: 1회
오답출제: 4회

Quiz

10 The president of the company -------- its employees for their dedication and effort.
  (A) expressed   (B) thanked

11 New company guidelines -------- all staff members from smoking within the company premises at all times.

  (A) impact   (B) discourage

12 Every security officer is entitled -------- free coffee while on duty.
  (A) for   (B) to

DAY 22

share A with B
A를 B와 공유하다

Our team members **share** their occupational knowledge and skills **with** each other.
우리 팀원들은 서로 직업적인 지식과 기술을 공유한다.

출제포인트
'나눠주다'라는 의미일 때 distribute나 delegate는 전치사 to(~에게)를, divide는 into를 동반하며, share는 with(~와)을 동반한다.

25
BIG DATA
정답출제: 3회
오답출제: 1회

acquaint A with B
A에게 B를 이해시키다

Mr. Kim **should acquaint** himself **with** his new work.
Kim 씨는 그의 새 일을 숙지해야 한다.

출제포인트
<사람주어 + be + acquainted with> …이 ~을 알다

26
BIG DATA
정답출제: 1회
오답출제: 9회

add A to B
A를 B에 더하다

You have to **add** your working schedules **to** the cloud calendar and share them with your team.
당신의 일정을 클라우드 달력에 추가하고 팀원들과 공유해야 한다.

출제포인트 add to (자동사) ~에 첨가하다

27
BIG DATA
정답출제: 0회
오답출제: 6회

compensate A for B
A에게 B를 보상하다

Customarily it is company policy for an employee to **be compensated** for annual vacation leave.
관례상, 직원들이 연차에 대해 보상받도록 하는 것이 회사의 정책이다.

출제포인트
compensate는 '보상하다'란 뜻이다. 보상은 사람이 받는 것이므로 목적어로 사람명사가 뒤에 온다.

28
BIG DATA
정답출제: 2회
오답출제: 2회

reward A with B
A에게 B로 보상하다

In recognition of Benson Industries' success in the past year, the company **will reward** employees **with** performance bonuses.
지난 해 Benson Industries사의 성공을 인정하여 회사는 직원들에게 성과상여금으로 보상할 것이다.

출제포인트 <reward + 사람 + with + 보상> ~으로 …에게 보상하다
<reward + 사람 + for + 이유/성과> (이유/성과)에 대해 …에게 보상하다

29
BIG DATA
정답출제: 3회
오답출제: 3회

present A with B
A에게 B를 제시하다

To enter the building, you **must present** the security guard **with** your identification.
그 빌딩에 들어가려면, 안전요원에게 신분증을 제시해야 한다.

출제포인트
present a plan/proof/identification/credit card 계획/증거/신분증/신용카드를 제시하다

30
BIG DATA
정답출제: 8회
오답출제: 19회

Quiz

13 Our sales representatives are looking forward to attending the new advertising strategy conference and to --------- their ideas with the other attendees.
(A) share   (B) sharing

14 After successfully leading the team, Ms. Jin must be --------- with a bonus.
(A) contended   (B) rewarded

15 For her contributions to campus internationalization at Roterton University, Patty Anderson was --------- with the Student Leadership Award.
(A) presented   (B) related

❷ 자동사 + 전치사 + 목적어

contribute to A
A에 공헌하다

The new sales policies have contributed to greater revenues for the last quarter.
새 영업방침은 지난 분기의 더 많은 매출에 기여를 했다.

출제포인트
<donate + 사물(돈) + to + 사람/단체> ~을 …에게 기부하다/기부금을 주다

31
BIG DATA
정답출제: 3회
오답출제: 4회

focus on
~에 집중하다

The committee will only focus on the productivity to the exclusion of all else.
위원회는 다른 모든 것들을 제외하고, 생산성에만 집중할 것이다.

출제포인트
focus attention/mind/effort on 관심/마음/노력에 집중하다

32
BIG DATA
정답출제: 4회
오답출제: 6회

interfere with
~을 방해하다

The noise interfered with my study.
소음은 나의 공부를 방해했다.

출제포인트
자동사 interfere with = 타동사 <prevent + 목적어 + from -ing>

33
BIG DATA
정답출제: 1회
오답출제: 8회

coincide with
~와 동시에 일어나다,
~와 일치하다

The event is scheduled to coincide with the launch of a new product.
행사는 신제품의 출시와 동시에 하는 걸로 일정이 잡혀 있다.

34
BIG DATA
정답출제: 1회
오답출제: 0회

conform to
~에 따르다

The employees do not conform to safety regulations.
직원들은 안전 규정을 따르지 않고 있다.

출제포인트
conform to/with = comply with ~을 따르다

35
BIG DATA
정답출제: 1회
오답출제: 2회

contend with
(어려운 일 등)에 대처하다,
~을 처리하다

Leaders often have to contend with the state and affairs of the world.
지도자는 종종 세계 형세와 문제점에 대처해야 한다.

출제포인트
contend with = cope with 대처하다, 처리하다

실전 TIP
타동사로 that을 목적어로 받게 되면 '논쟁하다, 주장하다'라는 의미가 된다.

36
BIG DATA
정답출제: 2회
오답출제: 2회

Quiz

16 As it turns out, the anniversary -------- with the closing of one era in molecular biology and the transition to a new one.
(A) replaces   (B) coincides

17 Our sales representatives must --------- with the social mandate that they be suitably educated.
(A) contend   (B) replace

18 The recent seminar-workshop held in Toronto Academy is -------- on bio-medical waste management.
(A) explained   (B) focused

DAY 22

enroll in
~에 등록하다

He **enrolled in** an English class.
그는 영어 수업에 등록하였다.

출제포인트   유사어휘
participate in ~에 참가하다
register for ~에 등록하다
enroll (in) ~을 신청하다
〈attend + 목적어〉 ~에 참석하다 (타동사)

37
BIG DATA
정답출제: 2회
오답출제: 2회

refer to
~에 대해 언급하다,
(책, 지도 등을) 참조하다,
(자료를) 인용하다

Please **refer to** the attached instructions in order to get a refund.
환불을 받으시려면 첨부된 설명을 참조하시기 바랍니다.

출제포인트
refer A to B ~을 …에게 알아보게 하다, 참조하게 하다

38
BIG DATA
정답출제: 1회
오답출제: 10회

rely on
~에 의지하다;
~를 믿다

We have to **rely on** a few technicians for specialized knowledge and expertise.
우리는 전문 지식과 전문 기술을 위해 몇몇 기술자들에게 의존해야만 한다.

출제포인트
rely on = depend on = count on = turn to = be contingent on

39
BIG DATA
정답출제: 2회
오답출제: 5회

revert to
되돌리다

We expect that everything will **revert to** normal.
우리는 모든 것이 정상으로 되돌아올 것으로 기대한다.

출제포인트
과거의 상태로 '되돌리다'

40
BIG DATA
정답출제: 2회
오답출제: 0회

suffer from
~을 겪다,
~로 고통 받다,
~로부터의 고통을 겪다

She was **suffering from** jet lag.
그녀는 시차에 시달렸다.

출제포인트
자/타동사로 나쁜 상황을 '겪다', 육체적/정신적인 고통에 '시달리다', 자동사로 '악화되다' 라는 의미이다.

41
BIG DATA
정답출제: 2회
오답출제: 0회

adhere to
~에 부착하다;
~을 충실히 지키다

Our company attendance policy is too broadly defined for employees to properly **adhere to** a schedule.
우리 회사의 출근 정책은 직원들이 일정을 잘 지키기에는 너무 넓게 정의되어 있다.

출제포인트
'(두 면이 단단히 서로) 부착하다', '(규정, 약속 등을) 고수하다'란 의미로 두 가지 의미 모두 출제되고 있다.

42
BIG DATA
정답출제: 2회
오답출제: 2회

Quiz

19 When you assemble the table, please --------- to the attached manual.
 (A) refer   (B) appoint

20 Many of our employees ---------- the year-end bonuses to help make up for lost salaries.
 (A) take over   (B) rely on

21 After numerous consumer complaints, Arabica Coffee has decided to ----------- to their original pricing system.
 (A) recover   (B) revert

depend on
~에 의지하다, ~에 달려 있다

Sales of the seasonal products **depend on** the weather conditions.
계절상품의 판매는 기상 상황에 따라 달라진다.

출제포인트
depend on/upon = be dependent on/upon ~에 의존하다/의지하다

실전 TIP dependable은 '신뢰할 수 있는'이란 뜻으로 depend on과 다른 뜻이다.

43
BIG DATA
정답출제: 3회
오답출제: 9회

recover from
~로부터 회복되다

The accountant said that Teller Corp. **has recovered from** its financial unbalance.
회계사는 Teller사가 재정적 불균형을 회복했다고 말했다.

출제포인트
타동사 recover는 '~을 만회하다', '~를 되찾다'는 뜻이다.

실전 TIP
나쁜 상태에서 회복한다는 의미가 담겨 있으므로 뒤에 downturn 침체, crisis 위기 같은 부정적인 명사가 주로 온다.

44
BIG DATA
정답출제: 2회
오답출제: 2회

commute to
~로 출퇴근하다

About half of the employees at our office **commute to** work by subway.
우리 사무실 직원들의 약 절반이 지하철로 출퇴근을 한다.

출제포인트 commute to/from/between ~로/~로부터/~사이을 출퇴근하다
a commute to ~까지의 통근

45
BIG DATA
정답출제: 3회
오답출제: 2회

invest in
~에 투자하다

Ms. Parker made her fortune by **investing in** real estate.
Parker 씨는 부동산에 투자하여 엄청난 돈을 벌었다.

출제포인트
〈invest + 목적어 + in + 명사〉 …에 ~을 투자하다

46
BIG DATA
정답출제: 2회
오답출제: 9회

draw on
(특정 목적을 위해 정보나 경험, 지식, 자원 등을) 이용하다

Working as an overseas team member, the intern **can draw on** a wide range of experience and expertise.
해외 팀의 구성원으로 일하면서, 그 인턴은 다양한 경험과 전문지식을 이용할 수 있다.

출제포인트
draw on one's experience/knowledge/resources/ideas/expertise
(누구)의 경험/지식/자원/생각/전문 지식을 이용하다

47
BIG DATA
정답출제: 1회
오답출제: 2회

search for
~을 찾다

Vendors **have been searching for** the key to shared economy and data sharing.
판매 회사들은 공유 경제와 데이터 공유의 실마리를 찾아왔다.

출제포인트
어떤 특정 대상물을 목적으로 찾는 것을 의미한다. 즉, 찾는 물건이나 대상을 목적어로 취한다

48
BIG DATA
정답출제: 3회
오답출제: 4회

Quiz

22 Stark Inc. is planning on expanding into China ---------- how well its primary store performs.
(A) depending on　　(B) due to

23 The company has ---------- from its economic difficulties since its new ad campaign was successful last year.
(A) endured　　(B) recovered

24 Many newcomers ---------- upon their overseas experience when applying themselves to new tasks.
(A) seek　　(B) draw

DAY 22 SUMMARY

1. 타동사 + 목적어 + 전치사

provide A with B	A(사람)에게 B(사물)를 제공하다
promote A to B	A(사람)를 B(직책)로 승진시키다
familiarize A with B	A(사람)가 B에 익숙해지게 하다
integrate A into B	A를 B에 통합시키다
compare A with B	A와 B를 비교하다
attribute A to B	A는 B로 인해 발생하다
congratulate A on B	B에 대해 A를 축하하다
impose A on B	A를 B에게 부과하다
reimburse A for B	A(사람)에게 B(사물)에 대해 환급해주다
divide A into B	A를 B로 나누다
transfer A to B	A를 B로 이전시키다
supply A with B	A에게 B를 제공하다
blame A for B	B에 대해 A를 비난하다
convert A into B	A를 B로 변경하다
divert A into B	A를 B로 전환하다/우회시키다; 돌리다
relocate A to B	A를 B로 이전시키다
locate A in B	A를 B에 위치시키다
prohibit A from -ing	A가 ~하는 것을 막다
reschedule A for B	A를 B로 일정을 변경하다
thank A for B	A에게 B에 대해 감사하다
discourage A from -ing	A가 ~하는 것을 단념시키다
attach A to B	A를 B에 덧붙이다
incorporate A into B	A를 B에 포함시키다
entitle A to B	A에게 B할 권리/자격을 주다

2. 자동사 + 전치사 + 목적어

contribute to A	A에 공헌하다
focus on	~에 집중하다
interfere with	~을 방해하다
coincide with	~와 동시에 일어나다, ~와 일치하다
conform to	~에 따르다
contend with	(어려운 일 등)에 대처하다, ~을 처리하다
enroll in	~에 등록하다
refer to	~에 대해 언급하다, (책, 지도 등을) 참조하다, (자료를) 인용하다
rely on	~에 의지하다
revert to	되돌리다
suffer from	~을 겪다
adhere to	~에 부착하다, ~을 충실히 지키다
depend on	~에 의지하다, ~에 달려있다
recover from	~로부터 회복되다
commute to	~로 출퇴근하다
invest in	~에 투자하다
draw on	(특정한 목적을 위해 정보나 경험, 지식, 자원 등)을 이용하다
search for	~을 찾다

실력완성 TEST

01 Due to investment interests, Persia Media Company -------- their headquarters to Italy next summer.
(A) will translate (B) will address (C) will relocate (D) will locate

02 New company guidelines -------- all staff members from smoking within the company premises at all times.
(A) impact (B) detect (C) pretend (D) discourage

DAY 23
명사, 형용사와 함께 출제되는 전치사 List

to의 3가지 쓰임
① to부정사
② 〈동사 + 전치사 to〉 숙어
③ 장소, 사람, 방향 등을 나타내는 전치사 to

to부정사가 아닌 전치사 to의 주요 관용표현

〈타동사 + 목적어 + to〉	〈자동사 + to〉	〈형용사 + to〉	〈전치사 to 관용표현〉
affix A to B A를 B에 붙이다 **attribute A to B** A를 B탓으로 하다 **contribute A to B** A를 B에 기부하다 **compare A to B** A를 B에 비유하다 **return A to B** A를 B에 반납하다	**lead to** ~을 초래하다 **refer to** ~을 참조하다 **react to** ~에 반응하다 **reply to** ~에 대답하다 **response to** ~에 응답하다	**responsive to** ~에 반응하는 **native to** ~의 출신인 **prior to** ~이전에 **similar to** ~와 유사한 **equivalent to** ~와 동등한	**according to** ~에 따르면 **in addition to** ~에 덧붙여 **in response to** ~에 대한 응답으로 **in regard to** ~에 관련하여

〈동사 + 전치사 to〉 숙어

come close to -ing 거의 ~할 뻔하다
be subject to -ing ~하기 쉽다, ~을 조건으로 하다
be opposed to -ing ~에 반대하다
be dedicated/committed to -ing ~에 헌신하다
when it comes to -ing ~에 관한 문제라면

be devoted to -ing ~에 몰두/헌신하다
look forward to -ing ~하기를 기대하다
object to -ing ~에 반대하다
be used/accustomed to -ing ~하는 데 익숙하다

시험문제는 이렇게 나와요!

Our marketing team is looking forward to ------- more functional options to the newly launched software.
(A) find   (B) found   (C) finding   (D) be found

해설 ▶ 생각의 순서

1단계 구조 분석
Our marketing team / is looking forward (to ------- more functional options) (to the newly launched
　　주어　　　　　　동사　　　　　　　　전치사구
software).

2단계 품사 배열　전치사 to와 명사구 more functional options 사이에 위치하므로 빈칸은 동명사 자리이다.
3단계 답 결정 단어 찾기　looking forward to → look forward to -ing ~하기를 고대하다 ∴ 정답은 (C) finding

해석　우리 마케팅팀은 새롭게 출시된 소프트웨어에 더 많은 기능적인 옵션들을 발견하기를 바라고 있다.
어휘　functional 기능적인　newly 새롭게　launched 출시된
정답　(C)

DAY 23 ❶ 전치사 + 명사 + 전치사

as a result of
~의 결과로

Small local stores are closing **as a result of** the large supermarkets selling many items at much cheaper prices.
여러 가지 물품을 훨씬 더 저렴한 가격으로 판매하는 대형 슈퍼마켓으로 인해 소규모 지역 상점들은 문을 닫고 있다.

실전 TIP
주로 result는 전치사 of와 함께 다니므로 꼭 알아두자.

01 BIG DATA
정답출제: 3회
오답출제: 3회

in accordance with
(명령, 지시, 규정, 법규 등)을 준수하여, 따라서

She was transferred **in accordance with** her wish.
그녀는 자신의 희망에 따라 전근되었다.

출제포인트
〈in accordance with + 소망/요구〉
〈in compliance with + 법/규칙〉

02 BIG DATA
정답출제: 5회
오답출제: 1회

in addition to
~에 더하여,
~뿐만 아니라

In addition to promotion, we will offer an incentive.
승진뿐 아니라, 우리는 성과금도 제공할 것입니다.

출제포인트
in addition to = as well as = plus

03 BIG DATA
정답출제: 10회
오답출제: 7회

in advance of
~보다 미리

Payment must be received **in advance of** shipping.
배송보다 미리 금액이 지불되어야 합니다.

출제포인트
in advance 미리
advance in ~에서의 발전

04 BIG DATA
정답출제: 3회
오답출제: 3회

in compliance with
~에 따라, 복종하여

In compliance with the business law, Das Munich Corporation has never been associated with any forms of illegal practices.
상법을 준수하는 Das Munich사는 어떤 형태의 불법적인 관행에도 연관된 적이 없다.

실전 TIP
전치사 with와 함께 지켜야 할 규칙 등이 등장하며, 관련 숙어로 시험에 자주 출제된다.

05 BIG DATA
정답출제: 2회
오답출제: 0회

in favor of
~에 찬성하여

Most of the members have voted **in favor of** the proposed change.
대부분의 회원들은 그 변경 안에 찬성 투표하였다.

출제포인트
do me a favor 나에게 호의를 베풀다

실전 TIP
favor는 가산명사로 쓰이면 '친절, 호의, 부탁', 불가산명사로 쓰이면 '지지, 칭찬, 허가'의 의미를 갖는다.

06 BIG DATA
정답출제: 1회
오답출제: 1회

Quiz

01 ---------- of the new product release, our overall sales have increased for the last quarter.
(A) Resulting   (B) As a result

02 Seminar rooms should be reserved ---------- advance.
(A) of   (B) in

03 In ---------- with the national health standards, Braun Co. will oversee the installation of a new filtration system.
(A) compliance   (B) accord

in the event of
~의 경우에

In the event of rain, the concert will be moved indoors.
비가 올 경우에 콘서트는 실내로 옮겨질 것이다.

출제포인트
in the event of (전치사) = in the event that (접속사) ~할 경우에 대비하여

07
BIG DATA
정답출제: 1회
오답출제: 2회

in excess of
~을 초과하여,
~보다 많이

Travellers should inform customs when they are carrying money **in excess of** $10,000 to another country.
여행객이 타국에 만 달러가 넘는 돈을 가지고 간다면 세관에 신고해야 한다.

출제포인트 in ~ of 표현 정리
- in charge of (= be responsible for) ~을 책임지는, ~ 담당인
- in front of ~ 앞에
- in defiance of ~을 무시하여, ~에 상관치 않고
- in excess of ~을 초과하여, ~보다 많이
- in honor of ~에게 경의를 표하여
- in observation of ~을 준수하여
- in need of ~을 필요로 하는
- in spite of ~에도 불구하고
- in support of ~을 지지하여
- in violation of ~을 위반하여

08
BIG DATA
정답출제: 0회
오답출제: 0회

on behalf of
~을 대신/대표하여

I'm calling **on behalf of** Ms. Helen.
Helen 씨를 대신해서 전화 드렸습니다.

출제포인트 유사 어휘 비교 on behalf of vs. instead of
- on behalf of: 사람, 단체 등을 '대표'하는 것
- instead of: 물건이나 사람을 '대신'하는 것

09
BIG DATA
정답출제: 2회
오답출제: 8회

in observance of
~을 준수하여

All banks will be closed on Monday **in observance of** Independence Day.
모든 은행들은 독립기념일을 준수하여 월요일에 문을 닫을 것이다.

출제포인트
in (the) observance of holiday/law/rule 휴일/법/규칙 등을 준수하여

10
BIG DATA
정답출제: 2회
오답출제: 0회

in response to
~에 대한 반응/회신으로

In response to overwhelming demand, the department store has decided to extend business hours.
압도적인 수요에 응하여, 그 백화점은 영업시간을 연장하기로 결정하였다.

출제포인트 in response to = responsive to

11
BIG DATA
정답출제: 5회
오답출제: 1회

in line with
~와 유사한, 비슷하게

Annual pay increases will be **in line with** inflation.
연봉 인상은 인플레이션과 비슷하게 될 것이다.

출제포인트 in ~ with 표현 정리
- in accordance with (명령, 지시, 규정, 법규 등)에 따라, 준수하여
- in association with ~와 협력하여/공동으로
- in connection with ~와 관련하여
- in comparison with ~와 비교하여
- in touch with ~와 접촉/교신하여

12
BIG DATA
정답출제: 0회
오답출제: 0회

Quiz

04 All of our stores will be closed tomorrow in ---------- of the national holiday.
(A) observe   (B) observance

05 ---------- repeated demand from existing customers, our new belts now come in white and brown.
(A) In response to   (B) As a result

06 I am here to act ---------- a client.
(A) on behalf of   (B) instead of

DAY 23

in celebration of
~을 기념하여

All pet-care products will be 35 percent off this month **in celebration of** Pet Co's twenty-fifth anniversary.
Pet Co의 25주년을 기념하여 이달에 모든 애완동물 관리 제품을 35% 할인된 가격으로 만나보실 수 있습니다.

출제포인트
have/hold/join/attend a celebration 축하/기념행사를 열다/참석하다

13
BIG DATA
정답출제: 1회
오답출제: 0회

in exchange for
~의 댓가로

A company expects loyalty from its customers **in exchange for** high quality customer service.
회사는 고품질의 고객서비스의 댓가로 고객들로부터 충성도를 기대한다.

출제포인트
in exchange for ~의 댓가로
exchange of ~의 교환

실전 TIP
exchange는 타동사로 전치사 for을 동반하여 '교환하다, 바꾸다'의 의미로 쓰인다.
Jane wants to exchange her fax machine for the latest model that has more functions.
Jane은 팩스기를 더 많은 기능이 있는 최신 모델로 교체하기를 원한다.

14
BIG DATA
정답출제: 1회
오답출제: 2회

in preparation for
~을 준비하기 위하여

In preparation for the many seminars, we have hired additional staff.
많은 세미나들을 준비하기 위해, 우리는 추가인력을 고용했다.

출제포인트
in preparation for ~을 준비하기 위하여
(= in order to prepare for ~)

15
BIG DATA
정답출제: 3회
오답출제: 1회

with the exception of
~은 제외하고, 예외로

Independently owned and operated airline Skywest operates more flights than any other airlines **with the exception of** United Airlines.
자주적으로 소유 및 운영되는 항공사인 Skywest는 United Airlines를 제외하고 다른 어떤 항공사들보다 많은 항공편을 운항하고 있다.

출제포인트
make an exception 예외로 하다
without any exceptions 어떠한 예외도 없이

16
BIG DATA
정답출제: 1회
오답출제: 0회

in spite of
~임에도 불구하고

Fortunately, Ms. Kim's flight arrived at Gimpo Airport on time **in spite of** the rainstorm.
다행히 폭풍우에도 불구하고 Kim 씨의 비행기는 김포공항에 제시간에 도착했다.

출제포인트 in spite of = despite (전치사)

17
BIG DATA
정답출제: 6회
오답출제: 8회

in conjunction with
~와 협력해서

I'm willing to work **in conjunction with** you.
당신과 기꺼이 협력해서 일하겠다.

출제포인트
conjunction과 어울리는 전치사 in 또는 with를 묻는 문제도 출제되고 있다.

18
BIG DATA
정답출제: 1회
오답출제: 0회

Quiz

07 Ryan's Warehouse Clearance Store is having a sale with savings of up to 40 percent off on all clothing this weekend -------- celebration of its 25th anniversary.
(A) in   (B) at

08 In --------- for the inventory, branch office personnel are clearing up their schedule to review branch sales for the past 5 months.
(A) transformation   (B) preparation

09 ----------- the incredible amount Brown Cameras spent on online advertising, sales have still been sluggish.
(A) Although   (B) In spite of

❷ be동사 + 형용사 + 전치사

be aware of
~을 알다, 인지하다

Justin **should be aware of** his own shortcomings.
Justin은 자신의 단점에 대해서 알고 있어야 한다.

출제포인트
<be + aware + of + 명사/that절> ~을 지각하고 있다
형용사 aware는 명사 앞에 쓰지 않는다.

19 BIG DATA
정답출제: 6회
오답출제: 4회

be appreciative of
~에 감사하다

We **are appreciative of** all your hard work and efforts to accomplish this year's goals.
우리는 올해 목표를 달성하기 위한 당신의 노고와 노력에 진심으로 감사드립니다.

출제포인트
be appreciative of = appreciate (타동사) ~에 감사하다

20 BIG DATA
정답출제: 1회
오답출제: 1회

be equal to
~와 같다

Our sales reached more than ten million dollars in the last quarter which **is** nearly **equal to** the first quarter's.
우리 매출액은 지난 분기에 천만 달러 이상에 도달했고, 이는 거의 1/4분기 때와 같다.

출제포인트
- same as: (똑같은 종류, 모양, 상표)가 같은
- equal to: (수치, 평가, 가치, 위치 등)이 동등한

21 BIG DATA
정답출제: 2회
오답출제: 5회

be confident of
~을 확신하다

Dr. Melder **is confident of** receiving the award for the best physician of the year.
Melder 박사는 자기가 올해 최고의 의사상을 받을 것이라고 확신하고 있다.

실전 TIP
confident는 사람 관련, confidential은 문서 등의 기밀 관련 형용사임을 주의한다.

출제포인트
명사 앞에선 쓰이지 않고 that절과 쓰이거나, 전치사 of, about과 잘 쓰인다.
또한 잘해낼 수 있을 것이라고 '자신하는'이라는 뜻도 된다.

22 BIG DATA
정답출제: 3회
오답출제: 7회

be eligible for
~할 자격이 있다

All part-time workers **will be eligible for** a special parking privilege effective next week.
모든 시간제 직원은 다음 주부터 발효되는 특별 주차 혜택을 누릴 것이다.

출제포인트
be eligible for (조건이 맞아) ~할 자격이 있다 = be entitled to (법적으로 권리를 가져) ~할 자격이 있다

23 BIG DATA
정답출제: 9회
오답출제: 7회

be familiar to
~에게 익숙하다

The subject **is familiar to** him.
그 주제는 그에게 익숙하다.

출제포인트
<familiar + to + 사람/주체> ~에게 익숙한 <familiar + with + 사물> ~에 정통한

24 BIG DATA
정답출제: 5회
오답출제: 5회

Quiz

10 Marketing staff must be --------- of the new advertising policy that will be implemented.
(A) understandable   (B) aware

11 Priam Insurance is ---------- of your interest in our service.
(A) appreciative   (B) willing

12 Clients of Unisquare Health Insurance are now -------- for receiving first class hospital treatments and services.
(A) eligible   (B) capable

DAY 23 ❸ 전치사 + 명사

out of order
정리가 안 된, (기계 등이) 고장 난

The files are all **out of order**.
그 파일들은 순서가 뒤죽박죽이다.

출제포인트
부사이기 때문에 뒤에 명사를 받기 위해서는 앞에 타동사가 있거나 <out of + 명사>의 형태를 취해야 한다.

25 BIG DATA
정답출제: 0회
오답출제: 1회

at no cost
비용 없이, 무료로

Some of the customers who participated in the event will receive one night of lodging at Queen's Hotel **at no cost**.
이벤트에 참여한 고객들 중 일부는 Queen's Hotel의 1박 숙박권을 무료로 받을 것이다.

출제포인트
free of charge = at no cost = for free 무료로

26 BIG DATA
정답출제: 2회
오답출제: 0회

in place
제자리에, 사용 가능하게 준비된

A revised plan for the building project has been proposed as an alternative **in place**.
건축 프로젝트에 대한 수정 계획이 사용 가능하게 준비된 대안으로 제안되었다.

출제포인트
in place of ~ 대신에

27 BIG DATA
정답출제: 1회
오답출제: 3회

under consideration
고려 중인

Your department is **under consideration** for an award.
당신의 부서는 수상이 고려되고 있다.

출제포인트 특정 상태가 지속되고 있다는 의미로 '~중인'
under pressure 압박을 받는
under no circumstances 어떠한 경우라도
under construction 공사 중인 under way 진행 중인
under warranty 보증기간 중인 under development 개발 중인
under (the/a) lease 임대 중인

28 BIG DATA
정답출제: 3회
오답출제: 0회

for free
무료로

All these services are available to the public **for free**.
이 모든 서비스들을 대중이 무료로 이용할 수 있다.

출제포인트
for free = free of charge

29 BIG DATA
정답출제: 0회
오답출제: 0회

in advance
미리, 사전에

He was emphatic that the shipment should arrive **in advance**.
그는 수송품이 미리 도착해야 한다고 강조했다.

출제포인트
in advance는 '전치사'가 아닌 '부사'이다.

30 BIG DATA
정답출제: 4회
오답출제: 0회

Quiz

13 Our associates here at Headly and Thompson have been under the ---------- of James Marshall for over 2 years.
(A) attendance   (B) supervision

14 The new premium version of Apex's software is now available to download for ----------.
(A) price   (B) free

15 Every business trip must be requested two weeks ----------.
(A) in advance   (B) initially

with ease
쉽게

The manager took care of it **with ease**.
그 매니저는 이것을 수월하게 처리했다.

출제포인트
with ease = easily

out of stock
재고가 없는

Those items were both temporarily **out of stock**.
그 제품들은 둘 다 일시적으로 재고가 없었다.

출제포인트
out of stock 재고가 떨어진
out of order 고장이 난
out of print 절판이 된
실전 **TIP** in stock 재고가 있는

beyond expectations
기대 이상으로

Her first prize was **beyond** my **expectations**.
그녀의 첫 번째 상은 내 기대 이상이었다.

출제포인트
below expectation 기대 이하로
exceed one's expectation ~의 예상을 넘어서다

without consent
동의 없이

Customer's personal information will not be released **without** written **consent**.
고객의 개인 정보는 서면 동의가 없이는 공개될 수 없을 것이다.

출제포인트
without written consent 서면 동의 없이

in error
잘못 되어

If you believe this bill is **in error**, please contact me.
이 청구서가 잘못됐다고 생각되시면 저에게 연락주세요.

출제포인트
in 뒤에 빈칸이 오고 보기로 error와 mistake를 주는 문제로 출제 되었다.

under warranty
보증 기간 중인

We repair any of the items **under warranty**.
품질보증 기간 중에는 어떠한 물건이라도 수리해드립니다.

출제포인트
unexpectedly가 유사어로 주로 형용사 앞에 위치한다.

Quiz

16 IT Excellence event for supporting local tech companies went far ---------- the organization's expectations.
(A) beyond   (B) plus

17 Flyers cannot be posted on a bulletin board in the elevator without ---------- of the building management.
(A) conduct   (B) consent

18 If you return the damaged product under ----------, it will be refunded or replaced according to our policy.
(A) warranty   (B) receipt

DAY 23 ❹ 그 밖의 전치사를 포함한 관용표현

above all
무엇보다도

Above all, chairs should be comfortable.
무엇보다도 의자는 편해야 한다.

출제포인트
Part 6 접속부사들 중 적절한 의미를 찾는 문제로 출제되고 있다.

at a reasonable price
합리적인 가격에

We are dedicated to the goal of providing high quality service **at a reasonable price**.
우리는 합리적인 가격에 고품질의 서비스를 제공한다는 목표에 최선을 다하고 있다.

출제포인트
affordable price = reasonable price 합리적인 가격

at all times
항상, 언제나

All workers must wear safety equipment **at all times** in the factory.
모든 근무자들은 공장에서 항상 안전장비를 착용해야 한다.

출제포인트
all the time = at all times 항상, 언제나

at the latest
늦어도

Your résumé should be in by next Monday **at the latest**.
당신의 이력서는 늦어도 다음 주 월요일까지 접수되어야 합니다.

출제포인트
latest는 형용사로 '최신의, 가장 늦은'이라는 의미이다. 〈the/소유격 + latest + 명사〉 형태로 명사 앞에서만 쓰일 수 있다.

at the end of
~의 마지막에

Dr. Kim gave summary remarks **at the end of** the seminar.
Kim 박사는 세미나의 마지막에 요약 발언을 했다.

출제포인트 반의어
at the beginning of
from the beginning
in the beginning

in a timely manner
시기 적절하게, 적시에

Corrections will be made **in a timely manner**.
수정은 적절한 시기에 이루어질 것이다.

출제포인트 동의어
in a timely fashion

Quiz

19 Polygot Entertainment produces high quality video games for children at ---------- prices.
(A) reasonable   (B) valuable

20 The deadline for all business proposals is 3 p.m., Monday ---------- the latest.
(A) until   (B) at

21 Three Cantel's branch offices in Moldwin will be relocated to a joint office in Johnsonville ---------- the end of this year.
(A) nearly   (B) at

from its inception
~ 시작 때부터

Mr. Lopez has worked for our company **from its inception** in 2012.
Lopez 씨는 2012년 회사의 시작 때부터 우리 회사에서 일해 오고 있다.

출제포인트
inception은 '출범', '시작'이란 의미로 항상 단수형으로 쓰인다.

43 BIG DATA
정답출제: 1회
오답출제: 0회

around the world
전 세계에서

All the representatives from **around the world** initially resisted the change in policy.
세계 각지에서 온 모든 대표자들은 처음에는 정책 변경을 반대했다.

출제포인트
Part 5에서 정답과 오답보기로는 출제되지 않지만, 문장 속 숙어로 나오고 있다.

44 BIG DATA
정답출제: 0회
오답출제: 0회

until further notice
추가 공지가 있을 때까지

GT Korea announced that the Federal Environmental research project has been officially postponed **until further notice**.
GT Korea사는 Federal Environmental 연구 프로젝트는 공식적으로 추후 공지가 있을 때까지 연기되었다고 발표하였다.

출제포인트 어울리는 어휘: '연구하다', '조사하다' 의미의 동사와 어울려 사용된다.
research 연구하다   read 읽다   review 검토하다   inspect 조사하다
test 시험하다   check 확인하다   examine 시험/검진하다

45 BIG DATA
정답출제: 3회
오답출제: 0회

look forward to -ing
~를 고대하다, 기대하다

We **are looking forward to** the conference on international advertisements.
우리는 국제 광고에 관한 컨퍼런스를 기대하고 있다.

출제포인트 to 뒤에 명사, 동명사가 오는 기출 숙어 리스트
look forward to -ing 기대하다   be dedicated to -ing 헌신하다
be committed to -ing 헌신하다   object to -ing 반대하다
be opposed to -ing 반대하다   be subject to -ing ~의 대상이 되다
be prior to -ing ~보다 우선하다   be used to -ing ~에 익숙해지다

46 BIG DATA
정답출제: 1회
오답출제: 0회

be subject to -ing
~에 영향을 받기 쉽다,
~내야 하다

All advertising **is subject to** approval by the marketing director.
모든 광고는 마케팅이사의 허가가 있어야 한다.

출제포인트
특히 안 좋은 일들에 대해 '~에 영향 받기 쉬운', 사전에 승인이나 확인 등을 '해야 하는', '(법규 등을) 지켜야 하는', '(벌금 등을) 내야 하는'이라는 의미로 쓰인다.

47 BIG DATA
정답출제: 4회
오답출제: 회

Quiz

22 The newly hired floor manager has been showing great potential to handle big projects from its very -------- until the final stage.
(A) process   (B) inception

23 Due to a high probability of flooding, the Belgano Bridge will be closed tonight at 9 p.m. until further ----------.
(A) notice   (B) regard

24 Customers delaying payment are --------- to a late penalty of 5% per week.
(A) subject   (B) exposed

DAY 23
SUMMARY

1. 전치사 + 명사 + 전치사

as a result of	~의 결과로	in the event of	~의 경우에
in accordance with	~을 준수하여	in excess of	~을 초과하여
in addition to	~에 더하여	on behalf of	~을 대신/대표하여
in advance of	~보다 미리	in observance of	~을 준수하여
in compliance with	~에 따라	in response to	~에 대한 반응/회신으로
in favor of	~에 찬성하여	in line with	~와 유사하게, 비슷하게

in celebration of	~을 기념하여
in exchange for	~의 댓가로
in preparation for	~을 준비하기 위하여
with the exception of	~은 제외하고
in spite of	~임에도 불구하고
in conjunction with	~와 협력해서

2. be동사 + 형용사 + 전치사

be aware of	~을 알다
be appreciative of	~에 감사하다
be equal to	~와 같다
be confident of	~을 확신하다
be eligible for	~보다 미리
be familiar to	~에게 익숙하다
be equal to	~와 같다

3. 전치사 + 명사

out of order	고장 난	out of stock	재고가 없는
in place	제 자리에	beyond expectations	기대 이상으로
under consideration	고려중인	without consent	동의 없이
for free	무료로	in error	잘못 되어
in advance	미리	under warranty	보증기간 중인
with ease	쉽게		

실력완성 TEST

01 In ------- of others, please turn off your mobile phones during the performance.
(A) considered   (B) consider   (C) consideration   (D) considerate

02 The managing director was ------- of my efforts I had shown during the meeting with Mr. Fuyusuki, who was a very important client.
(A) willing   (B) appreciative   (C) fulfilled   (D) decisive

STEP 3

기능어로 약점 보완하기
DAY 24-30

STEP 3
기능어로 약점 보완하기

DAY 24 토익에 등장하는 접속사 5종
DAY 25 최다 빈출 접속사 – 부사절을 이끄는 접속사 20개
DAY 26 전치사 기준표에 의한 전치사 암기법
DAY 27 토익 필수 전치사 42개
DAY 28 토익에 출제되는 다의어 & 다품사어 List
DAY 29 한 단어의 모든 품사가 출제되는 표제어 동사 List
DAY 30 항상 숙어로 출제되는 동사구 List

DAY 24

토익에 등장하는 접속사 5종

완전한 문장에 단어, 구, 절을 추가하려면?

α + 　**완전한 문장**
　　　① 주어 + 동사 + 목적어
　　　② 주어 + 자동사
　　　③ 주어 + be + p.p.　 + α

↑　↑
α　α ...

완전한 문장 앞, 뒤 혹은 중간에 부사 이외에 α를 추가하려면
연결어가 필요하다.
부사
접속사 + 명사
전치사 + 명사
접속사 + 주어 + 동사
관계대명사 + 동사
to동사 (to부정사)
전치사 + 동명사
분사

All employees must wear their safety helmets. 모든 직원들은 안전모를 착용해야 합니다.

→ All employees must wear their safety helmets <u>and gloves</u>.
　　　　　　　　　　　　　　　　　　　　↳ [접속사+명사] 추가
　모든 직원들은 안전모와 장갑을 착용해야 합니다.

→ <u>According to the new regulations</u>, all employees must wear their safety helmets and gloves.
　　↳ [전치사+명사] 추가
　새 규정에 따르면 모든 직원들은 안전모와 장갑을 착용해야 합니다.

→ According to the new regulations, all employees must wear their safety helmets and gloves <u>always</u>.
　　　　　　　　　　　　　　　　　　　　　　　　　　　　　　　　　↳ [부사] 추가
　새 규정에 따르면 모든 직원들은 안전모와 장갑을 늘 착용해야 합니다.

→ According to the new regulations, all employees must wear their safety helmets and gloves always <u>while the press is in motion</u>.
　　　↳ [접속사+주어+동사] 추가
　새 규정에 따르면 압착기가 가동 중일 때는 모든 직원들이 안전모와 장갑을 늘 착용해야 합니다.

시험문제는 이렇게 나와요!

------ we receive your payment, you will get the package within two days.
(A) As long as　(B) Despite　(C) Prior to　(D) In order to

해설 ▶ 생각의 순서

1단계 구조 분석
------ we / receive / your payment, you / will get / the package (within two days).
　　　주어1　동사1　　목적어　　　주어2　동사2　　목적어　　　전치사구

2단계 품사 배열
빈칸은 문장과 문장을 연결하는 접속사 자리이다. ∴ 보기 중 접속사는 (A) As long as 뿐.

해석 | 저희가 대금을 받으면 고객님께서는 이틀 내로 물건을 받게 될 것입니다.
어휘 | receive 받다　payment 대금
정답 | (A)

DAY 24

01
and
conj. 그리고, 그러면

① 나열, 추가, 시간의 순서 등을 보여주는 등위접속사로 문두에 쓰지 않는다. and 앞뒤 절의 동일 부분은 생략할 수 있다.
You must buy a ticket **and** (you must) retain it.
티켓을 사서 보관해야 한다.

② 단어/구/절을 둘 이상 나열할 때는 쉼표(,)로 연결하고 마지막 요소 앞에 **and**를 쓴다.
energetic, dedicated **and** experienced employees
열정적이고 헌신적이며 경험 많은 직원들

출제포인트 and vs. so

Upon entering a cinema, you must present your tickets ------- retain the ticket stub as proof of payment.
(A) so   (B) as   (C) both   (D) and

THINKING : so는 왜 오답일까?

STEP 1 구조 분석
(Upon entering a cinema), you / must present / your tickets ------- retain / the ticket stub (as proof of payment).
→ 동사가 2개(must present, retain). 빈칸은 문장과 문장을 연결해주는 접속사 자리. ∴ (C) both는 접속사가 아니므로 오답

STEP 2 품사 배열
(B) as는 전치사이자 부사절 접속사 → 빈칸 뒤에 〈주어+동사〉가 나와야 하는데 주어가 없어 오답

STEP 3 답 결정 단어 찾기
"retain" 접속사 and는 동일 부분(you must)을 생략할 수 있다. ∴ (D) and가 정답

STEP 4 오답노트
(A) so는 등위접속사이지만 예외적으로 앞뒤에 모두 완전한 문장을 받는다. 뒤에 완전한 문장이 나오지 않았으므로 (A) so는 오답이다.

02
and then
conj. 그리고는, 그런 다음

시간의 순서를 보여주는 접속사로, 등위접속사 **and**의 기능과 동일하다.
and는 이 외에도 다른 품사와 어울려 접속사 기능을 한다.
and so 그래서   and then 그리고는   and therefore 그래서   and also ~ 그리고 또한
both A and B A와 B 둘 다   go/come/try/stay and ~ ~하기 위해서 가다/오다/노력하다/머물다

출제포인트 접속사와 어울리는 부사

All the items are first categorized and -------- alphabetized.
(A) so that   (B) then   (C) here   (D) more

THINKING : 빈칸의 품사는?

STEP 1 구조 분석
All the items / are first categorized and -------- alphabetized.
→ 부사절 접속사 (A)so that은 뒤에 〈주어+동사〉가 나와야 하므로 오답

STEP 2 품사 배열
(B) then 부사 (C) here 장소부사 (D) more 부사, 형용사

STEP 3 답 결정 단어 찾기
"and" and then은 '그런 다음'의 순서의 의미를 지닌 접속사. 보기 중 접속사 and와 어울리는 어휘는 (B) then 뿐으로 정답이다.

STEP 4 오답노트
(B) then은 by/until then 그때까지, since then 그때부터, but then 하기는, 하지만(앞의 사실을 덜 중요하게 하는 표현)처럼 다른 접속사와 같이 쓰여 접속사 역할을 한다.
(C) here는 장소부사로 동사 뒤나 문미에 위치하므로 오답.
(D) more는 비교급 부사로 비교대상이 없으므로 오답.

or
03

conj. 또는, 혹은, 그렇지 않으면

등위접속사로 선택을 말할 때 '또는', 가능성을 나타내는 '그렇지 않으면(or else)'이라는 의미이다.
or else 그렇지 않으면   A or B A 또는 B
either A or B A이든 B이든   whether or not ~인지 아닌지

출제포인트 or vs. nor

Our technicians will return customer calls within one ------- two days.
(A) or   (B) that   (C) yet   (D) nor

THINKING : nor는 왜 오답일까?
STEP 1 구조 분석
Our technicians / will return / customer calls (within one ------- two days).
→ 단어(one)와 단어(two days)를 연결할 수 있는 것은 등위접속사. 빈칸은 등위접속사 자리

STEP 2 품사 배열
(A) or 등위접속사, (C) yet 등위접속사이자 부사, (D) nor 등위접속사 ∴ (B) that은 명사절 접속사로 오답

STEP 3 답 결정 단어 찾기
"one", "two days" yet은 대조(그러나, 하지만)를 의미하는 어휘로 '하루이지만 이틀'이라는 것은 문맥상 적절치 않으므로 (C) yet은 오답이다. 의미상 '하루 혹은 이틀 이내에'라는 선택의 등위접속사가 적절하므로 (A) or이 정답

STEP 4 오답노트
(D) nor(그리고 ~이 아니다)는 앞 문장에 부정어가 있어야 쓸 수 있는 등위접속사로 부정어가 없으므로 오답이다.

either A or B
04

conj. A이거나 B인

① 상관접속사로 서로 관계가 있는 두 개 이상의 단어가 하나의 짝을 지어 접속사 역할을 한다.
② **either A or B**에서 동사의 수일치는 **B**의 수에 맞춘다.
Either they or she is coming tonight. 그들이나 그녀가 오늘밤에 올 거야.
not ~ either = neither (둘 중) 어느 것도 ~ 아니다
neither A nor B = not/never A nor B A, B 둘 다 아닌

출제포인트 either와 or는 항상 붙어 다닌다.

Every regular employee must submit his monthly paper work summary and send it either by fax --------- e-mail.
(A) not   (B) or   (C) neither   (D) nor

THINKING : 문장 중 답 결정 단어는 무엇인가?
STEP 1 구조 분석
Every regular employee / must submit / his monthly paper work summary / and send / it (either by fax --------- e-mail).
→ 단어와 단어를 연결할 수 있는 것은 등위접속사

STEP 2 품사 배열
(D) nor은 등위접속사이지만 앞 문장에 부정어가 없으므로 오답이다.
(A) not은 부사, (C) neither은 대명사, 형용사, 부사이므로 오답. (neither는 접속사이려면 nor과 함께 붙어 다녀야 한다.)

STEP 3 답 결정 단어 찾기
"either" either A or B ~ A이거나 B인 ∴ (B) or가 정답

STEP 4 오답노트
부사, 형용사인 either, neither, both 등은 생략이 가능하지만 접속사인 or, nor, and, but은 생략할 수 없다.
He is either smart, or (he is) stupid.

DAY 24

but
conj. 그러나, 하지만

05

① and, yet, or 등과 같이 전후로 같은 품사나 구, 절을 연결하는 역할을 한다. (yet = but)
② 등위접속사인 but은 문두에 나올 수 없으며, but 앞뒤에서 중복되는 단어들은 생략이 가능하다.
We like A but we do not like B. → We like A but not B.
우리는 A를 좋아하지만 B는 좋아하지 않는다.

출제포인트 **동일한 부분은 생략되는 등위접속사**

This medicine can kill most of the viruses -------- not all.
(A) but   (B) although   (C) however   (D) either

THINKING : however는 왜 오답일까?

STEP 1 구조 분석
This medicine / can kill / most of the viruses / -------- not all.
→ 빈칸 뒤에 not이 바로 나왔으므로 주어와 동사 등 중복되는 부분이 생략된 형태이다.
This medicine can kill most of the viruses but this medicine cannot kill all of the viruses.
이 약은 대부분의 바이러스를 죽일 수는 있으나 모든 바이러스를 죽일 수 있는 것은 아니다.
= This medicine can kill most of the viruses but not all. ☆ 동일 〈주어 + 동사 + 명사〉 생략

STEP 2 품사 배열
(B)although 부사절 접속사, (C)however 접속부사이자 부사절 접속사, (D)either는 형용사, 대명사, 부사

STEP 3 답 결정 단어 찾기
"**not all**" 문장 구조가 생략된 형태다. ∴ 동일한 부분이 생략 가능한 등위접속사 (A) but이 정답

STEP 4 오답노트
(C)however는 but과 의미가 동일하지만 '그러나'의 의미를 지닐 경우, 접속부사의 역할을 한다. 접속부사는 등위접속사와 같이 동일 부분을 생략하는 기능은 없으므로 however는 빈칸에 들어갈 수 없다.

however
conj. 아무리 ~해도
ad. 그렇지만, 그러나

06

① 부사절 접속사: '아무리 ~해도'
= no matter how = although
〈however + 형용사/부사 + 주어 + 동사〉 어순으로 쓴다. However 앞뒤로 문장이 올 수 있다.
We will do it, **however** long it takes. = **No matter how** long it takes, we will do it.
= **Although** it takes a long time, we will do it. 얼마나 오래 걸리든지 우리는 그것을 할 것이다.

② 접속 부사: '그러나, 그렇지만'
앞의 내용과 반대 내용 또는 화제를 전환할 때 쓰인다. 부사이므로 절을 이어주지 못하며, 문장 안에서 자유롭게 이동한다.
Mr. Lopez expressed interest in an accounting job. **However**, his previous positions were all in human resources.
Lopez 씨는 회계업무에 관심을 표현했지만, 그의 이전 직책은 모두 인사업무였다.

출제포인트 **〈however + 형용사/부사 + 주어 + 동사〉**

------------ uncomfortable it may be, every phone agent is advised to follow proper dress attire during work hours.
(A) How   (B) No matter   (C) Although   (D) However

THINKING : although는 왜 오답일까?

STEP 1 구조 분석
------------ uncomfortable / it may be, every phone agent / is advised (to follow proper dress attire during work hours).
→ 〈빈칸 + 형용사 / 주어 + 동사〉 형태이고 문장 중 동사가 2개(may be, is advised)이므로 빈칸은 문장과 문장을 연결해주는 접속사여야 함 ∴ (B) No matter는 오답

STEP 2 품사 배열
(A) How는 명사절 접속사, (C)는 Although 부사절 접속사 ∴ 빈칸은 주어/목적어/보어 자리가 아니므로 명사절 접속사 (A) How는 오답

STEP 3 답 결정 단어 찾기
"**uncomfortable it may be**" 〈접속사 + 형용사/부사 + 주어 + 동사〉 형태를 쓸 수 있는 접속사는 보기 중 (D) However뿐이다.

STEP 4 오답노트
(C) Although는 however와 의미는 유사하나 바로 뒤에 형용사가 올 수 없으므로 오답이다.

07
not only ~ but also
conj. ~ 뿐만 아니라 … 역시

not only A but (also) B = B as well as A A뿐만 아니라 B 역시
☆ also는 생략 가능
When choosing the right job for you, you should consider **not only** the salary, **but also** the working environment.
당신에게 맞는 직업을 선택할 때 급여뿐만 아니라 근무 환경도 고려해야만 한다.

출제포인트 상관 접속사 but

Glopez Co. specializes not only in manufacturing --------- in distributing basic commodities.
(A) but also (B) let alone (C) as (D) or

THINKING : 문장 중에는 답 결정단어가 있다.

STEP 1 구조 분석
Glopez Co. / specializes not only in manufacturing --------- / in distributing / basic commodities.
→ 빈칸은 in manufacturing과 in distributing을 연결해주는 접속사 자리

STEP 2 품사 배열
(A) but also 접속사 (B) let alone 동사 (C) as 접속사, 전치사, 부사 (D) or 접속사

STEP 3 답 결정 단어 찾기
"**not only**" not only ~ but also A 뿐만 아니라 B 역시 ∴ (A) but also가 정답

STEP 4 오답노트
(A) but also 또는 not only는 반드시 둘 중에 하나가 문장에 결정 단어로 주어진다.

08
both A and B
conj. A와 B 둘 다

both A and B = A as well as B A, B 둘 다
주어 자리에 both A and B가 올 경우, 동사는 복수형으로 쓴다.
Both you **and** I are responsible for the matter.
너와 나 둘 다 그 일에 책임이 있다.
☆ (both) A and B alike A와 B 둘 다 마찬가지로

출제포인트 상관 접속사 and

Both the customer relations ------- advertising departments will be included in the training
(A) and (B) also (C) moreover (D) either

THINKING : 문장 중에는 답 결정단어가 있다.

STEP 1 구조 분석
Both the customer relations ------- advertising departments / will be included (in the training).
→ the customer relations와 advertising departments를 연결하는 등위접속사가 필요하다.

STEP 2 품사 배열
(A) and 등위접속사 (B) also 부사 (C) moreover 부사 (D) either 형용사, 대명사, 부사
∴ 보기 중 유일하게 접속사인 (A) and가 정답

STEP 3 답 결정 단어 찾기
"**both**" both A and B A 뿐만 아니라 B 역시

STEP 4 오답노트
and 또는 both는 반드시 둘 중에 하나가 문장 중 답 결정 단어로 주어진다.

DAY 24

whether 09
conj. ~인지 아닌지

① 명사절 접속사 whether
문장의 주어절이나 동사의 목적어절 또는 전치사의 목적어절을 이끈다.
⟨whether + (or not) + to부정사 (or not)⟩, ⟨whether + 절⟩
☆ 토익에서는 주로 명사절 접속사로 쓰인다.

② 부사절 접속사 whether
부사절 접속사로 어떤 일이 발생하든 그렇지 않은 간에 무엇을 한다는 의미이다.

⟨유사 어휘 비교 if vs. whether⟩

	whether	if
주어 자리	가능	불가능
전치사 목적어 자리	가능	불가능
뒤에 or not / 뒤에 to부정사 동반	가능	불가능
부사절 접속사일 때의 의미	~든지 아니든지	만약 ~라면
명사절일 때 문두 자리	가능	불가능

Give me a call (if / whether) or not you are going to go. 가든 안 가든 나한테 연락해줘.

출제포인트 명사절 접속사 whether

We have not decided -------- to stay at the hotel for another week or return to the company headquarters in New York.
(A) neither (B) whether (C) that (D) if

THINKING : if는 왜 오답일까?

STEP 1 구조 분석
We / have not decided / -------- to stay (at the hotel for another week) or return (to the company headquarters in New York).
→ 빈칸은 타동사 decided의 목적어 자리이다.

STEP 2 품사 배열
(A) neither 형용사, 대명사, 부사 (B) whether 명사절/부사절 접속사 (C) that 명사절 접속사 (D) if 명사절/부사절 접속사

STEP 3 답 결정 단어 찾기
"to stay" to부정사를 동반하는 명사절 접속사는 whether이다. ∴ (B) whether가 정답.

how 10
conj. 어떻게, 얼마나

how는 명사절 접속사로 절을 이끌며, 전체 문장 중에 주어, 목적어, 보어 자리에 온다.
① ⟨how + 주어 + 동사⟩의 어순으로 방법이나 수단을 나타내는 '어떻게'
② ⟨how + to부정사⟩로 '~하는 법'
I don't know **how** to use this machine. 이 기계를 어떻게 사용하는지 모릅니다.
③ ⟨how + 형용사/부사 + 주어 + 동사⟩ 형태로 상태나 정도를 표현하는 '얼마나'
I just asked **how** far away the conference center is.
컨퍼런스센터가 얼마나 멀리 있는지 물어보았다.
④ How about (-ing) ...?은 '~하는 게 어때?'라고 제안하거나 상대방의 의견이나 경험을 물을 때 혹은 일의 진행 상황이나 상대방의 안부를 물을 때 쓰인다.
⑤ ⟨how come + 주어 + 동사⟩(= why) '어떻게', '왜'
How come you are here? 어떤 일로 오셨습니까?
⑥ how on earth와 how in the world는 '도대체 어떻게'라는 의미로 놀라움을 강조

출제포인트 ⟨how + 형용사/부사 + 주어 + 동사⟩

Each personnel in every department is given free vacation packages every year no matter -------- busy the company is to encourage quality family bonding time.
(A) whether (B) when (C) how (D) so

THINKING : when은 왜 오답일까?

STEP 1 구조 분석
Each personnel (in every department) / is given / free vacation packages every year / no matter ──── busy the company / is (to encourage quality family bonding time). → 빈칸 뒤에 ⟨형용사+주어+동사⟩ 형태가 있다.

STEP 2 품사 배열
(A) whether 명사절 접속사 (B) when 명사절/부사절 접속사
(C) how 명사절 접속사 (D) so 등위접속사

STEP 3 답 결정 단어 찾기
"busy" ⟨형용사/부사 주어+동사⟩ 형태가 올 수 있는 것은 보기 중 (C) how 뿐이다.

STEP 4 오답노트
(A) whether는 뒤에 to부정사가 올 수 있다. (B) when, (C) so는 뒤에 ⟨주어+동사⟩의 완전한 문장이 나와야 한다.

11 what
conj. 무엇, 어떤

① 의문사 〈what + to 부정사〉, 〈what + 주어 + 동사〉
　I don't know **what** to do. 나는 무엇을 해야 할지를 모르겠다.
② 의문형용사 〈what + 명사〉
　What color do you like? 당신은 어떤 색을 좋아하나요?
③ 접속사 (관계대명사)
　선행사를 포함한 관계대명사로 쓰여 전체 문장에서는 명사절의 역할을 하게 된다. 이때 뒤에는 주어나 목적어 등이 빠진 불완전한 문장을 동반한다.

출제포인트 what 의문사 vs. 의문형용사 vs. 관계대명사

Some of you may be wondering -------- my retirement plans are.
(A) about　(B) what　(C) if　(D) even

THINKING : if는 왜 오답일까?
STEP 1 구조 분석
Some of you / may be wondering / -------- my retirement plans / are.
→ 빈칸은 문장과 문장을 연결하는 접속사 자리이자 타동사 wondering의 목적어 자리

STEP 2 품사 배열
(A) about 전치사 (B) what 접속사 (C) if 접속사 (D) even 부사 ∴ (A), (D)는 오답

STEP 3 답 결정 단어 찾기
"**are**" are 뒤에 어휘가 없다는 건 불완전한 문장이란 의미 ∴ 뒤에 불완전한 문장이 오는 접속사 (B) what이 정답

STEP 4 오답노트
명사절 접속사 that, if, whether, when, where, how, why　+　완전한 문장
명사절 접속사 what, who, whom　　　　　　　　　　　　+　불완전한 문장
의문 형용사 what, which　　　　　　　　　　　　　　　　+　완전한 문장

12 that
conj. ~하는/라는 것
a. 그, 저
ad. 그렇게

① 지시형용사 〈that + 단수명사〉 / 〈those + 복수명사〉
　I need **that** report. 나는 저 보고서가 필요하다.
② 지시대명사
　Our efficiency is better than **that** of yours. 우리의 효율성은 당신들의 그것보다 낫다.
③ 명사절 접속사 that
　전체 문장의 주어 혹은 타동사/전치사의 목적어 자리에 위치. 이때 that절은 완전한 문장.
④ 관계대명사 that
　명사(선행사) 뒤에서 그 명사를 수식. 관계대명사 뒤에는 주어나 목적어가 빠진 불완전한 문장이 오며, 명사(선행사)를 수식하므로 that절은 형용사절.
⑤ 동격절을 이끄는 that
　news, fact, rumor, confirmation, agreement, reassurance that과 같이 뉴스, 사실, 소문 확인, 동의, 보장 등의 명사 뒤에는 동격절 that이 직전에 쓰인 명사의 내용을 보여준다. that 앞뒤로 완전한 문장 형태기 온다.
⑥ that이 포함된 부사절 접속사
　so that(+ 결과) ~하기 위해서　　now that/in that(+ 원인) ~ 때문에, ~라는 점에서
　in order that(+ 목적) ~하기 위해서　in the event of that(+ 조건) ~인 경우에
　provided/providing/supposing/suppose/given/assuming (that) 만약 ~라면 (= if)

출제포인트 that의 용법

It is important for companies to see ---------- their position in the market is never secure and could easily fall.
(A) that　(B) so that　(C) in that　(D) and that

THINKING : that의 용법은 무엇인가?
STEP 1 구조 분석
It / is important (for companies) (to see ---------- their position (in the market) / is never secure and could easily fall).
→ 빈칸은 타동사 see의 목적어 자리이고, 뒤에 〈주어+동사〉가 나왔으므로 명사절 접속사 자리

STEP 2 품사 배열
(A) that 명사절 접속사 (B) so that 부사절 접속사 (C) in that 부사절 접속사 (D) and that은 오답

STEP 3 답 결정 단어 찾기
"**see**" see의 목적어 역할을 하는 명사절 접속사 (A) that이 정답

STEP 4 오답노트
(B) so that, (C) in that은 부사절 접속사이므로 목적어 역할을 할 수 없다.

DAY 24

13
who
conj. 누구

① 의문사
Who are you? 당신은 누구인가요?
I don't know **who** you are. 전 당신이 누구인지 모릅니다.
She doesn't know **who** to contact for this issue.
그녀는 이 문제에 대해 누구와 연락해야 하는지 모른다.

② 관계대명사
Employees **who** participated in the conference should submit a report.
컨퍼런스에 참석한 직원들은 리포트를 제출해야만 한다.

출제포인트 명사절 접속사 완전한 문장 vs. 불완전한 문장

All the employees at SSN are not sure ------- will be chosen as their new CEO.
(A) who   (B) whether   (C) why   (D) where

THINKING : whether, why, where는 같은 명사절 접속사인데 왜 오답일까?

STEP 1 구조 분석
All the employees (at SSN) / are not sure / ------- will be chosen (as their new CEO).
→ 빈칸은 are not sure과 will be를 이어주는 접속사 자리

STEP 2 품사 배열
(A) who (B) whether (C) why (D) where 명사절 접속사

STEP 3 답 결정 단어 찾기
"will be" 빈칸 뒤가 불완전한 문장이므로 보기 중 불완전한 문장이 올 수 있는 (A) who가 정답

STEP 4 오답노트

명사절을 이끄는 접속사	뒤에 나오는 문장형태	to부정사 동반여부	부사절여부
what / who / which	불완전한 문장	O	X
that	완전한 문장	X	so that, now that, in that 등
how / why	완전한 문장	how O, why X	X
when / where	완전한 문장	O	O
if	완전한 문장	X	O
whether	완전한 문장	O	O

14
which
conj. 어떤

① 의문대명사, 의문형용사, 관계대명사로 쓰이는 **which**
명사절을 이끄는 의문대명사 which는 불완전한 문장을 받는다.
• 명사절을 이끄는 의문형용사 which(어떤)는 완전한 문장을 받는다.
• 명사(선행사) 뒤에서 형용사절을 이끄는 관계대명사 which는 불완전한 문장을 받는다.

② 목적격 관계대명사가 생략되어도 뒤에 주어, 동사는 그대로 온다.
관계대명사절에 목적어가 비어 있는 경우, 이를 이끄는 관계대명사를 목적격 관계대명사라고 한다. 목적격 관계대명사는 생략할 수 있다.
I like the book **(which)** he wrote. 나는 그가 쓴 책을 좋아한다.

출제포인트 의문대명사, 의문형용사, 관계대명사 which의 구별

Mr. Parker did not know ------- clothing is suitable for the event.
(A) that   (B) because   (C) which   (D) and

THINKING : that은 왜 오답일까?

STEP 1 구조 분석
Mr. Parker / did not know / ------- clothing / is suitable (for the event).
→ 동사가 2개, 빈칸은 접속사이면서 타동사 know의 목적어 자리

STEP 2 품사 배열
(A) that 명사절 접속사 (B) because 부사절 접속사 (C) which 명사절 접속사 (D) and 등위접속사
→ (B), (D)는 목적어 역할을 하지 못하므로 오답.

STEP 3 답 결정 단어 찾기
"**clothing**" 문맥상 빈칸에는 '어떤 ~'이라는 의문형용사 (C) which가 필요하다.

STEP 4 오답노트
(A) that은 명사절 접속사로 사실을 나타내는 완전한 문장이 와야 한다. clothing이 가리키는 것이 불특정하므로 정관사나 소유격이 있어야 한다.

whose
conj. 누구의

15

① 의문사 who의 소유격으로 〈whose + 명사〉의 형태로 쓰인다.
② 시험에는 주로 소유격 관계대명사로 출제되며, 선행사로 사람과 사물을 모두 받는다.
③ **whose**가 이끄는 관계대명사절은 주어와 동사, 목적어, 보어를 다 갖춘 완벽한 절을 받는다.
④ whose는 〈접속사 + 소유격〉으로 소유격 뒤에 다른 한정사가 올 수 없으므로 whose 뒤에 가산명사가 온다 해도 관사나 지시형용사를 받을 수 없다.
She knows the girl and her name is Jane. 그녀는 제인이란 이름의 소녀를 알아요.
She knows the girl **whose** name is Jane.
☆ whose 이하는 〈주어 + 동사 + 보어〉를 갖춘 완벽한 문장

출제포인트 whose vs. which

The teams ------- members fail to meet the deadline will have to work double shifts on Friday.
(A) which   (B) whose   (C) this   (D) her

THINKING : which은 왜 오답일까?

STEP 1 구조 분석
The teams (------- members / fail to meet the deadline) / will have to work double shifts (on Friday).
→ 동사가 2개이므로 빈칸은 뒤의 명사 members와 어울리면서 문장을 연결하는 접속사이면서 the teams를 수식하는 형용사 역할을 해야 한다.

STEP 2 품사 배열
(A) which 접속사 (B) whose 접속사 (C) this 지시대명사 (D) her 소유격 ∴ 접속사가 아닌 (C), (D)는 오답

STEP 3 답 결정 단어 찾기
"members", "will have" 뒤의 명사와 어울리면서 완벽한 절을 받는 관계사는 whose뿐이다.

STEP 4 오답노트
(A) which는 관계대명사로 뒤에 불완전한 문장이 온다. 관계형용사로 쓰이려면 which 앞뒤 명사가 동격이어야 한다.

where
conj. 어디

16

▶ 관계부사
We are expecting our manager's return from the UK, **where** she made a speech on cost efficiency at a workshop. 우리는 영국에서 우리 매니저가 돌아오기를 기다리고 있는데, 그녀는 그곳에서 열린 워크숍에서 비용 효율성에 대해 연설했다.
= We are ~, 접속사 she made a speech on cost efficiency at a workshop in ~~the UK~~.
〈접속사와 반복 명사 삭제〉
= We are ~, **which** she made a speech on cost efficiency at a workshop **in**.
〈전치사 in 앞으로 이동〉
= We are ~, **in which** she made a speech on cost efficiency at a workshop.
〈 where = in which 〉

출제포인트 관계부사 where

We wish to organize an arrangement ------- we can establish an online network between distributors and suppliers in order to increase the levels of communication within the distribution chain.
(A) whereas   (B) which   (C) for which   (D) where

THINKING : which는 왜 오답일까?

STEP 1 구조 분석
We / wish (to organize an arrangement) ------- we / can establish / an online network (between distributors and suppliers) (in order to increase the levels of communication) (within the distribution chain).
→ 동사가 2개, 빈칸 뒤의 문장은 〈주어 + 동사 + 목적어 + 전치사구〉의 완전한 문장. 빈칸은 접속사 자리

STEP 2 품사 배열
(A) whereas 부사절 접속사 (B) which 의문대명사, 관계사 (C) for which 관계사 (D) where 의문사, 관계부사

STEP 3 답 결정 단어 찾기
"**arrangement**" 문맥상 '온라인 네트워크를 구축할 수 있는 조치를 취하고 싶다'는 의미가 되어야 하므로 선행사 arrangement를 수식하는 관계부사 where가 알맞다. where는 물리적인 장소 외에도 추상명사인 culture, arrangement 등을 받을 수 있다.

STEP 4 오답노트
(A) whereas는 앞뒤 문장이 상반된 내용으로 비교/대조 대상이 된다.
(B) which는 관계대명사로 불완전한 문장을 이끈다.
(C) for which는 〈전치사 + 관계대명사〉로 완전한 문장을 이끌며 '목적/대상'을 의미하는 관계부사이다.

DAY 24

17. whenever
conj. ~할 때는 언제든지, ~할 때마다

Whenever는 복합관계부사로 쓰여 완전한 문장을 이끌며 '~할 때마다 (every time), 언제든지 (at any time)'라는 뜻의 시간이나 양보의 의미를 갖는 부사절로 쓰인다는 것도 알아두자.

출제포인트 복합관계사의 기능

You can contact me -------- you need my help.
(A) whoever   (B) whichever   (C) whenever   (D) however

THINKING : 각 복합관계사마다 기능이 다를까?

STEP 1 구조 분석
You / can contact / me -------- you / need / my help.
→ 동사가 2개, 빈칸 앞뒤로 완전한 문장이므로 빈칸은 부사절을 이끄는 접속사 자리.

STEP 2 품사 배열
(A) whoever 복합관계 대명사/명사절/부사절 (B) whichever 복합관계 대명사/명사절/부사절
(C) whenever 복합관계부사절 (D) however 복합관계부사절

STEP 3 답 결정 단어 찾기
"you need my help" 완전한 문장 앞에 올 수 있는 부사절을 이끄는 접속사는 (C) whenever뿐이다. (A) whoever, (B) whichever는 주로 명사절의 불완전한 문장을 받으며 (D) however는 뒤에 형용사나 부사가 따라와야 한다.

STEP 4 오답노트
복합관계대명사와 복합관계부사는 문장 안에서 각각 명사절과 부사절을 이끈다. 복합관계대명사 뒤에는 불완전한 문장이, 복합관계부사 뒤에는 완전한 문장이 온다. 그 외에 복합관계형용사는 〈-ever + 명사〉로 뒤에 있는 명사를 수식하며 접속사 기능을 한다.

18. whichever
n. 어느 쪽이든 ~한 것
a. 어느 쪽[것]이든 ~한, 어느 쪽 ~을 …하든

① whichever는 단독으로 복합관계대명사
You can stay at King's Hotel or Platinum Center, **whichever** is more convenient. 당신은 King's Hotel이나 Platinum Center 중 어느 곳이든 더 편한 곳에 머무를 수 있다.

② 명사를 동반하는 복합관계형용사로 쓰여, '어떤 (것)이든지 (간에)'라는 의미로 양보의 부사절과 명사절을 이끈다.
Choose **whichever** brand you want to have. 어느 브랜드든 네가 갖고 싶은 것을 골라라.

출제포인트 복합관계사의 기능

You can choose ------- way you want.
(A) whichever   (B) however   (C) wherever   (D) whoever

THINKING : 각 복합관계사마다 기능이 다를까?

STEP 1 구조 분석
You / can choose ------- / way (you want).
→ 동사가 2개, 그리고 빈칸 뒤는 way(목적어)와 you(주어) want(동사)로 구성된 완전한 문장. 빈칸은 choose의 목적어이면서 접속사 자리.

STEP 2 품사 배열
(A) whichever 복합관계대명사 (B) however 복합관계부사 (C) wherever 복합관계부사
(D) whoever 복합관계대명사

STEP 3 답 결정 단어 찾기
"**way**" way는 가산명사로 관사가 없다. (A) whichever는 복합관계형용사로 쓰였을 경우 무관사명사를 동반하며 완전한 문장이 나올 수 있다.

STEP 4 오답노트
복합관계대명사 + 불완전한 문장 ▶ 명사절
복합관계부사 + 완전한 문장 ▶ 부사절

whatever = anything that	무엇이든지	whenever = no matter when	언제든지
wherever = no matter where	어디든지	who(m)ever = anyone who	누구든지
whichever = anything that	어느 것이든지	however = no matter how	아무리 ~할지라도

19. whatever

conj. 어떤 것이든지, 무엇이든지 간에

① 〈복합관계대명사 + 불완전한 문장〉: 선택의 의미가 있는 명사절
You can buy **whatever** you want. (= anything that) 네가 원하는 건 뭐든지 살 수 있다.

② 〈복합관계대명사 + 불완전한 문장〉: 양보의 부사절
Whatever you want, you can take it. (= no matter which)
네가 원하는 게 무엇이든 넌 그걸 가질 수 있다.

③ 〈복합관계형용사 + 완전한 문장〉
Whatever conditions they might offer, I will cancel the contract.
<Whatever + 목적어 + 주어 + 동사: 완전한 문장>
그들이 어떤 조건을 제안하든, 나는 이 계약을 파기할 것이다.

☆ whichever도 whatever와 동일한 기능을 한다.

출제포인트 **whatever** 복합관계대명사 vs. 복합관계형용사

Passengers who booked first class are allowed to bring ------- they want, except for flammable substances.
(A) wherever   (B) however   (C) whomever   (D) whatever

THINKING : wherever는 왜 오답일까?

STEP 1 구조 분석
Passengers (who booked first class) / are allowed (to bring ------- (they want),
(except for flammable substances)).
→ 동사가 2개, 빈칸은 bring의 목적어이면서 빈칸 뒤의 불완전한 문장 they want를 이어주는 관계대명사 자리.

STEP 2 품사 배열
(A) wherever 복합관계부사 (B) however 복합관계부사 (C) whomever 복합관계대명사 (D) whatever 복합관계대명사, 복합관계형용사

STEP 3 답 결정 단어 찾기
"**they want**" 복합관계사 중 불완전한 문장을 받는 것은 (D) whatever와 (C) whomever 뿐이다.
문맥상 사람을 가져오는 것은 아니므로 whomever는 오답. ∴ (D) whatever가 정답이다.

STEP 4 오답노트
(B) however는 접속부사일 때는 문두에 나올 수 없고, 복합관계부사일 때는 '비록 ~한다 하더라도'의 의미다. 〈However + 형용사/부사 + 주어 + 동사〉

20. whoever

conj. 누구든지, 누구든지 간에

① 명사절 접속사
명사절의 whoever: 〈선행사(anyone) + 관계대명사(who)〉 형태로 '누구나'라는 의미를 갖는다. 선행사를 포함하고 있으므로 whoever 앞에는 선행사가 올 수 없으며 항상 단수 취급한다.
Whoever applies for the job will be accepted. 〈명사절 – 주어 역할〉
그 일에 지원한 사람은 누구나 합격할 것이다.

② 양보 부사절 접속사
〈관계대명사(who) + 강조(ever)〉의 형태로 '누구든지'라는 의미의 양보 부사절을 이끈다.
Whoever may apply for the job, he or she will be accepted. 〈부사절 양보〉
그 일에 누가 지원할지라도 합격할 것이다.

☆ whoever와 who, anyone이 함께 출제되어 자리를 묻는 문제로 많이 출제된다.

출제포인트 관계대명사 vs. 복합관계대명사 vs. 의문사

------- needs it should call me.
(A) Who   (B) Whoever   (C) Anyone   (D) Whichever

THINKING : who는 왜 오답일까?

STEP 1 구조 분석
------- / needs / it / should call / me.
→ 동사가 2개, 빈칸은 접속사이면서 주어 역할을 할 수 있는 접속사 ∴ (C) Anyone은 접속사가 아니므로 오답

STEP 2 품사 배열
(A) Who 의문사 (B) Whoever 복합관계대명사 (D) Whichever 복합관계대명사

STEP 3 답 결정 단어 찾기
"**needs**"가 바로 뒤에서 동사의 역할을 하므로 빈칸은 주어 역할을 해야 한다. 주어 역할을 할 수 있는 것은 보기 중 (B) Whoever와 (D) Whichever. 하지만 should call(전화를 해야 한다)의 주어는 사람이어야 한다. 따라서 (D) whichever는 오답이다.

STEP 4 오답노트
관계대명사는 선행사가 필요하며, 선행사가 필요 없는 복합관계대명사 whoever와 의문사 who는 해석상에 차이가 있다. 복합관계대명사는 '~하는 사람은 누구나'를 지칭한다. 의문사는 명사절을 이끌며 '누가'라고 해석한다.

DAY 24 SUMMARY

명사절 접속사 활용 가이드

명사절 접속사	의문사			뒤에 오는 문장의 형태			다른 접속사로의 활용			
	의문 대명사	의문 형용사	의문부사	to부정사	불완전한 문장	완전한 문장	부사절 접속사	관계 대명사	관계 형용사	관계 부사
who	O	X	X	O	O	X	X	O	X	X
what	O	O	X	O	O	O 의문형용사를 포함한 완전한 문장	X	O (선행사 X)	O	X
which	O	O	X	O	O	O 의문형용사를 포함한 완전한 문장	X	O	O	X
when	X	X	O	O	X	O	O	X	X	O
where	X	X	O	O	X	O	O	X	X	O
how	X	X	O	O	X	O	X	X	X	O
why	X	X	O	X	X	O	X	X	X	O
whether	–	–	–	O	X	O	O (10%)	–	–	–
that	–	–	–	X	X	O	O so that	O	–	–
if	–	–	–	X	X	O (문두 X)	O	–	–	–

한눈에 보는 복합관계사

복합관계사	의문사 ever	명사절	부사절	뒤에 오는 문장	복합관계형용사
복합관계대명사	whatever	O	O	불완전한 문장	O
	whichever	O	O	불완전한 문장	O
	whoever	O	O	불완전한 문장	O
복합관계부사	whenever	X	O	완전한 문장	X
	wherever	X	O	완전한 문장	X
	however	X	O	완전한 문장	X
	whyever	X	X	X	X

실력완성 TEST

01 Nobody knows ------- will happen next.
    (A) what   (B) when   (C) that   (D) whether

02 The Board of Directors will decide today ------- to sign the contract.
    (A) whether   (B) after   (C) that   (D) about

DAY 25

최다 빈출 접속사 – 부사절을 이끄는 접속사 20개

접속사의 종류와 출제패턴

접속사의 종류	출제 point
등위접속사	and, but, or, so, yet ① 문두에 나올 수 없다. ② 동일한 부분은 생략할 수 있다. ③ so는 예외적으로 앞뒤에 모두 완전한 문장을 받는다. ④ and로 연결할 때 앞뒤에 같은 종류의 명사를 배열한다. 　사람 and 사람 / 추상 명사 and 추상 명사 / 사물 보통 명사 and 사물 보통 명사 　schools and housing (X) / schools and houses (O) ⑤ 시간 순으로 나열한다.
상관접속사	either A or B / both A and B / not A but B / B as well as A 상관접속사는 짝을 지어 움직이기 때문에 같이 쓰이는 단어를 찾는 기본 문제가 많이 출제된다.
관계대명사	which, who, whom, that 등 ① 앞의 명사, 즉 선행사를 수식하기 때문에 형용사절이라고도 한다. ② 소유격 관계대명사를 제외하고는 뒤에 불완전한 구조가 연결된다.
명사절접속사	what, that, if, whether, 의문사 ① 전체 문장에서 주어나 목적어의 역할을 한다. ② 접속사 뒤에 따라오는 구조에 따라 답이 결정된다. ③ 명사절은 주어가 없는 경우 to부정사를 이용하여 명사구를 만든다. (that, if 제외)
부사절접속사	① 완전한 문장(주절)에 추가로 붙는 수식어절이다. ② 종속절은 없어도 전체 문장에 크게 지장을 주지 않기 때문에 부사절이라고도 부르며 완전한 문장을 이룬다. 　(완전한 문장과 완전한 문장 연결 / 쉼표로 연결) ③ 종속접속사 뒤에 주어가 없는 경우에는 동사 형태가 본동사가 아니라 분사 형태가 온다.

두 개의 문장이 연결되었을 때에는 문장들이 어떻게 연결되었는가, 중간에 접속사나 관계사가 있는가 등을 우선 살펴야 한다. 주로 쉼표가 있는 경우는 종속절이 되고 문장 맨 앞에서 시작하는 절을 이끌 때에는 주어로 쓰인 명사절이다.

시험문제는 이렇게 나와요!

Our Newton branch of RFC Grocers will decide ------- they cut their labor costs or not.
(A) while　(B) instead　(C) whether　(D) that

해설 ▶ 생각의 순서

1단계 구조 분석
Our Newton branch (of RFC Grocers) / will decide [------- they / cut / their labor costs (or not).]
주어　　　　　　　　　　　　　　　동사1　　　　　주어2　동사2　　목적어

2단계 품사 배열　빈칸은 decide의 목적어절을 이끄는 명사절 접속사 자리이다.

3단계 답 결정 단어 찾기　decide → will decide는 타동사이므로 뒤에 목적어가 와야 하며, 빈칸 뒤에 <주어+동사>가 있으므로 보기 중에 (D) that, (C) whether 같은 목적어절을 이끄는 명사절 접속사가 필요하다. 문장 뒤에 있는 or not을 통해 짝을 이루는 (C) whether가 정답임을 알 수 있다.

4단계 오답 노트
(A) while 목적어인 명사절을 이끄는 접속사가 필요하므로 부사절을 이끄는 while은 답이 될 수 없다.
(B) instead 부사로 문장 두 개를 연결할 수 없기 때문에 답이 될 수 없다.
(D) that : 문미의 or not을 통해 아직 결정되지 않은 상황임을 알 수 있으므로 정해진 사실을 의미하는 that은 답이 될 수 없다.

해석 │ 우리 RFC Grocers의 Newton 지사는 인건비를 삭감할지 말지를 결정할 것이다.
어휘 │ branch 지점, 지사　　cut 삭감하다　　labor cost 인건비
정답 │ (C)

DAY 25

01

before
[bɪˈfɔː(r)]
conj. ~하기 전에
prep. (시간/위치 상) 전에, 앞에
ad. 전에

① 접속사와 전치사로 쓰이며 특정 시점을 기준으로 그 전을 의미한다.
   시간 부사절로 현재시제가 미래시제를 대신한다.
   before 뒤에는 주절보다 미래 즉, 나중 시제가 나와야 한다.
   Before he submits the report, he will need to revise all the errors.
   그는 리포트를 제출하기 전에 모든 오류를 수정해야 할 것이다.

② 부사로 쓰였을 경우 완료시제를 동반하며, 주로 문장 끝에 위치한다.
   We have seen him **before**. 우리는 전에 그를 본 적이 있다.

출제포인트 시간 부사절 접속사의 기능

Mr. Park had already labeled all the packages ------- we sent them to each address below.
(A) whether (B) before (C) until (D) since

THINKING :

STEP 1 구조 분석
Mr. Park / had already labeled / all the packages ———— we / sent / them (to each address below).
→ 빈칸 앞뒤로 완전한 문장 2개. 빈칸은 문장과 문장을 연결해주는 접속사 자리이다.

STEP 2 품사 배열
(A) whether 명사절, 부사절접속사 (B) before 부사절접속사, 전치사, 부사 (C) until 부사절접속사, 전치사 (D) since 부사절접속사, 전치사

STEP 3 답 결정 단어 찾기
앞 뒤 문맥의 논리를 확인하라. 시간의 부사절접속사 before는 〈먼저발생 + before + 나중발생〉의 논리가 되어야 한다.

STEP 4 오답노트
(C) until은 until 이하의 내용이 지속되는 상태를 의미하므로 주절에 행위동사(label)가 아닌 상태동사가 나와야 한다.
(D) since는 '~이래로'라는 뜻으로 쓰이며 보통 〈현재완료 + since + 과거 시점〉으로 쓴다. '이유, 원인'을 나타낼 때는 〈결과 + since + 원인〉이 되어야 한다.

02

after
[ˈæftə(r)]
conj. ~한 다음, 나중에
ad. 다음에, 나중에
prep. ~의 뒤에, ~후에

① 접속사
   시간 부사절로 현재시제가 미래시제를 대신한다.
   before나 after는 동작의 발생 순서를 따지는 시제 문제에 주의!

② 부사: 주로 문장 끝에 쓰인다.
   I will be back either next week, or the week **after**. 다음 주나 다다음 주에 돌아올 거예요.

③ 전치사: ~의 뒤에, ~ 후에
   after dark 어두워진 후에 before dark 어두워지기 전에

출제포인트 after의 품사

It will be easier to attend the annual convention in Sydney ------- Star Airlines begins offering direct flights there next year.
(A) instead (B) after (C) during (D) beyond

THINKING : 해석할 시간이 없다!

STEP 1 구조 분석
It / will be easier (to attend the annual convention) (in Sydney) ------- Star Airlines / begins / offering direct flights there / next year.
→ 동사가 2개, 빈칸은 접속사 자리 ∴ (A) instead는 부사, (C) during, (D) beyond는 전치사이므로 오답

STEP 2 품사 배열
(B) after는 전치사, 접속사, 부사로 모두 쓰이며 여기서는 접속사로 정답이 된다.

STEP 3 답 결정 단어 찾기
"완전한 문장 + ------- + 완전한 문장"

STEP 4 오답노트
after가 접속사로 쓰일 경우, after 뒤의 시제는 미래 시제 대신 현재 시제를 사용한다.

when
03

[wen]
conj. ~할 때에, ~하면
ad. 언제

① 의문사
When will the packages be delivered? 소포는 언제 배송이 되나요?
I don't know **when** to start. 언제 시작해야 할지를 모르겠습니다.

② 시간 부사절 – 접속사 기능
Please call me **when** you arrive at the airport. 공항에 도착하면 저에게 전화주세요.

③ 관계부사
I remember the day **when** you first joined our company.
나는 당신이 처음 우리 회사에 합류한 날을 기억하고 있다.

출제포인트 when 부사절 접속사 vs. 의문사 vs. 관계부사

------- the conference is over, all staff members from the accounting department are expected to submit all reports by the end of the day.
(A) Who   (B) When   (C) Why   (D) Which

THINKING : 의문사 중 부사절 접속사 기능을 하는 것은?

STEP 1 구조 분석
------- the conference / is over, / all staff members (from the accounting department) / are expected (to submit all reports by the end of the day).
→ 동사가 2개, 빈칸은 접속사 자리

STEP 2 품사 배열
(A) Who, (B) When, (C) Why, (D) Which 모두 의문사이자 접속사

STEP 3 답 결정 단어 찾기
"**is over**", "**are expected**" 보기 중 문장과 문장을 연결할 수 있는 부사절 접속사는 (B) When 뿐이다.

STEP 4 오답노트
(D) Which는 의문형용사, 관계사, 명사절 접속사로 쓰이고 명사절 접속사로 쓰일 경우 뒤에 불완전한 문장이 나온다. (의문형용사일 경우, 〈which + 명사〉이며 완전한 문장이다.)

until
04

[ənˈtɪl]
conj. prep. ~할 때까지

~할 때까지
Stay here **until** I come back. 내가 돌아올 때까지 여기에 있어.

[유사어휘]
by the time (~할 때쯤이면 이미)
By the time I got the message, he had left home.
내가 메시지를 받았을 때쯤 (이미) 그는 집을 떠났다.

while (~하는 동안)
Finish it **while** I am here. 내가 여기 있는 동안 그거 마무리해라.

☆ 동시에 답이 있다.

주절	접속사	종속절
1회성 동작이나 완료	by the time	1회성 동작이나 완료의 동사
상태	until	1회성 동작이나 완료의 동사
동작/상태	while	상태, 지속, 계속, 진행

출제포인트 while vs. until

All marketing staff members are required to postpone any holidays ---------- the first draft of the proposal has been completed.
(A) while   (B) during   (C) upon   (D) until

THINKING : while은 왜 오답일까?

STEP 1 구조 분석
All marketing staff members / are required (to postpone any holidays) ---------- the first draft (of the proposal) / has been completed.
→ 동사가 2개, 빈칸은 접속사 자리 ∴ (B) during, (C) upon 전치사로 오답

STEP 2 품사 배열
(A) while 부사절 접속사 (D) until 부사절 접속사

STEP 3 답 결정 단어 찾기
"**completed**" → 종속절의 동사가 1회성 동작/완료동사이므로 (D) until이 정답.

STEP 4 오답노트
(A) while 뒤 문장의 동사는 '상태, 지속'을 의미하는 동사가 나와야 하는데 빈칸 뒤에는 completed란 완료의 의미를 지닌 동사가 나왔으므로 (A) while은 오답이다.

DAY 25 243

DAY 25

05 as soon as
~하자마자, 곧

▶ 시간 부사절을 이끄는 접속사
주절이 미래일 때, as soon as 뒤에는 현재시제가 온다.
As soon as he arrives, I will call you. 그가 도착하자마자 내가 전화할게.
as soon as he arrives = upon his arrival
as soon as possible 가능한 한 빨리

출제포인트 **as soon as vs. while**

------- the shipment arrives, contact our supervisor to confirm that it contains
all of the ordered items.
(A) As well as   (B) While   (C) As soon as   (D) In time for

THINKING : while는 왜 오답일까?

STEP 1 구조 분석
------- the shipment / arrives, contact / our supervisor (to confirm that it / contains / all of the ordered items).
→ 동사가 3개(arrives, contact, contains). 접속사는 1개(that). 따라서 빈칸도 접속사여야 한다.
∴ (D) In time for는 전치사이므로 오답.

STEP 2 품사 배열
(A) As well as는 상관 접속사 → 대등한 위치의 문장 또는 어휘가 나와야 하는데 위 문장은 그렇지 않으므로 오답.

STEP 3 답 결정 단어 찾기
"**arrive**" (C) As soon as는 시간 부사절 접속사로 어떤 행위가 발생하자마자 무엇한다는 의미이므로 정답은 (C)이다. .

STEP 4 오답노트
(B) while은 상태, 지속을 의미하는 동사가 나와야 하는데 arrive란 1회성 동작 동사는 while과 어울리지 않으므로 오답.

06 by the time
(부사) 그때까지
(접속사) ~할 때까지는

① 시간 부사절

by the time절 시제	주절 시제
과거	과거완료 had + p.p.
현재	미래 will / 미래완료 will have p.p.

By the time he arrived, the meeting had already started.
그가 도착했을 무렵, 회의는 이미 시작됐다.
By the time he arrives, the meeting would have started.
그가 도착할 무렵, 회의가 시작됐을 것이다.

② 부사로 쓰인다.
every time, each time, at the time, next time 등도 마찬가지

출제포인트 **전치사 vs. 접속사 vs. 부사**

------- the magazine is published, all the payments will have been paid to the writers.
(A) By the time   (B) In order for   (C) Because   (D) So as

THINKING : 두 문장의 시제는 어떤가?

STEP 1 구조 분석
------- the magazine / is published,/ all the payments / will have been paid (to the writers).
→ 동사가 is published, will have been paid로 2개이므로, 빈칸은 문장과 문장을 연결하는 접속사 자리 ∴ (B) In order for는 전치사, (D) So as는 부사로 오답

STEP 2 품사 배열
(A) By the time 시간 부사절 접속사 (C) Because는 이유 부사절 접속사

STEP 3 답 결정 단어 찾기
"**will have been paid**" 주절의 시제가 미래완료시제이므로 미래의 기준시점이 나와야 한다. by the time은 시간부사절로 미래시제 대신 현재시제를 쓰므로 (A) by the time이 정답이다 .

STEP 4 오답노트
by the time을 묻는 문제 뿐 아니라 주절의 시제를 묻는 문제로 잘 출제되므로 주절에 쓰이는 시제들을 꼭 기억해야 한다.

07 while

[waɪl]
conj. ~하는 동안에, ~인 반면에

▶ 시간 부사절을 이끄는 접속사

보통 〈while + 주어 + 동사〉로 쓴다. 뒤에 〈주어 + be동사〉가 생략되어 -ed, -ing, 전치사구가 나오기도 한다.

While waiting for the bus, I met my professor. 버스를 기다리는 동안, 나는 우리 교수님을 만났다.

[유사 어휘 비교 **as vs. while**]

- as는 앞뒤 문장의 동사들이 동시 발생하는 것을 강조
  Everyone stood up **as** he entered the room. (동시 발생/ 모두 일어남 = 그가 들어옴)
  그가 들어서자 모두 일어났다.
- while절이 동작을 하고 있는 동안 주절의 동작이 발생한다는 의미 → while 뒤에는 상태, 지속, 진행 등의 동사가 나온다.
  Everyone stood up **while** he was speaking. (기간/ 모두 일어남 = 그가 말하는 동안)
  그 사람이 말하고 있는 동안 모두 일어났다.

출제포인트 **while vs. as**

---------- your car is parked, we will watch and care for it.
(A) While   (B) As   (C) Although   (D) Either

THINKING : as는 왜 오답일까?

STEP 1 구조 분석

--------- your car / is parked/, we / will watch / and care for it.
→ 동사가 2개, 빈칸은 접속사 자리 ∴ (D) Either(형용사, 대명사, 부사)는 접속사가 아니므로 오답

STEP 2 품사 배열
(A) While 시간 부사절 접속사 (B) As 시간, 이유 부사절 접속사 (C) Although 양보 부사절 접속사

STEP 3 답 결정 단어 찾기
"**is parked**" 주차가 되어 있는 동안 차를 본다고 하였으므로 동시 발생이 아니라 발생하는 동안 생긴 일이다. (A) While이 정답이다.

STEP 4 오답노트
(B) As는 주차하는 '즉시/순간' 보고 돌본다는 의미이다. (A) While은 '~ 동안에'라는 시간 부사절 접속사일 뿐 아니라, '~인 반면에'란 대조의 의미로도 많이 출제되고 있다.

08 whereas

[ˌwerˈæz]
conj. 반면에, 반하여

▶ 부사절을 이끄는 접속사

- 어떤 게 사실이라도 다른 건 그렇지 않다는 뜻의 '반면에, 반하여'라는 의미이다.
- 유사의미의 접속사로는 while이 있다.

출제포인트 **부사절 접속사의 기능**

Our hotel has a maximum occupancy of 300 guests ----- the local hotel can accommodate only 100 guests.
(A) then   (B) what   (C) just   (D) whereas

THINKING : what은 왜 오답일까?

STEP 1 구조 분석
Our hotel / has / a maximum occupancy of 300 guests / ------- the local hotel / can accommodate / only 100 guests.
→ 동사가 2개, 빈칸은 문장과 문장을 연결하는 접속사 자리이다. ∴ (A) then (C) just는 부사로 오답

STEP 2 품사 배열
(B) what은 명사절 접속사 → 빈칸 앞뒤로 완전한 문장이고 주어/목적어/보어 자리가 아니므로 what은 오답.

STEP 3 답 결정 단어 찾기
"**전체 문장**" 완전한 두 문장을 연결하는 부사절 접속사가 나와야 하며 보기 중 부사절 접속사는 (D) whereas 뿐이다.

STEP 4 오답노트
(B) 명사절 접속사 what은 뒤에 불완전한 문장이 온다.

DAY 25

although 09
[ɔːlˈðoʊ]
conj. 비록 ~일지라도

▶ 양보를 나타내는 부사절 접속사 (= though, even though, even if)
양보 구문을 이끌며 기대치의 반대를 나타낸다. 즉, 두 절의 내용이 상충한다.
'기대치의 반대'란 반드시 부정적 의미만은 아니다. 예를 들어, 늦게 떠났으면 늦게 도착해야 하는데도 불구하고 정각에 도착한 것 등도 의미상 상충하는 양보 구문이 된다.
종속접속사 although = 전치사 despite = 관계부사 however
Although he left late, he arrived on time. 비록 그는 늦게 출발했지만, 제시간에 도착했다.

출제포인트 접속사 although vs. 전치사 despite vs. 접속부사 however

------- we encourage all our employees to participate in the volunteering program, it is not mandatory.
(A) Although   (B) Despite   (C) However   (D) Whether

THINKING : 보기의 뜻이 모두 같다면?
STEP 1 구조 분석
------- we / encourage / all our employees (to participate in the volunteering program), it / is not mandatory.
→ 동사가 2개(encourage, is not)이므로 빈칸은 문장과 문장을 연결하는 접속사 자리 ∴ (B) Despite 전치사이므로 오답

STEP 2 품사 배열
(A) Although 접속사 (C) However 접속사 (D) Whether 접속사

STEP 3 답 결정 단어 찾기
"**we encourage**", "**not mandatory**" 앞 문장은 자원봉사 프로그램 참석 권유이고 뒤 문장은 의무가 아니라는 것으로 두 절의 내용이 상충한다. 양보 접속사 (A) Although가 적절하다.

STEP 4 오답노트
같은 뜻이지만 (B) Despite는 전치사이므로 뒤에 〈주어+동사〉를 받을 수 없다. (C) However는 '~일지라도'라는 의미로 쓰일 경우, 〈however+형용사/부사+주어+동사〉 형태가 나와야 하므로 정답이 될 수 없다.

even if 10
비록 ~일지라도

▶ 양보를 나타내는 부사절 접속사
although, though, even though, even if 비록 ~일지라도
while, whereas ~한 반면에
whatever, wherever, however, whoever 등 복합관계사

출제포인트 even if vs. as though

Applicants are advised that their resumes be two pages long ------- they have worked for over 10 years.
(A) as though   (B) even if   (C) so that   (D) rather than

THINKING : as though는 왜 오답일까?
STEP 1 구조 분석
Applicants / are advised / that their resumes / be / two pages (long) ------- they / have worked (for over 10 years).
→ 동사가 3개(are advised, be, have worked), 접속사는 that 1개이므로 빈칸은 접속사 자리이다.

STEP 2 품사 배열
(D) rather than은 '~보다는, 대신에'라는 의미로 앞뒤에 대등한 내용이 나와야 하므로 오답이다.

STEP 3 답 결정 단어 찾기
"**long**", "**over 10 years**" 앞 문장은 이력서 길이 제한을 둔 것이고, 뒤 문장은 경력이 많음을 나타내는 것으로 두 절의 내용이 상충하므로 양보접속사 (B) even if가 정답이다.

STEP 4 오답노트
(A) as though는 though와 형태가 유사하나 의미는 전혀 다르다. as if와 같은 의미로 '마치 ~처럼' 이란 뜻으로 즉, 일어나지 않은 것에 대한 '가정'을 뜻한다.

11. if
[ɪf]
conj. (만약) ~라면,
~인지 아닌지

① 조건을 나타내는 부사절의 접속사
조건 또는 발생하지 않은 일에 대한 가정을 의미한다.
조건을 나타내는 부사절 if에서는 미래시제를 현재시제가 대신한다.
If I (see / ~~will see~~) him, I'll tell you. 만약 내가 그를 본다면, 나는 너에게 말할 것이다.

② 명사절 접속사: ~인지 아닌지 (= whether)
문장 맨 앞 주어자리, 전치사 뒤, to부정사 뒤에는 if 명사절 접속사를 쓰지 못한다.
whether to do는 가능하지만 if to do는 쓰지 않는다.
whether or not은 가능하지만, if or not은 쓰지 않는다.
I'm not sure **if** it is right or not. 나는 이것이 맞는지 안 맞는지 확신이 없다.

③ 관용 표현 **if necessary, if possible, if not**
I want to attend this year's workshop **if possible**. 가능하면 올해의 워크숍은 참석하고 싶습니다.

④ **even if** ~임에도 불구하고 **if only** ~라면 좋을 텐데 **only if** ~인 경우에만
as if ~인 것처럼

출제포인트 **Whether vs. If**

------- you need more information about the order you made, please call our customer service center at 1-800-487-4589.
(A) Whether   (B) Until   (C) If   (D) So that

THINKING : Whether은 왜 오답일까?

STEP 1 구조 분석
------ you / need / more information (about the order you made), please call / our customer service center (at 1-800-487-4589).
→ 동사가 2개(need, call)이므로, 빈칸은 접속사 자리

STEP 2 품사 배열
(A) Whether 명사절, 부사절 접속사 (B) Until 부사절 접속사 (C) If 명사절, 부사절 접속사 (D) So that은 부사절 접속사

STEP 3 답 결정 단어 찾기
"**need**" 주절은 미래이고 접속사절은 현재인 것으로 보아 현재시제를 미래시제 대신 쓸 수 있는 기능을 가진 접속사가 필요하다. 보기 중 그러한 기능을 가진 접속사는 시간 접속사인 (B) Until과 조건 부사절 접속사인 (C) If이다. 문맥상 정보가 더 필요하면이라는 전제 조건이 있을 때 고객 서비스센터에 연락하라는 의미이므로 조건을 의미하는 (C) If가 정답이다.

STEP 4 오답노트
(A) Whether는 부사절에 쓰일 때는 '~이든 아니든'이라는 뜻으로 문맥상 '정보가 필요하든 안 필요하든 연락하라'는 것은 적절치 않으므로 오답이다.

12. unless
[ənˈles]
conj. 만일 ~ 아니라면

① **unless = if ~ not**
unless가 이끄는 절에 부정어(not, never)가 또 올 수 없다.
현재 사실의 반대를 가정하는 가정법의 용도로는 거의 쓰이지 않는다.

② 시험에는 (접속)부사들과 구분하는 문제 외에 **otherwise** 관련 표현들이 자주 출제된다.
〈unless otherwise + 과거분사〉 달리 ~되어 있지 않는 한
unless otherwise stated/indicated 달리 기술/표시되지 않는 한
unless otherwise instructed/directed 달리 지시되지 않는 한
unless otherwise noted 달리 언급되지 않는 한
unless otherwise agreed/arranged 달리 합의/조정되지 않는 한

출제포인트 시제 관련 부사절 접속사

All personal information of HSCC International Co. employees will be kept confidential ------- written consent is given for it in order to be used.
(A) whether   (B) as if   (C) except   (D) unless

THINKING : as if는 왜 오답일까?

STEP 1 구조 분석
All personal information (of HSCC International Co. employees) / will be kept / confidential ------- written consent / is given (for it in order to be used).
→ 동사가 2개이므로, 빈칸은 문장과 문장을 연결하는 접속사 자리 ∴ (C) except는 전치사로 오답

STEP 2 품사 배열
(A) whether 명사절, 부사절 접속사 (B) as if 부사절 접속사 (D) unless 부사절 접속사

STEP 3 답 결정 단어 찾기
"**is given**" 주절은 미래이고 접속사절은 현재인 것으로 보아 현재시제를 미래시제 대신 쓰는 접속사가 필요하다. 보기 중 (D) unless는 조건 부사절 접속사로 그 기능이 가능하므로 정답이다.

STEP 4 오답노트
(B) as if는 '가정'을 의미하는 접속사로 시제 관련 기능은 없다.
미래시제 대신 현재시제를 쓰는 부사절 접속사는 '조건', '시간' 접속사이다.

DAY 25

as long as
~하는 한

13

▶ 조건을 나타내는 부사절 접속사
어떤 조건이 충족되는 한 계속 지속된다는 의미이다.
You can stay **as long as** you want. 네가 원하는 만큼 머물 수 있다.

- 조건을 나타내는 부사절 접속사의 종류
  if = provided/providing/supposing/suppose/assuming (that) 만약 ~라면
  unless = if ~ not 만약 ~이 아니라면   in case (that) ~한 경우에
  only if 오직 ~해야만   on condition that ~라는 조건이라면

출제포인트 **as long as vs. in case that**

> The copy machine is guaranteed to provide reliable quality services to the user, ------- routine maintenance work is performed once a month.
> (A) in case   (B) as long as   (C) so far   (D) regardless

THINKING : in case는 왜 오답일까?

STEP 1 구조 분석
The copy machine / is guaranteed (to provide reliable quality services) (to the user), ------- routine maintenance work / is performed / once a month.
→ 동사가 2개, 빈칸은 접속사 자리이다. ∴ (C) so far, (D) regardless는 부사이므로 오답.

STEP 2 품사 배열
(A) in case (that) 접속사 (B) as long as 접속사

STEP 3 답 결정 단어 찾기
"**is performed**" 문맥상 '복사기가 사용자에게 고품질의 서비스를 제공한다'는 것은 '한 달에 한 번 정기적인 점검을 받는다'는 전제조건을 제시하므로 접속사 (B) as long as(~하는 한)가 정답이다.

STEP 4 오답노트
(A) in case는 미래의 가정이며 어떤 일이 발생했을 때에 대비한다는 뜻이다.

in case that
~에 대비하여

14

as long as vs. in case vs. until vs. when
- in case: (미래의 가정이며 어떤 일이 발생했을 때)에 대비하여
- as long as: 조건을 나타내며 어떤 조건이 충족되는 한 계속 지속의 의미이다.
- until: until의 주절에는 상태 지속 동사가, until의 종속절에는 동작 동사가 온다.
- when: 주절과 종속절이 동시에 발생할 때 쓰인다.

출제포인트 **as long as vs. in case vs. when**

> Most local buses are late -------- there is a snow.
> (A) when   (B) as long as   (C) until   (D) in case

THINKING : until은 왜 오답일까?

STEP 1 구조 분석
Most local buses / are late / ---------- it snows.
→ 동사가 두 개, 빈칸은 문장과 문장을 연결하는 접속사 자리이다.

STEP 2 품사 배열
(A) when (B) as long as (C) until (D) in case 모두 부사절 접속사이다.

STEP 3 답 결정 단어 찾기
"**snows**" 문맥상 '눈이 올 때' 함께 일어나는 일로 '버스가 늦게 온다'는 말이다. 따라서, 상황이나 때를 의미하는 (A) when이 정답이다.

STEP 4 오답노트
(C) until은 접속사절에 동작 동사가 나와야 하는데 snows는 상태 동사에 해당하므로 오답이다.

15

so
[soʊ]
conj. 그래서, ~하기 위해
ad. 그렇게, 너무

① 등위 접속사 so : 앞뒤에서 완전한 문장들을 받는다.
② ~위해서(목적/결과): 〈so that = in order that〉
We started a training program **so** that our employees can increase their efficiency. 우리는 직원들의 효율성을 높이기 위해 교육 프로그램을 시작하였다.
③ 너무 ~해서 …하다
〈so + 형용사/부사 + (that) 주어 + 동사〉 = 〈such + (관사) 형용사 + 명사 + that + 주어 + 동사〉
He spoke **so** quietly (that) we could hardly hear him.
그가 너무 조용히 얘기해서 우리는 그의 말을 거의 들을 수 없었다.
④ 매우 ~한: 〈so+형용사+a/an+명사 = such+a/an+형용사+명사〉
⑤ ~하기 위하여: 〈so as to + 동사원형〉
⑥ ~도 역시: 부사인 so 뒤에 주어, 동사가 도치된다. 주로 보기에 also가 같이 등장하는데, 이때 also가 답이 되려면 주어, 동사가 도치되지 않아야 한다.

출제포인트 **so의 용법**

According to the recent report, as salaries rise, ------- does debt.
(A) also   (B) although   (C) so   (D) too

THINKING : also는 왜 오답일까?

STEP 1 구조 분석
According to the recent report, / as salaries / rise, ------- does / debt.
→ 동사가 두 개

STEP 2 품사 배열
(A) also 부사 (B) although 부사절 접속사 (C) so 접속사, 부사 (D) too 부사
(B) although는 뒤에 〈주어+동사〉가 나와야하므로 오답이다.

STEP 3 답 결정 단어 찾기
"**does debt**" '도치' 기능을 할 수 있는 어휘를 찾아야 한다. 부사 so는 뒤에 오는 주어, 동사를 도치할 수 있다. 따라서 so가 정답이다.

STEP 4 오답노트
(A) also는 주어, 동사가 도치되지 않아 답이 될 수 없으며 (D) too는 '너무 ~해서 …하다'라는 의미로 to부정사가 주로 어울리는 부사이다. 도치 기능은 없다.

16

assuming that
~라고 한다면

▶ 접속사이며 어떤 일을 가정(if)할 때 '~라면'이라는 의미로 that을 생략하여 쓰기도 한다.
다른 접속사들과 함께 등장하여 접속사의 의미를 묻는 문제로 출제되거나 –ing 형태의 단어들과 함께 출제되기 때문에 접속사라는 것을 알고 푸는 것이 도움이 된다.

- -ing 전치사: including 포함하여, excluding 제외하고, barring ~이 발생하지 않는다면, regarding ~에 대해서, considering ~을 고려하면
- -ing 접속사: providing 만약 ~ 한다면, considering ~을 고려하면, providing that / given that / supposing that ~할 경우에 한해

출제포인트 **분사형 접속사**

---------- there are no more problems, all of the office supplies will be ready tomorrow.
(A) Assuming   (B) Excluding   (C) Except   (D) Furthermore

THINKING : 분사형태의 접속사를 알고 있는가?

STEP 1 구조 분석
---------- there are no more problems,/ all of the office supplies / will be ready / tomorrow.
→ 동사가 2개이므로 빈칸은 접속사 자리이다. ∴ (B) Excluding은 전치사, (D) Furthermore는 부사이므로 오답이다.

STEP 2 품사 배열
(A) Assuming은 that이 생략된 접속사 (C) Except도 that이 생략된 접속사로 볼 수 있다.

STEP 3 답 결정 단어 찾기
"**no**", "**ready**" 문맥상 문제가 없다는 가정 하에 내일 사무용품들이 준비될 것이라는 뜻이므로 '가정'을 의미하는 (A) Assuming 이 정답

STEP 4 오답노트
(C) Except는 전체에서 일부를 제외한다는 의미다.

DAY 25

17
because
[bɪˈkɔːz;-/kʌz]
conj. ~ 때문에

① 주절보다 먼저 발생하는 시제를 선택해야 한다.
　예를 들어, 〈현재 – because – 과거〉는 맞지만 〈현재 – because – 미래〉는 틀림.
② 주로 시간 부사절이나 가정의 접속사와 같이 출제되는데 because는 이미 발생된 사실에 한하기 때문에 when이나 if와 쓰임이 구별되어야 한다.
　(When / ~~Because~~) renting a vehicle, you will often discover extra fees added on to the rental's base price. 자동차를 임대할 때에는 종종 기본 가격 외에 추가비용이 붙는 것을 발견할 수 있다.
③ in order that이나 so (that)은 뒤에 '목적, 결과' 등의 다음 행동이 동반되고, because나 since 등은 뒤에 이미 발생한 '원인, 상황' 등이 동반된다.
　(In order that / ~~Because~~) the deadline be met, we will have to work late.
　마감일을 맞추기 위해 우리는 늦게까지 일을 해야 할 것이다.

출제포인트 **because vs. when**

----------- the Internet is the best way to locate qualified candidates, most companies tend to post job openings online.
(A) Because　(B) When　(C) Whether　(D) So

THINKING : when은 왜 오답일까?

STEP 1 구조 분석
----------- the Internet / is / the best way (to locate qualified candidates), most companies / tend (to post job openings online).
→ 동사가 2개이므로, 빈칸은 접속사 자리이다.

STEP 2 품사 배열
(A) Because 부사절 접속사, (B) When 부사절 접속사, (C) Whether 명사절, 부사절 접속사, (D) So 등위접속사 ∴ 등위접속사 (D) So는 문두에 올 수 없으므로 오답이다.

STEP 3 답 결정 단어 찾기
"**the best way**", "**online**" 인터넷이 가장 좋은 방법 (원인) → 온라인에 구인 게시 (결과)
∴ (A) Because가 정답

STEP 4 오답노트

접속사	주절	종속절
since / as / because	더 미래	먼저 발생, 과거 / 특정시제
when / if / unless / once	미래	동시 발생 / 일반적 / when 현재 (미래대신)
before	더 과거	기준 발생
so that / now that	먼저 발생	더 미래 / 결과

18
as
[əz/æz]
conj. ~하는 동안에, 때문에, ~듯이, ~대로,
prep. ~처럼, ~로서

① ~하는 동안에(= when): as 앞뒤의 사건이 거의 동시에 일어난다. (동시 동작)
　They left **as** she came in. 그녀가 들어오자 그들이 떠났다.
② ~함에 따라: **As** the company grew up, the market share increased as well. 회사가 성장함에 따라 시장 점유율도 증가하였다.
③ ~이기 때문에: I like reading **as** I can learn a lot from it. 나는 독서로 많은 것을 배울 수 있기 때문에 독서를 좋아한다.
④ ~로서: 전치사 as. 뒤에 직위나 역할 등의 명사 보어의 역할을 할 수 있는 단어가 온다.

출제포인트 **as의 용법**

------- the economy has recently shown an upward trend, experts expect that it will recover by the end of this year.
(A) So that　(B) As　(C) Besides　(D) Due to

THINKING : so that은 왜 오답일까?

STEP 1 구조 분석
------- the economy / has recently shown / an upward trend, experts / expect [that it / will recover / by the end of this year.]
→ 동사가 3개이고 접속사 that이 있으므로 빈칸은 문장들을 연결하는 접속사 자리여야 한다. ∴ (C) Besides와 (D) Due to는 전치사로 오답이다.

STEP 2 품사 배열
(A) So that, (B) As 부사절 접속사

STEP 3 답 결정 단어 찾기
"**upward trend**" 상승 추세(원인) → 경기 회복 (결과). ∴ 이유를 의미하는 (B) As가 정답

STEP 4 오답노트
(A) So that은 종속절이 결과를 의미하므로 전체 문맥상 어색하다.

so that
~하기 위해서

19

▶ that이 포함된 부사절 접속사
- so that(+ 결과) 그래서 ~이다
- now that/in that(+ 원인) ~ 때문에, ~라는 점에서
- in order that(+ 목적) ~하기 위해서
- in the event of that(+ 조건) ~인 경우에
- given that ~을 고려하면
- provided/providing/supposing/suppose/assuming + (that) 만약 ~라면 (= if)

위 분사 접속사들은 that을 생략한 후 단독으로 절을 취할 수 있으나 given의 경우 that이 생략되면 접속사가 아닌 전치사가 되어 명사를 취하므로 유의하자.

출제포인트 so that의 뒤 문장은 '결과'

> Kamp Tech installed a new communication system ------- employees could report their ongoing work more conveniently.
> (A) so that (B) if (C) which (D) due to

THINKING : 빈칸 앞뒤의 문장 관계는?

STEP 1 구조 분석
Kamp Tech / installed / a new communication system / ------- employees / could report / their ongoing work (more conveniently).
→ 동사가 2개(installed, could report)이므로 빈칸은 완전한 두 문장을 연결할 수 있는 접속사가 들어갈 자리. ∴ (D) due to는 전치사이므로 오답.

STEP 2 품사 배열
(A) so that 부사절 접속사 (B) if 부사절 접속사 (C) which 관계대명사
∴ 완전한 두 개의 문장을 연결하는 접속사 자리이므로 관계대명사인 (C) which는 오답.

STEP 3 답 결정 단어 찾기
"installed", "more conveniently" 더 편리하게 업무 보고 (결과) → 새로운 시스템을 설치(이유)
∴ 뒤에 결과를 받을 수 있는 부사절 접속사 (A) so that이 정답

as if
마치 ~인 것처럼

20

▶ 마치 ~인 것처럼, ~인양(= as though)
〈주어 + 현재 시제 + as if/though + 주어 + 과거〉
〈주어 + 과거 시제 + as if/though + 주어 + 과거완료〉
He acts **as if** he knew everything. 그는 마치 모든 것을 아는 것처럼 행동한다. ☆ 사실은 모른다.

▶ 유사어휘 as if vs. if only vs. only if
- as if/though: 사실이 아닌 일을 마치 사실인 것처럼 가정하여 반대되는 상황을 강조할 때 사용한다.
- if only: '~하기만 한다면 좋을 텐데'라는 뜻의 가정법으로 조건이나 소망을 나타낸다.
- only if: '~할 때만, ~해야 한다면'이라는 의미로 조건을 나타낸다.

출제포인트 if의 종류

> Although we expect cancelation due to bad weather, our preparations for the conference should continue ---------- there will be full attendance.
> (A) if only (B) as if (C) if any (D) that if

THINKING : if only는 왜 오답인가?

STEP 1 구조 분석
Although / we / expect / cancelation (due to bad weather), our preparations (for the conference) / should continue ---------- there will be full attendance.
→ 동사가 3개(expect, should continue, will be)이고, 접속사 although가 있으므로 빈칸은 접속사가 들어가야 하는 자리이다. ∴ (D) that if는 접속사가 2개이므로 오답

STEP 2 품사 배열
(A) if only 접속사 (B) as if 접속사 (C) if any 삽입어구

STEP 3 답 결정 단어 찾기
"full attendance" '날씨가 안 좋다 → 많은 사람들이 회의에 참석하기 힘들다.'로 이어지는 것이 당연한데 반대로 빈칸 뒤는 출석을 다 할 것이라고 말하고 있다. 반대되는 상황을 강조하며 가정을 하고 있는 것이다. ∴ 사실이 아닌 일을 마치 사실인 것처럼 가정하여 반대되는 상황을 강조할 때 쓰이는 (B) as if가 정답

STEP 4 오답노트
(A) if only는 '~하기만 한다면 좋을텐데'라는 뜻의 가정법으로 조건이나 소망을 나타낸다. (C) if any는 삽입어구로 쓰이며 '설사 있다손 치더라도, 만약에 있다면'이라는 의미이다.

시간 부사절 접속사

when ~할 때   while ~하는 동안에   as soon as ~하자마자   once 일단 ~하면   until ~까지
after ~ 후에   before ~ 전에   since ~ 이래로   by the time ~까지   at the time ~에
※ 시간 부사절에는 미래시제 대신 현재시제를 쓴다.

양보 부사절 접속사

although, though, even though/if 비록 ~일지라도	whatever, wherever, however, whoever 복합관계사	while 반면에, ~일지라도
as ~일지라도	whether (~ or not) ~이든 아니든	whereas ~한 반면에

if를 대신할 수 있는 접속사 vs. 전치사 vs. 접속부사

접속사	whether ~ or not(명사절 접속사로 쓰일 때) ~이든 아니든 in case (that) ~한 경우에 unless (= if not) ~이 아니라면 as/so long as ~의 조건으로, ~하는 한 or else 그렇지 않으면 (등위접속사) assuming that ~을 가정한다면 only if ~할 때에만 even if ~임에도 불구하고 providing/provided that ~라면 (가능할 것이다) given/considering that ~을 고려(감안)한다면 suppose/supposing that ~한다면 (가능성)
전치사	given/considering ~을 고려(감안)한다면 but for ~이 없다면 without ~이 없다면 *Had it not been for N → If it had not been for N (~이 없었다면) 앞, 뒤 문장인 주절은 가정법 과거완료 주절의 공식을 따른다.
접속부사	otherwise 그렇지 않으면 if not ~이 아니라면 if so 그렇다면 if any 어떠한 것이라도 있다면 if ever 그런 적이 있다면 if only ~이면 좋을 텐데 ① S+V. ────── S+V ② S+V+접속사 ────── S+V ③ S+V 접속사 S+V ──────

so의 7가지 용례

부사절 접속사 so/such ~ that 구문 너무 ~해서 ...하다 원인 → 결과	so + 형용사/부사 + that + 주어 + 동사 (= such + (관사) + 형용사 + 명사 + that + 주어 + 동사) 주의할 것은 명사 앞에 수량형용사가 올 때는 'so + many/much/few/little + (명사) + that + 주어 + 동사' 형태가 된다.
강조	so + 형용사 + 관사 + 명사 (= such + a/an + 형용사 + 명사): 매우 ~한 … She is so beautiful a girl. (= She is such a beautiful girl.) 그녀는 매우 아름다운 소녀이다.
등위접속사	등위접속사 so는 앞뒤에서 완전한 문장을 받는다.
부사 도치구문	so가 '~도 역시'라는 뜻의 부사로 쓰이면 뒤에 주어와 동사가 도치된 문장이 나온다. 참고로 also는 도치와 관련이 없다. ex. A: I like apples. 나 사과 좋아해. B: So do I. 나도 그래.
부사	so as to부정사 (= in order to부정사) ~하기 위해서
부사: 대명사적 성향	(이미 언급된 것을 다시 가리키는 말로) 그렇게 I think so. 그렇게 생각해.
부사절 접속사	so that + 절: 목적이나 결과를 의미하는 부사절의 접속사

실력완성 TEST

01 It is advisable to order large quantities of cheap Dollar Tree items ---------- supplies last.
   (A) until   (B) by the time   (C) while   (D) since

02 The economy added 10,000 jobs last year ---------- increasingly strong demand encouraged domestic companies to hire more workers.
   (A) that   (B) while   (C) as   (D) which

DAY 26
전치사 기준표에 의한 전치사 암기법

전치사의 분류 기준
전치사 하나에는 여러 가지 뜻이 있으며 전치사를 결정하는 것은 뒤에 있는 명사이다.
먼저 명사의 종류와 성격을 파악하고 나서 문맥에 적절한 전치사를 골라야 한다.

동작	상태	일정 기간	장소	목적	조건	상황	속도	순서	위치
이동	지속	특정 시간	특정점	교환	자격	감정	변화	근거	방향
완료	외관	도구/수단	공간	용도	소유	결핍	범위	변화	거리
정도/차이	정도	방법	닿은 면	과정	이유	근거	수/양	추가	동반

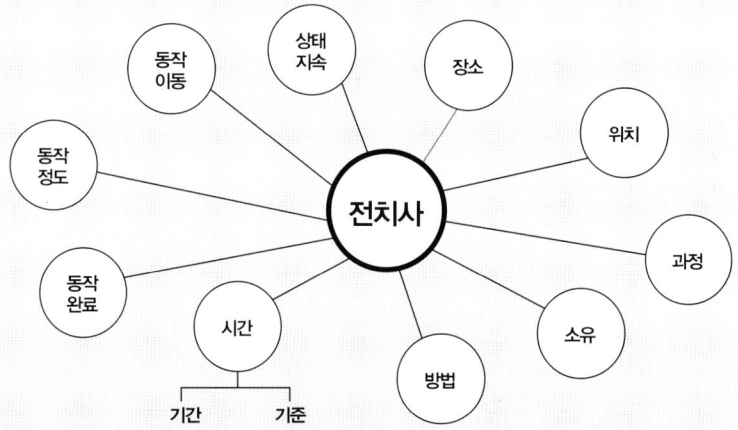

(예시) **by**
⟨by + 장소⟩ ~ 옆에   by the door 문 옆에
⟨by + 시간⟩ ~까지   by 7th 7일까지
⟨by + 수단, 방법⟩ ~을 이용/행위   by car 자동차로
⟨by + 사람⟩ 행위의 주체   It is broken by him. 그가 그것을 깼다.
⟨by + 정도⟩ ~만큼의 차이를 보여줌   by 10% 10% 만큼
⟨by + 상황⟩ 의도치 않게 발생한 이유   by chance 우연히   by mistake 실수로
⟨by + 단위⟩ 시간이나 기간 단위   be paid by the hour 시간 단위로 임금을 받다
⟨by + 근거⟩ By law, you are responsible for this accident. 법에 근거해, 당신이 이 사고에 책임이 있다.
⟨by + 접한 면⟩ I grabbed her by the shoulder. 나는 그녀의 어깨를 잡았다.

시험문제는 이렇게 나와요!

We were informed ------- Mr. Park that our top priority is to increase overall customer satisfaction.
(A) at   (B) by   (C) until   (D) of

해설 ▶ 생각의 순서

1단계 구조 분석
We / were informed (------- Mr. Park) that our top priority / is (to increase overall customer satisfaction).
주어   동사/   접속사   주어2   동사2 to부정사구

2단계 품사 배열   빈칸은 수동태 were informed와 목적어 Mr. Park을 연결하는 전치사 자리이다.

3단계 답 결정 단어 찾기   informed → Mr. Park은 우리(we)에게 that 이하의 내용을 가르쳐준 사람(행위의 주체)
∴ 행위자를 나타내는 전치사 (B) by가 정답

해석 │ 우리는 Park 씨로부터 우리의 최우선 순위가 전반적인 고객 만족도를 끌어올리는 것이라고 통지 받았다.
어휘 │ top priority 최우선 순위   overall 전반적인   customer satisfaction 고객 만족도
정답 │ (B)

DAY 26

01
above
[əˈbʌv]
prep. ~보다 위에
ad. 위에, 위로
a. 위의, 앞에 말한

① 장소의 전치사: ~보다 위에
  〈above + 기준/기대/평균/표준〉 ↔ 〈below + 기준/기대/평균/표준〉
  above my expectation 내 기대 이상으로 **above** my ability 내 능력 밖
② 형용사: 위에서 언급한, 앞에서 말한 the above (+ 명사) ↔ the following (+ 명사)
  The **above** (address) is my address. 위의 주소는 내 주소이다.
③ 부사: above all(무엇보다도 우선)

```
              ↑ above
─────────────────────── (기준)
              ↓ below
```

출제포인트 **above의 쓰임**

Powell & Henderson announced that its first year's profits were significantly ---------- the financial analyst's predictions.
(A) across   (B) above   (C) toward   (D) upon

THINKING : toward는 왜 오답일까?

STEP 1 구조 분석
Powell & Henderson / announced / that its first year's profits / were / (significantly) ---------- the financial analyst's predictions.
→ be 동사 뒤, 명사 앞

STEP 2 품사 배열
(A) – (D) 전치사

STEP 3 답 결정 단어 찾기
"its first year's profits", "predictions" prediction(예측)의 기준점을 토대로 첫해 순익이 어땠는지가 나와야 하므로 '특정 기준점을 넘어서다'의 의미를 가진 (B) above가 정답.

STEP 4 오답노트
(A) across는 주로 뒤에 장소명사가 오며, '~ 건너편'이란 뜻을 가진 전치사이다.
(C) toward는 위치, 장소, 시간, 목표 등에 대한 방향을 나타내는 전치사이다.

02
beyond
[bɪˈjɑːnd]
prep. 저편에, 너머, 벗어난,
  ~ 이상,
  ~을 훨씬 능가하는
ad. 건너편에, 그 너머에,
  그 이후에

beyond는 물리적 또는 추상적으로 '그 이상 너머'라는 의미로 주로 장소/시간/거리/한계/수 등에 사용한다
① [긍정] ~ 이상의: beyond our expectation 기대치 이상
② [부정] 능력 밖의: beyond our capacity/ability/experience 역량/능력/경험 밖의
③ **beyond** what I thought 생각하지 못한
  The problem was **beyond** what I thought. 그건 생각지 못한 문제였다.
④ 부사: next year and **beyond** 내년 그리고 그 후에

출제포인트 **after를 의미하는 beyond**

The board expects that the new incentives will boost profits both in the coming year and --------.
(A) beyond   (B) within   (C) above   (D) along

THINKING : above는 왜 오답일까?

STEP 1 구조 분석
The board / expects [that the new incentives / will boost / profits (both in the coming year and --------).] → that 이하가 완벽한 문장이다.

STEP 2 품사 배열
(A) beyond 전치사, 부사 (B) within 전치사 (C) above 전치사, 부사, 형용사 (D) along 전치사

STEP 3 답 결정 단어 찾기
"in the coming year and" in the coming year and beyond (내년과 그 이후)는 숙어처럼 쓰인다. beyond는 '특정 시점 이후에'라는 의미로 after와 유사하다. ∴ (A) beyond가 정답

STEP 4 오답노트
(C) above는 어떤 기준 이상을 말하며 시간을 의미하지 않는다.

03 opposite

['ɑːpəzət]
prep. 반대쪽에, 맞은편에
a. 정반대의, 마주보는
n. 정반대(의 것)

▶ **opposite**(마주보고 있는) vs. **across**(건너, 지나)

- **opposite**: 하나의 사물이나 사람이 서로 반대편에서 마주보고 있다는 의미로 주로 마주하고 있는 대상(사람, 사물)과 함께 쓰인다.
  The store is opposite the bank. 그 가게는 은행 맞은편에 있다.
  opposite은 across from으로 바꿔 쓸 수 있다.
  sitting opposite her = sitting across from her

- **across**: 한쪽에서 다른 한쪽으로의 공간을 넘어가는 개념을 가지고 있다.
  주로 river, street, border, road 등과 함께 쓰인다.
  run across the street 길을 건너 뛰어가다
  a bridge across the river 강을 가로질러 있는 다리

출제포인트 across vs. opposite

Alpensia Books has decided to move to King's Street ------- the Birmingham University.
(A) across (B) opposite (C) throughout (D) upon

THINKING : across는 왜 오답일까?

STEP 1 구조 분석
Alpensia Books / has decided (to move to King's Street) (------- the Birmingham University). → 빈칸 앞은 완벽한 문장이다.

STEP 2 품사 배열
(A) – (D) 전치사

STEP 3 답 결정 단어 찾기
"**King's Street**", "**the Birmingham University**" the Birmingham University가 King's street '맞은편'에 있다고 설명할 수 있는 전치사 (B) opposite가 정답

STEP 4 오답노트
(A) across는 한쪽에서 다른 한쪽으로 공간을 넘어가는 개념으로 주로 river, street, border 등과 함께 쓰이는 전치사이다.

04 across

[əˈkrɔːs]
prep. 가로질러, 건너편에
ad. 건너서, 가로질러

① ⟨across + 장소⟩ ~ 건너편
  across 뒤에는 공간이 나와 '가로지르다'라는 개념이고,
  opposite(= across from) 뒤에는 기준이 나와 '맞은편'이라는 개념이다.
② ⟨across(= throughout) + 장소/업종⟩ 전체에 걸쳐
  across the industry 그 업종 전체에 걸쳐

출제포인트 전치사 vs. 접속사 vs. 부사

Babon's Brain Games sells its educational toys directly to schools all ------- Canada.
(A) across (B) along (C) wide (D) away

THINKING : along은 왜 오답일까?

STEP 1 구조 분석
Babon's Brain Games / sells / its educational toys [(directly) (to schools all ------- Canada).]
schools all과 뒤의 명사 Canada를 연결해 주는 전치사 자리 ∴ (C) wide, (D) away는 부사이므로 오답

STEP 2 품사 배열
(A) across 전치사 (B) along 전치사

STEP 3 답 결정 단어 찾기
"**Canada**" 캐나다 전역에 → across Canada ∴ (A) across가 정답 (= throughout)

STEP 4 오답노트
(B) along은 길게 나 있는 장소를 '따라' 움직인다는 의미이다.
ex. along the street 거리를 따라

DAY 26

05
among
[əˈmʌŋ]
prep. ~의 사이에,
~에 둘러싸인

⟨among + (셋 이상의) 복수명사⟩
① 위치: ~ 사이에 (둘러싸여 있는) He sat among the candidates. 그는 후보자들 사이에 앉았다.
② 배분/의견 공유: ~ 사이에서 concern among economists 경제학자들 ~간의 우려
③ 소속, 포함: (여럿) 중의 (하나) (one of ~, some of ~)
④ 관계: 서로서로, 끼리끼리 (= with each other)
[유사 어휘 비교 between vs. among]
⟨between + 둘 사이⟩ / ⟨among + 셋 이상 사이⟩
speculations among the industry experts (셋 이상의) 업계 전문가들 사이의 추측

출제포인트 between vs. among

The police claim that it is crucial to increase vigilance especially at night -------- local neighbors.
(A) between   (B) among   (C) beside   (D) about

THINKING : between은 왜 오답일까?
STEP 1 구조 분석
The police / claim / that it / is crucial / to increase vigilance especially (at night) (-------- local neighbors).
STEP 2 품사 배열
(A) – (D) 전치사
STEP 3 답 결정 단어 찾기
"local neighbors" 복수명사이고 사람명사. '지역 주민들 -------- 특히 밤에 조심' → 빈칸은 '(셋 이상) ~사이에'의 (B) among이 정답

STEP 4 오답노트
(A) between 둘 사이를 의미할 때 사용한다. (C) beside 장소명사와 사용한다.
(D) about 주제와 관련된 것에 사용한다.

06
between
[bɪˈtwiːn]
prep. 사이에, 중간에
ad. 그 사이에

▶ 둘 사이의 장소, 시간, 거리, 범위, 관계 등을 나타낸다.
⟨between + 복수명사⟩ / ⟨between A and B⟩
sail between two countries 두 국가 사이를 항해하다
The employees stood between the door and the table.
직원들은 문과 테이블 사이에 서 있었다.

출제포인트 between A and B

We need to hire a liaison ---------- local branch offices in Tokyo and Seoul.
(A) from   (B) beyond   (C) into   (D) between

THINKING : from은 왜 오답일까?
STEP 1 구조 분석
We / need to hire / a liaison (---------- local branch offices (in Tokyo and Seoul)).
STEP 2 품사 배열
(A) – (D) 전치사
STEP 3 답 결정 단어 찾기
"and" between A and B A와 B사이에 → 일본과 서울에 있는 지점들 간에 ∴ 정답은 (D) between

STEP 4 오답노트
(A) from : 시작이나 출발점을 의미
  → 도쿄와 서울 지점 간의 연락 담당자를 고용하는 것이므로 local branch offices를 출발점으로 보는 것은 오류이다.
(C) into : 단독으로 쓰이지 않고 변화를 의미하는 동사와 쓰인다.

07 for
[fə(r)/fɔː(r)]
prep. ~을 위해,
~ 때문에, ~ 동안에

① 용도, 목적, 대상: ~에게
All of our cars meet the government's standard **for** fuel efficiency.
우리의 모든 자동차들은 정부의 연로 효율 기준에 부합한다.

② 이유, 원인 〈awarded/known/noted/promoted/blamed for + 이유〉
TX Telecom blamed rising taxes **for** the increase in prices of their products.
TX telecom은 자사 제품의 가격인상에 대해 오르는 세금 탓을 했다.

③ 기간
We have been rated first in the best service **for** the past five years.
우리는 지난 5년 동안 최상의 서비스로 1위에 올랐다.

④ to부정사의 의미상 주어
It is important **for** you to exercise regularly. 네가 규칙적으로 운동을 하는 것이 중요하다.

⑤ 수단, 방법: for –ing

⑥ 기타: 정해진 날짜, 시간, 거리, 가격, 가치, 교환, 목적지, ~마다
Customers can receive 1 bonus points **for** every $1 they spend. 〈교환〉
고객들은 매 1달러를 쓸 때 마다 1보너스 포인트를 받을 수 있다.
A few days later, she would be leaving **for** Seoul. 〈목적지〉
며칠 후에 그녀는 서울로 떠날 것이다.

출제포인트 목적이나 용도를 의미하는 for

------- your own safety, please wear safety goggles and lab suits before entering the restricted area.
(A) About   (B) By   (C) For   (D) Of

THINKING : about은 왜 오답일까?
STEP 1 구조 분석
(------- your own safety), please / <u>wear</u> / safety goggles and lab suits / before entering the restricted area.

STEP 2 품사 배열
(A) – (D) 전치사

STEP 3 답 결정 단어 찾기
"**wear safety goggles**" 보호 안경과 실험복을 입다 (결과) → 안전을 위해 (목적)
∴ 목적을 의미하는 (C) For가 정답

STEP 4 오답노트
(A) About(~에 대하여)은 주제를 의미하는 전치사
(B) By(~로)는 수단과 방법을 의미하는 전치사
(D) Of(~의)는 서로 속하거나 관련이 있는 명사들과 쓰이는 전치사

08 during
[ˈdʊərɪŋ]
prep. ~ 동안, 내내,
~하는 중에, ~ 때에

▶ 유사 어휘 비교 during vs. for
- during: 특정 기간 동안 어떤 일이나 상황이 한 번 또는 여러 번 발생하는 것을 의미
  I will visit you **during** the holiday. 내가 휴가 동안 너를 방문할 거다.
- for: 일정 기간 내내 동작이나 상황이 계속 지속되는 일을 말할 때 사용
  We have been talking **for** one hour. 우리 1시간 동안 (계속) 얘기하고 있다.

출제포인트 for vs. during

The announcement of the best television advertisement award will be made ------- dinner time.
(A) for   (B) down   (C) along   (D) during

THINKING : for는 왜 오답일까?
STEP 1 구조 분석
The announcement (of the best television advertisement award) / <u>will be made</u> (------- dinner time).

STEP 2 품사 배열
(A) – (D) 전치사

STEP 3 답 결정 단어 찾기
"**dinner time**" dinner time(저녁시간) → 특정 시간
∴ 특정 기간명사와 어울리는 when의 개념을 가진 (D) during이 정답

STEP 4 오답노트
(A) for는 〈for+수사+단위 시간명사〉로 상황의 지속성을 보여준다. (how long의 개념)
(B) down(~ 아래로)은 방향을 의미하는 전치사
(C) along(~을 따라서) 역시 방향을 의미하는 전치사

DAY 26

through 09
[θruː]
prep. ~을 통해, 통하여,
  지나, ~ 사이로,
ad. 줄곧,
  통과하여

① 방향을 나타내는 전치사로 장소를 통과해 가는 것
② 과거의 경험이나 과정 등을 통하는 것
  시간을 의미하는 명사와 함께 쓰여 '내내'를 의미하기도 한다.
③ 수단이나 방법을 의미
  through the experience 경험을 통하여 through the Internet 인터넷을 통하여
[그 밖의 방법, 수단의 전치사]
- 〈by + 무관사 대표 명사〉 by car 자동차로 by hand 손으로 by mail 우편으로
- 〈with + 구체적인 명사〉 with this pen 이 펜을 써서 (소유격, 지시형용사, the로 한정)

출제포인트 **수단/방법의 전치사**

The ability to succeed in complex applied theory will be greatly improved ---------- frequent practice.
(A) out of   (B) along   (C) through   (D) over

THINKING : out of는 왜 오답일까?
STEP 1 구조 분석
The ability (to succeed) (in complex applied theory) / will be greatly improved (---------- frequent practice).
STEP 2 품사 배열
(A) – (D) 전치사
STEP 3 답 결정 단어 찾기
"**practice**" 향상 되는 것 → 연습 (수단) ∴ 수단을 의미하는 (C) through가 정답
STEP 4 오답노트
(A) out of의 out은 공간이나 능력의 제한 범위에서 벗어난다는 것으로 '~의 범위 밖으로'라는 의미

---

within 10
[wɪˈðɪn]
prep. ~이내에

① 시간 전치사: 〈within + 기간〉
② 장소 전치사: 〈within + 장소/거리/범위〉
[유사 어휘 in vs. within vs. after]
- 〈in + 기간명사〉: '~ 후에, ~이 지나면'의 의미로, 특정 시간이 지난 바로 그 시점을 말하는 것.
  I will be ready to leave in an hour from now. 나는 앞으로 한 시간 후에 떠날 준비가 될 것이다.
- 〈within + 기간명사〉: '~ 이내에'의 의미로 특정 기간 내에 특정 동작이 발생하는 것.
  I will be back here within two weeks. 나는 2주 이내에 여기로 돌아올 것이다.
- after: 특정 시간이 지난 후부터 그 이후 계속되는 시간을 나타냄.

* 만약 현재 시간이 2시라면,
  Come back in 2 hours. 4시에 다시 와라.
  Come back within 2 hours. 4시 전에 와라.
  Come back after 2 hours. 4시 이후에 와라.

출제포인트 **기간명사를 받는 전치사**

Return this coupon ---------- 7 days to receive a complimentary 2017 planner.
(A) within   (B) toward   (C) beyond   (D) among

THINKING : 빈칸 뒤 명사의 종류는?
STEP 1 구조 분석
Return / this coupon (---------- 7 days) (to receive a complimentary 2017 planner).
STEP 2 품사 배열
(A) – (D) 전치사
STEP 3 답 결정 단어 찾기
"**7 days**" 7 days → 기간명사 ∴ 보기 중 기간 명사와 어울리는 (A) within이 정답
STEP 4 오답노트
(B) toward: 이동, 방향과 어울리는 어휘와 함께 사용
(C) beyond: 물리적 또는 추상적으로 '그 이상'을 의미
(D) among: 목적어 - 셋 이상의 복수명사일 때 사용

11. in
[ɪn]
prep. ~에
ad. 안에

① 특정 기간: ~ 동안 in a day 하루 사이에
② 기간명사 앞에 위치: in the next month/year/season 다음 달에/내년에/다음 계절에
③ 시간 경과: ~ 후에, ~ 지나서
   We'll be back **in** ten minutes. 우리는 십분 후에 돌아올 것이다.
④ 분야, 관련: 〈증가/감소/진보/경력 + in + 분야〉
⑤ 사면이 막힌 공간: in the room 방에서 in the envelope 봉투 안에
⑥ be interested in / be involved in ~에 관심이 있다/~에 관여하다
⑦ 장소: 〈in + 지역/나라/넓은 장소〉
⑧ 상태, 의복 등의 착용, 색상: the man in black 검은 옷을 입은 남자
⑨ 잡지, 책, 신문: in the survey 설문조사에서 in the newspaper 신문에서

출제포인트 전치사 + 색상

The latest model is said to be available --------- blue, crystal white, and silver.
(A) in   (B) of   (C) for   (D) on

THINKING : 색상과 어울리는 전치사는?
STEP 1 구조 분석
The latest model / is said (to be available --------- blue, crystal white, and silver).
STEP 2 품사 배열
(A) – (D) 전치사
STEP 3 답 결정 단어 찾기
"**blue**", "**white**", "**silver**" 색상과 어울리는 전치사는 (A) in이다.
STEP 4 오답노트
in은 시간 전치사로 '~ 후에' 라는 'after'와 동일한 의미가 있다. in은 토익에서 시간 전치사 쓰임으로 자주 출제되고 있다.

12. throughout
[θruːˈaʊt]
prep. 곳곳에, ~ 내내

① 장소명사와 함께 쓰여 '~의 곳곳에/도처에/사방에'
   search **throughout** the office 사무실 구석구석을 찾다
   ※ the manual/book과 같이 범위가 있는 사물도 throughout의 목적어가 될 수 있다.
② 기간 전치사로서 '~ 내내, 줄곧'의 의미이다.
   이때 throughout이 취하는 명사는 기간명사 또는 기간을 형성하는 명사이다. (기준 X, 시점 X)
   throughout my life 내 일생을 통하여 (내내)

출제포인트 장소명사를 받는 전치사

The sudden growth of interest among investors ------- the IT industry has raised its stock prices.
(A) into   (B) throughout   (C) during   (D) as

THINKING : 빈칸 뒤 명사의 종류는?
STEP 1 구조 분석
The sudden growth (of interest) (among investors) (------- the IT industry) / has raised / its stock prices.
STEP 2 품사 배열
(A) – (D) 전치사
STEP 3 답 결정 단어 찾기
"**IT industry**" '투자자들 사이의 관심이 급증' 하는 곳 → 'IT industry 전반' ∴ 장소명사를 받는 (B) throughout이 정답
STEP 4 오답노트
(C) during: 시간명사와 함께 쓰이는 전치사
(D) as: 직위나 자격을 나타내는 명사가 목적어로 온다.

DAY 26

13

by
[baɪ]
prep. ~ 옆에,
~에 의해서,
~까지,
~함으로써

① 위치를 나타내는 전치사 '~옆에' (= next to/beside/near)
  by the entrance 입구 옆에 **by** the building 건물 옆에
② 미래완료를 동반하여 완료시점 '~까지, ~쯤에는'
  ※ 동작이 완료되는 단순 시점을 의미. until과 혼동하지 말 것!
  The project will be completed **by** next week. 다음 주까지 그 프로젝트가 완료될 것이다.
  The museum is open **until** 7 p.m. 박물관은 7시까지 개방한다.
③ 행위자를 나타내는 전치사로 '~에 의해서'
  ※ 수동태에서 뿐만 아니라 명사 바로 뒤에서 행위자를 나타내기도 한다.
  The book **by** Mrs. Potter will be published soon. Potter 씨가 지은 책이 곧 출판될 것이다.
④ 교통과 통신수단을 나타내는 '~로'
  ※ 수단을 나타내는 전치사 by 뒤에는 명사 앞에 한정사를 쓸 수 없다.
  by car (O) by a car (X)
⑤ **by** -ing는 '~함으로써(방법)'
⑥ 정도나 차이

출제포인트 by의 쓰임

> We were informed ------- Mr. Park that our top priority is to increase overall customer satisfaction.
> (A) at   (B) by   (C) until   (D) of

THINKING : of는 왜 오답일까?

STEP 1 구조 분석
We / were informed (------- Mr. Park) / that our top priority / is (to increase overall customer satisfaction).

STEP 2 품사 배열
(A) – (D) 전치사

STEP 3 답 결정 단어 찾기
"**Mr. Park**" Park 씨는 우리(we)에게 that 이하의 내용을 가르쳐준 사람 ∴ 행위자를 나타내는 전치사 (B) by가 정답

STEP 4 오답노트
(D) of는 뒤의 that절 때문에 오답 (⟨inform + 사람명사 + of/that⟩ → of, that 둘 중에 하나만 사용)
(C) until은 ⟨상태 지속동사 + until + 시점명사⟩ : 동작/상태의 지속/계속의 의미를 가진 be, remain, like, stay, continue, sleep, wait 등의 동사와 함께 쓰인다.

14

to
[tə/tuː]
prep. ~에,
~에게,
~까지

① 방향을 나타내는 전치사로 뒤에 최종 대상(사람, 장소, 위치, 목표, 방향 등)이 온다.
② 전치사 to vs. to부정사의 to
  • 전치사 to ⟨to + 명사/명사구/동명사⟩
  • to부정사의 to ⟨to + 동사원형⟩

출제포인트 to의 쓰임

> According to Daily Economy , the overall growth rate in America fell ------- 3%, causing a serious economic downfall.
> (A) to   (B) at   (C) in   (D) on

THINKING : 움직임을 나타내는 동사와 쓰이는 전치사

STEP 1 구조 분석
According to Daily Economy, the overall growth rate (in America) / fell ------- / 3%, (causing a serious economic downfall).

STEP 2 품사 배열
(A) – (D) 전치사

STEP 3 답 결정 단어 찾기
"**fell**" fell(떨어졌다) + 3% (수치명사) ∴ 떨어진 수치의 착지점을 보여주는 (A) to(~까지)가 정답

STEP 4 오답노트
(B) at: 현재 시점에서의 수준이나 비율
(C) in: 목적어가 장소명사 또는 시간명사
(D) on: 목적어가 장소명사 또는 요일, 날짜

15. into
[|ɪntə/ˈɪntu/ˈɪntuː]
prep. ~ 안으로

① 방향을 나타내는 전치사로 단순한 위치가 아니라 움직임을 내포
② 관련 숙어
look **into** 들여다보다   take **into** account ~을 고려하다
put **into** effect 효력을 발생하다   fit **into** the schedule 일정에 맞추
expansion into ~   ~으로의 확장(진출)
⟨integrate into + 목적어⟩ ~으로 통합되다, 흡수되다
⟨integrate + 목적어 + **into**/with + 명사⟩ ~을 …으로 통합하다
⟨take + 목적어 + **into** + consideration⟩   ~을 고려하다
⟨divide + 목적어 + **into**⟩ ~으로 나누다

출제포인트 *into*는 단독으로 쓰이지 않는다.

GM Research Center and Frontier Survey have been successfully integrated ---------- a single large research center in the country.
(A) of   (B) on   (C) into   (D) until

THINKING : 단독으로 쓰이지 않는 into, 답 결정단어는?
STEP 1 구조 분석
GM Research Center and Frontier Survey / have been successfully integrated ---------- / a single large research center (in the country).
STEP 2 품사 배열
(A) – (D) 전치사
STEP 3 답 결정 단어 찾기
"**integrated**" ⟨be integrated into + 목적어⟩ ~으로 통합하다 ∴ (C) into가 정답
STEP 4 오답노트
(D) until은 뒤에 시간명사가 온다.

16. from
[frʌm/frɑːm]
prep. ~로부터

① 이동의 출발점, 시작 시점
   start **from** ~에서 시작하다   depart **from** ~에서 출발하다   **from** A to B A에서 B까지
② 출처: **from** the vendors 상인들로부터
③ 위치, 입장 '~에서 보면'
   From the station, you can see the hotel. 정류장에서 너는 호텔을 볼 수 있다.
④ 변화되기 전의 상태 (화학적 변화): made **from** ~로 만들어지다
⑤ 원인, 이유: suffer **from** ~로 고통 받다   benefit from ~로부터 이익을 얻다
⑥ 금지, 예방: refrain **from** -ing ~을 삼가다 ⟨prevent/prohibit/stop/keep/hinder + 목적어 + from–ing⟩ (목적어)가 ~하지 못하도록 금하다/막다
⑦ 구별, 차이: differ A **from** B A는 B와 다르다   tell A from B A와 B를 구분하다
⑧ ~에서 분리된, 제거된: absent **from** ~에 결석한   away from ~에서 떠나서
⑨ 시간 숙어
   a week **from** today 오늘부터 일주일 후   **from** 3 o'clock onwards 3시 이후 계속

출제포인트 기간명사 + 전치사 + 시점명사

There will be a very important meeting with a spokesperson from Wiseman Corporation a week ------- this Friday.
(A) on   (B) for   (C) than   (D) from

THINKING : on은 왜 오답일까?
STEP 1 구조 분석
There will be a very important meeting (with a spokesperson) (from Wiseman Corporation) (a week ------- this Friday).
STEP 2 품사 배열
(A) – (D) 전치사
STEP 3 문장 중 답 결정 단어
"**a week**", "**this Friday**" 금요일부터 한 주 후에 회의가 있다. ∴ ~부터를 의미하는 (D) from이 정답.
STEP 4 오답노트
(A) on: 요일 앞에 this, last, next, every 등이 올 때는 전치사 on 없이 '~ 요일'이란 의미로 쓰인다.
(B) for: 기간명사와 쓰인다.   (C) than : 앞에 비교를 나타내는 표현과 함께 쓰인다.

DAY 26

17. prior to
~에 앞서

⟨prior to + 명사⟩ ~에 앞서서/이전에
두 단어 이상으로 구성된 경우 마지막 단어가 전체 품사를 결정한다.
prior to ~전에   ahead of ~에 앞서서   regardless of ~에 상관없이
native to ~에서 태어난   free of ~을 떠나서, 면제된

출제포인트 두 단어 이상으로 구성된 어휘는 마지막 단어가 전체 품사를 결정

> The human resources department will be preoccupied -------- to this month's tax reforms.
> (A) before   (B) next   (C) prior   (D) suited

THINKING : 전치사+전치사는 사용 가능할까?

STEP 1 구조 분석
The human resources department / will be preoccupied (-------- to this month's tax reforms).
빈칸은 전치사 to와 어울리는 어휘거나 부사가 들어가는 자리

STEP 2 품사 배열
(A) before 전치사, 접속사, 부사 (B) next 형용사 (C) prior 형용사 (D) suited 형용사, 동사

STEP 3 답 결정 단어 찾기
"to" prior to ~ 전에 → 전치사 ∴ (C) prior가 정답
※ prior to = before (전치사 + 전치사는 같이 쓸 수 없다.)

STEP 4 오답노트
(B) next to: '~ 옆에'라는 의미를 가진 전치사. 목적어로 장소명사가 나와야 한다.

⟨주의⟩ 전치사 + 부사 + 명사
for about an hour(약 1시간 동안)에서 for와 about은 모두 전치사이지만 실제 전치사는 for이다. 여기서 about은 부사다.

18. following
['fɑːloʊɪŋ]
prep. ~ 후에
a. 그 다음의, 아래의
n. 다음, 아래

① 전치사로 특정 사건·결과 '후에(after)'라는 의미. 뒤에 명사 목적어를 취한다.
  ※ 부사 finally가 주로 문장에 같이 나온다.
② 형용사로 시간상순서상 '다음의(next)', '아래에 나오는(언급되는)'의 의미.
  ⟨the + following + 명사⟩
  the next month = the following month 다음 달
  the following example = the below example = the next example 다음 예시

출제포인트 following의 품사

> -------- weeks of uncertainty, the board of directors finally announced a merger with KMC Inc.
> (A) At   (B) Following   (C) Upon   (D) Except

THINKING : except는 왜 오답일까?

STEP 1 구조 분석
(-------- weeks of uncertainty), the board (of directors) / finally announced / a merger (with KMC Inc).

STEP 2 품사 배열
(A), (C) 전치사 (B) following 전치사, 형용사, 명사 (D) except 전치사, 접속사

STEP 3 답 결정 단어 찾기
"weeks of uncertainty(시간명사)", "finally" 시간명사와 어울리면서 부사 finally와 어울리는 전치사는 following 또는 after, ∴ (B) following이 정답

STEP 4 오답노트
(D) except : 전체 중 일부를 제외한다는 의미로 문장 중 all, every가 주로 제시된다.

at
[ət/æt]
prep. ~에

19

① 특정 시간 at 4:30 4시 30분에
② 횟수/비율/속도/온도/가격/비용
　at the speed of 60 miles an hour 시간당 60 마일의 속도로
　at a reasonable price 합리적인 가격에
③ 희생/댓가
　at a great expense 엄청난 비용을 들여
④ 특정 시점에서의 사람이나 사물의 소재, 행방 또는 행위가 일어나는 정확한 장소나 위치
　※ 좁은 공간이라는 단순 개념으로는 이해하기 힘들다.
　예를 들어 Part 2에서 Where did you buy it? 이라는 질문에 답은 단순히 머물고 있는 것이 아니라 '~을 하고 있는 중'이라는 의미의 At the store.이다.

[장소 전치사 at vs. in vs. on]
at은 하나의 지점, 위치 등을 나타내며 특정 시점에서의 사람이나 사물의 소재, 행방 또는 행위가 일어나는 정확한 장소나 위치를 의미한다.
in은 장소나 특정 공간 내에 존재하거나 포함되어 있다는 의미를 가진다.
on은 물리적·추상적인 것의 표면에 접해 있다는 개념의 전치사이다.

출제포인트 장소 전치사 on vs. at

-------- Kale Consulting Inc., we value teamwork and foster a cooperative working environment.
(A) On   (B) At   (C) Of   (D) To

THINKING : on은 왜 오답일까?

STEP 1 구조 분석
(-------- Kale Consulting Inc.,) we / value / teamwork and foster / a cooperative working environment.

STEP 2 품사 배열
(A) – (D) 전치사

STEP 3 답 결정 단어 찾기
"**Kale Consulting Inc.**", '회사에서 근무 환경을 조성 한다' 단순히 공간 안에 머무르고 있는 상태가 아닌 '근무 환경을 조성하는 중'이라는 특정 행위가 일어나는 정확한 위치를 의미하므로 'at'이 정답이다.

STEP 4 오답노트
(A) On은 표면 위, 일직선상의 지점을 의미한다. 즉, 'A pencil is on the desk(연필이 책상 위에 있다.)'와 같이 책상 표면 위에 물건이 놓여 있을 때 쓰이는 장소 전치사이다.
(D) To는 방향, 이동을 의미하는 전치사로 문장 중 go to school(학교에 가다)와 같이 방향, 이동을 의미하는 어휘가 문장 중에 포함되어야 한다.

on
[ɑːn/ɔːn]
prep. ~에, (장소) 위에

20

① 특정 요일/날짜 on Monday 월요일에
② 장소 on the desk 책상 위에
③ 주제, 대상 work on the project 그 프로젝트에 착수하여 일하다
④ 특정 행위시점 on arrival 도착 시에
　※ on은 시간 명사 앞에 쓰이지만 시간 부사 앞에서는 쓸 수 없다.
　We will be there on tomorrow. (X)

출제포인트 전치사의 쓰임새

Starting next year, our hotel will impose taxes -------- each room.
(A) in   (B) on   (C) at   (D) to

THINKING : in은 왜 오답일까?

STEP 1 구조 분석
(Starting next year), our hotel / will impose / taxes -------- each room.

STEP 2 품사 배열
(A) – (D) 장소 전치사

STEP 3 답 결정 단어 찾기
"**each**" 각 방 안에 세금을 부과하다 (X) → 각 방에 대한 세금을 물린다. (O) 즉, '~에 대한'이라는 의미의 전치사 (B) on을 써야 한다.

STEP 4 오답노트
(A) in은 'there are chairs in the room'처럼 주체가 장소, 공간 안에 존재할 때에만 in the room이 성립된다.

DAY 26

DAY 26
SUMMARY

by를 어떤 용도와 기준으로 쓰느냐에 따라 완전히 다른 뜻이 된다.

전치사는 쓰임들이 너무나 많아서 실제 사용할 것들 위주로 정리해야 한다. 특히, 쉬운 단어일수록 쓰임이 많기 때문에 오히려 많은 뜻이 존재한다.

by + 장소	~ 옆에 (= beside, near) ex. by the door 문 옆에
by + 시간	'~까지'라는 완료의 의미 ex. by 7th 7일까지
by + 수단, 방법	~을 이용하거나 하는 행위를 나타낸다. ex. by car 자동차로
by + 사람	'~에 의해'라는 의미로 행위의 주체를 말한다. ex. It was broken by him. 그건 그 사람이 깼다.
by + 정도	'~만큼'의 차이를 보여준다. ex. by 10% 10%만큼
by + 상황	의도치 않게 발생한 이유를 보여준다. ex. by chance 우연히 by mistake 실수로
by + 단위	시간이나 기간 단위로 쓰인다. ex. be paid by the hour 시간 단위로 임금을 받다
by + 근거	~에 의거하여 (= according to) ex. By law, you are responsible for this accident. 법에 의거하여 당신은 이 사고에 책임이 있다.

장소나 위치를 의미하는 전치사

시험에 자주 출제되는 전치사 중 하나는 장소/위치를 의미하는 전치사이다. 기본적인 at/on/in을 제외하고 자주 출제되는 전치사들은 반드시 암기해두자.

장소나 위치를 의미하는 전치사	
within ~ 내에서	**near** ~ 근처에, ~ 옆에
across ~ 건너편에	**along/alongside** ~을 따라
around ~ 주변에	**among** ~ 사이에 / ~ 중에
opposite ~ 반대편에	**between** ~ 중에 / ~ 사이에서
past ~ 지나서	

기간 전치사와 기준 전치사

뒤에 있는 명사가 기준 시점을 의미하는지 기간을 의미하는지 확인하라.

▶ 기간 전치사란? 뒤에 특정 기간을 명시하는 명사가 따라온다.

for, over, during, throughout, in, within, after, before 등 + 기간명사

2 weeks, 4 days

▶ 기준 전치사란? 특정 시점을 기준으로 움직이는 것을 의미하여 뒤에 시점명사를 받는다.

by, until, since, after, following, before, prior to, from, to 등 + 시점명사(기준)

4th , Monday

실력완성 TEST

01   ------ hiring additional designers for the new product designs, Paramount Electronics is hoping to create revolutionary televisions and stereos.
(A) Up   (B) About   (C) By   (D) To

02   ------ Kale Consulting Inc., we value teamwork and foster a cooperative working environment.
(A) On   (B) At   (C) Of   (D) To

DAY 27

토익 필수 전치사 42개

시험에 꼭 나오는 전치사 암기 포인트

above ~ 위에(↔ below ~ 아래에)

```
    ↑ above
──────────────── (기준)
    ↓ below
```

⟨above/below + 기준(expectation, standard, average, ...)⟩
~ 초과/미만
above my expectation 기대치 이상

across

① 전반에 걸쳐서(= throughout)
　across the industry 그 업종 전반에 걸쳐
② (공간을) 건너서: across the road 길 건너
　주의 ▶ 장소명사를 동반하는 전치사
　along ~을 따라서　around ~의 주변
　near ~ 근처에　　 next to ~ 옆에

among

① ~ 중에 하나/여럿(= one of~/some of~)
　My company is one of those buildings.
　One of those buildings is my company.
　Among those buildings is my company.
　저 건물들 중의 하나가 우리 회사이다.
② ~ 사이에서(= from)
　chose from them = chose among them
③ 서로서로, 끼리끼리
④ ~ 안에서(= within)

from

① [이동의 출발점, 출처] ~에서, ~로부터
　start from ~에서 출발하다　from A to B A에서 B까지
② [상태 변화에서 원래 상태] be made from ~로 만들다
③ '금지하다' 동사 + 목적어 + from –ing⟩ ~가 …하는 것을 막다
④ [동사 숙어] tell A from B ~A와 B를 구분하다

for

① [용도, 목적]
② ⟨for + 기간⟩ ~동안: for seven days 7일 동안
③ [교환] I bought it for $100. 그것을 100달러에 샀다.
④ ⟨be + 과거분사 + for + 이유⟩ ~ 때문에 …하다
　be + blamed/awarded/known/noted/promoted for + 이유
　I was awarded for the design.
　그 디자인 때문에 상을 받았다.
⑤ for –ing = as a result of
⑥ ~에 찬성하는 (↔ against)

during

① [특정 기간, 특정 행위, 특정 사건] ~ 동안
② ⟨during + 시간명사⟩ (O) ⟨during + 동명사⟩ (X)
③ They slept ─────── in the flight.
　(A) while　(B) during　★전치사 2개는 중복이다.

시험문제는 이렇게 나와요!

─────── your own safety, please wear safety goggles and lab suits before entering the restricted area.
(A) About　(B) By　(C) For　(D) Of

해설 ▶ 생각의 순서

1단계 구조 분석
(─────── your own safety), please wear / safety goggles and lab suits / before entering the restricted area.
　　 +명사　　　　　　　　　　동사　　　목적어　　　　　　　　　　분사구

2단계 품사 배열　( )는 문장을 꾸미는 부사구로 명사 your own safety와 어울릴 전치사 자리이다.

3단계 답 결정 단어 찾기　wear safety goggles → '보안경을 착용하라'는 '안전을 위해'가 문맥상 어울린다. 정답은 '~를 위해'의 (C) For가 가장 적절하다.

4단계 오답노트　(A) About은 '~에 대하여'의 의미, (B) By는 '~로'라는 수단과 방법을 의미, (D) Of는 '~의'란 의미로 서로 속하거나 관련이 있는 명사들과 쓰이므로 정답으로 적절하지 않다.

해석　당신의 안전을 위해 제한구역에 들어가기 전에 안전 고글을 쓰고 실험복을 입으세요.
어휘　safety 안전　enter 입장하다　restricted area 제한구역
정답　(C)

DAY 27

01 about
[əˈbaʊt]
prep. ~에 대해서
ad. 약, 대략
a. 지금 막 ~하려고 하여

① 전치사: ~에 대해서
= regarding, concerning, as to, as for
일반적인 주제에는 about을 쓰지만, 전문적인 주제에는 on을 사용한다.
be anxious **about** 속을 태우다, 걱정하다   be enthusiastic **about** 열광하다
be concerned **about** 관심을 가지다, 걱정하다

② 부사: 약, 대략
숫자 앞에서는 부사로 '대략'이라는 의미이다.
a group of **about** 20 individuals 약 20명 정도의 그룹
※ about, over, around는 일반적으로는 전치사로 쓰이지만 수사 앞에서는 부사로 쓰인다.

③ 형용사: 지금 막 ~하려고 하여
be **about** to 막 ~하려고 하다
Mr. Lopez said he was **about** to leave when I called.
내가 Lopez 씨에게 전화를 했을 때 그는 막 나가려 했다고 말했다.

출제포인트 about과 어울리는 목적어는?

There is going to be a staff meeting this Thursday ------- the training workshops starting in December.
(A) during   (B) about   (C) within   (D) to

THINKING : during은 왜 오답일까?

STEP 1 구조 분석
There / is going (to be a staff meeting) (this Thursday) (------- the training workshops) (starting in December).
→ 동사가 1개(is going)이고 보기에 접속사는 없으므로 빈칸은 the training workshops와 어울리는 전치사 자리

STEP 2 품사 배열   (A) – (D) 전치사

STEP 3 답 결정 단어 찾기
"**staff meeting**" 직원회의의 주제는 '12월에 열릴 워크샵'이다. 따라서 주제에 대해서 이야기하는 (B) about이 정답

STEP 4 오답노트
(A) during은 특정 기간명사가 따라오는 전치사이다. the training workshops를 보고 정답으로 (A)를 선택할 수 있으나 워크샵이 열리게 되는 것은 12월이고, 회의는 이번 주 목요일이므로 문맥상 적합하지 않다.

02 despite
[dɪˈspaɪt]
prep. ~에도 불구하고

▶ 양보를 의미하는 빈출 전치사들; ~에도 불구하고, 비록 ~라도
regardless of
in spite of
notwithstanding
※ 같은 의미의 접속사 although, while, though
※ 같은 의미의 (접속)부사 nonetheless, nevertheless

출제포인트 같은 뜻의 어휘는 먼저 소거

------- a deep headache, Mr. Wilkins decided not to leave the office until he finishes
creating a presentation for tomorrow.
(A) Regarding   (B) Except   (C) About   (D) Despite

THINKING : except는 왜 오답일까?

STEP 1 구조 분석
------- a deep headache,/ Mr. Wilkins /decided not (to leave the office) / until he / finishes / creating / a presentation (for tomorrow).
→ 빈칸은 a deep headache와 어울리는 전치사 자리

STEP 2 품사 배열
(A) – (D) 전치사, 하지만 의미가 같은 (A) Regarding과 (C) About은 정답이 될 수 없다.

STEP 3 답 결정 단어 찾기
"**headache**", "**not**" 앞 문장의 headache(두통)와 뒤 문장의 '퇴근하지 않는다(not to leave)'가 대조를 이룸 ∴ 대조를 의미하는 (D) Despite가 정답

STEP 4 오답노트
(A) Regarding, (C) About은 주제를 의미하는 '~에 관하여'라는 뜻으로 주제/대상이 나와야 하고, (B) Except는 전체 중 일부로 문장 중에 전체를 의미하는 all 또는 every가 있어야 한다.

of
[ʌv]
prep. ~의, ~중에

03

① 재료/구성요소: 숙어 consist of / be made of ~로 구성되어 있다
② 동격: the price of 500 won 500원 가격 the city of Seoul 서울시
③ 소유/소속: the manager of the accounting department 회계부서의 매니져
④ 부분: a friend of mine 내 친구 중 하나 one of duties 임무 중에 하나
⑤ 주체(주어)가 되는 사람/사물 vs 대상(목적어)가 되는 사람/사물

| research 조사/연구 | development 개발 | sales 판매 | | of a product |
| promotion 촉진/홍보 | distribution 배포 | withdrawal 철수 | + | 제품의 |

⑥ 능력/특징/장점: workers of Daniel's ability 다니엘만큼 능력을 가진 사람
⑦ 유래/기원/출처
   ※ 〈of + 추상명사〉 = 형용사
   ex. The matter is **of** great importance. 그 문제는 매우 중요하다.

출제포인트 명사와 명사의 관계

As manager ------- the sales department, Mr. Gruber gathers all sales staff members for a brief meeting every Wednesday morning.
(A) on   (B) of   (C) to   (D) by

THINKING : manager와 the sales department의 관계는?

STEP 1 구조 분석
(As manager ------- the sales department), Mr. Gruber / gathers / all sales staff members (for a brief meeting) (every Wednesday morning).
→ 빈칸은 앞의 명사 manager와 뒤의 명사구 the sales department를 연결해주는 전치사 자리

STEP 2 품사 배열
(A) ‒ (D) 전치사

STEP 3 답 결정 단어 찾기
"**manager**", "**the sales department**" manager(부장)는 sales department(영업부서)의 소속. 따라서 '소속'을 나타내는 (B) of가 정답

STEP 4 오답노트
(A) on은 장소나 시간을 나타내는 전치사이고 (C) to는 방향을 (D) by는 수단/방법/장소를 나타내는 전치사다. 모두 답으로 부적절하다

under
[ˈʌndə(r)]
prep. ~ 아래에, ~ 속에, ~ 중인
ad. ~ 아래에[로], ~ 속에[으로]

04

① 일/상황의 진행: ~ 중인
   under discussion/consideration/review 논의/고려/검토 중인
   under construction 공사 중인
② 영향을 받고 있는 상태/조건/권한: ~일 때, ~ 하에
   under control 관리 하에, 지배 하에   **under** pressure 압박을 받는
   under warranty 보증기간에 있는   **under** such conditions 그런 조건하에서
   under different circumstances 다른 상황일 때 **under** no circumstances 어떠한 경우라도
   under his leadership 그의 리더십 아래   **under** president Paul Paul 대통령 체제 하에
   under the situation 그 상황 하에서
③ 법/규칙: ~에 따라 (= according to)
   under the terms of agreement 합의서의 조항에 따라

출제포인트 전치사 관용표현

The plan to build the world's tallest tower in the center of Montreal has been ------- consideration for about three months now.
(A) before   (B) aside   (C) even   (D) under

THINKING : under 관련 전치사 관용표현을 외우고 있는가?

STEP 1 구조 분석
The plan (to build the world's tallest tower) (in the center of Montreal) / has been ------- consideration (for about three months now).
→ 빈칸은 consideration과 어울리는 전치사 자리

STEP 2 품사 배열
(A) 전치사, 접속사   (B) 부사, 명사
(C) 부사, 형용사   (D) 전치사, 부사

STEP 3 답 결정 단어 찾기
"**consideration**" under consideration 고려 중인 ∴ (D) under가 정답

DAY 27

with 05
[wɪð/wɪθ]
prep. ~와 함께, ~로

① 공존: meet **with** a client 고객과 만나다.
② 동반/동행/소지: ⟨take/bring/have + 목적어 + **with** + 사람⟩ ···를 데려오다/가져오다
③ 조건/특성/소유/포함: a man **with** a cap 모자를 쓴 남자
④ 능력/경력/시설: a man **with** experience 경력이 있는 남자
⑤ 수단/재료: slice the potatoes **with** a knife 칼로 감자를 자르다
⑥ 관리/책임(소재)
    Please leave a message **with** our reception desk. 안내 데스크에 메시지를 남겨주세요.
⑦ 이유/고용/동시상황 등
⑧ 숙어표현
    keep up **with** ~을 따라잡다 ⟨cooperate **with** + 사람⟩ ~와 협력하다
    ⟨provide/reward + 사람 + **with** + 사물⟩ ~에게 ~을 제공/보상 하다/주다
    ※ with -ing (X), without -ing (O)

출제포인트 **유사의미의 전치사는 절대 해석으로 답이 나오지 않는다.**

Once you set up an online account ------- Mccoy Communications Inc.. you can receive our electronic monthly newsletter.
(A) about   (B) with   (C) of   (D) over

THINKING : 전치사들의 기본적인 쓰임은?

STEP 1 구조 분석
Once you / set up / an online account ------- Mccoy Communications Inc.. you / can receive / our electronic monthly newsletter.
→ 완전한 문장 뒤에 명사를 추가하기 위해서는 빈칸에 전치사가 들어가야 한다.

STEP 2 품사 배열
(A) – (D) 모두 전치사

STEP 3 답 결정 단어 찾기
"**Mccoy Communications Inc.**" 회사에서 관리 책임하고 있는 계정이라는 의미 → 책임/관리를 의미하는 (B) with가 정답.

STEP 4 오답노트
(C) of는 소유나 소속 구성 요소를 의미. 불특정 다수의 개인이 만든 계정이 회사의 소유가 될 수는 없다. (D) over는 주제/대상 또는 기간이나 장소명사를 받는 명사이다.

without 06
[wɪˈðaʊt]
prep., ad. ~없이, ~하지 않고

① ~ 없이
    without written permission/consent 서면 허가/동의 없이 **without** delay 지체 없이, 바로, 즉시
② ~ 하지 않고, 없이
    without having to pay 돈을 내지 않고도
③ ~(도움 등)이 없었다면: ⟨부정 + **without** + 사람/사물⟩
    I can't live **without** your help. 당신의 도움이 없다면 전 살 수 없어요.
④ 숙어표현
    not/never ... **without** ~하지 않고 ···하는 일은 없다, ~하면 반드시 ···하다

출제포인트 **문맥의 관계를 파악하라**

You will not be given access to enter the laboratory ------- approval from your supervisor.
(A) into   (B) until   (C) among   (D) without

THINKING : 보기 전치사들의 각각의 쓰임새는?

STEP 1 구조 분석
You / will not be given / access (to enter the laboratory) (------- approval) (from your supervisor).
→ 빈칸은 명사 approval과 어울리는 전치사 자리

STEP 2 품사 배열
(A) – (D) 전치사

STEP 3 답 결정 단어 찾기
"**not**", "**approval**" 승인(approval), 접근(access) 불가(not)
다시 말하면 접근하려면 승인이 반드시 필요 ∴ (D) without(~ 없이)이 정답이다.

STEP 4 오답노트
(A) into는 '~ 안으로'라는 방향을 의미하는 전치사로 방향성이 없는 명사 approval(승인)과 쓰이기에는 부적절하다. (B) until(~까지)은 시간을 나타내는 전치사이고, (C) among은 뒤에 복수명사와 함께 쓰여 '(셋 이상인) ~ 중에서, ~ 사이에서'라는 의미를 가지므로 역시 답이 될 수 없다.

due to
~ 때문에

07

▶ 이유를 나타내는 전치사들
because of, owing to, on account of ~ 때문에

* 두 단어 이상으로 구성된 전치사는 마지막 단어가 전체 품사를 결정한다.
prior to ~ 전에   ahead of ~에 앞서서   regardless of ~에 상관없이   native to ~에서 태어난
free of ~을 떠나서, 면제된
All texts should be checked carefully prior to publication.
모든 원고는 출간 전에 세심하게 확인되어야 한다.

출제포인트 **전치사 due to vs. 접속사 since**

All computers had to be shut down for two days ------- the highly contaminative virus infection.
(A) due to   (B) since   (C) to   (D) at

THINKING : since는 왜 오답일까?
STEP 1 구조 분석
All computers / had to be shut down (for two days) (------- the highly contaminative virus infection).

STEP 2 품사 배열
(A) – (D) 전치사

STEP 3 답 결정 단어 찾기
"shut down", "virus" 컴퓨터를 이틀 동안 사용 못했다 (결과) → 바이러스 감염 (이유) ∴ 이유/원인의 전치사 (A) due to가 정답

STEP 4 오답노트
(B) since는 전치사, 부사, 접속사로 쓰일 수 있는데, '~ 때문에'라는 이유의 의미는 접속사일 때에만 쓰인다. 전치사는 '~ 이래로'의 의미이다.

---

along
[əˈlɔːŋ]
prep. ~을 따라, ~하는 도중에
ad. ~ 따라, 동반하여

08

① 전치사로 장소명사를 동반하여 '~을 따라 계속, 쭉'의 의미를 나타낸다.
   along the street 길을 따라
② 부사일 때에는 '~와 함께'라는 의미로 주로 숙어로 출제된다.
   get along with ~와 잘 지내다

출제포인트 **길, 도로와 어울리는 전치사**

There are already three restaurants ------- N. Anderson Street, so we should plan to open up a restaurant elsewhere.
(A) without   (B) along   (C) into   (D) among

THINKING : along의 쓰임을 정확하게 알고 있는가?
STEP 1 수소 분석
There / are already three restaurants (------- N. Anderson Street), so we / should plan (to open up a restaurant elsewhere).
→ 빈칸은 N. Anderson Street와 어울리는 전치사 자리

STEP 2 품사 배열
(A) – (D) 전치사

STEP 3 답 결정 단어 찾기
"Street" along the street '길을 따라.' 장소를 나타내는 (B) along이 정답

STEP 4 오답노트
(D) among은 목적어로 복수명사가 나와야 한다.

DAY 27

09
beside
[bɪˈsaɪd]
prep. ~옆에

- 장소 전치사로 '~ 옆에'를 의미한다.
Read the safety instructions **beside** the main entrance.
중앙 출입구 옆에 있는 안전 작업 수칙을 읽으시오.

출제포인트 동사가 답을 결정하는 전치사

All visitors are required to read and observe the instructions posted ------- the museum entrance.
(A) from   (B) of   (C) beside   (D) with

THINKING : the museum entrance를 보고 어떤 생각이 들었는가?

STEP 1 구조 분석
All visitors / are required (to read and observe the instructions) (posted ------- the museum entrance).
→ 빈칸은 the museum entrance와 어울리는 전치사 자리

STEP 2 품사 배열
(A) – (D) 전치사

STEP 3 답 결정 단어 찾기
"**the museum entrance**" the museum entrance는 '박물관 입구'라는 장소명사이다. ∴ 장소명사와 어울리는 전치사 (C) beside가 정답

STEP 4 오답노트
(A) from(~로부터)은 시작점을 의미하여 장소명사를 받을 수 있지만 앞에 나온 동사 posted와 어울리지 않는다.

10
besides
[bɪˈsaɪdz]
prep. ~외에
ad. 게다가, 뿐만 아니라

추가를 의미하는 빈출 전치사들
① in addition to ~에 더해서
② A as well as B B뿐만 아니라 A도
③ plus 그리고 또한 (= and also)
④ aside/apart from ~ 외에

※ 주의 beside는 장소전치사로 '~ 옆에' (near, next to)의 의미이다.
형태상 besides와 혼동하지 않도록 하여야 한다.

Besides the main project, they need to finish other tasks by next week.
주요 프로젝트뿐만 아니라, 그들은 다음 주까지 다른 업무들을 끝내야 한다.

출제포인트 각 보기가 같은 의미라면 품사의 종류를 본다.

This project requires highly motivated staff, ----------- requiring a long term investment.
(A) in addition   (B) as well   (C) moreover   (D) besides

THINKING : 동명사를 받을 수 있는 품사는?

STEP 1 구조 분석
This project / requires / highly motivated staff, (----------- requiring a long term investment).
→ 동명사 requiring 앞에 위치하므로 빈칸은 전치사 자리

STEP 2 품사 배열
(A) in addtion 부사 (B) as well 부사 (C) moreover 부사 (D) besides 전치사

STEP 3 답 결정 단어 찾기
"**requiring**" 동명사를 받을 수 있는 품사는 보기 중 전치사인 (D) besides 뿐이다. ∴ (D) besides가 정답

STEP 4 오답노트
in addition, as well, moreover 모두 '~에 더해서'를 의미하는 부사이다.

11. except

[ɪkˈsept]
prep. ~외에는
conj. ~라는 점만 제외하면, ~라는 것 외에는
vt. ~을 제외하다

① except의 위치:
except 문두 불가, except for 위치 자유

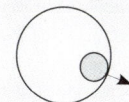

〈전체 중에 일부 제외〉

② 일반적으로 〈전치사 + 전치사〉는 불가하지만 except는 예외이다.
〈except + 전치사(in/to/by/for) + 명사〉

③ except는 '~을 제외하고'라는 의미로 전체 중에 일부 혹은 특정한 것을 제외하고 다른 것을 언급할 때 사용한다.
The store is open every day except Monday. 가게는 월요일을 제외하고 매일 연다.

④ 숙어 make an exception 예외로 하다
with(out) exceptions 예외로/예외없이
[제외/예외를 의미하는 빈출 전치사]
• excluding ~을 제외하고
• aside/apart from

출제포인트 **두 단어 전치사**

No one ------- for Mr. Phillips is allowed to leave the building during office hours without the approval of a supervisor.
(A) except   (B) nevertheless   (C) regarding   (D) since

THINKING : for와 어울리는 어휘는?

STEP 1 구조 분석
No one (------- for Mr. Phillips) is allowed (to leave the building) (during office hours) (without the approval of a supervisor).
→ 빈칸은 for와 어울리는 어휘

STEP 2 품사 배열
(A) except 전치사 (B) nevertheless 접속부사 (C) regarding 전치사 (D) since 전치사, 부사, 접속사

STEP 3 답 결정 단어 찾기
"for" except for ~을 제외하고 ∴ (A) except가 정답

STEP 4 오답노트
(B) nevertheless는 '~에도 불구하고'의 접속부사로 전치사 앞에 올 수 없다.
(C) regarding은 '~에 대해서'의 전치사로 for와 쓰이지 않는다.

12. barring

[ˈbɑːrɪŋ]
prep. ~이 없으면, ~을 제외하고는

▶ except vs. barring

barring: 미래/가정 (=unless there is)
ex. The market will be stable barring some change. 어떤 변화만 없다면 시장은 안정될 것이다.
Barring a miracle, he won't walk again. 기적이 없으면, 그는 다시 걸을 수 없을 거다.
[유사 어휘 비교 전치사 vs. 접속사 vs. 접속부사]
• 전치사: without ~ 없이, barring ~ 없으면, failing ~이 안 되면
• 접속사: if not 만약 ~이 아니라면, unless ~하지 않는다면
• 접속부사: otherwise 만약 그렇지 않으면

출제포인트 **유사의미 전치사를 구분하라**

------- an out-of-court settlement, the trial will begin next week and is bound to last at least six months.
(A) Except   (B) Beside   (C) Unless   (D) Barring

THINKING : except는 왜 오답일까?

STEP 1 구조 분석
------- an out-of-court settlement, the trial / will begin (next week) and is / bound to last (at least six months).
→ 빈칸은 an out-of-court settlement와 어울리는 전치사 자리

STEP 2 품사 배열
(A) 전치사 (B) 전치사 (C) 접속사 (D) 전치사 ∴ (C) unless는 접속사로 오답

STEP 3 답 결정 단어 찾기
"begin" out-of-court settlement (재판을 하지 않고 합의하는 것) → 시작하고 지속할 것이다 즉, 합의가 안 되면 재판을 시작한다는 것이므로 예외 상황을 가정하는 (D) Barring이 정답이다.

STEP 4 오답노트
(A) Except는 barring과 비슷한 의미를 가지고 있지만, if의 의미를 가지지 않으므로 오답이다.

DAY 27

13
notwithstanding
[ˌnɑːtwɪθˈstændɪŋ]
prep. ~에도 불구하고
ad. 그래도

① 전치사 '~에도 불구하고'
계약서에서 의례적인 조항을 만들 때 나온다.
notwithstanding anything herein contained to the contrary
여기에 있는 다른 어떤 반대되는 규정에도 불구하고
② 부사 '그래도'

출제포인트 **-ing 형태의 전치사**

Nearly 2,000 people attended the Seoul Half Marathon yesterday ------- the heavy rain throughout the day.
(A) moreover   (B) notwithstanding   (C) whereas   (D) while

THINKING : notwithstanding의 품사는?
STEP 1 구조 분석
Nearly 2,000 people / attended / the Seoul Half Marathon (yesterday) (------- the heavy rain throughout the day).
→ 빈칸은 the heavy rain과 어울리는 전치사 자리
STEP 2 품사 배열
(A) 부사 (B) 전치사, 부사 (C) 접속사 (D) 접속사
STEP 3 답 결정 단어 찾기
"**the heavy rain**" 목적어 the heavy rain과 어울리는 전치사는 보기 중 (B) notwithstanding 뿐이다. notwithstanding의 품사가 전치사임을 알았다면 쉽게 풀 수 있는 문제이다.
STEP 4 오답노트
(C) whereas, (D) while은 '반면에'라는 의미를 지닌 접속사이다.

14
against
[əˈgenst/əˈgeɪnst]
prep. ~에 대항하여

① 반대/경쟁/대비, 반의어는 for – '찬성/지지/동의'의 의미

decide 결정하다
advise 조언하다
lean 기대다 vote 투표하다   + against
compete 경쟁하다

② 단독으로 출제되지 않고 주로 동사 숙어로 출제된다. (for의 반대 의미)
decide against ~에 반대의 결정을 하다   advise against ~에 반대 의견을 제시하다
lean against ~에 반대하다   vote against ~에 반대투표하다
compete against ~과 경쟁하다   be against ~에 반대하다

출제포인트 **동사가 답을 결정하는 전치사**

Visitors to our nature park are not allowed to lean ------- the fence enclosing the animal cages.
(A) out of   (B) beneath   (C) until   (D) against

THINKING : lean과 어울리는 전치사는?
STEP 1 구조 분석
Visitors (to our nature park) are not allowed (to lean ------- the fence enclosing the animal cages).
→ 빈칸은 the fence와 어울리는 전치사 자리
STEP 2 품사 배열
(A) – (D) 전치사
STEP 3 답 결정 단어 찾기
"**lean**" 'lean against ~에 기대다'는 토익 빈출표현으로 꼭 암기해야 한다.
STEP 4 오답노트
(A) out of는 숙어로 출제되므로 꼭 암기하자.
out of stock 품절된 our of print 절판이 된 out of order 고장이 난

15 behind

[bɪ'haɪnd]
prep. ~ 뒤에, 뒤떨어져, 늦어
ad. 뒤에, 뒤떨어져, 밀려

① 위치/장소: ~ 뒤에(서)
　behind me 내 뒤에서/뒤쪽에　behind the poll ~ 기둥 뒤에
② 일정
　behind schedule 일정보다 늦게 (↔ ahead of schedule)
③ 업무/성취: 남들보다 진전되지 못하거나 뒤처짐
　lag / fall behind ~보다 뒤처지다
　behind only The Pinetree in record sales 판매 실적이 Pinetree보다 떨어지는
④ 담당/책임
　the mastermind behind the new marketing strategies 새로운 마케팅 전략을 담당하는 사람

출제포인트 여러 의미로 출제되는 전치사

Louisa was the mastermind ----------- the company's new promotion strategy.
(A) below　(B) behind　(C) beside　(D) besides

THINKING : mastermind와 어울리는 전치사는?

STEP 1 구조 분석
Louisa / was the mastermind (----------- the company's new promotion strategy).
→ 빈칸은 the company's new promotion strategy와 어울리는 전치사 자리

STEP 2 품사 배열
(A) – (D) 전치사

STEP 3 답 결정 단어 찾기
"**mastermind**" mastermind behind ~의 담당, 책임 ∴ (B) behind가 정답

STEP 4 오답노트
(C) beside는 장소명사와 어울리는 전치사이고, (D) besides는 '추가'를 의미하는 전치사이다.

16 beneath

[bɪ'ni:θ]
prep. ~아래에 (위치한)

특정지점의 아래나 바로 밑
He was buried beneath Green Square 그는 Green Square 바로 아래에 묻혔다.
전치사나 부사와 함께 출제되므로 품사의 정확한 자리와 '아래'라는 의미를 가진 유사 전치사들과의 차이를 명확히 알고 있어야 한다.

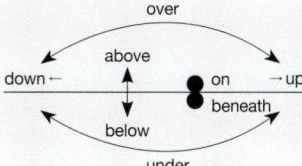

[유사 어휘 비교 under vs. below vs. beneath vs. down]
under: 전반적으로 '아랫부분에 있다'라는 넓은 의미이다.
below: 수직으로 아래방향을 나타낸다.
beneath: 표면 바로 밑에 붙어 있는 걸 의미한다.
down: 부사로 이동 방향을 의미한다.

출제포인트 위치를 나타내는 전치사와 부사

The ministry of culture has hired an archaeologist to excavate artifacts believed to be buried ----------- Market Square.
(A) after　(B) beneath　(C) down　(D) toward

THINKING : 같은 뜻인 down은 왜 오답인가?

STEP 1 구조 분석
The ministry of culture / has hired / an archaeologist [to excavate artifacts (believed to be buried) (----------- Market Square)].
→ 빈칸은 Market Square와 어울리는 전치사 자리

STEP 2 품사 배열
(A) 전치사 (B) 전치사 (C) 부사 (D) 전치사 ∴ (C) down은 오답.

STEP 3 답 결정 단어 찾기
"**was buried**", "**Market Square**" Square 밑에 묻혀 있는(buried) 것이므로 어느 지점의 아래를 의미하는 (B) beneath가 정답

STEP 4 오답노트
(D) toward는 방향, 이동을 의미하는 전치사이다.

DAY 27

including
[ɪnˈkluːdɪŋ]
prep. ~을 포함하여

17

① including은 전치사로 '~을 포함하여'라는 의미이다.
② 뒤에 구성요소를 이루는 명사 목적어가 온다.
③ 반의어는 excluding (~을 제외한) 이다.

As a manager, he will need a variety of skills, **including** leadership.
그는 매니저로서 리더십을 포함한 다양한 능력이 필요할 것이다.

출제포인트 명사 (+ 전치사 + 명사)

Everyone in this office, ------- all interns will have to attend the presentation that Mr. Hansen has prepared today.
(A) among   (B) together   (C) including   (D) because

THINKING : among은 왜 오답일까?

STEP 1 구조 분석
Everyone (in this office), (------- all interns) will have to attend the presentation / that Mr. Hansen / has prepared (today).
→ 빈칸은 all interns와 어울리는 전치사 자리

STEP 2 품사 배열
(A) 전치사 (B) 부사 (C) 전치사 (D) 접속사 ∴ (B) together, (D) because는 오답

STEP 3 답 결정 단어 찾기
"**interns**" everyone(모든 사람들), all interns(모든 인턴) '인턴을 포함한 사람들'로 구성요소를 이루는 (C) including이 정답

STEP 4 오답노트
(A) among은 복수명사를 목적어로 쓸 수 있어 문법상 맞지만, everyone과 문맥상 맞지 않으므로 오답이다.

---

aboard
[əˈbɔːrd]
ad., prep. 탄, 탑승한

18

⟨aboard + 교통수단⟩
aboard the plane = on the plane 비행기를 탄
aboard a ship 배에 탄

출제포인트 aboard vs. into

You can use a large variety of restaurants with different cuisines while ------- the Crystal Cruise.
(A) aboard   (B) into   (C) across   (D) beyond

THINKING : cruise를 단순히 '크루즈'라고만 해석하였는가?

STEP 1 구조 분석
You / can use / a large variety of restaurants (with different cuisines) while (------- the Crystal Cruise).
→ 빈칸은 the Crystal Cruise와 어울리는 전치사 자리
※ while과 빈칸 사이에 you are가 생략되어 있다.

STEP 2 품사 배열
(A) – (D) 전치사

STEP 3 답 결정 단어 찾기
"**Crystal Cruise**" Crystal Cruise는 교통수단으로 전치사 중 교통수단과 어울리는 건 (A) aboard 뿐이다.

STEP 4 오답노트
(B) into는 안으로 들어간다는 의미로 탑승을 의미한다. 상태가 아닌 동작이므로 오답이다.
(C) across는 목적어로 장소명사 또는 업종이 나온다.
across the industry 그 업종 전체에 걸쳐

19

such as
~와 같은

① 전치사: ~와 같은, 예를 들어
② 〈명사, + such as + 앞의 명사에 관한 구체적인 것들〉
The shop specializes in fruits, **such as** apples, mangoes and watermelons.
그 가게는 사과, 망고, 수박과 같은 과일 판매 전문이다.

출제포인트 대표명사 + 전치사 + 구체적 명사

As an usher in Global Cinema, your responsibilities include tasks ------- cleaning the floor and guiding customers to their seats.
(A) so as   (B) so that   (C) some of   (D) such as

THINKING : 동명사 앞에는 무엇이 올까?

STEP 1 구조 분석
As an usher (in Global Cinema), your responsibilities / include / tasks (------- cleaning the floor and guiding customers to their seats).
→ 빈칸은 동명사 cleaning과 어울리는 전치사 자리

STEP 2 품사 배열
(A) so as는 부사 (B) so that 접속사 (C) some of 대명사 (D) such as 전치사

STEP 3 답 결정 단어 찾기
"**cleaning**" 보기 중 동명사를 받을 수 있는 전치사는 (D) such as 뿐이다.

STEP 4 오답노트
(A) so as는 to부정사가 바로 나와야 한다. so as to do ~하기 위하여

20

amid
[ə'mɪd]
prep. ~이 한창인 가운데에

▶ 주로 어수선하고 혼란스러운 사건이 일어나는 상황일 때 쓰인다.
amid concerns about the environment 환경에 대한 우려가 한창인 가운데
amid indications of new economic growth 새로운 경제성장의 지표가 한창인 가운데

출제포인트 상황을 의미하는 전치사

------- concerns about decreasing productivity, Molly Carpet Manufacturing has announced its plans to invest more in automated facilities.
(A) Aside   (B) Amid   (C) Aboard   (D) Atop

THINKING : 전치사 amid를 알고 있는가?

STEP 1 구조 분석
(------- concerns about decreasing productivity,) / Molly Carpet Manufacturing / has announced / its plans (to invest more in automated facilities).
→ 빈칸은 명사 concerns와 어울리는 전치사 자리

STEP 2 품사 배열
(A) 부사 (B) – (D) 전치사

STEP 3 답 결정 단어 찾기
"**concerns about**" amid concerns '걱정이 있는 상황에서'의 의미로 (B) Amid가 정답이다.

STEP 4 오답노트
(A) Aside 부사로 '한쪽으로' 또는 '~ 외에는'이라는 의미이며 (C) Aboard는 교통수단과 함께 나온다. (D) Atop은 전치사로 '~꼭대기에' 라는 뜻으로 atop a pole은 '깃대 꼭대기에' 라는 뜻이다.

DAY 27
SUMMARY

그림으로 이해하는 전치사

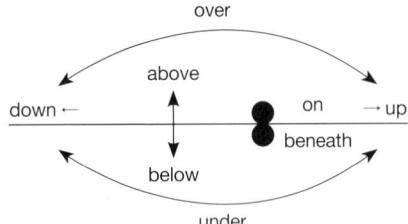

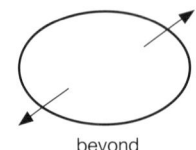

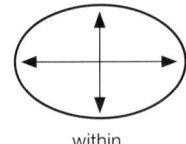

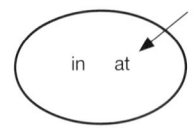

at은 시간이나 장소에 있어 하나의 지점, 위치 등을 나타낸다.
in은 장소나 특정 공간 내에 존재하거나 포함되어 있다는 의미를 가진다.

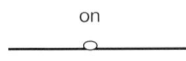

on은 물리적·추상적인 것의 표면에 접해 있다는 개념의 전치사이다.

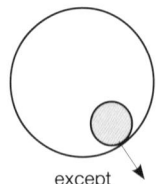

실력완성 TEST

01 All branches of HBC bank are open daily from 8 a.m. to 5 p.m. ---------- on the weekend.
    (A) except   (B) since   (C) nor   (D) yet

02 The Ministry of Culture has hired an archaeologist to excavate artifacts believed to be buried ----------- Market Square.
    (A) after   (B) beneath   (C) down   (D) toward

DAY 28
토익에 출제되는 다의어 & 다품사어 List

시험에 꼭 나오는 전치사 암기 포인트

amid
한창 ~인 와중에 / ~의 한복판에

opposite [기준점] ~의 반대편에(= across from)
opposite the building 그 건물 맞은편

at
① 특정 행위가 발생한 시점[시간]/지점[공간]
    at the time 그 당시에   **at** the company 회사에
② 시간/온도/속도/가격/비율
    at the price of 500 won   500원의 가격으로
    at the 500 kms   500km의 속도로
    at the 50℃   500도의 온도로
③ 〈at + 좁은 공간〉
    〈in + 넓은 공간〉

in
① [기간] ~후에
    The book will be released **in** two months.
    그 책은 2개월 후에 출판될 것이다.
② [기간] ~만에, ~ 사이에
    the winner **in** the last five years
    지난 5년 사이에 우승자
③ [분야, 관련] 증가/감소/진보/경력 + **in** + 분야
    an increase **in** sales 판매의 증가
④ [색상] **in** blue 파란색으로
⑤ [독립된 공간] **in** the room 방 안에, in the envelope 봉투 안에
⑥ [숙어] be interested **in** ~에 관심[흥미]이 있다
    be involved **in** ~에 관여하다
⑦ [업종, 분야]

barring [미래, 가정] ~이 없다면
The market will be stable **barring** some change.
어떤 변화가 없다면 시장은 안정이 될 것이다.

into
단독으로 쓰이는 경우는 거의 없고 주로 동사 숙어로 출제된다.
① 〈divide/pour/insert/cut + 목적어 + **into**〉
    (목적어를 ~로 나누다/~ 안에 붓다/~ 안에 주입하다/~로 자르다)
② 변화/확장/이동의 동사(expand, evolve, ...) + **into**

다의어 present

형용사 present	동사 present	명사 present
〈present + 명사〉 현재의 〈명사 + present〉 출석한 He is the **present** owner. 〈한정적 용법〉 그가 현재 소유주이다. The president was **present**. 〈서술적 용법〉 사장이 참석했다.	'주다' 서류나 티켓, 증빙 등을 '제출/제시하다' 의견, 계획 등을 '발표하다' 작품이나 프로그램을 '공연/방송하다' To enter the building, you must **present** your identification to the security guard. 그 빌딩에 들어가려면, 안전요원에게 신분증을 제시해야 한다.	'선물' 또는 '현재' at **present** (= now) 현재(에) I'm sorry, but she's out at **present**. 죄송하지만 그녀는 지금 안 계시는데요.

시험문제는 이렇게 나와요!

We offer a discount for those -------.
(A) current   (B) present   (C) certain   (D) some

해설 ▶ 생각의 순서

1단계 구조 분석
We / offer / a discount (for those ---------).
주어   동사   목적어   전치사구

2단계 품사 배열 빈칸은 맨 끝에 위치하므로 부사 또는 those를 수식하는 형용사가 들어갈 수 있다.

3단계 답 결정 단어 찾기   (A) current는 '현재의'라는 뜻이고 (C) certain은 명사 뒤에서 '확실한'이라는 뜻을 가진다. (D) some은 명사 앞에만 오는 형용사이다. (B) present는 명사 앞에서는 '현재의'라는 의미이나 명사 뒤에 쓰일 때는 '참석한'이라는 의미가 된다.

해석	우리는 참석한 사람들에게 할인을 해 준다.
어휘	offer 제공하다 discount 할인
정답	(B)

DAY 28

01 address
[əˈdres]
vt. ~을 발표하다, 다루다, 보내다
[ˈædres]
n. 주소, 연설

① 주소
mailing address 우편 주소
② 연설
welcoming address 환영사　　keynote address 기조연설
deliver/give an address 연설, 강연을 하다
③ (문제·상황을) 다루다
We should address this problem. 우리는 이 문제를 다뤄야 한다.
④ ~에게 보내다
This issue should be addressed to him. 이 문제를 그에게 보내야 한다.

출제포인트

The board of directors will -------- concerns about the contract.
(A) address　　(B) comment　　(C) inform　　(D) tell

THINKING : concerns와 어울리는 동사는?
STEP 1 구조 분석
The board of directors / will -------- concerns (about the contract).
→ 빈칸은 조동사 will이 앞에 있으므로 동사 자리이다.
STEP 2 품사 배열
(A) – (D) 동사
STEP 3 답 결정 단어 찾기
"concern" address concerns 걱정을 다루다 ∴ (A) address가 정답
STEP 4 오답노트
(B) comment는 전치사 on과 어울리는 자동사이고, (C) inform과 (D) tell은 사람목적어가 나와야 하므로 정답이 될 수 없다.

02 past
[pæst]
a. 과거의, 지난
prep. ~을 지나서, 넘어서
n. 과거

① 과거의
'끝이 난'의 의미일 때는 서술적으로도 사용되며 동의어로 recent, last, previous 등이 있다
past election 지난 선거　past goal 이전의 목표　past president 전 회장
② ~을 지나서
장소/시간(시점)명사를 취한다.
③ 과거
in the past 과거에

출제포인트

Once you walk -------- the post office, you will see Ben & Jenny's Ice Cream at the end of the corner.
(A) between　　(B) down　　(C) during　　(D) past

THINKING : post office의 명사 종류는?
STEP 1 구조 분석
Once / you / walk (-------- the post office), you / will see / Ben & Jenny's Ice Cream (at the end of the corner).
→ 빈칸은 the post office와 어울리는 전치사 자리이다.
STEP 2 품사 배열
(A) between 전치사 (B) down 부사 (C) during 전치사 (D) past 전치사, 형용사, 명사 ∴ (B) down은 오답
STEP 3 답 결정 단어 찾기
"post office" post office는 장소명사이므로 장소명사와 어울리는 전치사 (D) past가 정답이다.
STEP 4 오답노트
(A) between은 복수명사가 목적어로 나와야 하고, (C) during은 기간을 의미하는 명사가 나와야 하므로 정답이 될 수 없다.

plus
03

[plʌs]
prep. ~을 더하여
n. 이점, 이익
a. ~이상의, 좋은, 플러스가 되는
conj. 더욱이, 게다가

① ~을 더하여
　The total cost is $100 plus 10% tax. 총 비용은 100달러이며 10%의 세금이 추가된다.
② 이점
　major/definite/big + plus 주요한/확실한/큰 이점   a plus in ~ ~에서의 이점
③ 이익이 되는
　명사 앞에 위치한다.
④ 추가로
　추가적인 정보를 담은 절을 이끈다.

출제포인트

Rivet Technologies has replaced the SL6 speaker system with the SL6Q, which has all the same features ------ updated surround sound features.
(A) plus　(B) together　(C) both　(D) though

THINKING : plus의 품사는?

STEP 1 구조 분석
Rivet Technologies / has replaced / the SL6 speaker system (with the SL6Q), which has all the same features (-------- updated surround sound features).
→ updated surround sound features(업데이트된 서라운드 사운드 기능)과 어울리는 전치사 자리

STEP 2 품사 배열
(A) 전치사, 명사, 형용사, 접속사 (B) 부사 (C) 대명사 (D) 접속사
∴ 전치사 기능을 하는 (A) plus가 정답이다.

STEP 3 답 결정 단어 찾기
"**updated surround sound features**" 목적어와 어울리는 전치사를 찾아야 한다.

STEP 4 오답노트
(B) together는 plus와 의미가 같을 수 있으나 부사이므로 정답이 될 수 없다. (C) both는 both A and B 형태로 주로 출제되고 있다.

present
04

['preznt]
a. 현재의, 출석하고 있는
['preznt]
n. 선물, 현재
[prɪ'zent]
vt. ~을 제출/제시하다, ~을 주다

① 출석한
　명사 뒤에 위치하거나 동사와 함께 서술적으로 사용된다.
② 제시하다
　present + plan 계획/proof 증거/identification 신분증/credit card 신용카드
　To enter the building, you **must present** your identification to the security guard.
　그 빌딩에 들어가려면, 안전요원에게 신분증을 제시해야 한다.
③ 현재의
　present가 명사 앞에 위치하면 '현재의'라는 뜻이 된다.
　present 현재(의) + situation 상황/state 상태/time 시간/tense 시제
④ 현재
　at **present** (= now) 현재(에)

출제포인트

All spectators are required to --------- photo identification and tickets before entering the premises.
(A) notice　(B) assign　(C) permit　(D) present

THINKING : assign과 permit는 왜 오답인가?

STEP 1 구조 분석
All spectators / are required (to --------- photo identification and tickets) (before entering the premises).
→ 빈칸은 to와 명사 사이에 있다. to부정사의 동사원형 자리이다.

STEP 2 품사 배열
(A) – (D) 동사자리

STEP 3 답 결정 단어 찾기
"**identification**" present identification 신분증을 제시하다 ∴ (D) present가 정답

STEP 4 오답노트
(B) assign은 '~을 맡기다', '부과하다'라는 뜻이다.
(C) permit은 ⟨permit + 사람 + to부정사⟩ 형태로 쓴다.

DAY 28

since
05

[sɪns]
prep. ~부터, ~ 이후
conj. ~한 이후로,
　　~한 때로부터
ad. 그때 이후로

① 전치사: ~이후부터 현재까지 쭉 〈since + 과거시점의 명사, 주어 + 현재완료시제〉
② 접속사: ~이후부터 계속 〈since + 주어 + 과거시제, 주어 + 현재완료시제〉
　　~ 때문에 (= as, because)
③ 부사: 그 때 이후로
　　과거의 특정시점부터 현재까지 지속된다는 의미며, 현재완료 구문에서 사용

since	시간(~ 이래로)	이유, 원인(~ 때문에)
접속사	O	O
전치사	O	X
부사	O	X

출제포인트 **since 전치사 vs. 접속사 vs. 부사**

Please plan an alternative route ------- the Carson street repairs began yesterday.
(A) how　(B) yet　(C) before　(D) since

THINKING : before는 왜 오답일까?
STEP 1 구조 분석
Please plan / an alternative route ------- the Carson street repairs / began yesterday.
→ 동사가 2개, 따라서 빈칸은 접속사 자리
STEP 2 품사 배열
(A) how는 명사절 접속사 → 빈칸은 주어/목적어/보어 자리 X (B) yet은 부사로 오답
STEP 3 답 결정 단어 찾기
"repair" 수리(원인) → 우회길 이용(결과) ∴ (D) since가 정답
STEP 4 오답노트
(C) before는 특정 시점을 기준으로 그 전을 의미한다. before 문장이 과거시제이므로 그 앞 문장은 과거보다 그 전을 의미해야 하는데 미래를 의미하므로 오답

close
06

[klous]
vt. ~을 닫다, 폐쇄하다
vi. 닫히다
n. 종료

[klouz]
a. 가까운
ad. 가까이

① 자동사: 닫히다 / 타동사: ~을 닫다
　　물리적으로 문을 '닫다'나 회사나 가게의 '운영을 중단하다'라는 의미
　　During construction, the city temporarily **closed** several nearby streets.
　　공사 중에 시는 근처에 있는 여러 도로들을 임시로 폐쇄시켰다.
② 명사: 종료
　　단수 형태로 쓰이고 행위(activity)나 기간(period) 등의 '끝, 마무리'를 의미
③ 형용사: 가까운
　　거리, 시간적으로 외에 관계가 '친밀한', 상태나 정도가 '유사한' 등의 의미
　　Kevin has been a **close** colleague of mine for nearly ten years.
　　Kevin은 거의 10년 동안 나의 친한 동료였다.
④ 부사: 가까이
　　공간, 거리, 수치 등이 '가까이에(near)'라는 의미
　　stay **close** 가까이 머무르다　keep **close** 가까이 지내다　come **close** 가까이 오다
　　A man is standing **close** to the wall. 한 남자가 벽에 가까이 서 있다.

출제포인트 **close는 동사와 형용사로 쓰일 때 의미가 다르다.**

The two main energy suppliers in the Southeast are ------------ to reaching a formal joint agreement.
(A) close　(B) closed　(C) almost　(D) attempting

THINKING : closed는 왜 오답일까?
STEP 1 구조 분석
The two main energy suppliers (in the Southeast) / are ------------ (to reaching a formal joint agreement).
→ 빈칸은 be 동사 뒤에 있으므로 형용사 또는 과거분사 자리이다.
STEP 2 품사 배열
(A) 형용사, 동사, 부사 (B) 동사 과거분사 (C) 부사 (D) 현재분사 ∴ (D) attempting은 오답이다.
STEP 3 답 결정 단어 찾기
"to reaching" be close to -ing ~에 접근해 있다 ∴ (A) close가 정답
STEP 4 오답노트
(B) closed는 과거분사로 '폐쇄된'이라는 뜻이다. (D) attempt는 to부정사를 목적어로 받는다.

07 subject

['sʌbdʒɪkt/'sʌbdʒekt]
n. 주제
['sʌbdʒekt/'sʌbdʒɪkt]
a. ~에 영향 받기 쉬운
[səb'dʒekt]
vt. ~로 하여금 ~을 겪게 만들다; 지배 하에 두다

① 명사: 주제
His speech will cover two different **subjects**.
그의 연설은 두 가지 다른 주제들을 다룰 것이다.

② 형용사: ~에 영향 받기 쉬운 ⟨**be subject to** +명사⟩
All prices are **subject** to change without notice.
모든 가격은 예고 없이 변경될 수 있다.

③ 타동사: ~을 당하게 하다
subject + 사람명사 + to + 명사

출제포인트 be subject to

> The outcome of creating an electric-heating coat is ------- to Mr. Job's gifted talent and dedication.
> (A) plain　(B) public　(C) subject　(D) general

THINKING : 문장 중 답 결정 단어는?

STEP 1 구조 분석
The outcome (of creating an electric-heating coat) / is ------- to Mr. Job's gifted talent and dedication.
→ 빈칸은 be동사와 전치사 to 사이에 위치하므로 형용사 또는 명사 자리이다.

STEP 2 품사 배열
(A) – (D) 형용사

STEP 3 답 결정 단어 찾기
"**to**" be subject to ~의 영향을 받다　∴ (C) subject가 정답

STEP 4 오답노트
(A) plain, (B) public, (D) general은 보통 명사 앞에서만 쓰이는 형용사들로 정답이 될 수 없다.

08 direct

[də'rekt/dɪ'rekt/daɪ'rekt]
a. 직접적인, 직행의
vt. ~로 향하다, 총괄하다
ad. 직접, 곧바로

① 형용사: 직접적인, 직행의
관련 명사
direct effect/impact/influence 직접적인 영향
direct link/connection/relationship 직접적인 관계
direct result/consequence 직접적인 결과
direct flight 직항기　a **direct** answer 직접적인 답변　**direct** route 최단 거리

② 타동사: 안내하다
⟨**direct** + 사람명사 + to + 목적지⟩ ~에게 …을 안내하다
⟨**direct** + 사람명사 + to + 동사원형⟩ ~가 …하도록 하다

③ 부사: 바로, 직접
중간에 멈추지 않거나 중간 단계 없이 무엇을 한다는 것
Esther went **direct** to the manager. Esther는 매니저에게 직접 갔다.

출제포인트 전치사 to는 이동, 방향을 의미한다.

> All prior shipments shall be --------- to the attention of Emily Case, our stockroom supervisor.
> (A) positioned　(B) directed　(C) handled　(D) consented

THINKING : position은 왜 오답인가?

STEP 1 구조 분석
All prior shipments / shall be --------- (to the attention of Emily Case), our stockroom supervisor.
→ 빈칸은 be 동사 뒤에 위치하므로 형용사 또는 과거분사 자리이다.

STEP 2 품사 배열
(A) – (D) 과거분사

STEP 3 답 결정 단어 찾기
"**to**" to는 이동, 방향을 의미하는 전치사로 '~로 보내질 것이다'라는 이동/방향의 의미를 가진 (B) directed가 정답이다.

STEP 4 오답노트
(A) positioned는 '~에 두다' 란 의미로 이동/방향을 나타내지 않으므로 전치사 to와 함께 사용하지 않는다.

DAY 28

09
allowance
[əˈlaʊəns]
n. 비용, 수당, 허용량

① 명사 – 비용, 수당
　an overtime work **allowance** 초과 근무 수당
② 명사 – 허용량
　luggage/baggage **allowance** 수하물 허용량
　관련 숙어 make **allowances** for ~을 감안하다
③ 파생어휘
　<be **allowed** + to부정사> ~하는 것이 허용되다
　<**allow** + 사람명사 + to부정사> ~가 …하는 것을 허락하다

출제포인트

This year's profits may not look particularly good, but we should make ------- for the research that our company has conducted.
(A) reservations (B) allowances (C) omissions (D) eliminations

THINKING : reservations는 왜 오답일까?

STEP 1 구조 분석
This year's profits / may not look / particularly good, but we / should make / ------- (for the research) (that our company has conducted).
→ 빈칸은 make의 목적어로 명사 자리이다.

STEP 2 품사 배열　(A) – (D) 명사

STEP 3 답 결정 단어 찾기
"**allowance**", "**for**" make allowances for ~을 감안하다 ∴ (B) allowances가 정답

STEP 4 오답노트
(A) reservations 관련 빈출 숙어: make a reservation 예약을 하다
without reservation 의심 없이
have/express reservations about ~ ~에 대해서 의심을 갖다/표현하다

10
order
[ˈɔːrdə(r)]
n. 주문, 명령, 정돈, 순서
vt. 명령하다,
　주문하다, 정돈하다

① 명사 – 주문
　식당에서 음식을 주문하거나 상품을 구입/주문할 때 쓰인다.
　place an **order** 주문하다　　confirm the **order** 주문을 확인하다
　deliver an **order** 주문을 발송하다
② 명사 – 지시, 명령
　<by **order** of + 사람> ~의 지시대로, 지시에 따라
③ 명사 – 정리, 배열
　가산 또는 불가산명사로 쓰인다. in order (of) (~한) 순서대로, 정리가 된
　관련 숙어: <in order + to부정사> <in order for + 명사> ~하기 위해서
④ 타동사 – ~을 명령하다, 주문하다, 정리하다
　Before the new printers **are orderd**, the company will donate their used office equipment.
　새 프린터기를 주문하기 전에, 그 회사는 사용하던 장비를 기부할 것이다.

출제포인트

Our purchasing department ------- office supplies every Friday, so all the departments are asked to notify the purchasing manager of their needs by Thursday.
(A) order (B) ordered (C) orders (D) to order

THINKING : 빈칸에 들어가야 할 품사는?

STEP 1 구조 분석
Our purchasing departments / ------- / office supplies (every Friday), so all the department / are asked (to notify the purchasing manager of their needs by Thursday).
→ 주어와 목적어 사이에 위치하므로 빈칸은 동사 자리

STEP 2 품사 배열
(A) 동사, 명사 (B) 동사 (C) 동사, 명사 (D) 준동사 ∴ (D)는 오답

STEP 3 답 결정 단어 찾기
"**department**", "**every Friday**" 주어가 단수명사이므로 빈칸도 수일치에 맞춘 동사를 골라야 한다. ∴ (A) order는 오답이다. every Friday는 현재시제를 나타내므로 현재시제인 (C) orders가 정답이다.

STEP 4 오답노트
order는 명사와 동사의 형태가 같으므로 문장 구조에 따라 품사를 결정해야 한다.

11. term
[tɜːrm]
n. 용어, 학기, 기간, 조건
vt. ~을 …이라고 부르다

① 조건
terms of an agreement/a contract/a merger 합의/계약/합병의 조건
terms and conditions of ~의 조건/조항
under[according to] the terms of the contract 계약조건에 따라

② 기간
in the long/short term 장기/단기적으로

③ 용어
general/practical/financial/legal/medical/technical term
일반적인/실용적인/재정적인/법률적인/의학적인/기술적인 용어
관련 숙어 in terms of ~ ~에 관해서

출제포인트

Under the ------- of this contract, the conference center should be built by the end of this month.
(A) signs   (B) terms   (C) words   (D) proof

THINKING : 같이 쓰이는 단어가 따로 있나?

STEP 1 구조 분석
Under the ------- of this contract,/ the conference center / should be built (by the end of this month).
→ 정관사 the와 전치사 of 사이에 위치하므로 빈칸은 명사 자리

STEP 2 품사 배열
(A) – (D) 명사

STEP 3 답 결정 단어 찾기
"under", "contract" 'under the terms of the contract (계약조건에 따라)'라는 관련 표현을 숙지하고 있다면 쉽게 풀 수 있는 문제이다. ∴ 정답은 (B) terms

STEP 4 오답노트
(D) proof는 a lack of proof 증거부족, proof of identity 신분증, proof of employment 고용 증명 등의 표현이 출제되고 있다.

---

12. credit
[ˈkredɪt]
n. 신용, 신용 거래, 잔고, 학점
vt. ~를 믿다, ~라고 믿다, ~에게 돌리다
creditor n. 채권자

① 명사 – 신용
credit inquiry 신용조회   credit line/limit 신용 대출 한도액   credit record 신용 평가 기록
credit standing 신용 상태   letter of credit 신용장(L/C)

② 명사 – 은행 계좌의 잔액/잔고
구체적인 돈을 말할 때는 '잔액'이라는 의미로 사용된다.

③ 타동사 – (공로를) ~에게 돌리다
<A + be credited to + B> A가 B한 덕이다/공로다
<be credited + A + with B> B는 A의 넉분이나
<be credited with + B> B한 것으로 인정되다

출제포인트

Fen Jiang is ------- with introducing various sales techniques that have helped our company expand into the Asian market.
(A) credited   (B) accumulated   (C) agreed   (D) relied

THINKING : 자동사는 수동태로 쓰일 수 있는가?

STEP 1 구조 분석
Fen Jiang / is ------- with introducing various sales techniques (that have helped / our company / expand into the Asian market).
→ is와 전치사 with 사이에 위치하므로 빈칸은 과거분사 자리이다.

STEP 2 품사 배열
(A) – (D) 동사의 과거분사형

STEP 3 답 결정 단어 찾기
"with" be credited with ~는 …한 것으로 인정되다 ∴ (A) credited가 정답

STEP 4 오답노트
(C) agreed와 (D) relied는 자동사이므로 수동태로 쓰일 수 없다.

DAY 28

13. complete
[kəmˈpliːt]
a. 완벽한, 완전한
vt. ~을 완료하다, 완성하다, 작성하다

① 형용사 – 끝난, 완료된
'finished'의 의미로 쓰일 때는 주로 be동사 뒤에 오고 명사 앞에 오지 않는다.
The upgrade will not be **complete** until the replacement parts arrive.
업그레이드는 교체부품이 도착할 때까지 끝나지 않을 것이다.

② 형용사 – 완전한
명사 앞에 쓰여서 '완전한 oo'이라는 표현이 된다.
The shop has sold a **complete** set of The Pride novels signed d by the author.
그 상점은 작가가 사인한 소설 The Pride의 전질을 판매하고 있다.

③ 타동사 – ~을 완료하다
In addition, the firm **completed** deals with Britain-based Cane Capital.
게다가, 그 회사는 영국 기반의 Cane Capital사와 거래를 완료했다.

④ 타동사 – ~을 작성하다
Please **complete** a customer survey card at the reception desk.
안내데스크에서 고객 설문 조사서를 작성해주시기 바랍니다.

출제포인트
After your order is -------, an online receipt will be sent through your e-mail account instantly.
(A) complete (B) completion (C) completes (D) completing

THINKING :

STEP 1 구조 분석
After your order is -------, / an online receipt will be sent / through your e-mail account instantly.
→ 동사가 2개. 콤마 앞의 접속사절 → 빈칸은 be동사의 보어 또는 목적어 자리

STEP 2 품사 배열
(A) 형용사 (B) 명사 (C) 과거분사 (D) 현재분사

STEP 3 답 결정 단어 찾기
"order" 주문 = 완료 즉, (B) completion일 수 없다. 주문이 '완료되다'가 알맞으므로 정답은 (A) complete

STEP 4 오답노트
(C) complets는 본동사 is 뒤에 올 수 없다. (D) completing은 진행형이 되는데, 이때 뒤에 목적어가 와야 하므로 오답이다.

14. issue
[ˈɪʃuː]
n. 문제, 발행
vt. ~을 발급하다, 발행하다
vi. 나오다

① 명사 – 문제 (= problem, concern)
You have to make a date to meet with a colleague to discuss an **issue** at work.
너는 직장 문제에 대해 논의할 동료와 만날 약속을 잡아야 한다.

② 명사 – (잡지의) 호
You can order the latest **issue** of The Magazine online.
The Magazine의 최신호를 온라인으로 주문할 수 있다.

③ 타동사 – 발급하다
Your passport **will be issued** two weeks later.
여권은 2주 후에 발급될 것이다.

출제포인트
Momos Consulting ------- a report with an evaluation of its client's performance and product quality.
(A) causes (B) realizes (C) issues (D) induces

THINKING : 동사와 목적어 관계를 파악하였는가?

STEP 1 구조 분석
Momos Consulting / ------- / a report (with an evaluation of its client's performance and product quality).
→ 빈칸은 주어 Momos Consulting과 목적어 a report 사이에 있으므로 동사 자리

STEP 2 품사 배열
(A) – (D) 동사

STEP 3 답 결정 단어 찾기
"a report" issue a report 보고서를 발급하다란 의미로 (C) issues가 정답이다.

STEP 4 오답노트
(A) cause는 cause concern과 같이 부정적인 목적어를 주로 취한다. (B) realize는 어떤 일을 '깨닫다', '인식하다'란 뜻으로 문맥상 어색하다.

15 clear

[klɪr]
a. 분명한, 명백한
vt. ~을 치우다, 제거하다
vi. (구름 등이) 걷히다
ad. (~에서) 떨어져서

① 형용사 - 명확한, 분명한
  <be clear + about/on/to> ~에 대해/있어 명확하다
  <make + 목적어 + clear> ~을 명확히 하다
  clear ideas/sound/understanding/signs 분명한 의견/소리/이해/기호
  All employees have a **clear** understanding of the new employment policy.
  전 직원들은 새 고용정책에 대해 명확하게 이해한다.

② 타동사 - 어떤 것을 치우다 (= get rid of)
  목적어로 사람 또는 사물명사 모두 사용할 수 있다.
  The most parts of the forest **have been cleared** by landowners.
  숲의 대부분이 땅주인들에 의해 제거되었다.

출제포인트

All supervisors are asked to provide ----------- instructions on how to handle complaints.
(A) repetitive   (B) whole   (C) clear   (D) clean

THINKING : clean는 왜 오답일까?

STEP 1 구조 분석
All supervisors / are asked (to provide ----------- instructions) (on how to handle complaints).
→ 빈칸은 명사 instructions를 수식하는 형용사 자리

STEP 2 품사 배열
(A) – (D) 형용사

STEP 3 답 결정 단어 찾기
"**instructions**" 이해하기 쉽게 단순하고 명확한 해설 ∴ (C) clear(명백한)가 정답

STEP 4 오답노트
(B) whole은 단수명사를 취한다. (D) clean은 '(더럽지 않아) 깔끔한, 깨끗한'이라는 의미로 instructions를 수식하는 형용사로는 오답이다.

16 cover

[ˈkʌvə(r)]
vt. ~에 덮개를 씌우다,
    ~으로 덮다, 포함하다,
    ~에 걸치다
vi. 대신하다
n. 덮개, 가리개

① 타동사 - 범위나 경우 등을 '포함하다'
  This inspection **covers** all major systems and components of your car.
  이번 검사는 당신 차의 주요 시스템과 부품들을 포함한다.

② 타동사 - 어떤 것을 '덮다'
  <cover + 사물 (with 사물)> ~을 …로 가리다
  The jar didn't have a lid, so I **covered** it with a book.
  그 병은 뚜껑이 없어서 나는 책으로 그것을 덮었다.

출제포인트

Fortunately, our company insurance --------- the shipping damages and lost products.
(A) produces   (B) covers   (C) guards   (D) supports

THINKING : guard는 왜 오답일까?

STEP 1 구조 분석
Fortunately, our company insurance / ----------- / the shipping damages and lost products.
→ 주어와 목적어 사이에 위치하므로 빈칸은 동사 자리

STEP 2 품사 배열
(A) – (D) 동사

STEP 3 답 결정 단어 찾기
"**insurance**" "**damages**" 보험이 운송 손상을 포함하는 것이므로 (B) covers가 정답

STEP 4 오답노트
보험(insurance)이 손상(damage)를 생산해내는 것은 아니므로 (A) produces는 답이 될 수 없다.
(C) guard는 '경비를 보다'란 의미로 목적어로 경비 대상이 나와야 하므로 오답이다.

DAY 28

17 correct
[kəˈrekt]
a. 맞는, 정확한, 적절한
vt. ~을 수정하다, 정정하다
vi. 수정하다

① 형용사 – 방법, 의견, 결정 등이 상황에 맞게 '정확한, 적절한'
  correct answer 정확한 답 **correct** form 정확한 서식 **correct** position 정확한 위치
  correct response 정확한 응답 **correct** order 정확한 순서
  The **correct** way to pronounce words is debatable at all times.
  단어를 발음하기 위한 정확한 방법은 항상 논란거리다.

② 타동사 – 틀린 것을 '수정하다'
  함께 쓰이는 명사 error 오류 fault 잘못 mistake 실수 problem 문제 situation 상황
  The HOA Enterprise is trying to **correct** any mistakes for the future.
  HOA Enterprise사는 미래를 위해 어떤 실수라도 수정하려고 노력하고 있다.

출제포인트

Proper transcripts for the focus group interview are vital for ensuring that the survey results are -------.
(A) corrects   (B) correct   (C) correctly   (D) correction

THINKING : 보어 자리에는 형용사? 명사?

STEP 1 구조 분석
Proper transcripts (for the focus group interview) / are vital (for ensuring that the survey results / are -------).
→ be 동사 뒤에 위치하므로 빈칸은 보어 자리

STEP 2 품사 배열
(A) 동사 (B) 동사, 형용사 (C) 부사 (D) 명사 ∴ (A)와 (C)는 오답.

STEP 3 답 결정 단어 찾기
"are" 보어 자리이므로 형용사 또는 명사 자리이다. (D) correction이 답이 될 경우, 주어 survey results와 동격을 이루어야 하는데 '설문 조사≠수정'이므로 정답이 될 수 없다. 따라서 형용사 (B) correct가 정답이다.

STEP 4 오답노트
correct는 형용사 또는 동사로 쓰이므로 문장 구조에 따라 품사를 결정해야 한다.

18 deliberate
[dɪˈlɪbərət]
a. 고의의, 신중한
[dɪˈlɪbəreɪt]
vi., vt. 심사숙고하다

① 형용사 – 신중한, 고의의
  주로 명사 앞에서 명사를 수식한다.
  We approached the Asian market with slow, **deliberate** steps.
  우리는 천천히, 신중한 단계를 거쳐 아시아 시장에 접근했다.

② 동사 – 심사숙고하다
  자동사로 쓰일 때는 전치사 on, about, over, for와 함께 쓰인다.
  The jury **deliberated** for about 10 hours before being dismissed.
  배심원은 해산하기 전 약 10시간 동안 심사숙고했다.

출제포인트 **전치사 for와 어울리는 동사**

The Birmingham Educational Committee ------- for many hours about making new programs for elderly people in their community.
(A) deliberated   (B) mediated   (C) regarded   (D) supposed

THINKING : 보기 중 자동사는?

STEP 1 구조 분석
The Birmingham Educational Committee / ------- (for many hours) (about making new programs) (for elderly people) (in their community).
→ 빈칸은 동사 자리이다.

STEP 2 품사 배열
(A) – (D) 동사

STEP 3 답 결정 단어 찾기
"for" '자동사이면서 전치사 for와 어울리는 어휘를 찾아야 한다. 보기 중 자동사는 (A) deliberated와 (B) mediated인데, mediated는 전치사 in과 어울리므로 정답이 될 수 없다. 따라서 (A) deliberated가 정답이다.

STEP 4 오답노트
(C) regard A as B A를 B로 간주하다
(D) ⟨be supposed + to부정사⟩ ~하기로 되어 있다, ~해야 한다, ~인 것으로 여겨지다

19

enough

[ɪˈnʌf]
ad. 충분히
a. 충분한
p. 필요한 만큼 되는 수[양]

① 부사
  〈형용사/부사 + enough〉
  His score on the exam was good **enough** to qualify for a graduation program.
  그의 시험 점수는 졸업 프로그램에 합격하기에 충분히 우수했다. [형용사 수식]

② 형용사
  〈enough + 명사〉
  There are **enough** chairs for the people. 사람들을 위한 충분한 의자가 있다.

③ 대명사
  enough 혼자 또는 뒤에 〈of + 명사〉가 온다.
  I've had **enough** of your grumbling and groaning. 나는 너의 불평 불만을 참을 만큼 참았다.

출제포인트

At the current speed of production, Prime Tech will manufacture ------- products to meet the demand by this summer.
(A) full   (B) quick   (C) enough   (D) quickly

THINKING : 보기의 형용사들은 각각 어떤 명사와 어울리는가?

STEP 1 구조 분석
At the current speed of production,/ Prime Tech / will manufacture / ------- products (to meet the demand by this summer).
→ 빈칸은 명사 products를 수식하는 형용사 자리

STEP 2 품사 배열
(A) 형용사 (B) 형용사 (C) 형용사, 부사, 대명사 (D) 부사 ∴ (D) quickly는 오답.

STEP 3 답 결정 단어 찾기
"**product**" 빈칸은 명사를 수식하는 형용사로 to부정사 앞에서 전치 수식이 가능해야 한다. 따라서 '충분한 생산품'을 의미하는 (C) enough가 정답이다.

STEP 4 오답노트
(A) full은 양을 수식하는 형용사이다. (B) quick은 속도와 관련된 명사가 어울리는 형용사이므로 오답이다.

20

delegate

[ˈdelɪɡət]
n. 대표, 대표단
[ˈdelɪɡeɪt]
vt. ~를 위임하다,
    (대표)를 선발하다

① 명사 – 대표, 대표단
  가산명사로 여럿을 이야기할 때는 복수형이 된다.
  We had a conference with **delegates** from several countries.
  우리는 여러 나라에서 온 대표들과 회의를 했다.

② 타동사 – 대표를 '선발하다, 뽑다'
  〈delegate + 사람목적어 + to + 명사〉 …를 ~로 뽑다
  They **delegated** Ms. Kino **to** Marketing Chief. 그들은 Kino 씨를 마케팅 팀장으로 뽑았다.

③ 타동사 – 권한 등을 '위임하다'
  〈delegate + 목적어 + to + 사람목적어〉 ~을 …에게 위임하다
  The board **delegates** authorities **to** the Committee. 이사회는 위원회에 권한을 위임한다.

출제포인트

All of the main ----------- are supposed to arrive shortly and attend the seminar in an hour.
(A) delegate   (B) delegator   (C) delegating   (D) delegates

THINKING : 해석해서 풀었는가?

STEP 1 구조 분석
All of the main ----------- / are supposed (to arrive shortly and attend the seminar) (in an hour).
→ 빈칸은 main의 수식을 받는 명사 자리

STEP 2 품사 배열
(A) 명사, 동사 (B) 명사 (C) 동사 (D) 명사 ∴ (C) delegating은 오답

STEP 3 답 결정 단어 찾기
"**are**" be동사가 'are'이므로 주어는 복수명사 자리이다. 보기 중 복수명사는 (D) delegates 뿐이다.

STEP 4 오답노트
(C) delegate는 '대표, 대표단' 뿐 아니라 '위임하다'란 의미로도 자주 쓰이는 어휘이다.

DAY 28 SUMMARY

빈출 다의어 & 다품사어 Best 5

term
① 조건 terms of an agreement/a contract/a merger 합의/계약/합병의 조건
   terms and conditions of ~의 조건/조항
   under[according to] the terms of the contract 계약조건에 따라
② 기간 in the long/short term 장기/단기적으로
③ 용어 general term 일반적인 용어   practical term 실용 용어   financial term 재정 용어
   legal term 법률 용어   medical term 의학 용어   technical term 기술 용어

address
① 주소 mailing address 우편 주소
② 연설 welcoming address 환영사   keynote address 기조연설   deliver/give an address 연설, 강연을 하다
③ (문제·상황을) 다루다 We should address this problem. 우리는 이 문제를 다뤄야 한다.
④ ~에게 보내다 This issue should be addressed to him. 이 문제를 그에게 보내야 한다.

since

since	시간(~ 이래로)	이유, 원인(~ 때문에)
접속사	O	O
전치사	O	X
부사	O	X

plus
① ~을 더하여 The total cost is $100 plus 10% tax. 총 비용은 100달러이며 10%의 세금이 추가된다.
② 이점 major/definite/big plus 주요한/확실한/큰 이점   a plus in ~ ~에서의 이점
③ 이익이 되는 명사 앞에 위치한다.
④ 추가로 추가적인 정보를 담은 절을 이끈다.

subject
① 주제 His speech will cover two different subjects. 그의 연설은 두 가지의 다른 주제들을 다룰 것이다.
② ~의 영향을 받기 쉬운 〈be subject to + 명사/동명사〉 ~이 되기 쉽다
   All prices are subject to change without notice.
   모든 가격은 고지 없이 변경될 수 있다.
③ ~을 겪게 만드는 〈subject + 사람명사 + to + 사물〉 ~로 하여금 …을 당하게[겪게] 만들다

실력완성 TEST

01 ---------- the coffee shop is located within the campus, it draws many students.
    (A) Despite   (B) Therefore   (C) Hence   (D) Since

02 In order to comply with federal regulations, Bio Beauty ---------- its hair color products to both skin and heat tests.
    (A) discards   (B) subjects   (C) supports   (D) exhibits

DAY 29

한 단어의 모든 품사가 출제되는 표제어 동사 List

like의 network

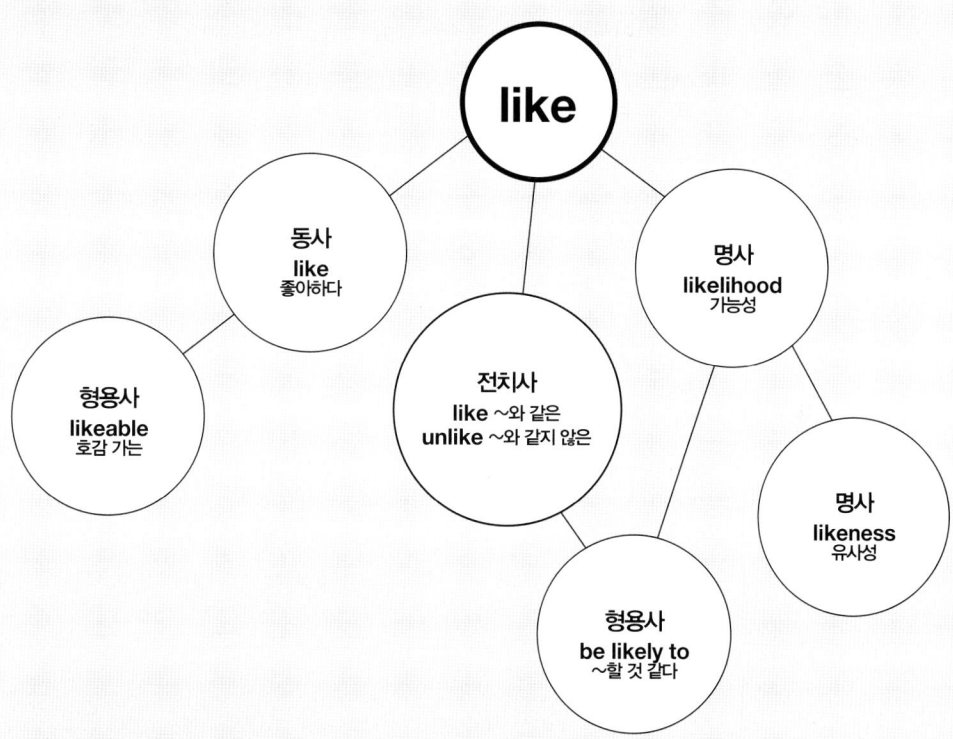

시험문제는 이렇게 나와요!

When the director pays a visit to our office tomorrow, he is ------- to meet all employees, so tell them to wear formal attires.
(A) like   (B) likable   (C) likely   (D) likeness

해설 ▶ 생각의 순서

1단계 구조 분석
When the director / pays / a visit (to our office tomorrow), he / is ------- (to meet all employees), so tell
　　　　　/주어　　동사1　목적어　　　　　　　　　　　　　주어2 동사2　　to부정사구　　　　　접속사 동사3
/ them (to wear formal attires).
　목적어3　to부정사구

2단계 품사 배열　be동사의 보어 역할을 하는 형용사 자리이다.
3단계 답 결정 단어 찾기　be동사의 보어 역할을 하는 형용사이자, 뒤에 to부정사를 취하는 것을 선택해야 한다. <be likely to + 동사원형>은 '~할 것 같다'의 의미이기 때문에 (C) likely가 정답이다.
4단계 오답 노트　(A) like는 동사이므로 be동사 바로 뒤에 쓰일 수 없고, (B) likable은 '호감 가는'의 의미로 명사를 수식한다. (D) likeness는 '유사성, 닮음'의 의미로 명사가 be동사의 보어로 쓰일 땐 주어와 동격을 이루므로 문맥상 어색하다

해석 ┃ 내일 이사가 우리 사무실을 방문할 때 모든 직원들을 모두 만날 것 같으니 직원들에게 정장을 입으라고 하세요.
어휘 ┃ pay a visit to ~을 방문하다　formal attire 정장
정답 ┃ (C)

DAY 29

01 make
[meɪk]
vt. ~을 만들다,
~하게 만들다

① 3형식 동사: 〈주어 + make + 명사〉. 숙어에 대해 출제
  〈make an effort + to부정사〉 ~하기 위해 노력하다
  〈make a point of + 동명사〉 으레~하다
  make sure of/that = make certain of/that ~을 확신하다
  make progress to/toward/on/in ~으로 나아가다
  make arrangements/preparations (for ~) 준비하다
  make up one's mind 결심하다   make a reservation (for ~) 예약하다
  make a mistake 실수를 하다   make a contribution 기여하다   make a purchase 구매하다
  make assumptions 가정하다   make a choice of ~을 선택하다
  make a change 변경하다   make a copy 복사하다   make a call 전화를 걸다
  make a decision 결정하다

② 5형식 동사: 〈make + 목적어 + 명사/형용사/동사원형/분사〉
  목적보어의 형태, 품사를 묻는 문제로 출제

출제포인트 [make + 명사] 숙어

Dr. Mendell's group is -------- progress on the changes requested for our safety policies.
(A) becoming   (B) making   (C) putting   (D) doing

THINKING : becoming은 왜 오답일까?

STEP 1 구조 분석
Dr. Mendell's group / is -------- / progress (on the changes) (requested for our safety policies).
→ be 동사와 목적어 progress 사이에 있으므로 동사 자리

STEP 2 품사 배열
(A) – (D) 동사

STEP 3 답 결정 단어 찾기
"**progress**" make progress 진보하다 ∴ (B) making이 정답.

STEP 4 오답노트
(A) becoming은 2형식 동사로 뒤에 보어가 나와야 한다. 보어는 명사 또는 형용사가 가능한데, 그 중 명사가 나올 경우 주어와 보어는 동격이다. Mendell's group ≠ progress이므로 정답이 될 수 없다.

02 have
[həv ; əv/hæv]
aux.
vt. ~을 가지다, 있다,
~하게 하다

① 조동사 have
  • 〈have/had + p.p.〉 형태로 현재/과거 완료시제를 나타낸다.
  • 〈had better + 동사원형〉 ~하는 것이 낫다, 좋겠다 → 제안이나 권유
  • 〈Had + 주어 + p.p.〉는 가정법 과거완료 If절에서 If가 생략되고 도치된 형태이다.
② 3형식 동사: ~을 가지다 → 진행형으로 쓰지 않음
③ 5형식 동사: ~ 하게 하다 → 사역동사
  〈have + 명사 + 형용사/p.p.〉 또는 〈have + 명사 + 동사원형(+ 목적어)〉

출제포인트 to부정사와 분사구문의 의미 차이

------------ exceeded our sales goal for productivity, all employees in GT Holdings received a bonus.
(A) Have   (B) To have   (C) Having   (D) Had

THINKING : 완료형 분사

STEP 1 구조 분석
------------ exceeded / our sales goal (for productivity), all employees (in GT Holdings) received / a bonus.
→ 문장에 접속사는 없고 동사가 한 개이므로 빈칸은 to부정사, 분사 같이 구를 이룰 수 있는 품사 자리
※ 원형인 (A) Have는 오답.

STEP 2 품사 배열
(A) 동사 (B) to부정사 (C) 분사 (D) 동사의 과거형태

STEP 3 답 결정 단어 찾기
"**exceeded**" 주절의 상여금 받은 것의 원인이 되는 분사구문을 완성해야 한다. 주절보다 앞선 시제를 표현하는 동시에 능동의 분사구문을 만드는 (C) Having이 정답이다.

STEP 4 오답노트
(B) To have는 미래적 의미가 내포되어 원인이 아닌 목적에 적합하므로 오답이다.

03

like
[laɪk]
vt. ~을 좋아하다
prep. ~와 비슷한, ~처럼

① 3형식 동사: ~을 좋아하다, 원하다
  ⟨like + to부정사⟩ – 미래, 1회성 발생 / ⟨like + 동명사⟩ – 지속
② 전치사: ~처럼, ~와 비슷한, ~ 같은 (= such as, for example, for instance)
  • 관련 표현: ⟨seem/look/feel/sound/be + like + 명사⟩
    more like ~와 더 비슷한 nothing like ~와 비슷한 것이 없는 just like 꼭 같은
    very much like ~와 매우 비슷한 something like (예를 들면 ~ 같은) 어떤 것
  • 반의어: unlike a. 닮지 않은, 같지 않은 prep. ~와 다른, ~같지 않은
③ like의 파생어
  • likable a. 호감이 가는, 마음에 드는
  • likely a. ~할 것 같은, ~할 것으로 예상되는, 그럴듯한
    - ⟨more/less/most/least + likely⟩로 자주 출제
    - ⟨be likely + to부정사⟩ ~할 것 같다
  • likelihood n. 있음직한 일, 가능성, 가산단수명사 또는 불가산명사
    - likelihood of, ⟨likelihood (that) + 주어 + 동사⟩
  • likeness n. 비슷함, 유사함, 가산/불가산명사
  • alike a., ad. 한결같이, 똑같이 – 앞에 두 사람 또는 두 집단에 대한 언급
  • likewise ad. 똑같이, 마찬가지로 – 의미상 앞 문장과 유사한 내용의 문장을 연결

출제포인트 **be likely to**

> The last candidate was most ------- to pass the initial interview because he was confident enough in answering all of the interviewers' questions properly.
> (A) likely   (B) likes   (C) alike   (D) unlike

THINKING : alike는 왜 오답일까?

STEP 1 구조 분석
The last candidate / was (most) ------- (to pass the initial interview) because he / was confident (enough) (in answering all of the interviewers' questions) (properly).
→ 빈칸은 be동사 was의 보어 자리로 형용사 또는 명사가 올 수 있다.

STEP 2 품사 배열
(A) 형용사 (B) 동사 (C) 형용사, 부사 (D) 전치사, 형용사 (B) likes는 동사로 오답

STEP 3 답 결정 단어 찾기
"**was**", "**to**" be likely to ~인 것 같다 ∴ (A) likely가 정답

STEP 4 오답노트
(C) alike는 '부사'로 '한결같이, 똑같이'란 뜻으로 앞에 두 사람 또는 두 집단에 대한 언급이 나와야 한다.

04

bring
[brɪŋ]
vt. ~을 가져오다, 데려오다

① 4형식 동사: ~에게 ~을 가져오다 ⟨bring + 간접목적어 + 직접목적어⟩
  He brought me the box. 그는 나에게 상자를 가져다주었다.
② 3형식 동사: (사물)을 가져오다, (사람)을 데려오다
  ⟨bring + 사물/사람 (to/into/for/with)⟩
  He brought the box to me. 그가 상자를 내게 가져다주었다.
  Bring Suzi with you. Suzi를 데려와라.
③ bring 관련 표현 및 숙어
  bring about ~을 야기하다(= cause)   bring out (시장에 팔 물건을) 생산하다
  bring up 언급하다, 화제를 꺼내다   bring back 다시 도입(사용)하다, 상기시키다, 돌려주다
  bring forward (약속 등을) 앞당기다   bring in 들여오다, (이익을) 가져오다, (새로운 것을) 받아들이다
  bring visitors 방문자들을 데려오다   bring attention to ~ ~에 관심을 가져오다

출제포인트 **[bring + 명사 + with]**

> All students are expected to --------- their pen and notebook with them to school.
> (A) have   (B) wear   (C) bring   (D) purchase

THINKING : 문장 중 답 결정단어는?

STEP 1 구조 분석
All students / are expected (to --------- their pen and notebook) (with them) (to school). → 빈칸은 to부정사의 동사원형 자리

STEP 2 품사 배열   (A) - (D) 동사

STEP 3 답 결정 단어 찾기
"**with them**" ⟨bring + 사물 + with⟩는 '~을 가져오다'라는 뜻이다. ∴ (C) bring이 정답

STEP 4 오답노트
(A) have, (B) wear, (C) purchase는 이동개념이 없어 to school(학교로)에 호응하지 않아 오답이다.

DAY 29

DAY 29

do
[də/du/du:]
vt. ~을 하다;
　…에게 ~을 해주다

05

① 3형식 동사: ~을 하다 → 어떤 일, 업무, 지속적인 일 등을 하는 것.
　do one's work/job/business 일하다　　**do** one's duty 의무를 다하다
　do repairs 수리를 하다　　　　　　　　**do** exercise 운동하다
　do one's best 최선을 다하다　　　　　　**do** homework 숙제하다
　do some shopping 쇼핑을 (좀) 하다　　**do** research 연구/조사하다　　**do** trade 무역을 하다
② 4형식 동사: …에게 ~을 해주다
　do a person favor ~의 부탁을 들어주다
③ 유사 어휘 비교
　make: 주로 추상적인 일들이나 1회성 행위에 많이 사용한다.

출제포인트 do vs. make

Our association would like to ------------ business in China and are in contact with a local Chinese subsidiary.
(A) be　　(B) do　　(C) make　　(D) plan

THINKING : make는 왜 오답일까?

STEP 1 구조 분석
Our association / would like to ------------ business (in China) and are (in contact with a local Chinese subsidiary).
→ 빈칸은 to부정사의 동사원형 자리

STEP 2 품사 배열
(A) – (D) 동사

STEP 3 답 결정 단어 찾기
"**business**" do business 일하다 ∴ (B) do가 정답.

STEP 4 오답노트
(A) be가 올 경우 보어 자리에 있는 명사는 주어와 동격이 되어야 하므로 답이 될 수 없다.
(C) make는 1회성의 일에 주로 쓰이므로 적절하지 않으며 참고로 make a business는 '어떤 일을 본업으로 하다'라는 의미로 쓰인다.

help
[help]
vt. ~을 돕다;
　~하게 하다

06

① 5형식 동사: …가 ~하는 것을 돕다 〈help + 목적어 + (to)동사원형〉
　She **helped** me write an essay. 그녀는 내가 에세이 쓰는 것을 도왔다.
② 3형식: ~하는 것을 돕다 〈help + (to)동사원형〉
　She **helped** lift the table. 그녀는 탁자 들어올리는 것을 도왔다.
③ 관련표현
　〈**help** + (사람 목적어) + with + 명사/-ing〉 ~에 관해 (…을) 돕다
　〈It **helps** ~, that/if + 주어 + 동사〉 상황을 더 나아지게 하다
　〈**help** yourself (to + 명사)〉 마음껏 ~하다
　〈can't **help** + 명사/-ing〉 = 〈cannot **help** but + 동사원형〉 ~하지 않을 수 없다

출제포인트 준사역동사로서의 help

With the advancement of agricultural technology, it is expected to help McKinnen Farm crops ---------- even before the harvest month.
(A) would flourish　　(B) flourish　　(C) flourished　　(D) will flourish

THINKING : flourished는 왜 오답일까?

STEP 1 구조 분석
With the advancement of agricultural technology/, it / is expected (to help McKinnen Farm crops) ---------- (even before the harvest month).
→ 여기서 help는 준사역동사로 쓰였다. 〈help + 목적어(McKinnen Farm crops) + 목적보어(동사원형)〉 형태가 되어야 하므로 빈칸은 목적보어 자리이다. ∴ (B) flourish가 정답

STEP 2 품사 배열
(A) – (D) 동사

STEP 3 답 결정 단어 찾기
"**help**" 〈help + 사람 목적어 + (to)동사원형〉 (목적어)가 ~하는 것을 돕다

STEP 4 오답노트
(C) flourished는 자동사여서 과거분사가 될 수 없으므로 답이 될 수 없다.

07 find
[faɪnd]
vt. ~을 찾다; 알아내다;
~라고 생각하다
n. 발견

① 3형식: ~을 찾다 〈find + 목적어〉
　~라는 것을 발견하다 〈find (that) 주어 + 동사〉
② 4형식: …에게 ~을 찾아 주다 〈find + 간접목적어 + 직접목적어〉
③ 5형식: …가 ~라고 여기다/알다/생각하다 〈find + 목적어 + 형용사/-ing/p.p.〉
　The director **found** Mr. Park's suggestion very useful.
　이사는 Park 씨의 제안이 매우 유용하다는 것을 알았다.
④ 관련 표현
　〈**find** + 목적어 + easy/useful/beneficial〉 ~이 쉽다/유용하다고/이롭다고 생각하다
　〈**find** it + easy/hard[difficult] + to부정사〉 ~하는 것이 쉽다고/어렵다고 생각하다
　〈**find** a way/solution + to부정사〉 ~할 방법/해결책을 찾다
　can **be found** in/at/on ~ ~에서 찾을 수 있다
　hard/easy to **find** 찾기 어려운/쉬운

출제포인트 3형식으로 쓰인 find

Dozens of volunteers will be assigned to help seminar participants ------- their way around the convention center.
(A) do　　(B) find　　(C) inform　　(D) ask

THINKING : inform은 왜 오답일까?

STEP 1 구조 분석
Dozens of volunteers / will be assigned (to help / seminar participants / ------- / their way (around the convention center)).
→ 〈help + 목적어(seminar participants) + 목적보어(동사원형)〉 형태이므로 빈칸은 동사 자리

STEP 2 품사 배열
(A) – (D) 동사

STEP 3 답 결정 단어 찾기
"**their way**" volunteers(자원봉사자)의 역할은 세미나 참가자들(seminar participants)이 길(way)을 찾도록 돕는 것 ∴ '찾다'를 의미하는 (B) find가 정답.

STEP 4 오답노트
(C) inform은 목적어로 사람명사를 받고 〈inform + 목적어(사람) + of/that + 주어 + 동사〉의 형태가 나와야 하는데 빈칸 뒤에 way가 나왔으므로 정답이 될 수 없다.

08 apply
[əˈplaɪ]
vi. 지원하다, 신청하다
vt. ~을 적용하다. 붙이다

① 자동사로 '신청하다, 지원하다'
　(application: 신청서)
　apply for a job/passport/grant
　일자리/여권/보조금 등을 신청하다
　apply to a company/university
　회사/대학에 지원하다
② 타동사: A를 B에 적용시키다
　〈**apply** + A + to + B〉
　Apply the lotion sparingly to your body.
　로션을 몸에 조금씩 바르세요.

③ **apply**의 파생어
　명사 application
　– 적용 (타동사 apply에서 파생)
　　〈application of + 프로그램/기술/이론 + to + 대상〉
　　the application of mathematics to art 예술에 대한 수학의 적용
　– 지원서 (자동사 apply에서 파생)
　　〈application for + 신청/요청하는 대상〉
　　application for the managerial position 관리직 지원
　명사 applicant
　– 지원자, 신청자 (= candidate), 전치사 for와 주로 함께 쓰인다.

출제포인트 타동사 apply

When --------- new price labels to packages, do not remove the original tag.
(A) applying　　(B) showing　　(C) installing　　(D) assembling

THINKING : showing은 왜 오답일까?

STEP 1 구조 분석
When --------- new price labels (to packages), do not remove / the original tag.
→ 부사절 접속사 When과 함께 쓰일 현재분사 자리

STEP 2 품사 배열
(A) – (D) 동사

STEP 3 답 결정 단어 찾기
"**labels**" "**to packages**" 가격표를 소포에 부착시키는 것이므로 '붙이다'의 (A) applying이 정답

STEP 4 오답노트
(B) show는 〈show + 사람목적어 + 사물목적어〉, 〈show + 사물목적어 + to + 사람목적어〉로 쓰이므로 오답이다.

DAY 29

09 give
[gɪv]
vt. ~을 주다;
…에게 ~을 주다

① 4형식 동사: ~에게 ~을 주다 〈give + 간접목적어 + 직접목적어〉
  직접목적어 주어 수동태 → 〈사물 + be given (by/to 사람)〉 ~이 주어지다
  간접목적어 주어 수동태 → 〈사람 + be given + 목적어〉
                        = 〈사람 + receive + 사물〉 (주어)가 (목적어)를 받다
② 3형식 동사: ~을 주다 〈give + 목적어 (to + 사람)〉
③ 관련 표현
  give out (사람들에게) ~를 나눠주다, 배부하다
  <give up + 명사/-ing> (하던 일을) 그만두다, 포기하다
④ give의 파생어
  전치사 given ~을 고려해볼 때
  Given the circumstances, the proposal seemed reasonable.
  주변상황을 고려해볼 때, 그 제안은 타당성이 있어 보였다.

출제포인트 분사형 전치사 given

-------- his long list of experience in marketing, Mr. Summers is no doubt the best person to save the company.
(A) To give   (B) Given   (C) To take   (D) Taken

THINKING : To give는 왜 오답일까?

STEP 1 구조 분석
-------- his long list of experience (in marketing), Mr. Summers / is no doubt / the best person (to save the company).
→ 빈칸은 목적어 his long list of experience와 어울리는 동사 또는 전치사 자리

STEP 2 품사 배열
(A), (C) to부정사 (B) 전치사, 접속사, 형용사 (D) 과거분사 형용사 → 목적어를 받을 수 없는 과거분사 (D) Taken은 오답.

STEP 3 답 결정 단어 찾기
"the best person" '많은 경험'이란 조건을 고려해볼 때, Summers 씨가 회사에 가장 적합한 사람이라는 결론이 나올 수 있으므로 (B) Given이 정답

STEP 4 오답노트
(A) to 부정사의 부사적 용법 '~하기 위해서'는 '목적'을 의미하고 이때 주절에 to부정사에 대한 의무나 행위가 나와야 하므로 정답이 될 수 없다.

10 advise
[ədˈvaɪz]
vt. ~을 충고하다;
  ~에게 알리다
vi. 충고하다

① 3형식 동사: ~에게 알리다, ~을 충고하다 〈advise + 목적어(사람) + of/to부정사/that절〉
② 4형식 동사: …에게 ~하라고 충고하다, 조언하다 〈advise + 간접목적어 + 직접목적어〉
  The director advised me that I accept his proposal.
  그 이사는 나에게 자신의 제안을 받아들이라고 충고했다.
③ advise의 파생어
  형용사 advisable 바람직한 (= desirable)
  형용사 advisory 자문의, 고문의 a special advisory committee 특별 자문 위원회
  명사 advice 충고
④ 관련 표현
  〈사람 + be advised + to부정사〉 …가 ~하라는 충고를 받다
  〈사물(It) + be advisable + to부정사〉 ~하는 것이 현명하다

출제포인트 'advise'에서 파생된 형용사의 여러 형태

We were ------- to leave before the renovations work starts.
(A) advise   (B) advised   (C) advisable   (D) advice

THINKING : advisable은 왜 오답인가?

STEP 1 구조 분석
We / were ------- (to leave) before the renovations work / starts.
→ 빈칸은 be동사 뒤 보어 자리이므로 형용사 또는 명사가 올 수 있다.

STEP 2 품사 배열
(A) 동사 (B) 과거분사, 동사 (C) 형용사 (D) 명사 ∴ (A) advise는 오답

STEP 3 답 결정 단어 찾기
"we" '~하라는 충고를 받다'라는 의미로 주어 자리에 사람이 온다. 따라서 (B) advised가 정답.

STEP 4 오답노트
(C) advisable은 〈사물(It) + be advisable + to부정사〉 형태로 주어에 사물명사 또는 비인칭 It이 주로 온다.

11

take
[teik]
vt. ~을 가지고 가다;
데리고 가다;
가져가다; 잡다

① 행위·움직임·시간·돈·노력·시험 등을 '취하다, 가지다, 차지하다', '받아들이다'
② 관련 표현
take action/steps 조치/대책을 취하다 **take** advantage of ~을 이용하다, 기회로 활용하다
take priority over ~에 우선하다 **take** place ~이 발생하다(자동사)
take part in ~에 참여하다(= participate in, attend) **take** time off (학교나 일 등을) 쉬다
take notes 필기/메모하다 **take** a look 쳐다보다 **take** over 장악하다, 인수하다
<**take** + 목적어 + into consideration/account> ~을 고려하다, 심사숙고하다
<**take** + 시간 + to부정사> ~하는 데 …시간이 걸리다
<**take** + 목적어 + to/into> ~을 …로 가져가다, 데리고 가다
<**take** + 목적어 + with + 사람> ~을 가지고 가다
<**take** + 사람 + 사물> ~에게 …을 가져다주다
<**take** + 목적어 + from/off> ~을 제거하다, 치우다
<**take** + 사람 + on~> ~에게 …(일, 탑승 등)을 하게 하다

출제포인트 '얻다'의 의미

> You should ---------- business cards with you when you are going to meet clients.
> (A) gain   (B) take   (C) get   (D) have

THINKING : gain은 왜 오답일까?

STEP 1 구조 분석
You / should ---------- / business cards (with you) when you / are going (to meet clients).
→ 빈칸은 조동사 should 뒤의 동사원형 자리

STEP 2 품사 배열
(A) – (D) 동사

STEP 3 답 결정 단어 찾기
"with" <take + 목적어 + with + 사람> '~을 가지고 가다' 즉, 명함을 가지고 가야 한다는 의미로 (B) take가 정답

STEP 4 오답노트
(A) gain은 노력을 통해서 무언가를 얻게 된다는 의미의 동사로 experience와 같은 '경험', '노하우', '지식'이나 '경력' 등을 목적어로 받는다.

12

keep
[kiːp]
vt. ~을 지속하다; 지키다

① 5형식 동사: …가 ~하게 하다 〈주어 + keep + 목적어 + 형용사/p.p.〉
② 2형식 동사: (특정한 상태를) 유지하다 〈주어 + keep + 주격보어〉
③ 3형식 동사: (특정 장소에) ~을 보관하다, (주거나 없애지 않고) 가지고 있다, 보유하다,
    (약속·규칙 등을) 지키다 〈주어 + keep + 명사〉
④ 관련 표현
   in **keeping** with ~에 따라서, ~와 일치하여
   keep track of ~을 기록하다, ~에 대해 계속 파악하다
   keep up with 유행을 따르다, ~에 뒤처지지 않다, ~와 계속 연락하고 지내다
   keep (on) –ing 계속해서 ~하다
   keep in touch with ~와 접촉하다, 연락을 취하다

출제포인트 keep의 쓰임

> While Mr. Jones is away, please keep him ---------- of our latest developments via e-mail.
> (A) informed   (B) information   (C) informer   (D) inform

THINKING : inform은 왜 오답일까?

STEP 1 구조 분석
While Mr. Jones / is away, please keep / him / ---------- (of our latest developments) (via e-mail).
→ 빈칸은 목적보어로 형용사나 p.p.가 들어갈 자리

STEP 2 품사 배열
(A) 과거분사 (B) 명사 (C) 명사 (D) 동사 ∴ (B), (C)는 오답

STEP 3 답 결정 단어 찾기
"of" keep + 목적어(him) + 목적보어(형용사 or 과거분사) ∴ (A) informed가 정답

STEP 4 오답노트
(D) inform이 정답이려면 빈칸 뒤에 inform의 목적어로 사람명사가 나와야 한다.

inform	+	목적어(사람)	+	of + 명사
				to부정사
				that + 주어 + 동사

DAY 29

13
object
[əb'dʒekt]
vi. 반대하다
vt. ~라고 항의하다
['ɑːbdʒekt/-ɪkt]
n. 물건, 연구, 목적

① 1형식 동사: 반대하다 〈object to + -ing/명사〉 = 〈be opposed to + -ing/명사〉
② 3형식 동사: ~의 반대 이유를 대다 〈object + that + 주어 + 동사〉
③ object의 파생어
  형용사 objective 객관적인
  명사 objective (성취하기 위해 노력하는) 목표
  <objective of + 명사> ~의 목표 <objective + to부정사> ~하려는 목표
  The objective of this meeting is to review last year's advertising campaign.
  이 회의의 목적은 작년도 광고캠페인을 검토하기 위함이다.
  ※ 미래의 계획, 목표, 노력, 결정 등을 나타내는 명사는 뒤에 수식어구로 동명사가 아니라 to부정사를 동반한다.
  명사 objection 반대, 반대 이유. 전치사 to, against와 함께 자주 쓰인다.
  No serious objections to the business expansion are anticipated.
  사업 확장에 대해 심각한 반대는 없을 것으로 예상된다.

출제포인트 object의 형태

JJ Industry strongly -------- modifying the terms of the contract.
(A) objected   (B) objected to   (C) was opposed   (D) opposite

THINKING : objected는 왜 오답일까?
STEP 1 구조 분석
JJ Industry / strongly -------- / modifying / the terms of the contract.
→ 주어와 목적어만 있으므로 빈칸은 동사 자리

STEP 2 품사 배열
(A) – (C) 동사, (D) 전치사, 형용사 ∴ (D) opposite은 오답

STEP 3 답 결정 단어 찾기
"**modifying**" modifying은 동사의 목적어로 object는 자동사이므로 전치사 to를 동반하여 목적어를 취해야 한다. ∴ (B) objected to 가 정답.

STEP 4 오답노트
(A) object가 타동사로 쓰일 때는 〈that + 주어 + 동사〉의 형태로 주로 쓰인다.

14
look
[lʊk]
vi. 보다, 찾다; ~인 것 같다
vt. ~을 보다; 확인하다;
  ~로 보이다
n. 보기, 표정, 외모

① 완전 자동사: 보다
  look at ~을 보다
  look for ~을 찾다(= search for)
  look after ~를 돌보다(= take care of)
  look around ~을 둘러보다
  look over 검토하다
  look into 조사하다
  look down on ~를 낮추어 보다
  look up to ~를 존경하다, ~를 우러러 보다(= respect, admire)
  look forward to –ing ~하기를 고대하다
② 2형식 감각동사: ~해 보이다 〈look like + 대상/사물〉
③ 타동사
  We cannot **look** the other way.

출제포인트 '보다'의 의미

The security officials assigned to the storage room should -------- at some of the most expensive raw materials imported from Switzerland.
(A) look   (B) see   (C) observe   (D) view

THINKING : 한국말로 다 같은 의미라면?
STEP 1 구조 분석
The security officials (assigned to the storage room) / should -------- / (at some of the most expensive raw materials) (imported from Switzerland).
→ 빈칸은 조동사 should 뒤에 오는 동사 자리

STEP 2 품사 배열
(A) – (D) 동사

STEP 3 답 결정 단어 찾기
"**at**" look at ~을 보다 ∴ 자동사 (A) look이 정답

STEP 4 오답노트
(B), (C), (D)는 모두 타동사로 뒤에 목적어가 나와야 한다.

15 set

[set]
vt. ~을 놓다
vi. (태양 등이) 지다; 굳다; (바람 등이) 향하다
n. 세트
a. 고정된, 정해진

① 자/타동사: 일·시간·장소·조건·규정·목표 등을 '설정하다, (결)정하다'
② 관련 표현
  <set + 목적어 + apart from~> ~과 다르게 하다, ~과 차별화하다
  <set forth + 의견/생각 등> ~을 설명하다, 발표하다
  set up 설립하다, 준비하다   set down ~을 내려놓다
③ set의 파생어
  명사 setting 가산명사로 어떤 일이 일어나는 '장소, 배경, 상황', 연극·소설의 '배경', 기계의 '설정', 식탁의 '세팅'

출제포인트 setting의 의미

The representatives should be good at interacting with clients even in social ----------.
(A) standards   (B) settings   (C) careers   (D) reforms

THINKING : setting을 '설정'으로만 외우고 있지 아니한가?

STEP 1 구조 분석
The representatives / should be good (at interacting with clients) (even) (in social ----------).
→ 빈칸은 social과 어울리는 명사 자리

STEP 2 품사 배열
(A) – (D) 명사

STEP 3 답 결정 단어 찾기
"**interacting**" interacting with clients(고객과 소통하기)와 even in (심지어 ~에도)의 내용을 보면 사교적인 '장소, 상황, 자리'에서도 소통을 잘 해야 한다는 의미가 완성. 어떤 일이 일어나는 '장소, 배경, 상황'을 의미하는 가산명사 (B) settings가 정답이 된다.

STEP 4 오답노트
(B) settings는 기계의 '설정', 식탁의 '세팅'등을 의미한다는 것도 함께 알아두자.

16 pay

[peɪ]
vt. ~을 지불하다
vi. 지불하다

① 3형식 동사: ~에 대한 대가를 지불하다 〈pay + 사람 + for + 사물〉
② 4형식 동사: …에게 ~를 지불하다 〈pay + 사람 + 사물〉
③ 타동사로서 공과금, 임대료, 채무를 '납부/상환하다' pay the gas bill 가스요금을 내다
④ 자/타동사로 업무에 대한 '보수를 지불하다'
⑤ **pay attention to** ~ ~에 집중하다, ~에 주목하다
⑥ pay의 파생어
  명사 pay 보수 pay raise/increase 임금인상 pay cut 임금삭감 a pay freeze 임금동결
  형용사 paid 유급의, 돈이 지불된/되는 a well-paid accountant 좋은 급여를 받는 회계사
         paid vacation 유급휴가 paid holidays 유급휴일
  형용사 payable 청구대금이나 채무에 대해 '지불되어야 하는', 수표에 대해 '지불 가능한'
         〈payable on + 대상〉 / 〈payable by + 사람(채무자/인차인)〉 / 〈payable to + 사람(수령인)〉
  명사 payment 가산명사: '지불금', 불가산명사로는 행위로서의 '지불'
         weekly/monthly payment 주/월 지급(금) full payment 전액 지급
         prompt payment 즉시 지급(금)

출제포인트 지불을 할 수 있는가 vs. 지불이 되어야 하는가

Please make a cheque -------- to our company.
(A) pay   (B) payment   (C) paid   (D) payable

THINKING : pay는 왜 오답일까?

STEP 1 구조 분석
Please / make a cheque / -------- (to our company).
→ make(5형식 동사) + a cheque(목적어) + 목적보어 → 빈칸은 형용사, 동사, 명사 자리
→ make(3형식 동사) + a cheque(목적어) → 빈칸은 부사 자리

STEP 2 품사 배열
(A) 동사, 명사 (B) 명사 (C) 형용사 (D) 형용사

STEP 3 답 결정 단어 찾기
"**to**" payable to ~에게 지불되어야 하는 ∴ (D) payable이 정답

STEP 4 오답노트
명사의 목적보어는 목적어와 동격을 이루는데, a cheque = payment라는 공식이 성립하지 않으므로 (B) payment는 오답이고, 수표가 자신을 '지불'할 수 없으므로 능동의 보어인 (A) pay도 소거된다. 형용사인 (C) paid와 (D) payable을 비교하자면, paid는 '유급의', '돈이 지불된(되는)'의 의미이며, 주로 명사 앞에 온다.

DAY 29

17

hand
[hænd]
vt. ~을 넘기다, 건네주다
n. 손

① 타동사: ~을 건네주다 〈hand + 간접목적어 + 직접목적어〉 / 〈hand + 목적어 + to + 사람〉
These guide books **must be handed** to all employees.
이 가이드북은 전 직원들에게 전달되어야 한다.
hand out 나눠주다, 분배하다 (= distribute)
hand in (과제나 서류 등을) 제출하다 (= submit, give in, turn in)
hands-on 직접적인, 실천적인 hands-on experience 실제 체험
hand over (물건이나 권한 등을) 양도하다
<hand over + A + to + B> A를 B에게 넘겨주다

② 명사: 신체부위인 '손' 또는 a hand의 형태로 '도움'
by **hand** (기계가 아닌) 사람 손으로, (우편 등이 아닌 사람이) 직접 전달하여
in **hand** 수중에 있는, 현재 다루고 있는
at **hand** (거리, 시간상) 가까이에, 사용할 수 있게

출제포인트 hand와 어울리는 전치사

All reports from the branch office must be delivered ---------- hand to the assistant of the CEO before the end of this month.
(A) by   (B) on   (C) at   (D) in

THINKING : hand와 어울리는 전치사 표현을 다 숙지하고 있는가?

STEP 1 구조 분석
All reports (from the branch office) / must be delivered / ---------- hand (to the assistant of the CEO) (before the end of this month).
→ 빈칸은 명사 hand와 어울리는 전치사 자리

STEP 2 품사 배열
(A) – (D) 전치사

STEP 3 답 결정 단어 찾기
"**must be delivered**" 완벽한 문장 뒤에 올 부사구 전치사를 찾는 문제다. 문맥상 by hand(직접 전달하여)가 되어야 하므로 (A) by가 정답이다. 유사표현으로 in person도 꼭 알아두자.

STEP 4 오답노트
(C) at hand (거리, 시간상) 가까이에 (D) in hand 수중에 있는

18

break
[breɪk]
vt. ~을 부수다, 깨뜨리다;
   어기다; 고장내다
vi. 깨지다, 부서지다,
   고장나다
n. 휴식; 단절; 갈라진 틈

① 자/타동사: 부수다, 깨뜨리다, 고장 내다, 휴식하다, 약속을 어기다
② 명사: 휴식, 휴가
Let's have a **break** for five minutes. 5분 쉬자.
③ 관련 표현
break down 자/타동사로 모두 쓰며 '고장 나다, 부서뜨리다'
break into 건물 등에 '침입하다', 활동을 '시작하다', 모아둔 돈을 '헐어 쓰다'
break off '분리되다, 갈라지다', 말/일을 하다가 '멈추다'
break through 난관이나 장애물을 '헤쳐 나가다, 돌파하다'
④ **break**의 파생어
형용사 broken 고장 난, 부서진 (동사 break의 과거분사형 형용사)
Please order replacement parts for **broken** assembly machines as soon as possible. 가능한 한 빨리 부서진 조립 기계의 교환 부품을 주문하세요.

출제포인트 breakable vs. broken

You need extra care when dealing with this package since it is ----------.
(A) breakable   (B) broken   (C) break   (D) breakably

THINKING : broken은 왜 오답일까?

STEP 1 구조 분석
You / need / extra care / when dealing with this package / since it / is ----------.
→ be동사 뒤의 빈칸은 보어 자리이므로 형용사 또는 명사가 올 수 있다.

STEP 2 품사 배열
(A) 형용사 (B) 과거분사 (C) 동사, 명사 (D) 부사

STEP 3 답 결정 단어 찾기
"**extra care**" 특별한 주의 필요(결과) → 이 소포(원인) ∴ (A) breakable (깨지기 쉬운)이 정답

STEP 4 오답노트
수동과 완료의 의미를 가진 과거분사 (B) broken을 쓰면 이미 '깨진 소포'라는 뜻이 된다.

19
consider
[kənˈsɪdə(r)]
vt. ~을 숙고하다;
~이라고 생각하다;
고려하다
vi. 잘 생각해 보다

① 3형식 동사: ~을 고려하다 〈consider + 명사/동명사〉
② 5형식 동사: ~을 …이라고 여기다 〈consider + 사람/사물 + 형용사/to부정사/(as) 명사〉
　Some analysts **consider** our company to be progressive.
　일부 분석가들은 우리 회사가 진보적이라고 생각한다.
　※ 수동태 → 〈목적어 + be considered + (as/to be) 목적격 보어〉
③ 관련 숙어
　consider -ing ~하는 것을 고려하다/생각해보다
　consider (that/wh-절) ~을 고려하다, ~을 생각하다
④ consider의 파생어
　형용사 considerable 중요한, 상당한 양의
　형용사 considerate 다른 사람들을 생각하거나 조심하여 '사려 깊은'
　<be considerate of + 사람 + (to부정사)> ~가 …하다니 사려가 깊다
　명사 consideration 심사숙고, 고려
　<take + 명사 + into consideration> ~을 고려하다   under consideration 고려 중인
　전치사 접속사 considering ~을 고려하면
　Considering the research, it would be advisable to conduct a review again.
　조사 결과를 고려한다면, 한 번 더 검토를 하는 것이 좋겠다.

출제포인트 주어가 사람인가 사물인가?

Visitors to Cambridge Museum are requested to be ------- and refrain from taking photos during their tour.
(A) considered   (B) consider   (C) considerable   (D) considerate

THINKING : considerable은 왜 오답일까?
STEP 1 구조 분석
Visitors (to Cambridge Museum) / are requested (to be -------) and / refrain (from taking photos) (during their tour).
→ 빈칸은 be동사의 보어 자리로 형용사 또는 명사가 올 수 있다.
STEP 2 품사 배열
(A) 동사 (B) 동사 (C) 형용사 (D) 형용사 ∴ (A), (B)는 오답.
STEP 3 답 결정 단어 찾기
"**visitors**" Visitors와 어울리는 형용사를 찾아라. ∴ (D) considerate(사려 깊은)가 정답
STEP 4 오답노트
(C) considerable은 '상당한'이란 의미이며 사물명사와 주로 어울린다.

20
extend
[ɪkˈstend]
vt. ~을 펼치다,
연장하다, 늘리다
vi. (길이/범위 등이) 이어지다,
계속되다

① 타동사: 기간, 길이 등을 '더 길게 하다, 연장하다, 늘리다'
② 자동사: 이어지다, 계속되다
③ extend의 파생어
　형용사 extensive 아주 넓은, 대규모의, 포괄적인   extensive research 광범위한 연구
　형용사 extended 연장된   extended holiday 길어진 휴가
　명사 extension 가산명사로 기간의 '연장', '내선, 구내전화'
　※ 복합명사일 때에는 뒤에 위치
　an extensive evaluation 광범위한 평가 → an evaluation extension 확장 제품 평가

출제포인트 형용사 extensive와 extended

They are requesting for an ---------- deadline regarding compilation of the company profile.
(A) extending   (B) expandable   (C) extensive   (D) extended

THINKING : extensive는 왜 오답일까?
STEP 1 구조 분석
They / are requesting (for an ---------- deadline) (regarding compilation of the company profile).
→ 빈칸은 명사를 수식하는 형용사 자리
STEP 2 품사 배열
(A) 현재분사(형용사) (B) 형용사 (C) 형용사 (D) 과거분사(형용사)
STEP 3 답 결정 단어 찾기
"**deadline**" deadline → 시간과 관련된 것을 찾아라. ∴ (D) extended(연장된)가 정답
STEP 4 오답노트
(B) expandable 확장할 수 있는 (C) extensive는 크기, 정보의 범위가 '넓은, 많은', '대규모의', '광범위한'을 뜻하며 deadline과 어울리지 않는다.

DAY 29

DAY 29
SUMMARY

do
어떤 일이나, 업무 등을 지속적으로 하는 것을 의미하며 일과 관련된 목적어들을 취한다.
do one's work/job/business 일하다 do trade 무역을 하다
do one's duty 의무를 다하다 do one's best 최선을 다하다
do repairs 수리를 하다 do exercise 운동하다 do homework 숙제하다
do a job 일을 하다 do some shopping 쇼핑을 (좀) 하다
do research 연구/조사하다 do things 이런저런 일을 하다, 소극적으로 일을 하다
What do you do (for a living)? 무슨 일을 하십니까? I do teaching. 교사입니다.

make
① 특정 행위를 하는 것으로 뒤에 다양한 명사를 받을 수 있다.
make a complaint(불평하다)/a suggestion(제안하다)/a call(전화하다)/a reservation(예약하다)/an effort(노력하다)/
an error(실수하다)/a mistake(실수하다)/a purchase(구매하다) 등
make (no) provision 사전에 준비하다 make allowances for ~ ~를 감안하다, 참작하다
make an exception 예외로 해두다

② 5형식 동사 〈make + 목적어 + 목적보어〉로 쓰여 목적보어의 형태나 어휘를 묻는 문제로 자주 등장한다.

consider
① 3형식 동사: 〈consider + 명사/동명사〉 ~을 고려하다

② 5형식 동사: 〈consider + 사람/사물 + 형용사/to부정사/(as) 명사〉 ~을 …이라고 여기다
*이때 to부정사 to be나 전치사 as를 생략할 수 있다는 것을 알아두자.
 Some analysts consider our company (to be) progressive.
 일부 분석가들은 우리 회사가 진보적이라고 생각한다.
 ※ 수동태 문장 〈목적어 + be considered + (as/to be) 목적격 보어〉

③ 관련 숙어
consider -ing ~하는 것을 고려하다/생각해보다
consider (that/wh-절) ~을 고려하다, ~을 생각하다
〈consider + 사람/사물 + (to be) + 명사〉 ~을 …이라고 여기다

④ consider 파생어
형용사: considerable 중요한, 상당한 양의
형용사: considerate (다른 사람들을 생각하거나 조심하여) 사려 깊은
     be considerate (of 사람 (to부정사)) ~가 …하다니 사려 깊다
명사: consideration 심사숙고, 고려
     〈take + 명사 + into consideration〉 ~을 고려하다 under consideration 고려 중인
전치사 & 접속사: considering ~을 고려하면
          Considering the research, it would be advisable to conduct a review again.
          조사결과를 고려한다면, 한 번 더 검토를 해보시기 바랍니다.
부사: considerably (형용사 considerable에서 파생된 부사로 양이나 수가) 상당히, 많이

실력완성 TEST

01 Sandy's report has --------- the supervisor conscious of the manpower need for the following year.
(A) explained (B) made (C) taken (D) given

02 Receiving the award is --------- a great accomplishment.
(A) considered (B) regarded (C) respected (D) rewarded

DAY 30
항상 숙어로 출제되는 동사구 List

토익 구동사 BEST 20

stand in for ~의 일을 대신하다

go through 겪다, 검토하다

set up 설치하다, ~을 세우다, ~을 시작하다

turn off (전원을) 끄다 ↔ **turn in** (전원을) 켜다

break down 고장 나다

come as ~으로 다가오다

shut down 닫다, 중지하다

bring up 언급하다, 화제를 꺼내다

take place 발생하다

come up with ~을 생각해내다

point out 지적하다, ~을 알려주다

deal with 대처하다, 처리하다 = **cope with** = **content with**

take over 인수하다

pick up 데리러 가다

step down 그만두다

look into 조사하다

set forth 제시하다

keep up with ~에 뒤떨어지지 않다

hold back 발전을 방해하다, 행동을 자제하다, 사실을 감추다

carry out 이행하다

시험문제는 이렇게 나와요!

The annual meeting will ---------- next Friday.
(A) turn on   (B) take place   (C) put together   (D) add up

해설 ▶ 생각의 순서

1단계 구조 분석
The annual meeting / will ---------- / next Friday.
　　주어　　　　　　동사　　　　　　부사

2단계 품사 배열 빈칸은 조동사 will 뒤에 위치하므로 동사원형 자리이다.

3단계 답 결정 단어 찾기 annual meeting → 주어 The annual meeting(연례회의)가 '열리다, 일어나다'라는 뜻을 만드는 숙어 (B) take place가 정답이다.

해석 ┃ 연례 회의는 다음 금요일에 열릴 것이다.
어휘 ┃ annual 연마다의, 연례의   put together 조립하다, 만들다   add up 이치에 맞다, 맞아 떨어지다
정답 ┃ (B)

DAY 30

01 hold back
~을 막다, 억누르다, 자제하다, 감추다

- 발전을 '막다', 감정을 '억누르다', 행동을 '자제하다', 사실을 '감추다'
  The police officers **held back** crowds after they arrested the suspect.
  경찰관들은 용의자를 체포한 후 군중들을 막았다.

출제포인트

You should not hold ---------- any information that caused our sales to decline.
(A) from   (B) back   (C) for   (D) away

THINKING : away는 왜 오답일까?

STEP 1 구조 분석
You / should / not hold ---------- any information (that caused our sales to decline).
→ hold와 any information 사이에 위치하므로 빈칸은 전치사 또는 부사 자리

STEP 2 품사 배열
(A) 전치사 (B) 부사 (C) 전치사 (D) 부사

STEP 3 답 결정 단어 찾기
"**hold**" hold 뒤에 알맞은 부사를 넣는 문제로, 선택지 중 hold와 어울릴 수 있는 것은 back 뿐이다. hold back은 '자제하다, 감추다'라는 뜻을 지닌 관용표현으로 타동사구이다. ∴ 정답은 (B)

STEP 4 오답노트
(D) away는 부사로 주로 전치사 from과 함께 쓰여서 (away from) '멀리 떨어져서'라는 의미의 전치사구로 사용되므로 현 문맥과 어울리지 않다.

02 pick up
~을 가지러 가다,
~을 데리러 가다,
~을 받아 오다,
~을 구입해 오다,
나아지다,
다시 시작하다,
들어 올리다,
알아채다

토익에서는 pick보다 pick up으로 주로 쓰이며 물건을 '집어가다, 가져가다, 선택하다'를 의미한다. 비즈니스 영어에서는 경기나 주문 등이 '개선되다, 늘다' 등으로 쓰인다.

All new employees are asked to **pick up** their information packets at the entrance.
모든 신입 직원들은 입구에서 정보꾸러미를 받아 와야 한다.

출제포인트

Although our sales decreased last month, we expect orders to ---------- up again after the holidays.
(A) hand   (B) take   (C) get   (D) pick

THINKING : up과 어울리는 동사는?

STEP 1 구조 분석
Although / our sales / decreased (last month), we / expect / orders (to ---------- up again after the holidays).
→ 빈칸은 to부정사의 동사원형 자리

STEP 2 품사 배열
(A) – (D) 동사

STEP 3 답 결정 단어 찾기
"**up**" Although절에 decreased (감소했다)가 있으므로 빈칸 뒤에는 again과 어울리는 상반된 내용이 들어간다는 것을 알 수 있다. 정답은 '(경기나 사업, 주문 등이) 나아지다, 늘다'의 뜻인 pick up 의 (D) pick이다.

STEP 4 오답노트
(B) take의 take up은 '(공간 등을) 차지하다'라는 의미이고 (C) get의 get up은 '(자리에서) 일어나다' 등의 의미이므로 의미상 어울리지 않아 오답이다.

hang on
~에 걸려 있다

03

⟨hang on + 명사⟩ ~에 매달리다, 걸려 있다
⟨hang on to + 명사⟩ ~을 꽉 붙잡다, ~을 고집하다

관련 표현
전화 중에 끊지 말고 잠깐 기다리라고 할 때 → Hang on.
⟨hang with + 사람⟩ …와 어울리다, 사귀다; …와 함께 남다

출제포인트

Visitors are required to wear their identification badges which are hanging ------- the hooks near the guard house.
(A) in　(B) within　(C) on　(D) to

THINKING : 답 결정단어는?

STEP 1 구조 분석
Visitors / are required (to wear their identification badges) (which are hanging ------- the hooks) (near the guard house).
→ 목적어 the hooks와 어울리는 전치사 자리

STEP 2 품사 배열
(A) – (D) 전치사

STEP 3 답 결정 단어 찾기
"**the hooks**" 주격관계대명사의 선행사인 'badges가 hooks에 걸려 있다'는 뜻이다. 전치사 (C) on이 정답이다.

STEP 4 오답노트
동사 hang은 자동사와 타동사로 둘 다 사용이 가능하며, PART 1에서도 자주 등장하는 어휘이다. 주로 전치사 on, with등과 함께 쓰인다.
(D) within은 기간명사나 장소명사와 어울려 '~ 이내에, ~ 안에'의 의미로 쓰인다.

break down
고장 나다, 실패하다

04

• 기계나 차량 등이 '고장나다', 협상·계획 등이 '실패하다'
The car has **broken down**. 차가 고장 났다.

관련 어휘
명사 breakdown 고장, 파손
breakup 해산하다, 헤어지다
break up with ~와 헤어지다

출제포인트

You can call Gerald Automobile Rental's service number, if your car ----------.
(A) picks up　(B) holds on　(C) breaks down　(D) turns down

THINKING : 문장 中 답 결정 단어는?

STEP 1 구조 분석
You / can call / Gerald Automobile Rental's service number, if / your car / ----------.
→ 접속사 if + 주어(your car) + --------- → 빈칸은 동사 자리

STEP 2 품사 배열
(A) – (D) 동사

STEP 3 답 결정 단어 찾기
"**car**" car를 주어로 하는 동사를 찾는 문제이다. 빈칸은 조건절이고, 주절은 서비스 번호로 전화하라는 명령문이므로 정답은 차의 고장과 관련한 표현 (C)이다.

STEP 4 오답노트
문장의 주어 car는 pick up(태우다, 집다), hold on(붙들고 있다), turn down(거절하다)의 능동 동작을 할 수 없다.

DAY 30

05
come as
~으로 다가오다

come as a surprise 놀라움으로 다가오다
come as a shock/a blow 충격으로 다가오다
come as a relief 안도로 다가오다
놀라움, 충격, 안도하는 당사자를 〈to + 사람〉으로 나타낼 수 있다.
Teen crime doesn't come as surprise to us any more.
십대 범죄는 우리에게 더 이상 놀라운 일이 아니다.

출제포인트

His promotion to senior editor for the new year will ------------ no surprise to his colleagues.
(A) come as (B) make for (C) be as (D) speak of

THINKING : 보기 (A) – (D)의 뜻을 다 아는가?
STEP 1 구조 분석
His promotion (to senior editor) (for the new year) / will ------------ / no surprise (to his colleagues).
→ 빈칸은 조동사 will 뒤에 있으므로 동사 자리

STEP 2 품사 배열
(A) – (D) 동사

STEP 3 답 결정 단어 찾기
"**surprise**" come as no surprise '놀라운 일이 아니다' ∴ (A) come as가 정답

STEP 4 오답노트
(B) make for ~로 향하다, ~을 위해 준비하다 (D) speak of ~에 대해 말하다

06
point out
~을 지적하다, 알려주다

〈point out + 목적어/that절〉 (모르는 것을) 알려주다, 지적하다
The director **pointed out** that some applicants do not qualify for the job.
이사는 몇몇 지원자가 그 일에 적합하지 않다고 지적했다.

출제포인트

The outsourcing accountant ----------- that there was an error in the sales figures.
(A) notified (B) pointed out (C) caught up (D) carried out

THINKING : 보기 (A) – (D)는 목적어로 어떤 명사가 나와야 하는가?
STEP 1 구조 분석
The outsourcing accountant / ----------- / that there was an error (in the sales figures).
→ 빈칸은 that절을 목적어로 취하는 문장의 동사 자리

STEP 2 품사 배열
(A) – (D) 동사

STEP 3 답 결정 단어 찾기
"**that**" 〈point out + that절〉 ~을 알려주다, 지적하다 → 판매 수치에 오류가 있었다는 것을 지적하다 ∴ (B) pointed out이 정답

STEP 4 오답노트
(A) notify는 사람을 목적어로 받으며 '알리다, 통지하다'의 의미이다.
(C) catch up은 전치사 with와 함께 '~을 따라잡다'는 뜻이다.
(D) carry out은 '~을 수행하다'의 의미로 특정 명사를 목적어로 취한다.

07
go through
~을 겪다
; 거치다
; 통과되다
; 검토하다

① (어렵고 힘든 상황을) 겪다
He **went through** a divorce. 그는 이혼을 겪었다.

② (과정, 절차 등을) 거치다
Teo **is going through** the process in spring training.
Teo는 봄 훈련 과정을 거치고 있는 중이다.

③ (법률, 계약 등이) 통과되다
There are 10 steps a bill should **go through** before becoming a law.
법안이 법률이 되기 전에 통과해야만 하는 10단계가 있다.

④ 검토하다, 조사하다
Who **went through** the drawers of my desk?
누가 내 책상 서랍을 뒤졌니?

출제포인트

Since Office Dot Inc. is ---------- a difficult financial setback, it is reasonable to lay off a number of employees.
(A) looking for　(B) going through　(C) taking over　(D) revising

THINKING : 어려움과 관련된 목적어를 취하는 동사구

STEP 1 구조 분석
Since Office Dot Inc. / is ---------- / a difficult financial setback, it / is / reasonable (to lay off a number of employees).
→ 목적어 a difficult financial setback과 어울리는 동사를 찾는 문제

STEP 2 품사 배열
(A) – (D) 동사

STEP 3 답 결정 단어 찾기
"**setback**" setback이라는 어렵고 힘든 상황을 의미하는 단어가 나왔으므로 이와 어울리는 (B) going through가 정답이다.

STEP 4 오답노트
(A) look for의 목적어로 setback이 나오는 것은 적절치 않으며, 재정난을 인계받았기((C) taking over) 때문에 직원들을 해고하는 것은 문맥상 적절하지 않다. 마지막으로 재정난을 개정((D) revising)하였기 때문에 직원들을 해고하는 것 또한 적절치 않다.

08
get through
하다; 헤치다; 통과하다

① 어떤 일을 '하다'
We've got a lot of work to **get through**. 우리는 해야 할 일이 아주 많다.

② 힘든 일이나 좋지 않은 상황을 극복하고 '헤쳐 가다, 견디다'
She **has got through** a 100-mile marathon. 그녀는 100마일 마라톤을 해냈다.

③ 시험이나 절차를 '통과하다'
Homes **could get through** the entire quiz. Homes는 모든 퀴즈를 통과할 수 있었다.

④ 누군가에게 '닿다' **get through (to + 사람)**
I **can't get through** to him. 나는 그와 연락이 닿지 않는다.

출제포인트

James Yun, the son of the owner of Chun Yun International, got ---------- the advanced screening process before being appointed a position.
(A) to　(B) through　(C) along with　(D) out

THINKING : get이 쓰인 다양한 동사구의 뜻을 아는가?

STEP 1 구조 분석
James Yun, (the son of the owner of Chun Yun International), / got ---------- / the advanced screening process (before being appointed a position).
→ 빈칸은 동사 get과 목적어 the advanced screening process와 어울릴 수 있는 전치사 자리

STEP 2 품사 배열
(A) – (D) 전치사

STEP 3 답 결정 단어 찾기
"**the advanced screening process**" 임명이 되기 위해서는 사전 심사 절차를 통과해야 한다. 따라서 (B) through를 써서 '통과하다'란 의미를 가진 got through가 정답이 되어야 한다.

STEP 4 오답노트
(C) get along with는 '~와 사이좋게 지내다'란 뜻이다. (A) get to는 '~에 도착하다', (D) get out '~로 떠나다'란 뜻으로 목적어 the advanced screening process와 어울리지 않는다.

DAY 30

09 bring up
기르다;
언급하다

① ⟨bring up + 사람⟩ (~를) 기르다, 양육하다, 키우다
We have to **bring up** our children as disciplined people.
우리는 우리 아이들을 훈육이 잘된 사람으로 키워야 한다.

② ⟨bring up + 목적어⟩ ~을 언급하다, 화제를 꺼내다
Emily **brought up** the project she was doing.
Emily는 자신이 하고 있는 프로젝트를 언급했다.

출제포인트

Although some directors ------------ the need to allocate a larger work force to the sales department, they could not reach a conclusion.
(A) broke about   (B) brought up   (C) handed out   (D) gave up

THINKING : 문맥상 어울리는 동사구를 고를 수 있는가?

STEP 1 구조 분석
Although / some directors / ------------ / the need (to allocate a larger work force) (to the sales department), they / could not reach / a conclusion.
→ 빈칸은 the need(필요성)를 목적어로 하는 타동사 자리

STEP 2 품사 배열
(A) – (D) 동사

STEP 3 답 결정 단어 찾기
"**although**", "**could not reach**" 결론에 도달하지 못했지만 although 절에서는 이와 상반된 내용이 나와야 한다. 따라서 '언급하다'의 (B) brought up이 정상이다.

STEP 4 오답노트
(A) break out(발생하다)은 자동사로 쓰이므로 오답이다. (C) hand out(나눠주다)은 배포 가능한 구체적인 사물을 목적어로 해야 하므로 오답이다. 주절의 내용 '결론에 도달하지 못했다'를 보면 need에 대해 무엇이 결정된 것은 아니므로 (D) give up(포기하다)도 의미상 부적절하다.

10 take place
~이 발생하다;
~에서 열리다;
~을 대신하다

① 자동사: ~이 발생하다, 일어나다
유사 어휘 happen, occur, break out

② ⟨take place in/at/on + 시간명사/장소명사⟩ ~이 열리다
The festival **will take place** at the Han River.
축제는 한강에서 열릴 것이다.

③ ⟨take the place of + 사람/사물⟩ ~을 대신하다
Cell phones began to **take the place of** phones in most families' homes.
대부분의 가정에서 휴대전화기가 전화기를 대신하기 시작했다.

출제포인트

The quarterly meeting will -------- next Friday from 8:00 to 10:00 p.m. in conference room B.
(A) happen   (B) take place   (C) occur   (D) break out

THINKING : 유사 의미간 차이를 알고 있는가?

STEP 1 구조 분석
The quarterly meeting / will -------- (next Friday) (from 8:00 to 10:00 p.m.) (in conference room B).
→ 빈칸은 조동사 will 뒤에 위치하므로 동사원형 자리

STEP 2 품사 배열
(A) – (D) 동사

STEP 3 답 결정 단어 찾기
"**The quarterly meeting**" meeting은 행사 종류에 속하므로 '예정, 계획되어 있던 사건, 행사' 등이 발생하는 경우에 사용되는 (B) take place가 빈칸에 적절하다.

STEP 4 오답노트
(A) happen은 우연성이나 의외성이 있는 사건이 '일어나다'
(C) occur는 자연현상이나 과학적 현상과 같이 확실히 있는 일이 '일어나다'
(D) break out은 화재, 전쟁, 폭동 등 바람직하지 않은 일이 '발발하다'

11

set up
세우다, 설치하다;
준비하다;
~인 체하다;
함정에 빠뜨리다

① ~을 세우다, 설치하다
He **set up** the fence. 그는 울타리를 설치했다.

② ~을 준비하다
I'll **set up** the table for everyone on Christmas Day.
크리스마스에 모두를 위한 식탁을 준비할 것이다.

관련 어휘
형용사 set-up 정해진

출제포인트

We are planing to a committee to organize the conference, so you do not have to work alone.
(A) stop at   (B) turn away   (C) set up   (D) put off

THINKING : 목적어에 어울리는 동사구를 찾아라!

STEP 1 구조 분석
We / are planing (to a committee) (to organize the conference), so / you / do not have to work (alone).
→ 빈칸은 planning to (~하려고 계획하다) 뒤에 오는 동사원형이면서, 목적어 a committee (위원회)와 어울리는 동사 자리

STEP 2 품사 배열
(A) – (D) 동사

STEP 3 답 결정 단어 찾기
"**committee**" 위원회는 사람이 만드는 것이므로 선택지 중 의미상 가장 적합한 것은 '세우다, 설치하다'라는 의미의 (C) set up이 된다.

STEP 4 오답노트
(B) turn away는 '외면하다, 돌려보내다'라는 뜻이고 (D) put off는 '(할 일 등을) 미루다, 연기하다'라는 의미이므로 목적어 a committee와 의미상 어울리지 않아 오답이다.

12

set forth
(의견/생각/사실 등)을
설명하다;
제시하다

① 의견/생각 등을 '설명하다'
He **set forth** his ideas in his autobiography.
그는 자서전에 자신의 생각을 설명했다.

② 무언가를 '제시하다'
The city council **set forth** a new proposal.
시의회는 새로운 제안을 내놓았다.

출제포인트

To avoid confusing applicants, the job openings must have detailed qualifications set by the company.
(A) along   (B) away   (C) forth   (D) further

THINKING : set과 함께 쓰이는 부사를 숙지하라.

STEP 1 구조 분석
To avoid confusing applicants,/ the job openings / must have / detailed qualifications / set (by the company).
→ 빈칸은 set 뒤에 들어갈 전치사, 부사 자리

STEP 2 품사 배열
(A) 전치사, 부사 (B) 부사 (C) 부사 (D) 부사

STEP 3 답 결정 단어 찾기
"**set**" set forth 명확하게 설명하다 → 회사에 의해 명확하게 설명된 상세한 자격사항
∴ (C) forth가 정답이다.

DAY 30

13
shut down
문을 닫다. (기계가) 멈추다

shut은 숙어로 주로 출제된다.
shut off 멈추다 (= turn off)
We **will shut down** three out of the ten coal-fired power plants.
우리는 화력 발전소 10개 중 3개를 폐쇄할 것이다.

관련 어휘
명사 shutdown 폐쇄

출제포인트

The West Building's main air conditioner will be ---------- tomorrow morning in order for staff to conduct maintenance repairs.
(A) shut down   (B) made up   (C) taken   (D) held up

THINKING : 기계와 어울리는 동사구

STEP 1 구조 분석
The West Building's main air conditioner / will be ---------- (tomorrow morning) (in order for staff) (to conduct maintenance repairs).
→ 빈칸은 be동사 뒤에서 수동태를 만드는 과거분사 자리

STEP 2 품사 배열
(A) – (D) 동사

STEP 3 답 결정 단어 찾기
"repair" 수리(원인) → 내일 아침 중지(결과). ∴ (A) shut down이 정답이다.

STEP 4 오답노트
(B) make up 구성하다 (C) take off 벗다, 이륙하다, 쉬다 (D) hold up '견디다, ~를 떠받치다'
(C)는 수동태로 쓰일 수 없고 나머지들도 문맥상 맞지 않는다.

14
step down
퇴진하다, 사임하다

▶ 일이나 직위 등에서 '퇴진하다' (= resign)
She decided to **step down** as director of the Bank of China.
그녀는 중국 은행 임원직에서 물러나기로 결심했다.

출제포인트

Alpo Supplies announced a new employee after Mr. Shin ---------- from the position of Vice president of the marketing last week.
(A) steps down   (B) is stepping down
(C) will step down   (D) stepped down

THINKING : 보기가 같은 어휘라면 어떻게 풀어야 할까?

STEP 1 구조 분석
Alpo Supplies / announced / a new employee after Mr. Shin / -------- (from the position of Vice President of the marketing) (last week).
→ 빈칸은 접속사 after절의 동사 자리

STEP 2 품사 배열
(A) – (D) 동사

STEP 3 답 결정 단어 찾기
"**last week**" 문장 중 last week이란 과거를 나타내는 표현이 있으므로 빈칸에는 과거시제가 나와야 한다. ∴ (D) stepped down이 정답이다.

15. stand in for
~을 대신하다

stand in for는 '~을 대신하다'는 의미로 사람 목적어를 받는다.
*유사어휘 stand for ~을 상징하다
My secretary **will stand in for** me while I'm away.
내가 없는 동안 내 비서가 나를 대신할 것이다.

동의어
replace, substitute for

출제포인트

The head coordinator sometimes has to -------- her instructors when they call in sick.
(A) hand over to   (B) get round to   (C) stand in for   (D) keep up with

THINKING : (A) – (D) 동사구의 뜻을 알고 있는가?

STEP 1 구조 분석
The head coordinator (sometimes) / has to -------- / her instructors when they / call / in sick.
→ 빈칸은 has to 뒤의 동사원형 자리

STEP 2 품사 배열
(A) – (D) 동사

STEP 3 답 결정 단어 찾기
"**call in sick**" 수리(원인) → 전화로 아파서 못 나오겠다고 통고를 하면 강사들을 대신하기도 해야한다는 의미 ∴ (C) stand in for가 정답

STEP 4 오답노트
(A)는 마이크 등을 다른 사람에게 넘기다, (B)는 '~할 짬을 내다', (D)는 '~와 계속 연락하다'의 의미로 문맥상 맞지 않는다.

16. take over
인수하다; 장악하다

① 기업 등을 '인수하다'
VR Records **took over** the sales department of DDM.
VR Records가 DDM사의 판매 부서를 인수했다.

② 관련 어휘
명사 takeover 인수

출제포인트

Mr. Pedez will -------- Ms. Cole's responsibilities for the marketing director when she transfers In May.
(A) look after   (B) take over   (C) turn in   (D) make up

THINKING : 뒤에 오는 목적어에 어울리는 동사구를 찾았는가?

STEP 1 구조 분석
Mr. Pedez / will -------- / Ms. Cole's responsibilities (for the marketing director) when she / transfers (in May).
→ 빈칸은 조동사 will 뒤의 동사원형 자리

STEP 2 품사 배열
(A) – (D) 동사

STEP 3 답 결정 단어 찾기
"**responsibilities for the marketing director**" '매니저 업무를 맡다' ∴ (B) take over가 정답

STEP 4 오답노트
(A) look after 돌보다 (C) turn in 제출하다 (D) make up 구성하다 모두 뒤에 오는 목적어와 쓰이기에 문맥상 맞지 않는다.

DAY 30

17. turn off
(장비, 장치 등을) 끄다

Please be ensure to **turn off** all the equipment when you leave work.
퇴근할 때 모든 장비의 전원을 반드시 꺼주세요.

동의어
turn out, switch off, shut off

출제포인트

In order to save electricity please ---------- all appliances once you have finished using them.
(A) work out   (B) see out   (C) turn off   (D) take in

THINKING : appliances를 목적어로 취할 수 있는가?

STEP 1 구조 분석
(In order to save electricity) please ---------- all appliances / once you / have finished / using them.
→ 명령문으로 please 뒤의 빈칸은 동사원형 자리

STEP 2 품사 배열
(A) – (D) 동사

STEP 3 답 결정 단어 찾기
"**appliances**" 전기를 절약하려면 전원을 끄는 것이 적절하므로 (C) turn off가 정답이다.

STEP 4 오답노트
(A) work out 효력을 발휘하다, 운동하다
(B) see out 끝까지 이어지다
(D) take in 받아들이다, 넣다
모두 appliances를 목적어로 취할 수 없다.

---

18. coincide with
~와 동시에 일어나다,
~와 일치하다

The event is scheduled to **coincide with** the launch of a new product.
행사는 신제품의 출시와 일치하게 일정이 잡혀 있다.

출제포인트

As it turns out, the anniversary ------------ with the closing of one era in molecular biology and the transition to a new one.
(A) replaces   (B) accompanies   (C) coincides   (D) guides

THINKING : 모든 문장을 해석하였는가?

STEP 1 구조 분석
As it turns out /, the anniversary / ------------ with / the closing of one era (in molecular biology) and the transition (to a new one).
→ 빈칸은 전치사 with와 어울리는 동사 자리

STEP 2 품사 배열
(A) – (D) 동사

STEP 3 답 결정 단어 찾기
"**with**" 전치사 with와 같이 쓰이는 자동사를 고르는 문제다. 보기들 중 자동사는 (C) coincide 하나밖에 없다. coincide with는 '동시에 일어나다'란 의미다.

STEP 4 오답노트
(A) replace A with B A를 B로 교체하다 (B) be accompanied with ~와 동반하다
(A), (B) 모두 뒤의 the closing ~와 의미가 연결되지 않는다.

sign out
서명을 하다

19

① 호텔, 사무실 같은 장소를 나간다는 표시로 '서명을 하다'
Jim **singed out** at 5:30.
Jim은 5시 30분에 서명하고 퇴근했다.

② 도서관에서 책을 빌리기 위해 '서명을 하다'
Please **sign out** here when you borrow books.
책을 빌릴 때 여기 서명하세요.

③ 관련 표현
sign in 들어간다는 표시로 '서명하다'

출제포인트

The revised policy in the employee handbook indicates that employees should -------- out for all breaks.
(A) block   (B) sign   (C) phase   (D) fill

THINKING : fill out은 왜 오답일까?

STEP 1 구조 분석
The revised policy (in the employee handbook) / indicates / that employees / should -------- out for all breaks.
→ 빈칸은 조동사 should 뒤의 동사원형 자리

STEP 2 품사 배열
(A) – (D) 동사

STEP 3 답 결정 단어 찾기
"**out**" sign out 서명을 작성하다 → '모든 쉬는 시간(all breaks) 동안 서명을 작성해야 한다. ∴ (B) sign이 정답.

STEP 4 오답노트
(D) fill out은 공간을 '메우다, 가득 채우다'란 의미로 뒤에 양식이나 표가 목적어로 나와야 알맞다.

pay for itself
비용만큼 돈이 절약되다

20

▶ 투자나 구입한 것이 시간이 지나 초기 투자비용이나 구입비용만큼을 얻는 것을 의미한다.
→ 투자 대상 또는 구입품이 주어이고 행위의 주체이자 영향을 받는 객체가 된다.
→ pay for의 목적어로 주어에 알맞은 재귀대명사를 고르는 문제로 나온다.
The machine **can pay for itself** within six weeks.
그 기계는 6주 안에 본전을 뽑을 수 있다.

출제포인트

Fen Qi Men Apparel's deficit from last year's targeted revenue though large, has now paid for ---------- this year.
(A) it   (B) itself   (C) its   (D) them

THINKING : paid for itself 숙어를 알고 있는가?

STEP 1 구조 분석
Fen Qi Men Apparel's deficit (from last year's targeted revenue) (though large), has (now) paid for ---------- (this year).
→ 빈칸은 전치사의 목적어 자리

STEP 2 품사 배열
(A) – (D) 대명사

STEP 3 답 결정 단어 찾기
"**paid for**" 지난해 목표 수익에서 나온 적자(deficit)가 컸음에도 불구하고, 올해 '적자 그 자체가 지불했다' → '본전을 뽑았다' → 앞에 나온 deficit이 행위의 주체이므로 (B) itself가 정답이다.

STEP 4 오답노트
(A) it, (D) them은 지시대명사로 앞에 지칭할 무언가가 있어야 한다.
(C) its는 소유격 대명사로 뒤에 명사 없이 단독으로 쓰일 수 없다.

DAY 30
SUMMARY

전치사/부사로 정리하는 구동사

① up
set up 약속을 정하다, 세우다, 설치하다
pick up ~을 가지러 가다, ~을 데리러 가다, ~을 받아오다
bring up 언급하다, 화제를 꺼내다

② down
step down 일이나 직위 등을 그만두다, 자리에서 내려오다
break down 고장 나다, 부서뜨리다
shut down 폐쇄하다, 기계가 정지하다

③ with
come up with ~을 생각해내다
keep up with ~에 뒤떨어지지 않다
contend with 대처하다, 처리하다 = cope with
coincide with ~와 동시에 일어나다, ~와 일치하다

④ out
point out (모르는 것)을 알려주다, 지적하다
sign out (호텔·사무실 등을 나설 때, 책 등을 가지고 갈 때) 서명을 하다

실력완성 TEST

01 A new replacement printing machine is scheduled to be ---------- later this afternoon.
 (A) set up (B) taken to (C) given out (D) put out

02 Director William Hampsburg promised to ---------- the regional manager's yearly sales report after he returns from his business trip.
 (A) look into (B) act as (C) appear (D) seeing

STEP 4

문제풀이로 실력완성

FINAL TEST
ACTUAL TEST
ANSWERS

DAY 01
FINAL TEST

01 All government employees are required to attend a kick-off meeting to be ------- in the conference room at 7 p.m. today.
(A) sustained
(B) held
(C) supported
(D) taken

02 The construction estimate ------- the list of materials and labor costs.
(A) includes
(B) contains
(C) consists
(D) maintains

03 I regret to inform you that I am unable to ------- your invitation because I will be out of town that day.
(A) admit
(B) accept
(C) refuse
(D) deny

04 Job applicants are asked to ------- an application in order to be considered for the position.
(A) advise
(B) urge
(C) comply
(D) submit

05 We need to ------- the existing marketing plans.
(A) develop
(B) modify
(C) proceed
(D) persuade

06 The main purpose of the seminar is to ------ the creativity of our designers.
(A) enhance
(B) extend
(C) modify
(D) rise

07 Mr. Applegate ------- the opening speech at the International Information Technology Exhibition.
(A) achieved
(B) implied
(C) pursued
(D) delivered

08 To ------- the conditions for accessibility of employees with disabilities, the elevators in the West Office will be renovated.
(A) meet
(B) construct
(C) face
(D) produce

09 All portal sites ------- that customers change their online account passwords at least three times a year.
(A) depend
(B) invent
(C) specialize
(D) recommend

10 Financial analysts -------- a fluctuation in revenue this year due to the unpredictable economic crisis.
(A) gain
(B) inspect
(C) hold
(D) predict

11 Visits to our factories will be ------- for seminar participants who indicate an interest in advance.
(A) operated
(B) aligned
(C) controlled
(D) arranged

12 It is necessary to confirm with all of the department heads that their schedules will still ------- a meeting next month.
(A) accommodate
(B) agree
(C) participate
(D) attend

13 Engineer Ronaldo from the Summit Agency ------- the new lightning on all corners of the building.

(A) entered
(B) installed
(C) fulfilled
(D) conducted

14 Magazine reviews of our new ultramodern handsets were just -------- yesterday.

(A) controlled
(B) maintained
(C) archived
(D) released

15 Hardex Computers is committed to helping online customers ------- any software problems that occur within 48 hours.

(A) remain
(B) retain
(C) resolve
(D) remind

16 Serville Consulting will ------- its current staff even after it merges with Avex Group.

(A) receive
(B) attract
(C) grant
(D) retain

17 After working in Australia for eight years, Francis Ming has ------- to Shanghai to start his own business in trading.

(A) occurred
(B) related
(C) returned
(D) visited

18 More than half of the budget surplus will be ------- to local small businesses.

(A) divided
(B) allocated
(C) agreed
(D) acted

19 For DIY products, you need to ------- them by yourself.

(A) assemble
(B) apply
(C) conduct
(D) cooperate

20 We ask that you ------- this e-mail regarding Internet connectivity.

(A) discuss
(B) arrange
(C) consult
(D) appeal

21 Our goods are widely -------- in South Asia through a local third party.

(A) surveyed
(B) distributed
(C) amounted
(D) demised

22 To proceed with your transaction, please -------- the account number and password sent to your e-mail.

(A) enter
(B) press
(C) register
(D) type

23 Global Telecom released its new model, which -------- more advanced applications and high-end functions.

(A) observes
(B) features
(C) challenges
(D) consists

24 All breakable items should be -------- with care.

(A) traveled
(B) handled
(C) practiced
(D) dislocated

DAY 02
FINAL TEST

01 If you need my assistance in the future, please do not ------- to call my office.
(A) hesitate
(B) limit
(C) stop
(D) shy

02 Future Construction Co. has had to -------- extra workers due to the demands of the client.
(A) search
(B) buy
(C) hire
(D) construct

03 Everyone is encouraged to attend the conference that will be -------- by the HR department tomorrow at 6 p.m.
(A) invited
(B) intended
(C) hosted
(D) followed

04 Mr. Parker deserves recognition for -------- successful party events for customers from the Sherrington Construction Company.
(A) replying
(B) organizing
(C) bridging
(D) applying

05 This section -------- various forms of global communication including teleconferencing.
(A) produces
(B) views
(C) outlines
(D) instructs

06 Due to the country's economic slump, Parson & Sons -------- its lowest profits ever last quarter.
(A) supposed
(B) recorded
(C) provided
(D) proved

07 Our new line of air conditioners has more customized features that are more efficient at -------- the temperature.
(A) governing
(B) operating
(C) regulating
(D) recognizing

08 Subscribers who wish to be ------- from our mailing list can do so by visiting our website.
(A) removed
(B) replaced
(C) forwarded
(D) stored

09 Our local productions facility is currently being -------- and is expected to be completed by this summer.
(A) housed
(B) located
(C) carried out
(D) renovated

10 Production work will ------- once all the machines have been repaired.
(A) assemble
(B) feature
(C) gather
(D) resume

11 Prior to becoming a director at Star Bank, Mr. Choi ------- as a manager for over five years.
(A) served
(B) conducted
(C) involved
(D) considered

12 ------- next month, a new policy on the proper management of electronic documents will be enforced.
(A) Taking
(B) Forwarding
(C) Making
(D) Starting

13 Annual growth in the nation's exports sector can be ------- in the following chart.
(A) deceased
(B) announced
(C) devotes
(D) summarized

14 The city of Austin and Capital Metro is continuing its efforts to -------- traffic congestion on local highways.
(A) alleviate
(B) assist
(C) deteriorate
(D) delay

15 Mackenzie's report shows what appears ------- the final stages of product development.
(A) being
(B) to be
(C) been
(D) be

16 Alex is supposed to -------- the title of Accounting Director next month.
(A) assume
(B) devote
(C) become
(D) undertake

17 -------- customer relations is one of the most powerful marketing tools.
(A) Building
(B) Becoming
(C) Delivering
(D) Increasing

18 Nearly all companies in Spain have ------- drastic financial setbacks in the wake of the stock market crash.
(A) encountered
(B) competed
(C) remained
(D) supported

19 To ------- the processing of filed forms, simply contact customer services and make a request.
(A) equip
(B) acquire
(C) relieve
(D) expedite

20 A good curriculum vitae should show how an applicant's qualifications ------- the job description.
(A) equal
(B) contrast
(C) match
(D) compare

21 HTN's overseas expansion plans include ------- 20 additional online service representatives.
(A) extending
(B) recruiting
(C) revising
(D) appealing

22 The IT team ------- numerous technical problems on the company's main server.
(A) differentiated
(B) reported
(C) canceled
(D) set

23 Participants are asked to -------- their personal belongings from the reception desk.
(A) revisit
(B) retrieve
(C) replace
(D) return

24 Efforts to -------- the reporting procedures in the office will result in higher productivity.
(A) overweigh
(B) progress
(C) contact
(D) simplify

DAY 03
FINAL TEST

01 H&P Health Inc. must -------- to maintain its position as one of the leading companies in the market.
(A) administer
(B) report
(C) encourage
(D) strive

02 Sungwon Technology provides 70 percent of the memory chips -------- by mobile devices.
(A) dedicated
(B) continued
(C) motivated
(D) utilized

03 Water pipes manufactured by King Tech have been designed to ------- heavy pressure without cracking.
(A) expose
(B) withstand
(C) surrender
(D) prohibit

04 Some scholars ------- that Brian Keller's early writings were influenced by his siblings.
(A) cite
(B) craft
(C) argue
(D) promote

05 One advantage to using this new product is the amount of energy it can -------.
(A) compare
(B) avoid
(C) accomplish
(D) conserve

06 The brave official was asked to ------- the guests away from the vicinity of the factory.
(A) escort
(B) visit
(C) arrive
(D) reserve

07 To assess the risks credit card companies -------, it is vital to keep up-to-date records of client spending.
(A) perform
(B) present
(C) face
(D) confirm

08 Our new marketing manager is organizing a focus group to ------- customer satisfaction.
(A) gauge
(B) administer
(C) settle
(D) comply

09 None of the complaints will be ------- by the customer service department.
(A) catered
(B) annoyed
(C) ignored
(D) honored

10 In some cases, the entertainment expenses ------- for business purposes will not qualify for tax deduction.
(A) comprehended
(B) incurred
(C) invited
(D) involved

11 Applying right techniques when ------- items will save workers from permanent injury.
(A) attracting
(B) damaging
(C) lifting
(D) selecting

12 The recent research shows that Lindoor Bank clients ------- online transactions.
(A) seem
(B) prefer
(C) increase
(D) advance

13 In the absence of John Clark, Tom Collins assumed the duties of Vice President and ------- over this week's sales and marketing meeting.
(A) presided
(B) observed
(C) evaluated
(D) addressed

14 Downsizing the battery capacity of the SCA-492 model ------- to be the best decision TSP Electronics made last year.
(A) convinced
(B) judged
(C) proved
(D) prepared

15 You can ------- these coupons at any local store.
(A) undo
(B) redeem
(C) recall
(D) unveil

16 Your online account will be suspended until further payment is -------.
(A) remitted
(B) reminded
(C) removed
(D) rewarded

17 Ms. Wilson thought the first two lines of the closing remarks were a little vague, so she asked that they be -------.
(A) rephrased
(B) instituted
(C) permitted
(D) publicized

18 Petco Foods has a new line of dog homes designed for owners who -------- in small apartments.
(A) occupy
(B) occur
(C) provide
(D) reside

19 ABC Manufacturing ------- its dispute with Kelly Corporation regarding a patent breach which was filed last August.
(A) settled
(B) suggested
(C) defeated
(D) arrived

20 The relocation of its headquarters will ------- Cardinal Health's position as one of the leading pharmaceutical companies in the U.S.
(A) estimate
(B) accomplish
(C) administer
(D) solidify

21 In order to ------- interest in our new advertising campaign, Mr. Kim will be organizing a series of events.
(A) remain
(B) involve
(C) stimulate
(D) represent

22 Metropolitan Express ------- cargo train services to and from Busan every few days.
(A) commutes
(B) transports
(C) loads
(D) provides

23 UY Electronics is excited to ------- three new applications set to revolutionize the smart phone games industry.
(A) modify
(B) undo
(C) recall
(D) unveil

24 If you pay in full before the agreed-upon date, all additional charges will be -------.
(A) imposed
(B) expected
(C) informed
(D) waived

DAY 04
FINAL TEST

01 General Hardware Corporation is anticipating a 30 percent ------- next year in gross sales due to its aggressive advertising approach.
(A) high
(B) production
(C) growth
(D) advance

02 There will be a 40-minute ------- to flight 447 due to poor weather conditions.
(A) late
(B) delay
(C) out
(D) long

03 Due to continued ------- into the European market, we now have a vacancy for five field service engineers.
(A) process
(B) expansion
(C) increase
(D) growth

04 Employment ------- for part-time and full-time positions are available for nursing graduates at Manila Hospital.
(A) opens
(B) openings
(C) opening
(D) opener

05 Although we made a few changes to the -------, the Board of Directors will approve it.
(A) proposal
(B) intention
(C) direction
(D) opinion

06 AndersonRealty is happy to supply a list of recommended local agents upon -------.
(A) request
(B) question
(C) needs
(D) curiosity

07 The federal government decided to give limited financial ------- to college students.
(A) division
(B) association
(C) assistance
(D) statement

08 Throughout this week, Zoo Imports is offering ------- of up to 80 percent on all last-season clothing and accessories.
(A) discount
(B) discounts
(C) discourse
(D) depreciation

09 Laborers at Pinnacle Inc. are free to use our building -------, such as the staff lounge area and gymnasium, at no extra charge.
(A) facilities
(B) guidelines
(C) procedures
(D) containers

10 Every visitor to Highland Foods must present valid photo ------- in order to gain access to the plantation.
(A) perception
(B) choice
(C) identification
(D) recognition

11 Before installing this software, be sure to read all the ------- contained in the user's manual.
(A) circumstances
(B) instructions
(C) evidence
(D) guide

12 To make a(n) ------- at the Sunset Inn, please call our guest hotline.
(A) placement
(B) reservation
(C) preference
(D) inclinations

13 According to the -------, all payments must be received by the 4th of each month.
(A) benefit
(B) contract
(C) appraisal
(D) conflict

14 Unity Bank brings customers the assistance and financial ------- they require.
(A) expertise
(B) inquiry
(C) competition
(D) conversation

15 Mr. Lutin has every ------- of communicating with team leaders on a daily basis to keep them informed about the project.
(A) motive
(B) intention
(C) purpose
(D) object

16 Customers must contact the ------- directly for any repairs.
(A) manufacture
(B) manufacturing
(C) manufacturer
(D) manufactured

17 The mayor will be taking questions after the ------- on the new community policy.
(A) arrangements
(B) referral
(C) development
(D) presentation

18 If your ------- meet our requirements, please submit your résumé to Mr. Parkinson in Human Resources.
(A) duties
(B) degree
(C) quotes
(D) qualifications

19 Only a couple of directors have the ------- to make decisions without consulting company headquarters.
(A) approval
(B) instruction
(C) claim
(D) authority

20 Most of the traffic ------- and excess fuel consumption is found in major metropolitan areas.
(A) kilometers
(B) usage
(C) congestion
(D) climates

21 It has been announced that all branches of Mellington Services will now accept cash and major credit cards as forms of -------.
(A) payment
(B) fees
(C) currency
(D) identification

22 It is the owner's ------- to store our food products in a cool or dry environment to prevent discoloration.
(A) recruitment
(B) survival
(C) responsibility
(D) dedication

23 Nano Magazine is promoting itself this month with an exclusive one-year ------- for only $49.
(A) contribution
(B) subscription
(C) occupation
(D) disposal

24 Please contact Emily Rose in the purchasing department to order staples, pens, paper clips, and other office -------.
(A) members
(B) attires
(C) facilities
(D) supplies

DAY 05
FINAL TEST

01 The engineering department is in dire need of a new storage facility, as its current structure is filled to maximum -------.
(A) capacity
(B) ability
(C) quantity
(D) accommodation

02 The coin-operated machines located within the central mall all require exact ------- for the purchase of beverages and snacks.
(A) coin
(B) change
(C) credit
(D) debit

03 Effective tomorrow, all internal ------- will be delivered to headquarters.
(A) correspondent
(B) corresponds
(C) correspondence
(D) corresponding

04 The laboratory's safety ------- must be operated only by fully trained personnel.
(A) security
(B) equipment
(C) policies
(D) guide

05 Textile companies are currently hosting a product ------- in the grand lobby of Alexis Mall in Singapore.
(A) entertainment
(B) contradiction
(C) exhibition
(D) knowledge

06 There will be a brief ------- to updates between 9 p.m. and 10 p.m.
(A) outline
(B) production
(C) statement
(D) interruption

07 The ------- of funds is the main reason why the office renovation project has been postponed.
(A) currency
(B) budget
(C) challenge
(D) lack

08 Survey results show that a ------- of customers would like a wider variety of fresh foods.
(A) majority
(B) complaint
(C) point
(D) addition

09 All the ------- displayed on the business page is not guaranteed to be in stock at the boutique.
(A) marketing
(B) merchandise
(C) item
(D) refund

10 Beach houses and condominiums are gaining ------- as first-class hotel rates continue to rise.
(A) elevation
(B) motion
(C) famous
(D) popularity

11 Plum Delight Slimming Tea will secure the top ------- amongst local tea companies.
(A) invoice
(B) schedule
(C) position
(D) record

12 South China Bank is looking forward to expanding its ------- in the South Asian market.
(A) presence
(B) vicinity
(C) insistence
(D) estimate

13 Evaluating the stock market's development should take ------- over other financial responsibilities for this month.
(A) provision
(B) priority
(C) credit
(D) amenity

14 A dinner ------- will be held in the West Wing Hall in order to welcome the new members of the team.
(A) application
(B) reception
(C) invitation
(D) extension

15 According to the latest weather report, heavy rain is expected to continue for the ------- of the week.
(A) remainder
(B) exception
(C) anticipation
(D) boundary

16 If you need to use any visual aids, please feel free to ask for ------- applications in the lobby.
(A) rents
(B) rentable
(C) rentcd
(D) rental

17 Despite the widespread -------, our company will not be merging with its competitor Bell Entertainment.
(A) speculation
(B) automation
(C) socialization
(D) integration

18 Most independent films are marketed using minimal advertising -------.
(A) prices
(B) fees
(C) budgets
(D) money

19 Due to a ------- in his schedule, the president has decided to cancel all further meetings this week.
(A) following
(B) inaccuracy
(C) preservation
(D) conflict

20 Our members, though they may not all agree, must come to a general -------.
(A) consensus
(B) accumulation
(C) confirmation
(D) alliance

21 ------- illustrating next year's budget proposal will be ready by this afternoon.
(A) Positions
(B) Corporations
(C) Repetitions
(D) Documents

22 Because of the promotion of a quiet work -------, office rumors have been stopped.
(A) condition
(B) environment
(C) surroundings
(D) ambiance

23 National Unity Bank is now offering customers ------- in their choice of credit card or debit card.
(A) flexibility
(B) response
(C) decision
(D) preference

24 We regret to inform you that Martin Bank's downtown branch is temporarily closed for renovation, and we apologize for this -------.
(A) inconvenience
(B) oversight
(C) mistake
(D) delay

DAY 06
FINAL TEST

01 After making a reservation, you will receive a copy of your travel ------- within 24 hours.
(A) itinerary
(B) holiday
(C) agency
(D) supply

02 Due to certain -------, all decimal numbers in this year's Sullivan Financial Guidebook have been rounded up.
(A) limit
(B) limited
(C) limiting
(D) limitations

03 Walter Mines provides the minerals and coal for which trains are the preferred ------- of delivery.
(A) contact
(B) means
(C) media
(D) supplier

04 The area's high agricultural ------- is clearly a result of its extended growing seasons and fertile soil.
(A) building
(B) movement
(C) output
(D) discovery

05 Sending a note of appreciation to every client is a highly recommended -------.
(A) reference
(B) plot
(C) resource
(D) practice

06 All managers have been informed about the company's new budget -------, which will be imposed next month.
(A) feature
(B) decisions
(C) restrictions
(D) parts

07 The proper ------- of steps to install this new software must be followed in order to set it up successfully.
(A) understanding
(B) sequence
(C) expertise
(D) direction

08 The offices that you sketched would have too much unusable -------.
(A) space
(B) spaces
(C) spacious
(D) spaced

09 The new supervisor will be given the ------- of overseeing the floor staff.
(A) requirement
(B) task
(C) answer
(D) qualification

10 Lewistown will distribute a(n) ------- to the Board of Directors before the next monthly meeting.
(A) agenda
(B) expense
(C) subject
(D) information

11 We offer you our sincere ------- and, upon receipt of the damaged items, will replace them immediately.
(A) appreciation
(B) interest
(C) apologies
(D) charges

12 After judging the location, size, and age of the hotel property, the bank will make an ------- of its market value.
(A) interest
(B) assistance
(C) appraisal
(D) asset

13 Fendys Restaurant always tries to create a warm ------- for its diners.

(A) promise
(B) temperature
(C) atmosphere
(D) character

14 The ------- published by the department stores contains prices and descriptions of all the items they offer.

(A) directory
(B) guideline
(C) brochure
(D) textbook

15 In the case of extreme weather conditions, it is the airline company's policy to promptly inform passengers of ------- within 48 hours of departure.

(A) cancels
(B) cancellations
(C) refunds
(D) reimbursements

16 After measuring the ------- of the office, we will issue an estimate for the renovation.

(A) extracts
(B) dimensions
(C) styles
(D) figures

17 Power To Go's systems were specifically programed to prevent a power surge bringing production to a -------.

(A) play
(B) quit
(C) block
(D) halt

18 Rochester Recruitment Agency is searching for exceptional ------- who are willing to do blue-collar jobs abroad.

(A) individuals
(B) directions
(C) designations
(D) locations

19 Due to several dangers associated with using cash, credit cards are now the preferred ------- of payment.

(A) example
(B) method
(C) item
(D) exhibit

20 The online discounted ticket ------- is $100.

(A) rate
(B) price
(C) expense
(D) fare

21 Public ------- to the Company's new mobile phone plans and pricing were somewhat mixed.

(A) respondents
(B) consensus
(C) performances
(D) reactions

22 Most of Capital Investments' ------- this quarter came from sales of semiconductors.

(A) revenue
(B) money
(C) costs
(D) prices

23 To avoid the ------- of food contamination, workers are required to wear protective clothing and eye wear.

(A) fail
(B) maintenance
(C) fault
(D) risk

24 While TCX's second-quarter sales rose more than expected, its long-term ------- is still bleak.

(A) adjustment
(B) order
(C) outlook
(D) source

DAY 07
FINAL TEST

01 The seminar rooms on the third floor are available only ------- afternoon meetings today.
(A) at
(B) in
(C) for
(D) to

02 Marko Cars has been given the award for the most ------- car design of the year for their new line of compact vehicles.
(A) estimated
(B) respective
(C) innovative
(D) attracted

03 National Railways, a state-owned company is now ------- for privatization.
(A) approachable
(B) common
(C) available
(D) cooperative

04 Trainees who have successfully completed the two-week intensive auto-cad course may now take the exam that will make them ------- for an architectural apprenticeship.
(A) possible
(B) eligible
(C) probable
(D) efficient

05 Helsinki Airport is not ------- for lost or stolen items and does not offer compensation.
(A) responsive
(B) responsible
(C) responding
(D) responsibility

06 Our newly released Business Week Magazine will provide ------- information for business owners.
(A) numerous
(B) many
(C) pleased
(D) valuable

07 Because houses in Birmingham are more -------, we recently moved there from London.
(A) affordable
(B) potential
(C) capable
(D) low

08 The new system will be mutually ------- to both parties.
(A) beneficial
(B) beneficent
(C) beneficiary
(D) benefitting

09 Colt Leathers, based in South Africa, offers a ------- selection of leather goods including jackets, bags, and wallets.
(A) diversified
(B) diverse
(C) various
(D) qualified

10 A new copy machine to replace the one that repeatedly breaks down will be more -------.
(A) achievable
(B) portable
(C) reliable
(D) detectable

11 The increase in sales of our latest toy products is ------- to continue until early next year as predicted by the company's business analysts.
(A) potential
(B) likely
(C) capable
(D) seemed

12 All ------- merchandise will be recalled and is subject to reimbursement.
(A) deduced
(B) assured
(C) defective
(D) avoidable

13 If you want to return any of our products, just visit our website, print out the ------- online form and then send it in along with the items in question.

(A) enlisted
(B) appropriate
(C) timely
(D) accustomed

14 After the seminar, some commented that the presentation was too -------.

(A) shortened
(B) brief
(C) previous
(D) small

15 Effective next month, all requests must be submitted by e-mail and no ------- can be made to this rule.

(A) exception
(B) permission
(C) election
(D) option

16 When shopping for a backpack, young consumers consider ------- features such as capacity, utility, and weight.

(A) pretentious
(B) accountable
(C) qualified
(D) specific

17 Extra amenities at our hotel include an unpacking service, discount coupon books, a welcome bottle of chilled champagne and ------- bottled water.

(A) receptive
(B) complimentary
(C) extended
(D) approximate

18 The Sollos Corporation will host a very ------- presentation about the promotion of environmental awareness.

(A) advisory
(B) complimentary
(C) obligated
(D) informative

19 To achieve our weekly sales target quickly, we must properly reach out to our ------- customers before connecting to those outside the vicinity.

(A) local
(B) existed
(C) latest
(D) equal

20 Since we have a lack of refrigerated vehicles, we will no longer deliver ------- goods.

(A) durable
(B) spoiled
(C) fragile
(D) perishable

21 MK Manufacturing expects that a new product line will increase its ------- sales both in the coming year and beyond.

(A) totaled
(B) totaling
(C) total
(D) totals

22 Open airfare tickets purchased from Excite Airlines are ------- for a maximum of one year.

(A) valid
(B) provided
(C) fair
(D) neutral

23 Many customers complained about our constantly ------- telephone lines.

(A) busy
(B) hurried
(C) hung
(D) rapid

24 It is fairly ------- for new stores in the city to take one to two years to establish a steady customer base.

(A) common
(B) beneficial
(C) apparent
(D) mandatory

DAY 08
FINAL TEST

01 Our company was recognized as the first to develop the use of its office space in such an ------- way.
(A) economic
(B) economical
(C) economy
(D) economically

02 For this month only, Barrington customers will be ------- from overseas shipping fees as part of our online promotion.
(A) provided
(B) complimentary
(C) exempt
(D) prevailed

03 We are going to change our delivery system due to the ------- problems we've encountered with it.
(A) supportive
(B) spoiled
(C) voluntary
(D) numerous

04 Nettix Corp. is still ------- about next month's sales figures according to the spokesperson at the conference.
(A) understanding
(B) optimistic
(C) willing
(D) assertive

05 We cannot expand our product line until ------- space has been made available in our warehouse.
(A) drastic
(B) accurate
(C) sufficient
(D) cooperative

06 If you are having ------- issues with your smart phone, please submit an e-mail form for help to the IT Help Desk.
(A) figured
(B) accustomed
(C) technical
(D) confident

07 Due to the customer's ------- need, we have sent his shipment over the holidays using a quick delivery service.
(A) urgent
(B) surplus
(C) optional
(D) irrevocable

08 It was ------- that we demonstrated how our food dispenser product works with animals during the trade show.
(A) ready
(B) prone
(C) vital
(D) promised

09 Nowadays, people are ------- to receiving instant Internet feedback.
(A) familiar
(B) accustomed
(C) informed
(D) familiarized

10 Most visitors prefer taking a ------- walk through the national park.
(A) loose
(B) casual
(C) spacious
(D) neutral

11 Safeway Foods aims to make strict quality control ------- to its company image.
(A) central
(B) intensive
(C) actual
(D) moderate

12 According to the review of customer complaints, the lettering on some of Maxx Clothing's products was not ------- enough.
(A) distinct
(B) bright
(C) certain
(D) approximate

13 As of tomorrow, all books borrowed from the City Library will be ------- two weeks from the checkout date.
(A) owing
(B) due
(C) payable
(D) paid

14 Our sales reached more than ten million in the last quarter, nearly ------- to the first quarter sales.
(A) level
(B) equal
(C) same
(D) even

15 Because of ------- problems in the operating software, Taurus has released a new set of updates to be used with former versions.
(A) dissolved
(B) retained
(C) ongoing
(D) understanding

16 Employees have commented that a lot of ------- tasks are involved in the manufacturing position.
(A) previous
(B) interested
(C) repetitive
(D) eager

17 Bell's Food and Beverages provides a ------- market for local distributors.
(A) size
(B) sized
(C) sizing
(D) sizable

18 The changes to our business hours are only -------, and we still need a final review.
(A) agreeable
(B) permanent
(C) tentative
(D) invented

19 Our packaging materials are so ------- to damage that we should consider replacing them.
(A) delicate
(B) vulnerable
(C) flexible
(D) insecure

20 The current procedures were considered -------, so the committee suggested other ways to improve them.
(A) wasteful
(B) deserted
(C) scattering
(D) careful

21 Rapta Co. would like to thank its ------- sales consultants who have reached their sales goals for this month.
(A) assured
(B) diligent
(C) encouraged
(D) increasing

22 If any of the shelves are -------, they should be refilled with items from storage.
(A) empty
(B) single
(C) small
(D) full

23 Although the new CP3200 rechargeable battery is ------- to other batteries, it lasts twice as long.
(A) considerate
(B) likable
(C) reflected
(D) similar

24 All the directors were ------- in their decision to create a premium edition of their already popular line of headphones.
(A) agreeable
(B) complete
(C) unanimous
(D) entire

DAY 09
FINAL TEST

01 All shipments carried by Norunt Logistics are refrigerated ------- upon pickup to make sure the foods are not spoiled.
(A) clearly
(B) lately
(C) potentially
(D) promptly

02 The contract ------- states that there are penalties for late delivery.
(A) clearly
(B) very
(C) variably
(D) highly

03 The clients signed the agreement ------- after seeing the presentation given by Mr. Charles.
(A) knowingly
(B) currently
(C) immediately
(D) centrally

04 These chemicals are formulated ------- for plastics and should not be used with other materials.
(A) exclusively
(B) heavily
(C) partially
(D) alternatively

05 Dana & White has ------- produced high-quality irons since 2000.
(A) consistently
(B) enormously
(C) lightly
(D) briefly

06 Please ensure that your assignment is edited ------- before you submit it.
(A) exactly
(B) rightly
(C) correctly
(D) approximately

07 Construction of the Fort Rolly Business Complex was ------- scheduled to be completed by January 31.
(A) strongly
(B) extremely
(C) originally
(D) highly

08 Lexington Supplements' online store is expected to reopen ------- now that the main server is fixed.
(A) plausibly
(B) rapidly
(C) initially
(D) shortly

09 The editing process is ------- monitored by a team of specialists.
(A) strictly
(B) obviously
(C) closely
(D) securely

10 ------- speaking, it is not advisable to submit a resignation letter during the company's peak season.
(A) Generalize
(B) Generalized
(C) General
(D) Generally

11 Clients may purchase products on the list as a collection or -------.
(A) separation
(B) separately
(C) separating
(D) to separate

12 Our new line of wholesome oatmeal snacks will be placed ------- near cash registers in Anton Supermarket.
(A) analytically
(B) popularly
(C) rapidly
(D) strategically

13 The Atlas Hotel has the most advanced security system and, -------, expected to gain a stronger reputation.

(A) therefore
(B) meanwhile
(C) after
(D) rather

14 Features written by business people in the Monthly Business Magazine do not ------- imply recommendations by the editors of the magazine.

(A) almost
(B) slowly
(C) necessarily
(D) hardly

15 Jango Manufacturing devoted last month's efforts ------- to building up overseas relations with China.

(A) initially
(B) temporarily
(C) numerically
(D) primarily

16 It is vital that our processors undergo periodic maintenance to ensure they are functioning -------.

(A) closely
(B) properly
(C) exclusively
(D) moderately

17 Both video and audio recording are ------- prohibited during the performance.

(A) compactly
(B) strictly
(C) illegally
(D) intensely

18 Office supplies are ------- stored in room B1 in the West Building.

(A) vaguely
(B) variously
(C) relatively
(D) usually

19 Mr. Steven Davis, owner of Davis Marketing Agency, has announced that the goal of his financing company is to be ------- helpful to new business owners.

(A) so much
(B) especially
(C) particular
(D) some

20 Vice President Mark Forster, ------- announced his retirement after 20 years in the company.

(A) customarily
(B) externally
(C) definitely
(D) formally

21 Decreasing traffic jams through the installation of traffic light signals on Woodland Street has been ------- successful.

(A) permanently
(B) evenly
(C) much
(D) moderately

22 For several years, customers have ------- requested an extra battery and SD card slot in our line of DSLR cameras.

(A) repeatedly
(B) greatly
(C) closely
(D) exactly

23 Adamon's new security procedures ensure that its online customers are able to access their personal information -------.

(A) intensely
(B) lively
(C) safely
(D) largely

24 Everyone needs to attend the meeting tomorrow and each manager should represent his or her members -------.

(A) over
(B) where
(C) there
(D) yet

DAY 10
FINAL TEST

01 The city council did not ------- address the concerns.
(A) enough
(B) adequately
(C) well
(D) much

02 Since the shopping mall, which is one of the biggest in the city, has become better known, it has attracted more tourists, so many local residents avoid downtown shopping -------.
(A) altogether
(B) never
(C) hardly
(D) whenever

03 The team leader announced that sales for our new hybrid cars will ------- surpass expectations.
(A) usually
(B) extremely
(C) definitely
(D) impulsively

04 There were still many delicate issues but the internal dispute was ------- resolved using statistical revisions.
(A) overly
(B) eventually
(C) accordingly
(D) completely

05 Cort Mobile Phones' warranty ------- states that the warranty will not apply if any evidence of product misuse is reported by the quality control department.
(A) explicitly
(B) previously
(C) markedly
(D) indefinitely

06 A special privilege was granted to Ms. Davidson for working incredibly ------- on all of her assigned projects.
(A) hard
(B) hardly
(C) harder
(D) hardest

07 ------- discounted hotel room rates are now being offered as part of our autumn sales event.
(A) Busily
(B) Heavily
(C) Solely
(D) Sincerely

08 JLK Financial embraces the opportunity to guide your business endeavors and is always happy to create a(n) ------- beneficial partnership.
(A) exactly
(B) mutually
(C) respectively
(D) frequently

09 The planning department ------- announced that next week's workshop will be cancelled due to lack of funding.
(A) regretfully
(B) pitifully
(C) fearfully
(D) usually

10 Our online promotion this month has been only ------- successful, as it is often difficult to gain new customers within such a short amount of time.
(A) otherwise
(B) probably
(C) whereabouts
(D) somewhat

11 This year's Microeconomics Annual Conference will be held in Singapore, though it has ------- alternated between Hong Kong and Taipei.
(A) exactly
(B) exceptionally
(C) positively
(D) traditionally

12 Our sales were expected to be lower this year, but they were ------- much higher.
(A) broadly
(B) actually
(C) strongly
(D) particularly

13 Garden Street, near South Beach, is one of the most ------- located shopping mall sites in the country.
(A) agreeably
(B) absolutely
(C) certainly
(D) eagerly

14 If you do not want to leave your name, please make your comments on paper -------.
(A) anonymously
(B) descriptively
(C) accidentally
(D) exactly

15 Any buildings that will be built in the school zone must be more than ten meters -------.
(A) beyond
(B) far
(C) from
(D) apart

16 Admission to the conference is free, but you should register -------.
(A) beforehand
(B) somewhat
(C) even
(D) otherwise

17 The doctor misdiagnosed the patient so ------- that a lawsuit soon followed.
(A) carelessly
(B) relatively
(C) consistently
(D) rarely

18 All scissors produced by Dutch Co. come apart ------- to allow thorough cleaning and sharpening.
(A) effortlessly
(B) accurately
(C) shortly
(D) attentively

19 The president spoke very ------- about the firm's long-term goals.
(A) externally
(B) eloquently
(C) prestigiously
(D) partially

20 Marnie's is ------- the leading cosmetic's distributor in the industry since its sales have been constantly decreasing.
(A) any longer
(B) no longer
(C) any more
(D) another

21 Company candidates are requested to arrive ------- for the orientation.
(A) punctually
(B) finally
(C) accurately
(D) accordingly

22 Presenters' slot times for next month's trade exhibition will be drawn ------- using ballot cards.
(A) randomly
(B) presently
(C) vaguely
(D) uncertainly

23 The date of inspection of the new air ventilation system will be ------- between March 10 and March 12.
(A) there
(B) sometime
(C) often
(D) today

24 Sales of our new winter coats have ------- skyrocketed thanks to dropping temperatures in the region.
(A) suddenly
(B) soon
(C) newly
(D) rightly

DAY 11
FINAL TEST

01 Our team now ------- of more than 40 writers and 10 editors.

(A) spreads
(B) consists
(C) composes
(D) combines

02 Most of our expenses have been ------- for, but some receipts have not been submitted.

(A) accounted
(B) explained
(C) informed
(D) reminded

03 The customer service representative in the call center ------- the telephone for three businesses on this floor.

(A) talks
(B) replies
(C) answers
(D) responds

04 The last shipment has just ------- from Busan and is waiting in the receiving dock.

(A) reached
(B) arrived
(C) delayed
(D) examined

05 The plants in the garden ------- well, particularly in the dry seasons.

(A) explore
(B) grow
(C) expand
(D) follow

06 Bangkok National Hotel requires staff to ------- more than twelve professional development seminars per year.

(A) attend
(B) enroll
(C) go
(D) participate

07 When Boston Consulting ------- Anderson Consulting, several overlapping divisions in the two companies will be restructured.

(A) merges
(B) acquires
(C) remains
(D) anticipates

08 The Chief Editor plans to ------- drastic changes to the magazine's format at the next planning session.

(A) announce
(B) involve
(C) maintain
(D) agree

09 The difficulty that ------- with this approach was that most business owners were lacking a foundation in Internet marketing and web basics.

(A) emerged
(B) engaged
(C) revealed
(D) reacted

10 The reception will begin at 11 o'clock and will be ------- by a lunch in the banquet room at noon.

(A) advanced
(B) delayed
(C) followed
(D) proceeded

11 Engineers are expected to ------- the malfunctions of the newly developed software completely and flawlessly.

(A) deal
(B) address
(C) satisfy
(D) become

12 ------- carefully to the musicians to ensure the best sound quality possible.

(A) Listen
(B) Pay
(C) Address
(D) Consider

13 The eagerly ------- novel will be released tomorrow.

(A) waited
(B) supposed
(C) awaited
(D) informed

14 JJ Industries strongly -------- modifying the terms of the contract.

(A) objected
(B) objected to
(C) was opposed
(D) opposite

15 Town officials ensured that building a new parking garage downtown would not ------- to raising taxes.

(A) determine
(B) experience
(C) intend
(D) lead

16 Carefully ------- over your reports before submitting them to your department heads so that processing will run smoothly.

(A) watch
(B) look
(C) comply
(D) view

17 Financial forecasts show that our production line will need to ------- next month's output by at least 10 percent.

(A) decline
(B) arise
(C) rise
(D) raise

18 In order to reduce -------, Lanc Cosmetics cut its advertising budget by a half.

(A) values
(B) expenses
(C) customs
(D) refunds

19 The security officials assigned to the storage room should ------- at some of the most expensive raw materials imported from Switzerland.

(A) look
(B) see
(C) observe
(D) view

20 All ------- to the Ridgedale Resort and Spa will receive a complimentary fruit basket upon arrival.

(A) visit
(B) visitors
(C) visiting
(D) visitation

21 Applicants for this position ------- to contact Mr. Kim for an interview schedule.

(A) require
(B) requires
(C) are required
(D) has required

22 Original Outfitters has been so successful in the Asian market that the board is ------- into expanding into the American market.

(A) viewing
(B) searching
(C) looking
(D) watching

23 This contract may be -------- as soon as possible, if the verbal consent of all involved clients is given.

(A) offered
(B) participated
(C) expired
(D) terminated

24 I'd like to remind you that your contract for the equipment lease will ------- on September 30.

(A) exit
(B) withdraw
(C) limit
(D) expire

DAY 12
FINAL TEST

01 The express bus to Chicago will ------- at 10 a.m. today from dock G10.

(A) ride
(B) depart
(C) transform
(D) vacate

02 Though the multinational pharmaceutical companies offer better benefit package, they may also ------- in working practices that are unusual to local employees.

(A) endanger
(B) enforce
(C) encompass
(D) engage

03 The hospital has ------- with several physicians, funeral directors, and citizens through nonprofit work.

(A) collaborated
(B) provided
(C) complied
(D) concurred

04 It is essential that all employees collaborate ------- the new winter project to ensure a successful opening.

(A) with
(B) on
(C) to
(D) as

05 The entire security staff ------- to attend a self-defense workshop last week.

(A) entered
(B) looked
(C) waited
(D) went

06 Feedback and opinions voiced by Advent Captial's online users shall ------- anonymous.

(A) reach
(B) result
(C) remain
(D) reveal

07 Tests have shown that new composites developed by our scientists will ------- longer than their predecessors.

(A) last
(B) spend
(C) pass
(D) retain

08 Members including John Ritz will assemble tonight in the main auditorium to -------- our company's budget plan for next month.

(A) confer
(B) remit
(C) occupy
(D) discuss

09 Fortunately, our company insurance ------- shipping damage and lost products.

(A) produces
(B) covers
(C) guards
(D) supports

10 All travel reimbursement forms should be accompanied ------- receipts for relevant expenses.

(A) by
(B) with
(C) at
(D) on

11 Stratten and Associates' profit projections ------- to be subjective due to a fine margin of error.

(A) intend
(B) result
(C) tend
(D) point

12 The landscape and plants in the lobby garden ------- to be maintained every week.

(A) should
(B) need
(C) select
(D) involve

13 The initial model produced by our contractors fails ------- with the specifications we provided them.

(A) to comply
(B) complying
(C) complied
(D) to complying

14 Owing to its deteriorating financial status, Trend Clothing Inc. decided to ------- production at plants in North America.

(A) disengage
(B) disband
(C) discontinue
(D) disallow

15 The business will be able to ------- customers better quality of goods and reasonable prices after making a few major changes.

(A) make
(B) buy
(C) offer
(D) reserve

16 Guests entering the main convention hall must ------- valid photo identification and tickets to the security guard.

(A) introduce
(B) show
(C) send
(D) state

17 Sultan Corporation ------- employees free hospitalization benefits which will cover them plus three more dependents.

(A) requires
(B) grants
(C) orders
(D) implements

18 Mr. Sand's report has ------- the supervisor conscious of the manpower need for the following year.

(A) explained
(B) made
(C) taken
(D) given

19 New advances in technology will help ------- improve online education throughout Africa.

(A) themselves
(B) they
(C) their
(D) them

20 The director chose to handle the training session personally to help ------- the knowledge and expertise of this year's most promising batch of trainees.

(A) broaden
(B) broader
(C) broad
(D) broadly

21 Due to the extensive damage to the building, Mrs. Baron insisted that she have her money -------.

(A) refund
(B) refundable
(C) refunded
(D) is refunded

22 RGC Food Corp. did not ------- this month's employee shortage affect its production of food items.

(A) let
(B) let's
(C) enable
(D) allow

23 The teams have been ------- ways to increase our monthly budget.

(A) considering
(B) accompanying
(C) notifying
(D) transforming

24 Danville Machines is ------- as a market leader in the automobile industry.

(A) allowed
(B) forgotten
(C) regained
(D) regarded

DAY 13
FINAL TEST

01 The new Oriana software will ------- users to handle lots of complicated tasks at the same time.

(A) provide
(B) allow
(C) request
(D) create

02 Employees are ------- to wear protective hats and boots on the construction site at all times.

(A) submitted
(B) required
(C) claimed
(D) prompted

03 All workers are ------- to wear protective goggles and gloves when handling foreign substances.

(A) vowed
(B) produced
(C) urged
(D) alleged

04 All employees are -------- to attend the presentation this afternoon.

(A) implied
(B) noticed
(C) expected
(D) related

05 Please ------- the remaining applicants that they should reserve another appointment with the HR department.

(A) notice
(B) refer
(C) confirm
(D) inform

06 Guests are -------- to sign in at the front desk before entering.

(A) recalled
(B) remanded
(C) reminded
(D) demanded

07 Red Airlines ------- the agencies that there would be price reductions for frequent flyers who fly more than twice a month.

(A) told
(B) bought
(C) travels
(D) offers

08 The director of our Seoul factory ------- to decrease production of umbrellas by 10 percent at the start of next month.

(A) was told
(B) told
(C) is told
(D) tell

09 Mr. Lee ------- his coworkers that long-term investments are always profitable even in times of economic recession.

(A) recommends
(B) advises
(C) says
(D) explains

10 In August we ------- that our article had been rejected.

(A) notified
(B) were notified
(C) to notify
(D) notifying

11 The Board of Directors is still not fully ------- of the advantages of the new marketing campaigns.

(A) consulted
(B) persuaded
(C) invited
(D) requested

12 Please be ------- that our company makes every effort to protect the security of confidential customer data.

(A) assured
(B) allowed
(C) determined
(D) indicated

13 To ------- the safety of the customers, every ride in the amusement park has undergone and passed extensive quality checks.

(A) ensure
(B) prohibit
(C) secure
(D) obtain

14 The chef at the Red Flame Bistro was ------- to receive positive feedback from foreign customers.

(A) loyal
(B) steady
(C) pleased
(D) creative

15 Information about the brand new products on our website is available to customers ------- in purchasing them.

(A) interested
(B) interests
(C) interesting
(D) interest

16 The planning department ------- to cater for the needs of the fast-paced growth of the market.

(A) includes
(B) explains
(C) supports
(D) intends

17 The new beach park will ------- many tourists to the city.

(A) attract
(B) appeal
(C) capture
(D) detect

18 The security department has been ------- to issue visitors ID to all non-employees.

(A) agreed
(B) demanded
(C) instructed
(D) intended

19 Managers should have excellent oral and written skills to communicate ------- with coworkers as well as clients.

(A) effect
(B) effective
(C) effectively
(D) effectiveness

20 Before disposing of a dangerous product, please contact your municipality to make sure you fully ------- with state and federal laws.

(A) adhere
(B) comply
(C) integrate
(D) understand

21 All participants should ------- for the annual conference by next Monday.

(A) appraise
(B) express
(C) register
(D) record

22 Kirom Consulting has ------- in the retail business for over 20 years.

(A) specialized
(B) offered
(C) documented
(D) maintained

23 The goal of every international company is to ------- its branches with essential office supplies.

(A) equip
(B) invest
(C) replace
(D) refer

24 In many automobiles, name-brand replacement parts may be ------- for original equipment parts.

(A) involved
(B) opened
(C) replenished
(D) substituted

DAY 14
FINAL TEST

01 Studies show that students taking vocational courses land more stable jobs and tend to ------- a better salary than those who finished five-year university degrees.
(A) gain
(B) earn
(C) familiarize
(D) acquire

02 Despite my credentials, I cannot simply apply for a higher position until I ------- further experience.
(A) qualify
(B) gain
(C) possess
(D) earn

03 Daniel's brilliant design of our new concept car ------- his 10th commercial design award.
(A) took
(B) won
(C) achieved
(D) honored

04 Health insurance agents should ------- brochures with them when offering health care plans to interested clients.
(A) take
(B) get
(C) give
(D) hand

05 Although Jassbie Clothing does not give refunds, returned items can be ------- for another item of the same value or greater within seven days.
(A) entered
(B) exchanged
(C) selected
(D) subtracted

06 The ticketing dispenser located on the second floor needs to be -------.
(A) replaced
(B) preceded
(C) revised
(D) interfaced

07 Please call our hotline and ------- with one of our travel agents in order to book tickets to your next travel destination.
(A) indicate
(B) contact
(C) tell
(D) speak

08 Several attendees ------- their appreciation for the CEO's leadership and kindness.
(A) thanked
(B) expressed
(C) talked
(D) commented

09 We asked a panel of three experts to ------- on the phenomenon.
(A) comment
(B) express
(C) propose
(D) call

10 The new welfare policy enabled our residents to ------- books from the library downtown.
(A) owe
(B) borrow
(C) lend
(D) buy

11 San Marino Brewery has developed ways to lower production costs and ------- productivity to achieve higher profits.
(A) rise
(B) increase
(C) develop
(D) remain

12 Mr. Branson has just informed us that he has decided to ------- his contract with us for another three years.
(A) renew
(B) dispatch
(C) remodel
(D) reinstall

13 To further ------- its customer base in China, the CEO of Copenhagen Institute agreed to the merger.

(A) expand
(B) require
(C) promote
(D) extend

14 All handmade furniture pieces in Lui Furnishings are thoroughly -------- by experienced carpenters before being sent to the showroom.

(A) inspected
(B) claimed
(C) performed
(D) determined

15 From now on, routine fire safety inspections will be ------- on a monthly basis.

(A) alerted
(B) conducted
(C) engaged
(D) protected

16 The security department will ------- revised policies concerning safety regulations.

(A) perform
(B) implement
(C) inform
(D) convince

17 Price Mart is expected to ------- all of its spring season online orders.

(A) afford
(B) contain
(C) fulfill
(D) conduct

18 We ------- receipt of the original copy of the agreement and we have forwarded it to our Board of Directors.

(A) remark
(B) understand
(C) acknowledge
(D) suggest

19 The board meeting next Monday will be to ------- our new Operations Manager in accounting.

(A) vote
(B) launch
(C) select
(D) realize

20 They ------- the contract first, so we had to terminate it.

(A) penalized
(B) breached
(C) finalized
(D) complied

21 Abraxal Engineering's proposal for the joint venture will be ------- by our Vice President.

(A) prevented
(B) advised
(C) founded
(D) reviewed

22 DX Books has just ------- its publishing contract with famed author Penny Harlington.

(A) reminded
(B) renewed
(C) expired
(D) reappeared

23 Professional development programs can help ------- the knowledge and expertise of our employees.

(A) broaden
(B) spread
(C) make
(D) conduct

24 If we receive a bulk discount, we will ------- our orders with your company.

(A) intend
(B) contact
(C) settle
(D) place

DAY 15
FINAL TEST

01 All vehicles must have a parking ------- attached to the front window while parked in the residential area.
(A) approval
(B) meter
(C) garage
(D) permit

02 Without -------- from the client, information may not be shared in any way.
(A) identification
(B) permission
(C) reluctance
(D) compromise

03 In order to obtain -------, all recent graduates are required to undertake a two-year apprenticeship in a chosen field of work.
(A) certification
(B) certificate
(C) recipients
(D) awards

04 Developing a new management ------- will enable the company to improve its productivity.
(A) access
(B) approach
(C) means
(D) projection

05 Thanks to the development of wireless technology, laptop users can now ------- the Internet even when they are on the road.
(A) access
(B) access to
(C) have access
(D) have an access

06 Our team conducted an independent ------- to determine how many hours people spend on the computer.
(A) research
(B) strategy
(C) survey
(D) design

07 Test groups were shown a(n) ------- of various energy drinks and asked which ones stood out.
(A) affordable
(B) information
(C) misconception
(D) description

08 Samaritan Brothers Limited will begin ------- of its latest smart phone model by the end of this quarter.
(A) exposition
(B) harvest
(C) production
(D) procedure

09 Final ------- from your supervisor is required for changing work shifts.
(A) approval
(B) decision
(C) claim
(D) idea

10 Your car can be placed in the resort's garage for an additional ------- while you are in the South Shores Resort.
(A) price
(B) money
(C) charge
(D) estimate

11 Repair services on all of our flatscreen televisions are provided free of ------- as outlined in our warranty.
(A) charge
(B) price
(C) payment
(D) cost

12 Applicants for this position must hold a bachelor's degree in -------.
(A) account
(B) accountant
(C) accounting
(D) accounts

13 Online ------- is the best method for promoting products, according to the consultants.
(A) market
(B) marketably
(C) marketing
(D) marketer

14 Careful ------- of the construction of HP Towers will help us prevent any inconvenience to motorists.
(A) plan
(B) planned
(C) planning
(D) planner

15 The ------- of restricted information must be kept to a minimum and only done when absolutely necessary.
(A) photocopies
(B) photocopier
(C) photocopied
(D) photocopying

16 ------- shows that the cholesterol medicine has a few side effects including headache, nausea, and fatigue.
(A) Analyst
(B) Analysis
(C) Analyze
(D) Analytical

17 Guatemala Airlines is now recruiting university graduates to be trained for long-term -------.
(A) employer
(B) employed
(C) employees
(D) employment

18 All 127 participants in this year's architecture ------- submitted truly outstanding and innovative designs.
(A) competitive
(B) competitor
(C) competition
(D) competing

19 The Board of Directors decided that Mr. Andela was the most qualified ------- for the Marketing Supervisor position.
(A) applicant
(B) application
(C) job
(D) offer

20 ------- at the medical conference reached 2,000 this year.
(A) Attendant
(B) Attendee
(C) Attendance
(D) Attended

21 In unfavorable weather -------, the airport is fogbound.
(A) condition
(B) conditions
(C) environment
(D) environments

22 Instead of buying a new vending machine, the manager decided to lease a used one in good ------- for one year.
(A) term
(B) basis
(C) situation
(D) condition

23 All the office supply ------- must be approved by Mr. Lee in advance.
(A) purchase
(B) purchases
(C) purchasing
(D) purchaser

24 Dr. Forest and Dr. Ryan were recognized by the Agnes Hospital Council for over 20 years of ------- to the state-owned hospital.
(A) promotion
(B) service
(C) treatment
(D) retirement

DAY 16
FINAL TEST

01 In an ------- to promote breast cancer awareness in rural states, Grey-Sloan Memorial Hospital's best team of surgeons traveled to the Amazon to conduct lectures.
(A) effort
(B) impression
(C) acclaim
(D) opening

02 The superstore reserves the ------- to limit quantities of various sale items purchased by in-store and online customers.
(A) aim
(B) selection
(C) right
(D) goods

03 The ------- of this marketing plan are to promote change and improvements in the company.
(A) goals
(B) destinations
(C) treatments
(D) opinions

04 The main ------- of this strategy is to increase sales in Europe.
(A) aim
(B) reason
(C) result
(D) conclusion

05 The ------- that our commercials have gained a lot of attention is not being reflected in our sales at the moment.
(A) fact
(B) subject
(C) explanation
(D) request

06 The President has given the buyers his ------- that the company will have produced a sufficient inventory by next month.
(A) assurance
(B) acceptance
(C) location
(D) confidence

07 After registering, we called our guests for ------- that the package had been well received.
(A) confirming
(B) confirmation
(C) confirm
(D) confirmed

08 To learn more about available job ------- at Miller Manufacturing, please contact Mr. John Hainsworth.
(A) statements
(B) performances
(C) opportunities
(D) signals

09 All lab interns are obliged to follow the ------- regulations while they observe the process of an experiment.
(A) safely
(B) safe
(C) safeties
(D) safety

10 Rumpits Mega Supplies expanded its ------- force by 20 percent to penetrate growth-oriented markets and territories.
(A) sales
(B) sold
(C) sell
(D) sellable

11 Thompson University will host a ------- of in-depth business presentations given by prominent guest lecturers from around the world.
(A) scheme
(B) progression
(C) show
(D) series

12 This proposal should cover every ------- of our business.
(A) side
(B) aspect
(C) phase
(D) space

13 Due to last year's decrease in sales, the CEO of Mexa International put great ------- on creative advertising during his presentation at this year's annual talk.

(A) emphasis
(B) emphatic
(C) instance
(D) determination

14 Upon ------- of the parcel, please contact me to confirm that it has arrived.

(A) request
(B) acknowledge
(C) receipt
(D) process

15 Nortel Electronics has an outstanding ------- for developing intuitive products with round-the-clock service.

(A) reputation
(B) awareness
(C) loyalty
(D) recognition

16 We are seeking individuals who excel in a team environment, strive to exceed expectations, and have a ------- for serving customers.

(A) counsel
(B) career
(C) belief
(D) passion

17 The CEO has requested Ms. Akbar to head a ------- of the customer service department's new incentive plans next Thursday.

(A) discussion
(B) team
(C) division
(D) happening

18 This morning, the new president promised her full ------- to our organization.

(A) commitment
(B) assurance
(C) pledge
(D) guarantee

19 It is hard for the local government to find a ------- to the problem by itself.

(A) contribution
(B) inception
(C) termination
(D) solution

20 Next week all students who enrolled in the business school can receive free ------- to the city library.

(A) lesson
(B) admission
(C) service
(D) subscription

21 ------- about the sizable trade deficit arose at the annual meeting.

(A) Caveats
(B) Increments
(C) Settlements
(D) Concerns

22 The study ------- question was published.

(A) in
(B) on
(C) for
(D) of

23 Seminar rooms should be reserved ------- advance.

(A) of
(B) at
(C) for
(D) in

24 Recent reports have predicted a 20 percent ------- in overseas sales as a result of price fluctuations in the market.

(A) decline
(B) interest
(C) merger
(D) market

DAY 17
FINAL TEST

01 Most companies negotiate -------- with their employees before signing the employment contract.
(A) profits
(B) revenues
(C) salaries
(D) discounts

02 Some outlets and local stores decided to offer financial -------- for purchasing items in bulk.
(A) incentives
(B) money
(C) growth
(D) patterns

03 In the winter, some seasonal workers get paid reasonably good --------.
(A) expenses
(B) prices
(C) wages
(D) costs

04 The shipping -------- is completely non-refundable according to our company's returns policy.
(A) charge
(B) rate
(C) toll
(D) deduction

05 You must pay the outstanding ------- by the date written on your bill to avoid a late fee.
(A) balance
(B) price
(C) rate
(D) number

06 It is highly recommended that you keep enough accessible savings to cover one year's worth of living -------.
(A) expenses
(B) budgets
(C) fare
(D) tariff

07 The advertising fees are subject to change based ------- the daily circulation of the newspaper.
(A) on
(B) of
(C) for
(D) to

08 Our daily consulting service is limited to only ten applicants on a first-come, first-served --------.
(A) base
(B) basis
(C) focus
(D) custom

09 One of our team members will be happy to give you a -------- of our facility.
(A) tour
(B) request
(C) trip
(D) talk

10 Those who are interested in next week's ------- to Jeju Island may purchase tickets at our website.
(A) reservation
(B) proposal
(C) itinerary
(D) excursion

11 This new medicine shortens the -------- of the common cold in younger patients.
(A) boundary
(B) termination
(C) period
(D) duration

12 The new -------- for our proposed headquarters is located at Dalton Avenue near Central Train Station.
(A) site
(B) travel
(C) advantage
(D) incentive

13 Jackson's Furniture is the only store in the -------- that offers customers a discount throughout the year.

(A) site
(B) premise
(C) area
(D) venue

14 Orion Resort and Hotel is the official -------- of our clients from Dubai.

(A) habitation
(B) residence
(C) venue
(D) placement

15 Clients should send a copy of the transaction slip to the address shown to take -------- of the business's free application upgrade.

(A) merit
(B) service
(C) advantage
(D) development

16 This quarter, a portion of -------- from all branch sales is intended to be donated to charitable projects.

(A) profits
(B) prices
(C) benefits
(D) figures

17 The fire that happened last night caused thousands of dollars' -------- of damage to the building.

(A) value
(B) cost
(C) worth
(D) price

18 Studies show that recent upgrades have reduced the -------- of emissions by almost 40 percent.

(A) efforts
(B) expectation
(C) production
(D) proceedings

19 In order to boost employee --------, Jaxx Mobile Corporation is now offering individual incentives if sales targets are met.

(A) importance
(B) possibility
(C) longevity
(D) productivity

20 Next week's forecast predicts heavy rain with a -------- of hail or even snow.

(A) chance
(B) potential
(C) claim
(D) calculation

21 Dr. Freeman extended his gratitude to the hospital head for the -------- to work in such a prestigious medical institution.

(A) fortune
(B) situation
(C) access
(D) opportunity

22 If you think you are not the intended recipient, and have received this mail in -------, please delete it and notify technical support team immediately.

(A) error
(B) loss
(C) mistake
(D) problem

23 Our warranty protects against all engine failure including manufacturing or material --------.

(A) defects
(B) damages
(C) incidents
(D) injuries

24 Slow profit growth is often considered a -------- of a saturated market.

(A) character
(B) characteristic
(C) talent
(D) personality

DAY 18
FINAL TEST

01 -------- staff members are reminded to submit their account information to the secretary.
(A) All
(B) Each
(C) Every
(D) Whichever

02 SK Communications apologizes for -------- system error caused by interruptions to the Internet service.
(A) these
(B) any
(C) few
(D) all

03 We assure you that this new product needs -------- repairs.
(A) a few
(B) any
(C) some
(D) few

04 Mr. Han is the -------- qualified among the nine applicants that Mr. Arnold assessed.
(A) rather
(B) such
(C) so
(D) most

05 -------- two months, a progress report must be handed to the team leaders.
(A) Several
(B) Some
(C) Every
(D) Most

06 -------- of your employees provided outstanding service to us.
(A) Everybody
(B) Those
(C) Both
(D) Each other

07 Jeremy has worked in the London branch for -------- years and is a valued employee of the company.
(A) a lot
(B) various
(C) several
(D) some of

08 Our charity offers a -------- range of events for children and families.
(A) various
(B) extended
(C) diverse
(D) several

09 Dalton Cooperative is not liable for any type of damage due to misuse, improper handling, or -------- negligence.
(A) the other
(B) other
(C) others
(D) another

10 She is -------- of her coworker's future potential in software engineering.
(A) certain
(B) obvious
(C) easy
(D) difficult

11 I am -------- that we will win the game.
(A) absolute
(B) certain
(C) obvious
(D) definite

12 We are not -------- to finish it in time.
(A) able
(B) capable
(C) possible
(D) probable

13 A good sales representative must avoid becoming -------- with their clients.
(A) arguable
(B) argumentative
(C) argument
(D) argue

14 All members shall be -------- of others when using the company recreation room.
(A) considerable
(B) considerate
(C) considering
(D) consideration

15 Ally's Clothing Co's -------- new design of women's apparel has won many awards.
(A) impressive
(B) impression
(C) impressing
(D) impress

16 It is -------- to store books in a cool and dry place.
(A) advisable
(B) advisory
(C) advised
(D) advising

17 The more presentations Mr. Carter delivers to the panel, the more -------- they are by his eloquence.
(A) impress
(B) impressing
(C) impressed
(D) impressive

18 The process of developing the new product design shown in the presentation was clear and --------.
(A) understand
(B) understanding
(C) understandably
(D) understandable

19 Anti-virus services purchased at ComRay will be delivered the -------- day.
(A) upcoming
(B) precedent
(C) following
(D) consecutive

20 For the -------- holidays, Checkers Unlimited has decided to hire ten extra floor staff to keep up with customers.
(A) next
(B) upcoming
(C) through
(D) forward

21 According to the report, weekend movie attendance went down in -------- years.
(A) following
(B) next
(C) subsequent
(D) late

22 Until all checks are done, the management of Newton County Airport considers it -------- to suspend all flights.
(A) necessary
(B) have to
(C) need
(D) most

23 Lexamart Incorporated's President Abraham Mason is -------- to explore wider business opportunities in robotics.
(A) common
(B) eager
(C) unique
(D) exciting

24 Consumers are -------- to upgrade their current subscriptions due to high fees.
(A) suspicious
(B) unknown
(C) reluctant
(D) worrying

DAY 19
FINAL TEST

01 Our firm developed an internal training program to help -------- applicants obtain more knowledge at participating work sites.
(A) dedicating
(B) qualified
(C) designed
(D) secure

02 All of our do-it-yourself products come complete with -------- instructions for home assembly.
(A) projected
(B) loyal
(C) dependent
(D) detailed

03 Sales of our new tour packages could be unstable due to some -------- occurrences.
(A) unexpected
(B) inappropriate
(C) urgent
(D) infirm

04 This exhibition will feature 50 works by the -------- photographer.
(A) previous
(B) founded
(C) renowned
(D) various

05 With new roads connecting to downtown, golf courses and shopping centers in 10 minutes, from the beach the Namod Terrace Project is a very ------- location for investors.
(A) identifying
(B) promising
(C) offering
(D) proposing

06 The government official was forced to reveal his expenditures due to the -------- pressure of the mass media.
(A) prolonging
(B) mounting
(C) leaning
(D) heating

07 Despite a -------- economy, consumer spending is still on the rise.
(A) deteriorating
(B) deteriorated
(C) determined
(D) determining

08 A viable method to solve the conflict between the two -------- parties has not yet been found.
(A) affecting
(B) blaming
(C) building
(D) opposing

09 The number one complaint from Columbus Condo residents is that the volume of unsolicited mail they receive has become -------.
(A) overwhelm
(B) overwhelmed
(C) overwhelming
(D) overwhelmingly

10 Critics agree that the new interface for Charcoal Electronics' new mobile devices is too -------- for the average user.
(A) perfect
(B) demanding
(C) serious
(D) uneasy

11 For over fifteen years, Photoplus Incorporated has been considered one of the -------- manufacturers of photocopying machines in the United Kingdom.
(A) leading
(B) moving
(C) deliberate
(D) indefinite

12 Finland International Services is looking for -------- and competitive engineers willing to work overseas.
(A) experience
(B) experiences
(C) experienced
(D) experiencing

13 The areas -------- Barns are enjoying a large increase in tourism thanks to the newly opened shopping center.

(A) surrounding
(B) marking
(C) bounding
(D) enclosing

14 Miss Carter is fully capable of handling her -------- role as Vice President here at Boldwell Consulting.

(A) challenged
(B) challenging
(C) exclusivity
(D) courtesy

15 Marian Rivargo received various recognition for her -------- work in the sales department.

(A) fascinated
(B) outstanding
(C) conflicting
(D) inscribed

16 Ableton Inc. is hiring 30 -------- employees for its new power plant project starting next month.

(A) skilled
(B) extensive
(C) major
(D) comfortable

17 Thanks to Mr. Pearson's suggestions, our services have achieved an -------- increase in revenue since last month.

(A) unprecedented
(B) imminent
(C) accomplished
(D) extract

18 Much of the success of Liana Company's new skin products comes from their -------- commercials.

(A) entertaining
(B) recreational
(C) fascinated
(D) appropriate

19 After fifteen ------- years at Duncan & Duncan, Mr. Garison will step down as President and will take a teaching position at Bonichi Business School.

(A) rewards
(B) reward
(C) rewardingly
(D) rewarding

20 Subways are the -------- means of transportation for all Octagon Towers employees due to traffic congestion.

(A) preference
(B) prefer
(C) preferred
(D) preferring

21 Hedgeview Airport will not be held responsible for items left --------.

(A) ineligible
(B) refundable
(C) reduced
(D) unattended

22 Please take it to any -------- service center for repair, otherwise it will not be covered by the warranty.

(A) limited
(B) distinct
(C) authorized
(D) permissive

23 Unnex Clothing is a globally -------- brand with stores located in Dubai, Paris, and Chicago.

(A) recognized
(B) revoked
(C) realized
(D) revalued

24 The National Society of Writers announced today that Justina Han has won its annual novel competition for her -------- admired book, *Uncle Grege*.

(A) roughly
(B) widely
(C) heavily
(D) readily

DAY 20
FINAL TEST

01 Chester Town History Museum is housed in an old colonial-era building that was ------- the residence of the British Viceroy.
(A) ever
(B) more
(C) once
(D) such

02 Although our new product has already hit the shelves, we have -------- to change a few more things on its packaging design.
(A) always
(B) never
(C) already
(D) yet

03 The Board of Directors has -------- not released the newly developed product for next season.
(A) yet
(B) almost
(C) once
(D) still

04 The new refrigerator, introduced last month, has -------- become the best selling item on the market.
(A) already
(B) yet
(C) once
(D) still

05 The driver's license application is now easier than -------- thanks to the latest computer-generated processing innovations.
(A) once
(B) ever
(C) since
(D) previously

06 Our beverage research team -------- added vanilla flavoring to our drinks to make them easier for women to drink.
(A) lately
(B) hardly
(C) recently
(D) shortly

07 Results of the proposals regarding the latest construction project will -------- be announced before the end of the first quarter.
(A) successfully
(B) previously
(C) probably
(D) approximately

08 -------- after the meeting was over, Mr. Berkins contacted the company's advisory board regarding our final decision.
(A) Nearly
(B) Lately
(C) Almost
(D) Soon

09 We are -------- seeking new researchers to conduct an upcoming consumer survey.
(A) significantly
(B) currently
(C) completely
(D) slightly

10 -------- rural farmland, the area has been transformed into Alberta's brand new eco-themed museum and theme park.
(A) Formerly
(B) Past
(C) Frequently
(D) Since

11 Mr. Garrison -------- keeps in monthly contact with all his clients.
(A) regularly
(B) widely
(C) recently
(D) well

12 The job openings at Pure Crest Corporation require employees to -------- travel on short notice.
(A) frequently
(B) totally
(C) greatly
(D) variably

13 Before any meetings, the manager -------- tries to anticipate possible questions.

(A) always
(B) well
(C) ever
(D) even

14 Hemsworth Oil -------- performs drug tests on their employees as part of their drug-free working environment policy.

(A) significantly
(B) routinely
(C) entirely
(D) costly

15 Ms. Samantha insisted that -------- the landowner should be able to authorize any changes to the property and facilities.

(A) only
(B) easily
(C) simply
(D) merely

16 The Executive Vice President made an announcement today that all employees would be receiving a performance bonus this month, ------- in time for Christmas.

(A) as
(B) by
(C) just
(D) only

17 I attend the weekly meeting, and I've -------- participated in the seminar.

(A) also
(B) as well
(C) too
(D) besides

18 To ensure that your application is processed, remember to -------- fill out all the highlighted sections of the form.

(A) importantly
(B) moderately
(C) completely
(D) highly

19 The lineup for Tungsten Motors' new luxury car launch was -------- large.

(A) always
(B) well
(C) quite
(D) much

20 Sweet Tea Leaf plans to expand its overseas business ------- by collaborating with the Helix Trust and Investment Corporation in Dubai.

(A) closely
(B) further
(C) jointly
(D) over

21 App developers must react -------- to fluctuations in the current smartphone market.

(A) quickly
(B) shortly
(C) acutely
(D) briefly

22 All staff members should follow the revised company policy -------- before submitting their final reports.

(A) carefully
(B) extremely
(C) endlessly
(D) casually

23 -------- do we spend any money on marketing or online promotion, as we focus mostly on word of mouth.

(A) Elsewhere
(B) Seldom
(C) However
(D) Although

24 There was -------- a hint of regret in Mr. Arnold's eyes as he turned his resignation letter into the HR department.

(A) hard
(B) hardly
(C) harder
(D) hardest

DAY 21
FINAL TEST

01 Kinetico Panel Factory implements the -------- latest technologies in the production process.
(A) so
(B) more
(C) much
(D) very

02 The procedure for obtaining reimbursement is -------- complicated that some of the new employees may need to contact the accounting department.
(A) so
(B) well
(C) too
(D) very

03 Ms. Park needs to reschedule the staff meeting because she has -------- many appointments over the next few days.
(A) much
(B) mostly
(C) little
(D) too

04 Every agent should be -------- more dedicated to this new project.
(A) even
(B) ever
(C) either
(D) some

05 The professional home designers paid -------- attention as to possible to the functionality as the visual aspect of the design.
(A) as much
(B) a lot
(C) the most
(D) so

06 We were forced to wait -------- two hours just to get into tonight's expo, which was jam packed.
(A) shortly
(B) nearly
(C) fewer
(D) previously

07 A package will take -------- ten to fourteen business days to arrive.
(A) immediately
(B) approximately
(C) more
(D) briefly

08 All seminar participants are requested to arrive at -------- thirty minutes prior to the event to sign up.
(A) lesser
(B) a little
(C) least
(D) less

09 Kayla Bed and Breakfast has been in business for ------- nineteen years.
(A) between
(B) during
(C) lately
(D) over

10 The stock price fell -------- again yesterday but analysts expect a dramatic increase within a week.
(A) rarely
(B) previously
(C) slightly
(D) highly

11 Arpino Inc. has decided to switch its suppliers as Pemex has been -------- late in filling its orders.
(A) steadily
(B) sensibly
(C) exactly
(D) consistently

12 The National Museum is -------- located downtown and has free parking and easy access to public transportation.
(A) increasingly
(B) conveniently
(C) initially
(D) characteristically

13 Mr. Williams is a -------- regarded stock market analyst with a long list of business management expertise.
(A) rapidly
(B) very
(C) gracefully
(D) highly

14 Economic losses in the fishing industry have been -------- widespread due to new government-imposed sanctions.
(A) hardly
(B) directly
(C) fairly
(D) quickly

15 Due to mishandling during shipment, most of our imported glass products were -------- damaged.
(A) toughly
(B) hardly
(C) severely
(D) crisply

16 After reviewing all your financial information, we are pleased to inform you that your loan application has been approved --------.
(A) accordingly
(B) thoroughly
(C) otherwise
(D) likely

17 --------, it was the marketing team who was appointed to lead the venture project.
(A) Ultimately
(B) Absolutely
(C) Timely
(D) Widely

18 According to the economics magazine, for a -------- small outlay you can start manufacturing T-shirts or jeans.
(A) nearly
(B) hardly
(C) scarcely
(D) relatively

19 In a recent survey, over 70 percent of workers said they would ------- telecommute than work in the office.
(A) carefully
(B) further
(C) otherwise
(D) rather

20 Irene Gravin Paint Shop can turn an ------- ordinary scene into something beautiful and different.
(A) either
(B) else
(C) instead
(D) otherwise

21 Our new divisions are -------- made up of entry-level assistants and interns.
(A) primarily
(B) largely
(C) immensely
(D) tightly

22 Proposals are revised by our experts, -------- reducing the risk of investment failure.
(A) hereby
(B) in order that
(C) thereby
(D) if only

23 The sweater that Mr. Smith wants to order is -------- out of stock, but the supplier will let us know when the next shipment comes in.
(A) temporarily
(B) widely
(C) highly
(D) rapidly

24 Our analysts had -------- researched all the available office programs before deciding which one to recommend to all the branches.
(A) thoroughly
(B) rigidly
(C) wholly
(D) apparently

DAY 22
FINAL TEST

01 Highway Shuttle Service -------- its guests with comfortable transportation for city tours.

(A) extends
(B) provides
(C) commutes
(D) offers

02 Members -------- themselves with the new company overtime procedures which will be enforced next year.

(A) are familiar to
(B) would be familiar with
(C) should familiarize
(D) been familiarized

03 GM Research Center and Frontier Surveys have been successfully integrated -------- a single large research center.

(A) of
(B) on
(C) into
(D) until

04 The recent surge in sales is -------- to the new product that we introduced last month.

(A) contributed
(B) suggested
(C) acclaimed
(D) attributed

05 The ambassador -------- Mr. Lim on his ground-breaking research in stem cell biology.

(A) explained
(B) entrusted
(C) agreed
(D) congratulated

06 Employees who want to be -------- for travel expenses must fill out a request sheet which can be obtained from HR.

(A) exchanged
(B) reimbursed
(C) informed
(D) spent

07 Shakra Home Appliances allows buyers to ------- their bills into small monthly payments spaced over a period of one year.

(A) divide
(B) number
(C) reserve
(D) substitute

08 Most of the customers upset by the recent credit card scandal have -------- their funds to other banks.

(A) finalized
(B) overdraw
(C) transferred
(D) closed

09 Most manufacturers blamed the increase in taxes -------- the price rises.

(A) from
(B) with
(C) onto
(D) for

10 Our company is researching new ways to ------- fossil fuels into clean energy.

(A) represent
(B) assign
(C) produce
(D) convert

11 Due to investment interests, Persia Media Company -------- its headquarter to Italy next summer.

(A) will translate
(B) will address
(C) will relocate
(D) will locate

12 New company guidelines -------- staff members from smoking within the company premises at all times.

(A) impact
(B) detect
(C) pretend
(D) discourage

13 Every security officer is entitled -------- free coffee while on duty.

(A) for
(B) to
(C) on
(D) in

14 After successfully leading the team, Ms. Jin must be -------- with a bonus.

(A) contended
(B) patented
(C) rewarded
(D) combined

15 For her contributions to campus internationalization at Roterton University, Patty Anderson was ------- with the Student Leadership Award.

(A) attracted
(B) committed
(C) presented
(D) related

16 At last week's press conference, GR Motors Group announced that it is planning to expand ------- Europe.

(A) of
(B) at
(C) about
(D) into

17 As it turns out, the anniversary -------- with the closing of one era in molecular biology and the transition to a new one.

(A) replaces
(B) accompanies
(C) coincides
(D) guides

18 Our sales representatives must -------- with difficult questions from customers sometimes.

(A) contend
(B) replace
(C) reconsider
(D) remind

19 When you assemble the table, please -------- to the attached manual.

(A) refer
(B) appoint
(C) grant
(D) indicate

20 Many of our employees -------- the year-end bonuses to help make up for lost salaries.

(A) take over
(B) let go
(C) found out
(D) rely on

21 After numerous consumer complaints, Arabica Coffee has decided to -------- to its original pricing system.

(A) recover
(B) resolve
(C) reduce
(D) revert

22 Stark Inc. may expand into China -------- how well its primary store performs.

(A) depending on
(B) due to
(C) so then
(D) in comparison to

23 The company has -------- from its economic difficulties with its successful ad campaign.

(A) endured
(B) lasted
(C) recovered
(D) outpaced

24 Many newcomers -------- upon their overseas experience when applying themselves to new tasks.

(A) seek
(B) challenge
(C) refer
(D) draw

DAY 23
FINAL TEST

01 -------- of the new product release, our overall sales have increased in the last quarter.
(A) Resulting
(B) Resulted
(C) To result
(D) As a result

02 ------- promotion, we will offer an incentive.
(A) In addition
(B) In addition to
(C) added
(D) addition

03 In -------- with the national health standards, Braun Co. will oversee the installation of a new filtration system.
(A) compliance
(B) accord
(C) arrangement
(D) observatory

04 Ryan's Warehouse Clearance Store is having a sale with savings of up to 40 percent off on all clothing this weekend -------- celebration of its 25th anniversary.
(A) in
(B) at
(C) on
(D) of

05 All of our stores will be closed tomorrow in -------- of the national holiday.
(A) observe
(B) observer
(C) observance
(D) observant

06 -------- demand from existing customers, our new belts now come in white and brown.
(A) In response to
(B) As a result
(C) With regard
(D) Response

07 I chose the red design -------- the blue one.
(A) on behalf of
(B) behalf
(C) instead
(D) instead of

08 In -------- for the annual report, branch office personnel are clearing up their schedules to review branch sales for the past five months.
(A) transformation
(B) determination
(C) preparation
(D) presentation

09 -------- the incredible amount Brown Cameras spent on online advertising, sales have been sluggish.
(A) Although
(B) Consequently
(C) In spite of
(D) Nevertheless

10 Marketing staff must be -------- of the new advertising policy that will be implemented.
(A) understandable
(B) acquainted
(C) aware
(D) known

11 Priam Insurance is -------- of your interest in our service.
(A) appreciative
(B) willing
(C) fulfilled
(D) comprehensive

12 Clients of Unisquare Health Insurance are now -------- to receive first-class hospital treatments and services.
(A) eligible
(B) capable
(C) flexible
(D) compatible

358

13 Most of our team members are now -------- with the new database storage systems which were implemented last month.
(A) recognizable
(B) familiar
(C) collaborated
(D) usual

14 Our associates here at Headly and Thompson have been under the -------- of James Marshall for over two years.
(A) attendance
(B) sight
(C) indication
(D) supervision

15 The new premium version of Apex's software is now available to download free of --------.
(A) price
(B) cost
(C) charge
(D) fee

16 The IT Excellence event for supporting local tech companies went far ------- the organization's expectations.
(A) topped
(B) overly
(C) plus
(D) beyond

17 Flyers cannot be posted on the bulletin boards in the elevators without the ------- of the building management.
(A) concern
(B) conduct
(C) contact
(D) consent

18 If you return the damaged product under --------, it will be refunded or replaced according to our policy.
(A) certificate
(B) cover
(C) warranty
(D) receipt

19 Polygot Entertainment produces high quality video games for children at -------- prices.
(A) relative
(B) valuable
(C) reasonable
(D) sincere

20 The deadline for all business proposals is 3 p.m. Monday -------- the latest.
(A) until
(B) before
(C) at
(D) on

21 Three Cantel's branch offices in Moldwin will be relocated to a joint office in Johnsonville ------- the end of this year.
(A) at
(B) nearly
(C) when
(D) within

22 Fire fighters in the Pickens Fire Department were awarded by the city mayor for responding to calls for services in a ------- manner.
(A) seasonable
(B) valid
(C) timely
(D) fortunate

23 The newly hired project manager has been showing great potential to handle big projects from -------- through to completion.
(A) process
(B) solution
(C) growth
(D) inception

24 Due to a high probability of flooding, the Belgano Bridge will be closed tonight at 9 p.m. until further -------.
(A) care
(B) concern
(C) regard
(D) notice

DAY 24
FINAL TEST

01 Upon entering a cinema, you must present your tickets ------- retain the ticket stub as proof of payment.
(A) so
(B) as
(C) both
(D) and

02 All the items are first categorized and -------- alphabetized.
(A) so that
(B) then
(C) here
(D) more

03 Our technicians will return customer calls in one ------- two days.
(A) or
(B) that
(C) yet
(D) nor

04 Every regular employee must submit his or her monthly paper work summary either by fax ------- e-mail.
(A) not
(B) or
(C) neither
(D) nor

05 This medicine can kill most of the viruses -------- not all.
(A) but
(B) although
(C) however
(D) either

06 -------- uncomfortable it may be, every phone agent is advised to follow proper dress attire during work hours.
(A) How
(B) No matter
(C) Although
(D) However

07 Glopez Co. specializes not only in manufacturing ------- in distributing basic commodities.
(A) but also
(B) let alone
(C) as
(D) or

08 Both the customer relations ------- advertising departments will be included in the training.
(A) and
(B) also
(C) moreover
(D) either

09 We have not decided -------- to stay at the hotel for another week or return to the company headquarters in New York.
(A) neither
(B) whether
(C) that
(D) if

10 Each person in every department is given free vacation packages every year no matter -------- busy the company is to encourage quality family bonding time.
(A) whether
(B) when
(C) how
(D) so

11 Some of you may be wondering -------- my retirement plans are.
(A) about
(B) what
(C) if
(D) even

12 It is important for companies to see ------- their position in the market is never secure and could easily fall.
(A) that
(B) so that
(C) in that
(D) and that

13 None of the employees at SSN are sure ------- will be chosen as their new CEO.

(A) who
(B) whether
(C) why
(D) where

14 Mr. Parker did not know ------- tie would be suitable for the event.

(A) that
(B) because
(C) which
(D) and

15 The teams ------- members fail to meet the deadline will have to work double shifts on Friday.

(A) which
(B) whose
(C) this
(D) her

16 We wish to organize an arrangement ------- we can establish an online network between distributors and suppliers.

(A) whereas
(B) which
(C) at which
(D) where

17 You can contact me -------- you need my help.

(A) whoever
(B) whichever
(C) whenever
(D) however

18 You can choose ------- way you want.

(A) whichever
(B) however
(C) wherever
(D) whoever

19 Passengers who booked first class are allowed to bring ------- they want, except for flammable substances.

(A) wherever
(B) however
(C) whomever
(D) whatever

20 ------- needs it should call me.

(A) Who
(B) Whoever
(C) Anyone
(D) Whichever

21 All the tuition fees should be paid on ------- before the 10th.

(A) when
(B) neither
(C) or
(D) either

22 Nobody knows ------- will happen next.

(A) what
(B) when
(C) that
(D) whether

23 ------- compared to last quarter's earnings, the figures for this month indicate an encouraging trend.

(A) Due to
(B) As
(C) For
(D) What

24 The Board of Directors will decide today ------- to sign the contract.

(A) whether
(B) after
(C) that
(D) about

DAY 25
FINAL TEST

01 Mr. Park had already labeled all the packages ------- we sent them to each address below.
(A) whether
(B) before
(C) until
(D) unless

02 It will be easier to attend the annual convention in Sydney ------- Star Airlines begins offering direct flights there next year.
(A) instead
(B) after
(C) during
(D) beyond

03 ------- the conference is over, all staff members from the accounting department are expected to submit reports by the end of the day.
(A) Who
(B) When
(C) Why
(D) Which

04 All marketing staff members are required to postpone any holidays ------- the first draft of the proposal has been completed.
(A) while
(B) during
(C) upon
(D) until

05 -------- the shipment arrives, contact our supervisor to confirm that it contains all of the ordered items.
(A) As well as
(B) While
(C) As soon as
(D) In time for

06 ------- the magazine is published, all the payments will have been made to the writers.
(A) By the time
(B) In order for
(C) Because
(D) So as

07 ------- your car is parked, we will watch and care for it.
(A) While
(B) As
(C) Although
(D) Either

08 Our hotel has a maximum occupancy of 300 guests ------- the local hotel can accommodate only 100 guests.
(A) then
(B) what
(C) just
(D) whereas

09 ------- we encourage all our employees to participate in the volunteering program, it is not mandatory.
(A) Although
(B) Despite
(C) However
(D) Whether

10 Applicants are advised that their résumés should be two pages long ------- they have worked for over ten years.
(A) as though
(B) even if
(C) so that
(D) rather than

11 ------- you need more information about the order you made, please call our customer service center at 1-800-487-4589.
(A) Whether
(B) Until
(C) If
(D) So that

12 All personal information of HSCC International Co. employees will be kept confidential ------- written consent is given for it in order to be used.
(A) whether
(B) as if
(C) except
(D) unless

13 The copy machine is guaranteed to provide reliable service to the user, ------- routine maintenance work is performed once a month.

(A) in case
(B) as long as
(C) so far
(D) regardless

14 Most local buses are late -------- it snows.

(A) when
(B) as long as
(C) until
(D) in case

15 According to the recent report, as salaries rise, ------- does debt.

(A) also
(B) although
(C) so
(D) too

16 ------- there are no more problems, all of the office supplies will be ready tomorrow.

(A) Assuming
(B) Excluding
(C) Except
(D) Furthermore

17 ------- the Internet is the best way to locate qualified candidates, most companies tend to post job openings online.

(A) Because
(B) When
(C) Whether
(D) So

18 ------- the economy has recently shown an upward trend, experts expect that it will recover by the end of the year.

(A) So that
(B) As
(C) Besides
(D) Due to

19 Kamp Tech installed a new communication system ------- employees could report their ongoing work more conveniently.

(A) so that
(B) if
(C) which
(D) due to

20 Although we expect cancellation due to the bad weather, our preparations for the conference should continue ------- there will be full attendance.

(A) if only
(B) as if
(C) if any
(D) that if

21 It is advisable to order large quantities of cheap Dollar Tree items ------- supplies last.

(A) until
(B) by the time
(C) while
(D) since

22 Smith's Hardware will remain in business ------- it is able to continue meeting the needs of the community.

(A) in case of
(B) providing for
(C) together with
(D) as long as

23 The research team left for the meeting ------- they had not been informed of the schedule.

(A) because
(B) in spite of
(C) so that
(D) even though

24 The economy added 10,000 jobs last year ------- increasingly strong demand encouraged domestic companies to hire more workers.

(A) that
(B) while
(C) as
(D) which

DAY 26
FINAL TEST

01 Powell & Henderson announced that its first year's profits were significantly ------- the financial analyst's predictions.
(A) across
(B) above
(C) toward
(D) upon

02 The board expects that the new incentives will boost profits both in the coming year and --------.
(A) beyond
(B) within
(C) above
(D) along

03 Alpensia Books has decided to move to King's Street ------- Birmingham University.
(A) across
(B) opposite
(C) throughout
(D) upon

04 Carrie's Software sells its accounting programs directly to local businesses all ------- China.
(A) along
(B) away
(C) across
(D) wide

05 The police claim that it is crucial to increase vigilance especially at night ------- local neighbors.
(A) between
(B) among
(C) beside
(D) about

06 We need to hire a liaison ------- local branch offices in Tokyo and Seoul.
(A) from
(B) beyond
(C) into
(D) between

07 ------- your own safety, please wear safety goggles and lab suits when entering the restricted area.
(A) About
(B) By
(C) For
(D) Of

08 The announcement of the best television advertisement award will be made ------- dinner time.
(A) for
(B) down
(C) along
(D) during

09 The ability to succeed in complex role will be greatly improved ------- frequent practice.
(A) out of
(B) along
(C) through
(D) over

10 Return this coupon ------- seven days to receive a complimentary 2018 planner.
(A) within
(B) toward
(C) beyond
(D) among

11 The latest model is said to be available -------- blue, crystal white, and silver.
(A) in
(B) of
(C) for
(D) on

12 The sudden growth of interest among investors ------- the IT industry has raised its stock prices.
(A) into
(B) throughout
(C) during
(D) as

13 We were informed ------- Mr. Park that our top priority is to increase overall customer satisfaction.

(A) at
(B) by
(C) until
(D) of

14 There will be a very important meeting with a spokesperson from Wiseman Corporation a week ------- this Friday.

(A) on
(B) for
(C) than
(D) from

15 According to Daily Economy, the overall growth rate in America fell ------- 3 percent, causing a serious economic slowdown.

(A) to
(B) at
(C) in
(D) on

16 GM Research Center and Frontier Surveys have been successfully integrated ------- a single large research center in the country.

(A) of
(B) on
(C) into
(D) until

17 The human resources department will be preoccupied -------- to this month's tax reforms.

(A) before
(B) next
(C) prior
(D) suited

18 ------- weeks of uncertainty, the Board of Directors has finally announced a merger with KMC Inc.

(A) At
(B) Following
(C) Upon
(D) Except

19 ------- Kale Consulting Inc., we value teamwork and foster a cooperative working environment.

(A) On
(B) At
(C) Of
(D) To

20 Starting next year, our hotel will impose taxes -------- each room.

(A) in
(B) on
(C) at
(D) to

21 We will send you detailed information on the terms and conditions of your employment contract ------- a sealed envelope.

(A) in
(B) on
(C) to
(D) at

22 Starting next Monday, all fruits and vegetables at Tommy's Garden will be sold ------- a much lower price.

(A) in
(B) on
(C) at
(D) after

23 ------- hiring additional designers for the new product designs, Paramount Electronics is hoping to create revolutionary televisions and stereos.

(A) Up
(B) About
(C) By
(D) To

24 Experts say that advertisements ------- online newspapers are very ineffective because Internet users find them disturbing and annoying.

(A) of
(B) up
(C) as
(D) on

DAY 27
FINAL TEST

01 There is going to be a staff meeting this Thursday ------- the training workshops starting in December.
(A) during
(B) about
(C) within
(D) to

02 Once you set up an online account ------- Mccoy Communications Inc.. you can receive our electronic monthly newsletter.
(A) about
(B) with
(C) of
(D) over

03 As manager ------- the sales department, Mr. Gruber gathers all sales staff members for a brief meeting every Wednesday morning.
(A) on
(B) of
(C) to
(D) by

04 The plan to build the world's tallest tower in the center of Montreal has been ------- consideration for about three months now.
(A) before
(B) aside
(C) even
(D) under

05 You will not be given access to the laboratory ------- approval from your supervisor.
(A) into
(B) until
(C) among
(D) without

06 ------- having a bad headache, Mr. Wilkins decided not to leave the office until he finishes creating a presentation for tomorrow.
(A) Regarding
(B) Except
(C) About
(D) Despite

07 All computers had to be shut down for two days ------- the virus infection.
(A) due to
(B) since
(C) to
(D) at

08 There are already three restaurants ------- N. Anderson Street, so we should plan to open up a restaurant elsewhere.
(A) without
(B) along
(C) into
(D) among

09 All visitors are required to read and observe the instructions posted ------- the museum entrance.
(A) from
(B) of
(C) beside
(D) with

10 This project requires highly motivated staff, ------- requiring a long-term investment.
(A) in addition
(B) as well
(C) moreover
(D) besides

11 No one ------- for Mr. Phillips is allowed to leave the building during office hours without the approval of a supervisor.
(A) except
(B) nevertheless
(C) regarding
(D) since

12 ------- an out-of-court settlement, the trial will begin next week and is bound to last at least six months.
(A) Except
(B) Beside
(C) Unless
(D) Barring

13 Nearly 2,000 people attended the Seoul Half Marathon yesterday ------- the heavy rain throughout the day.

(A) moreover
(B) notwithstanding
(C) whereas
(D) while

14 Visitors to our nature park are not allowed to lean ------- the fence enclosing the animal cages.

(A) out of
(B) beneath
(C) until
(D) against

15 Louisa was the mastermind ------- the company's new promotional strategy.

(A) below
(B) behind
(C) beside
(D) besides

16 The Ministry of Culture has hired an archaeologist to excavate artifacts believed to be buried ------- Market Square.

(A) after
(B) beneath
(C) down
(D) toward

17 Everyone in this office, ------- all interns, will have to attend the presentation that Mr. Hansen has prepared today.

(A) among
(B) together
(C) including
(D) because

18 You can eat at a large variety of restaurants with different cuisines while ------- the Crystal Cruise Ship.

(A) aboard
(B) into
(C) across
(D) beyond

19 As an usher at Global Cinema, your responsibilities include tasks ------- cleaning the floor and guiding customers to their seats.

(A) so as
(B) so that
(C) some of
(D) such as

20 ------- concerns about decreasing productivity, Molly Carpet Manufacturing has announced its plans to invest more in automated facilities.

(A) Aside
(B) Amid
(C) Aboard
(D) Atop

21 All branches of HBC bank are open daily from 8 a.m. to 5 p.m. ------- on the weekend.

(A) except
(B) since
(C) nor
(D) yet

22 Smithton Electronics is one of the largest manufacturers in Asia, ------- only Shin Appliances in record sales.

(A) unlike
(B) except
(C) among
(D) behind

23 ------- all the venues suggested to Mr. Moyes for his wedding, he believes a vineyard would be the ideal place for an outdoor wedding.

(A) In
(B) Of
(C) At
(D) Out

24 Mr. Gray makes regular appointments ------- a doctor because of his high blood pressure.

(A) until
(B) around
(C) above
(D) with

DAY 28
FINAL TEST

01 The last candidate was most ------- to pass the initial interview because he confidently answered all of the interviewer's questions.
(A) likely
(B) likes
(C) alike
(D) unlike

02 Once you walk ------- the post office, you will see Ben & Jenny's Ice Cream on the corner.
(A) between
(B) down
(C) during
(D) past

03 Rivet Technologies has replaced the SL6 speaker system with the SL6Q, which has all the same features -------- updated surround sound features.
(A) plus
(B) together
(C) both
(D) though

04 All spectators are required to ------- photo identification and tickets before entering the premises.
(A) notice
(B) assign
(C) permit
(D) present

05 Please plan an alternative route ------- the Carson Street repairs began yesterday.
(A) how
(B) yet
(C) before
(D) since

06 The two main energy suppliers in the South East are ------- to reaching a formal joint agreement.
(A) close
(B) closed
(C) almost
(D) attempting

07 The outcome of creating an electric-heating coat is ------- to Mr. Jobs' gifted talent and dedication.
(A) plain
(B) public
(C) subject
(D) general

08 All prior shipments shall be ------- to Emily Case, our stockroom supervisor.
(A) positioned
(B) directed
(C) handled
(D) consented

09 This year's profits may not look particularly good, but we should make ------- for the research that our company has conducted.
(A) reservations
(B) allowances
(C) omissions
(D) eliminations

10 Our purchasing department ------- office supplies every Friday, so all departments are asked to notify the purchasing manager of their needs by Thursday.
(A) order
(B) ordered
(C) orders
(D) to order

11 Under the ------- of this contract, the conference center should be built by the end of this month.
(A) signs
(B) terms
(C) words
(D) proof

12 Fen Jiang is ------- with introducing various sales techniques that have helped our company expand into the Asian market.
(A) credited
(B) accumulated
(C) agreed
(D) relied

13 After your order is -------, an online receipt will be sent through your e-mail account instantly.

(A) complete
(B) completion
(C) completes
(D) completing

14 Morgan Consulting ------- a report with an evaluation of its client's performance and product quality.

(A) causes
(B) realizes
(C) issues
(D) induces

15 All supervisors are asked to provide ------- instructions on how to handle complaints.

(A) repetitive
(B) whole
(C) clear
(D) clean

16 Fortunately, our company insurance ------- shipping damage and lost products.

(A) produces
(B) covers
(C) guards
(D) supports

17 Proper transcripts of focus group interviews are vital for ensuring that survey results are -------.

(A) corrects
(B) correct
(C) correctly
(D) correction

18 The Birmingham Educational Committee ------- for many hours about making new programs for elderly people in their community.

(A) deliberated
(B) mediated
(C) regarded
(D) supposed

19 At the current speed of production, Prime Tech will manufacture ------- products to meet the demand by this summer.

(A) full
(B) quick
(C) enough
(D) rapid

20 All of the ------- are supposed to arrive shortly and attend the seminar in an hour.

(A) delegate
(B) delegator
(C) delegating
(D) delegates

21 -------- the coffee shop is located within the campus, it draws many students.

(A) Despite
(B) Therefore
(C) Hence
(D) Since

22 Not everyone in the industry appreciates -------- the importance of good work ethics over intelligence.

(A) fully
(B) enough
(C) greatly
(D) still

23 Most of their shopping centers are -------, though they have plans to expand and reopen.

(A) folded
(B) closed
(C) finished
(D) close

24 In order to comply with federal regulations, Bio Beauty -------- its hair color products to both skin and heat tests.

(A) discards
(B) subjects
(C) supports
(D) exhibits

DAY 29
FINAL TEST

01 Dr. Mendell's group is -------- progress on the changes requested in our safety policies.
(A) becoming
(B) making
(C) putting
(D) doing

02 Our association would like to ------- business in China and is in contact with a local Chinese subsidiary.
(A) be
(B) do
(C) make
(D) plan

03 All workers are ------- to report any problems immediately to their supervisor while on duty.
(A) stopped
(B) talked
(C) watched
(D) asked

04 All students are expected to ------- a pen and notebook with them to school.
(A) have
(B) wear
(C) bring
(D) purchase

05 We were ------- to leave before the renovation work starts.
(A) advise
(B) advised
(C) advisable
(D) advice

06 ------- exceeded their sales goals, all employees in GT Holdings received a bonus.
(A) Have
(B) To have
(C) Having
(D) Had

07 Dozens of volunteers will be assigned to help seminar participants ------- their way around the convention center.
(A) do
(B) find
(C) inform
(D) ask

08 When ------- new price labels to packages, do not remove the original tag.
(A) applying
(B) showing
(C) installing
(D) assembling

09 -------- his long experience in marketing, Mr. Summers is no doubt the best person to save the company.
(A) To give
(B) Given
(C) To take
(D) Taken

10 Advances in agricultural technology are expected to help McKinnen Farm crops ------- even before the harvest month.
(A) would flourish
(B) flourish
(C) flourished
(D) will flourish

11 You should ------- business cards with you when you are going to meet clients.
(A) gain
(B) take
(C) get
(D) have

12 While Mr. Jones is away, please keep him ------- of the latest developments via e-mail.
(A) informed
(B) information
(C) informer
(D) inform

13 JJ Industries strongly ------- modifying the terms of the contract.

(A) objected
(B) objected to
(C) was opposed
(D) opposite

14 The security officials assigned to the storage room should -------- at some of the most expensive raw materials imported from Switzerland.

(A) look
(B) see
(C) observe
(D) view

15 The representatives should be good at interacting with clients even in social -------.

(A) standards
(B) settings
(C) careers
(D) reforms

16 Please make the check -------- to our company.

(A) pay
(B) payment
(C) paid
(D) payable

17 All reports from the branch offices must be delivered ------- hand to the assistant of the CEO before the end of the month.

(A) by
(B) on
(C) at
(D) in

18 You need to take extra care when dealing with this package since it is -------.

(A) breakable
(B) breaks
(C) break
(D) breakably

19 Visitors to Cambridge Museum are requested to be ------- and refrain from taking photos during their tour.

(A) considered
(B) consider
(C) considerable
(D) considerate

20 They are requesting an ------- deadline regarding compilation of the company profile.

(A) extending
(B) expandable
(C) extensive
(D) extended

21 You can get a price reduction each time you ------- a purchase as a member of our frequent customer list.

(A) make
(B) buy
(C) shop
(D) utilize

22 Mr. Sand's report has ------ the supervisor conscious of the manpower need for the following year.

(A) explained
(B) made
(C) taken
(D) given

23 Mr. Lopez, the company secretary, ------- the contract on his office table before leaving the office.

(A) gave
(B) left
(C) stayed
(D) waited

24 Receiving the award is ------- a great accomplishment.

(A) considered
(B) regarded
(C) respected
(D) rewarded

DAY 30
FINAL TEST

01 You should not hold ------- any information relating to what caused our sales to decline.
(A) from
(B) back
(C) for
(D) away

02 Although our sales decreased last month, we expect orders to ------- up again after the holidays.
(A) hand
(B) take
(C) get
(D) pick

03 Visitors are required to wear their identification badges, which are hanging ------- the hooks near the guard house.
(A) in
(B) within
(C) on
(D) to

04 You can call Gerald Automobile Rental's service number if your car -------.
(A) picks up
(B) holds on
(C) breaks down
(D) turns down

05 His promotion to Senior Editor will -------- no surprise to his colleagues.
(A) come as
(B) make for
(C) be as
(D) speak of

06 The outsourcing accountant ------- that there was an error in the sales figures.
(A) notified of
(B) pointed out
(C) caught up
(D) carried out

07 Since Office Dot Inc. is ------- a difficult financial setback, it is reasonable for it to lay off a number of employees.
(A) looking for
(B) going through
(C) taking over
(D) revising up

08 The quarterly meeting will -------- next Friday from 8 to 10 p.m. in conference room B.
(A) happen
(B) take place
(C) occur
(D) break out

09 Although some directors ------- the need to allocate a larger work force to the sales department, they could not reach a conclusion.
(A) broke about
(B) brought up
(C) handed out
(D) gave up

10 James Yun, the son of the owner of Chun Yun International, got ------- the advanced screening process before being appointed to a position.
(A) to
(B) through
(C) along with
(D) out

11 We are planning to ------- a committee to organize the conference, so you do not have to work alone.
(A) stop at
(B) turn away
(C) set up
(D) put off

12 To avoid confusing applicants, the job openings must have detailed qualifications set ------- by the company.
(A) along
(B) away
(C) forth
(D) further

13 The West Building's main air conditioner will be ------- tomorrow morning in order for staff to conduct maintenance repairs.

(A) shut down
(B) made up
(C) taken off
(D) held up

14 Alpo Supplies announced a new employees after Mr. Shin ------- from the position of Vice President of marketing last week.

(A) steps down
(B) is stepping down
(C) will step down
(D) stepped down

15 The head coordinator sometimes has to -------- her instructors when they call in sick.

(A) hand over to
(B) get round to
(C) stand in for
(D) keep up with

16 Mr. Perez will -------- Ms. Cole's responsibilities for marketing when she transfers in May.

(A) look after
(B) take over
(C) turn in
(D) make up

17 In order to save electricity, please ------- all appliances once you have finished using them.

(A) work out
(B) see out
(C) turn off
(D) take in

18 As it turns out, the anniversary ------- with the closing of one era in molecular biology and the transition to a new one.

(A) replaces
(B) accompanies
(C) coincides
(D) guides

19 The revised policy in the employee handbook indicates that employees should -------- out for all breaks.

(A) block
(B) sign
(C) phase
(D) fill

20 Fen Qi Men Apparel's deficit from last year's targeted revenue though large, has now paid for ------- this year.

(A) it
(B) itself
(C) its
(D) them

21 Buses and the subway are the only means of transportation available ------- the hotels in Monte Negro to the downtown area.

(A) on
(B) off
(C) next
(D) from

22 In order to ensure proper annual maintenance, we advise several steps on how to ------- your new air conditioner.

(A) pick up
(B) care for
(C) turn off
(D) put away

23 A new replacement printing machine is scheduled to be ------ later this afternoon.

(A) set up
(B) taken to
(C) given out
(D) put out

24 Director William Hampsburg promised to ------- the regional manager's yearly sales report after he returns from his business trip.

(A) look into
(B) act as
(C) appear
(D) seeing

ACTUAL TEST
950점 뛰어넘기

01 Mr. Pyon should be contacted about accounting issues because he is the most -------.
(A) considerable
(B) knowledgeable
(C) complex
(D) confirmed

02 The Pershwan Award ------- achievement in the field of industrial design.
(A) recognizes
(B) affords
(C) endures
(D) assures

03 Most companies ask their employees to limit private conversations in order to maintain a pleasant working -------.
(A) element
(B) environment
(C) capacity
(D) condition

04 The ------- version of Bernnan's employee guidelines will be available online next month.
(A) numerous
(B) updated
(C) sure
(D) aware

05 Any opinions expressed in Business Week are those of the authors and do not necessarily reflect the ------- of the publisher.
(A) replacement
(B) population
(C) views
(D) differences

06 International Travel's magazines ------- give local hotel and restaurant recommendations.
(A) hugely
(B) tightly
(C) routinely
(D) greatly

07 Each sales representative must ------- a summarized report of his or her quarterly results for the monthly meeting.
(A) mandate
(B) match
(C) reach
(D) provide

08 No one ------- the Chief Editor is authorized to revise the content of the company's newsletter.
(A) among
(B) other
(C) except
(D) out of

09 Please be aware that all the floor workers are required to follow the ------- found in the safety handbook.
(A) possibilities
(B) permissions
(C) regulations
(D) advantages

10 Following the hiring of Chef Guttman, the food at Wang's Street Dining has become ------- better.
(A) markedly
(B) prominently
(C) affordably
(D) chiefly

11 It was surprising that more than 1,000 people attended yesterday's outdoor concert ------- the heavy rains that soaked the area.
(A) while
(B) whereas
(C) besides
(D) notwithstanding

12 Please be sure to follow the set-up instructions in the enclosed assembly manual ------- to ensure stability of the finished product.
(A) justly
(B) precisely
(C) rightfully
(D) particularly

13 Croft Transportation's CEO has a unique ------- on the company having built up his career as a driver.
(A) quality
(B) possibility
(C) collection
(D) perspective

14 ------- the popularity of the folk festival, music fans should reserve tickets well in advance.
(A) Regarding
(B) Given
(C) Upon
(D) Since

15 As it will be a tough year, meeting our sales goals will require a ------- effort from all involved.
(A) mundane
(B) transitional
(C) reduced
(D) concentrated

16 It seems that the distance to our factory in the city area proved to be costly ------- most our competitors expanded suburbs.
(A) currently
(B) why
(C) while
(D) ever since

17 Any employees who have been working full-time for two years or more are ------- to apply for internal transfers or job advancement opportunities within the company.
(A) obvious
(B) cooperative
(C) exclusive
(D) eligible

18 If you are an employee of KG, you can ------- enroll online for our current research study.
(A) very
(B) most
(C) easily
(D) more

19 The Manchester National University is ------- located near the highway that leads to the downtown area.
(A) conveniently
(B) consistently
(C) continually
(D) usually

20 With its direct access to the city a well developed transportation network, Huntsville is a very ------- location for investors.
(A) promising
(B) proposing
(C) challenging
(D) identifying

21 Joanna Nugent began working at the National Museum eight years ago and has ------- become General Manager.
(A) ever
(B) yet
(C) such
(D) since

22 According to Hoys.com's recent report, Innfield has built a ------- as one of the most reliable hotel chains in the world.
(A) privilege
(B) character
(C) reputation
(D) result

23 ------- all the applications and résumés have been reviewed, the applicants suitable for this position will be contacted.
(A) Although
(B) As soon as
(C) So that
(D) Unless

24 Access to employees' performance evaluation files is limited to managers ------- the Crimisson Management System.
(A) within
(B) after
(C) during
(D) since

25 Lee's Talk Show is ------- to air on nationwide broadcast television next week.
(A) broadcasted
(B) scheduled
(C) found
(D) considered

26 Our passengers will be able to choose their preferred seat ------- seating availability on their chosen flight.
(A) such as
(B) adjacent to
(C) like
(D) based on

27 Any shipping charges for orders under $50, or ------- amounts in local currency, is non-refundable.
(A) alike
(B) profitable
(C) deliberate
(D) equivalent

28 The editors of Hadler Building's Magazine are ------- about which articles they publish.
(A) prominent
(B) punctual
(C) reliable
(D) selective

29 Providing our customers with simple, easy ordering is our highest -------.
(A) way
(B) opinion
(C) condition
(D) priority

30 Ms. Larensky of Casey's Eatery says that ten trays of bread are more than ------- for thirty guests.
(A) capable
(B) numerous
(C) sure
(D) enough

31 All applicants must provide at least two reference letters ------- their application.
(A) also
(B) in addition
(C) moreover
(D) along with

32 Please refer to the enclosed organization chart, which shows the ------- of responsibilities among all the departments.
(A) support
(B) employees
(C) division
(D) statement

33 At last month's conference, our directors were seen sitting ------- the CEO of LPO Mobiles.
(A) from
(B) front
(C) opposite
(D) distant

34 Our record profits this quarter resulted from our ------- to improve our customer service programs.
(A) initiative
(B) initiating
(C) initiation
(D) initiate

35 Our visiting professors are retired business leaders with a ------- of expertise across a variety of industries.
(A) wealth
(B) height
(C) result
(D) fame

36 Jasson's Convention Center has requested that we ------- the number of tables and chairs we need by tomorrow.
(A) convince
(B) magnify
(C) specify
(D) testify

37 It would be very helpful if you could let us know how ------- your recent stay at Notan Hotel was.
(A) knowledgeable
(B) significant
(C) enjoyable
(D) available

38 This application will use new technologies which may not be ------- with some existing devices.
(A) affordable
(B) external
(C) alternate
(D) compatible

39 ------- among the reasons Peach has a great reputation in the mobile industry is the reliability of its products.
(A) Far
(B) Proper
(C) Chief
(D) Straight

40 The weekly economics and business workshop serves as a ------- for discussing current business trends.
(A) view
(B) ground
(C) vision
(D) forum

41 Sloat Publishing provides various books and educational materials directly to schools all ------- Korea.
(A) across
(B) along
(C) wide
(D) far

42 We must complete the cost estimate ------- our manager leaves for the conference.
(A) yet
(B) unless
(C) because
(D) before

43 Every year the DuPon Award is given to the most ------- designer in the automobile industry.
(A) potential
(B) outstanding
(C) relevant
(D) local

44 Due to its ------- to the city and schools, the Townbell apartment complex is popular among many residents.
(A) branch
(B) proximity
(C) diligence
(D) direction

45 As they had with the first, our sales team in the London branch ------- managed to find a way to reschedule the second cancelled meeting.
(A) more
(B) quite
(C) enough
(D) likewise

46 A ten-kilometer ------- of Hongs Road between Staffplex Road and Dolphin Street will be widened in June.
(A) journey
(B) stretch
(C) duration
(D) degree

47 York Development Corporation will ------- the results of the poll with its customers next month on its website.
(A) submit
(B) share
(C) sample
(D) suggest

48 Springdale Corporation rewards employees who consistently ------- company expectations.
(A) demonstrate
(B) describe
(C) command
(D) exceed

49 All of our project leaders are selected based on their expertise in a ------- area.
(A) granted
(B) provided
(C) particular
(D) considerable

50 Taylor City Relations is a full-service consulting agency that can assist you with a ------- of financial needs and business issues.
(A) kind
(B) deposit
(C) range
(D) method

51 To prevent dairy and other ------- products from deteriorating, food delivery trucks must be fully refrigerated.
(A) plentiful
(B) perishable
(C) constructive
(D) spoiled

52 With her superior skills and knowledge, Emily Swanton has already ------- herself from her colleagues.
(A) differentiated
(B) designated
(C) described
(D) featured

53 Mr. Hansen is not here today, but he ------- participates in all social activities and local programs.
(A) once
(B) typically
(C) almost
(D) well

54 After reviewing the proposal himself, the company president ------- the committee's decision to acquire one of its competitors, Green Grocer.
(A) finalized
(B) designed
(C) hosted
(D) told

55 Investors need to be informed of any ------- to the company policies, budgets, or any other managerial issues.
(A) announcements
(B) conversions
(C) adjustments
(D) performances

56 All Baxmooth Appliances customers are advised to sign up for electronic registration forms ------- paper ones.
(A) except
(B) through
(C) instead of
(D) rather

57 Coasia Airlines, an airline ------- in Korea, is offering budget flights to America and Japan.
(A) remained
(B) stayed
(C) based
(D) moved

58 When the government quality inspectors ------- that all specifications are met, fruits and meats can be shipped.
(A) affect
(B) replace
(C) determine
(D) examine

59 Freshest Face Inc.'s proposal to expand its business into the cosmetics industry in China proved only ------- successful.
(A) greatly
(B) marginally
(C) regrettably
(D) intriguingly

60 For this week only, tourists have ------- to enter the facility that is usually off-limits to the general public.
(A) decision
(B) fee
(C) request
(D) permission

61 One of the most admired professors in the field of hospitality, Mr. Kichida, will be the ----- speaker at the Caribbean Conference.
(A) successive
(B) principal
(C) brief
(D) immediate

62 Crimson Bay Regional Theater's scale is expected to increase by ------- 25 percent over the next two years.
(A) roughly
(B) toughly
(C) thoroughly
(D) closely

63 The Pittsburgh Electronic Filing System ensures that all the raw data and relevant documents are ------- at a moment's notice.
(A) competent
(B) accessible
(C) stable
(D) accustomed

64 The design of Sky Credit Card will be changed to ------- an even wider market overseas.
(A) invite
(B) require
(C) call out
(D) appeal to

65 Our Computer Security Team recommends changing our computer passwords ------- thirty days.
(A) exactly
(B) every
(C) only
(D) concerning

66 Interns will be eligible to apply for a ------- of sponsored trainings upon completion of their internship.
(A) usage
(B) length
(C) shortage
(D) series

67 In order to build a more robust reputation, you need to start working more ------- with your clients.
(A) nearly
(B) closely
(C) lately
(D) newly

68 ABM uses the best couriers, which make at least two ------- to deliver a package before returning it to the warehouse.
(A) attempts
(B) pursuits
(C) goals
(D) experiences

69 Barna Telecommunications' sales figures showed a ------- improvement last year.
(A) respective
(B) most
(C) marked
(D) diverse

70 Tokyo is the third biggest city being ------- to host the Olympic Games in 2020.
(A) famous
(B) categorized
(C) known
(D) considered

71 Yamanaka Real Estate has a list of various ------- spaces that are offered at a discounted rate.
(A) rent
(B) rental
(C) rents
(D) renting

72 The planned construction of the new library in Toronto has created a ------- demand for local workers.
(A) lengthy
(B) plenty
(C) sizable
(D) lack

73 According to The Econo, sales in South Asia are expected to increase ------- as the company's local television advertisements continue to air.
(A) arguably
(B) approximately
(C) productively
(D) incrementally

74 We recommend that table reservations for ------- greater than six be made at least one day in advance.
(A) dishes
(B) meals
(C) sizes
(D) parties

75 Bryan Anuru's latest book is his most successful ------- and is sure to be on a bestseller list.
(A) just
(B) later
(C) yet
(D) quite

76 At Blue Depths Aquarium, we acknowledge our ------- to follow labor laws and all regulations regarding our employees.
(A) assumption
(B) admission
(C) perception
(D) obligation

77 You will get your money back in time if you complete the reimbursement form a day -------.
(A) once
(B) following
(C) earlier
(D) previously

78 Priscilla Jenkins has the ------- needed to organize company events of all sizes.
(A) prediction
(B) improvement
(C) experience
(D) decision

79 Once an employee has ------- two years of service at JBW Metal Corporation, he or she may apply for open positions at a higher salary grade.
(A) considered
(B) completed
(C) terminated
(D) allowed

80 Our inventory systems are designed to have supplies delivered ------- in time for production.
(A) just
(B) shortly
(C) only
(D) by

81 ------- of the new operating system insist it will help to reduce workload and increase productivity.
(A) Commands
(B) Beginners
(C) Facilities
(D) Supporters

82 The convention center is an ideal venue for this year's business workshop because of its ------- to our company.
(A) achievement
(B) proximity
(C) competence
(D) exception

83 Land Finder's new model LR4 will finally be ------- at the Paris Vehicle Show next week.
(A) reduced
(B) unveiled
(C) consulted
(D) resolved

84 Although construction of the shopping center was not ------- complete, most stores decided to open on schedule.
(A) such
(B) still
(C) quite
(D) hardly

85 Although it has ------- alternated between Korea and Hongkong, this year's international marketing conference will be held in Japan.
(A) traditionally
(B) ever
(C) exactly
(D) exceptionally

86 Allendale fans who are ------- to the director's formal movies will be surprised by her latest documentary film.
(A) fortunate
(B) enjoyable
(C) comparable
(D) accustomed

87 Blane Airlines' fleets will nearly double in size in the next two decades in order to ------- the organization's rapid growth.
(A) succeed
(B) investigate
(C) experience
(D) accommodate

88 Before developing any new product, we must ------- as much market research data as possible.
(A) consist
(B) compile
(C) endorse
(D) compose

89 The ------- of this workshop is to give an introductory overview and some basic concepts on recent control strategies.
(A) guide
(B) reason
(C) aim
(D) solution

90 Jacksonville boasts the largest ------- of historical landmarks in the region.
(A) conference
(B) mobilization
(C) meeting
(D) concentration

ANSWERS
정답

STEP 1
DAILY TEST

DAY 1
A
01 만나다, 충족시키다
02 모이다, 회합하다
03 ~을 해결하다, 결정하다
04 ~을 승인하다, 찬성하다
05 ~을 보여주다, 설명하다
06 guarantee
07 indicate
08 evaluate
09 allocate
10 exceed

B 01 resolve 02 approved 03 demonstrate 04 meet 05 convene

C 01 (A) 해석: 장애가 있는 직원들의 접근성 요구를 충족시키기 위해 서쪽 사무실의 엘리베이터들을 개조할 것이다.
02 (A) 해석: 오늘 발표에서 소프트웨어 실력자 Michael Campbell은 당신의 온라인 사업을 21세기화할 방법을 보여줄 것이다.
03 (B) 해석: Hardex Computers는 48시간 이내에 발생한 어떤 소프트웨어 문제라도 고객이 해결하도록 돕는 데 최선을 다한다.

DAY 2
A
01 ~을 다시 시작하다
02 ~을 완화하다
03 ~을 거절하다
04 ~을 증명하다
05 ~의 윤곽을 그리다
06 expedite
07 match
08 retrieve
09 claim
10 assume

B 01 alleviate 02 outlined 03 rejected 04 certify 05 resume

C 01 (A) 해석: Austin시와 Capital Metro사는 지역 고속도로의 교통 혼잡을 줄이기 위해 노력을 기울이고 있다.
02 (B) 해석: 생산 작업은 일단 모든 기계가 수리되어야 다시 시작할 수 있다.
03 (B) 해석: 이 부분은 화상 회의를 포함한 다양한 형식의 국제 통신 수단의 개요를 보여 준다.

DAY 3
A
01 반박하다
02 논쟁하다, 다투다
03 송금하다
04 사임하다, 비우다
05 시작되다, 시작하다
06 gauge
07 mandate
08 waive
09 utilize
10 unveil

B 01 vacate 02 refuted 03 commences 04 remitted 05 argued

C 01 (A) 해석: 이 쿠폰들은 지역의 어떤 상점에서도 (현금이나 상품으로) 교환하실 수 있습니다.
02 (B) 해석: K Sportswear는 그들의 제품이 아동 노동의 결과물이라는 모든 잘못된 주장에 대해 반박할 것이다.
03 (A) 해석: 귀하의 온라인 계정은 추후의 대금 결제가 있을 때까지 정지될 예정입니다.

DAY 4

A
01 자격, 자격증명서, 자질
02 신분증, 신원확인, 식별
03 대안, 방안
04 계획, 주도권
05 협력, 합동
06 estimate
07 policy
08 negotiation
09 congestion
10 promotion

B 01 qualification 02 cooperation 03 initiative 04 identification 05 alternative

C 01 (B) 해석: The Fun Run Against Drug Abuse가 너무 성공적이어서 제약 회사들이 비슷한 계획을 현재 진행하고 있다.
02 (B) 해석: 만일 귀하의 자격이 당사의 지원요건에 일치하면, 인사부의 Parkinson 씨 앞으로 귀하의 이력서를 제출해주세요.
03 (A) 해석: 지역 구직 시장의 경쟁이 치열할 때, 사람들은 종종 취직의 흔한 대안으로 대학원 진학을 결정한다.

DAY 5

A
01 서신, 편지
02 의견일치, 합의
03 나머지
04 출석, 참석, 존재
05 평가, 감상, 감사
06 speculation
07 coordination
08 obligation
09 priority
10 transaction

B 01 appreciation 02 presence 03 consensus 04 remainder 05 correspondence

C 01 (B) 해석: South China Bank는 남아시아 시장에서 자신들의 현재 존재감을 확장하길 기대하고 있다.
02 (A) 해석: 최신 일기예보에 따르면, 폭우가 이번 주 내내 계속될 것이라 예상된다고 한다.
03 (B) 해석: 구성원 모두의 동의를 얻을 수 없을 진 몰라도 일반적인 합의는 도출해야 한다.

DAY 6

A
01 제조업, 산업
02 (여행/출장) 일정, 계획
03 수익, 수입, 세입
04 자회사, 계열사
05 설명, 해명
06 means
07 contingency
08 outlook
09 halt
10 persistence

B 01 clarification 02 revenue 03 itinerary 04 appraisal 05 subsidiaries

C 01 (A) 해석: 우리 회사의 이번 분기 수익은 반도체 판매에서 나왔다.
02 (B) 해석: 은행은 그 호텔 부지의 위치, 규모, 노화를 판단한 후 시장 가치를 감정할 것이다.
03 (A) 해석: 오늘 오후 교수님이 설명하실 42번 문제는 애매함 때문에 설명이 필요하다.

DAY 7

A
01 상하기 쉬운, 썩기 쉬운
02 무료의, 칭찬하는
03 ~할 것 같은, 있음직한, 유망한
04 유익한, 이로운
05 적절한, 적당한
06 eligible
07 delicate
08 critical
09 distinctive
10 confidential

B 01 likely　02 appropriate　03 perishable　04 beneficial　05 complimentary

C 01 (B) 해석: 반품을 희망하시는 제품이 있다면 저희 홈페이지를 방문하여 적절한 온라인 양식을 출력하신 후 문의 사항이 있는 상품들과 함께 보내주시기 바랍니다.
02 (B) 해석: 저희 호텔의 추가 편의시설에는 짐 정리 서비스, 할인 쿠폰 책자, 환영의 얼린 샴페인 한 병과 무료 생수 한 병이 포함되어 있습니다.
03 (A) 해석: 새 시스템은 두 단체 모두에게 상호 이익을 가져다 줄 것이다.

DAY 8

A
01 주된, 중요한
02 긴급한
03 별개의, 분명한, 확실한
04 면제되는
05 능숙한, 유능한
06 prompt
07 precise
08 tentative
09 unanimous
10 due

B 01 distinct　02 urgent　03 exempt　04 competent　05 principal

C 01 (B) 해석: 고객의 급한 사정 때문에, 우리는 주말에 빠른 배송 서비스를 통해 그의 화물을 보냈다.
02 (B) 해석: 고객 불만 사항 검토에 따르면, Maxx Clothing의 몇몇 물품의 글씨가 충분히 선명하지 않았다.
03 (B) 해석: Barrington의 이번 달 고객들은 온라인 판촉의 일부로 해외 배송비를 면제받을 것이다.

DAY 9

A 01 주로, 첫째로
02 조심스럽게, 긴밀하게
03 전략적으로
04 불리하게
05 유리하게
06 exclusively
07 shortly
08 moderately
09 consistently
10 solely

B 01 strategically   02 favorably   03 adversely   04 primarily   05 closely

C 01 (A) 해석: 교정 과정은 전문 집단에 의해 꼼꼼하게 모니터된다.
02 (A) 해석: 우리의 새로운 건강에 좋은 오트밀 간식은 Anton Supermarket의 계산대 근처에 전략적으로 배치될 것이다.
03 (A) 해석: 지난달 Jango Manufacturing은 주로 중국과의 해외 관계를 쌓기 위한 노력에 힘썼다.

DAY 10

A 01 그 뒤에, 후에
02 완전히
03 미미하게, 근소하게
04 고르게, 반반하게
05 똑같이, 마찬가지로
06 inevitably
07 mutually
08 no longer
09 punctually
10 explicitly

B 01 Likewise   02 subsequently   03 marginally   04 evenly   05 altogether

C 01 (B) 해석: 작년 KM 여행사에서 새 광고 캠페인을 시작하였음에도 불구하고 지금까지는 겨우 미미한 성공을 거두고 있다.
02 (B) 해석: Progo Sports는 수많은 디자인상을 수상했을 뿐 아니라 그 후 온라인 홍보 덕분에 더 많은 관객을 얻었다.
03 (A) 해석: 모든 업무량이 구성원 간에 고르게 분배되는지를 감독하는 일은 팀 리더의 책임이다.

STEP 2
실력완성 TEST

DAY 11
01 (C) 해석: Barter Books가 11월에 Rothman Printing Press와 합병하게 되면 두 인쇄 회사의 모든 중복 부서가 재정비될 것이다.
02 (A) 해석: 현재의 재정 문제를 처리하기 위해 TKM사가 RTW Electronics사와 합병했다.

DAY 12
01 (A) 해석: Valero Energy사는 직원들에게 특별 복지 혜택을 주기로 결정하였다.
02 (A) 해석: 그 상을 받는다는 것은 우리에게는 굉장한 성과이다.

DAY 13
01 (A) 해석: 모든 해외 기업의 목표 중 하나는 자사의 지점마다 최신 소프트웨어를 갖추는 것이다.
02 (D) 해석: 많은 자동차들 중 유명 브랜드 대체 부품이 원본 장비 부품으로 교체될 수도 있다.

DAY 14
01 (B) 해석: 연구에 의하면 직업훈련을 받은 학생들이 5년 학사 학위를 마친 학생들보다 더욱 안정적인 직업에 정착해 더 돈을 많이 버는 경향이 있다.
02 (B) 해석: 나에겐 여러 자격증이 있지만 경력을 쌓기 전까지는 더 높은 직위에 지원할 수가 없다.

DAY 15
01 (B) 해석: 조용한 업무 환경에 대한 홍보 때문인지 몇 가지 사무실 관련 소문들이 잠잠해졌다.
02 (B) 해석: 모든 사무용품 구매는 먼저 Lee 씨의 승인을 꼭 받아야만 한다.

DAY 16
01 (B) 해석: 이 제안서는 우리 사업의 모든 면을 다루어야 한다.
02 (A) 해석: 작년의 판매량 감소 때문에 Mexa International사의 CEO는 올해 신년사 프레젠테이션에서 창의적인 광고에 크게 역점을 두었다.

DAY 17
01 (A) 해석: 다음 주 일기예보에 따르면 우박이나 심지어 눈을 동반할 지도 모르는 폭우가 몰아친다고 한다.
02 (A) 해석: 수령 대상자가 아닌데 이 이메일을 잘못 받으셨다면 메일을 삭제하신 후, 기술 지원팀에게 즉시 알려주세요.

DAY 18
01 (B) 해석: Dalton Cooperative는 오용, 부적절한 관리 또는 다른 부주의 때문에 발생하는 어떤 종류의 피해에도 법적 책임이 없습니다.
02 (A) 해석: 그녀는 자기 동료들이 소프트웨어 엔지니어링에 잠재적 능력이 있음을 확신한다.

DAY 19
01 (A) 해석: Photoplus사는 영국에서 15년 이상 선두적인 복사기 제조업체 중 한 곳으로 여겨지고 있다.
02 (C) 해석: Jay Manufacturing의 신입사원들은 경력이 있는 동료들의 철저한 감독을 받을 것이다.

DAY 20
01 (A) 해석: 전 직원은 최종 보고서를 제출하기 전에 개정된 회사 정책을 주의 깊게 따라야 한다.
02 (B) 해석: 우리는 입소문에만 집중하기 때문에 마케팅이나 온라인 판촉에 돈을 거의 들지 않는다.

DAY 21
01 (C) 해석: 주가가 어제 조금 하락했지만, 분석가들은 1주일 내에 극적으로 상승할 것이라 예상한다.
02 (B) 해석: 우리는 초만원이었던 오늘 밤 엑스포에 입장하려고 거의 2시간을 기다려야 했다.

DAY 22
01 (C) 해석: 투자 지분 때문에 Persia Media Company는 자사의 본사를 내년 여름에 이탈리아로 옮길 것이다.
02 (D) 해석: 새로운 회사 지침은 회사 건물 내 모든 직원들의 흡연을 항시 막는다.

DAY 23
01 (C) 해석: 다른 사람을 생각해서 공연 중에는 휴대폰 전원을 꺼주시기 바랍니다.
02 (B) 해석: 전무이사는 아주 중요한 고객인 Fuyusuki 씨와의 회의에서 내가 보인 노력에 고마워했다.

DAY 24
01 (A) 해석: 다음에 무슨 일이 벌어질 지는 아무도 모른다.
02 (A) 해석: 이사회는 오늘 그 계약에 서명할 것인지를 결정할 것이다.

DAY 25
01 (C) 해석: 공급이 계속 되는 녹안 서렴힌 Dollar Tree 물건들을 다량 주문해놓는 게 좋다.
02 (C) 해석: 수요가 점점 더 늘어나면서 국내 기업들이 고무되어 직원을 더 많이 고용했기 때문에 지난해에는 일자리가 만 개 더 늘었다.

DAY 26
01 (C) 해석: 신제품 디자인을 위한 디자이너들을 추가로 고용함으로써 Paramount Electronics사는 혁신적인 TV와 스테레오를 창출해 내기를 바라고 있다.
02 (B) 해석: 우리 Kale Consulting사에서는 팀워크를 소중하게 생각하고 협업 환경을 조성한다.

DAY 27
01 (A) 해석: HBC 은행의 모든 지점들은 주말을 제외하고 매일 오전 8시부터 오후 5시까지 영업한다.
02 (B) 해석: 문화부장관은 Market Square 아래에 묻혀 있다고 여겨지는 유물 발굴을 위해 고고학자를 고용했다.

DAY 28
01 (D) 해석: 그 커피숍은 캠퍼스 내에 위치하고 있어서 많은 학생들을 끌어들인다.
02 (B) 해석: 연방 법규에 따르기 위해, Bio Beauty사는 자사의 머리 염색 제품에 피부 및 열 테스트를 실시했다.

DAY 29
01 (B) 해석: Sand의 보고서는 상관에게 다가오는 해에 인력 충당의 필요성을 자각하게 만들었다.
02 (A) 해석: 그 상을 받는다는 것은 우리에게는 굉장한 성과이다.

DAY 30
01 (A) 해석: 새 교체 인쇄기가 이따 오후 늦게 설치될 예정이다.
02 (A) 해석: William Hampsburg 이사는 자기가 출장을 다녀온 후에 지역 관리자의 연간 판매 보고서를 주의 깊게 검토하겠다고 약속했다.

STEP 2
QUIZ

DAY 11	DAY 13	DAY 15	DAY 17	DAY 19
01 (B)	01 (B)	01 (B)	01 (B)	01 (B)
02 (A)	02 (B)	02 (A)	02 (A)	02 (A)
03 (A)	03 (B)	03 (A)	03 (A)	03 (A)
04 (B)	04 (A)	04 (B)	04 (A)	04 (B)
05 (B)	05 (B)	05 (B)	05 (A)	05 (B)
06 (A)	06 (B)	06 (A)	06 (A)	06 (B)
07 (B)	07 (B)	07 (A)	07 (A)	07 (B)
08 (A)	08 (A)	08 (A)	08 (A)	08 (A)
09 (A)	09 (A)	09 (A)	09 (B)	09 (A)
10 (B)	10 (B)	10 (A)	10 (A)	10 (B)
11 (A)	11 (B)	11 (B)	11 (B)	11 (A)
12 (B)	12 (B)	12 (B)	12 (B)	12 (A)
13 (A)	13 (B)	13 (A)	13 (A)	13 (A)
14 (B)	14 (A)	14 (A)	14 (B)	14 (B)
15 (B)	15 (B)	15 (B)	15 (A)	15 (B)
16 (A)	16 (A)	16 (B)	16 (B)	16 (A)
17 (B)	17 (A)	17 (B)	17 (A)	17 (A)
18 (B)	18 (B)	18 (A)	18 (B)	18 (A)
19 (A)	19 (B)	19 (A)	19 (B)	19 (A)
20 (A)	20 (A)	20 (A)	20 (A)	20 (A)
21 (B)	21 (A)	21 (A)	21 (B)	21 (A)
22 (B)	22 (A)	22 (A)	22 (B)	22 (B)
23 (B)	23 (A)	23 (B)	23 (B)	23 (B)
24 (A)	24 (B)	24 (B)	24 (A)	24 (B)

DAY 12	DAY 14	DAY 16	DAY 18	DAY 20
01 (B)	01 (B)	01 (A)	01 (A)	01 (A)
02 (B)	02 (B)	02 (B)	02 (A)	02 (B)
03 (A)	03 (A)	03 (A)	03 (B)	03 (A)
04 (B)		04 (A)	04 (B)	04 (B)
05 (B)		05 (A)	05 (B)	05 (A)
06 (A)		06 (B)	06 (A)	06 (B)
07 (B)		07 (A)	07 (B)	07 (A)
08 (B)		08 (B)	08 (A)	08 (B)
09 (A)		09 (A)	09 (B)	09 (B)
10 (B)		10 (B)	10 (B)	10 (A)
11 (A)		11 (B)	11 (B)	11 (A)
12 (A)		12 (B)	12 (B)	12 (B)
13 (B)		13 (B)	13 (A)	13 (A)
14 (B)		14 (B)	14 (A)	14 (B)
15 (B)		15 (A)	15 (B)	15 (B)
16 (B)		16 (B)	16 (B)	16 (A)
17 (A)		17 (B)	17 (A)	17 (A)
18 (B)		18 (A)	18 (B)	18 (B)
19 (A)		19 (A)	19 (A)	19 (A)
20 (B)		20 (B)	20 (B)	20 (A)
21 (B)		21 (A)	21 (B)	21 (B)
		22 (B)	22 (B)	22 (B)
		23 (A)	23 (A)	23 (A)
		24 (A)	24 (B)	24 (B)

DAY 21
01 (A)
02 (B)
03 (A)
04 (A)
05 (B)
06 (A)
07 (A)
08 (A)
09 (B)
10 (B)
11 (B)
12 (B)
13 (A)
14 (B)
15 (A)
16 (A)
17 (B)
18 (A)
19 (A)
20 (B)
21 (A)
22 (A)
23 (A)
24 (B)

DAY 22
01 (B)
02 (A)
03 (A)
04 (B)
05 (B)
06 (B)
07 (B)
08 (B)
09 (A)
10 (B)
11 (B)
12 (B)
13 (B)
14 (B)
15 (A)
16 (B)
17 (A)
18 (B)
19 (A)
20 (B)
21 (B)
22 (A)
23 (B)
24 (B)

DAY 23
01 (B)
02 (B)
03 (A)
04 (B)
05 (A)
06 (B)
07 (A)
08 (B)
09 (B)
10 (B)
11 (A)
12 (A)
13 (B)
14 (B)
15 (A)
16 (A)
17 (B)
18 (A)
19 (A)
20 (B)
21 (B)
22 (B)
23 (A)
24 (A)

FINAL TEST

DAY 01
01 (B)
02 (A)
03 (B)
04 (D)
05 (B)
06 (A)
07 (D)
08 (A)
09 (D)
10 (D)
11 (D)
12 (A)
13 (B)
14 (D)
15 (C)
16 (D)
17 (C)
18 (B)
19 (A)
20 (C)
21 (B)
22 (A)
23 (B)
24 (B)

DAY 03
01 (D)
02 (D)
03 (B)
04 (C)
05 (D)
06 (A)
07 (C)
08 (A)
09 (C)
10 (B)
11 (C)
12 (B)
13 (A)
14 (C)
15 (B)
16 (A)
17 (A)
18 (D)
19 (A)
20 (D)
21 (C)
22 (D)
23 (D)
24 (D)

DAY 05
01 (A)
02 (B)
03 (C)
04 (B)
05 (C)
06 (D)
07 (D)
08 (A)
09 (B)
10 (D)
11 (C)
12 (A)
13 (B)
14 (B)
15 (A)
16 (D)
17 (A)
18 (C)
19 (D)
20 (A)
21 (D)
22 (B)
23 (A)
24 (A)

DAY 07
01 (C)
02 (C)
03 (C)
04 (B)
05 (B)
06 (D)
07 (A)
08 (A)
09 (B)
10 (C)
11 (B)
12 (C)
13 (B)
14 (B)
15 (A)
16 (D)
17 (B)
18 (D)
19 (A)
20 (D)
21 (C)
22 (A)
23 (A)
24 (A)

DAY 09
01 (D)
02 (A)
03 (C)
04 (A)
05 (A)
06 (C)
07 (C)
08 (D)
09 (C)
10 (D)
11 (B)
12 (D)
13 (A)
14 (C)
15 (D)
16 (B)
17 (B)
18 (D)
19 (B)
20 (D)
21 (D)
22 (A)
23 (C)
24 (C)

DAY 02
01 (A)
02 (C)
03 (C)
04 (B)
05 (C)
06 (B)
07 (C)
08 (A)
09 (D)
10 (D)
11 (A)
12 (D)
13 (D)
14 (A)
15 (B)
16 (A)
17 (A)
18 (A)
19 (D)
20 (C)
21 (B)
22 (B)
23 (B)
24 (D)

DAY 04
01 (C)
02 (B)
03 (B)
04 (B)
05 (A)
06 (A)
07 (C)
08 (B)
09 (A)
10 (C)
11 (B)
12 (B)
13 (B)
14 (A)
15 (B)
16 (C)
17 (D)
18 (D)
19 (D)
20 (C)
21 (A)
22 (C)
23 (B)
24 (D)

DAY 06
01 (A)
02 (D)
03 (B)
04 (C)
05 (D)
06 (C)
07 (B)
08 (A)
09 (B)
10 (A)
11 (C)
12 (C)
13 (C)
14 (C)
15 (B)
16 (B)
17 (D)
18 (A)
19 (B)
20 (B)
21 (D)
22 (A)
23 (D)
24 (C)

DAY 08
01 (B)
02 (C)
03 (D)
04 (B)
05 (C)
06 (C)
07 (A)
08 (C)
09 (B)
10 (B)
11 (A)
12 (A)
13 (B)
14 (B)
15 (C)
16 (C)
17 (D)
18 (C)
19 (B)
20 (A)
21 (B)
22 (A)
23 (D)
24 (C)

DAY 10
01 (B)
02 (A)
03 (C)
04 (B)
05 (A)
06 (A)
07 (B)
08 (B)
09 (A)
10 (D)
11 (D)
12 (B)
13 (A)
14 (A)
15 (D)
16 (A)
17 (A)
18 (A)
19 (B)
20 (B)
21 (A)
22 (A)
23 (B)
24 (A)

DAY 11	DAY 13	DAY 15	DAY 17	DAY 19
01 (B)	01 (B)	01 (D)	01 (C)	01 (B)
02 (A)	02 (B)	02 (B)	02 (A)	02 (D)
03 (C)	03 (C)	03 (A)	03 (C)	03 (A)
04 (B)	04 (C)	04 (B)	04 (A)	04 (C)
05 (B)	05 (D)	05 (A)	05 (A)	05 (B)
06 (A)	06 (C)	06 (C)	06 (A)	06 (B)
07 (B)	07 (A)	07 (D)	07 (A)	07 (A)
08 (A)	08 (A)	08 (C)	08 (B)	08 (D)
09 (A)	09 (B)	09 (A)	09 (A)	09 (C)
10 (C)	10 (B)	10 (C)	10 (D)	10 (B)
11 (B)	11 (B)	11 (A)	11 (D)	11 (A)
12 (A)	12 (A)	12 (C)	12 (A)	12 (C)
13 (C)	13 (A)	13 (C)	13 (C)	13 (A)
14 (B)	14 (C)	14 (C)	14 (B)	14 (B)
15 (D)	15 (A)	15 (D)	15 (C)	15 (B)
16 (B)	16 (D)	16 (B)	16 (A)	16 (A)
17 (D)	17 (A)	17 (D)	17 (C)	17 (A)
18 (B)	18 (C)	18 (C)	18 (C)	18 (A)
19 (A)	19 (C)	19 (A)	19 (D)	19 (D)
20 (B)	20 (B)	20 (C)	20 (A)	20 (C)
21 (C)	21 (C)	21 (B)	21 (D)	21 (D)
22 (C)	22 (A)	22 (D)	22 (A)	22 (C)
23 (D)	23 (A)	23 (B)	23 (C)	23 (A)
24 (D)	24 (D)	24 (B)	24 (B)	24 (B)

DAY 12	DAY 14	DAY 16	DAY 18	DAY 20
01 (B)	01 (B)	01 (A)	01 (A)	01 (C)
02 (D)	02 (B)	02 (C)	02 (B)	02 (D)
03 (A)	03 (B)	03 (A)	03 (D)	03 (D)
04 (B)	04 (A)	04 (A)	04 (D)	04 (A)
05 (D)	05 (B)	05 (A)	05 (C)	05 (B)
06 (C)	06 (A)	06 (A)	06 (C)	06 (C)
07 (A)	07 (D)	07 (B)	07 (C)	07 (C)
08 (D)	08 (B)	08 (C)	08 (C)	08 (D)
09 (B)	09 (A)	09 (D)	09 (B)	09 (B)
10 (A)	10 (B)	10 (A)	10 (A)	10 (A)
11 (C)	11 (B)	11 (D)	11 (B)	11 (A)
12 (B)	12 (A)	12 (B)	12 (A)	12 (A)
13 (A)	13 (A)	13 (A)	13 (B)	13 (A)
14 (C)	14 (A)	14 (C)	14 (B)	14 (B)
15 (C)	15 (B)	15 (A)	15 (A)	15 (A)
16 (B)	16 (B)	16 (D)	16 (A)	16 (C)
17 (B)	17 (C)	17 (A)	17 (C)	17 (A)
18 (B)	18 (C)	18 (A)	18 (D)	18 (C)
19 (D)	19 (C)	19 (D)	19 (C)	19 (C)
20 (A)	20 (B)	20 (B)	20 (B)	20 (B)
21 (C)	21 (D)	21 (D)	21 (C)	21 (A)
22 (A)	22 (B)	22 (A)	22 (A)	22 (A)
23 (A)	23 (A)	23 (D)	23 (B)	23 (B)
24 (D)	24 (D)	24 (A)	24 (C)	24 (B)

▶ Final Test 해설은 http://ustarenglish.com이나 www.saramin.com에서 다운로드 받으실 수 있습니다.

DAY 21
01 (D)
02 (A)
03 (D)
04 (A)
05 (A)
06 (B)
07 (B)
08 (C)
09 (D)
10 (C)
11 (D)
12 (B)
13 (D)
14 (C)
15 (C)
16 (A)
17 (A)
18 (D)
19 (D)
20 (D)
21 (B)
22 (C)
23 (A)
24 (A)

DAY 22
01 (B)
02 (C)
03 (C)
04 (D)
05 (D)
06 (B)
07 (A)
08 (C)
09 (D)
10 (D)
11 (C)
12 (D)
13 (B)
14 (C)
15 (C)
16 (D)
17 (C)
18 (A)
19 (A)
20 (D)
21 (D)
22 (A)
23 (C)
24 (D)

DAY 23
01 (D)
02 (B)
03 (A)
04 (A)
05 (C)
06 (A)
07 (D)
08 (C)
09 (C)
10 (C)
11 (A)
12 (A)
13 (B)
14 (D)
15 (C)
16 (D)
17 (D)
18 (C)
19 (C)
20 (C)
21 (A)
22 (C)
23 (D)
24 (D)

DAY 24
01 (D)
02 (B)
03 (A)
04 (B)
05 (A)
06 (D)
07 (A)
08 (A)
09 (B)
10 (C)
11 (B)
12 (A)
13 (A)
14 (C)
15 (B)
16 (D)
17 (C)
18 (A)
19 (D)
20 (B)
21 (C)
22 (A)
23 (B)
24 (A)

DAY 25
01 (B)
02 (B)
03 (B)
04 (D)
05 (C)
06 (A)
07 (A)
08 (D)
09 (A)
10 (B)
11 (C)
12 (D)
13 (B)
14 (A)
15 (C)
16 (A)
17 (A)
18 (B)
19 (A)
20 (B)
21 (C)
22 (D)
23 (D)
24 (C)

DAY 26
01 (B)
02 (A)
03 (B)
04 (C)
05 (B)
06 (A)
07 (C)
08 (D)
09 (C)
10 (A)
11 (A)
12 (B)
13 (B)
14 (D)
15 (A)
16 (C)
17 (C)
18 (B)
19 (B)
20 (B)
21 (A)
22 (C)
23 (C)
24 (D)

DAY 27
01 (B)
02 (B)
03 (B)
04 (D)
05 (D)
06 (D)
07 (A)
08 (B)
09 (C)
10 (D)
11 (A)
12 (D)
13 (B)
14 (D)
15 (B)
16 (B)
17 (C)
18 (A)
19 (D)
20 (B)
21 (A)
22 (D)
23 (B)
24 (D)

DAY 28
01 (A)
02 (D)
03 (A)
04 (D)
05 (D)
06 (A)
07 (C)
08 (B)
09 (B)
10 (C)
11 (B)
12 (A)
13 (A)
14 (C)
15 (C)
16 (B)
17 (B)
18 (A)
19 (C)
20 (D)
21 (D)
22 (B)
23 (B)
24 (B)

DAY 29
01 (B)
02 (B)
03 (D)
04 (C)
05 (B)
06 (C)
07 (B)
08 (A)
09 (B)
10 (B)
11 (B)
12 (A)
13 (B)
14 (A)
15 (B)
16 (D)
17 (A)
18 (A)
19 (D)
20 (D)
21 (A)
22 (B)
23 (B)
24 (A)

DAY 30
01 (B)
02 (D)
03 (C)
04 (C)
05 (A)
06 (B)
07 (B)
08 (B)
09 (B)
10 (B)
11 (C)
12 (C)
13 (A)
14 (D)
15 (C)
16 (B)
17 (C)
18 (C)
19 (B)
20 (B)
21 (D)
22 (B)
23 (A)
24 (A)

▶ Final Test 해설은 http://ustarenglish.com이나 www.saramin.com에서 다운로드 받으실 수 있습니다.

ACTUAL TEST

01 (B)	25 (B)	49 (C)	73 (D)
02 (A)	26 (D)	50 (C)	74 (D)
03 (B)	27 (D)	51 (B)	75 (C)
04 (B)	28 (D)	52 (A)	76 (D)
05 (C)	29 (D)	53 (B)	77 (C)
06 (C)	30 (D)	54 (A)	78 (C)
07 (D)	31 (D)	55 (C)	79 (B)
08 (C)	32 (C)	56 (C)	80 (A)
09 (C)	33 (C)	57 (C)	81 (D)
10 (A)	34 (A)	58 (C)	82 (B)
11 (D)	35 (A)	59 (B)	83 (B)
12 (B)	36 (C)	60 (D)	84 (C)
13 (D)	37 (C)	61 (B)	85 (A)
14 (B)	38 (D)	62 (A)	86 (D)
15 (D)	39 (C)	63 (B)	87 (D)
16 (C)	40 (D)	64 (D)	88 (B)
17 (D)	41 (A)	65 (B)	89 (C)
18 (C)	42 (D)	66 (D)	90 (D)
19 (A)	43 (B)	67 (B)	
20 (A)	44 (B)	68 (A)	
21 (D)	45 (D)	69 (C)	
22 (C)	46 (B)	70 (D)	
23 (B)	47 (B)	71 (B)	
24 (A)	48 (D)	72 (C)	

INDEX

A

a few	168	advantage	163	answer	98	assure	120

a few 168
ability 148
able 170
aboard 274
about 266
above 254
above all 224
absolute 170
accelerate 20
accept 16
access 138
accidentally 82
accommodate 18
accompany 110
accomplished 185
accordingly 203
account 98, 141
accounting 141
accurate 68
accurately 205
accustomed 73
achieve 32
acknowledge 133
acquaint A with B 212
acquire 100
across 255
actively 81
activity 48
actually 90
add A to B 212
address 101, 278
adequate 68
adequately 88
adhere to 214
administer 33
admired 182
admission 153
advance 154

advantage 163
adversely 84
advice 139
advisable 172
advise 119, 294
advised 172
affect 26
affordable 64
after 242
again 88
against 272
agenda 59
ago 188
agree 100
agreeably 90
aim 148
alert 73
all 168
alleviate 26
allocate 20
allow 118
allowance 282
almost 199
along 269
already 188
also 191
alternative 42
although 246
altogether 88
always 190
amaze 121
amid 275
among 256
analysis 143
analyst 143
and 230
and then 230
announce 100
annually 91
anonymously 91

answer 98
anticipate 17
anxious 175
any 168
apart 91
apology 59
apparently 203
appealing 179
appear 26
applicant 144
application 144
apply 293
appoint 115
appraisal 59
appreciation 51
approach 138
appropriate 65
approval 140
approve 18
approximately 199
area 162
argue 33
argumentative 171
around the world 225
arrange 18
arrive 99
as 199, 250
as a result of 218
as if 251
as long as 248
as soon as 244
ask for 105
aspect 151
assemble 20
assess 26
assistance 41
associated 185
assume 26
assuming that 249
assurance 149

assure 120
at 263
at a reasonable price 224
at all times 224
at first 203
at least 199
at no cost 222
at the end of 224
at the latest 224
atmosphere 59
attach A to B 211
attached 183
attempt 148
attend 99
attendance 144
attendee 144
attentive 73
attract 122
attribute A to B 208
audience 59
authentic 69
authority 44
authorized 181
automatically 81
available 64
avoid 112
await 102
award 113
away 91

B

balance 159
barely 195
barring 271
base 160
basis 160
be 109

be appreciative of 221	build 26	close 280	confidential 65
be aware of 221	busy 69	closely 81	confirm 133
be confident of 221	but 232	coincide with 213, 310	confirmation 149
be eligible for 221	by 260	collaborate 108	conflict 52
be equal to 221	by the time 244	collection 42	conform to 213
be familiar to 221		come 101	confusion 48
be subject to -ing 225		come as 304	congestion 44
because 250	**C**	comfortable 66	congratulate A on B 209
become 109		commence 33	
before 242	cancellation 59	commend 27	connection 52
beforehand 92	candidate 51	comment 130	consecutive 173
begin 123	capable 171	commercially 91	consensus 52
behind 273	capacity 48	commitment 153	consent 155
beneath 273	careful 74	common 69	consequence 52
beneficial 64	carefully 193	communicate 123	consequently 194
benefit 163	carelessly 91	commute to 215	conserve 33
beside 270	casual 74	comparatively 91	consider 115, 299
besides 194, 270	cause 103	compare A with B 208	considerable 171
between 256	cautious 74	compatible 69	considerably 200
beyond 254	cautiously 193	compensate A for B 212	considerate 171
beyond expectations 223	central 74		consist 98
	certain 170	compete 124	consistently 80
bill 33	certificate 138	competent 74	construction 40
blame A for B 210	certification 138	competition 143	consult 20
bonus 150	certify 26	competitor 143	consultant 144
borrow 130	challenge 48	compile 27	consultation 144
both 169	challenging 180	complaint 149	contact 110
both A and B 233	chance 164	complete 284	contain 27
breach 134	change 48	completely 192	contend with 213
break 298	character 165	complicated 69	contingency 60
break down 303	characteristic 165	complimentary 66	continue 27
brief 65, 120	charge 140, 159	comply 124	contract 42
briefly 81	check 133	compose 98	contribute to A 213
bring 291	choice 51	comprehensive 64	convene 20
bring up 306	circumstance 52	conceive 33	convenient 174
broad 76	cite 115	concern 153	conveniently 202
broaden 131	claim 26	conclusion 52	convert A into B 210
brochure 59	clarification 60	condition 145	convince 120
budget 51	clear 285	conduct 132	convincing 184
budgetary 76	clearly 80	confident 171	cooperation 41

cooperatively	81	deserve	21	dress	123	entirely	205
coordination	52	design	19	due	75	entitle A to B	211
copy	142	designated	185	due to	269	environment	53
copying	142	desirable	69	duration	161	equal	75
correct	74, 286	despite	266	during	257	equally	81
correctly	80	detail	139, 154			equip	125
correspondence	48	detailed	182			equipment	49
cost	160	deteriorating	180			error	165
courtesy	60	determine	18	**E**		escort	33
cover	110, 285	develop	16			especially	84
create	16	diagnose	27	each	169	essential	174
credit	283	difference	154	eager	175	established	181
critical	67	difficult	174	early	82	estimate	41
currently	189	diligent	76	earn	128	estimated	182
customs	150	dimension	60	earnings	158	evaluate	21
		direct	281	easily	193	even	198
		directly	85	economical	72	even if	246
D		disappoint	121	economy	53	evenly	92
		discontinue	112	effect	48	eventually	88
		discount	41	efficiency	53	ever	188
damaged	184	discourage A from -ing	211	efficient	67	every	168
deadline	52			effort	148	evidence	53
deal	101	discuss	110	effortlessly	91	exactly	191
decide	122	discussion	154	either A or B	231	exceed	16
decision	140	display	21	elect	27	excellent	66
decline	131, 154	disposable	77	eligible	64	except	271
decrease	123	disrupt	27	eliminate	33	exceptional	66
dedicated	178	distinct	74	eloquently	92	exceptionally	84
deem	115	distinctive	69	elsewhere	205	exchange	129
defect	165	distinguished	181	emerge	100	exclusively	80
defective	65	distribute	21	emphasis	151	excursion	161
definitely	88	distribution	145	employee	143	exempt	72
delay	40	distributor	145	employment	143	exhibition	49
delegate	287	diverse	65	empty	77	existing	179
deliberate	286	divert A into B	210	encounter	28	expand	99
delicate	69	divide A into B	209	encourage	118	expansion	40
deliver	17	division	53	endorse	28	expect	118
delivery	155	do	292	engage	108	expedite	28
demand	152	document	53	enhance	16	expense	160
demanding	180	donate	125	enough	287	expensive	65
demonstrate	20	double	27	enroll in	214	experienced	178
depart	108	doubt	155	ensure	120	expertise	42
department	150	dramatically	201	enter	21	expire	105
depend on	215	draw on	215	entertaining	184	explain	98
describe	130			enthusiasm	48		

explicitly	88	formerly	189	heavily	89	in observance of	219
exposure	153	fortunately	88	help	114, 292	in place	222
express	130	forward	90, 101	hesitant	175	in preparation for	220
extend	131, 299	frequently	190	hesitate	24	in response to	219
extremely	192	from	261	highly	202	in spite of	220
		from its inception	225	hire	24	in the event of	219
		fulfill	132	hold	16	incentive	158
F		fully	202	hold back	302	include	16
		function	60	host	24	including	274
face	34	further	192	how	234	income	158
facility	41	furthermore	194	however	232	inconvenience	53
fact	149					incorporate A into B	211
factor	44					increase	131
fail	111	**G**		**I**		incur	34
fairly	202					indicate	17
fall	104	gain	128	idea	149	individual	60
familiarize A with B	208	gauge	34	ideally	203	industry	56
famous	77	generally	81	identification	42	inevitably	89
far	198	generously	82	if	247	influence	24, 152
fare	160	gently	85	ignore	34	inform	119
fault	165	get	128	immediately	80	information	139
favorably	82	get through	305	implement	132	informative	67
favorite	77	give	113, 294	imply	34	initial	72
feature	21	go	108	important	174	initially	85
fee	159	go through	305	impose A on B	209	initiative	40
fill	28	goal	148	impress	122	innovative	64
final	66	gradually	201	impressed	172	inquire	124
finalize	134	grant	113	impressive	172	insist	34
finally	204	greatly	200	improve	123	inspect	132
financially	82	grow	99	in	259	install	18
find	114, 293	growth	40	in a timely manner	224	instead	85
finish	112	guarantee	21	in accordance with	218	instruct	122
firmly	84			in addition to	218	instruction	42
fit	34			in advance	222	integrate A into B	208
flexibility	53	**H**		in advance of	218	intend	122
flourish	34			in case that	248	intention	43
focus on	213	halt	60	in celebration of	220	interest	121
following	173, 262	hand	298	in compliance with	218	interfere	124
for	257	handle	21	in conjunction with	220	interfere with	213
for free	222	hang on	303	in error	223	interruption	49
force	118	hard	88	in excess of	219	into	261
forecast	49	hardly	195	in exchange for	220	introduce	17
formally	84	have	114, 290	in favor of	218	invent	35
		hear	102	in line with	219		

invest in	215	locally	85	mounting	180	on	263
investigate	105, 132	locate A in B	210	much	198	on behalf of	219
invite	19	location	162	mutually	89	once	188
issue	284	look	104, 296			ongoing	75
itinerary	56	look forward to -ing	225			only	191
		look into	105			opening	41
		look over	103			operate	123

J

job	150
join	110
just	191
justify	35

K

keep	114, 295
knowledge	151

L

lack	49
largely	204
last	109
late	67
launch	28
lead	103
leading	180
leave	101
lecture	56
lend	130
lengthy	67
let	114
lift	35
like	291
likely	65
likewise	92
limitation	56
limited	185
listen	102
live	108
local	67

low	92
lower	28

M

main	77
maintain	19
maintenance	44
majority	49
make	114, 290
manageable	72
management	56
mandate	35
manufacturer	43
marginally	89
markedly	204
market	141
marketing	141
match	28
means	56
meet	17
mention	110
merchandise	49
merge	100
merit	163
method	60
mind	112
missing	181
mistake	165
moderately	85
modify	129
money	140
monitor	19
most	168
motivation	56

N

name	115
nearby	89
nearly	199
necessarily	83
necessary	174
need	111
negotiation	43
never	195
nevertheless	194
next	173
no longer	92
nomination	44
normally	83
not only ~ but also	233
notable	67
noted	181
noticeably	200
notify	119
notwithstanding	272
now	189
numerous	72

O

object	102, 296
obligation	49
observation	56
obstruct	28
obtain	125
obvious	170
occasion	61
of	267
offer	113
official	77
often	190
omit	35

operation	43
opportunity	164
oppose	102
opposing	179
opposite	255
optimistic	72
option	44
or	231
order	282
organization	50
organize	24
originally	80
other	169
otherwise	204
out of order	222
out of stock	223
outdated	183
outline	24
outlook	61
output	57
outstanding	179
over	199
oversee	29
overwhelming	181
overwhelmingly	83

P

participate	99
particularly	191
passion	152
past	278
pay	297
pay for itself	311
payment	44
perception	149

Term	Page
perfectly	193
perform	132
performance	40
period	161
periodically	190
perishable	67
permission	138
permit	138
persistence	57
personal	68
personally	83
perspective	57
persuade	120
persuasive	68
pick up	302
place	135
plan	122, 141
planning	141
please	121
plus	279
point out	304
policy	42
popular	68
popularity	50
position	50
possess	128
possible	170
postpone	112
potential	45
practice	57
precise	75
precisely	85
predict	17
prefer	35
preference	152
preferred	184
presence	50
present	279
present A with B	212
presentation	43
preserve	29
preside	35
pressure	155
prevent	125
previous	173
price	61
primarily	83
principal	74
prior to	262
priority	50
probable	171
probably	189
procedure	45
proceed	101
process	135, 142
processing	142
produce	164
product	140, 164
production	140, 164
productivity	164
proficient	75
profit	163
progress	57
prohibit A from -ing	210
prolong	29
prominently	89
promise	111
promising	179
promote A to B	208
promotion	40
prompt	72
promptly	80
proof	50
properly	83
proposal	41
proposed	182
prospect	57
protection	57
prove	35
provide A with B	208
public	75
publish	18
punctually	92
purchase	145
purpose	155

Q

Term	Page
qualification	43
qualified	178
quality	57
quarterly	92
question	153
quickly	193
quietly	83
quite	192

R

Term	Page
raise	103
randomly	93
rapidly	201
rarely	195
rate	159
rather	204
reach	99
reaction	61
readily	83
ready	175
really	191
reason	58
receipt	152
receive	135
recently	189
reception	50
recognized	182
recommend	17
recommendation	40
record	24
recover from	215
recruit	29
redeem	36
reduce	104
refer to	214
refuse	111
refute	36
regard	115
register	124
regretfully	89
regularly	190
regulate	24
reimburse A for B	209
reinforce	36
reject	25
related	183
relatively	204
release	18
relevant	66
reliable	65
relieve	36
relocate A to B	210
reluctant	175
rely on	214
remain	109
remainder	50
remarkable	72
remarkably	200
remind	119
remit	36
remove	25
renew	134
renovate	25
renowned	178
rent	159
rental	51
repair	25
repetitive	75
rephrase	36
replace	129
report	29
reputation	152
request	41
require	105, 118
required	182
reschedule A for B	211
research	139
reservation	42
reserve	17
reside	36
residence	162
resolve	19
respectfully	89
respond	98

responsibility	45	separately	81	space	58	support	44
responsible	64	sequence	58	speak	130	sure	170
restriction	58	series	151	specialize	124	surpass	32
resume	25	serve	25	specific	66	surprisingly	203
retain	19	service	145	speculation	51	surrounding	180
retrieve	29	set	297	spend	125	survey	139
return	19	set forth	307	stability	58	suspend	19
reveal	100	set up	307	stand in for	309	sustainably	93
revenue	61	settle	36	standard	43		
revert to	214	several	169	start	25		
review	134	severely	202	statement	58	**T**	
revise	103	share A with B	212	stay	109		
reward A with B	212	sharply	201	steadily	201	take	128, 295
rewarding	183	shift	45	step down	308	take ~ into effect	134
right	148	ship	29	stimulate	37	take over	309
rigorous	75	shorten	131	stock	155	take place	306
rise	103	shortly	80	stop by	104	talented	178
risk	61	show	113	store	37	tariff	160
routinely	190	shrink	131	strategically	82	task	59
		shut down	308	strictly	84	technical	73
		sign	134	strive	32	tell	119
S		sign out	311	strongly	84	temporarily	205
		significantly	192	study	51	tend	111
safety	150	similar	77	subject	281	tentative	76
salary	158	simplify	29	submit	16	term	283
sales	150	simply	93	subscription	45	terminate	105
satisfactorily	90	simultaneously	93	subsequent	173	thank A for B	211
satisfty	121	since	280	subsequently	90	that	235
savings	150	site	162	subsidiary	61	then	194
say	119	sizable	76	substantially	200	thereafter	90
scarcely	195	skilled	179	substitute	125	thereby	205
scene	162	skillfully	193	success	43	therefore	82
search for	215	slightly	200	such as	275	thoroughly	205
seat	142	so	198, 249	suddenly	93	through	258
seating	142	so that	251	suffer from	214	throughout	259
secure	66	solely	85	sufficient	73	thus	93
security	58	solidify	37	suggest	112	ticket	151
see	104	solution	153	suggestion	139	time	145
seek	20	some	168	suitable	76	to	260
seem	109	sometime	93	summarize	25	together	93
seldom	195	somewhat	90	summary	58	tolerate	37
select	133	soon	189	supervisor	45	toll	159
sell	20	source	151	supply	45	too	198
send	113	souvenir	61	supply A with B	209	total	68

tour	161	
traditionally	90	
transaction	51	
transfer A to B	209	
transform	129	
transport	37	
travel	161	
treat	32	
trip	161	
troubled	178	
turn off	310	
typically	82	

U

ultimately	203
unanimous	77
unattended	185
under	267
under consideration	222
under warranty	223
undergo	32
understandable	172
understanding	172
unexpected	183
unexpectedly	201
unfortunately	194
unique	73
unless	247
unprecedented	183
until	234
until further notice	225
unveil	37
unwavering	185
upcoming	173
update	129
urge	118
urgent	73
use	18
used	184
useful	174
usually	84

utilize	32

V

vacate	32
valid	68
valuable	64
value	163
various	169
vary	129
venue	162
verify	133
very	198
view	45
violate	37
visit	104
vital	73
vote	133
vulnerable	76

W

wage	158
wait	102
waive	37
want	111
warn	120
wasteful	76
welcoming	184
well	192
what	235
whatever	239
when	234
whenever	238
where	237
whereas	245
whether	234
which	236
whichever	238
while	245
who	236
whoever	239

whole	169
whose	237
wide	68
widely	202
willing	175
win	128
with	268
with ease	223
with the exception of	220
within	258
without	268
without consent	223
withstand	32
work	108
worry	121
worth	163
writing	154

Y

yet	188